Großkommentare der Praxis

Löwe-Rosenberg

Die Strafprozeßordnung und das Gerichtsverfassungsgesetz

Großkommentar

27., neu bearbeitete Auflage

herausgegeben von
Jörg-Peter Becker, Volker Erb, Robert Esser,
Kirsten Graalmann-Scheerer, Hans Hilger, Alexander Ignor

Dritter Band
Teilband 2
§§ 111b–111q

Bearbeiter: Pascal Johann
Sachregister: Christian Klie

DE GRUYTER

ISBN 978-3-11-059573-4
e-ISBN (PDF) 978-3-11-059454-6
e-ISBN (EPUB) 978-3-11-059323-5

Library of Congress Control Number: 2016295880

Bibliografische Information der Deutschen Nationalbibliothek
Die Deutsche Nationalbibliothek verzeichnet diese Publikation in der Deutschen Nationalbibliografie; detaillierte bibliografische Daten sind im Internet über http://dnb.dnb.de abrufbar.

Datenkonvertierung und Satz: jürgen ullrich typosatz, 86720 Nördlingen
Druck und Bindung: CPI books GmbH, Leck

MIX
Papier aus verantwortungsvollen Quellen
FSC www.fsc.org
FSC® C083411

www.degruyter.com

Die Bearbeiter der 27. Auflage

Jörg-Peter Becker, Vors. Richter am Bundesgerichtshof, Karlsruhe und Obernburg a.D.
Dr. *Johannes Berg*, Richter am Bundesgerichtshof, Karlsruhe
Dr. *Camilla Bertheau*, Rechtsanwältin in Berlin
Gabriele Cirener, Richterin am Bundesgerichtshof, Karlsruhe
Dr. *Volker Erb*, Professor an der Johannes Gutenberg-Universität Mainz
Dr. *Robert Esser*, Professor an der Universität Passau
Dr. *Karsten Gaede*, Professor an der Bucerius Law School, Hamburg
Dr. *Klaus Ferdinand Gärditz*, Professor an der Rheinischen Friedrich-Wilhelms-Universität Bonn, Richter am OVG Nordrhein-Westfalen im Nebenamt, stellvertretender Richter am VerfGH Nordrhein-Westfalen
Kerstin Gärtner, Richterin am Kammergericht Berlin
Dr. *Dirk Gittermann*, Richter am Oberlandesgericht Celle Dr. *Sabine Gleß*, Professorin an der Universität Basel
Dr. Dr. h.c. *Karl Heinz Gössel*, em. Professor an der Friedrich-Alexander-Universität Erlangen-Nürnberg, Richter am Bayerischen Obersten Landesgericht a.D., München
Dr. *Kirsten Graalmann-Scheerer*, Generalstaatsanwältin in Bremen, Honorarprofessorin an der Hochschule für öffentliche Verwaltung in Bremen
Klaus-Peter Hanschke, Richter am Kammergericht Berlin
Dr. *Pierre Hauck*, Professor an der Universität Gießen
Dr. *Hans Hilger*, Ministerialdirektor im Bundesministerium der Justiz a.D., Bad Honnef
Dr. Dr. *Alexander Ignor*, Rechtsanwalt in Berlin, Apl. Professor an der Humboldt-Universität zu Berlin
Dr. *Christian Jäger*, Professor an der Friedrich-Alexander-Universität Erlangen-Nürnberg
Dr. *Matthias Jahn*, Professor an der Goethe-Universität Frankfurt am Main, Richter am Oberlandesgericht Frankfurt a.M.
Dr. *Björn Jesse*, Richter am Landgericht Berlin
Dr. *Pascal Johann*, Rechtsanwalt in Frankfurt a.M.
Dr. *Daniel M. Krause*, Rechtsanwalt in Berlin
Dr. *Matthias Krauß*, Bundesanwalt beim Bundesgerichtshof, Karlsruhe
Dr. Dr. h.c. mult. *Hans-Heiner Kühne*, em. Professor an der Universität Trier
Detlef Lind, Richter am Kammergericht Berlin
Dr. *Holger Matt*, Rechtsanwalt in Frankfurt am Main, Honorarprofessor an der Goethe-Universität Frankfurt am Main
Dr. *Markus Mavany*, Landgericht Trier
Dr. *Eva Menges*, Richterin am Bundesgerichtshof, Karlsruhe
Dr. *Andreas Mosbacher*, Richter am Bundesgerichtshof, Leipzig, Honorarprofessor an der Universität Leipzig
Dr. *Ali B. Norouzi*, Rechtsanwalt in Berlin
Dr. *Günther M. Sander*, Richter am Bundesgerichtshof, Honorarprofessor an der Humboldt-Universität zu Berlin
Dr. *Frank Peter Schuster*, Professor an der Julius-Maximilians-Universität Würzburg
Dr. *Wolfgang Siolek*, Vors. Richter am Oberlandesgericht Celle a.D.
Dr. *Carl-Friedrich Stuckenberg*, Professor an der Rheinischen Friedrich-Wilhelms-Universität Bonn
Dr. *Michael Tsambikakis*, Rechtsanwalt in Köln, Honorarprofessor an der Universität Passau
Dr. *Brian Valerius*, Professor an der Universität Bayreuth
Marc Wenske, Richter am Bundesgerichtshof, Karlsruhe
Dr. *Raik Werner*, Richter am Oberlandesgericht München

https://doi.org/10.1515/9783110594546-202

Vorwort

Der LÖWE-ROSENBERG feiert 2019 seinen 140. Geburtstag und ist damit das älteste weiterhin aktuelle Erläuterungswerk zur Strafprozessordnung und der mit ihr verbundenen Gesetze. Ein Großkommentar hat die Aufgabe, den Erkenntnisstand und die rechtlichen Probleme des Strafverfahrensrechts möglichst vollständig darzustellen und Wege zur Lösung auch entlegener Fragen aufzuzeigen. In einem an Praxis und Wissenschaft gleichermaßen gerichteten Werk muss dabei der Praxisbezug theoretischer Streitfragen und die historische Entwicklung heute gültiger Normen deutlich werden. Die Entwicklungsgeschichte der Strafprozessordnung und der Strafgerichtsverfassung seit dem Inkrafttreten der Reichsjustizgesetze, nebst dem Strafverfahrensrecht der DDR und dem Recht der Vereinigung Deutschlands, sowie die Entstehungsgeschichte der einzelnen Vorschriften sind sorgfältig darzustellen – gerade auch vor dem Hintergrund der letzten größeren, teilweise von einer Expertenkommission des BMJV vorbereiteten Reformen des deutschen Strafprozessrechts im Jahr 2017.

Die Entwicklung des Strafprozessrechts in Deutschland über 140 Jahre, die fortlaufenden Änderungen sowie eine sich zunehmend verfeinernde und immer stärker ausdifferenzierende wissenschaftliche Entwicklung und Rechtsprechung bilden eine stetige Herausforderung. Ein Großkommentar muss sowohl den Rückgriff auf die Grundprinzipien ermöglichen als auch die Ausdifferenzierung dokumentieren und soweit erforderlich bewerten und systematisieren.

Inhaltlich wird die Konzeption des LÖWE-ROSENBERG auch in der 27. Auflage im Wesentlichen beibehalten. Zudem werden der Einfluss der Menschenrechte, des Rechts der Europäischen Union und der Rechtsprechung internationaler und europäischer Gerichte auf das Strafverfahrensrecht und das Recht der Strafgerichtsverfassung sowie die Rechtsprechung nationaler Gerichte hierzu eingehend berücksichtigt. Die gesonderte Kommentierung der für das Strafverfahren bedeutsamen Vorschriften der EMRK und des IPBPR wird weitergeführt.

Auf der Grundlage dieser Konzeption ist jeder Autor für den Inhalt seiner Kommentierung verantwortlich.

Die zunehmende Flut der Veröffentlichungen hat inzwischen einen Umfang erreicht, der es nicht mehr in allen Bereichen möglich macht, den Grundsatz der vollständigen Dokumentation des Materials uneingeschränkt zu erfüllen. Es bleibt daher der Verantwortung eines jeden Autors überlassen, ob und in welchem Umfang er eine Auswahl trifft.

Für die 27. Auflage sind derzeit zwölf Bände geplant, insgesamt voraussichtlich 13.000 Seiten. Das Werk wird bandweise erscheinen und soll im Jahre 2021 abgeschlossen werden. Sechs Herausgeber werden den Kommentar weiterhin betreuen, jeweils zwei Herausgeber sind als Bandredakteure verantwortlich. Die Autoren werden im Autorenverzeichnis eines Bandes genannt; ergänzend wird auf die Verzeichnisse im Nachtrag der 26. Auflage verwiesen.

Verlag, Herausgeber und Autoren werden bemüht sein, die hohen Erwartungen zu erfüllen, die sich mit dem LÖWE-ROSENBERG seit jeher verbinden.

Der hiermit vorgelegte Band 3 Teil 2 hat weitgehend den Bearbeitungsstand Januar 2019; teilweise – insbesondere bei der Kommentierung der einzelnen Vorschriften – konnte auch noch später erschienene Rechtsprechung und Literatur berücksichtigt werden.

Mit Band 3 Teil 2 bietet der LÖWE-ROSENBERG als erster Großkommentar eine umfassende Besprechung der durch das Gesetz zur Reform der strafrechtlichen Vermögensabschöpfung vom 13. April 2017 grundlegend umgestalteten strafprozessualen Vorschrif-

https://doi.org/10.1515/9783110594546-203

ten über die Beschlagnahme und den Vermögensarrest zur Sicherung der Einziehung, der Wertersatzeinziehung und der Unbrauchbarmachung (§§ 111b bis 111j StPO).

Berlin, im August 2019 Die Herausgeber

Hinweise für die Benutzung des Löwe-Rosenberg

1. Inhalt der Kommentierung

Der Löwe-Rosenberg kommentiert die StPO, das EGStPO, das GVG und das EGGVG mit Ausnahme der nur den Zivilprozess betreffenden Teile, sowie – mit dem Schwerpunkt auf den strafverfahrensrechtlich besonders bedeutsamen Regelungen – die EMRK und den IPBPR. Wenig bekannte oder schwer auffindbare strafverfahrensrechtliche Nebengesetze, deren Wortlaut für die Kommentierung erforderlich ist, werden bei den einschlägigen Erläuterungen im Kleindruck wiedergegeben.

2. Erscheinungsweise und Stand der Bearbeitung

Die 27. Auflage des Löwe-Rosenberg erscheint in **Bänden**, deren Erscheinungs-Reihenfolge von der des Gesetzes abweichen kann. Die Bände werden in der vom Gesetz vorgegebenen Reihenfolge durchnumeriert.

Der **Stand der Bearbeitung** ist dem Vorwort jedes Bandes zu entnehmen. Die Autoren sind bemüht, besonders wichtige Änderungen und Entwicklungen auch noch nach diesem Stichtag bis zur Drucklegung des Bandes zu berücksichtigen.

3. Bearbeiter

Jeder Bearbeiter (in der Fußzeile angegeben) trägt für seinen Teil die alleinige inhaltliche Verantwortung. Die Stellungnahmen zu Rechtsfragen, die an mehreren Stellen des Kommentars behandelt werden, können daher voneinander abweichen. Auf solche Abweichungen wird nach Möglichkeit hingewiesen.

4. Aufbau der Kommentierung

Neben der umfassenden Einleitung zum Gesamtwerk sind den Untereinheiten der kommentierten Gesetze (Bücher, Abschnitte, Titel), soweit erforderlich, **Vorbemerkungen** vorangestellt, die das für die jeweilige Untereinheit Gemeinsame erläutern.

Der den Vorbemerkungen und den Kommentierungen der einzelnen Vorschriften erforderlichenfalls vorangestellte Abschnitt **Geltungsbereich** enthält Hinweise auf zeitliche und örtliche Besonderheiten. Der Abschnitt **Entstehungsgeschichte** gibt, abgesehen von ganz unwesentlichen Änderungen, die Entwicklung der geltenden Fassung der Vorschrift vom Erlass des jeweiligen Gesetzes an wieder. Fehlt er, so kann davon ausgegangen werden, dass die Vorschrift unverändert ist. Der Hinweis auf **geplante Änderungen** verzeichnet Änderungsvorschläge, die sich beim Abschlusszeitpunkt der Lieferung im parlamentarischen Gesetzgebungsverfahren befinden.

Die Erläuterungen sind nach systematischen Gesichtspunkten gegliedert, die durch Überschriften oder Stichworte hervorgehoben sind. In der Regel ist den Erläuterungen eine **systematische Übersicht** vorangestellt. Soweit angebracht wird sie bei besonders umfangreichen Erläuterungen durch eine **alphabetische Übersicht** ergänzt. Bei den Erläuterungen selbst werden für jede Vorschrift (zur Erleichterung des Zitierens) durchlaufende Randnummern verwendet.

https://doi.org/10.1515/9783110594546-204

5. Schrifttum

Der Kommentar enthält am Anfang jedes Bandes ein allgemeines Literaturverzeichnis, das nur die häufiger verwendete oder allgemeine Literatur enthält. Den Vorbemerkungen und den Kommentierungen der einzelnen Vorschriften sind Schrifttumsverzeichnisse vorangestellt, die einen Überblick über das wesentliche Schrifttum zu dem jeweils behandelten Thema geben.

6. Zitierweise

Literatur, die in diesen Schrifttumsverzeichnissen enthalten ist, wird im laufenden Text im allgemeinen nur mit dem Namen des Verfassers (ggfs. mit einer unterscheidenden Kurzbezeichnung) oder der sonstigen im Schrifttumsverzeichnis angegebenen Kurzbezeichnung zitiert, doch wird bei Veröffentlichungen in Zeitschriften vielfach auch die genaue Fundstelle nachgewiesen. Sonst sind selbständige Werke mit (gelegentlich verkürztem) Titel und Jahreszahl, unselbständige Veröffentlichungen (auch Beiträge in Festschriften u.ä.) mit der Fundstelle angegeben. **Auflagen** sind durch hochgestellte Zahlen gekennzeichnet; fehlt eine solche Angabe, so wird aus der Auflage zitiert, die im allgemeinen Schrifttumsverzeichnis angegeben ist. Hat ein Werk Randnummern, so wird nach diesen, sonst nach Seitenzahl oder Gliederungspunkten zitiert.

Befindet sich beim Zitat anderer **Kommentare** die in Bezug genommene Stelle im gleichen Paragraphen, so wird nur die Randnummer oder (bei deren Fehlen) der Gliederungspunkt angegeben; wird auf die Erläuterungen bei einem anderen Paragraphen Bezug genommen, so wird dieser genannt. Entsprechend wird auch im LÖWE-ROSENBERG selbst verwiesen. Bei diesem wird, wenn nichts anderes angegeben ist, auf die gegenwärtige 27. Auflage verwiesen. Ist der Band mit den Erläuterungen, auf die verwiesen werden soll, noch nicht erschienen, so ist, soweit dies sachdienlich erschien, in Klammern ergänzend die genaue Fundstelle in der 26. Auflage angegeben.

Zeitschriften werden regelmäßig mit dem Jahrgang zitiert. Ausnahmen (Bandangabe) bilden namentlich ZStW, GA (bis 1933) und VRS; hier ist regelmäßig die Jahreszahl zusätzlich angegeben. Bei der Angabe der Fundstelle eines amtlichen Verkündungsblattes wird die Jahreszahl nur angegeben, wenn sie von der Jahreszahl der Rechtsvorschrift abweicht.

Entscheidungen werden im allgemeinen nur mit einer Fundstelle angegeben. Dabei hat die amtliche Sammlung eines obersten Bundesgerichtes den Vorrang, sonst die Fundstelle, die die Entscheidung mit Anmerkung oder am ausführlichsten wiedergibt.

7. Abkürzungen

Die verwendeten Abkürzungen, namentlich von Gesetzen, Verwaltungsvorschriften, Entscheidungssammlungen, Zeitschriften usw. sind im Abkürzungsverzeichnis nachgewiesen.

Inhaltsverzeichnis

Abkürzungsverzeichnis

AA	Auswärtiges Amt
a.A.	anderer Ansicht
aaO	am angegebenen Orte
Abg.	Abgeordneter
AbgG	Gesetz über die Rechtsverhältnisse der Mitglieder des Deutschen Bundestages (Abgeordnetengesetz – AbgG) vom 18.2.1977 i.d.F. der Bek. vom 21.2.1996 (BGBl. I S. 326)
abl.	ablehnend
ABl.	Amtsblatt
ABlEG	Amtsblatt der Europäischen Gemeinschaften; Ausgabe C: Mitteilungen und Bekanntmachungen; Ausgabe L: Rechtsvorschriften (zit.: ABlEG Nr. L ... /(Seite) vom ...)
ABlEU	Amtsblatt der Europäischen Union (ab 2003); Ausgabe C: Mitteilungen und Bekanntmachungen; Ausgabe L: Rechtsvorschriften (zit.: ABlEU Nr. L .../(Seite) vom ...)
ABMG	Autobahnmautgesetz für schwere Nutzfahrzeuge vom 5.4.2002 (BGBl. I S. 1234)
Abs.	Absatz
Abschn.	Abschnitt
abw.	abweichend
AChRMV	Afrikanische Charta der Rechte der Menschen und Völker vom 26.6.1981, deutsche Übersetzung EuGRZ 1990, 348
AcP	Archiv für die civilistische Praxis
AdoptG	Adoptionsgesetz vom 2.7.1976 (BGBl. I S. 1749)
AdVermiG	Adoptionsvermittlungsgesetz vom 27.11.1989 (BGBl. I S. 2014) i.d.F. der Bek. vom 22.12.2001 (BGBl. 2002 I S. 354)
a.E.	am Ende
AEPC	Association of European Police Colleges
ÄndG	Änderungsgesetz
ÄndVO	Änderungsverordnung
a.F.	alte Fassung
AfkKR	Archiv für katholisches Kirchenrecht
AfP	Archiv für Presserecht, Zeitschrift für Medien- und Kommunikationsrecht
AG	Amtsgericht; in Verbindung mit einem Gesetz: Ausführungsgesetz
AGIS	Beschluss des Rates der Europäischen Union vom 22.7.2002 über ein Rahmenprogramm für die polizeiliche und justitielle Zusammenarbeit in Strafsachen – AGIS (ABlEG Nr. C 203 vom 1.8.2002, S. 5)
AGGewVerbrG	Ausführungsgesetz zum Gesetz gegen gefährliche Gewohnheitsverbrecher und über Maßregeln der Sicherung und Besserung vom 24.11.1933 (RGBl. I S. 1000)
AGGVG	Gesetz zur Ausführung des Gerichtsverfassungsgesetzes (Landesrecht)
AGS	Zeitschrift für das gesamte Gebührenrecht und Anwaltsmanagement
AGStPO	Ausführungsgesetz zur Strafprozessordnung (Landesrecht)
AHK	Alliierte Hohe Kommission
AIDP	Association Internationale de Droit Pénal
AJIL	American Journal of International Law
AktG	Gesetz über Aktiengesellschaften und Kommanditgesellschaften auf Aktien (Aktiengesetz) vom 6.9.1965 (BGBl. I S. 1089)
AktO	Anweisung für die Verwaltung des Schriftguts bei den Geschäftsstellen der Gerichte und der Staatsanwaltschaften (Aktenordnung)
allg. M.	allgemeine Meinung
Alsb.E	Die strafprozessualen Entscheidungen der Oberlandesgerichte, herausgegeben von Alsberg und Friedrich (1927), 3 Bände
Alt.	Alternative
a.M.	anderer Meinung
AMRK	Amerikanische Menschenrechtskonvention vom 22.11.1969 (Pact of San José), deutsche Übersetzung EuGRZ 1980, 435

https://doi.org/10.1515/9783110594546-206

amtl.	amtlich
amtl. Begr.	amtliche Begründung
Anh.	Anhang
AnhRügG	Gesetz über die Rechtsbehelfe bei Verletzung des Anspruchs auf rechtliches Gehör (Anhörungsrügengesetz) vom 9.12.2004 (BGBl. I S. 3220)
Anl.	Anlage
Anm.	Anmerkung
AnwBl.	Anwaltsblatt
AöR	Archiv des öffentlichen Rechts
AO	Abgabenordnung vom 16.3.1976 (BGBl. I S. 613) i.d.F. der Bek. vom 1.10.2002 (BGBl. I S. 3866)
AOStrÄndG	Gesetz zur Änderung strafrechtlicher Vorschriften der Reichsabgabenordnung und anderer Gesetze vom 10.8.1967 (BGBl. I S. 877)
apf	Ausbildung Prüfung Praxis – Zeitschrift für die staatliche und kommunale Verwaltung
APR	Allgemeines Persönlichkeitsrecht
APuZ	Aus Politik und Zeitgeschichte (Zeitschrift)
ArbGG	Arbeitsgerichtsgesetz vom 3.9.1953 i.d.F. der Bek. vom 2.7.1979 (BGBl. I S. 853)
ArchKrim.	Archiv für Kriminologie
ArchPF	Archiv für das Post- und Fernmeldewesen
ArchVR	Archiv des Völkerrechts
arg.	argumentum
Art.	Artikel
ASIL	The American Society of International Law
AsylVfG	Gesetz über das Asylverfahren i.d.F. der Bek. vom 2.9.2008 (BGBl. I S. 1798), zuletzt geändert durch Art. 1 des Gesetzes vom 4.12.2018 (BGBl. I S. 2250)
ATDG	Gesetz zur Errichtung einer standardisierten zentralen Antiterrordatei von Polizeibehörden und Nachrichtendiensten von Bund und Ländern (Antiterrordateigesetz – ATDG) v vom . 22.12.2006
AtomG	Gesetz über die friedliche Verwendung der Kernenergie und den Schutz gegen ihre Gefahren (Atomgesetz) vom 31.10.1976 (BGBl. I S. 3053) i.d.F. der Bek. vom 15.7.1985 (BGBl. I S. 1565)
AufenthG	Gesetz über den Aufenthalt, die Erwerbstätigkeit und die Integration von Ausländern im Bundesgebiet (Aufenthaltsgesetz – AufenthG), neugefasst durch Bek. vom 25.2.2008 (BGBl. I S. 162); zuletzt geändert durch Art. 1 des Gesetzes vom 12.7.2018 (BGBl. I S. 1147)
aufg.	aufgehoben
Aufl.	Auflage
AUILR	American University International Law Review
AUR	Agrar- und Umweltrecht
AuR	Arbeit und Recht (Zeitschrift)
ausf.	ausführlich
AuslG	Gesetz über die Einreise und den Aufenthalt von Ausländern im Bundesgebiet (Ausländergesetz) vom 9.7.1990 (BGBl. I S. 1354), außer Kraft getreten am 31.12.2004
AusnVO	Ausnahme-(Not-)Verordnung (1) VO zur Sicherung von Wirtschaft und Finanzen vom 1.12.1930 (RGBl. I S. 517) (2) VO zur Sicherung von Wirtschaft und Finanzen vom 6.10.1931 (RGBl. I S. 537, 563) (3) VO zur Sicherung von Wirtschaft und Finanzen und zum Schutz des inneren Friedens vom 8.12.1931 (RGBl. I S. 743) (4) VO über Maßnahmen auf dem Gebiet der Rechtspflege und Verwaltung vom 14.6.1932 (RGBl. I S. 285)
AV	Allgemeine Verfügung
AVG	Allgemeines Verwaltungsverfahrensgesetz (Österreich)
AVR	Archiv des Völkerrechts
AWG	Außenwirtschaftsgesetz vom 28.4.1961 (BGBl. I S. 481)

Az	Aktenzeichen
AZR-Gesetz	Gesetz über das Ausländerzentralregister (AZR-Gesetz) vom 2.9.1994 (BGBl. I S. 2265) i.d.F. der Bek. vom 23.12.2003 (BGBl. I S. 2848)
BAFin	Bundesanstalt für Finanzdienstleistungsaufsicht
BAG	Bundesarbeitsgericht
BAGE	Sammlung der Entscheidungen des Bundesarbeitsgerichts
BÄO	Bundesärzteordnung, neugefasst durch Bek. vom 16.4.1987 (BGBl. I S. 1218); zuletzt geändert durch Art. 5 des Gesetzes vom 23.12.2016 (BGBl. I S. 3191)
BAK	Blutalkoholkonzentration
BAnz.	Bundesanzeiger
BaWü.	Baden-Württemberg
Bay.	Bayern, bayerisch
BayAGGVG	Bayerisches Gesetz zur Ausführung des Gerichtsverfassungsgesetzes und von Verfahrensgesetzen des Bundes vom 23.6.1981 (BayGVBl. S. 188)
BayBS	Bereinigte Sammlung des Bayerischen Landesrechts (1802 bis 1956)
BayObLG	Bayerisches Oberstes Landesgericht
BayObLGSt	Sammlung von Entscheidungen des Bayerischen Obersten Landesgerichts in Strafsachen
BayPAG	Gesetz über die Aufgaben und Befugnisse der Bayerischen Staatlichen Polizei (Polizeiaufgabengesetz – PAG) i.d.F. d. Bek. vom 14.9.1990 (GVBl. S. 397), zuletzt geändert durch § 1 des Gesetzes vom 18.5.2018 (GVBl. S. 301, 434)
BayRS	Bayerische Rechtssammlung (ab 1.1.1983)
BayStVollzG	Bayerisches Strafvollzugsgesetz
BayVerf.	Verfassung des Freistaates Bayern vom 2.12.1946 (BayBS. I 3)
BayVerfGH	Bayerischer Verfassungsgerichtshof
BayVerfGHE	s. BayVGHE
BayVerwBl.	Bayerische Verwaltungsblätter
BayVGH	Bayerischer Verwaltungsgerichtshof
BayVGHE	Sammlung von Entscheidungen des Bayerischen Verwaltungsgerichtshofs mit Entscheidungen des Bayerischen Verfassungsgerichtshofes, des Bayerischen Dienststrafhofs und des Bayerischen Gerichtshofs für Kompetenzkonflikte
BayZ	Zeitschrift für Rechtspflege in Bayern (1905–34)
BB	Betriebs-Berater (Zeitschrift)
BBG	Bundesbeamtengesetz vom 14.7.1953 (BGBl. I S. 551) i.d.F. der Bek. vom 31.3.1999 (BGBl. I S. 675)
Bbg.	Brandenburg
BbgVerfG	Brandenburgisches Verfassungsgericht
BC	Business Compliance (Zeitschrift)
Bd.	Band
BDG	Bundesdisziplinargesetz vom 9.7.2001 (BGBl. I S. 1510)
BDH	Bundesdisziplinarhof (jetzt Bundesverwaltungsgericht)
BDSG	Bundesdatenschutzgesetz i.d.F. der Bek. vom 14.1.2003 (BGBl. I S. 66)
beA	besonderes elektronisches Anwaltspostfach
BeamtStG	Gesetz zur Regelung des Statusrechts der Beamtinnen und Beamten in den Ländern (Beamtenstatusgesetz – BeamtStG) vom 17.6.2008 (BGBl. I S. 1010)
Begr.	Begründung
BegrenzungsVO	Verordnung über die Begrenzung der Geschäfte des Rechtspflegers bei der Vollstreckung in Straf- und Bußgeldsachen vom 26.6.1970 (BGBl. I S. 992) i.d.F. der Bek. vom 16.2.1982 (BGBl. I S. 188)
BEG-SchlußG	Zweites Gesetz zur Änderung des Bundesentschädigungsgesetzes vom 14.9.1965 (BGBl. I S. 1315)
Bek.	Bekanntmachung
Bek. 1924	Strafprozeßordnung i.d.F. der Bek. vom 22.3.1924 (RGBl. I S. 299, 322)
Bek. 1950	Strafprozeßordnung i.d.F. der Bek. vom 12.9.1950 (BGBl. I S. 629)

Bek. 1965	Strafprozeßordnung i.d.F. der Bek. vom 17.9.1965 (BGBl. I S. 1373)
Bek. 1975	Strafprozeßordnung i.d.F. der Bek. vom 7.1.1975 (BGBl. I S. 129)
Bek. 1987	Strafprozeßordnung i.d.F. der Bek. vom 7.4.1987 (BGBl. I S. 1074)
ber.	berichtigt
BerathG	Gesetz über Rechtsberatung und Vertretung für Bürger mit geringem Einkommen (Beratungshilfegesetz) vom 18.6.1980 (BGBl. I S. 689)
BerlVerfGH	Berliner Verfassungsgerichtshof
BerRehaG	Gesetz über den Ausgleich beruflicher Benachteiligungen für Opfer politischer Verfolgung im Beitrittsgebiet (Berufliches Rehabilitierungsgesetz – BerRehaG) vom 23.6.1994 (BGBl. I S. 1314)
Beschl.	Beschluss
Bespr.	Besprechung
BeurkG	Beurkundungsgesetz vom 28.8.1969 (BGBl. I S. 1513)
BewHi.	Bewährungshilfe (Zeitschrift)
BezG	Bezirksgericht
Bf.	Beschwerdeführer
BFH	Bundesfinanzhof
BFHE	Sammlung der Entscheidungen des Bundesfinanzhofs (BFH)
BfJG	Gesetz über die Errichtung des Bundesamtes für Justiz = Art. 1 des Gesetzes zur Errichtung und zur Regelung der Aufgaben des Bundesamtes für Justiz vom 17.12.2006 (BGBl. I S. 3171)
BGB	Bürgerliches Gesetzbuch vom 18.8.1896 (RGBl. S. 195) i.d.F. der Bek. vom 2.1.2002 (BGBl. I S. 42, ber. S. 2909 und BGBl. 2003 I S. 738).
BGBl. I, II, III	Bundesgesetzblatt Teil I, II und III
BGer	Schweizerisches Bundesgericht
BGH	Bundesgerichtshof
BGH-DAT	Datenbank der Rechtsprechung des Bundesgerichtshofs auf CD-ROM, herausgegeben von Werner Theune
BGH (ER)	Ermittlungsrichter beim Bundesgerichtshof
BGHE Strafs.	Rechtsprechung des Bundesgerichtshofes in Strafsachen auf CD-ROM, herausgegeben von Mitgliedern des Gerichts
BGHGrS	Bundesgerichtshof, Großer Senat (hier in Strafsachen)
BGHR	BGH-Rechtsprechung in Strafsachen (Loseblattsammlung)
BGHRZ	BGH-Rechtsprechung in Zivilsachen (Loseblattsammlung)
BGHSt	Entscheidungen des Bundesgerichtshofs in Strafsachen
BGHZ	Entscheidungen des Bundesgerichtshofs in Zivilsachen
BGSG	Gesetz über den Bundesgrenzschutz (Bundesgrenzschutzgesetz – BGSG) vom 19.10.1994 (BGBl. I S. 2978)
BGSNeuRegG	Gesetz zur Neuregelung der Vorschriften über den Bundesgrenzschutz (Bundesgrenzschutzneuregelungsgesetz – BGSNeuRegG) vom 19.10.1994 (BGBl. I S. 2978)
BHRJ	Business and Human Rights Journal
BinnSchiffG	Gesetz betr. die privatrechtlichen Verhältnisse der Binnenschiffahrt (Binnenschiffahrtsgesetz) vom 15.6.1895 i.d.F. der Bek. vom 15.6.1898 (RGBl. S. 868)
BinSchiffVfG	Gesetz über das gerichtliche Verfahren in Binnenschiffahrts- und Rheinschiffahrtssachen vom 27.9.1952 (BGBl. I S. 641)
BJM	Basler Juristische Mitteilungen
BJOG	An International Journal of Obstetrics and Gynaecology
BKA	Bundeskriminalamt
BKAG	Gesetz über das Bundeskriminalamt und die Zusammenarbeit des Bundes und der Länder in kriminalpolizeilichen Angelegenheiten (Bundeskriminalamtgesetz – BKAG) vom 7.7.1997 (BGBl. I S. 1650)
Bln.	Berlin
Bln.GVBl.Sb.	Sammlung des bereinigten Berliner Landesrechts, Sonderband I (1806 bis 1945) und II (1945 bis 1967)

Blutalkohol	Blutalkohol, Wissenschaftliche Zeitschrift für die medizinische und juristische Praxis
BMI	Bundesminister(-ium) des Innern
BMinG	Gesetz über die Rechtsverhältnisse der Mitglieder der Bundesregierung (Bundesministergesetz) vom 17.6.1953 (BGBl. I S. 407) i.d.F. der Bek. vom 27.7.1971 (BGBl. I S. 1166)
BMJ	Bundesminister(-ium) der Justiz
BNDG	Gesetz über den Bundesnachrichtendienst vom 20.12.1990 (BGBl. I S. 2979) i.d.F. der Bek. vom 9.1.2002 (BGBl. I S. 361 ff.)
Bonn.Komm.	Kommentar zum Bonner Grundgesetz (Loseblattausgabe)
BORA	Berufsordnung für Rechtsanwälte i.d.F. der Bek. vom 1.11.2001
BPolBG	Bundespolizeibeamtengesetz i.d.F. der Bek. vom 3.6.1976 (BGBl. I S. 1357)
BR	s. BRat
BRAGO	Bundesgebührenordnung für Rechtsanwälte vom 26.7.1957 (BGBl. I S. 907); ersetzt durch das Rechtsanwaltsvergütungsgesetz (RVG)
BRAK	Bundesrechtsanwaltskammer
BRAK-Mitt.	Mitteilungen der Bundesrechtsanwaltskammer
BranntWMonG	Branntweinmonopolgesetz vom 8.4.1922 (RGBl. I S. 405; BGBl. III 612-7)
BRAO	Bundesrechtsanwaltsordnung vom 1.8.1959 (BGBl. I S. 565); zuletzt geändert durch Art. 3 des Gesetzes vom 30.10.2017 (BGBl. I S. 3618)
BRat	Bundesrat
BRDrucks.	Drucksachen des Bundesrats
BReg.	Bundesregierung
Brem.	Bremen
BRJ	Bonner Rechtsjournal
BRProt.	Protokolle des Bundesrates
BS	Sammlung des bereinigten Landesrechts
BSG	Bundessozialgericht
Bsp.	Beispiel
BT	Bundestag
BTDrucks.	Drucksachen des Bundestags
BtG	Gesetz zur Reform des Rechts der Vormundschaft und Pflegschaft für Volljährige (Betreuungsgesetz – BtG) vom 12.9.1990 (BGBl. I S. 2002)
BtMG	Gesetz über den Verkehr mit Betäubungsmitteln (Betäubungsmittelgesetz) vom 28.7.1981 (BGBl. I S. 681) i.d.F. der Bek. vom 1.3.1994 (BGBl. I S. 358)
BTProt.	s. BTVerh.
BTRAussch.	Rechtsausschuss des Deutschen Bundestags
BTVerh.	Verhandlungen des Deutschen Bundestags
BVerfG	Bundesverfassungsgericht
BVerfGE	Entscheidungen des Bundesverfassungsgerichts
BVerfGG	Gesetz über das Bundesverfassungsgericht vom 12.3.1951 i.d.F. der Bek. vom 11.8.1993 (BGBl. I S. 1473)
BVerfGK	Kammerentscheidungen des Bundesverfassungsgerichts
BVerfSchG	Gesetz über die Zusammenarbeit des Bundes und der Länder in Angelegenheiten des Verfassungsschutzes und über das Bundesamt für Verfassungsschutz (Bundesverfassungsschutzgesetz) vom 20.12.1990 (BGBl. I S. 2954)
BVerwG	Bundesverwaltungsgericht
BVerwGE	Entscheidungen des Bundesverwaltungsgerichts
BV-G	Bundesverfassungsgesetz (österreichische Verfassung)
BW	Baden-Württemberg
BWahlG	Bundeswahlgesetz neugefasst durch Bek. vom 23.7.1993 BGBl. I S. 1288, 1594
bzgl.	bezüglich
BZRG	Gesetz über das Zentralregister und das Erziehungsregister (Bundeszentralregistergesetz), neugefasst durch Bek. vom 21.9.1984 (BGBl. I S. 1229, 1985 I S. 195); zuletzt geändert durch Art. 1 des Gesetzes vom 18.7.2017 (BGBl. I S. 2732)

2. BZRÄndG	Zweites Gesetz zur Änderung des Bundeszentralregistergesetzes (2. BZRÄndG) vom 17.7.1984 (BGBl. I S. 990)
bzw.	beziehungsweise
CAT	siehe UN-CAT
Causa Sport	Die Sport-Zeitschrift für nationales und internationales Recht sowie für Wirtschaft
CCBE	Council of the Bars and Law Societies of the European Union
CCC	Constitutio Criminalis Carolina
CCJE	Consultative Council of European Judges
CCPR	siehe HRC
CCZ	Corporate Compliance Zeitschrift
CD	Collection of Decisions Bd. 1 bis 46 (1960 bis 1974), Entscheidungen der Europäischen Kommission für Menschenrechte über die Zulässigkeit von Beschwerden
CDDH	Steering Committee for Human Rights (Europarat)
CDE	Cahiers de droit européen (Zeitschrift)
CDPC	European Committee on Crime Problems
CEAS	Common European Asylum System
CELJ	China-EU Law Journal
CEPEJ	European Commission on the Efficiency of Justice
CEPOL	European Police College (Budapest)
CERD	Internationales Übereinkommen zur Beseitigung von jeder Form von Rassendiskriminierung (CERD) vom 7.3.1966
CERT	Computer Emergency Response Team
CETS	(vgl. CTS)
ChE	Chiemsee-Entwurf (Verfassungsausschuß der Ministerpräsidentenkonferenz der Westlichen Besatzungszonen. Bericht über den Verfassungskonvent auf Herrenchiemsee vom 10. bis 23.8.1948) (1948)
ChemG	Chemikaliengesetz i.d.F. der Bek. vom 20.6.2002 (BGBl. I S. 2090)
CJ	Corpus Juris
CJEL	Columbia Journal of European Law
CMLRev	Common Market Law Review
COSI	Ständiger Ausschuss für die operative Zusammenarbeit im Bereich der inneren Sicherheit (EU)
CPP	Code de procédure pénale
CPS	Crown Prosecution Service
CPT	Committee for the Prevention of Torture – Europäischer Ausschuss zur Verhütung von Folter und unmenschlicher oder erniedrigender Behandlung oder Strafe (Europarat)
CR	Computer und Recht (Zeitschrift)
CRC	Übereinkommen über die Rechte des Kindes vom 20.11.1989 (BGBl. 1992 II S. 122)
Crim.L.R.	Criminal Law Review
CrimeLawSocChange	Crime, Law and Social Change (Zeitschrift)
CSW	Cross-Border Surveillance Working Group
CWÜAG	Ausführungsgesetz zum Chemiewaffenübereinkommen vom 2.8.1994 (BGBl. I S. 1954)
DA	Dienstanweisung
DAG	Deutsches Auslieferungsgesetz vom 23.12.1929 (BGBl. I S. 239), aufgehoben durch IRG vom 23.12.1982 (BGBl. I S. 2071)
DAJV-Newsletter	Zeitschrift der Deutsch-Amerikanischen Juristen-Vereinigung e.V.
DAR	Deutsches Autorecht (Zeitschrift)
DAV	DeutscherAnwaltVerein
DB	Der Betrieb (Zeitschrift)
DDevR	Deutsche Devisen-Rundschau (1951–59)
DDR	Deutsche Demokratische Republik
ders.	derselbe

DERechtsmittelG	Diskussionsentwurf für ein Gesetz über die Rechtsmittel in Strafsachen, im Auftrag der JMK vorgelegt von der Bund-Länder-Arbeitsgruppe Strafverfahrensreform (1975)
DG	Disziplinargesetz (der Länder)
Die Justiz	Die Justiz, Amtsblatt des Justizministeriums Baden-Württemberg
Die Polizei	Die Polizei (seit 1955: Die Polizei – Polizeipraxis)
dies.	dieselbe
Diss.	Dissertation
DiszO	Disziplinarordnung (der Länder)
DJ	Deutsche Justiz, Rechtspflege und Rechtspolitik (1933–45)
DJT	Deutscher Juristentag (s. auch VerhDJT)
DJZ	Deutsche Juristenzeitung (1896–1936)
DNA-AnalyseG	Gesetz zur Novellierung der forensischen DNA-Analyse vom 12.8.2005 (BGBl. I S. 2360)
DNA-IFG	DNA-Identitätsfeststellungsgesetz vom 7.9.1998 (BGBl. I S. 2646; 1999 I S. 1242)
DNP	Die Neue Polizei
DNutzG	Gesetz zur effektiveren Nutzung von Dateien im Bereich der Staatsanwaltschaften vom 10.9.2004 (BGBl. I S. 2318)
DÖD	Der Öffentliche Dienst
DÖV	Die Öffentliche Verwaltung
DOGE	Entscheidungen des Deutschen Obergerichts für das Vereinigte Wirtschaftsgebiet
DPA	Deutsches Patentamt
DR	Deutsches Recht (1931 bis 1945) Decisions and Reports (ab 1975): Entscheidungen über die Zulässigkeit von Beschwerden; Berichte der Europäischen Kommission für Menschenrechte; Resolutionen des Ministerkomitees des Europarates
DRechtsw.	Deutsche Rechtswissenschaft (1936–43)
DRiG	Deutsches Richtergesetz, neugefasst durch Bek. vom 19.4.1972 (BGBl. I S. 713); zuletzt geändert durch Art. 9 des Gesetzes vom 8.6.2017 (BGBl. I S. 1570)
DRiZ	Deutsche Richterzeitung
DRpfl.	Deutsche Rechtspflege (1936–1939)
DRsp.	Deutsche Rechtsprechung, herausgegeben von Feuerhake (Loseblattsammlung)
Drucks.	Drucksache
DRZ	Deutsche Rechts-Zeitschrift (1946 bis 1950)
DSB	Datenschutz-Berater
DSteuerR	Deutsches Steuerrecht (Zeitschrift)
DStR	Deutsches Strafrecht (1934 bis 1944)
DStRE	Deutsches Steuerrecht Entscheidungsdienst (Zeitschrift)
DStrZ	Deutsche Strafrechts-Zeitung (1914 bis 1922)
DStZ	Deutsche Steuer-Zeitung
dt.	deutsch
DtBR	Das Deutsche Bundesrecht, Gesetzessammlung mit Erläuterungen (Loseblattausgabe)
DtZ	Deutsch-Deutsche Rechts-Zeitschrift
DuD	Datenschutz und Datensicherheit (Zeitschrift)
DuR	Demokratie und Recht (Zeitschrift)
DVBl.	Deutsches Verwaltungsblatt (Zeitschrift)
DVO	Durchführungsverordnung
DVollzO	Dienst- und Vollzugsordnung
DVOVereinf.VO	Verordnung zur Durchführung der Verordnung über Maßnahmen auf dem Gebiete der Gerichtsverfassung und der Rechtspflege vom 8.9.1939 (RGBl. I S. 1703)
DVOZust.VO	Verordnung zur Durchführung der Verordnung über die Zuständigkeit der Strafgerichte, die Sonderstrafgerichte sowie sonstige strafverfahrensrechtliche Vorschriften vom 13.3.1940 (RGBl. I S. 489)
DVP	Deutsche Verwaltungspraxis – Fachzeitschrift für die öffentliche Verwaltung
DVR	Datenverarbeitung im Recht (Zeitschrift)
DWiR	Deutsche Zeitschrift für Wirtschaftsrecht

E	Entwurf
E. & P.	International Journal of Evidence & Proof
ebda.	Ebenda
EA	Vertrag über Gründung der Europäischen Atomgemeinschaft i.d.F. nach dem 1.5.1999
EAG	Europäische Atomgemeinschaft
EAGV	Vertrag zur Gründung der Europäischen Atomgemeinschaft vom 25.3.1957, Ges. vom 27.7.1957 (BGBl. II S. 753), Bek. vom 27.12. 1957 (BGBl. 1958 II S. 1)
EAJLG	European-Asian Journal of Law and Governance
EAkte	Elektronische Akte
EAkteJEG	Gesetz zur Einführung der elektronischen Akte in der Justiz und zur weiteren Förderung des elektronischen Rechtsverkehrs vom 5.7.2017 (BGBl. I S. 2208)
EAW	European Arrest Warrant, siehe EuHb
EB	Ergänzungsband
EBA	Europäische Beweisanordnung
EBAO	Einforderungs- und Beitreibungsanordnung i.d.F. der Bek. vom 1.4.2001
ECBA	European Criminal Bar Association
ECG	European Cooperation Group on Undercover Activities (ECG)
ECJ	siehe EuGH (European Court of Justice)
ECLAN	European Criminal Law Academic Network
ECOSOC	Wirtschafts- und Sozialrat (UN)
ECPI	European Criminal Policy Initiative
ECPT	Europäisches Übereinkommen zur Verhütung von Folter und unmenschlicher oder erniedrigender Behandlung oder Strafe vom 26.11.1987 (ETS 126; BGBl. 1989 II S. 946)
ECRI	European Commission against Racism and Intolerance/Europäische Kommission gegen Rassismus und Intoleranz
ECRIS	European Criminal Records Information System
EDS/EDU	Europäische Drogeneinheit (Vorläufer von Europol)/European Drug Unit
EDV	Elektronische Datenverarbeitung
EEA	Europäische Ermittlungsanordnung/European Investigation Order (EIO)
EFG	Entscheidungen der Finanzgerichte (Zeitschrift)
EG	Vertrag zur Gründung einer Europäischen Gemeinschaft i.d.F. nach dem 1.5.1999 (vor dem 1.5.1999: EGV); Europäische Gemeinschaft
EGBGB	Einführungsgesetz zum Bürgerlichen Gesetzbuch vom 18.8.1896 (RGBl. S. 604) i.d.F. der Bek. vom 21.9.1994 (BGBl. I S. 2494)
EGFaxÜbk	Abkommen vom 26.5.1989 zwischen den Mitgliedstaaten der Europäischen Gemeinschaften über die Vereinfachung und Modernisierung der Verfahren zur Übermittlung von Auslieferungsersuchen (BGBl. 1995 II S. 969)
EGFinSchÜbk	Übereinkommen vom 26.7.1995 über den Schutz der finanziellen Interessen der Europäischen Gemeinschaften (PIF-Übereinkommen; ABlEG Nr. C 316 vom 27.11.1995, S. 49
EGFinSchG	Gesetz zu dem Übereinkommen vom 26. Juli 1995 über den Schutz der finanziellen Interessen der Europäischen Gemeinschaften (EG-Finanzschutzgesetz – EGFinSchG) vom 10.9.1998 (BGBl. II S. 2322)
EGG	Gesetz über rechtliche Rahmenbedingungen für den elektronischen Geschäftsverkehr (Elektronischer Geschäftsverkehr-Gesetz – EGG) vom 14.12.2001 (BGBl. I S. 3721)
EGGVG	Einführungsgesetz zum Gerichtsverfassungsgesetz vom 27.1.1877 (RGBl. S. 77)
EGH	Ehrengerichtshof in Anwaltssachen
EGInsO	Einführungsgesetz zur Insolvenzordnung vom 5.10.1994 (BGBl. I S. 2911)
EGKS	Europäische Gemeinschaft für Kohle und Stahl
EGKSV	Vertrag über die Gründung der EGKS vom 18.4.1951 (BGBl. II S. 447)
EGMR	Europäischer Gerichtshof für Menschenrechte
EGMR (GK)	Europäischer Gerichtshof für Menschenrechte (Große Kammer)
EGMR (K)	Europäischer Gerichtshof für Menschenrechte (Kammer)
EGMR Serie A/B; Reports	Entscheidungen des Europäischen Gerichtshofs für Menschenrechte, Sammlung in deutscher Übersetzung, Band, Seite; ab 1996: Reports of Judgments and Decisions)

EGMRVerfO	Verfahrensordnung des Europäischen Gerichtshofs für Menschenrechte (Rules of Court) i.d.F. der Bek. vom 14.11.2016 (www.echr.coe.int)
EG-ne bis in idem-Übk	Übereinkommen vom 25.5.1987 zwischen den Mitgliedstaaten der Europäischen Gemeinschaften über das Verbot der doppelten Strafverfolgung – EG-ne bis in idem-Übk (BGBl. 1998 II S. 2227)
EGOWiG	Einführungsgesetz zum Gesetz über Ordnungswidrigkeiten vom 24.5.1968 (BGBl. I S. 503)
EGStGB 1870	Einführungsgesetz zum Strafgesetzbuch vom 31.5.1870 (RGBl. S.195)
EGStGB 1974	Einführungsgesetz zum Strafgesetzbuch vom 2.3.1974 (BGBl. I S.469)
EGStPO	Einführungsgesetz zur Strafprozeßordnung vom 1.2.1877
EGV	Vertrag zur Gründung einer Europäischen Gemeinschaft i.d.F. vor dem 1.5.1999 (nach dem 1.5.1999: EG)
EGVollstrÜbk	Übereinkommen vom 13.11.1991 zwischen den Mitgliedstaaten der Europäischen Gemeinschaft über die Vollstreckung ausländischer strafrechtlicher Verurteilungen
EGZPO	Einführungsgesetz zur Zivilprozeßordnung vom 30.1.1877 (RGBl. S. 244)
EhrenGHE	Ehrengerichtliche Entscheidungen (der Ehrengerichtshöfe der Rechtsanwaltschaft des Bundesgebietes und des Landes Berlin)
EHRLR	European Human Rights Law Review
EhrRiVG	Gesetz zur Vereinfachung und Vereinheitlichung der Verfahrensvorschriften zur Wahl und Berufung ehrenamtlicher Richter vom 21.12.2004 (BGBl. I S. 3599)
Einf.	Einführung
EinigungsV	Vertrag zwischen der Bundesrepublik Deutschland und der Deutschen Demokratischen Republik über die Herstellung der Einheit Deutschlands vom 31.8.1990 (BGBl. II S. 889)
EinigungsVG	Gesetz zu dem Vertrag vom 31.8.1990 zwischen der Bundesrepublik Deutschland und der Deutschen Demokratischen Republik über die Herstellung der Einheit Deutschlands – Einigungsvertragsgesetz – und der Vereinbarung vom 18.9.1990 vom 23.9.1990 (BGBl. II S. 885)
Einl.	Einleitung
EIO	siehe EEA
EIS	Europol-Informationssystem
EJB	Beschluss des Rates (2002/187/JI) vom 28.2.2002 über die Errichtung von Eurojust zur Verstärkung der Bekämpfung der schweren Kriminalität (ABlEG Nr. L 63 vom 6.3.2002, S. 1), geändert durch Beschluss 2003/659/JI des Rates vom 18.6.2003 (ABlEU Nr. L 245 vom 23.9.2003, S. 44) und den Beschluss 2009/426/JI des Rates vom 16.12.2008 zur Stärkung von Eurojust (ABlEU Nr. L 138 vom 4.6.2009, S. 14
EJF	Entscheidungen aus dem Jugend- und Familienrecht (1951–1969)
EJG	Gesetz zur Umsetzung des Beschlusses (2002/187/JI) des Rates vom 28. Februar 2002 über die Errichtung von Eurojust zur Verstärkung der Bekämpfung der schweren Kriminalität (Eurojust-Gesetz – EJG) vom 12.5.2004 (BGBl. I S. 902)
EJKoV	Verordnung über die Koordinierung der Zusammenarbeit mit Eurojust (Eurojust-Koordinierungs-Verordnung –) vom 26.9.2012 (BGBl. I S. 2093)
EJN	Europäisches Justitielles Netz/European Judicial Network
EJTAnV	Verordnung über die Benennung und Einrichtung der nationalen Eurojust-Anlaufstelle für Terrorismusfragen (Eurojust-Anlaufstellen-Verordnung –) vom 17.12.2004 (BGBl. I S. 3520)
EJTN	European Judicial Training Network
EKMR	Europäische Kommission für Menschenrechte
EKMRVerfO	Verfahrensordnung der Europäischen Kommission für Menschenrechte i.d.F. der Bek. vom 29.5.1991 (BGBl. II S. 838)
EL	Ergänzungslieferung
eIDAS	elektronische Identifizierung und Vertrauensdienste für elektronische Transaktionen im Binnenmarkt
eIDASDG	Gesetz zur Durchführung der Verordnung (EU) Nr. 910/2014 des Europäischen Parlaments und des Rates vom 23. Juli 2014 über und zur Aufhebung der Richtlinie 1999/93/EG (eIDAS-Durchführungsgesetz) vom 18.7.2017 (BGBl. I S. 2745)

ELJ	European Law Journal
ELRev	European Law Review
EMCDDA	European Monitoring Centre for Drugs and Drug Addiction
EmmingerVO	Verordnung über Gerichtsverfassung und Strafrechtspflege vom 4.1.1924 (RGBl. I S. 23)
EMöGG	Gesetz zur Erweiterung der Medienöffentlichkeit in Gerichtsverfahren und zur Verbesserung der Kommunikationshilfen für Menschen mit Sprach- und Hörbehinderungen (Gesetz über die Erweiterung der Medienöffentlichkeit in Gerichtsverfahren – EMöGG) vom 8.10.2017 (BGBl. I S. 3546)
EMRK	Konvention zum Schutze der Menschenrechte und Grundfreiheiten vom 4.11.1950 (BGBl. II S. 685, 953) i.d.F. der Bek. vom 22.10.2010 (BGBl. II S. 1198) 1. ZP-EMRK vom 20.3.1952 (BGBl. 1956 II S. 1880) 2. P-EMRK vom 6.5.1963 (BGBl. 1968 II S. 1112) 3. P-EMRK vom 6.5.1963 (BGBl. 1968 II S. 1116) 4. ZP-EMRK vom 16.9.1963 (BGBl. 1968 II S. 423) 5. P-EMRK vom 20.1.1966 (BGBl. 1968 II S. 1120) 6. ZP-EMRK vom 28.4.1983 (BGBl. 1988 II S. 662) 7. ZP-EMRK vom 22.11.1984 8. P-EMRK vom 19.3.1985 (BGBl. 1989 II S. 547) 9. P-EMRK vom 6.11.1990 (BGBl. 1994 II S. 490) 10. P-EMRK vom 25.3.1992 (BGBl. 1994 II S. 490) 11. P-EMRK vom 11.5.1994 (BGBl. 1995 II S. 578) 12. ZP-EMRK vom 4.11.2000 13. ZP-EMRK vom 3.5.2002 (BGBl. 2004 II S. 982) 14. P-EMRK vom 13.5.2004 (BGBl. 2006 II S. 138) 14bis P-EMRK vom 27.5.2009 15. P-EMRK vom 24.6.2013 (BGBl. 2014 II S. 1034) 16. P-EMRK vom 2.10.2013
ENeuOG	Gesetz zur Neuordnung des Eisenbahnwesens (Eisenbahnneuordnungsgesetz – ENeuOG) vom 27.12.1993 (BGBl. I S. 2378)
ENFSI	European Network of Forensic Institute
EntlG	Gesetz zur Entlastung der Gerichte vom 11.3.1921 (RGBl. S. 229)
Entsch.	Entscheidung
entspr.	entsprechend
Entw.	Entwurf
Entw. 1908	Entwurf einer Strafprozeßordnung und Novelle zum Gerichtsverfassungsgesetz nebst Begründung (1908), E 1908, MatStrR-Ref. Bd. 11
Entw. 1909	Entwürfe 1. eines Gesetzes, betreffend Änderungen des Gerichtsverfassungsgesetzes, 2. der Strafprozeßordnung (1909), E 1909 RT-Verhandl. Bd. 254 Drucks. Nr. 1310 = MatStrRRef Bd. 12; Bericht der 7. Kommission des Reichstags 1909 bis 1911 zur Vorbereitung der Entwürfe 1. eines Gesetzes betreffend die Änderung des Gerichtsverfassungsgesetzes, 2. einer Strafprozeßordnung, 3. eines zu beiden Gesetzen gehörenden Einführungsgesetzes = MatStrRRef. Bd. 13
Entw. 1919/1920	Entwürfe 1. eines Gesetzes zur Änderung des Gerichtsverfassungsgesetzes (1919), 2. eines Gesetzes über den Rechtsgang in Strafsachen (1920), E 1919/1920, MatStrRRef. Bd. 14
Entw. 1930	Entwurf eines Einführungsgesetzes zum Allgemeinen Deutschen Strafgesetzbuch und zum Strafvollzugsgesetz 1930, EGStGB-Entw. 1930, RT-Drucks. Nr. 2070 = MatStrRRef. Bd. 7
Entw. 1939	Entwurf einer Strafverfahrensordnung und einer Friedens- und Schiedsmannsordnung (1939), StPO-Entw. 1939, Nachdruck 1954
EP	Europäisches Parlament
EPA	Europäisches Patentamt
EPO	siehe ESA
EPPO	European Public Prosecutor's Office / Europäische Staatsanwaltschaft

EPZ	Europäische Politische Zusammenarbeit
ERA	Europäische Rechtsakademie (Trier)
ERA-Forum	ERA-Forum (Zeitschrift)
ErbR	Zeitschrift für die gesamte erbrechtliche Praxis
erg.	ergänzend
Erg.	Ergänzung; Ergebnis
ErgBd.	Ergänzungsband
Erl.	Erlass; Erläuterung(en)
ESA	Europäische Schutzanordnung/European Protection Order (EPO)
EStG	Einkommensteuergesetz
ETS	European Treaty Series; Übereinkommen des Europarates (fortlaufend nummeriert; www.coe.int; ab 1949)
EU	Vertrag über die Europäische Union
EuAbgG	Europaabgeordnetengesetz vom 6.4.1979 (BGBl. I S. 413)
EuAlÜbk	Europäisches Auslieferungsübereinkommen vom 13.12.1957 (ETS 024; BGBl. 1964 II S. 1369); 2. ZP EuAlÜbk vom 17.3.1978 (ETS 098; BGBl. 1990 II S. 118; 1991 II S. 874)
EUAlÜbk	Übereinkommen vom 27.9.1996 aufgrund von Artikel K.3 des Vertrags über die Europäische Union über die Auslieferung zwischen den Mitgliedstaaten der Europäischen Union (ABlEG Nr. C 313/11 vom 23.10.1996; BGBl. 1998 II S. 2253)
EuArch	Europa-Archiv
EUBestG	Gesetz zu dem Protokoll vom 27. September 1996 zum Übereinkommen über den Schutz der finanziellen Interessen der Europäischen Gemeinschaften (EU-Bestechungsgesetz – EUBestG) vom 10.9.1998 (BGBl. II S. 2340)
EUC	Charta der Grundrechte der Europäischen Union
EUCARIS	Vertrag über ein Europäisches Fahrzeug- und Führerscheininformationssystem
EuCLR	European Criminal Law Review (Zeitschrift)
eucrim	Journal for the Protection of the Financial Interests of the European Communities
EuDrogenÜbk	Übereinkommen vom 31.1.1995 über den unerlaubten Verkehr mit Drogen auf hoher See zur Durchführung des Art. 17 des Übereinkommens der Vereinten Nationen vom 20.12.1988 gegen den unerlaubten Verkehr mit Suchtstoffen und psychotropen Stoffen (ETS 156; BGBl. 2000 II S. 1313)
EuG	Europäisches Gericht erster Instanz (Luxemburg)
EuGeldwÜbk	Übereinkommen vom 8.11.1990 über Geldwäsche sowie Ermittlung, Beschlagnahme und Einziehung von Erträgen aus Straftaten (ETS 141; BGBl. 1998 II S. 519)
EuGH	Gerichtshof der Europäischen Union
EuGH Slg.	Entscheidungen des Gerichtshofs der Europäischen Union (EuGH) – Amtliche Sammlung
EuGHG	Gesetz vom 6.8.1998 betreffend die Anrufung des Gerichtshofs der Europäischen Gemeinschaften im Wege des Vorabentscheidungsverfahrens auf dem Gebiet der polizeilichen Zusammenarbeit und der justitiellen Zusammenarbeit in Strafsachen nach Art. 35 des EU-Vertrages – EuGHG (BGBl. 1998 I S. 2035; 1999 II S. 728)
EuGRAG	Gesetz zur Durchführung der Richtlinie des Rates der EG vom 22.3.1977 zur Erleichterung der tatsächlichen Ausübung des freien Dienstleistungsverkehrs der Rechtsanwälte vom 16.8.1980 (BGBl. I S. 1453)
EuGRZ	Europäische Grundrechte-Zeitschrift
EuHb	Europäischer Haftbefehl/European Arrest Warrant (EAW)
EuHbG	Gesetz zur Umsetzung des Rahmenbeschlusses über den Europäischen Haftbefehl und die Übergabeverfahren zwischen den Mitgliedstaaten der Europäischen Union (Europäisches Haftbefehlsgesetz – EuHbG) vom 21.7.2004 (BGBl. I S. 1748) und vom 20.7.2006 (BGBl. I S. 1721)
EuJCCCJ	European Journal of Crime, Criminal Law and Criminal Justice (Zeitschrift)
EuKonv	Europäischer Konvent
EUMC	siehe ECRI
EuOEÜbk	Europäisches Übereinkommen vom 24.11.1983 über die Entschädigung für Opfer von Gewalttaten (ETS 116; BGBl. 2000 II S. 1209)

EuR	Europarecht (Zeitschrift)
EuRAG	Gesetz über die Tätigkeit europäischer Rechtsanwälte in Deutschland vom 9.3.2000 (BGBl. I S. 182)
EuRhÜbk	Europäisches Übereinkommen über die Rechtshilfe in Strafsachen vom 20.4.1959 (ETS 30; BGBl. 1964 II S. 1369; 1976 II S. 1799); ZP EuRhÜbk vom 17.3.1978 (ETS 99; BGBl. 1990 II S. 124; 1991 II S. 909); 2. ZP EuRHÜbk vom 8.11.2001 (ETS 182)
EURhÜbk	Rechtshilfeübereinkommen der Mitgliedstaaten der Europäischen Union vom 29.5.2000, ABlEG Nr. C 197 vom 12.7.2000, S. 1; ZP EURHÜbk vom 16.10.2001 (ABlEG Nr. C 326 vom 21.11.2001, S. 1)
EurJCrimeCrLJ	European Journal of Crime, Criminal Law and Criminal Justice
EURODAC	Daktyloskopische Datenbank im Rahmen von Asylantragsverfahren
Eurojust	Europäische Justitielle Clearing- und Dokumentationsstelle (Den Haag)
Europol	Europäisches Polizeiamt (Den Haag)
EuropolG	Europolgesetz vom 16.12.1997 (BGBl. II S. 2150)
EuropolÜbk	Übereinkommen vom 26.7.1995 auf Grund von Artikel K.3 des EUV über die Errichtung eines Europäischen Polizeiamtes, ABlEG Nr. C 316 vom 27.11.1995, S. 1
EuropolVO	Verordnung (EU) 2016/794 des Europäischen Parlaments und des Rates vom 11. Mai 2016 über die Agentur der Europäischen Union für die Zusammenarbeit auf dem Gebiet der Strafverfolgung (Europol) und zur Ersetzung und Aufhebung der Beschlüsse 2009/371/JI, 2009/934/JI, 2009/935/JI, 2009/936/JI und 2009/968/JI des Rates, ABlEU Nr. L 135 vom 23.5.2016, S. 53
EuroPris	European Organisation of Prison and Correctional Services
EuStA	Europäische Staatsanwaltschaft
EuTerrÜbk	Übereinkommen zur Bekämpfung des Terrorismus vom 27.1.1977 (ETS 90; BGBl. 1978 II S. 321, 907)
EUV	Vertrag über die Europäische Union
EUVEntw	Entwurf einer Europäischen Verfassung i.d.F des am 18.6.2004 zwischen den Staats- und Regierungschefs erzielten Konsenses (Dokument der Regierungskonferenz CIG 86/04 vom 25.6.2004)
EUVereinfAlÜbk	Übereinkommen vom 10.3.1995 aufgrund von Artikel K.3 des Vertrags über die Europäische Union über das vereinfachte Auslieferungsverfahren zwischen den Mitgliedstaaten der Europäischen Union (ABlEG Nr. C 78 vom 30.3.1995, S. 1; BGBl. 1998 II S. 2229)
EuVKonv	Entwurf eines Vertrags über eine Verfassung für Europa – vom Europäischen Konvent im Konsensverfahren angenommen am 13.6. und 10.7.2003 – dem Präsidenten des Europäischen Rates in Rom überreicht am 18.7.2003
EuZ	Zeitschrift für Europarecht (Schweiz)
EuZA	Europäische Zeitschrift für Arbeitsrecht
EuZW	Europäische Zeitschrift für Wirtschaftsrecht
evt.	eventuell
EWG	Europäische Wirtschaftsgemeinschaft
EWGV	Vertrag zur Gründung der Europäischen Wirtschaftsgemeinschaft vom 25.3.1957 (BGBl. II S. 766)
EWiR	Entscheidungen zum Wirtschaftsrecht
EWR-Abk.	Gesetz zu dem Abkommen vom 2.5.1992 über den Europäischen Wirtschaftsraum
EYHR	European Yearbook on Human Rights
EZAR	Entscheidungssammlung zum Zuwanderungs-, Asyl- und Freizügigkeitsrecht
EzSt	Entscheidungssammlung zum Straf- und Ordnungswidrigkeitenrecht, 1983 bis 1990 (Loseblattausgabe)
f., ff.	folgende
FamFG	Gesetz über das Verfahren in Familiensachen und in den Angelegenheiten der freiwilligen Gerichtsbarkeit (FamFG), Artikel 1 des Gesetzes vom 17.12.2008 (BGBl. I S. 2586, 2009 I S. 1102); zuletzt geändert durch Art. 13 des Gesetzes vom 18.12.2018 (BGBl. I S. 2639)

FAG	Gesetz über Fernmeldeanlagen vom 6.4.1892 i.d.F. der Bek. vom 3.7.1989 (BGBl. I S. 1455); ersetzt durch das TKG
FamPLG	Gesetz über Aufklärung, Verhütung, Familienplanung und Beratung vom 27.7.1992 (BGBl. I S. 1398)
FamRZ	Zeitschrift für das gesamte Familienrecht
FAO	Fachanwaltsordnung i.d.F. der Bek. vom 1.3.2016, zuletzt geändert durch Beschluss der Satzungsversammlung vom 7.12.2017 (BRAK-Mitt. 2018 S. 29)
FG	Finanzgericht/Festgabe
FGG	Gesetz über die Angelegenheiten der freiwilligen Gerichtsbarkeit vom 17.5.1898 i.d.F. der Bek. vom 20.5.1898 (RGBl. S. 771)
FGO	Finanzgerichtsordnung, neugefasst durch Bek. vom 28.3.2001 (BGBl. I S. 442, 2262, 2002 I S. 679); zuletzt geändert durch Art. 8 des Gesetzes vom 12.7.2018 (BGBl. I S. 1151)
FGPrax	Praxis der freiwilligen Gerichtsbarkeit
1. FiMaNoG	Erstes Gesetz zur Novellierung von Finanzmarktvorschriften auf Grund europäischer Rechtsakte (Erstes Finanzmarktnovellierungsgesetz) vom 30.6.2016 (BGBl. I S. 1514)
2. FiMaNoG	Zweites Gesetz zur Novellierung von Finanzmarktvorschriften auf Grund europäischer Rechtsakte (Zweites Finanzmarktnovellierungsgesetz) vom 23.6.2017 (BGBl. I S. 1693)
FinB	Finanzbehörde
FinVerwG	Gesetz über die Finanzverwaltung vom 6.9.1950 (BGBl. I S. 448) i.d.F. der Bek. vom 30.8.1971 (BGBl. I S. 1426)
FLF	Finanzierung Leasing Factoring (Zeitschrift)
FlRG	Gesetz über das Flaggenrecht der Seeschiffe und die Flaggenführung der Binnenschiffe (Flaggenrechtsgesetz) vom 8.2.1951 i.d.F. der Bek. vom 29.10.1994 (BGBl. I S. 3140)
FIU	Financial Intelligence Unit
Fn.	Fußnote
FN A	Fundstellennachweis des Deutschen Bundesrechts, Bundesrecht ohne völkerrechtliche Vereinbarungen und Verträge mit der DDR
FN B	Fundstellennachweis des Deutschen Bundesrechts, Völkerrechtliche Vereinbarungen und Verträge mit der DDR
FO	Fernmeldeordnung i.d.F. der Bek. vom 5.5.1971 (BGBl. I S. 541)
FoR	Forum Recht (Zeitschrift)
FP-IPBPR	(1.) Fakultativprotokoll zum Internationalen Pakt über bürgerliche und politische Rechte vom 19.12.1966 (BGBl. 1992 II S. 1247)
2. FP-IPBPR	2. Fakultativprotokoll zu dem Internationalen Pakt über bürgerliche und politische Rechte zur Abschaffung der Todesstrafe vom 15.12. 1989 (BGBl. 1992 II S. 390)
FPR	Familie Partnerschaft Recht
FRA	Agentur der Europäischen Union für Grundrechte/Agency for Fundamental Rights
FRONTEX	Europäische Grenzschutzagentur
FS	Forum Strafvollzug – Zeitschrift für Strafvollzug und Straffälligenhilfe (früher ZfStrV)
FS (Name)	Festschrift, auch Festgabe usw. (angefügt Name des Geehrten)
FuR	Familie und Recht
G 10	Gesetz zur Beschränkung des Brief-, Post- und Fernmeldegeheimnisses vom 26.6.2001 (BGBl. I S. 1254), zuletzt geändert durch Art. 12 des Gesetzes vom 17.8.2017 (BGBl. I S. 3202), (Gesetz zu Artikel 10 Grundgesetz)
GA	Goltdammer's Archiv für Strafrecht, zitiert nach Jahr und Seite (bis 1933: Archiv für Strafrecht und Strafpolitik, zitiert nach Band und Seite)
GASP	Gemeinsame Außen- und Sicherheitspolitik
GBA	Generalbundesanwalt
GBl.	Gesetzblatt
GBl./DDR I, II	Gesetzblatt der Deutschen Demokratischen Republik, Teil I und II (1949 bis 1990)
GedS	Gedächtnisschrift (angefügt Name des Geehrten)

gem.	gemäß
GemDatG	Gesetz zur Errichtung gemeinsamer Dateien von Polizeibehörden und Nachrichtendiensten des Bundes und der Länder vom 22.12.2006 (Gemeinsame-Dateien-Gesetz) (BGBl. I S. 3409)
GemProt.	Gemeinsames Protokoll
GenG	Gesetz betreffend die Erwerbs- und Wirtschaftsgenossenschaften vom 1.5.1889, neugefasst durch Bek. vom 16.10.2006 (BGBl. I S. 2230); zuletzt geändert durch Art. 8 des Gesetzes vom 17.7.2017 (BGBl. I S. 2541)
GenStA	Generalstaatsanwaltschaft
GerS	Der Gerichtssaal (1849–1942)
Ges.	Gesetz
GeschlkrG	Gesetz zur Bekämpfung der Geschlechtskrankheiten vom 23.7.1953 (BGBl. I S. 700)
GeschO	Geschäftsordnung
GETZ	Gemeinsames Extremismus- und Terrorismusabwehrzentrum
GewO	Gewerbeordnung vom 21.6.1869, neugefasst durch Bek. vom 22.2.1999 (BGBl. I S. 202); zuletzt geändert durch Art. 1 des Gesetzes vom 29.11.2018 (BGBl. I S. 2666)
GewSchG	Gesetz vom 11.12.2001 zur Verbesserung des zivilgerichtlichen Schutzes bei Gewalttaten und Nachstellungen sowie zur Erleichterung der Überlassung der Ehewohnung bei Trennung (Gewaltschutzgesetz – GewSchG; BGBl. I S. 3513)
GewVerbrG	Gesetz gegen gefährliche Gewohnheitsverbrecher und über Maßregeln der Sicherung und Besserung vom 24.11.1933 (RGBl. I S. 995)
GG	Grundgesetz für die Bundesrepublik Deutschland vom 23.5.1949 (BGBl. S. 1)
ggf.	gegebenenfalls
GKG	Gerichtskostengesetz vom 5.5.2004 (BGBl. I S. 718); zuletzt geändert durch Art. 4 des Gesetzes vom 12.7.2018 (BGBl. I S. 1151)
GKI	Gemeinsame Kontrollinstanz (jeweils eingerichtet bei Europol und Eurojust)
GKÖD	Gesamtkommentar Öffentliches Dienstrecht
GLY	German Law Journal (Internet-Zeitschrift; www.germanlawjournal.de)
GmbH	Gesellschaft mit beschränkter Haftung
GmbHG	Gesetz betreffend die Gesellschaften mit beschränkter Haftung vom 20.4.1892 (RGBl. S. 477); zuletzt geändert durch Art. 10 des Gesetzes vom 17.7.2017 (BGBl. I S. 2446)
GMBl.	Gemeinsames Ministerialblatt
GmS-OGB	Gemeinsamer Senat der obersten Gerichtshöfe des Bundes
GnO	Gnadenordnung
GNotKG	Gesetz über Kosten der freiwilligen Gerichtsbarkeit für Gerichte und Notare (Gerichts- und Notarkostengesetz) vom 23.7.2013
GoJIL	Göttingen Journal of International Law (Online-Zeitschrift)
GoltdA	s. GA
GRC	Europäische Grundrechtecharta
grds.	grundsätzlich
GRECO	Group of States against Corruption
GreifRecht	Greifswalder Halbjahresschrift für Rechtswissenschaft
GRETA	Group of Experts on Action against Trafficking in Human Beings
GREVIO	Expertengruppe zur Überwachung des Übereinkommens zum Schutz von Frauen vor Gewalt und häuslicher Gewalt (CETS 210)
GrSSt	Großer Senat in Strafsachen
Gruchot	Beiträge zur Erläuterung des deutschen Rechts, begründet von Gruchot
GRUR	Gewerblicher Rechtsschutz und Urheberrecht (Zeitschrift)
GRURInt	Gewerblicher Rechtsschutz und Urheberrecht International (Zeitschrift)
GS	Gesetzessammlung
GSNW	Sammlung des bereinigten Landesrechts Nordrhein-Westfalen (1945–56)
GSSchlH	Sammlung des schleswig-holsteinischen Landesrechts, 2 Bände (1963)
GStA	Generalstaatsanwalt
GSZ	Zeitschrift für das Gesamte Sicherheitsrecht

GÜG	Gesetz zur Überwachung des Verkehrs mit Grundstoffen, die für die unerlaubte Herstellung von Betäubungsmitteln mißbraucht werden können (Grundstoffüberwachungsgesetz – GÜG) vom 7.10.1994 (BGBl. I S. 2835)
GuP	Gesundheit und Pflege (Zeitschrift)
GÜV	Gesetz zur Überwachung strafrechtlicher und anderer Verbringungsverbote vom 24.5.1961 (BGBl. I S. 607)
GV	Gemeinsame Verfügung (mehrerer Ministerien)
GVBl.	Gesetz- und Verordnungsblatt
GVBl. II	Sammlung des bereinigten Hessischen Landesrechts
GVG	Gerichtsverfassungsgesetz vom 27.1.1877 i.d.F. der Bek. vom 9.5.1975 (BGBl. I S. 1077)
GVGA	Geschäftsanweisung für Gerichtsvollzieher
GVGÄG 1971	Gesetz zur Änderung des Gerichtsverfassungsgesetzes vom 8.9.1971 (BGBl. I S. 1513)
GVGÄG 1974	Gesetz zur Änderung des Gerichtsverfassungsgesetzes vom 25.3.1974 (BGBl. I S. 761)
GVG/DDR	Gesetz über die Verfassung der Gerichte der Deutschen Demokratischen Republik – Gerichtsverfassungsgesetz – vom 27.9.1974 (GBl. I S. 457), zuletzt geändert durch Gesetz vom 5.7.1990 (GBl. I S. 595)
GVO	Gerichtsvollzieherordnung
GVVG-ÄndG	Gesetz zur Änderung der Verfolgung der Vorbereitung von schweren staatsgefährdenden Gewalttaten vom 12.6.2015 (BGBl. I S. 926)
GVVO	Verordnung zur einheitlichen Regelung der Gerichtsverfassung vom 20.3.1935 (RGBl. I S. 403) in der im BGBl. III Gliederungsnummer 300-5 veröffentlichten bereinigten Fassung
GWB	Gesetz gegen Wettbewerbsbeschränkungen vom 27.7.1957 i.d.F. der Bek. vom 26.8.1998 (BGBl. I S. 2546)
GwG	Gesetz über das Aufspüren von Gewinnen aus schweren Straftaten (Geldwäschegesetz – GwG) vom 25.10.1993 (BGBl. I S. 1770)
GWR	Gesellschafts- und Wirtschaftsrecht (Zeitschrift)
GYIL	German Yearbook of International Law (Zeitschrift)
Haager Abk.	Haager Abkommen über den Zivilprozeß vom 17.7.1905 (RGBl. 1909 S. 409)
HalbleiterschutzG	Gesetz über den Schutz der Topographien von mikroelektronischen Halbleitererzeugnissen (Halbleiterschutzgesetz) vom 22.10.1987 (BGBl. I S. 2294)
Hamb.	Hamburg
HambJVBl.	Hamburgisches Justizverwaltungsblatt
Hans.	Hanseatisch
HansGZ	Hanseatische Gerichtszeitung (1880 bis 1927)
HansJVBl.	Hanseatisches Justizverwaltungsblatt (bis 1946/47)
HansOLGSt	Entscheidungen des Hanseatischen Oberlandesgerichts in Strafsachen (1879 bis 1932/33)
HansRGZ	Hanseatische Rechts- und Gerichtszeitschrift (1928–43), vorher:
HansRZ	Hanseatische Rechtszeitschrift für Handel, Schiff-Fahrt und Versicherung, Kolonial- und Auslandsbeziehungen sowie für Hansestädtisches Recht (1918 bis 1927)
HbStrVf/*Verfasser*	Handbuch zum Strafverfahren, hrsg. von Heghmanns/Scheffler
HdR	Handwörterbuch der Rechtswissenschaft, herausgegeben von Stier-Somlo und Elster (1926 bis 1937)
Hess.	Hessen
HESt	Höchstrichterliche Entscheidungen, Sammlung von Entscheidungen der Oberlandesgerichte und der Obersten Gerichte in Strafsachen (1948–49)
HGB	Handelsgesetzbuch vom 10.5.1897 (RGBl. S. 219)
HKÜ	Haager Übereinkommen über die zivilrechtlichen Aspekte internationaler Kindesentführung vom 25.10.1980
h.M.	herrschende Meinung
HmbStVollzG	Hamburgisches Strafvollzugsgesetz
HRC	Human Rights Committee – UN-Menschenrechtsausschuss

HRLR	Human Rights Law Review
HRN	Hamburger Rechtsnotizen (Zeitschrift)
HRR	Höchstrichterliche Rechtsprechung (1928 bis 1942)
HRRS	Online-Zeitschrift für Höchstrichterliche Rechtsprechung im Strafrecht (www.hrr-strafrecht.de)
HRSt	Entscheidungen zum Strafrecht, Strafverfahrensrecht und zu den Nebengebieten (Höchstrichterliche Rechtsprechung) (ab 1996)
HRLJ	Human Rights Law Journal
Hs.	Halbsatz
HSOG	Hessisches Gesetz über die öffentliche Sicherheit und Ordnung
HStVollzG	Hessisches Strafvollzugsgesetz
HUDOC	Human Rights Documentation des Europarates
HuV-I	Humanitäres Völkerrecht – Informationsschriften
HV	Hauptverhandlung
IAGMR	Interamerikanischer Gerichtshof für Menschenrechte
ICC	siehe IStGH
ICC-Statut	siehe IStGH-Statut
ICJ	siehe IGH
ICLQ	The International and Cooperative Law Quarterly
ICLR	International Criminal Law Review
ICPA	International Corrections and Prisons Association
ICTR	Internationaler Strafgerichtshof für Ruanda
ICTY	Internationaler Strafgerichtshof für das ehemalige Jugoslawien
i.d.F.	in der Fassung
i.d.R.	in der Regel
i.e.S.	im engeren Sinne
IFCCLGE	International Forum on Crime and Criminal Law in the Global Era (Peking)
IGH	Internationaler Gerichtshof ICJ (Den Haag)
i.H.v.	in Höhe von
IKV	Internationale Kriminalistische Vereinigung
ILEA	International Law Enforcement Academy
ILO	International Labour Organization (Internationale Arbeitsorganisation)
InfAuslR	Informationsbrief Ausländerrecht
INPOL	Informationssystem der Polizei
INTERPA	International Association of Police Academies
InsO	Insolvenzordnung vom 5.10.1994 (BGBl. I S. 2866); zuletzt geändert durch Art. 24 Abs. 3 des Gesetzes vom 23.6.2017 (BGBl. I S. 1693; 2446)
IPBPR	Internationaler Pakt über bürgerliche und politische Rechte vom 19.12.1966 (BGBl. 1973 II S. 1534)
IPBPRG	Zustimmungsgesetz zu dem Internationalen Pakt über bürgerliche und politische Rechte vom 15.11.1973 (BGBl. II S. 1533)
IPWSKR	Internationaler Pakt über die wirtschaftlichen, sozialen und kulturellen Rechte vom 19.12.1966 (BGBl. 1973 II S. 1570)
IRG	Gesetz über die internationale Rechtshilfe in Strafsachen i.d.F. der Bek. vom 27.6.1994 (BGBl. I S. 1537); zuletzt geändert durch Art. 3 des Gesetzes vom 27.8.2017 (BGBl. I S. 3295)
i.S.	im Sinne
i.S.d.	im Sinne des/der
IStR	Internationales Steuerrecht – Zeitschrift für europäische und internationale Wirtschaftsberatung
i.S.v.	im Sinne von
IStGH	Internationaler Strafgerichtshof ICC (Den Haag)
IStGHG	Gesetz über die Zusammenarbeit mit dem Internationalen Strafgerichtshof vom 21.6.2002 (BGBl. I S. 2144)

IStGHSt	Gesetz vom 4.12.2000 zum Römischen Statut des Internationalen Strafgerichtshofs vom 17. Juli 1998 – IStGH-Statutgesetz (BGBl. II S. 1393)
ITRB	IT-Rechts-Berater
Iurratio	Zeitschrift für Stud. Iur und junge Juristen
i.V.m.	in Verbindung mit
IWG	International Working Group on Police Undercover Activities
i.w.S.	im weiteren Sinne
JA	Juristische Arbeitsblätter für Ausbildung und Examen
JahrbÖR	Jahrbuch des öffentlichen Rechts der Gegenwart
JahrbPostw.	Jahrbuch des Postwesens (1937 bis 1941/42)
JAVollzO	Jugendarrestvollzugsordnung vom 12.8.1966 i.d.F. der Bek. vom 30.11.1976 (BGBl. I S. 3270)
JBeitrO	Justizbeitreibungsordnung vom 11.3.1937 (RGBl. I S. 298)
JBl.	Justizblatt/Juristische Blätter (Österreich)
JBlRhPf.	Justizblatt Rheinland-Pfalz
JBlSaar	Justizblatt des Saarlandes
JGG	Jugendgerichtsgesetz vom 4.8.1953 i.d.F. der Bek. vom 11.12.1974 (BGBl. I S. 3427)
JICJ	Journal of International Criminal Justice
JIR	Jahrbuch für internationales Recht
JK	Jura-Kartei
JKassO	Justizkassenordnung
JKomG	Gesetz über die Verwendung elektronischer Kommunikationsformen in der Justiz (Justizkommunikationsgesetz – JKomG) vom 22.3.2005 (BGBl. I S. 832)
JKostG	Justizkostengesetz (Landesrecht)
JLCJ	Journal of Law and Criminal Justice
jM	juris – Die Monatsschrift
JMBl.	Justizministerialblatt
JMBlNRW, JMBlNW	Justizministerialblatt für das Land Nordrhein-Westfalen
JMK	Justizministerkonferenz (Konferenz der Landesjustizministerinnen und -minister)
JoJZG	Journal der Juristischen Zeitgeschichte
JOR	Jahrbuch für Ostrecht
JöR	Jahrbuch des öffentlichen Rechts
JP	Juristische Person
JR	Juristische Rundschau
JRP	Journal für Rechtspolitik
JSt	Journal für Strafrecht
JugG	Jugendgericht
JugK	Jugendkammer
JugSchG	Jugendschöffengericht
JugStrafgG	Gesetz über die Zusammenarbeit mit dem Internationalen Strafgerichtshof für das ehemalige Jugoslawien (Jugoslawien-Strafgerichtshof-Gesetz) vom 10.4.1995 (BGBl. I S. 485)
Jura	Juristische Ausbildung (Zeitschrift)
JUFIL	Journal on the Use of Force and International Law
JurBüro	Das juristische Büro (Zeitschrift)
JurJahrb.	Juristen-Jahrbuch
JuS	Juristische Schulung (Zeitschrift)
Justiz	Die Justiz, Amtsblatt des Justizministeriums Baden-Württemberg
JV	Justizverwaltung
JVA	Justizvollzugsanstalt
JVBl.	Justizverwaltungsblatt
JVEG	Gesetz über die Vergütung von Sachverständigen, Dolmetscherinnen, Dolmetschern, Übersetzerinnen und Übersetzern sowie die Entschädigung von ehrenamtlichen

	Richterinnen, ehrenamtlichen Richtern, Zeuginnen, Zeugen und Dritten (Justizvergütungs- und -entschädigungsgesetz) vom 5.5.2004 (BGBl. I S. 718)
JVerwA	Justizverwaltungsakt
JverwB	Justizverwaltungsbehörde
JVKostG	Gesetz über Kosten in Angelegenheiten der Justizverwaltung vom 23.7.2013 (BGBl. I S. 2586)
JVKostO	Verordnung über Kosten im Bereich der Justizverwaltung vom 14.2.1940 (RGBl. I S. 357) – ersetzt durch das JVKostG mit Wirkung zum 1.8.2013
JVollz.	Jugendstrafvollzugsordnung: s. auch JAVollzO
JVollzGB	Gesetzbuch über den Justizvollzug in Baden-Württemberg
JW	Juristische Wochenschrift
JZ	Juristen-Zeitung
1. JuMoG	Erstes Gesetz zur Modernisierung der Justiz (1. Justizmodernisierungsgesetz) vom 24.8.2004 (BGBl. I S. 2198)
2. JuMoG	Zweites Gesetz zur Modernisierung der Justiz (2. Justizmodernisierungsgesetz) vom 22.10.2006 (BGBl. I S. 3416)
Kap.	Kapitel
KAS	Konrad-Adenauer-Stiftung
kes	Zeitschrift für Informations-Sicherheit
KFZ	Kraftfahrzeug
KG	Kammergericht/Kommanditgesellschaft
KGJ	Jahrbuch der Entscheidungen des Kammergerichts in Sachen der freiwilligen Gerichtsbarkeit, in Kosten-, Stempel- und Strafsachen (1881–1922)
KJ	Kritische Justiz (Zeitschrift)
KO	Konkursordnung vom 10.2.1877 i.d.F. der Bek. vom 20.5.1898 (RGBl. S. 612)
KoDD	Koordinierungsdauerdienst (Eurojust)
KOM	Dokument(e) der Europäischen Kommission
KonsG	Gesetz über die Konsularbeamten, ihre Aufgaben und Befugnisse (Konsulargesetz) vom 1.9.1974 (BGBl. I S. 2317)
KostÄndG	Gesetz zur Änderung und Ergänzung kostenrechtlicher Vorschriften vom 26.7.1957 (BGBl. I S. 861)
KostRMoG	Gesetz zur Modernisierung des Kostenrechts vom 5.5.2004 – Kostenrechtsmodernisierungsgesetz (BGBl. I S. 718)
2. KostRMoG	Zweites Gesetz zur Modernisierung des Kostenrechts vom 23.7.2013 – 2. Kostenrechtsmodernisierungsgesetz (BGBl. I S. 2586)
KostMaßnG	Gesetz über Maßnahmen auf dem Gebiet des Kostenrechts vom 7.8.1952 (BGBl. I S. 401)
KostO	Gesetz über die Kosten in Angelegenheiten der freiwilligen Gerichtsbarkeit i.d.F. der Bek. vom 26.7.1957 (BGBl. I S. 861) – ersetzt durch das GNotKG mit Wirkung zum 1.8.2013
KostRÄndG 1994	Gesetz zur Änderung von Kostengesetzen und anderen Gesetzen (Kostenrechtsänderungsgesetz 1994 – KostRÄndG 1994) vom 24.6.1994 (BGBl. I S. 1325)
KostRspr.	Kostenrechtsprechung (Loseblattsammlung)
KostVfg.	Kostenverfügung, Durchführungsbestimmungen zu den Kostengesetzen
K&R	Kommunikation und Recht (Zeitschrift)
KrG	Kreisgericht
Kriminalist	Der Kriminalist (Zeitschrift)
Kriminalistik	Kriminalistik, Zeitschrift für die gesamte kriminalistische Wissenschaft und Praxis
KrimJ	Kriminologisches Journal
KrimPäd.	Kriminalpädagogische Praxis (Zeitschrift)
KriPoZ	Kriminalpolitische Zeitschrift
Krit.	Kritisch
KritV/CritQ/RCrit	Kritische Vierteljahresschrift für Gesetzgebung und Rechtswissenschaft/Critical Quarterly for Legislation and Law/Revue critique trimestrielle de jurisprudence et de législation

KronzG	Gesetz zur Einführung einer Kronzeugenregelung bei terroristischen Straftaten (Art. 4 des StGBÄndG 1989) vom 9.6.1989 (BGBl. I S. 1059)
KronzVerlG	Gesetz zur Änderung des Gesetzes zur Änderung des Strafgesetzbuches, der Strafprozeßordnung und des Versammlungsgesetzes und zur Einführung einer Kronzeugenregelung bei terroristischen Straftaten (Kronzeugen-Verlängerungs-Gesetz) vom 16.2.1993 (BGBl. I S. 238)
2. KronzVerlG	Zweites Gesetz zur Änderung des Gesetzes zur Änderung des Strafgesetzbuches, der Strafprozeßordnung und des Versammlungsgesetzes und zur Einführung einer Kronzeugenregelung bei terroristischen Straftaten (2. Kronzeugen-Verlängerungs-Gesetz) vom 19.1.1996 (BGBl. I S. 58)
KSI	Krisen-, Sanierungs- und Insolvenzberatung (Zeitschrift)
KSZE	Konferenz für Sicherheit und Zusammenarbeit in Europa
KSzW	Kölner Schrift zum Wirtschaftsrecht
KUG	Gesetz über das Urheberrecht an Werken der bildenden Künste und der Fotografie vom 9.1.1907 (RGBl. S. 7)
KUP	Kriminologie und Praxis (Schriftenreihe der Kriminologischen Zentralstelle)
KuR	Kirche und Recht (Zeitschrift)
KUR	Kunst und Recht (Zeitschrift)
k + v	Kraftfahrt und Verkehrsrecht, Zeitschrift der Akademie für Verkehrswissenschaft
KVGKG	Kostenverzeichnis (Anlage 1 zum GKG)
KWKG	Gesetz über die Kontrolle von Kriegswaffen i.d.F. der Bek. vom 22.11.1990 (BGBl. I S. 2506)
LegPer.	Legislaturperiode
Lfg.	Lieferung
LFGB	Lebensmittel-, Bedarfsgegenstände- und Futtermittelgesetzbuch
LG	Landgericht
LJV	Landesjustizverwaltung
LKA	Landeskriminalamt
LKV	Landes- und Kommunalverwaltung (Zeitschrift)
LM	Nachschlagewerk des Bundesgerichtshofs (Loseblattsammlung), hrsg. von Lindenmaier/Möhring u.a.
LMBG	Gesetz über den Verkehr mit Lebensmitteln, Tabakerzeugnissen, kosmetischen Mitteln und sonstigen Bedarfsgegenständen (Lebensmittel- und Bedarfsgegenständegesetz) i.d.F. der Bek. vom 9.9.1997 (BGBl. I S. 2297)
LMG (1936)	Gesetz über den Verkehr mit Lebensmitteln und Bedarfsgegenständen (Lebensmittelgesetz) vom 5.7.1927 i.d.F. der Bek. vom 17.1.1936 (RGBl. I S. 17)
LPartG	Gesetz über die Eingetragene Lebenspartnerschaft (Lebenspartnerschaftsgesetz) vom 16.2.2001 (BGBl. I S. 266)
LPG	Landespressegesetz
LRE	Sammlung lebensmittelrechtlicher Entscheidungen
Ls.	Leitsatz
LuftFzgG	Gesetz über Rechte an Luftfahrzeugen vom 26.2.1959 (BGBl. I 57)
LuftVG	Luftverkehrsgesetz i.d.F. der Bek. vom 27.3.1999 (BGBl. I S. 550)
LuftVO	Luftverkehrs-Ordnung i.d.F. der Bek. vom 27.3.1999 (BGBl. I S. 580)
LV	Literaturverzeichnis, Schrifttumsverzeichnis
LVerf.	Landesverfassung
LVG	Landesverwaltungsgericht
LZ	Leipziger Zeitschrift für Deutsches Recht (1907 bis 1933)
MABl.	Ministerialamtsblatt
MarkenG	Gesetz über den Schutz von Marken und sonstigen Kennzeichen (Markengesetz – MarkenG) vom 25.10.1994 (BGBl. I S. 3082, 1995 I S. 156, 1996 I S. 682); zuletzt geändert durch Art. 1 des Gesetzes vom 11.12.2018 (BGBl. I S. 2357)
Mat.	s. Hahn

MatStrRRef.	Materialien zur Strafrechtsreform, herausgegeben vom BMJ, Bd. 1–15 (1954–1960) (s. auch Entw.)
MBl.	Ministerialblatt
MDR	Monatsschrift für Deutsches Recht
MedR	Medizinrecht (Zeitschrift)
medstra	Zeitschrift für Medizinstrafrecht
MEPA	Mitteleuropäische Polizeiakademie
MiStra.	Anordnung über Mitteilungen in Strafsachen vom 15.3.1985 i.d.F. der Bek. vom 29.4.1998, bundeseinheitlich
MittKV	Mitteilungen der Internationalen Kriminalistischen Vereinigung (1889 bis 1914; 1926 bis 1933)
MMR	MultiMedia und Recht (Zeitschrift)
MOG	Gesetz zur Durchführung der Gemeinsamen Marktorganisation vom 31.8.1972 (BGBl. I S. 1617)
MONEYVAL	Committee of Experts on the Evaluation of Anti-Money Laundering Measures and the Financing of Terrorism
Mot.	Begründung zur Strafprozeßordnung bei Hahn (s. dort)
MR	Medien und Recht (Österreich)
MRG	Militärregierungsgesetz
MSchrKrim.	Monatsschrift für Kriminologie und Strafrechtsreform
MSchrKrimPsych.	Monatsschrift für Kriminalpsychologie und Strafrechtsreform (1904/05 bis 1936)
MStGO	Militärstrafgerichtsordnung i.d.F. der Bek. vom 29.9.1936 (RGBl. I S. 755)
Muster-Entw.	Muster-Entwurf eines einheitlichen Polizeigesetzes, verabschiedet von der JMK am 10./11.6.1976, geändert durch Beschluss der JMK vom 25.11.1977
MV	Mecklenburg-Vorpommern
m.w.B.	mit weiteren Beispielen
m.w.N.	mit weiteren Nachweisen
NachtrSichVG	Gesetz zur Einführung einer nachträglichen Sicherungsverwahrung vom 23.7.2004 (BGBl. I S. 1838)
NATO-Truppenstatut	Abkommen zwischen den Parteien des Nordatlantikvertrags vom 19.6.1951 über die Rechtsstellung ihrer Truppen (BGBl. 1961 II S. 1183, 1190), Bek. vom 16.6.1963 (BGBl. II S. 745)
Nds.	Niedersachsen
NdsAGGVG	Niedersächsisches Ausführungsgesetz zum Gerichtsverfassungsgesetz vom 5.4.1963 (GVBl. S. 225)
NdsRpfl.	Niedersächsische Rechtspflege
n.F.	neue Fassung
N.F.	Neue Folge
Nieders. GVBl. Sb. I, II	Niedersächsisches Gesetz- und Verordnungsblatt, Sonderband I und II, Sammlung des bereinigten niedersächsischen Rechts
NJ	Neue Justiz (bis 1990 DDR)
NJECL	New Journal of European Criminal Law
NJOZ	Neue Juristische Online-Zeitschrift (nur über beck-online abrufbar)
NJVollzG	Niedersächsisches Justizvollzugsgesetz
NJW	Neue Juristische Wochenschrift
NKrimpol.	Neue Kriminalpolitik (Zeitschrift)
NLMR	Newsletter Menschenrechte
noeP	Nicht offen ermittelnder Polizeibeamter
NordÖR	Zeitschrift für Öffentliches Recht in Norddeutschland
NotVO	s. Ausn. VO
NPA	Neues Polizei-Archiv
NRO	Nichtregierungsorganisation

NRW	Nordrhein-Westfalen
NRWO	(österreichisches) Bundesgesetz über die Wahl des Nationalrates (Nationalrats-Wahlordnung 1992)
NStE	Neue Entscheidungssammlung für Strafrecht
NStZ	Neue Zeitschrift für Strafrecht
NStZ-RR	NStZ – Rechtsprechungs-Report (Zeitschrift, ab 1996)
NuR	Natur und Recht (Zeitschrift)
NVwZ	Neue Zeitschrift für Verwaltungsrecht
NWB	NWB Steuer- und Wirtschaftsrecht (Zeitschrift)
NWVBl.	Nordrheinwestfälische Verwaltungsblätter
NZA	Neue Zeitschrift für Arbeitsrecht
NZA-RR	NZA-Rechtsprechungs-Report Arbeitsrecht
NZI	Neue Zeitschrift für Insolvenzrecht
NZM	Neue Zeitschrift für Miet- und Wohnungsrecht
NZS	Neue Zeitschrift für Sozialrecht
NZV	Neue Zeitschrift für Verkehrsrecht
NZWehrr	Neue Zeitschrift für Wehrrecht
NZWiSt	Neue Zeitschrift für Wirtschafts-, Steuer- und Unternehmensstrafrecht
OASG	Gesetz zur Sicherung der zivilrechtlichen Ansprüche der Opfer von Straftaten (Opferanspruchsicherungsgesetz) vom 8.5.1998 (BGBl. I S. 905)
OBLG	Oberstes Landesgericht
OECD	Organisation für Wirtschaftliche Zusammenarbeit und Entwicklung
OEG	Gesetz über die Entschädigung für Opfer von Gewalttaten vom 11.5.1976 (BGBl. I S. 1181) i.d.F. der Bek. vom 7.1.1985 (BGBl. I S. 1)
OER	Osteuropa-Recht
OG	Oberstes Gericht der DDR
OGH	Oberster Gerichtshof (Österreich)
OGHSt	Entscheidungen des Obersten Gerichtshofes für die Britische Zone in Strafsachen (1949/50)
ÖJZ	Österreichische Juristen-Zeitung
OLAF	Europäisches Amt für Betrugsbekämpfung (Office Européen de Lutte Anti-Fraude)
OLG	Oberlandesgericht
OLG-NL	OLG-Report Neue Länder
OLGR	OLG-Report
OLGSt	Entscheidungen der Oberlandesgerichte zum Straf- und Strafverfahrensrecht (Loseblattausgabe, bis 1983)
OLGSt N. F	Entscheidungen der Oberlandesgerichte zum Straf- und Strafverfahrensrecht, Neue Folge (Loseblattausgabe, ab 1983)
OLGVertrÄndG	Gesetz zur Änderung des Rechts der Vertretung durch Rechtsanwälte vor den Oberlandesgerichten vom 23.7.2002 (BGBl. I S. 2850)
OPCAT	siehe UNCAT
OpferRRG	Gesetz zur Verbesserung der Rechte von Verletzten im Strafverfahren (Opferrechtsreformgesetz – OpferRRG) vom 24.6.2004 (BGBl. I S. 1354)
2. OpferRRG	Gesetz zur Stärkung der Rechte von Verletzten und Zeugen im Strafverfahren (2. Opferrechtsreformgesetz) vom 29.7.2009 (BGBl. I S. 2280)
3. OpferRRG	Gesetz zur Stärkung der Opferrechte im Strafverfahren (3. Opferrechtsreformgesetz) vom 21.12.2015 (BGBl. I S. 2525)
OpferschutzG	Erstes Gesetz zur Verbesserung der Stellung des Verletzten im Strafverfahren (Opferschutzgesetz) vom 18.12.1986 (BGBl. I S. 2496)
OrgKG	Gesetz zur Bekämpfung des illegalen Rauschgifthandels und anderer Erscheinungsformen der Organisierten Kriminalität (OrgKG) vom 15.7.1992 (BGBl. I S. 1302)
OrgStA	Anordnung über Organisation und Dienstbetrieb der Staatsanwaltschaften
ÖRiZ	Österreichische Richterzeitung
ÖRZ	Österreichische Raiffeisen-Zeitung

OStA	Oberstaatsanwalt
ÖstAnwBl.	Österreichisches Anwaltsblatt
öStVG	Österreichisches Strafvollzugsgesetz
ÖStZ	Österreichische Steuerzeitung
OSZE	Organisation für Sicherheit und Zusammenarbeit in Europa
ÖVerfG	Österreichischer Verfassungsgerichtshof
OVG	Oberverwaltungsgericht
OWG/DDR	Gesetz zur Bekämpfung von Ordnungswidrigkeiten (der Deutschen Demokratischen Republik) vom 12.1.1968 (GBl. I S. 101), zuletzt geändert durch Gesetz vom 29.6.1990 (GBl. I S. 526)
OWiG	Gesetz über Ordnungswidrigkeiten, neugefasst durch Bek. vom 19.2.1987 (BGBl. I S. 602); zuletzt geändert durch Art. 3 des Gesetzes vom 17.12.2018 (BGBl. I S. 2571)
OWiGÄndG	Gesetz zur Änderung des Gesetzes über Ordnungswidrigkeiten, des Straßenverkehrsgesetzes und anderer Gesetze vom 7.7.1986 (BGBl. I S. 977)
PaO	Patentanwaltsordnung vom 7.9.1966 (BGBl. I S. 557); zuletzt geändert durch Art. 5 des Gesetzes vom 30.10.2017 (BGBl. I S. 3618)
ParlStG	Gesetz über die Rechtsverhältnisse der parlamentarischen Staatssekretäre vom 24.7.1974 (BGBl. I S. 1538)
PartG	Gesetz über die politischen Parteien (Parteiengesetz) neugefasst durch Bek. vom 31.1.1994, BGBl. I S. 149
PaßG	Paßgesetz vom 19.4.1986 (BGBl. I S. 537)
PatG	Patentgesetz, neugefasst durch Bek. vom 16.12.1980 (BGBl. 1981 I S. 1); zuletzt geändert durch Art. 4 des Gesetzes vom 8.10.2017 (BGBl. I S. 3546)
PAuswG	Gesetz über Personalausweise vom 19.12.1950 (BGBl. I S. 807) i.d.F. der Bek. vom 21.4.1986 (BGBl. I S. 548)
PD-I	Practice Direction – Institution of Proceedings (EGMR)
PD-IM	Practice Direction – Interim Measures (EGMR)
PD-JS	Practice Direction – Just Satisfaction Claims (EGMR)
PD-RfA	Practice Direction – Request for Anonymity (EGMR)
PD-SEF	Practice Direction – Secured Electronic Filing (EGMR)
PD-WP	Practice Direction – Written Pleadings (EGMR)
PflVG	Gesetz über die Pflichtversicherung für Kraftfahrzeughalter i.d.F. der Bek. vom 5.4.1965 (BGBl. I S. 213)
PJZS	Polizeiliche und Justizielle Zusammenarbeit in Strafsachen
PKH	Prozesskostenhilfe
PKHÄndG	Gesetz zur Änderung von Vorschriften über die Prozeßkostenhilfe (Prozeßkostenhilfeänderungsgesetz – PKHÄndG) vom 10.10.1994 (BGBl. I S. 2954)
PlenProt.	Plenarprotokoll, Stenographische Berichte der Sitzungen des Deutschen Bundestages
PNR	Passenger Name Record
POGNW	Polizeiorganisationsgesetz (des Landes NRW) i.d.F. der Bek. vom 22.10.1994 (GVNW S. 852)
PolGBW	Polizeigesetz (des Landes BW) i.d.F. der Bek. vom 13.1.1992 (GBl. S. 1)
Polizei	s. Die Polizei
PostG	Gesetz über das Postwesen i.d.F. der Bek. vom 3.7.1989 (BGBl. I S. 1449)
PostO	Postordnung vom 16.5.1963 (BGBl. I S. 341)
PostStruktG	Gesetz zur Neustrukturierung des Post- und Fernmeldewesens und der Deutschen Bundespost (Poststrukturgesetz – PoststruktG) vom 8.6.1989 (BGBl. I S. 1026)
Pr.	Preußen
prALR	Allgemeines Landrecht für die Preußischen Staaten
PräsLG	Präsident des Landgerichts
PräsOLG	Präsident des Oberlandesgerichts
PräsVerfG	Gesetz über die Änderung der Bezeichnungen der Richter und ehrenamtlichen Richter und der Präsidialverfassungen der Gerichte vom 26.5.1972 (BGBl. I S. 841)

PrGS	Preußische Gesetzessammlung (1810–1945)
PrG	Pressegesetz (Landesrecht)
Prot.	Protokoll
ProzeßkostenhG	Gesetz über die Prozeßkostenhilfe vom 13.6.1980 (BGBl. I S. 677)
Pro-Eurojust	Vorgänger- und Gründungseinheit von Eurojust
PrPG	Gesetz zur Stärkung des Schutzes des geistigen Eigentums und zur Bekämpfung der Produktpiraterie (PrPG) vom 7.3.1990 (BGBl. I S. 422)
PrZeugnVerwG	Gesetz über das Zeugnisverweigerungsrecht der Mitarbeiter von Presse und Rundfunk vom 25.7.1975 (BGBl. I S. 1973)
PStR	Praxis Steuerstrafrecht
PTNeuOG	Gesetz zur Neuordnung des Postwesens und der Telekommunikation (Postneuordnungsgesetz – PTNeuOG) vom 14.9.1994 (BGBl. I S. 2325)
PUAG	Gesetz zur Regelung des Rechts der Untersuchungsausschüsse des Deutschen Bundestages (Untersuchungsausschussgesetz – PUAG) vom 19.6.2001 (BGBl. I S. 1142)
PV	Personenvereinigung
PVG	Polizeiverwaltungsgesetz
PVR	Praxis Verkehrsrecht
RA	Rechtsanwalt
RabelsZ	Rabels-Zeitschrift für ausländisches und internationales Privatrecht
RAG/DDR	Rechtsanwaltsgesetz der Deutschen Demokratischen Republik vom 13.9.1990 (GBl. I S. 1504)
RAHG	s. RHG
RANotz.PrG	Gesetz zur Prüfung von Rechtsanwaltszulassungen, Notarbestellungen und Berufungen ehrenamtlicher Richter vom 24.6.1992 (BGBl. I S. 1386)
RAO	Reichsabgabenordnung vom 13.12.1919, aufgehoben durch AO vom 16.3.1976
RAussch.	Rechtsausschuss
RB	Rahmenbeschluss (Art. 34 EU)
RBEuHb	Rahmenbeschluss des Rates (2002/584/JI) vom 13.6.2002 über den Europäischen Haftbefehl und die Übergabeverfahren zwischen den Mitgliedstaaten (ABlEU Nr. L 190 vom 18.7.2002, S. 1)
RBerG	Gesetz zur Verhütung von Mißbrauch auf dem Gebiet der Rechtsberatung vom 13.12.1935 (RGBl. I S. 1478); aufgehoben durch Art. 20 des Gesetzes vom 12.12.2007 (BGBl. I S. 2840)
RdA	Recht der Arbeit
RdErl.	Runderlass
RDG	Gesetz über außergerichtliche Rechtsdienstleistungen (Rechtsdienstleistungsgesetz – RDG) vom 12.12.2007 (BGBl. I. S. 2840)
RDH	Revue des Droits de l'Homme
RDIDC	Revue de droit international et de droit comparé
RdJB	Recht der Jugend und des Bildungswesens (Zeitschrift)
RdK	Das Recht des Kraftfahrers (1926–43, 1949–55)
RdM	Recht der Medizin
RDStH	Entscheidungen des Reichsdienststrafhofs (1939–41)
RDStO	Reichsdienststrafordnung vom 26.1.1937 (RGBl. I S. 71)
RDV	Recht der Datenverarbeitung
Recht	Das Recht, begründet von Soergel (1897 bis 1944)
recht	Information des Bundesministers der Justiz
RefE	Referentenentwurf
Reg.	Regierung
RegBl.	Regierungsblatt
RegE	Regierungsentwurf
RegE TKÜ	Entwurf der Bundesregierung eines Gesetzes zur Neuregelung der Telekommunikationsüberwachung und anderer verdeckter Ermittlungsmaßnahmen sowie zur Umsetzung der Richtlinie 2006/EG vom 18.4.2007

RehabG	Rehabilitierungsgesetz (der Deutschen Demokratischen Republik) vom 6.9.1990 (GBl. I S. 1459), aufgehoben durch StrRehaG
Res.	Resolution
RevMC	Revue du Marché commun et de l'Union européenne
Rev.trim.dr.h.	Revue trimestrielle des droits de l'homme
RG	Reichsgericht
RGBl., RGBl. I, II	Reichsgesetzblatt, von 1922 bis 1945 Teil I und II
RGRspr.	Rechtsprechung des Reichsgerichts in Strafsachen (1879 bis 1888)
RGSt	Entscheidungen des Reichsgerichts in Strafsachen
RGZ	Entscheidungen des Reichsgerichts in Zivilsachen
RheinSchA	Revidierte Rheinschiffahrtsakte (Mannheimer Akte) i.d.F. der Bek. vom 11.3.1969 (BGBl. II S. 597)
RHG	Gesetz über die innerdeutsche Rechts- und Amtshilfe in Strafsachen vom 2.5.1953 (BGBl. I S. 161)
RHGDVO	Verordnung zur Durchführung des Gesetzes über die innerdeutsche Rechts- und Amtshilfe in Strafsachen vom 23.12.1953 (BGBl. I S. 1569)
RhPf.	Rheinland-Pfalz
RiA	Recht im Amt
RichtlRA	Grundsätze des anwaltlichen Standesrechts – Richtlinien gem. § 177 Abs. 2 Satz 2 BRAO vom 21.6.1973
RiG/DDR	Richtergesetz der Deutschen Demokratischen Republik vom 5.7.1990 (GBl. I S. 637)
RiJGG	Richtlinien zum Jugendgerichtsgesetz
RiStBV	Richtlinien für das Strafverfahren und das Bußgeldverfahren vom 1.12.1970 (BAnz. Nr. 17/1971), i.d.F. der Bek. vom 1.2.1997 mit spät. Änderungen, bundeseinheitlich
RiVASt	Richtlinien für den Rechtshilfeverkehr mit dem Ausland in strafrechtlichen Angelegenheiten
RIW	Recht der Internationalen Wirtschaft (Zeitschrift)
RKG(E)	Reichskriegsgericht (Entscheidungen des RKG)
RL	Richtlinie
RMBl.	Reichsministerialblatt, Zentralblatt für das Deutsche Reich (1923–45)
RMilGE	Entscheidungen des Reichsmilitärgerichts
Rn.	Randnummer
ROW	Recht in Ost und West (Zeitschrift)
RpflAnpG	Gesetz zur Anpassung der Rechtspflege im Beitrittsgebiet (Rechtspflege-Anpassungsgesetz – RpflAnpG) vom 26.6.1992 (BGBl. I S. 1147)
RpflAnpÄndG	Gesetz zur Änderung des Rechtspflege-Anpassungsgesetzes – RpflAnpG vom 7.12.1995 (BGBl. I S. 1590)
Rpfleger	Der Deutsche Rechtspfleger
RpflEntlG	Gesetz zur Entlastung der Rechtspflege vom 11.1.1993 (BGBl. I S. 50)
RpflG	Rechtspflegergesetz vom 5.11.1969 (BGBl. I S. 2065)
RpflVereinfG	Rechtspflege-Vereinfachungsgesetz vom 17.12.1990 (BGBl. I S. 2847)
RPsych	Rechtspsychologie (Zeitschrift)
Rspr.	Rechtsprechung
RT	Reichstag
RTDE	Revue trimestrielle de droit européen
RTDrucks.	Drucksachen des Reichstags
RTh	Zeitschrift für Logik und Juristische Methodenlehre, Rechtsinformatik, Kommunikationsforschung, Normen- und Handlungstheorie, Soziologie und Philosophie des Rechts – eJournal
RTVerh.	Verhandlungen des Reichstags
RuP	Recht und Politik (Zeitschrift)
RVerf.	s. WeimVerf.
RVG	Gesetz über die Vergütung der Rechtsanwältinnen und Rechtsanwälte – Rechtsanwaltsvergütungsgesetz vom 5.5.2004 (BGBl. I S. 718)

RVO	Reichsversicherungsordnung vom 19.7.1911 i.d.F. der Bek. vom 15.12.1924 (RGBl. I S. 779)
RW	Rechtswissenschaft – Zeitschrift für rechtswissenschaftliche Forschung
RZ	siehe: ÖRiZ
R&P	Recht und Psychiatrie (Zeitschrift)
r+s	Recht und Schaden (Zeitschrift)
S.	Satz, Seite
Sa.	Sachsen
SaAnh.	Sachsen-Anhalt
SaBremR	Sammlung des bremischen Rechts (1964)
SächsArch.	Sächsisches Archiv für Rechtspflege, seit 1924 (bis 1941/42) Archiv für Rechtspflege in Sachsen, Thüringen und Anhalt
SächsOLG	Annalen des Sächsischen Oberlandesgerichts zu Dresden (1880 bis 1920)
SAM	Steueranwaltsmagazin
SchAZtg	Schiedsamtszeitung
SchiedsmZ	Schiedsmannszeitung (1926 bis 1945), seit 1950 Der Schiedsmann
SchiedsstG	Gesetz (der Deutschen Demokratischen Republik) über die Schiedsstellen in den Gemeinden vom 13.9.1990 (GBl. I S. 1527)
SchlH	Schleswig-Holstein
SchlHA	Schleswig-Holsteinische Anzeigen
SchrR	Schriftenreihe
SchrRAGStrafR	Schriftenreihe der Arbeitsgemeinschaft Strafrecht im Deutschen Anwaltverein
SchRG	Gesetz über Rechte an eingetragenen Schiffen und Schiffsbauwerken vom 15.11.1940 (RGBl. I S. 1499)
SchrRBRAK	Schriftenreihe der Bundesrechtsanwaltskammer
SchwarzArbG	Gesetz zur Bekämpfung der Schwarzarbeit und illegalen Beschäftigung vom 23.7.2004 (Schwarzarbeitsbekämpfungsgesetz – SchwarzArbG), BGBl. I S. 1842
SchwGBG	Gesetz zur Verbesserung der Bekämpfung der Geldwäsche und Steuerhinterziehung vom 28.4.2011 (Schwarzgeldbekämpfungsgesetz), BGBl. I S. 676
SchwJZ	Schweizerische Juristenzeitung
SchwZStr	Schweizer Zeitschrift für Strafrecht
SDÜ	Übereinkommen vom 19.6.1990 zwischen dem Königreich Belgien, der Bundesrepublik Deutschland, der Französischen Republik, dem Großherzogtum Luxemburg und dem Königreich der Niederlande zur Durchführung des am 14.6.1985 in Schengen unterzeichneten Übereinkommens betreffend den schrittweisen Abbau der Kontrollen an den gemeinsamen Grenzen (Schengener Durchführungsübereinkommen; ABlEG Nr. L 239 vom 22.9.2000, S. 19)
1. SED-UnberG	Erstes Gesetz zur Bereinigung von SED-Unrecht (Erstes SED-Unrechtsbereinigungsgesetz – 1. SED-UnberG) vom 29.10.1992 (BGBl. I S. 1814)
2. SED-UnberG	Zweites Gesetz zur Bereinigung von SED-Unrecht (Zweites SED-Unrechtsbereinigungsgesetz – 2. SED–UnBerG) vom 23.6.1994 (BGBl. I S. 1311)
SeeAufgG	Gesetz über die Aufgaben des Bundes auf dem Gebiet der Seeschiffahrt (Seeaufgabengesetz – SeeAufgG) vom 24.5.1965 i.d.F. der Bek. vom 27.9.1994 (BGBl. I S. 2802)
SeemG	Seemannsgesetz vom 26.7.1957 (BGBl. II S. 713)
SeuffBl.	Seufferts Blätter für Rechtsanwendung (1836–1913)
SFHÄndG	Schwangeren- und Familienhilfeänderungsgesetz (SFHÄndG) vom 21.8.1995 (BGBl. I S. 1050)
SFHG	Gesetz zum Schutz des vorgeburtlichen/werdenden Lebens, zur Förderung einer kinderfreundlicheren Gesellschaft, für Hilfe im Schwangerschaftskonflikt und zur Regelung des Schwangerschaftsabbruchs (Schwangeren- und Familienhilfegesetz) vom 27.7.1992 (BGBl. I S. 1398)
SGb	Die Sozialgerichtsbarkeit (Zeitschrift)
SGB	Sozialgesetzbuch SGB I – Sozialgesetzbuch, Allgemeiner Teil (1. Buch), vom 27.12. 2003 (BGBl. I S. 3022)

	SGB II – Sozialgesetzbuch, Grundsicherung für Arbeitsuchende (2. Buch), vom 24.12.2003 (BGBl. I S. 2954), SGB III – Sozialgesetzbuch, Arbeitsförderung (3. Buch), vom 27.12. 2003 (BGBl. I S. 3022), SGB IV – Sozialgesetzbuch, Gemeinsame Vorschriften für die Sozialversicherung (4. Buch) vom 24.7.2003 (BGBl. I S. 1526), SGB V – Sozialgesetzbuch, Gesetzliche Krankenversicherung (5. Buch) vom 27.12.2003 (BGBl. I S. 3022), SGB VI – Sozialgesetzbuch, Gesetzliche Rentenversicherung (6. Buch) vom 29.4.2004 (BGBl. I S. 678), SGB VII – Sozialgesetzbuch, Gesetzliche Unfallversicherung (7. Buch) vom 27.12.2003 (BGBl. I S. 3019), SGB VIII – Sozialgesetzbuch, Kinder- und Jugendhilfe (8. Buch) vom 27.12.2003 (BGBl. I S. 3022), SGB IX – Sozialgesetzbuch, Rehabilitation und Teilhabe behinderter Menschen (9. Buch) vom 23.4.2004 (BGBl. I S. 606), SGB X – Sozialgesetzbuch, Verwaltungsverfahren (10. Buch) vom 5.4.2004 (BGBl. I S. 718), SGB XI – Sozialgesetzbuch, Soziale Pflegeversicherung (11. Buch) vom 27.12.2003 (BGBl. I S. 3022), SGB XII – Sozialgesetzbuch, Sozialhilfe (12. Buch) vom 27.12.2003 (BGBl. I S. 3022)
SGG	Sozialgerichtsgesetz, neugefasst durch Bek. vom 23.9.1975 (BGBl. I S. 2535); zuletzt geändert durch Art. 9 des Gesetzes vom 12.7.2018 (BGBl. I S. 1151)
SGV.NW	Sammlung des bereinigten Gesetz- und Verordnungsblatts für das Land Nordrhein-Westfalen (Loseblattsammlung)
SIAK	Zeitschrift für Polizeiwissenschaft und polizeiliche Praxis (Österreich)
SichVG	Gesetz zur Rechtsvereinheitlichung der Sicherungsverwahrung (SichVG) vom 16.6.1995 (BGBl. I S. 818)
SIRENE	Supplementary Information Request at the National Entry (nationale Kontaktstelle des SIS)
SIS	Schengener Informationssystem
SJIR	Schweizerisches Jahrbuch für internationales Recht
SJZ	Schweizerische Juristen-Zeitung/Süddeutsche Juristenzeitung (1946–50), dann Juristenzeitung
SkAufG	Gesetz über dieRechtsstellung ausländischer Streitkräfte bei vorübergehenden Aufenthalten in der Bundesrepublik Deutschland (Streitkräfteaufenthaltsgesetz – SkAufG) vom 20.7.1995 (BGBl. II S. 554)
s.o.	siehe oben
SortSchG	Gesetz über den Schutz von Pflanzensorten (Sortenschutzgesetz) vom 20.5.1968 i.d.F. der Bek. vom 4.1.1977 (BGBl. I S. 105)
SozVw	Die Sozialverwaltung (Zeitschrift)
SprengG	Gesetz über explosionsgefährliche Stoffe (Sprengstoffgesetz – SprengG) vom 13.9.1976 (BGBl. I S. 2737) i.d.F. der Bek. vom 17.4. 1986 (BGBl. I S. 577)
SprengstG	Gesetz über explosionsgefährliche Stoffe (Sprengstoffgesetz) vom 25.8.1969 (BGBl. I S. 1358, ber. BGBl. 1970 I S. 224), aufgehoben durch SprengG vom 13.9.1976
SpuRt	Sport und Recht (Zeitschrift)
SR	Soziales Recht (Zeitschrift)
SRÜ	Seerechtsübereinkommen der Vereinten Nationen vom 10.12.1982 (BGBl. 1994 II S. 1799)
StA	Staatsanwalt, Staatsanwaltschaft
StAG/DDR	Gesetz über die Staatsanwaltschaft der Deutschen Demokratischen Republik vom 7.4.1977 (GBl. I S. 93), zuletzt geändert durch Gesetz vom 5.7.1990 (GBl. I S. 635)
StaatsGH	Staatsgerichtshof
StaatsschStrafsG	Gesetz zur allgemeinen Einführung eines zweiten Rechtszuges in Staatsschutz-Strafsachen vom 8.9.1969 (BGBl. I S. 1582)

StÄG	s. StRÄndG
StAZ	Das Standesamt (Zeitschrift)
StBerG	Steuerberatungsgesetz, neugefasst durch Bek. vom 4.11.1975 (BGBl. I S. 2735); zuletzt geändert durch Art. 8 des Gesetzes vom 30.10.2017 (BGBl. I S. 3618)
StGB	Strafgesetzbuch, neugefasst durch Bek. vom 13.11.1998 (BGBl. I S. 3322); zuletzt geändert durch Art. 14 des Gesetzes vom 18.12.2018 (BGBl. I S. 2639)
StGB/DDR	Strafgesetzbuch der Deutschen Demokratischen Republik vom 12.1.1968 in der Neufassung vom 14.12.1988 (GBl. I S. 93), zuletzt geändert durch Gesetz vom 29.6.1990 (GBl. I S. 526)
StGBÄndG 1976	Gesetz zur Änderung des Strafgesetzbuches, der Strafprozeßordnung, des Gerichtsverfassungsgesetzes, der Bundesrechtsanwaltsordnung und des Strafvollzugsgesetzes vom 18.8.1976 (BGBl. I S. 2181)
StGBÄndG 1989	Gesetz zur Änderung des Strafgesetzbuches, der Strafprozeßordnung und des Versammlungsgesetzes und zur Einführung einer Kronzeugenregelung bei terroristischen Straftaten vom 9.6.1989 (BGBl. I S. 1059)
StORMG	Gesetz zur Stärkung der Rechte von Opfern sexuellen Missbrauchs vom 26.6.2013 (BGBl. I S. 1805)
StPÄG 1964	Gesetz zur Änderung der Strafprozeßordnung und des Gerichtsverfassungsgesetzes vom 19.12.1964 (BGBl. I S. 1067)
StPÄG 1972	Gesetz zur Änderung der Strafprozeßordnung vom 7.8.1972 (BGBl. I S. 1361)
StPÄG 1978	Gesetz zur Änderung der Strafprozeßordnung vom 14.4.1978 (BGBl. I S. 497)
StPÄG 1986	Paßgesetz und Gesetz zur Änderung der Strafprozeßordnung vom 19.4.1986 (BGBl. I S. 537)
StPÄG 1988	Gesetz zur Änderung der Strafprozeßordnung vom 17.5.1988 (BGBl. I S. 606)
StPO	Strafprozeßordnung vom 1.2.1877 i.d.F. der Bek. vom 7.4.1987 (BGBl. I S. 1074)
StPO/DDR	Strafprozeßordnung der Deutschen Demokratischen Republik vom 12.1.1968 in der Neufassung vom 19.12.1974 (GBl. 1975 I S. 61)
StraFo	Strafverteidiger Forum (Zeitschrift)
StrafrAbh.	Strafrechtliche Abhandlungen, herausgegeben von Bennecke, dann von Beling, v. Lilienthal und Schoetensack
StraftVVG	Gesetz zur Verfolgung der Vorbereitung von schweren staatsgefährdenden Gewalttaten vom 30.7.2009 (BGBl. I S. 2437)
StRÄndG	Strafrechtsänderungsgesetz 1. ~ vom 30.8.1951 (BGBl. I S. 739) 2. ~ vom 6.3.1953 (BGBl. I S. 42) 3. ~ vom 4.8.1953 (BGBl. I S. 735) 4. ~ vom 11.6.1957 (BGBl. I S. 597) 5. ~ vom 24.6.1960 (BGBl. I S. 477) 6. ~ vom 30.6.1960 (BGBl. I S. 478) 7. ~ vom 1.6.1964 (BGBl. I S. 337) 8. ~ vom 25.6.1968 (BGBl. I S. 741) 9. ~ vom 4.8.1969 (BGBl. I S. 1065) 10. ~ vom 7.4.1970 (BGBl. I S. 313) 11. ~ vom 16.12.1971 (BGBl. I S. 1977) 12. ~ vom 16.12.1971 (BGBl. I S. 1779) 13. ~ vom 13.6.1975 (BGBl. I S. 1349) 14. ~ vom 22.4.1976 (BGBl. I S. 1056) 15. ~ vom 18.5.1976 (BGBl. I S. 1213) 16. ~ vom 16.7.1979 (BGBl. I S. 1078) 17. ~ vom 21.12.1979 (BGBl. I S. 2324) 18. ~ vom 28.3.1980 (BGBl. I S. 379) – Gesetz zur Bekämpfung der Umweltkriminalität 19. ~ vom 7.8.1981 (BGBl. I S. 808) 20. ~ vom 8.12.1981 (BGBl. I S. 1329) 21. ~ vom 13.6.1985 (BGBl. I S. 963)

	22. ~ vom 18.7.1985 (BGBl. I S. 1510)
	23. ~ vom 13.4.1986 (BGBl. I S. 1986)
	24. ~ vom 13.1.1987 (BGBl. I S. 141)
	25. ~ vom 20.8.1990 – § 201 StG – (BGBl. I S. 1764)
	26. ~ vom 24.7.1992 – Menschenhandel – (BGBl. I S. 1255)
	27. ~ vom 23.7.1993 – Kinderpornographie – (BGBl. I S. 1346)
	28. ~ vom 13.1.1994 – Abgeordnetenbestechung – (BGBl. I S. 84)
	29. ~ vom 31.5.1994 – §§ 175, 182 StGB – (BGBl. I S. 1168)
	30. ~ vom 23.6.1994 – Verjährung von Sexualstraftaten an Kindern und Jugendlichen – BGBl. I S. 1310)
	31. ~ vom 27.6.1994 – 2. Gesetz zur Bekämpfung der Umweltkriminalität – (BGBl. I S. 1440)
	32. ~ vom 1.6.1995 – §§ 44, 69b StGB – (BGBl. I S. 747)
	33. ~ vom 1.7.1997 – §§ 177, 178 StGB (BGBl. I S. 1607)
	34. ~ vom 22.8.2002 – § 129b StGB (BGBl. I S. 3390)
	35. ~ vom 22.12.2003 – Betrug und Fälschung im Zusammenhang mit unbaren Zahlungsmitteln (BGBl. I S. 2838)
	36. ~ vom 30.7.2004 – § 201a StGB (BGBl. I S. 2012)
	37. ~ vom 18.2.2005 – §§ 180b, 181 StGB (BGBl. I S. 239)
	40. ~ vom 22.3.2007 – Strafbarkeit beharrlicher Nachstellungen (Anti-Stalking-Gesetz) (BGBl. I S. 354)
	41. ~ vom 7.8.2007 – Bekämpfung der Computerkriminalität (BGBl. I S. 1786)
	42. ~ vom 29.6.2009 – Anhebung der Höchstgrenze des Tagessatzes bei Geldstrafen (BGBl. I S. 1658)
	43. ~ vom 29.7.2009 – Strafzumessung bei Aufklärungs- und Präventionshilfe (BGBl. I S. 2288)
	44. ~ vom 1.11.2011 – Widerstand gegen Vollstreckungsbeamte (BGBl. I S. 2130)
	45. ~ vom 6.12.2011 – Umsetzung der Richtlinie des Europäischen Parlaments und des Rates zum strafrechtlichen Schutz der Umwelt (BGBl. I S. 2557)
	46. ~ vom 10.6.2013 – Beschränkung der Möglichkeit zur Strafmilderung bei Aufklärungs- und Präventionshilfe (BGBl. I S. 1497)
	47. ~vom 24.9.2013 – Strafbarkeit der Verstümmelung weiblicher Genitalien (BGBl. I S. 3671)
	48. ~ vom 23.4.2014 – Erweiterung des Straftatbestandes der Abgeordnetenbestechung (BGBl. I S. 410)
	49. ~ vom 21.1.2015 – Umsetzung europäischer Vorgaben zum Sexualstrafrecht (BGBl. I S. 10)
	50. ~ vom 4.11.2016 – Verbesserung des Schutzes der sexuellen Selbstbestimmung (BGBl. I S. 2460)
	51. ~ vom 11.4.2017 – Strafbarkeit von Sportwettbetrug und der Manipulation von berufssportlichen Wettbewerben (BGBl. I S. 815)
	52. ~ vom 23.5.2017 – Stärkung des Schutzes von Vollstreckungsbeamten und Rettungskräften (BGBl. I S. 1226)
	53. ~ vom 11.6.2017 – Ausweitung des Maßregelrechts bei extremistischen Straftätern (BGBl. I S. 1612)
	54. ~ vom 17.7.2017 – Umsetzung des Rahmenbeschlusses 2008/841/JI des Rates vom 24. Oktober 2008 zur Bekämpfung der organisierten Kriminalität (BGBl. I S. 2440)
	55. ~ vom 17.7.2017 – Wohnungseinbruchdiebstahl (BGBl. I S. 2442)
	56. ~ vom 30.9.2017 – Strafbarkeit nicht genehmigter Kraftfahrzeugrennen im Straßenverkehr vom (BGBl. I S. 3532)
StraßenVSichG	1. Gesetz zur Sicherung des Straßenverkehrs (Straßenverkehrssicherungsgesetz) vom 19.12.1952 (BGBl. I S. 832)
	2. Zweites ~ vom 26.11.1964 (BGBl. I S. 921)
StREG	Gesetz über ergänzende Maßnahmen zum 5. StrRG (Strafrechtsreformergänzungsgesetz) vom 28.8.1975 (BGBl. I S. 2289)

StrEG	Gesetz über die Entschädigung für Strafverfolgungsmaßnahmen vom 8.3.1971 (BGBl. I S. 157)
STREIT	Feministische Rechtszeitschrift
StrFG	Straffreiheitsgesetz – 1949 vom 31.12.1949 (BGBl. I S. 37) – 1954 vom 17.7.1954 (BGBl. I S. 203) – 1968 vom 9.7.1968 (BGBl. I S. 773) – 1970 vom 20.5.1970 (BGBl. I S. 509)
StRG	Gesetz zur Reform des Strafrechts 1. ~ vom 25.6.1969 (BGBl. I S. 645) 2. ~ vom 4.7.1969 (BGBl. I S. 717) 3. ~ vom 20.5.1970 (BGBl. I S. 505) 4. ~ vom 23.11.1973 (BGBl. I S. 1725) 5. ~ vom 18.6.1974 (BGBl. I S. 1297) 6. ~ vom 26.1.1998 (BGBl. I S. 164)
StRR	StrafRechtsReport – Arbeitszeitschrift für das gesamte Strafrecht
StrRehaG	Gesetz über die Rehabilitierung und Entschädigung von Opfern rechtsstaatswidriger Strafverfolgungsmaßnahmen im Beitrittsgebiet (Strafrechtliches Rehabilitierungsgesetz – StrRehaG) vom 29.10.1992 (BGBl. I S. 1814) i.d.F. der Bek. vom 17.12.1999 (BGBl. I S. 2664)
st.Rspr.	ständige Rechtsprechung
StudZR	Studentische Zeitschrift für Rechtswissenschaft Heidelberg
StUG	Gesetz über die Unterlagen des Staatssicherheitsdienstes der ehemaligen Deutschen Demokratischen Republik (Stasi-Unterlagen-Gesetz – StUG) vom 20.12.1991 (BGBl. I S. 2272)
StuR	Staat und Recht (Zeitschrift DDR, 1950 bis 1990)
StuW	Steuern und Wirtschaft (Zeitschrift)
StV	Strafverteidiger (Zeitschrift)
StVÄG 1979	Strafverfahrensänderungsgesetz 1979 vom 5.10.1978 (BGBl. I S. 1645)
StVÄG 1987	Strafverfahrensänderungsgesetz 1987 vom 27.1.1987 (BGBl. I S. 475)
StVÄG 1999	Strafverfahrensänderungsgesetz 1999 vom 2.8.2000 (BGBl. I S. 1253)
StVG	Straßenverkehrsgesetz vom 3.5.1909 i.d.F. der Bek. vom 19.12.1952 (BGBl. I S. 837)
StVO	Straßenverkehrsordnung vom 16.11.1970 (BGBl. I S. 1565, ber. 1971, S. 38)
StVollstrO	Strafvollstreckungsordnung vom 1.4.2001 (BAnz. Nr. 87) bundeseinheitlich
StVollzG	Gesetz über den Vollzug der Freiheitsstrafe und der freiheitsentziehenden Maßregeln der Besserung und Sicherung – Strafvollzugsgesetz – vom 16.3.1976 (BGBl. I S. 581)
StVollzGK	Strafvollzugsgesetz-Kommissionsentwurf, herausgegeben vom Bundesministerium der Justiz
StVollzK	Blätter für Strafvollzugskunde (Beilage zur Zeitschrift „Der Vollzugsdienst")
1. StVRErgG	Gesetz zur Ergänzung des 1. StVRG vom 20.12.1974 (BGBl. I S. 3686)
1. StVRG	Erstes Gesetz zur Reform des Strafverfahrensrechts vom 9.12.1974 (BGBl. I S. 3393)
StVZO	Straßenverkehrs-Zulassungs-Ordnung vom 13.11.1937 i.d.F. der Bek. vom 28.9.1988 (BGBl. I S. 1793)
s.u.	siehe unten
SubvG	Subventionsgesetz vom 29.7.1976 (BGBl. I S. 2034)
SVR	Straßenverkehrsrecht (Zeitschrift)
SZ	Süddeutsche Zeitung
SZIER	Schweizerische Zeitschrift für internationales und europäisches Recht
TerrorismusG	Gesetz zur Bekämpfung des Terrorismus vom 19.12.1986 (BGBl. I S. 2566)
TerrorBekG	Gesetz vom 9.1.2002 zur Bekämpfung des internationalen Terrorismus (Terrorismusbekämpfungsgesetz) (BGBl. I S. 361)
TerrorBekErgG	Gesetz zur Ergänzung des Terrorismusbekämpfungsgesetzes (Terrorismusbekämpfungsergänzungsgesetz) vom 5.1.2007 (BGBl. I S. 2)

TFTP	Terrorist Finance Tracking Program
ThUG	Gesetz zur Therapierung und Unterbringung psychisch gestörter Gewalttäter (Therapieunterbringungsgesetz) vom 22.12.2010 (BGBl. I S. 2300, 2305)
Thür.	Thüringen
TiefseebergbauG	Gesetz zur vorläufigen Regelung des Tiefseebergbaus vom 16.8.1980 (BGBl. I S. 1457)
TierschG	Tierschutzgesetz vom 24.7.1972 (BGBl. I S. 1277)
TKG	Telekommunikationsgesetz (TKG) vom 25.7.1996 (BGBl. I S. 1120)
TKÜG	Gesetz zur Neuregelung der Telekommunikationsüberwachung und anderer Ermittlungsmaßnahmen sowie zur Umsetzung der Richtlinie 2006/24/EG vom 21.12.2007 (BGBl. I S. 3198)
TKO	Telekommunikationsordnung vom 16.7.1987 (BGBl. I S. 1761)
TMG	Telemediengesetz vom 26.2.2007 (BGBl. I S. 179)
TREVI	Terrorisme, Radicalisme, Extremisme et Violence Internationale (1975) – Koordinierungsgruppe
TVöD	Tarifvertrag für den öffentlichen Dienst
TV/L	Tarifvertrag für den öffentlichen Dienst der Länder
Tz.	Teilziffer
UCLAF	Unité de Coordination de la Lutte Anti-Fraude
UdG	Urkundsbeamter der Geschäftsstelle
ÜAG	Gesetz vom 26.9.1991 zur Ausführung des Übereinkommens über die Überstellung verurteilter Personen vom 21.3.1983 – Überstellungsausführungsgesetz (BGBl. 1991 I S. 1954)
ÜberlG	Gesetz zur Überleitung von Bundesrecht nach Berlin (West) (Sechstes Überleitungsgesetz) vom 25.9.1990 (BGBl. I S. 2106)
ÜberstÜbk	Übereinkommen über die Überstellung verurteilter Personen vom 21.3.1983 (ETS 112; BGBl. 1991 II S. 1006; 1992 II S. 98); ZP ÜberstÜbk vom 18.12.1997 (ETS 167)
Übk	Übereinkommen
ÜF	Übergangsfassung
UFITA	Archiv für Medienrecht und Medienwissenschaft
UHaftÄndG	Gesetz zur Abänderung der Untersuchungshaft vom 27.12.1926 (RGBl. I S. 529)
UN	Vereinte Nationen
UNCAT	Übereinkommen (der Vereinten Nationen) gegen Folter und andere grausame, unmenschliche oder erniedrigende Behandlung oder Strafe vom 10.12.1984 (BGBl. 1990 II S. 246) OPCAT – Fakultativprotokoll vom 18.12.2002 zum Übereinkommen gegen Folter und andere grausame, unmenschliche oder erniedrigende Behandlung oder Strafe; Gesetz vom 26.8.2008 (BGBl. 2008 II S. 854)
UN-CAT	United Nations Committee against Torture – UN-Anti-Folter-Ausschuss
UN-FoltKonv.	Siehe UNCAT
UNHCR	United Nations High Commissioner for Refugees – Hoher Flüchtlingskommissar der Vereinten Nationen
UNO-Pakt	s. IPBPR
UnterbrSichG	Gesetz zur Reform des Rechts der Unterbringung in einem psychiatrischen Krankenhaus und in einer Entziehungsanstalt vom 16.7.2007 (BGBl. I S. 1327)
UrhG	Gesetz über Urheberrecht und verwandte Schutzrechte (Urheberrechtsgesetz) vom 9.9.1965 (BGBl. I S. 1273)
UVollzO	Untersuchungshaftvollzugsordnung vom 12.2.1953 i.d.F. der Bek. vom 15.12.1976, bundeseinheitlich
UZwG	Gesetz über den unmittelbaren Zwang bei Ausübung öffentlicher Gewalt durch Vollzugsbeamte des Bundes vom 10.3.1961 (BGBl. I S. 165)
UZwGBw	Gesetz über die Anwendung unmittelbaren Zwanges und die Ausübung besonderer Befugnisse durch Soldaten der Bundeswehr und verbündeter Streitkräfte sowie zivile Wachpersonen vom 12.8.1965 (BGBl. I S. 796)

VA	Vorzeitige Anwendung (internationaler Übereinkommen)
VBlBW	Verwaltungsblätter für Baden-Württemberg (Zeitschrift)
VDA	Vergleichende Darstellung des deutschen und ausländischen Strafrechts, Allgemeiner Teil, Bd. 1 bis 6 (1908)
VDB	Vergleichende Darstellung des deutschen und ausländischen Strafrechts, Besonderer Teil, Bd. 1 bis 9 (1906)
VerbrbekG	Gesetz zur Änderung des Strafgesetzbuches, der Strafprozeßordnung und anderer Gesetz (Verbrechensbekämpfungsgesetz) vom 28.10.1994 (BGBl. I S. 3186)
VerbringungsverbG	Gesetz zur Überwachung strafrechtlicher und anderer Verbringungsverbote vom 24.5.1961 (BGBl. I S. 607)
VereinfVO	Vereinfachungsverordnung 1. ~, VO über Maßnahmen auf dem Gebiet der Gerichtsverfassung und Rechtspflege vom 1.9.1939 (RGBl. I S. 1658) 2. ~, VO zur weiteren Vereinfachung der Strafrechtspflege vom 13.8.1942 (RGBl. I S. 508) 3. ~, Dritte VO zur Vereinfachung der Strafrechtspflege vom 29.5.1943 (RGBl. I S. 342) 4. ~, Vierte VO zur Vereinfachung der Strafrechtspflege vom 13.12.1944 (RGBl. I S. 339)
VereinhG	Gesetz zur Wiederherstellung der Rechtseinheit auf dem Gebiete der Gerichtsverfassung, der bürgerlichen Rechtspflege, des Strafverfahrens und des Kostenrechts vom 12.9.1950 (BGBl. I S. 455)
VereinsG	Gesetz zur Regelung des öffentlichen Vereinsrechts (Vereinsgesetz) vom 5.8.1964 (BGBl. I S. 593)
VerfGH	Verfassungsgerichtshof
VerfO	Verfahrensordnung (siehe EGMRVerfO)
Verh.	Verhandlungen des Deutschen Bundestages (BT), des Deutschen Juristentages (DJT) usw.
1. VerjährungsG	Gesetz über das Ruhen der Verjährung bei SED-Unrechtstaten vom 26.3.1993 (BGBl. I S. 392)
2. VerjährungsG	Gesetz zur Verlängerung strafrechtlicher Verjährungsfristen vom 27.9.1993 (BGBl. I S. 1657)
VerkMitt.	Verkehrsrechtliche Mitteilungen
VerpflichtG	Gesetz über die förmliche Verpflichtung nichtbeamteter Personen (Verpflichtungsgesetz) vom 2.3.1974 (BGBl. I S. 469)
VerschG	Verschollenheitsgesetz vom 15.1.1951 (BGBl. I S. 59)
VersR	Versicherungsrecht, Juristische Rundschau für die Individualversicherung
VerständigungsG	Gesetz zur Regelung der Verständigung im Strafverfahren vom 29.7.2009 (BGBl. I S. 2353)
VerwArch	Verwaltungsarchiv
VG	Verwaltungsgericht
VGH	Verfassungsgerichtshof; Verwaltungsgerichtshof
vgl.	vergleiche
Vhdlgen	s. Verh.
VIS	Visa-Informations-System
VIZ	Vermögens- und Immobilienrecht (Zeitschrift)
VO	Verordnung; s. auch AusnVO
VOBl.	Verordnungsblatt
VOR	Zeitschrift für Verkehrs- und Ordnungswidrigkeitenrecht
VR	Verwaltungsrundschau
VRR	VerkehrsRechtsReport
VRS	Verkehrsrechts-Sammlung
VRÜ	Verfassung und Recht in Übersee
VStGB	Völkerstrafgesetzbuch
VStGBG	Gesetz vom 26.6.2002 zur Einführung des Völkerstrafgesetzbuches (BGBl. I S. 2254)
VVDStRL	Veröffentlichungen der Vereinigung der Deutschen Staatsrechtslehrer

VVStVollzG	Verwaltungsvorschriften zum Strafvollzugsgesetz (bundeseinheitlich) vom 1.7.1976
VwGO	Verwaltungsgerichtsordnung, neugefasst durch Bek. vom 19.3.1991 (BGBl. I S. 686); zuletzt geändert durch Art. 7 des Gesetzes vom 12.7.2018 (BGBl. I S. 1151)
VwRehaG	Gesetz über die Aufhebung rechtsstaatswidriger Verwaltungsentscheidungen im Beitrittsgebiet und die daran anknüpfenden Folgeansprüche (Verwaltungsrechtliches Rehabilitierungsgesetz – VwRehaG) vom 23.6.1994 (BGBl. I S. 1311)
VwVfG	Verwaltungsverfahrensgesetz vom 25.5.1976 (BGBl. I S. 1253)
VwZG	Verwaltungszustellungsgesetz vom 3.7.1952 (BGBl. I S. 379)
WDO	Wehrdisziplinarordnung vom 15.3.1957 i.d.F. der Bek. vom 9.6.1961 (BGBl. I S. 697)
WehrbeauftrG	Gesetz über den Wehrbeauftragten des Deutschen Bundestages i.d.F. der Bek. vom 16.6.1982 (BGBl. I S. 673)
WeinG	Gesetz über Wein, Likörwein, Schaumwein, weinhaltige Getränke und Branntwein aus Wein (Weingesetz) vom 14.1.1971 (BGBl. I S. 893)
Wiener Übereinkommen	1. Wiener Übereinkommen über diplomatische Beziehungen vom 18.4.1961 (Zustimmungsgesetz vom 6.8.1964, BGBl. II S. 957) 2. Wiener Übereinkommen über konsularische Beziehungen vom 24.4.1963 (Zustimmungsgesetz vom 26.8.1969, BGBl. II S. 1585)
WiJ	Journal der Wirtschaftsstrafrechtlichen Vereinigung e.V.
1. WiKG	Erstes Gesetz zur Bekämpfung der Wirtschaftskriminalität vom 29.7.1976 (BGBl. I S. 2034)
2. WiKG	Zweites Gesetz zur Bekämpfung der Wirtschaftskriminalität vom 15.5.1986 (BGBl. I S. 721)
WiStG	Gesetz zur weiteren Vereinfachung des Wirtschaftsstrafrechts (Wirtschaftsstrafgesetz 1954) vom 9.7.1954 i.d.F. der Bek. vom 3.6.1975 (BGBl. I S. 1313)
WisteV	Wirtschaftsstrafrechtliche Vereinigung e.V.
wistra	Zeitschrift für Wirtschafts- und Steuerstrafrecht
WLR	Weekly Law Reports (Zeitschrift)
WoÜbG	Gesetz zur Umsetzung des Urteils des Bundesverfassungsgerichts vom 3. März 2004 (akustische Wohnraumüberwachung) vom 24.6.2005 (BGBl. I S. 1841)
WRV	Weimarer Verfassung, Verfassung des Deutschen Reichs vom 11.8.1919 (RGBl. S. 1383)
WStG	Wehrstrafgesetz vom 30.3.1957 i.d.F. der Bek. vom 24.5.1974 (BGBl. I S. 1213)
WM	Wertpapiermitteilungen (Zeitschrift)
WuV	Wirtschaft und Verwaltung (Zeitschrift)
WuW	Entscheidungssammlung der Zeitschrift Wirtschaft und Wettbewerb
WÜD	s. 1. Wiener Übereinkommen
WÜK	s. 2. Wiener Übereinkommen
WVK	Wiener Vertragsrechtskonvention vom 23.5.1969 (BGBl. 1985 II S. 926)
WWSUV	Vertrag über die Schaffung einer Währungs-, Wirtschafts- und Sozialunion zwischen der Bundesrepublik Deutschland und der Deutschen Demokratischen Republik vom 18.5.1990 (BGBl. II S. 537)
WWSUVG	Gesetz zu dem Vertrag vom 18.5.1990 über die Schaffung einer Währungs-, Wirtschafts- und Sozialunion ... vom 25.6.1990 (BGBl. II S. 518)
WZG	Warenzeichengesetz vom 5.5.1936 i.d.F. der Bek. vom 2.1.1968 (BGBl. I S. 29)
YEL	Yearbook of European Law
YB	Yearbook of the European Convention of the Human Rights, the European Commission and the European Court of Human Rights/Annuaire de la Convention Européenne des Droits de l'Homme; Commission et Cour Européenne des Droits de l'Homme, hrsg. vom Europarat
ZAG	Zahlungsdiensteaufsichtsgesetz
ZahlVGJG	Gesetz über den Zahlungsverkehr mit Gerichten und Justizbehörden vom 22.12.2006 = Art. 2 des 2. Justizmodernisierungsgesetzes (BGBl. 2006 I S. 3416)

ZAkDR	Zeitschrift der Akademie für Deutsches Recht (1934–44)
ZaöRV	Zeitschrift für ausländisches öffentliches Recht und Völkerrecht
ZAP	Zeitschrift für die Anwaltspraxis
ZAR	Zeitschrift für Ausländerrecht und Ausländerpolitik
ZBJV	Zeitschrift des Bernischen Juristenvereins
ZBlJugR	Zentralblatt für Jugendrecht und Jugendwohlfahrt
ZBR	Zeitschrift für Beamtenrecht
ZCG	Zeitschrift für Corporate Governance
ZD	Zeitschrift für Datenschutz
ZDRW	Zeitschrift für Didaktik der Rechtswissenschaft
ZER	Zeitschrift für Europarecht (Österreich)ZERP Zentrum für europäische Rechtspolitik (Universität Bremen)
ZESAR	Zeitschrift für europäisches Sozial- und Arbeitsrecht
ZEUP	Zeitschrift für europäisches Privatrecht
ZEuS	Zeitschrift für Europarechtliche Studien
ZEV	Zeitschrift für Erbrecht und Vermögensnachfolge
ZfBR	Zeitschrift für deutsches und internationales Bau- und Vergaberecht
ZfC	Zeitschrift für Compliance
ZfDG	Gesetz über das Zollkriminalamt und die Zollfahndungsämter (Zollfahndungsdienstgesetz) vom 16.8.2002 (BGBl. I S. 3202)
ZfJ	Zentralblatt für Jugendrecht
ZfL	Zeitschrift für Lebensrecht
ZfRV	Zeitschrift für Europarecht, Internationales Privatrecht und Rechtsvergleichung
ZfS	Zeitschrift für Schadensrecht
ZFSH SGB	Zeitschrift für die sozialrechtliche Praxis
ZfStrVo	Zeitschrift für Strafvollzug und Straffälligenhilfe (jetzt: FS – Forum Strafvollzug)
ZfWG	Zeitschrift für Wett- und Glücksspielrecht
ZfZ	Zeitschrift für Zölle und Verbrauchssteuern
ZG	Zeitschrift für Gesetzgebung
ZInsO	Zeitschrift für das gesamte Insolvenzrecht
ZIP	Zeitschrift für Wirtschaftsrecht
ZIR	Zeitschrift für Interne Revision
ZIS	Zeitschrift für Internationale Strafrechtsdogmatik (Online-Zeitschrift)
ZJJ	Zeitschrift für Jugendkriminalrecht und Jugendhilfe
ZJS	Zeitschrift für das Juristische Studium (Online-Zeitschrift)
ZKA	Zollkriminalinstitut
ZKJ	Zeitschrift für Kindschaftsrecht und Jugendhilfe
ZLR	Zeitschrift für Lebensmittelrecht
ZOV	Zeitschrift für offene Vermögensfragen
ZÖR	Zeitschrift für öffentliches Recht
ZollG.	Zollgesetz vom 14.6.1961 i.d.F. der Bek. vom 18.5.1970 (BGBl. I S. 529)
ZP	Zusatzprotokoll
ZPO	Zivilprozeßordnung vom 30.1.1877 i.d.F. der Bek. vom 12.9.1950 (BGBl. I S. 533)
ZRFC	Zeitschrift für Risk, Fraud & Compliance
ZRP	Zeitschrift für Rechtspolitik
ZSchG	Gesetz vom 30.4.1998 zum Schutz von Zeugen bei Vernehmungen im Strafverfahren und zur Verbesserung des Opferschutzes (Zeugenschutzgesetz – ZSchG) (BGBl. I S. 820)
ZSE	Zeitschrift für Staats- und Europawissenschaften
ZSEG	Gesetz über die Entschädigung von Zeugen und Sachverständigen vom 26.7.1957 i.d.F. der Bek. vom 1.10.1969 (BGBl. I S. 1756); abgelöst durch das JVEG vom 5.5.2004
ZSHG	Gesetz zur Harmonisierung des Schutzes gefährdeter Zeugen (Zeugenschutz-Harmonisierungsgesetz) vom 11.12.2001 (BGBl. I S. 3510)
ZSR	Zeitschrift für Schweizerisches Recht
ZST	Zeitschrift für Schweizer Recht

ZStW	Zeitschrift für die gesamte Strafrechtswissenschaft
ZTR	Zeitschrift für Tarif-, Arbeits- und Sozialrecht des öffentlichen Dienstes
ZUM	Zeitschrift für Urheber- und Medienrecht
ZUM-RD	Zeitschrift für Urheber- und Medienrecht – Rechtssprechungsdienst
ZUR	Zeitschrift für Umweltrecht
ZusatzAbk.	Zusatzabkommen zum NATO-Truppenstatut vom 3.8.1959 (BGBl. 1961 II S. 1183, 1218)
Zusatzvereinb.	Vereinbarung zwischen der Bundesrepublik Deutschland und der Deutschen Demokratischen Republik zur Durchführung und Auslegung des am 31.8.1990 in Berlin unterzeichneten Vertrages zwischen der Bundesrepublik Deutschland und der Deutschen Demokratischen Republik über die Herstellung der Einheit Deutschlands vom 18.9.1990 (BGBl. II S. 1239)
ZuSEntschG	Gesetz über die Entschädigung von Zeugen und Sachverständigen
zust.	zustimmend
ZustErgG	Gesetz zur Ergänzung von Zuständigkeiten auf den Gebieten des Bürgerlichen Rechts, des Handelsrechts und des Strafrechts (Zuständigkeitsergänzungsgesetz) vom 7.8.1952 (BGBl. I S. 407)
ZustG	Gesetz über die Zuständigkeit der Gerichte bei Änderung der Gerichtseinteilung vom 6.12.1933 (RGBl. I S. 1037)
ZustRG	Gesetz zur Reform des Verfahrens bei Zustellung im gerichtlichen Verfahren (Zustellungsreformgesetz – ZustRG) vom 25.6.2001 (BGBl. I S. 1206)
ZustVO	Verordnung über die Zuständigkeit der Strafgerichte, die Sondergerichte und sonstige strafverfahrensrechtliche Vorschriften vom 21.2.1940 (RGBl. I S. 405)
Zuwanderungsgesetz	Gesetz zur Steuerung und Begrenzung der Zuwanderung und zur Regelung des Aufenthalts und der Integration von Unionsbürgern und Ausländern vom 30.7.2004 (BGBl. I S. 1950)
ZVG	Gesetz über die Zwangsversteigerung und die Zwangsverwaltung (Zwangsversteigerungsgesetz) vom 24.3.1897 i.d.F. der Bek. vom 20.5.1898 (RGBl. S. 369, 713)
ZWehrR	Zeitschrift für Wehrrecht (1936/37–44)
ZWH	Zeitschrift für Wirtschaftsstrafrecht und Haftung im Unternehmen
ZwHeiratBekG	Gesetz zur Bekämpfung der Zwangsheirat und zum besseren Schutz der Opfer von Zwangsheirat sowie zur Änderung weiterer aufenthalts- und asylrechtlicher Vorschriften vom 23.6.2011 (BGBl. I S. 1266)
ZZP	Zeitschrift für Zivilprozeß

Literaturverzeichnis

Achenbach/Ransiek/Rönnau	Achenbach/Ransiek/Rönnau, Handbuch Wirtschaftsstrafrecht, 4. Aufl. (2015)
AE-EV	Alternativ-Entwurf Reform des Ermittlungsverfahrens (AE-EV); Entwurf eines Arbeitskreises deutscher, österreichischer und schweizerischer Strafrechtslehrer (2001)
AE-EuStV	Alternativentwurf Europäische Strafverfolgung; hrsg. von Schünemann (2004)
AE-StuM	Alternativ-Entwurf Strafjustiz und Medien (AE-StuM: Entwurf eines Arbeitskreises deutscher, österreichischer und schweizerischer Strafrechtslehrer (2004)
Ahlbrecht/Böhm/Esser/Eckelmans	Ahlbrecht/Böhm/Esser/Eckelmans, Internationales Strafrecht, 2. Aufl. (2017)
AK	Alternativkommentar zur Strafprozessordnung, Bd. I (§§ 1 bis 93; 1988), Bd. II 1 (§§ 94 bis 212b; 1992), Bd. II 2 (§§ 213 bis 275; 1993), Bd. III (§§ 276 bis 477; 1996)
AK-GG	Alternativkommentar zum Grundgesetz, 2. Aufl., Bd. I (Art. 1 bis 37; 1989), Bd. II (Art. 38 bis 146; 1989)
AK-StGB	Alternativkommentar zum Strafgesetzbuch, Bd. I (§§ 1 bis 21; 1990), Bd. III (§§ 80 bis 145d; 1986)
AnwK	Krekeler/Löffelmann/Sommer, AnwaltKommentar zur Strafprozessordnung, 2. Aufl. (2010)
AnwK-StGB	Leipold/Tsambikakis/Zöller (Hrsg.), AnwaltKommentar StGB, 2. Aufl. (2015)
AnwK-UHaft	König (Hrsg.), AnwaltKommentar Untersuchungshaft (2011)
Albrecht	Albrecht, Jugendstrafrecht, 3. Aufl. (2000)
Albrecht (Krim.)	Albrecht, Kriminologie, 4. Aufl. (2010)
Alsberg	Alsberg, Der Beweisantrag im Strafprozess, 6. Aufl. (2013)
Ambos	Ambos, Internationales Strafrecht, 5. Aufl. (2018)
Ambos/König/Rackow	Ambos/König/Rackow (Hrsg.), Rechtshilferecht in Strafsachen (2014)
Arloth	Arloth, Strafprozeßrecht (1995)
Arloth/Krä	Arloth/Krä, Strafvollzugsgesetz, 4. Aufl. (2017)
Aschrott	Reform des Strafprozesses, kritische Besprechung der von der Kommission für die Reform des Strafprozesses gemachten Vorschläge, hrsg. von Aschrott (1906)
Artkämper	Artkämper, Die „gestörte“ Hauptverhandlung, 5. Aufl. (2017)
Artkämper/Esders/Jakobs/Sotelsek	Artkämper/Esders/Jakobs/Sotelsek, Praxiswissen Strafverfahren bei Tötungsdelikten (2012)
Aubert	Aubert, Fernmelderecht I, 3. Aufl. (1976)
Barton	Barton, Mindeststandards der Strafverteidigung (1994)
Barton (Verfahrensg.)	Barton, Verfahrensgerechtigkeit und Zeugenbeweis (2002)
Barton (Strafverteidigung)	Barton, Einführung in die Strafverteidigung, 2. Aufl. (2013)
Baumann	Baumann, Grundbegriffe und Verfahrensprinzipien des Strafprozeßrechts, 3. Aufl. (1979)
Baumann/Weber/Mitsch/Eisele	Baumann/Weber/Mitsch/Eisele, Strafrecht, Allgemeiner Teil, Lehrbuch, 12. Aufl. (2016)
Baumbach/Lauterbach/Albers/ Hartmann	Baumbach/Lauterbach/Albers/Hartmann, Zivilprozessordnung, Kurz-Kommentar, 76. Aufl. (2018)
Beck/Berr/Schäpe	Beck/Berr/Schäpe, OWi-Sachen im Straßenverkehrsrecht, 7. Aufl. (2017)
Beck/Bemmann	Beck/Bemmann, Fälle und Lösungen zur StPO (2004)
Beck`sches Formularbuch	Hamm/Leipold (Hrsg.), Beck`sches Formularbuch für den Strafverteidiger, 6. Aufl. (2018)
Beling	Beling, Deutsches Reichsstrafprozeßrecht (1928)
Bender/Nack/Treuer	Bender/Nack/Treuer, Tatsachenfeststellung vor Gericht, 4. Aufl. (2014)

https://doi.org/10.1515/9783110594546-207

Benfer/Bialon	Benfer/Bialon, Rechtseingriffe von Polizei und Staatsanwaltschaft, 4. Aufl. (2010)
Bernsmann/Gatzweiler	Bernsmann/Gatzweiler, Verteidigung bei Korruptionsfällen, 2. Aufl. (2014)
Berz/Burmann	Berz/Burmann, Handbuch des Straßenverkehrsrechts, Loseblattausgabe, 2 Bände, 38. Aufl. (2017)
Beulke/Swoboda	Beulke, Strafprozessrecht, 14. Aufl. (2018)
Beulke/Ruhmannseder	Beulke/Ruhmannseder, Die Strafbarkeit des Verteidigers 2. Aufl. (2010)
Birkenstock	Birkenstock, Verfahrensrügen im Strafprozess – Rechtsprechungssammlung, 2 Bände (2004)
Birkmeyer	Birkmeyer, Deutsches Strafprozeßrecht (1898)
Bock	Bock, Criminal Compliance, 2. Aufl. (2013)
Bockemühl	Handbuch des Fachanwalts Strafrecht, hrsg. von Bockemühl, 7. Aufl. (2018)
Bohnert	Bohnert, Beschränkungen der strafprozessualen Revision durch Zwischenverfahren (1983)
Bohnert/Bülte	Bohnert/Bülte, Ordnungswidrigkeitenrecht, 5 Aufl. (2016)
Bonn.Komm.	Kommentar zum Bonner Grundgesetz, Loseblattausgabe (ab 1950)
Booß	Booß, Straßenverkehrsordnung, Kommentar, 3. Aufl. (1980)
Bosbach	Bosbach, Verteidigung im Ermittlungsverfahren 8. Aufl. (2015)
Bouska/Laeverenz	Bouska/Laeverenz, Fahrerlaubnisrecht, 3. Aufl. (2004)
Böhm/Feuerhelm	Böhm/Feuerhelm, Einführung in das Jugendstrafrecht, 4. Aufl. (2004)
Böhm (Strafvollzug)	Böhm, Strafvollzug 3. Aufl. (2002)
Böse	Böse (Hrsg.), Europäisches Strafrecht, Enzyklopädie Europarecht, Band 9 (2013)
Brandstetter	Brandstetter, Straffreiheitsgesetz, Kommentar (1956)
Brenner	Brenner, Ordnungswidrigkeitenrecht (1996)
Brettel/Schneider	Brettel/Schneider, Wirtschaftsstrafrecht, 2. Aufl. 2018
Breyer/Mehle/Osnabrügge/Schaefer	Breyer/Mehle/Osnabrügge/Schaefer, Strafprozessrecht (2005)
von Briel/Ehlscheid	von Briel/Ehlscheid, Steuerstrafrecht, 2. Aufl. (2000)
Bringewat	Bringewat, Strafvollstreckung, Kommentar zu den §§ 449 bis 463d StPO (1993)
Brodag	Brodag, Strafverfahrensrecht, 13. Aufl. (2014)
Brunner	Brunner, Abschlussverfügung der Staatsanwaltschaft, 13. Aufl. (2016)
Brunner/Dölling	Brunner/Dölling, Jugendgerichtsgesetz, Kommentar, 13. Aufl. (2017)
Bruns/Schröder/Tappert	Bruns/Schröder/Tappert, Kommentar zum strafrechtlichen Rehabilitierungsgesetz (1993)
Brüssow/Gatzweiler/Krekeler/Mehle	Brüssow/Gatzweiler/Krekeler/Mehle, Strafverteidigung in der Praxis, 4. Aufl. (2007)
Buddendiek/Rutkowski	Buddendiek/Rutkowski, Lexikon des Nebenstrafrechts, zugleich Registerband zum Erbs/Kohlhaas, Strafrechtliche Nebengesetze, 41. Aufl. (2018)
Burchardi/Klempahn/Wetterich	Burchardi/Klempahn/Wetterich, Der Staatsanwalt und sein Arbeitsgebiet, 5. Aufl. (1982)
Burhoff (Ermittlungsv.)	Burhoff, Handbuch für das strafrechtliche Ermittlungsverfahren, 8. Aufl. (2018)
Burhoff (Hauptv.)	Burhoff, Handbuch für die strafrechtliche Hauptverhandlung, 9. Aufl. (2018)
Burhoff/Stephan	Burhoff/Stephan, Strafvereitelung durch Strafverteidiger (2008)
Burhoff/Kotz	Burhoff/Kotz, Handbuch für strafrechtliche Rechtsmittel und Rechtsbehelfe, 2. Aufl. (2016)
Burmann/Heß/Hühnermann/Jahnke	Burmann/Heß/Hühnermann/Jahnke, Straßenverkehrsrecht, 25. Aufl. (2018)
Ciolek-Krepold	Ciolek-Krepold, Durchsuchung und Beschlagnahme in Wirtschaftsstrafsachen (2000)
Corstens/Pradel	Corstens/Pradel, European Criminal Law (2002)

Cramer	Cramer, Straßenverkehrsrecht StVO – StGB, Kommentar, 2. Aufl. (1977)
Cramer/Bürgle	Cramer/Bürgle, Die strafprozessualen Beweisverwertungsverbote, 2. Aufl. (2004)
Cramer/Cramer	Cramer/Cramer, Anwalts-Handbuch Strafrecht (2002)
Cryer/Friman/Robinson/ Wilmshurst	Cryer/Friman/Robinson/Wilmshurst, An Introduction to International Criminal Law and Procedure, 3rd ed. (2014)
Cullen/Jund	Cullen/Jund, Strafrechtliche Zusammenarbeit in der Europäischen Union nach Tampere (2002)
Dahs (Hdb.)	Dahs, Handbuch des Strafverteidigers, 8. Aufl. (2015)
Dahs (Rechtl. Gehör)	Dahs, Rechtliches Gehör im Strafverfahren (1963)
Dahs	Dahs, Die Revision im Strafprozess, 9. Aufl. (2017)
Dalcke/Fuhrmann/Schäfer	Dalcke/Fuhrmann/Schäfer, Strafrecht und Strafverfahren, Kommentar, 37. Aufl. (1961)
Dallinger/Lackner	Dallinger/Lackner, Jugendgerichtsgesetz und ergänzende Vorschriften, Kommentar, 2. Aufl. (1965)
Dannecker/Knierim	Dannecker/Knierim, Insolvenzstrafrecht, 3. Aufl. (2018)
Deckers	Deckers, Der strafprozessuale Beweisantrag, 3. Aufl. (2013)
Delmas-Marty	Delmas-Marty, Corpus Juris der strafrechtlichen Regelungen zum Schutz der finanziellen Interessen der Europäischen Union (1998)
Delmas-Marty/Vervaele	Delmas-Marty/Verwaele, The Implementation of the Corpus Juris in the Member States, 4 Bände (2001)
Detter	Detter, Revision im Strafverfahren (2011)
Diemer/Schatz/Sonnen	Diemer/Schatz/Sonnen, Jugendgerichtsgesetz, Kommentar, 7. Aufl. (2015)
Dölling/Duttge/Rössner/König	Dölling/Duttge/Rössner/König, Gesamtes Strafrecht – Handkommentar 4. Aufl. (2017) (zit.: HK-GS/*Verfasser*)
Dörndorfer	Dörndorfer, Rechtspflegergesetz, Kommentar, 2. Aufl. 2014
Doswald-Beck/Kolb	Doswald-Beck/Kolb, Judicial Process and Human Rights – United Nations, European, American and African Systems – Texts and summaries of international case law, 2004
Eb. Schmidt	Eberhard Schmidt, Lehrkommentar zur Strafprozeßordnung und zum Gerichtsverfassungsgesetz, Teil I: Die rechtstheoretischen und die rechtspolitischen Grundlagen des Strafverfahrensrechts, 2. Aufl. (1964); Teil II: Erläuterungen zur Strafprozeßordnung und zum Einführungsgesetz (1957); Teil III: Erläuterungen zum Gerichtsverfassungsgesetz und zum Einführungsgesetz (1960), Nachtrag I: Nachträge und Ergänzungen zu Teil II (1967), Nachtrag II: Nachtragsband II (1970)
Eb. Schmidt (Geschichte)	Schmidt, Einführung in die Geschichte der deutschen Strafrechtspflege, 3. Aufl. (1965)
Eb. Schmidt (Kolleg)	Schmidt, Deutsches Strafprozeßrecht, ein Kolleg (1967)
Eberth/Müller/Schütrumpf	Eberth/Müller/Schütrumpf, Verteidigung in Betäubungsmittelsachen, 7. Aufl. (2018)
Eidam	Eidam, Unternehmen und Strafe, 5. Aufl. (2018)
Eisenberg	Eisenberg, Jugendgerichtsgesetz, Kommentar, 20. Aufl. (2018)
Eisenberg (Beweismittel)	Eisenberg, Persönliche Beweismittel in der StPO, 2. Aufl. (1996)
Eisenberg (Beweisrecht)	Eisenberg, Beweisrecht der StPO, Spezialkommentar, 10. Aufl. (2017)
Eisenberg/Kölbel	Eisenberg/Kölbel, Kriminologie, 7. Aufl. (2017)
Endriß (BtM-Verfahren)	Endriß, Verteidigung in Betäubungsmittelverfahren (1998)
Engländer	Engländer, Examensrepetitorium Strafprozessrecht, 9. Aufl. (2018)
Erbs/Kohlhaas	Erbs/Kohlhaas, Strafrechtliche Nebengesetze, Kurzkommentar, Loseblattausgabe, 222. Aufl. (2019)
ERST	Esser/Rübenstahl/Saliger/Tsambikakis (Hrsg.), Wirtschaftsstrafrecht, 2017
Eser	Eser, Einführung in das Strafprozeßrecht (1983)
Eser/Hassemer/Burkhardt	Eser/Hassemer/Burkhardt, Die deutsche Strafrechtswissenschaft vor der Jahrtausendwende (2000)
Esser	Esser, Auf dem Weg zu einem europäischen Strafverfahrensrecht (2002)

Esser, EuStR	Esser, Europäisches und Internationales Strafrecht, 2. Aufl. (2018)
Fahl	Fahl, Rechtsmißbrauch im Strafprozeß (2004)
Feest/Lesting/Lindemann	Feest/Lesting/Lindemann (Hrsg.), Kommentar zum Strafvollzugsgesetz (AK-StVollzG), 7. Aufl. (2017)
Fehn/Wamers	Fehn/Wamers, ZfdG – Zollfahndungsdienstgesetz – Handkommentar (2003)
Feisenberger	Feisenberger, Strafprozeßordnung und Gerichtsverfassungsgesetz (1926)
Ferner	Ferner, Strafzumessung (2005)
Feuerich/Weyland	Feuerich/Weyland, Bundesrechtsanwaltsordnung, Kommentar, 9. Aufl. (2016)
Fezer	Fezer, Strafprozeßrecht, 2. Aufl. (1995)
FG Beulke	Strafverteidigung – Grundlagen und Stolpersteine: Symposion für Werner Beulke (2012)
Fischer	Fischer, Strafgesetzbuch und Nebengesetze, Kommentar, 66. Aufl. (2019)
Flore/Tsambikakis	Flore/Tsambikakis (Hrsg.), Steuerstrafrecht, 2. Aufl. (2016)
Franke/Wienroeder	Franke/Wienroeder, BtMG, 3. Aufl. (2007)
Freyschmidt/Krumm	Freyschmidt/Krumm, Verteidigung in Straßenverkehrssachen, 10. Aufl. (2013)
Fromm	Fromm, Verteidigung in Straßenverkehrs- und Ordnungswidrigkeitenverfahren, 2. Aufl. (2015)
Frowein/Peukert	Frowein/Peukert, Europäische Menschenrechtskonvention, EMRK-Kommentar, 3. Aufl. (2009)
FS 45. DJT	Festschrift für den 45. Deutschen Juristentag (1964)
FS Achenbach	Festschrift für Hans Achenbach zum 70. Geburtstag (2011)
FS Adamovich	Staatsrecht und Staatswissenschaften in Zeiten des Wandels – Festschrift für Ludwig Adamovich zum 60. Geburtstag (1992)
FS AG Strafrecht DAV	Strafverteidigung im Rechtsstaat – 25 Jahre Arbeitsgemeinschaft Strafrecht des Deutschen Anwaltvereins (2009)
FS Amelung	Grundlagen des Straf- und Strafverfahrensrechts – Festschrift für Knut Amelung zum 70. Geburtstag (2009)
FS Androulakis	Festschrift für Nikolaos Androulakis zum 70. Geburtstag (2003)
FS Augsburg	Recht in Europa – Festgabe zum 30-jährigen Bestehen der Juristischen Fakultät Augsburg (2002)
FS Baudenbacher	Economic law and justice in times of globalisation – Festschrift für Carl Baudenbacher (2007)
FS Baumann	Festschrift für Jürgen Baumann zum 70. Geburtstag (1992)
FS Baumgärtel	Festschrift für Gottfried Baumgärtel zum 70. Geburtstag (1990)
FS BayVerfGH	Festschrift zum 50-jährigen Bestehen des Bayerischen Verfassungsgerichtshofs (1997)
FS Bemmann	Festschrift für Günther Bemmann zum 70. Geburtstag (1997)
FS Bernhardt	Recht zwischen Umbruch und Bewahrung – Festschrift für Rudolf Bernhardt (1995)
FS Beulke	Ein menschengerechtes Strafrecht als Lebensaufgabe –Festschrift für Werner Beulke zum 70. Geburtstag (2015)
FS Binding	Festschrift für Karl Binding zum 4. Juni 1911
FS BGH	Festschrift aus Anlass des 50-jährigen Bestehens von Bundesgerichtshof, Bundesanwaltschaft und Rechtsanwaltschaft beim Bundesgerichtshof (2000)
FS II BGH	50 Jahre Bundesgerichtshof, Festgabe aus der Wissenschaft, hrsg. von Roxin/Widmaier, Bd. IV: Strafrecht (2000)
FS Blau	Festschrift für Günter Blau zum 70. Geburtstag (1985)
FS Bockelmann	Festschrift für Paul Bockelmann zum 70. Geburtstag (1979)
FS Böhm	Festschrift für Alexander Böhm zum 70. Geburtstag (1999)
FS Böttcher	Recht gestalten – dem Recht dienen, Festschrift für Reinhard Böttcher zum 70. Geburtstag (2007)

FS Boujong	Verantwortung und Gestaltung, Festschrift für Karlheinz Boujong zum 65. Geburtstag (1996)
FS BRAK	Festschrift zu Ehren des Strafrechtsausschusses der Bundesrechtsanwaltskammer (2006)
FS Brauneck	Ehrengabe für Anne-Eva Brauneck (1999)
FS Breidling	Festschrift für Ottmar Breidling zum 70. Geburtstag (2017)
FS Bruns	Festschrift für Hans-Jürgen Bruns zum 70. Geburtstag (1978)
FS Burgstaller	Festschrift für Manfred Burgstaller zum 65. Geburtstag (2004)
FS Carstens	Einigkeit und Recht und Freiheit, Festschrift für Karl Carstens zum 70. Geburtstag (1984)
FS Dahs	Festschrift für Hans Dahs zum 70. Geburtstag (2005)
FS Damaska	Festschrift for Mirjan Damaska (2008)
FS Delbrück	Liber Amicorum Jost Delbrück (2005)
FS Dencker	Festschrift für Friedrich Dencker zum 70. Geburtstag (2012)
FS Doehring	Staat und Völkerrechtsordnung – Festschrift für Karl Doehring; Beiträge zum ausländischen Recht und Völkerrecht Bd. 98 (1989)
FS Dreher	Festschrift für Eduard Dreher zum 70. Geburtstag (1977)
FS Dünnebier	Festschrift für Hanns Dünnebier zum 75. Geburtstag (1982)
FS Eide	Human rights and criminal justice for the downtrodden; Essays in honour of Asbjørn Eide (2003)
FS Eisenberg	Festschrift für Ulrich Eisenberg zum 70. Geburtstag (2009)
FS Engisch	Festschrift für Karl Engisch zum 70. Geburtstag (1969)
FS Ermacora	Fortschritt im Bewußtsein der Grund- und Menschenrechte, Festschrift für Felix Ermacora zum 65. Geburtstag (1988)
FS Eser	Menschengerechtes Strafrecht, Festschrift für Albin Eser zum 70. Geburtstag (2005)
FS Eser II	Scripta amicitiae – Freundschaftsgabe für Albin Eser zum 80. Geburtstag (2015)
FS Europa-Institut	Europäische Integration und Globalisierung, Festschrift zum 60-jährigen Bestehen des Europa-Instituts (2011)
FS Everling	Festschrift für Ulrich Everling (1993)
FS Faller	Festschrift für Hans Joachim Faller (1984)
FS Fezer	Festschrift für Gerhard Fezer zum 70. Geburtstag (2008)
FS Fiedler	Verfassung – Völkerrecht – Kulturgüterschutz, Festschrift für Wilfried Fiedler zum 70. Geburtstag (2011)
FS Fischer	Festschrift für Thomas Fischer (2018)
FS Flume	Festgabe für Werner Flume zum 90. Geburtstag (1998)
FS Friauf	Festschrift für Karl Heinrich Friauf (1996)
FS Friebertshäuser	Festgabe für den Strafverteidiger Dr. Heino Friebertshäuser (1997)
FS Frisch	Grundlagen und Dogmatik des gesamten Strafrechtssystems – Festschrift für Wolfgang Frisch zum 70. Geburtstag (2013)
FS Fuchs	Festschrift für Helmut Fuchs zum 65. Geburtstag (2014)
FS Gallas	Festschrift für Wilhelm Gallas zum 70. Geburtstag (1973)
FS Geerds	Kriminalistik und Strafrecht, Festschrift für Friedrich Geerds zum 70. Geburtstag (1995)
FS Geiger	Verantwortlichkeit und Freiheit. Die Verfassung als wertbestimmende Ordnung; Festschrift für Willi Geiger zum 80. Geburtstag (1989)
FS Geiß	Festschrift für Karlmann Geiß zum 65. Geburtstag (2000)
FS Geppert	Festschrift für Klaus Geppert zum 70. Geburtstag (2011)
FS Gollwitzer	Verfassungsrecht – Menschenrechte – Strafrecht, Kolloquium für Dr. Walter Gollwitzer zum 80. Geburtstag (2004)
FS Gössel	Festschrift für Karl Heinz Gössel zum 70. Geburtstag (2002)
FS Graf-Schlicker	Festschrift zu Ehren von Marie Luise Graf-Schlicker (2018)
FS Graßhoff	Der verfasste Rechtsstaat, Festgabe für Karin Graßhoff (1998)
FS Grünwald	Festschrift für Gerald Grünwald zum 70. Geburtstag (1999)

FS Grützner	Aktuelle Probleme des Internationalen Strafrechts, Festschrift für Heinrich Grützner zum 65. Geburtstag (1970)
FS Hacker	Wandel durch Beständigkeit, Festschrift für Jens Hacker (1998)
FS Haffke	Das Dilemma des rechtsstaatlichen Strafrechts: Symposium für Bernhard Haffke zum 65. Geburtstag (2009)
FS Hamm	Festschrift für Rainer Hamm zum 65. Geburtstag (2008)
FS Hanack	Festschrift für Ernst-Walter Hanack zum 70. Geburtstag (1999)
FS Hassemer	Festschrift für Winfried Hassemer zum 70. Geburtstag (2010)
FS Heinitz	Festschrift für Ernst Heinitz zum 70. Geburtstag (1972)
FS Heintschel-Heinegg	Festschrift für Bernd von Heintschel-Heinegg zum 70. Geburtstag (2015)
FS Heinz	Festschrift für Wolfgang Heinz zum 70. Geburtstag (2012)
FS Heldrich	Festschrift für Andreas Heldrich zum 70. Geburtstag (2005)
FS Helmrich	Für Staat und Recht, Festschrift für Herbert Helmrich zum 60. Geburtstag (1994)
FS Henkel	Grundfragen der gesamten Strafrechtswissenschaft, Festschrift für Heinrich Henkel zum 70. Geburtstag (1974)
FS Herzberg	Strafrecht zwischen System und Telos, Festschrift für Rolf Dietrich Herzberg zum 70. Geburtstag (2008)
FS Heusinger	Ehrengabe für Bruno Heusinger (1968)
FS Hilger	Datenübermittlungen und Vorermittlungen, Festgabe für Hans Hilger (2003)
FS Hirsch	Berliner Festschrift für Ernst E. Hirsch (1968)
FS B. Hirsch	Mit Recht für Menschenwürde und Verfassungsstaat, Festgabe für Burkhard Hirsch (2007)
FS H. J. Hirsch	Festschrift Hans Joachim Hirsch zum 70. Geburtstag (1999)
FS Höpfel	Vielfalt des Strafrechts im internationalen Kontext – Festschrift für Frank Höpfel zum 65. Geburtstag (2018)
FS HU Berlin	Festschrift 200 Jahre Juristische Fakultät der Humboldt-Universität zu Berlin (2010)
FS Hubmann	Beiträge zum Schutz der Persönlichkeit und ihrer schöpferischen Leistung, Festschrift für Heinrich Hubmann zum 70. Geburtstag (1985)
FS Huber	Recht als Prozess und Gefüge, Festschrift für Hans Huber zum 80. Geburtstag (1981)
FS Imme Roxin	Festschrift für Imme Roxin zum 75. Geburtstag (2012)
FS Ismayr	Analyse demokratischer Regierungssysteme, Festschrift für Wolfgang Ismayr zum 65. Geburtstag (2010)
FS Jahrreiß	Festschrift für Hermann Jahrreiß zum 70. Geburtstag (1964)
FS II Jahrreiß	Festschrift für Hermann Jahrreiß zum 80. Geburtstag (1974)
FS Jakobs	Festschrift für Günther Jakobs zum 70. Geburtstag (2007)
FS Jescheck	Festschrift für Hans-Heinrich Jescheck zum 70. Geburtstag (1985)
FS Jung	Festschrift für Heike Jung zum 65. Geburtstag (2007)
FS JurGes. Berlin	Festschrift zum 125jährigen Bestehen der Juristischen Gesellschaft zu Berlin (1984)
FS Kaiser	Internationale Perspektiven in Kriminologie und Strafrecht, Festschrift für Günther Kaiser zum 70. Geburtstag (1998)
FS Kargl	Festschrift für Walter Kargl zum 70. Geburtstag (2015)
FS Katoh	Blick über den Tellerrand, Festschrift für Hisao Katoh (2008)
FS Arthur Kaufmann	Strafgerechtigkeit, Festschrift für Arthur Kaufmann zum 70. Geburtstag (1993)
FS Kern	Tübinger Festschrift für Eduard Kern (1968)
FS Kerner	Kriminologie – Kriminalpolitik – Strafrecht, Festschrift für Hans-Jürgen Kerner zum 70. Geburtstag (2013)
FS Kielwein	Dogmatik und Praxis des Strafverfahrens, Beiträge anläßlich des Colloquiums zum 65. Geburtstag von Gerhard Kielwein (1989)

FS Klecatsky	Auf dem Weg zur Menschenwürde und Gerechtigkeit, Festschrift für Hans Klecatsky zum 60. Geburtstag (1980)
FS Klein	Festschrift für Franz Klein zum 60. Geburtstag (1914)
FS Kleinknecht	Strafverfahren im Rechtsstaat, Festschrift für Theodor Kleinknecht zum 75. Geburtstag (1985)
FS Klug	Festschrift für Ulrich Klug zum 70. Geburtstag (1983)
FS Koch	Strafverteidigung und Strafprozeß, Festgabe für Ludwig Koch (1989)
FS Kohlmann	Festschrift für Günter Kohlmann zum 70. Geburtstag (2003)
FS Kralik	Festschrift für Winfried Kralik zum 65. Geburtstag (1986)
FS Krause	Festschrift für Friedrich-Wihelm Krause zum 70. Geburtstag (1990)
FS Krauss	Prozessuales Denken als Innovationsanreiz für das materielle Strafrecht, Kolloquium zum 70. Geburtstag von Detlef Krauss (2006)
FS Kriele	Staatsphilosophie und Rechtspolitik, Festschrift für Martin Kriele zum 65. Geburtstag (1997)
FS Krey	Festschrift für Volker Krey zum 70. Geburtstag (2010)
FS Kunert	Freiheit, Gesetz und Toleranz, Symposium zum 75. Geburtstag von Karl Heinz Kunert (2006)
FS Kühl	Festschrift für Kristian Kühl zum 70. Geburtstag (2014)
FS Kühne	Festschrift für Hans-Heiner Kühne zum 70. Geburtstag (2013)
FS Küper	Festschrift für Wilfried Küper zum 70. Geburtstag (2007)
FS Lackner	Festschrift für Karl Lackner zum 70. Geburtstag (1987)
FS Lampe	Jus humanum: Grundlagen des Rechts und Strafrechts, Festschrift für Ernst-Joachim Lampe zum 70. Geburtstag (2003)
FS Landau	Grundgesetz und Europa – Liber Amicorum für Herbert Landau zum Ausscheiden aus dem Bundesverfassungsgericht (2016)
FS Lange	Festschrift für Richard Lange zum 70. Geburtstag (1976)
FS Leferenz	Kriminologie – Psychiatrie – Strafrecht, Festschrift für Heinz Leferenz zum 70. Geburtstag (1983)
FS Lenckner	Festschrift für Theodor Lenckner zum 70. Geburtstag (1998)
FS Lerche	Wege und Verfahren des Verfassungslebens, Festschrift für Peter Lerche zum 65. Geburtstag (1993)
FS Loebenstein	Der Rechtsstaat in der Krise – Festschrift für Edwin Loebenstein zum 80. Geburtstag (1991)
FS Loewenstein	Festschrift für Karl Loewenstein zum 80. Geburtstag (1971)
FS von Lübtow	De iustitia et iure – Festschrift für Ulrich von Lübtow zum 80. Geburtstag (1980)
FS Lüderssen	Festschrift für Klaus Lüderssen zum 70. Geburtstag (2002)
FS Machacek und Matscher	Rechtsschutz gestern – heute – morgen, Festgabe zum 80. Geburtstag für Rudolf Machacek und Franz Matscher (2008)
FS Maelicke	Wertschöpfung durch Wertschätzung, Festschrift für Bernd Maelicke zum 70. Geburtstag (2011)
FS Maihofer	Festschrift für Werner Maihofer zum 70. Geburtstag (1988)
FS Maiwald	Fragmentarisches Strafrecht, Für Manfred Maiwald aus Anlass seiner Emeritierung (2003)
FS Maiwald II	Gerechte Strafe und legitimes Strafen, Festschrift für Manfred Maiwald zum 75. Geburtstag (2010)
FS Mangakis	Festschrift für Georgios Mangakis (1999)
FS Manoledakis	Festschrift für Ioannis Manoledakis (2005)
FS Maurach	Festschrift für Reinhard Maurach zum 70. Geburtstag (1972)
FS Mayer	Beiträge zur gesamten Strafrechtswissenschaft, Festschrift für Hellmuth Mayer zum 70. Geburtstag (1966)
FS Mehle	Festschrift für Volkmar Mehle zum 65. Geburtstag (2009)
FS Meyer-Goßner	Festschrift für Lutz Meyer-Goßner zum 65. Geburtstag (2001)
FS Mezger	Festschrift für Edmund Mezger zum 70. Geburtstag (1954)
FS Middendorf	Festschrift für Wolf Middendorf zum 70. Geburtstag (1986)

FS Miebach	NStZ-Sonderheft – Zum Eintritt in den Ruhestand für Klaus Miebach (2009)
FS Miklau	Strafprozessrecht im Wandel, Festschrift für Roland Miklau zum 65. Geburtstag (2006)
FS Miyazawa	Festschrift für Koichi Miyazawa (1995)
FS Möhring	Festschrift für Philipp Möhring zum 65. Geburtstag (1965)
FS Mosler	Völkerrecht als Rechtsordnung, Internationale Gerichtsbarkeit, Menschenrechte; Festschrift für Hermann Mosler zum 70. Geburtstag (1983)
FS E. Müller	Opuscula Honoraria, Egon Müller zum 65. Geburtstag (2003)
FS E. Müller II	Festschrift für Egon Müller zum 70. Geburtstag (2008)
FS Müller-Dietz	Grundlagen staatlichen Strafens, Festschrift für Heinz Müller-Dietz zum 70. Geburtstag (2001)
FS Nehm	Strafrecht und Justizgewährung, Festschrift für Kay Nehm zum 65. Geburtstag (2006)
FS Neumann	Rechtsstaatliches Strafrecht, Festschrift für Ulfrid Neumann zum 70. Geburtstag (2017)
FS Nishihara	Festschrift für Harua Nishihara zum 70. Geburtstag (1998)
FS Odersky	Festschrift für Walter Odersky zum 65. Geburtstag (1996)
FS Oehler	Festschrift für Dietrich Oehler zum 70. Geburtstag (1985)
FS Ostendorf	Strafrecht – Jugendstrafrecht – Kriminalprävention in Wissenschaft und Praxis – Festschrift für Heribert Ostendorf zum 70. Geburtstag (2015)
FS Otto	Festschrift für Harro Otto zum 70. Geburtstag (2007)
FS Paarhammer	In mandatis meditari, Festschrift für Hans Paarhammer zum 65. Geburtstag (2012)
FS Paeffgen	Strafe und Prozess im freiheitlichen Rechtsstaat – Festschrift für Hans-Ullrich Paeffgen zum 70. Geburtstag (2015)
FS Partsch	Des Menschen Recht zwischen Freiheit und Verantwortung, Festschrift für Karl Josef Partsch zum 75. Geburtstag (1989)
FS Paulus	Festgabe des Instituts für Strafrecht und Kriminologie der Juristischen Fakultät der Julius-Maximilians-Universität Würzburg für Rainer Paulus zum 70. Geburtstag (2009)
FS Pavisic	Kazneno Pravo, Kazneno Postupovno I Kriminalistika, Festschrift für Berislav Pavisic zum 70. Geburtstag (2014)
FS Peters	Einheit und Vielfalt des Strafrechts, Festschrift für Karl Peters zum 70. Geburtstag (1974)
FS Peters II	Wahrheit und Gerechtigkeit im Strafverfahren, Festgabe für Karl Peters zum 80. Geburtstag (1984)
FS Chr. Pfeiffer	Kriminologie ist Gesellschaftswissenschaft, Festschrift für Christian Pfeiffer zum 70. Geburtstag (2014)
FS Pfeiffer	Strafrecht, Unternehmensrecht, Anwaltsrecht, Festschrift für Gerd Pfeiffer zum Abschied aus dem Amt als Präsident des Bundesgerichtshofes (1988)
FS Pfenniger	Strafprozeß und Rechtsstaat, Festschrift zum 70. Geburtstag von H. F. Pfenniger (1976)
FS Platzgummer	Festschrift für Winfried Platzgummer zum 65. Geburtstag (1995)
FS Pöttering	Processus Criminalis Europeus, Festschrift für Hans-Gert Pöttering (2008)
FS Puppe	Strafrechtswissenschaft als Analyse und Konstruktion, Festschrift für Ingeborg Puppe zum 70. Geburtstag (2011)
FS Rebmann	Festschrift für Kurt Rebmann zum 65. Geburtstag (1989)
FS Reichsgericht	Die Reichsgerichtspraxis im deutschen Rechtsleben, Festgabe der juristischen Fakultäten zum 50jährigen Bestehen des Reichsgerichts, Bd. 5, Strafrecht und Strafprozeß (1929)
FS Reichsjustizamt	Vom Reichsjustizamt zum Bundesministerium der Justiz, Festschrift zum 100jährigen Gründungstag des Reichsjustizamtes am 1.1.1877 (1977)
FS Remmers	Vertrauen in den Rechtsstaat, Beiträge zur deutschen Einheit im Recht, Festschrift für Walter Remmers (1995)
FS Rengier	Festschrift für Rudolf Rengier zum 70. Geburtstag (2018)

FS Ress	Internationale Gemeinschaft und Menschenrechte, Festschrift für Georg Ress zum 70. Geburtstag (2005)
FS Richter	Verstehen und Widerstehen, Festschrift für Christian Richter II zum 65. Geburtstag (2006)
FS Rieß	Festschrift für Peter Rieß zum 70. Geburtstag (2002)
FS Rill	Grundfragen und aktuelle Probleme des öffentlichen Rechts – Festschrift für Heinz Peter Rill zum 60. Geburtstag (1995)
FS Rissing-van Saan	Festschrift für Ruth Rissing-van Saan zum 65. Geburtstag (2011)
FS Rittler	Festschrift für Theodor Rittler zu seinem achtzigsten Geburtstag (1957)
FS Rogall	Systematik in Strafrechtswissenschaft und Gesetzgebung – Festschrift für Klaus Rogall zum 70. Geburtstag (2018)
FS Rolinski	Festschrift für Klaus Rolinski zum 70. Geburtstag (2002)
FS Rosenfeld	Festschrift für Ernst Heinrich Rosenfeld zu seinem 80. Geburtstag (1949)
FS Rowedder	Festschrift für Heinz Rowedder zum 75. Geburtstag (1994)
FS Roxin	Festschrift für Claus Roxin zum 70. Geburtstag (2001)
FS Roxin II	Festschrift für Claus Roxin zum 80. Geburtstag (2011)
FS Rössner	Über allem: Menschlichkeit – Festschrift für Dieter Rössner zum 70. Geburtstag (2015)
Rudolphi-Symp.	Zur Theorie und Systematik des Strafprozeßrechts, Symposium zu Ehren von Hans-Joachim Rudolphi zum 60. Geburtstag (1995)
FS Rudolphi	Festschrift für Hans-Joachim Rudolphi zum 70. Geburtstag (2004)
FS Rüping	Recht und Macht: zur Theorie und Praxis von Strafe, Festschrift für Hinrich Rüping zum 65. Geburtstag (2008)
FS Rüter	Festschrift für C. F. Rüter zum 65. Geburtstag (2003)
FS Salger	Straf- und Strafverfahrensrecht, Recht und Verkehr, Recht und Medizin, Festschrift für Hannskarl Salger zum Abschied aus dem Amt als Vizepräsident des Bundesgerichtshofes (1995)
FS Samson	Festschrift für Erich Samson zum 70. Geburtstag (2010)
FS Sarstedt	Festschrift für Werner Sarstedt zum 70. Geburtstag (1981)
FS Sauer	Festschrift für Wilhelm Sauer zu seinem 70. Geburtstag (1949)
FS G. Schäfer	NJW-Sonderheft für Gerhard Schäfer zum 65. Geburtstag (2002)
FS Schäfer	Festschrift für Karl Schäfer zum 80. Geburtstag (1980)
FS W. Schiller	Festschrift für Wolf Schiller zum 65. Geburtstag (2014)
FS Schindler	Im Dienst an der Gemeinschaft, Festschrift für Dietrich Schindler zum 65. Geburtstag (1989)
FS Schmidt	Festschrift für Eberhard Schmidt zum 70. Geburtstag (1961)
FS Schlochauer	Staatsrecht – Völkerrecht – Europarecht, Festschrift für Hans Jürgen Schlochauer (1981)
FS Schlothauer	Festschrift für Reinhold Schlothauer zum 70. Geburtstag (2018)
FS Schlüchter	Freiheit und Verantwortung in schwieriger Zeit, Kritische Studien aus vorwiegend straf(prozess-)rechtlicher Sicht zum 60. Geburtstag von Ellen Schlüchter (1998)
FS H. Schmidt	Kostenerstattung und Streitwert, Festschrift für Herbert Schmidt (1981)
FS Schmidt-Leichner	Festschrift für Erich Schmidt-Leichner zum 65. Geburtstag (1975)
FS Schmitt-Glaeser	Recht im Pluralismus, Festschrift für Walter Schmitt-Glaeser zum 70. Geburtstag (2003)
FS Schneider	Kriminologie an der Schwelle zum 21. Jahrhundert, Festschrift für Hans Joachim Schneider zum 70. Geburtstag (1998)
FS Schomburg	Justice Without Borders – Essays in Honour of Wolfgang Schomburg (2018)
FS Schöch	Festschrift für Heinz Schöch zum 70. Geburtstag (2010)
FS Schreiber	Strafrecht, Biorecht, Rechtsphilosophie, Festschrift für Hans-Ludwig Schreiber zum 70. Geburtstag (2003)
FS Schroeder	Festschrift für Friedrich-Christian Schroeder zum 70. Geburtstag (2006)
FS Schüler-Springorum	Festschrift für Horst Schüler-Springorum zum 65. Geburtstag (1993)
FS Schünemann	Festschrift für Bernd Schünemann zum 70. Geburtstag (2014)

FS Schultz	Lebendiges Strafrecht. Festgabe zum 65. Geburtstag von Hans Schultz (1977)
FS Schwind	Kriminalpolitik und ihre wissenschaftlichen Grundlagen, Festschrift für Hans-Dieter Schwind zum 70. Geburtstag (2006)
FS Seebode	Festschrift für Manfred Seebode zum 70. Geburtstag (2008)
FS Seidl-Hohenveldern	Völkerrecht, Recht der Internationalen Organisationen, Weltwirtschaftsrecht; Festschrift für Ignaz Seidl-Hohenveldern zum 70. Geburtstag (1988)
FS Sendler	Bürger-Richter-Staat, Festschrift für Horst Sendler zum Abschied aus seinem Amt (1991)
FS Spendel	Festschrift für Günter Spendel zum 70. Geburtstag (1992)
FS Spinellis	Festschrift für Dionysios Spinellis zum 70. Geburtstag (1999–2003)
FS StA Schleswig-Holstein	Strafverfolgung und Strafverzicht, Festschrift zum 125jährigen Bestehen der Staatsanwaltschaft Schleswig-Holstein (1992)
FS Steinberger	Tradition und Weltoffenheit des Rechts, Festschrift für Helmut Steinberger (2002)
FS Steinhilper	Kriminologie und Medizinrecht, Festschrift für Gernot Steinhilper zum 70. Geburtstag (2013)
FS Stober	Festschrift für Rolf Stober, Wirtschaft – Verwaltung – Recht (2008)
FS Stock	Studien zur Strafrechtswissenschaft, Festgabe für Ulrich Stock zum 70. Geburtstag (1966)
FS Stöckel	Strafrechtspraxis und Reform, Festschrift für Heinz Stöckel zum 70. Geburtstag (2010)
FS Strauda	Festschrift zu Ehren des Strafrechtsausschusses der Bundesrechtsanwaltskammer anlässlich seiner 196. Tagung vom 13.–15.10.2006 in Münster (2006)
FS Stree/Wessels	Beiträge zur Rechtswissenschaft, Festschrift für Walter Stree und Johannes Wessels zum 70. Geburtstag (1993)
FS Streng	Festschrift für Franz Streng zum 70. Geburtstag (2017)
FS Szwarc	Vergleichende Strafrechtswissenschaft, Frankfurter Festschrift für Andrzej J. Szwarc zum 70. Geburtstag (2009)
FS Tepperwien	NJW-Festheft zum 65. Geburtstag von Ingeborg Tepperwien (2010)
FS Tiedemann	Strafrecht und Wirtschaftsstrafrecht, Festschrift für Klaus Tiedemann zum 70. Geburtstag (2008)
FS Tondorf	Festschrift für Günter Tondorf zum 70. Geburtstag (2004)
FS Trechsel	Strafrecht, Strafprozessrecht und Menschenrechte, Festschrift für Stefan Trechsel zum 65. Geburtstag (2002)
FS Triffterer	Festschrift für Otto Triffterer zum 65. Geburtstag (1996)
FS Tröndle	Festschrift für Herbert Tröndle zum 70. Geburtstag (1989)
FS Trusen	Festschrift für Winfried Trusen zum 70. Geburtstag (1994)
FS Verdross	Völkerrecht und zeitliches Weltbild, Festschrift für Alfred Verdross zum 70. Geburtstag (1960)
FS Verdross II	Ius humanitas, Festschrift für Alfred Verdross zum 90. Geburtstag (1980)
FS Verosta	Völkerrecht und Rechtsphilosophie, Internationale Festschrift für Stephan Verosta zum 70. Geburtstag (1980)
FS Volk	In dubio pro libertate, Festschrift für Klaus Volk zum 65. Geburtstag (2009)
FS von Simson	Grundrechtsschutz im nationalen und internationalen Recht – Festschrift für Werner von Simson zum 75. Geburtstag (1983)
FS Vormbaum	Strafrecht und Juristische Zeitgeschichte – Symposium anlässlich des 70. Geburtstages von Thomas Vormbaum
FS Wassermann	Festschrift für Rudolf Wassermann zum 60. Geburtstag (1985)
FS v. Weber	Festschrift für Hellmuth von Weber zum 70. Geburtstag (1963)
FS Weber	Festschrift für Ulrich Weber zum 70. Geburtstag (2004)
FS Weißauer	Ärztliches Handeln – Verrechtlichung eines Berufsstandes; Festschrift für Walther Weißauer zum 65. Geburtstag (1986)
FS Welp	Strafverteidigung in Forschung und Praxis, Kriminalwissenschaftliches Kolloquium aus Anlaß des 70. Geburtstages von Jügen Welp (2006)

FS Welzel	Festschrift für Hans Welzel zum 70. Geburtstag (1974)
FS Wessing	Unternehmensstrafrecht – Festschrift für Jürgen Wessing zum 65. Geburtstag (2015)
FS Widmaier	Strafverteidigung, Revision und die gesamten Strafrechtswissenschaften – Festschrift für Gunter Widmaier zum 70. Geburtstag (2008)
FS Winkler	Beiträge zum Verfassungs- und Wirtschaftsrecht, Festschrift für Günther Winkler (1989)
FS Wolff	Festschrift für Ernst Amadeus Wolff zum 70. Geburtstag (1998)
FS Wolter	Festschrift für Jürgen Wolter zum 70. Geburtstag (2013)
FS Würtenberger	Kultur, Kriminalität, Strafrecht, Festschrift für Thomas Würtenberger zum 70. Geburtstag (1977)
FS Würtenberger II	Verfassungsstaatlichkeit im Wandel, Festschrift für Thomas Würtenberger zum 70. Geburtstag (2013)
FS Würzburger Juristenfakultät	Raum und Recht, Festschrift 600 Jahre Würzburger Juristenfakultät (2002)
FS Yamanaka	Rechtsstaatliches Strafen, Festschrift für Keiichi Yamanaka zum 70. Geburtstag (2017)
FS Zeidler	Festschrift für Wolfgang Zeidler (1987)
FS Zoll	Rechtsstaat und Strafrecht, Festschrift für Andrzej Zoll zum 70. Geburtstag (2012)
Full/Möhl/Rüth	s. Rüth/Berr/Berz
Gaede	Gaede, Fairness als Teilhabe – das Recht auf konkrete und wirksame Teilhabe durch Verteidigung gemäß Art. 6 EMRK (2007)
Gaier/Wolf/Göcken	Gaier/Wolf/Göcken, Anwaltliches Berufsrecht, 2. Aufl. (2014)
GedS Bleckmann	Rechtsstaatliche Ordnung Europas – Gedächtnisschrift für Albert Bleckmann (2007)
GedS Blomeyer	Recht der Wirtschaft und Arbeit in Europa. Gedächtnisschrift für Wolfgang Blomeyer (2004)
GedS Blumenwitz	Iustitia et Pax, Gedächtnisschrift für Dieter Blumenwitz (2008)
GedS Bruns	Gedächtnisschrift für Rudolf Bruns (1980)
GedS Eckert	Gedächtnisschrift für Jörn Eckert (2008)
GedS Geck	Verfassungsrecht und Völkerrecht, Gedächtnisschrift für Wilhelm Karl Geck (1989)
GedS Heine	Strafrecht als ultima ratio – Gießener Gedächtnisschrift für Günter Heine (2015)
GedS Joecks	Strafrecht – Wirtschaftsstrafrecht – Steuerrecht – Gedächtnisschrift für Wolfgang Joecks (2018)
GedS A. Kaufmann	Gedächtnisschrift für Armin Kaufmann (1986)
GedS H. Kaufmann	Gedächtnisschrift für Hilde Kaufmann (1986)
GedS Keller	Gedächtnisschrift für Rolf Keller (2003)
GedS Küchenhoff	Recht und Rechtsbesinnung, Gedächtnisschrift für Günter Küchenhoff (1987)
GedS Lisken	Lauschen im Rechtsstaat – Zu den Konsequenzen des Urteils des Bundesverfassungsgerichts zum großen Lauschangriff, Gedächtnisschrift für Hans Lisken (2004)
GedS Meurer	Gedächtnisschrift für Dieter Meurer (2002)
GedS Meyer	Gedächtnisschrift für Karlheinz Meyer (1990)
GedS Noll	Gedächtnisschrift für Peter Noll (1984)
GedS H. Peters	Gedächtnisschrift für Hans Peters (1967)
GedS Ryssdal	Protection des droits de l'homme: la perspective européenne/Protecting Human Rights: The European Perspective, Gedächtnisschrift für Rolv Ryssdal (2000)
GedS Schlüchter	Gedächtnisschrift für Ellen Schlüchter (2002)
GedS Schröder	Gedächtnisschrift für Horst Schröder (1978)
GedS Seebode	Im Zweifel für die Freiheit – Gedächtnisschrift für Manfred Seebode (2015)

GedS Trzaskalik	Gedächtnisschrift für Christoph Trzaskalik (2005)
GedS Walter	Kriminologie – Jugendkriminalrecht – Strafvollzug, Gedächtnisschrift für Michael Walter (2014)
GedS Weßlau	Rechtsstaatlicher Strafprozess und Bürgerrechte – Gedächtnisschrift für Edda Weßlau (2016)
GedS Vogler	Gedächtnisschrift für Theo Vogler (2004)
GedS Zipf	Gedächtnisschrift für Heinz Zipf (1999)
Geerds	Handbuch der Kriminalistik, begr. von H. Groß, neubearbeitet von Geerds, 10. Aufl. (Bd. I 1977, Bd. II 1978)
Geiger/Khan/Kotzur	Geiger/Khan/Kotzur, EUV/AEUV, Kommentar, 6. Aufl. (2017)
Gerland	Gerland, Der Deutsche Strafprozeß (1927)
Gerold/Schmidt/v. Eicken/ Madert/Müller-Rabe	Gerold/Schmidt/v. Eicken/Madert/Müller-Rabe, Rechtsanwaltsvergütungsgesetz, Kommentar, 23. Aufl. (2017)
Glaser	Glaser, Handbuch des Strafprozesses, in Binding, Systematisches Handbuch der Deutschen Rechtswissenschaft (Bd. I 1883, Bd. II 1885)
Göbel	Göbel, Strafprozess, 8. Aufl. (2013)
Göhler	Göhler, Ordnungswidrigkeitengesetz, Kurzkommentar erläutert von Erich Göhler, fortgef. von Peter König und Helmut Seitz, 17. Aufl. (2017)
Götz/Tolzmann	Götz/Tolzmann, Bundeszentralregistergesetz, Kommentar, 4. Aufl. (2000); Nachtrag zur 4. Auflage (2003)
Gössel	Gössel, Strafverfahrensrecht, Studienbuch (1977)
Gössel/Dölling	Gössel/Dölling, Strafrecht, Besonderer Teil 1, 2. Aufl. (2004)
Goldschmidt	Goldschmidt, Der Prozeß als Rechtslage (1925)
Grabenwarter/Pabel	Grabenwarter/Pabel, Europäische Menschenrechtskonvention, 6. Aufl. (2016)
Grabitz/Hilf/Nettesheim	Grabitz/Hilf/Nettesheim, Das Recht der Europäischen Union, begr. von Grabitz, Loseblattausgabe, 65. Aufl. (2018)
Graf	Graf, Strafprozessordnung, 3. Aufl. (2018)
Graf/Goers (BGH Jahr)	Graf, BGH-Rechtsprechung Strafrecht 2010 (2011); 2011 (2012); 2012/2013 (2013); 2014 (2014); 2015 (2015); 2016 (2016); 2017 (2017)
Graf/Jäger/Wittig	Graf/Jäger/Wittig, Wirtschafts- und Steuerstrafrecht, 2. Aufl. (2017)
Graf zu Dohna	Graf zu Dohna, Das Strafprozeßrecht, 3. Aufl. (1929)
Greeve/Leipold	Greeve/Leipold, Handbuch des Baustrafrechts (2004)
Grote/Marauhn/Dörr	Grote/Marauhn/Dörr, EMRK/GG, Konkordanzkommentar zum europäischen und deutschen Grundrechtsschutz, 2. Aufl. (2013)
Grunau/Tiesler	Grunau/Tiesler, Strafvollzugsgesetz, Kommentar, 2. Aufl. (1982)
Grützner/Pötz/Kreß/Gazeas	Grützner/Pötz/Kreß/Gazeas, Internationaler Rechtshilfeverkehr in Strafsachen, Loseblattausgabe, 3. Aufl. (ab 2008)
Guradze	Guradze, Die Europäische Menschenrechtskonvention, 1968
Gürtner	Das kommende deutsche Strafverfahren, Bericht der amtlichen Strafprozeßkommission, hrsg. von Gürtner (1938)
Habschick	Habschick, Erfolgreich Vernehmen, 4. Aufl. (2016)
Hackner/Schierholt	Hackner/Schierholt, Internationale Rechtshilfe in Strafsachen, 3. Aufl. (2017)
Hahn	Hahn, Die gesamten Materialien zur Strafprozeßordnung und dem Einführungsgesetz, Bd. I (1880), Bd. II (1881)
Haller/Conzen	Haller/Conzen, Das Strafverfahren, 8. Aufl. (2018)
Hamm/Hassemer/Pauly	Hamm/Hassemer/Pauly, Beweisantragsrecht, 2. Aufl. (2007)
Hamm	Hamm, Die Revision in Strafsachen, 7. Aufl. (2010)
Hanack-Symp.	Aktuelle Probleme der Strafrechtspflege, Beiträge eines Symposions anläßlich des 60. Geburtstags von Ernst Walter Hanack (1991)
Hansens	Hansens, RVG, Rechtsanwaltsvergütungsgesetz, 9. Aufl. (2018)
Hartmann	Hartmann, Kostengesetze, 48. Aufl. (2018)
Hartung/Schons/Enders	Hartung/Schons/Enders, Rechtsanwaltsvergütungsgesetz (RVG), Kommentar, 3. Aufl. (2017)

Haupt/Weber/Bürner/ Frankfurth/Luxemburger/ Marth	Haupt/Weber/Bürner/Frankfurth/Luxemburger/Marth, Handbuch Opferschutz und Opferhilfe, 2. Aufl. (2003)
HdbVerfR	Handbuch des Verfassungsrechts, hrsg. von Benda/Maihofer/Vogel, 2. Aufl. (1994)
Hecker	Hecker, Europäisches Strafrecht, 5. Aufl. (2015)
Heghmanns/Herrmann	Heghmanns/Herrmann, Das Arbeitsgebiet des Staatsanwalts, 5. Aufl. (2017)
Heghmanns, Verteidigung	Heghmanns, Verteidigung in Strafvollstreckung und Strafvollzug, 2. Aufl. (2012)
Heghmanns/Scheffler	Heghmanns/Scheffler, Handbuch zum Strafverfahren (2008) (zit.: HbStrVf/*Verfasser*)
Hellebrand	Hellebrand, Die Staatsanwaltschaft (1999)
Hellmann	Hellmann, Strafprozessrecht, 2. Aufl. (2005)
Henkel	Henkel, Strafverfahrensrecht, Lehrbuch, 2. Aufl. (1968)
Henssler/Prütting	Bundesrechtsanwaltsordnung, Kommentar, hrsg. von Henssler/Prütting, 4. Aufl. (2014)
Hentschel	Hentschel, Trunkenheit, Fahrerlaubnisentziehung, Fahrverbot im Straf- und Ordnungswidrigkeitenrecht, 10. Aufl. (2006)
Hentschel/König/Dauer	Hentschel/König/Dauer, Straßenverkehrsrecht, 45. Aufl. (2019)
Herrmann	Herrmann, Untersuchungshaft (2007)
Heselhaus/Nowak	Heselhaus/Nowak, Handbuch der Europäischen Grundrechte (2006)
Herzog/Mülhausen	Herzog/Mülhausen, Geldwäschebekämpfung und Gewinnabschöpfung (2006)
von Hippel	von Hippel, Der deutsche Strafprozeß, Lehrbuch (1941)
HK	Heidelberger Kommentar zur Strafprozessordnung, 6. Aufl. (2019)
HK-GS	*siehe* Dölling/Duttge/Rössner
Höflich/Schriever/Bartmeier	Höflich/Schriever/Bartmeier, Grundriss Vollzugsrecht, 4. Aufl. (2014)
Hömig/Wolff	Hömig/Wolff, Grundgesetz für die Bundesrepublik Deutschland, 12. Aufl. (2018)
Hofmann	Hofmann, IPBPR Erläuterung, in: Das Deutsche Bundesrecht I A 10c (1986)
von Holtzendorff	von Holtzendorff, Handbuch des deutschen Strafprozesses (1879)
HRRS-FG Fezer	HRRS-Festgabe für Gerald Fezer zum 70. Geburtstag (2008)
Ignor/Mosbacher	Ignor/Mosbacher, Handbuch Arbeitsstrafrecht, 3. Aufl. (2016)
IK-EMRK	Pabel/Schmahl (Hrsg.), Internationaler Kommentar zur Europäischen Menschenrechtskonvention, Loseblattausgabe, 19. Lfg., Kommentar, 8. Aufl. (2015)
Johann	Johann, Möglichkeiten und Grenzen des neuen Vermögensabschöpfungsrechts (2019)
Kissel/Mayer	Kissel/Mayer, Gerichtsverfassungsgesetz (GVG), 9. Aufl. 2018
KK	Karlsruher Kommentar zur Strafprozeßordnung, hrsg. von Hannich, 7. Aufl. (2013)
KK-OWiG	Karlsruher Kommentar zum Ordnungswidrigkeitengesetz, hrsg. von Senge, 5. Aufl. (2018)
Klein/(Orlopp)	Klein, Abgabenordnung, Kommentar, 14. Aufl. (2018)
Klemke/Elbs	Klemke/Elbs, Einführung in die Praxis der Strafverteidigung, 3. Aufl. (2013)
Klesczewski	Klesczewski, Strafprozessrecht, 2. Aufl. (2013)
KMR	Kommentar zur Strafprozeßordnung und zum Gerichtsverfassungsgesetz, hrsg. von Heintschel-Heinegg/Stöckel, Loseblattausgabe (ab 1998)
Knierim/Rübenstahl/ Tsambikakis	Knierim/Rübenstahl/Tsambikakis (Hrsg.), Internal Investigations, 2. Aufl. (2016)
Koch/Scholtz	Koch/Scholtz, Abgabenordnung, Kommentar, 5. Aufl. (1996)
König	König, Anwaltkommentar Untersuchungshaft (2011)

Koeniger	Koeniger, Die Hauptverhandlung in Strafsachen (1966)
Körner/Patzak/Volkmer	Körner/Patzak/Volkmer, Betäubungsmittelgesetz, Kommentar, 9. Aufl. (2019)
Kohlmann	Kohlmann, Steuerstrafrecht mit Ordnungswidrigkeitenrecht und Verfahrensrecht, Loseblattausgabe, Stand April 2017
Kohlrausch	Kohlrausch, Strafprozeßordnung und Gerichtsverfassungsgesetz, Kommentar, 24. Aufl. (1936)
Krack	Krack, Die Rehabilitierung des Beschuldigten im Strafverfahren (2002)
Kramer	Kramer, Grundbegriffe des Strafverfahrensrechts, 8. Aufl. (2014)
Krause/Nehring	Krause/Nehring, Strafverfahrensrecht in der Polizeipraxis (1978)
Krekeler/Werner	Krekeler/Werner, Verteidigung in Wirtschaftsstrafsachen, 2. Aufl. (2013)
Krenberger/Krumm	Krenberger/Krumm, Ordnungswidrigkeitengesetz, 5. Aufl. (2018)
Krey/Heinrich	Krey/Heinrich, Deutsches Strafverfahrensrecht, 2. Aufl. (2018)
von Kries	von Kries, Lehrbuch des Deutschen Strafprozeßrechts (1892)
Kühne	Kühne, Strafprozessrecht, 9. Aufl. (2015)
Kunz	Kunz, StrEG – Gesetz über die Entschädigung für Strafverfolgungsmaßnahmen, 4. Aufl. (2010)
Kunz/Zellner/Gelhausen/ Weiner	Kunz/Zellner/Gelhausen/Weiner, Opferentschädigungsgesetz, 6. Aufl. (2015)
Lackner/Kühl	Lackner/Kühl, Strafgesetzbuch, Kommentar, 29. Aufl. (2018)
Laubenthal	Laubenthal, Strafvollzug, 7. Aufl. (2015)
Laubenthal/Baier/Nestler	Laubenthal/Baier/Nestler, Jugendstrafrecht, 3. Aufl. (2015)
Laubenthal/Nestler	Laubenthal/Nestler, Strafvollstreckung, 2. Aufl. (2018)
Laubenthal/Nestler/ Neubacher/ Verrel	Laubenthal/Nestler/Neubacher/Verrel, Strafvollzugsgesetze, Kommentar, 12. Aufl. (2015)
Leitner/Michalke	Leitner/Michalke, Strafprozessuale Zwangsmaßnahmen (2007)
Lemke/Mosbacher	Lemke/Mosbacher, Ordnungswidrigkeitengesetz, 2. Aufl. (2005)
Lesch	Lesch, Strafprozeßrecht, 2. Aufl. (2002)
von Lilienthal	von Lilienthal, Strafprozeßrecht, Lehrbuch (1923)
Lindemann	Lindemann, Voraussetzungen und Grenzen legitimen Wirtschaftsstrafrechts (2012)
Lingens/Korte	Lingens/Korte, Wehrstrafgesetz, 5. Aufl. (2012)
Lisken/Denninger	Handbuch des Polizeirechts, hrsg. von Lisken/Denninger, 6. Aufl. (2018)
LK	Leipziger Kommentar zum Strafgesetzbuch, 12. Aufl., hrsg. von Laufhütte/Rissing-van Saan/Tiedemann (ab 2006)
Löffler	Löffler, Presserecht, 6. Aufl. (2015)
LR^{25}	Löwe-Rosenberg, Die Strafprozeßordnung und das Gerichtsverfassungsgesetz, hrsg. von Rieß, 26. Aufl. (2012)
LR^{26}	Löwe-Rosenberg, Die Strafprozeßordnung und das Gerichtsverfassungsgesetz, hrsg. von Erb, Esser, Franke, Graalmann-Scheerer, Hilger, Ignor, 26. Aufl. (2006 bis 2014), 27. Aufl. (ab 2016)
MAH	Münchener Anwaltshandbuch Strafverteidigung, hrsg. von Widmaier/Müller/Schlothauer, 2. Aufl. (2014)
MAH (WSSt)	Münchener Anwaltshandbuch Verteidigung in Wirtschafts- und Steuerstrafsachen, hrsg. von Volk, 2. Aufl. (2014)
Malek	Malek, Verteidigung in der Hauptverhandlung, 5. Aufl. (2017)
Malek (BtMG)	Malek, Betäubungsmittelstrafrecht, 4. Aufl. (2014)
Malek/Popp (Internet)	Malek/Popp, Strafsachen im Internet, 2. Aufl. (2015)
von Mangoldt/Klein/Starck	von Mangoldt/Klein/Starck, Das Bonner Grundgesetz, 6. Aufl. (2010 ff.), 3. Bd.
Marberth-Kubicki	Marberth-Kubicki, Computer- und Internetstrafrecht, 2. Aufl. (2010)
Marschner/Volckart/Lesting	Marschner/Volckart/Lesting, Freiheitsentziehung und Unterbringung, 5. Aufl. (2010)
Marx/Roderfeld	Marz/Roderfeld, Rechtsschutz bei überlangen Gerichts- und Ermittlungsverfahren (2013)

Marxen/Tiemann	Marxen/Tiemann, Die Wiederaufnahme in Strafsachen, 3. Aufl. (2014)
Matt/Renzikowski	Matt/Renzikowski, StGB, Kommentar (2013)
Maunz/Dürig	Maunz/Dürig, Grundgesetz, Kommentar, Loseblattausgabe, 84. Aufl. (2018)
Maurach/Zipf	Maurach/Zipf, Strafrecht, Allgemeiner Teil, Teilbd. 1, 8. Aufl. (1992)
Maurach/Gössel/Zipf	Maurach/Gössel/Zipf, Strafrecht, Allgemeiner Teil, Teilbd. 2, 8. Aufl. (2014)
Maurach/Schroeder/Maiwald	Maurach/Schroeder/Maiwald, Strafrecht, Besonderer Teil, Teilbd. 1, 10. Aufl. (2009), Teilbd. 2, 10. Aufl. (2013)
Mayer/Kroiß	Mayer/Kroiß, Rechtsanwaltsvergütungsgesetz, 7. Aufl. (2018)
Meier (Kriminologie)	Meier, Kriminologie, 5. Aufl. (2016)
Meier (Sanktionen)	Meier, Strafrechtliche Sanktionen, 4. Aufl. (2014)
Meier/Rössner/Trüg/Wulf	Meier/Rössner/Trüg/Wulf, Jugendgerichtsgesetz, 2. Aufl. (2014)
Mellinghoff	Mellinghoff, Fragestellung, Abstimmungsverfahren und Abstimmungsgeheimnis im Strafverfahren (1988)
Mende	Mende, Grenzen privater Ermittlungen durch den Verletzten einer Straftat (2001)
Merten/Papier	Merten/Papier, Handbuch der Grundrechte in Deutschland und Europa (ab 2004)
Mertens/Stuff/Mück	Mertens/Stuff/Mück, Verteidigervergütung, 2. Aufl. (2016)
Meyer D.	Meyer D., Strafrechtsentschädigung, 10. Aufl. (2016)
Meyer D. (GKG)	Meyer D., GKG/FamGKG, Kommentar, 16. Aufl. (2017)
Meyer/Höver/Bach/Oberlack	Meyer/Höver/Bach/Oberlack, Die Vergütung und Entschädigung von Sachverständigen, Zeugen, Dritten und von ehrenamtlichen Richtern nach dem JVEG, 27. Aufl. (2017)
Meyer-Goßner (Prozess)	Meyer-Goßner, Prozessvoraussetzungen und Prozesshindernisse (2011)
Meyer-Goßner/Schmitt	Meyer-Goßner/Schmitt, Strafprozessordnung mit GVG, Nebengesetzen und ergänzenden Bestimmungen, Kommentar, 61. Aufl. (2018)
Meyer-Goßner/Appl	Meyer-Goßner/Appl, Die Urteile in Strafsachen sowie Beschlüsse und Protokoll der Hauptverhandlung, 29. Aufl. (2014)
Meyer-Ladewig/Nettesheim/Raumer	Meyer-Ladewig/Nettesheim/Raumer, Handkommentar zur EMRK, 4. Aufl. (2017)
Minoggio	Minoggio, Unternehmensverteidigung, 3. Aufl. (2016)
Mitsch	Mitsch, Recht der Ordnungswidrigkeiten, Lehrbuch, 2. Aufl. (2005)
Momsen/Grützner	Momsen/Grützner, Wirtschaftsstrafrecht (2013)
Möller/Warg	Möller/Warg, Allgemeines Polizei- und Ordnungsrecht, 6. Aufl. (2011)
Möthrath/Rüther/Bahr	Möthrath/Rüther/Bahr, Verteidigung ausländischer Beschuldigter (2012)
Müller	Müller, Der Sachverständige im gerichtlichen Verfahren, Handbuch des Sachverständigenbeweises, 3. Aufl. (1988)
Müller (Beiträge)	Müller, Beiträge zum Strafprozessrecht 1969–2001 (2003)
Müller/Sax	s. KMR
Müller-Gugenberger	Müller-Gugenberger, Wirtschaftsstrafrecht, 6. Aufl. (2015)
von Münch/Kunig	von Münch/Kunig, Grundgesetz, Kommentar, 2 Bände, 6. Aufl. (2012)
Münchhalffen/Gatzweiler	Münchhalffen/Gatzweiler, Das Recht der Untersuchungshaft, 3. Aufl. (2009)
Murmann	Murmann, Prüfungswissen Strafprozessrecht, 3. Aufl. (2015)
MüKo	Münchener Kommentar zur Strafprozessordnung, hrsg. von Knauer/Kudlich/Schneider (ab 2014)
MüKo-ZPO	Münchener Kommentar zur Zivilprozessordnung, hrsg. von Krüger/Rauscher, Band 1-2, 5. Aufl. (2016); Band 3, 4. Aufl. (2012)
MüKo-BGB	Münchener Kommentar zum Bürgerlichen Gesetzbuch, hrsg. von Rixecker/Säcker/Limperg/Oetker, 8. Aufl. (2018)
MüKo-StGB	Münchener Kommentar zum Strafgesetzbuch, hrsg. von Joecks/Miebach (ab 2003), 3. Aufl. (ab 2016)
Niese	Niese, Doppelfunktionelle Prozeßhandlungen (1950)
Nipperdey/Scheuner	Nipperdey/Scheuner, Die Grundrechte, 4 Bände (ab 1954)

NK-StGB	Nomos-Kommentar zum Strafgesetzbuch, hrsg. von Kindhäuser/Neumann/Paeffgen, 5. Aufl. (2017)
Nobis	Nobis, Strafverteidigung vor dem Amtsgericht (2011)
Nobis/Schlothauer/Weider	Nobis/Schlothauer/Weider, Untersuchungshaft, 5. Aufl. (2016)
Nowak	Nowak, CCPR – Commentary – Commentary on the U.N. Covenant on Civil and Political Rights, 2nd Edition (2005)
Oetjen/Endriß	Oetjen/Endriß, Leitfaden Untersuchungshaft (1999)
OK-GG	Beck-Online-Kommentar zum GG
OK-StGB	Beck-Online-Kommentar zum StGB
OK-StPO	Beck-Online-Kommentar zur StPO
Ostendorf	Ostendorf, Strafprozessrecht, 3. Aufl. (2018)
Ostendorf (U-Haft)	Ostendorf, Untersuchungshaft und Abschiebehaft (2012)
Ostendorf (JStVollzR)	Ostendorf (Hrsg.), Jugendstrafvollzugsrecht, 3. Aufl. (2016)
Ostendorf (Jugendgerichtsgesetz)	Ostendorf, Jugendgerichtsgesetz, 10. Aufl. (2016)
Ostendorf/Drenkhahn	Ostendorf/Drenkhahn, Jugendstrafrecht, 9. Aufl. (2017)
Palandt	Palandt, Bürgerliches Gesetzbuch, Kurzkommentar, 77. Aufl. (2018)
Park	Park, Handbuch Durchsuchung und Beschlagnahme 4. Aufl. (2018)
Park (Kapitalmarkt)	Park, Kapitalmarktstrafrecht, Handkommentar, 4. Aufl. (2017)
Partsch	Partsch, Die Rechte und Freiheiten der Europäischen Menschenrechtskonvention, 1966 (Sonderdruck aus Bettermann/Neumann/Nipperdey (Hrsg.), Die Grundrechte der Welt Bd. I 1)
Peter (Opferanwalt)	Peter, Das 1x1 des Opferanwalts, 3. Aufl. (2017)
Peter	Peter, Das 1x1 der Hauptverhandlung, 2. Aufl. (2011)
Peters/Altwicker (EMRK)	Peters/Altwicker, Europäische Menschenrechtskonvention, 2. Aufl. (2012)
Peters	Peters, Strafprozeß, Lehrbuch, 4. Aufl. (1985)
Peters (Fehlerquellen)	Peters, Fehlerquellen im Strafprozeß, Band I (1970), Band II (1972), Band III (1974)
Pfeiffer	Pfeiffer, Strafprozessordnung, Kommentar, 5. Aufl. (2005)
Pfordte/Degenhard	Pfordte/Degenhard, Der Anwalt im Strafrecht (2005)
Piller/Hermann	Piller/Hermann, Justizverwaltungsvorschriften, Loseblattsammlung
Plötz (Fürsorgepflicht)	Plötz, Die gerichtliche Fürsorgepflicht im Strafverfahren (1980)
Pohlmann/Jabel/Wolf	Pohlmann/Jabel/Wolf, Strafvollstreckungsordnung, Kommentar, 9. Aufl. (2015)
Poller/Teubel	Poller/Teubel, Gesamtes Kostenhilferecht, 3. Aufl. (2018)
Popp	Popp, Grundzüge der internationalen Rechtshilfe in Strafsachen (2001)
Potrykus	Potrykus, Kommentar zum Jugendgerichtsgesetz, 4. Aufl. (1955)
Protokolle	Protokolle der Kommission für die Reform des Strafprozesses (1905)
Püschel/Bartmeier/Mertens	Püschel/Bartmeier/Mertens, Untersuchungshaft in der anwaltlichen Praxis (2011)
Putzke/Scheinfeld	Putzke/Scheinfeld, Strafprozessrecht, 7. Aufl. (2017)
Quedenfeld/Füllsack	Quedenfeld/Füllsack, Verteidigung in Steuerstrafsachen, 5. Aufl. (2016)
Quellen	Quellen zur Reform des Straf- und Strafprozeßrechts, hrsg. von Schubert/Regge/Rieß/Schmid, I. Abt. – Weimarer Republik, II. Abt. NS-Zeit – Strafgesetzbuch, III. Abt. NS-Zeit – Strafverfahrensrecht (ab 1988)
Radtke/Hohmann	Radtke/Hohmann, Strafprozessordnung, Kommentar (2011)
Randt	Randt, Der Steuerfahndungsfall (2004)
Ranft	Ranft, Strafprozeßrecht, 3. Aufl. (2005)
Rebmann/Roth/Hermann	Rebmann/Roth/Hermann, Gesetz über Ordnungswidrigkeiten, Kommentar, Loseblattausgabe (2016)
Rebmann/Uhlig/Pieper	Rebmann/Uhlig/Pieper, Bundeszentralregistergesetz, Kommentar (1985)
Reisert	Reisert, Anwaltsgebühren im Straf- und Bußgeldrecht, 2. Aufl. (2014)
Ricker/Weberling	Ricker/Weberling, Handbuch des Presserechts, 6. Aufl. (2012)
Riedel/Sußbauer	Riedel/Sußbauer, Rechtsanwaltsvergütungsgesetz, 10. Aufl. (2015)
Rieß	Rieß, Beiträge zur Entwicklung der deutschen Strafprozessordnung (2012)

Rode/Legnaro	Rode/Legnaro, Psychiatrische Sachverständige im Strafverfahren (1994)
Röttle/Wagner	Röttle/Wagner, Strafvollstreckung, 8. Aufl. (2009)
Rolletschke	Rolletschke, Steuerstrafrecht, 4. Aufl. (2012)
Rolletschke/Kemper	Rolletschke/Kemper, Steuerstrafrecht – Kommentar zum Steuerstrafrecht, Loseblattausgabe (2016)
Rosenberg/Schwab/Gottwald	Rosenberg/Schwab/Gottwald, Zivilprozessrecht, 18. Aufl. (2018)
Rosenfeld	Rosenfeld, Deutsches Strafprozeßrecht, 2 Bände (1926)
Rostek	Rostek, Verteidigung in Kapitalstrafsachen, 2. Aufl. (2012)
Rotberg	Rotberg, Gesetz über Ordnungswidrigkeiten, Kommentar, 5. Aufl., bearbeitet von Kleinwefers, Boujong und Wilts (1975)
Rotsch	Rotsch (Hrsg.), Criminal Compliance (2015)
Roxin/Schünemann	Roxin/Schünemann, Strafverfahrensrecht, 29. Aufl. (2017)
Roxin (StrafR)	Roxin, Strafrecht, Allgemeiner Teil, Bd. I, 4. Aufl. (2006), Bd. II (2003)
Roxin-Symp.	Bausteine des Europäischen Strafrechts, Coimbra-Symposium für Claus Roxin, hrsg. von Schünemann/de Figueiredo Dias (1995)
Roxin (I.)	Roxin, I., Die Rechtsfolgen schwerwiegender Rechtsstaatsverstöße in der Strafrechtspflege, 4. Aufl. (2005)
Rönnau	Rönnau, Vermögensabschöpfung in der Praxis, 2. Aufl. (2015)
Rösch (Jugendrichter)	Rösch, Handbuch für den Jugendrichter (2001)
Rösch	Rösch, Das Urteil in Straf- und Bußgeldsachen, 3. Aufl. (2015)
Rüping	Rüping, Das Strafverfahren, 3. Aufl. (1997)
Rüth/Berr/Berz	Rüth/Berr/Berz, Straßenverkehrsrecht, 2. Aufl. (1988)
Sachs	Sachs, Grundgesetz, Kommentar, 8. Aufl. (2018)
Sack	Sack, Umweltschutz-Strafrecht, Erläuterungen der Straf- und Bußgeldvorschriften, Loseblattausgabe (ab 2003)
Satzger	Satzger, Die Europäisierung des Strafrechts (2001)
Satzger (Intern. Strafrecht)	Satzger, Internationales und Europäisches Strafrecht, 8. Aufl. (2018)
Sauer	Sauer, Allgemeine Prozeßrechtslehre (1951)
Sauer/Münkel (Absprachen)	Sauer/Münkel, Absprachen im Strafprozess, 2. Aufl. (2014)
Schäfer	Schäfer, Die Praxis des Strafverfahrens, 7. Aufl. (2018)
Schäfer/Sander/van Gemmeren	Schäfer/Sander/van Gemmeren, Praxis der Strafzumessung, 6. Aufl. (2017)
Schaffstein/Beulke/Swoboda	Schaffstein/Beulke/Swoboda, Jugendstrafrecht, 15. Aufl. (2015)
Schellenberg	Schellenberg, Die Hauptverhandlung im Strafverfahren, 2. Aufl. (2000)
Schenke	Schenke, Polizei- und Ordnungsrecht, 10. Aufl. (2018)
Schenke/Graulich/Ruthig	Schenke/Graulich/Ruthig, Sicherheitsrecht des Bundes 2. Aufl. (2019)
Schilken	Schilken, Gerichtsverfassungsrecht, Lehrbuch, 4. Aufl. (2007)
Schlüchter	Schlüchter, Das Strafverfahren, Lehrbuch, 2. Aufl. (1983)
Schlothauer/Weider/Wollschläger	Schlothauer/Weider/Wollschläger, Verteidigung im Revisionsverfahren, 3. Aufl. (2017)
Schmid	Schmid, Die Verwirkung von Verfahrensrügen im Strafprozess (1967)
Schmidt	s. Eb. Schmidt
Schmidt (Ausländer)	Schmidt, Verteidigung von Ausländern, 4. Aufl. (2016)
Schmidt (Vermögensabschöpfung)	Schmidt, Vermögensabschöpfung, Handbuch für das Straf- und Ordnungswidrigkeitenverfahren, 2. Aufl. (2019)
Schmidt-Bleibtreu/Hofmann/Henneke	Schmidt-Bleibtreu/Hofmann/Henneke, Kommentar zum Grundgesetz, 14. Aufl. (2017)
Schmidt-Räntsch	Schmidt-Räntsch, Deutsches Richtergesetz, Kommentar, 6. Aufl. (2009)
Schneider	Schneider, Kriminologie, Lehrbuch, 3. Aufl. (1992)
Schneider (JVEG)	Schneider, JVEG, Justizvergütungs- und -entschädigungsgesetz, 3. Aufl. (2018)
Schneider/Volpert/Fölsch	Schneider/Volpert/Fölsch (Hrsg.), Gesamtes Kostenrecht, 2. Aufl. (2016)
Schomburg/Lagodny/Gleß/Hackner	Schomburg/Lagodny/Gleß/Hackner, Internationale Rechtshilfe in Strafsachen, 5. Aufl. (2012)
Schönke/Schröder	Schönke/Schröder, Strafgesetzbuch, Kommentar, 30. Aufl. (2019)

Schorn	Schorn, Die Europäische Konvention zum Schutze der Menschenrechte und Grundfreiheiten und ihr Zusatzprotokoll in Einwirkung auf das deutsche Recht (1965)
Schorn/Stanicki	Schorn/Stanicki, Die Präsidialverfassung der Gerichte aller Rechtswege, 2. Aufl. (1975)
Schroeder/Verrel	Schroeder/Verrel, Strafprozessrecht, 7. Aufl. (2017)
Schröder	Schröder, Europäische Richtlinien und deutsches Strafrecht (2002)
Schröder (KapitalStR)	Schröder, Handbuch Kapitalmarktstrafrecht, 3. Aufl. (2015)
Schroth	Schroth, Die Rechte des Opfers im Strafprozess, 3. Aufl. (2018)
Schulz/Berke-Müller/Händel	Schulz/Berke-Müller/Händel, Strafprozeßordnung, 7. Aufl. (1983)
Schünemann-Symp.	Empirische und dogmatische Fundamente, kriminalpolitischer Impetus, Symposium für Bernd Schünemann zum 60. Geburtstag, hrsg. von Hefendehl (2005)
Schwind	Schwind, Kriminologie und Kriminalpolitik, 23. Aufl. (2016)
Schwind/Böhm/Jehle/Laubenthal	Strafvollzugsgesetz, Kommentar, hrsg. von Schwind/Böhm/Jehle/Laubenthal, 6. Aufl. (2013)
Schwinge	Schwinge, Grundlagen des Revisionsrechts, 2. Aufl. (1960)
Seier	Seier, Verteidigung in Straßenverkehrssachen (2012)
Simma/Fastenrath	Simma/Fastenrath, Menschenrechte. Ihr Internationaler Schutz, Textsammlung, 7. Aufl. (2018)
Sieber/Satzger/v. Heintschel-Heinegg	Sieber/Satzger/v. Heintschel-Heinegg, Europäisches Strafrecht, 2. Aufl. (2014)
SK	Systematischer Kommentar zur Strafprozeßordnung. Mit GVG und EMRK, 5. Aufl. (ab 2016)
SK-StGB	Systematischer Kommentar zum Strafgesetzbuch, Bd. 1, Allgemeiner Teil, Bd. 2, Besonderer Teil, Loseblattausgabe (ab 1975)
Sommer	Sommer, Effektive Strafverteidigung, 3. Aufl. (2016)
Sowada	Sowada, Der gesetzliche Richter im Strafverfahren (2002)
SSW-StGB	Satzger/Schluckebier/Widmaier (Hrsg.), Strafgesetzbuch, Kommentar, 4. Aufl. (2019)
SSW	Satzger/Schluckebier/Widmaier (Hrsg.), Strafprozessordnung, Kommentar, 3. Aufl. (2018)
Stein/Jonas	Stein/Jonas, Zivilprozessordnung, 23. Aufl. (ab 2017)
Stern	Stern, Verteidigung in Mord- und Totschlagsverfahren, 3. Aufl. (2013)
Strauda-Denkschrift	Reform der Verteidigung im Ermittlungsverfahren – Thesen mit Begründung, vorgelegt vom Strafrechtsausschuss der Bundesrechtsanwaltskammer (2004)
Streinz/Ohler/Herrmann	Streinz/Ohler/Herrmann, Der Vertrag von Lissabon zur Reform der EU, 3. Aufl. 2010
Streng	Streng, Strafrechtliche Sanktionen, 3. Aufl. (2012)
Tettinger/Stern	Tettinger/Stern, Kölner Gemeinschaftskommentar zur Europäischen Grundrechte-Charta (2006)
Thomas/Putzo	Thomas/Putzo, Zivilprozessordnung, Kommentar, 39. Aufl. (2018)
Tondorf/Tondorf	Tondorf, Psychologische und psychiatrische Sachverständige im Strafverfahren, 3. Aufl. (2011)
Trechsel	Trechsel, Human Rights in Criminal Prodeedings (2005)
Ulsenheimer	Ulsenheimer, Arztstrafrecht in der Praxis, 5. Aufl. (2015)
Umbach/Clemens/Dollinger	Umbach/Clemens/Dollinger, Bundesverfassungsgerichtsgesetz: Mitarbeiterkommentar und Handbuch, 2. Aufl. (2005)
Verdross/Simma	Verdross/Simma, Universelles Völkerrecht, 3. Aufl. (1984)
Villiger	Villiger, Handbuch der Europäischen Menschenrechtskonvention (EMRK), 2. Aufl. 1999
Vogler/Walter/Wilkitzki	Vogler/Walter/Wilkitzki, Gesetz über die internationale Rechtshilfe in Strafsachen, Kommentar (1983)

Volckart/Pollähne/Woynar	Volckart/Pollähne/Woynar, Verteidigung in der Strafvollstreckung und im Vollzug, 5. Aufl. (2014)
Volk (Prozessvoraussetzungen)	Volk, Prozeßvoraussetzungen im Strafrecht (1978)
Volk/Engländer (Strafprozessrecht)	Volk/Engländer, Grundkurs StPO, 9. Aufl. (2018)
Vordermayer/v. Heintschell-Heinegg	Handbuch für den Staatsanwalt, hrsg. von Vordermayer/v. Heintschell-Heinegg, 6. Aufl. (2018)
Wabnitz/Janovsky	Handbuch des Wirtschafts- und Steuerstrafrechts, 4. Aufl. (2014)
Wagner/Kallin/Kruse	Wagner/Kallin/Kruse, Betäubungsmittelstrafrecht, 2. Aufl. (2004)
Wankel	Wankel, Zuständigkeitsfragen im Haftrecht (2002)
Wasmeier/Möhlig	Wasmeier/Möhlig, Strafrecht der Europäischen Union, 2. Aufl. (2008)
Weber	Weber, Betäubungsmittelgesetz: BtMG, 5. Aufl. (2017)
Weidemann/Scherf	Weidemann/Scherf, Die Revision im Strafrecht, 3. Aufl. (2017)
Weiner/Ferber	Weiner/Ferber, Handbuch des Adhäsionsverfahrens, 2. Aufl. (2016)
Welzel	Welzel, Das Deutsche Strafrecht, 11. Aufl. (1969)
Wendler/Hoffmann	Wendler/Hoffmann, Technik und Befragung im Gerichtsverfahren, 2. Aufl. (2015)
Werle/Jeßberger	Werle/Jeßberger, Völkerstrafrecht, 4. Aufl. (2016)
Wieczorek/Schütze	Wieczorek/Schütze, Zivilprozeßordnung und Nebengesetze, 4. Aufl. (ab 2012)
Wiesneth	Wiesneth, Handbuch für das ermittlungsrichterliche Verfahren (2006)
Wiesneth (U-Haft)	Wiesneth, Untersuchungshaft (2010)
Wiesneth (Bereitschaftsdienst)	Wiesneth, Der amtsgerichtliche Bereitschaftsdienst, 2. Aufl. (2012)
Wolf	Wolf, Gerichtsverfassungsrecht aller Verfahrenszweige, 6. Aufl. (1987)
Zieschang/Hilgendorf/Laubenthal	Strafrecht und Kriminalität in Europa, hrsg. von Zieschang/Hilgendorf/Laubenthal (2003)
Zieger/Nöding	Zieger/Nöding, Verteidigung in Jugendstrafsachen, 7. Aufl. (2018)
Ziegert	Ziegert, Grundlagen der Strafverteidigung (2000)
Zipf	Zipf, Kriminalpolitik, 2. Aufl. (1980)
Zöller (ZPO)	Zöller, Zivilprozessordnung, Kommentar, 32. Aufl. (2018)
Zöller	Terrorismusstrafrecht, 2009
Zwiehoff	Zwiehoff, Der Befangenheitsantrag im Strafverfahren, 2. Aufl. (2013)

ACHTER ABSCHNITT
Ermittlungsmaßnahmen

Vorbemerkung zu §§ 111b ff.

Schrifttum

Siehe bei § 111b.

Übersicht

Alphabetische Übersicht

A. Allgemeines

Die §§ 111b ff. bilden den Abschluss des 8. Abschnitts des Ersten Buches der Strafprozessordnung. Sie regeln die **vorläufige Sicherstellung** von aus Straftaten erlangten Vermögenswerten zur späteren **Vermögensabschöpfung** nach §§ 73 ff. StGB beim Täter, Teilnehmer und sonstigen Begünstigten einer Straftat. Die Vorschriften wurden lange Zeit und 1

https://doi.org/10.1515/9783110594546-001

trotz entsprechender Reformen[1] als (zu) kompliziert und wenig praxistauglich kritisiert.[2] Der Gesetzgeber hat im Jahr 2017 (erneut) auf diese Kritik reagiert und mit dem „Gesetz zur Reform der strafrechtlichen Vermögensabschöpfung“[3] die §§ 111b ff. grundlegend verändert (Rn. 12 ff. und § 111b, Entstehungsgeschichte). Dabei wurden nicht nur einzelne Vorschriften reformiert, sondern vielmehr große Teile der gesamten bisherigen **Dogmatik** des Vermögensabschöpfungsrechts **aufgegeben.**[4] Hinderten etwa aus Straftaten erwachsene Ansprüche des Verletzten bis zum Inkrafttreten der Reform noch den Verfall zu Gunsten des Staates, erwächst sein Einziehungsanspruch heute unabhängig von Ansprüchen der Verletzten. Musste der Verletzte bisher einen zivilrechtlichen Titel gegen den Betroffenen (von der Vollstreckungsmaßnahme tangierter potentieller Täter, Teilnehmer oder Dritter)[5] erwirken und konnte er diesen dann in die vorläufig gesicherten Vermögenswerte vollstrecken, so soll er nun ohne entsprechenden Titel, dafür aber erst im Strafvollstreckunsgverfahren, Befriedigung erlangen können. Eine Vollstreckung im Ermittlungsverfahren in vorläufig sichergestellte Gegenstände ist ihm ausdrücklich verboten, § 111h Abs. 2 Satz 1. War dem Betroffenen keine konkrete Straftat nachzuweisen und er deshalb freizusprechen, konnten bei ihm sichergestellte Vermögenswerte bis zur Reform nicht für verfallen erklärt werden und waren ihm deshalb zurückzugewähren; heute kann unter gewissen Voraussetzungen selbst Vermögen des Freigesprochenen eingezogen werden. Diese, hier nur exemplarisch angeführten Veränderungen machen die Tiefe des Einschnitts im Recht der Vermögensabschöpfung deutlich. Das wiederum bedeutet für den Gesetzesanwender, dass bei einem Rückgriff auf Entscheidungen aus der Zeit vor der Reform die Vorüberlegung erfolgen muss, ob diese trotz des grundlegend veränderten Ansatzes des Vermögensabschöpfungsrechts Anhaltspunkte zur Lösung der konkreten Fragestellung bieten können.[6]

I. Regelungssystem

2 Die vorläufige Sicherstellung von Vermögenswerten nach §§ 111b ff. dient grundsätzlich der Sicherung der Vollstreckbarkeit einer späteren Einziehungsanordnung nach §§ 73 ff., 74 ff. StGB.[7] Der Gesetzesanwender muss sich deshalb zunächst mit den Vorschriften über die Einziehung von Taterträgen nach den §§ 73 ff. StGB und den Vorschriften über die Einziehung von Tatprodukten, Tatmitteln und Tatobjekten nach §§ 74 ff. StGB auseinandersetzen (§ 111b, 2 ff.). Nur so kann er feststellen, ob Gründe für die Annahme vorliegen, dass es zu einer Einziehungsanordnung kommen wird und damit überhaupt die **Grundvoraussetzung einer** jeden **Vermögensabschöpfungsmaßnahme** nach §§ 111b ff. gegeben ist. Ist dies zu bejahen, kann bei Vorliegen der weiteren Voraussetzungen der §§ 111b ff. eine vorläufige Sicherstellung der betroffenen Gegenstände schon vor Rechtskraft erfolgen.

---

1 Siehe zuletzt das Gesetz zur Stärkung der Rückgewinnungshilfe und der Vermögensabschöpfung bei Straftaten vom 24.10.2006, BGBl. I S. 2350; zu dessen Änderungen im Einzelnen BTDrucks. **16** 700.

2 Siehe aus der neueren Literatur dazu etwa die Kritik von *Bohne/Boxleitner* NStZ **2007** 552 ff.; *Mosbacher/Claus* wistra **2008** 1, 2 ff.; zu früherer Kritik bereits die Stellungnahme des Bundesrates in BTDrucks. **7** 550 S. 476, der „zu einer so komplizierten Änderung“ im Rahmen eines Einführungsgesetzes keine Veranlassung sah; kritisch zu Recht: *Herzog* FS Lüderssen 246.

3 BGBl. I S. 872.

4 SSW/*Burghart* § 111b, 1; Meyer-Goßner/Schmitt/*Köhler* 1.

5 MüKo/*Bittmann* § 111b, 2; *Johann* 1.

6 In diesem Sinne auch SSW/*Burghart* § 111b, 1.

7 Siehe dazu und zur historischen Entwicklung neben den einzelnen Entstehungsgeschichten auch bei SK/*Rogall* 2 und 7 ff.

Sowohl die materiellen als auch die strafprozessualen Vermögensabschöpfungsvorschriften wurden durch die Reform 2017 erheblich verändert, die Eingriffsermächtigungen umbenannt und neu geordnet. Der Einstieg in die Materie ist für den Gesetzesanwender dadurch etwas leichter geworden, trennt das Gesetz nun die Möglichkeiten von Beschlagnahme und Vermögensarrest doch deutlicher als zuvor. Trotz alledem bleibt das Vermögensabschöpfungsrecht auch nach der Reform 2017 kompliziert (ausführlich Rn. 23 ff.). Es bedarf einer gewissen Einarbeitung, um sicher mit den verschiedenen Möglichkeiten umgehen zu können. Im Folgenden soll deshalb ein **kurzer Überblick** über die Struktur der Vermögensabschöpfungsregeln gegeben werden. Dieser hat nicht den Zweck, die Vorschriften mit ihren jeweiligen Problemkreisen darzustellen, sondern nur, den Einstieg in das neue System der §§ 111b ff. zu erleichtern. 3

1. Ausgangssituation. Um effektiv Vermögensabschöpfung betreiben zu können, 4
müssen sich die Strafverfolgungsbehörden zunächst einmal ein Bild vom finanziellen Status quo des Betroffenen machen. Hierzu werden sog. **Finanzermittlungen** durchgeführt. Hierunter werden alle Erhebungen verstanden, welche der Aufklärung und Herkunft von, sowie der Umwandlung und dem Verbleib verdächtigen Kapitals dienen.[8] Sie sind regelmäßig die Grundvoraussetzung für effektive Vermögensabschöpfungsmaßnahmen, weshalb Staatsanwaltschaften, Polizei und Finanzbehörden hier eng zusammenarbeiten. Bei den Schwerpunktstaatsanwaltschaften gibt es eigene Abschöpfungsdezernenten und auch Polizei und Finanzbehörden bilden zielgerichtet „Finanzermittler" aus.

Bevor eine vorläufige Sicherstellungsmaßnahme ausgebracht werden kann, ist zu 5
hinterfragen, welche Art der Sicherstellung nach §§ 111b ff. aufgrund des konkreten Sachverhalts einschlägig ist.[9] Das Gesetz unterscheidet zwischen der Beschlagnahme nach §§ 111b–111d und dem Vermögensarrest nach §§ 111e–111h. Ob Vermögenswerte im Wege der Beschlagnahme oder durch Vermögensarrest gesichert werden, hängt einzig und alleine vom **Sicherungszweck** ab.[10] Das „Warum" der Maßnahme entscheidet folglich auch über das „Wie".[11]

Zur Sicherung der späteren
- Einziehungsanordnung
- Unbrauchbarmachung

→ **Beschlagnahme**

Zur Sicherung einer/der späteren
- Anordnung der Einziehung von Wertersatz
- Geldstrafen
- Kosten des Strafverfahrens

→ **Vermögensarrest**

Als **Sicherungsgegenstände** kommen dabei in Betracht:

Beschlagnahmegegenstände:
- bewegliche Sachen
- Forderungen und andere Vermögensrechte
- Grundstücke oder grundstücksgleiche Rechte

Arrestgegenstände:
- bewegliche Sachen
- Forderungen und andere Vermögensrechte (ohne unbewegliches Vermögen)

---

8 *Schlachetzki* wistra **2011** 41, 44; *Mainzer* DRiZ **2002** 97, 101.
9 In diesem Sinne auch AnwK-StPO/*Lohse* vor § 111b, 13.
10 Meyer-Goßner/Schmitt/*Köhler* 2; SK/*Rogall* 16.
11 Instruktiv MüKo/*Bittmann* § 111b, 4.

– Schiffe, Schiffsbauwerke, Luftfahrzeuge	– Grundstücke und grundstücksgleiche Rechte – Schiffe, Schiffsbauwerke, Luftfahrzeuge

6 **2. Zuständigkeit.** Liegen Gründe für die Annahme vor, dass es am Ende des Strafverfahrens zu einer Einziehungsanordnung kommen wird und ist ein Sicherungsbedürfnis gegeben, bestimmt § 111j, wer die Beschlagnahme oder den Vermögensarrest **anordnen** darf. Grundsätzlich können dies
- das Gericht
- die Staatsanwaltschaft oder
- die Ermittlungspersonen der Staatsanwaltschaft

sein. Die Anordnung einer Sicherstellungsmaßnahme ist dabei strikt von ihrem **Vollzug** zu trennen. Genau wie ein Haftbefehl oder eine Durchsuchungsanordnung bedürfen Beschlagnahme und Vermögensarrest nicht nur einer entsprechenden Anordnung, sondern zur Herbeiführung ihrer Wirkungen auch ihres Vollzuges. Dieser Zweischritt von Anordnung und Vollstreckung ist wesentlich für das Verständnis der Vermögensabschöpfung und kommt im Gesetz über die §§ 111j und 111k deutlich zum Ausdruck.

7 Während die Anordnungskompetenz für Beschlagnahmen und Vermögensarreste von Gesetzes wegen grundsätzlich beim Gericht liegt, erfolgt die **Vollstreckung** im Grundsatz durch die Staatsanwaltschaften.

Vollzug der **Beschlagnahme**, § 111k Abs. 1 Satz 1 und 3: – Allgemeinkompetenz der Staatsanwaltschaft Vollzug auch möglich durch – Ermittlungspersonen der Staatsanwaltschaft (bei beweglichen Sachen)	Vollzug des **Vermögensarrestes**, § 111k Abs. 1 Satz 1 und 2: – Allgemeinkompetenz der Staatsanwaltschaft – Vollzug auch möglich durch: Gerichtsvollzieher Gerichtskasse Ermittlungspersonen der Staatsanwaltschaft (bei beweglichen Sachen)

8 Ob die Staatsanwaltschaft die Vollstreckung selbst durchführt, entscheidet sie nach pflichtgemäßem Ermessen. Es steht ihr frei, ihre Ermittlungspersonen oder die sonst in § 111k genannten Stellen mit der Durchführung zu beauftragen.[12] Eine **Rangordnung der verschiedenen Stellen** besteht nicht, die Staatsanwaltschaft kann nach Zweckmäßigkeitsgesichtspunkten entscheiden.[13]

9 **3. Rechtsfolgen.** Die Wirkungen der Vollziehung der Beschlagnahme und des Vermögensarrestes sind in den §§ 111d und 111h geregelt. Für die Vollziehung von Beschlagnahme und Vermögensarrest bestimmen beide Vorschriften, dass die Vollziehung in einen Gegenstand (Rechte und Forderungen) die Wirkungen eines **Veräußerungsverbotes** im Sinne des § 136 BGB hat.

---

12 KMR/*Mayer* § 111k, 1; Meyer-Goßner/Schmitt/*Köhler* § 111k, 2.
13 So zum alten Recht schon SK/*Rogall* § 111f, 11.

4. Sonstige Vorschriften. Neben diesen Grundsatznormen des strafprozessualen Vermögensabschöpfungsrechts kommt der Vorschrift des § 111i erhebliche Bedeutung zu. Sie regelte bis zum 30.6.2017 den sog. **Auffangrechtserwerb des Staates** und war damit die strafprozessuale Zentralvorschrift des Vermögensabschöpfungsrechts. Sie wird heute noch in all den Fällen angewendet, in denen bis zum 30.6.2017 eine **erstinstanzliche Verfallsentscheidung** nur deshalb nicht ergangen ist, weil den Verletzten aus der Straftat ein Anspruch im Sinne des § 73 Abs. 1 Satz 2 StGB a.F. erwachsen ist, der einer Verfallsanordnung entgegenstand und das Gericht deshalb von einer Verfallsanordnung absehen musste.[14] Aufgrund seiner langwierigen Fristen wird § 111i Abs. 2ff. StPO a.F. den Gesetzesanwender in diesen Verfahren noch mindestens bis ins Jahr 2023 begleiten. Für alle Verfahren, in denen bis zum 30.6.2017 keine erstinstanzliche Verfallsentscheidung ergangen ist, regelt § 111i heute das Verhältnis des Straf- zum Insolvenzverfahren.[15] 10

Um den Verletzten die Möglichkeit zu geben, ihre aus der Tat erwachsenen Ansprüche effektiv geltend machen zu können, verpflichtet § 111l die Staatsanwaltschaften, den Verletzten die Vollziehung der Beschlagnahme und des Vermögensarrestes mitzuteilen. Da Vermögensabschöpfungsmaßnahmen gerade in komplexen Wirtschaftsstrafverfahren mitunter lange Zeit andauern können, regelt § 111m, wie in dieser Zeit mit beschlagnahmten oder gepfändeten Gegenständen umzugehen ist. Die Vorschrift wird durch die Möglichkeiten der Notveräußerung in § 111p ergänzt. Wird eine bewegliche Sache für Zwecke des Strafverfahrens hingegen nicht mehr benötigt, so regeln §§ 111n und 111o die Möglichkeit der **Herausgabe** dieser Sache. Den Abschluss der Regelungen zur vorläufigen Sicherstellung bildet die Vorschrift des § 111q, die die früheren §§ 111m, 111n StPO a.F. zusammenfasst. Die dadurch deutlich angewachsene Vorschrift bestimmt, welche zusätzlichen Voraussetzungen für eine Beschlagnahme von Schriften und Vorrichtungen bei **Presseinhaltsdelikten** erfüllt sein müssen. 11

B. Das Gesetz zur Reform der strafrechtlichen Vermögensabschöpfung

Das Gesetz zur Reform der strafrechtlichen Vermögensabschöpfung vom 13.4.2017[16] hat das bisherige Vermögensabschöpfungsrecht grundlegend verändert. Das gilt nicht nur für die Gesetzessystematik und die Terminologie der Sicherungsmöglichkeiten, sondern in besonderem Maße auch für die **Dogmatik**.[17] Die neuen Regelungen können besser verstanden werden, wenn man weiß, wie sie zustande gekommen sind. 12

I. Der Referentenentwurf

1. Inhalt. Im März 2016 veröffentlichte das Bundesministerium der Justiz und für Verbraucherschutz einen Referentenentwurf zur Reform der strafrechtlichen Vermögensabschöpfung.[18] Der Entwurf war davon geprägt, dass man die vermeintliche **Komplexität der strafrechtlichen Vermögensabschöpfung** auf ein Minimum reduzieren und sie damit für die Praxis „tauglicher" gestalten wollte.[19] Hierfür sollten zunächst ter- 13

14 § 14 EGStPO i.V.m. Art. 8 des Gesetzes zur Reform der strafrechtlichen Vermögensabschöpfung.
15 Überblick bei Meyer-Goßner/Schmitt/*Köhler* 4 f.; ausführlich § 111i, 1 ff.
16 BGBl. I S. 872.
17 Ausführlich dazu *Johann* 11 ff.
18 Entwurf sowie sämtliche hierzu im Folgenden zitierten Stellungnahmen sind abrufbar unter: https://www.bmjv.de/SharedDocs/Gesetzgebungsverfahren/DE/Reform_strafrechtlichen_Vermoegens abschoepfung.html.
19 Kritisch dazu schon *Herzog* FS Lüderssen 246.

minologische Anpassungen erfolgen und der Begriff des „Verfalls“ durch jenen der „Einziehung“ ersetzt werden.[20] Der ursprünglich aus dem Zivilrecht entliehene Begriff des „dinglichen Arrestes“ wurde durch jenen des „Vermögensarrestes“ ersetzt.[21] Die Opferentschädigung sollte gestärkt[22] und das Strafverfahren von „zeitraubenden zivilrechtlichen Fragen befreit“ werden.[23]

14 **a) Materiell-rechtliche Änderungsansätze.** In Umsetzung der vorgenannten Ziele wurde außerdem auf materiell-rechtlicher Seite versucht, die Anforderungen an das sog. Bruttoprinzip zu schärfen,[24] daneben sollte die Härtevorschrift des § 73c StGB a.F. entfallen und ein Absehen von der Einziehung unter dem Gesichtspunkt der **Verhältnismäßigkeit** nur noch im Vollstreckungs- nicht aber im Hauptsacheverfahren möglich sein. Der erweiterte Verfall nach § 73d StGB a.F. sollte auf jede Straftat ausgeweitet und die Möglichkeit gegeben werden, bei bestimmten Katalogtaten Vermögen selbst dann einzuziehen, wenn der Angeklagte freigesprochen wurde. Die Anwendung der erweiterten Einziehung nach § 73d StGB a.F. auch auf Nichtkatalogtaten begründete der Entwurf mit europarechtlichen Vorgaben,[25] jene der selbständigen Einziehung nach § 76a StGB mit der Schließung von Abschöpfungslücken.[26] In Abkehr von den bisherigen Regelungen sollte das Rechtsinstitut der Rückgewinnungshilfe und damit § 73 Abs. 1 Satz 2 StGB a.F., § 111i StPO a.F. gestrichen und dem Staat ein, grundsätzlich unabhängig von Ansprüchen der Verletzten bestehender, Einziehungsanspruch gewährt werden. Die Einziehung sollte nur ausgeschlossen sein, wenn der Anspruch des Verletzten zum Zeitpunkt der Entscheidung – trotz Vollstreckungsverbots – bereits befriedigt war. In allen anderen Fällen sollte die **Befriedigung des Verletzten im Strafvollstreckungsverfahren** erfolgen. Mit der Abschaffung des § 73 Abs. 1 Satz 2 StGB a.F. wollte der Gesetzgeber dabei einer schon seit Jahren in der Literatur geäußerten Aufforderung[27] nachkommen, mit der man sich eine erhebliche Erleichterung der Vermögensabschöpfung insgesamt versprach.

15 **b) Strafprozessuale Änderungsansätze.** Strafprozessuale Änderungen sollten dergestalt erfolgen, dass Beschlagnahme und Vermögensarrest verpflichtend immer dann vorzunehmen sein sollten, wenn die Annahme begründet war, dass die Voraussetzungen der Einziehung oder Unbrauchbarmachung eines Gegenstandes vorlagen. Weitere Tatbestandsmerkmale waren nicht vorgesehen, nach den Vorstellungen im Referentenentwurf sollte die Anordnung einer vorläufigen Sicherstellung damit letztlich nur dem Grundsatz der Verhältnismäßigkeit unterliegen.[28] Die **Fristenregelung** des § 111b Abs. 3 StPO a.F., wonach eine vorläufige Sicherstellung über einen Zeitraum von 12 Monaten hinaus nur dann möglich war, wenn eine dringende Annahme für eine spätere Einziehung vorlag, sollte ersatzlos gestrichen werden. Im Übrigen sollte die Opferentschädigung grundlegend neu in den §§ 459g ff. geregelt werden. Für die Überlassung von Vermögenswerten an die Geschädigten im Strafvollstreckungsverfahren sollte der Rechtspfleger

---

20 RefE-VA S. 53.
21 RefE-VA S. 53; siehe auch BTDrucks. **18** 9525 S. 48 und S. 75: „Die begriffliche Änderung ... verleiht der eigenständigen Rolle dieses Sicherungsmittels ... Ausdruck.“
22 RefE-VA S. 57.
23 RefE-VA S. 2.
24 Siehe dazu ausführlich RefE-VA S. 51 f.
25 RefE-VA S. 61.
26 RefE-VA S. 52.
27 Zustimmend deshalb BDR Stellungnahme vom 31.5.2016 S. 1; DAV Stellungnahme 30/2016 S. 36.
28 RefE-VA S. 54.

zuständig sein, die Verletzten sollten ihre Restitution ohne zivilrechtlichen Titel verfolgen können. Der Referentenentwurf sah außerdem vor, dem Verletzten über ein Vollstreckungsverbot die Möglichkeit zu nehmen, in die zu seinen Gunsten beschlagnahmten Vermögenswerte vor Abschluss des Strafverfahrens die Zwangsvollstreckung zu betreiben. Eine weitere wesentliche Änderung zur vorherigen Rechtslage lag in der Möglichkeit der Staatsanwaltschaften, in sog. Mangelfällen für die Verletzten einen Antrag auf Eröffnung des Insolvenzverfahrens über das Vermögen des Betroffenen zu stellen und ihre Befriedigung damit in das Insolvenzverfahren zu verlagern.

2. Kritik. Der Referentenentwurf rief erhebliche Kritik der Praxis hervor.[29] Der Deut- **16**
sche Richterbund bezweifelte etwa schon die Grundannahme des Ministeriums, das damals geltende Recht sei der kriminalpolitischen Bedeutung der Vermögensabschöpfung nicht gerecht geworden.[30] Er kritisierte außerdem, der Referentenentwurf stelle in weiten Teilen **keine praxistaugliche Umsetzung** des Vorhabens einer Vereinfachung der Vermögensabschöpfung dar[31] und forderte das Justizministerium deshalb auf, gemeinsam mit der strafrechtlichen Praxis das Recht der Vermögensabschöpfung punktuell nur dort zu verändern, wo ein solcher Regelungsbedarf tatsächlich bestand.[32] Ähnlich kritisch äußerte sich die Bundesrechtsanwaltskammer, die die Grundkonzeption des Entwurfs als zur Stärkung der Opferentschädigung „nicht geeignet" bezeichnete und die Abschaffung des § 73 Abs. 1 Satz 2 StGB a.F. für „bedenklich" hielt.[33] Sie argumentierte dabei wesentlich mit der in der Praxis oft nur oberflächlich-floskelhaften Begründung eingriffsintensiver Maßnahmen.[34] Der Verband der Rechtspfleger fürchtete durch die „Soll-Vorschrift" der Regelungen zur vorläufigen Sicherstellung sowohl Haftungsrisiken für die Justiz, eine Zunahme von Strafentschädigungsverfahren als auch eine generelle Mehrbelastung.[35] Weitere Kritikpunkte unterschiedlichster Seiten waren die bedenkliche Reduzierung der Eingriffsvoraussetzungen auf Tatbestandsebene,[36] die nicht überschaubaren Auswirkungen auf andere Rechtsgebiete,[37] die nicht ausreichende Präzisierung des Bruttoprinzips[38] und die mitunter Jahre dauernde Befriedigung der Verletzten,[39] die weitgehend als unzumutbar empfunden wurde. Nachgewiesen wurde auch, dass die vermeintliche europarechtliche Notwendigkeit der Ausweitung der Vermögensabschöpfung tatsächlich nicht bestand, weil die bisherigen Regelungen den Mindestvoraussetzungen der Richtlinie bereits entsprachen.[40]

---

29 Siehe zu rechtspolitischen Fragen in Bezug auf die Rechtslage vor der Reform schon SK/*Rogall* 58 ff.
30 DRB Stellungnahme 9/16 S. 2; ebenso OStVV Stellungnahme vom 31.5.2016 S. 3 f.; Wistev Stellungnahme zum RefE-VA S. 2; BRAK Stellungnahme 15/2016 S. 7 f.; siehe auch *Saliger* ZStW **129** (2017) 995, 997, der zutreffend auf den fehlenden empirischen Beleg hinweist; ebenso *Meißner* KriPoZ **2017** 237, 240 f.; **a.A.** *Gebauer* ZRP **2016** 101, 102.
31 DRB Stellungnahme 9/16 S. 1; in diesem Sinne auch Transparency International Stellungnahme vom 30.5.2016 S. 1.
32 DRB Stellungnahme 9/16 S. 2.
33 BRAK Stellungnahme 15/2016 S. 3.
34 BRAK Stellungnahme 15/2016 S. 10; **a.A.** *Holznagel* Stellungnahme S. 9.
35 VdRPflG Stellungnahme vom 11.5.2016 S. 1.; in diesem Sinne auch BDR Stellungnahme vom 31.5.2016 S. 2.
36 BRAK Stellungnahme 15/2016 S. 7 f.
37 Wistev Stellungnahme zum RefE-VA S. 1.
38 Wistev Stellungnahme zum RefE-VA S. 2 ff.; DAV Stellungnahme 30/2016 S. 12; *Gebauer* ZRP **2016** 101, 103.
39 DAV Stellungnahme 30/2016 S. 3; Wistev Stellungnahme zum RefE-VA S. 10; BRAK Stellungnahme 15/2016 S. 11 ff.
40 OStVV Stellungnahme vom 31.5.2016 S. 5 ff.; siehe auch DAV Stellungnahme 30/2016 S. 13 ff.; BRAK Stellungnahme 15/2016 S. 6 f.; *Gebauer* ZRP **2016** 101, 104.

17 Der Entwurf fand allerdings in Teilen der Literatur auch Zustimmung.[41] Hierbei wurde etwa der geplante Verzicht auf eine Differenzierung zwischen unterschiedlichen Verdachtsgraden und auf Fristenregelungen zur vorläufigen Sicherstellung begrüßt, weil er die Handhabung dieser Möglichkeiten für die Praxis erleichtern sollte.[42] Die Vorschläge seien ein erfolgversprechender Ansatz für ein systematisch stringentes Konzept zur Ausweitung der Vermögensabschöpfung zur 3. Säule des Strafrechts.[43] Unter Berücksichtigung des Opferschutzes sei es gelungen, das „legislatorische Monstrum der Rückgewinnungshilfe durch eine vereinfachte und systematisch durchdachte Regelung zu ersetzen".[44]

II. Der Gesetzentwurf der Bundesregierung

18 Im September 2016 folgte dem Referentenentwurf des Bundesjustizministeriums der Gesetzentwurf der Bundesregierung. Er sah im Vergleich zum Referentenentwurf nur punktuelle Veränderungen vor, an der Grundstruktur des Referentenentwurfs wurde im Wesentlichen festgehalten. Die erfolgten Änderungen waren zum Großteil auf die Kritik von Seiten der Justiz zurückzuführen,[45] die Kritik der Anwaltschaft, insbesondere an der verurteilungsunabhängigen Vermögensabschöpfung und ihrer Verfassungsmäßigkeit,[46] blieb unberücksichtigt. Die wesentlichste materiell-rechtliche Änderung vom Referenten- zum Gesetzentwurf war der Versuch einer weitergehenden **Konkretisierung des Bruttoprinzips**, außerdem sollte die Einziehung nicht erst dann ausgeschlossen sein, wenn der Anspruch des Verletzten aus der Tat erfüllt wurde, sondern bereits dann, wenn er erloschen ist.

19 In Bezug auf die strafprozessualen Anordnungsmöglichkeiten von Beschlagnahme und Vermögensarrest fügte der Gesetzgeber in Abkehr von der Regelung im Referentenentwurf in § 111b Abs. 1 und § 111e Abs. 1 das Tatbestandsmerkmal des **Sicherungsbedürfnisses** als Äquivalent zum Arrestgrund ein. Damit sollte klargestellt werden, dass eine vorläufige Sicherung nur erfolgen dürfe, soweit dies zur Sicherung der Vollstreckung erforderlich sei.[47] Außerdem sah man, jedenfalls für Fälle des einfachen Verdachts einer späteren Einziehungsanordnung, doch wieder ein Ermessen der anordnungsbefugten Stellen vor.[48] Nur in Fällen der dringenden Annahme sollte es bei einer gebundenen Entscheidung bleiben. Auf ein entsprechendes Korrektiv nach Abschaffung des § 111b Abs. 3 StPO a.F. wurde weiterhin verzichtet.

20 **1. Stellungnahme des Bundesrates.** Der Bundesrat nahm in seiner Sitzung vom 23.9.2016 zu dem Gesetzentwurf Stellung.[49] Im Wesentlichen forderte er dabei noch stär-

---

41 Siehe etwa *Bittmann* NZWiSt **2016** 131 ff.; *Müller-Sartori* WiJ **2016** 87 ff.
42 *Bittmann* NZWiSt **2016** 131, 133.
43 *Bittmann* NZWiSt **2016** 131, 136; zu diesem Begriff schon *Eberbach* NStZ **1987** 486, 487; SK/*Rogall* 1.
44 *Müller-Sartori* WiJ **2016** 87, 92.
45 OStVV Stellungnahme vom 21.9.2016 S. 1; zur gleichwohl auch vom Deutschen Richterbund geäußerten Kritik am Gesetzesentwurf siehe DRB Stellungnahme 19/16 passim; umfassend auch *Bittmann* KriPoZ **2016** 120 ff. So letztlich sogar ausdrücklich BTDrucks. **18** 11640 S. 80: „Die vom Ausschuss für Recht und Verbraucherschutz empfohlenen Änderungen kommen den Bedürfnissen der Praxis nach. Insbesondere werden sie den Rechtspflegern der Staatsanwaltschaften die Anwendung der neuen Opferentschädigungsregelungen erleichtern. Die nun vorliegende Fassung des Gesetzentwurfs trägt zudem den Vorschlägen und Anregungen Rechnung, die der Bundesrat ... eingebracht hat."
46 OStVV Stellungnahme vom 21.9.2016 S. 2 ff.
47 BTDrucks. **18** 9525 S. 49.
48 Zur möglichen Motivation für diese Änderung OStVV Stellungnahme vom 21.9.2016 S. 5.
49 BR-Plenarprotokoll 948 Anlage 27 und 28 S. 396 f.

kere **Beweiserleichterungen** bei der Abschöpfung von Vermögen unklarer Herkunft,[50] eine Prüfung der Implikationen des Entwurfs auf das Insolvenzverfahren,[51] die Möglichkeit auch nach Abschluss des Strafverfahrens Durchsuchungsmaßnahmen durchführen zu können[52] sowie weitere Vereinfachungen im Strafvollstreckungsverfahren.[53] Außerdem sollte eine sechsmonatige Übergangsfrist in das Gesetz aufgenommen werden, um die Verfahrensbeteiligten hinreichend zur neuen Rechtslage schulen zu können.[54]

2. Rechtsausschuss des Bundestages. Der Bundestag befasste sich am 29.9.2016 **21**
erstmals mit dem Gesetzentwurf,[55] der anschließend interfraktionell an den federführenden Rechtsausschuss überwiesen wurde. Die Bundesregierung äußerte sich zur Stellungnahme des Bundesrates im Oktober 2016,[56] im November 2016 fand die Sachverständigenanhörung im Rechtsausschuss statt. Die Kritik an dem Gesetzesvorhaben wurde dabei im Großen und Ganzen wiederholt.[57] Besonders bedenklich empfand die Bundesrechtsanwaltskammer etwa die Streichung des §73c StGB a.F., die (potentielle) Beweislastumkehr in §76a Abs. 4 StGB[58] und die Reduzierung der Eingriffsschwellen bei §§111b, 111e.[59] Der Gesetzentwurf fand aber auch Zustimmung bei den Sachverständigen, insbesondere bei jenen aus der Justiz. Gelobt wurde etwa die **Abschaffung** des Rechtsinstituts **der Rückgewinnungshilfe**[60] oder die Möglichkeit der Abtrennung der Vermögenseinziehung und die damit einhergehende Erleichterung des Verfahrens.[61] Bedenken gegen die erweiterte und selbständige Einziehung wurde von Seiten der Justizsachverständigen nicht erhoben.[62]

III. Die Beschlussversion

Der Bundestag verabschiedete am 23.3.2017 den trotz erheblichen Zeitablaufs nur **22**
unwesentlich veränderten Gesetzentwurf[63] aus September 2016 mit den Stimmen der Regierungsfraktionen und gegen die Stimmen der Opposition.[64] Auch die weiteren Veränderungen in der Beschlussversion im Vergleich zum Gesetzentwurf waren im Wesentlichen an die Bedürfnisse der Strafjustiz[65] und die Kritik des Bundesrates angepasst.[66] Im

---

50 BRDrucks. 418/16 S. 1.
51 BRDrucks. 418/16 S. 4ff.; zustimmend DRB Stellungnahme 19/16 S. 2.
52 BRDrucks. 418/16 S. 7ff.
53 BRDrucks. 418/16 S. 9ff.
54 BRDrucks. 418/16 S. 16; ebenso *Holznagel* Stellungnahme S. 14: „wenigstens sechs Monate".
55 Plenarprotokoll **18** 193 S. 19226ff.
56 BTDrucks. **18** 10146.
57 *Meißner* Stellungnahme vom 14.11.2016; mit empirischen Nachweisen zur Dauer von Strafverfahren und der daraus resultierenden, unzumutbaren Folgen für das Opfer BRAK Stellungnahme 39/2016 S. 3f.; zu den Bedenken aus insolvenzrechtlicher Perspektive *Bremen* Stellungnahme vom 21.11.2016; *Holznagel* Stellungnahme S. 5ff.
58 BRAK Stellungnahme 39/2016 S. 4f.
59 BRAK Stellungnahme 39/2016 S. 7.
60 *Holznagel* Stellungnahme S. 1ff.; *Heger* Stellungnahme vom 22.11.2016 S. 2.
61 *Gericke* Stellungnahme vom 20.11.2016 S. 1f.
62 *Holznagel* Stellungnahme S. 12; *Gericke* Stellungnahme vom 20.11.2016 S. 7ff.
63 Siehe dazu BTDrucks. **18** 11640 S. 4ff. (Synopse); Übersichtsaufsatz bei *Schilling/Corsten/Hübner* StraFo **2017** 305ff.
64 Siehe dazu *Ströbele* Plenarprotokoll **18** 225 S. 22656, 22657.
65 *Baretto da Rosa* NZWiSt **2018** 215, 218 Fn. 35 lobt etwa die „beispielhafte Einbindung auch der polizeilichen Praxis ... durch das BMJV".
66 BTDrucks. **18** 11640 S. 80; siehe auch die wortgleichen Ausführungen auf S. 90: „Die Änderungen dienen der Rechtsklarheit und der Rechtssicherheit. Sie werden insbesondere die Rechtsanwendung für die Rechtspfleger der Staatsanwaltschaften erheblich erleichtern."

Vergleich zum Gesetzentwurf wurde etwa der befürchteten Überlastung der Rechtspfleger dadurch begegnet, dass eine Freigabe der eingezogenen Vermögenswerte an die Verletzten nur dann erfolgen sollte, wenn sich ihre Ansprüche „ohne weiteres" aus der Einziehungsanordnung ergaben, in allen übrigen Fällen sollte das Gericht entscheiden.[67] Eine wesentliche Veränderung im Vergleich zu den Entwürfen fand sich auch in § 111i Abs. 2. Danach stellt die Staatsanwaltschaft in **Mangelfällen** nun einen eigenen Gläubigerantrag und ist nicht mehr nur „ermächtigt", diesen für die Verletzten zu stellen.[68] Über § 76a Abs. 2 Satz 1 StGB wurde die Vermögensabschöpfung außerdem von den Verjährungsvorschriften entkoppelt.[69] Der Bundesrat nahm den Gesetzentwurf am 24.3.2017 an,[70] das Gesetz ist seit dem 1.7.2017 in Kraft[71] und soll auch für all die Verfahren Anwendung finden, in denen bis zu diesem Stichtag keine erstinstanzliche Einziehungsentscheidung ergangen ist.[72]

IV. Stellungnahme

23 Die Vermögensabschöpfung spielt in der Praxis eine herausragende Rolle und das aus unterschiedlichen Gründen. Zum einen ist sie geeignet, das Ermittlungsverfahren in unterschiedlichen Bereichen erheblich zu beeinflussen und hat damit **verfassungsrechtlich relevante Auswirkungen** auf das Recht des Betroffenen auf ein faires, rechtsstaatliches (Straf-)Verfahren. Bei den Strafverfolgungsbehörden wird hierzu jedenfalls partiell die Auffassung vertreten, Vermögensabschöpfung diene dazu, „Druck auf den Beschuldigten auszuüben" und ihm das „Geld für teure Strafverteidiger zu entziehen."[73] Die Aussage steht für sich und offenbart ein Verständnis des Rechtsstaates, das hier keiner weiteren Kommentierung bedarf.[74]

24 Tatsächlich sind vorläufige Sicherstellungsmaßnahmen in diversen Verfahren deshalb erforderlich, weil nur so verhindert werden kann, dass der Betroffene Vermögenswerte bei Seite schafft und dadurch die Vollstreckbarkeit späterer Einziehungsanordnungen verhindert. Sie dienen damit nicht nur dem Interesse der Rechtsgemeinschaft, dass sich Straftaten nicht finanziell lohnen dürfen, sondern auch jenen der Verletzten, die ihre aus Straftaten resultierenden Schäden regelmäßig nur mit staatlicher Unterstützung kompensieren, jedenfalls aber minimieren können. In diesem **Dreiecksverhältnis** aus Interessen der Betroffenen, des Staates und der Verletzten muss unter Berücksichtigung der Grundrechtsrelevanz entsprechender Maßnahmen ein Regelungssystem gelten, das eine notwendige Sicherstellung ermöglicht, verfassungswidrigen Maßnahmen aber bestmöglich entgegenwirkt. Eine „einfache Vermögensabschöpfung" ist daher nicht grundsätzlich zu kritisieren. Es muss auch dem in dieser Rechtsmaterie nicht wochen-

---

67 BTDrucks. **18** 11640 S. 90 f.

68 BTDrucks. **18** 11640 S. 86 f.

69 BTDrucks. **18** 11640 S. 82.

70 BRDrucks. 237/17.

71 Instruktiv *Korte* wistra **2018** 1 ff.; *Köhler* NStZ **2017** 497 ff.; *Köhler/Burkhard* NStZ **2017** 665 ff.

72 BTDrucks. **18** 11640 S. 84; BGH NStZ **2018** 400; **2018** 458, 459; OLG Köln StraFo **2018** 204; OLG Celle StraFo **2018** 206, 207; offengelassen: LG Kaiserslautern NZWiSt **2018** 149, 151; OLG München Beschl. v. 22.12.2017 – 34 Wx 432/17; OLG Hamm StraFo **2018** 63, 64; Meyer-Goßner/Schmitt/*Köhler* 8; kritisch dazu *Johann* 5 Fn. 23; *Rettke* wistra **2018** 298 f.

73 So eine dem *Verfasser* vorliegende staatliche Schulungsunterlage zur Vermögensabschöpfung; diese Gefahr sieht auch die FDP-Bundestagsfraktion, BTDrucks. **19** 8795 S. 2.

74 Sie bestärkt zugleich die Ausführungen bei SK/*Rogall* 25; siehe dazu auch *Saliger* ZStW **129** (2017) 995, 1033, der von „gravierenden Missbräuchen" spricht; *Köllner/Mück* NZI **2017** 593, 599; **anders** *Roth* Stbg **2017** 454, der im Zusammenhang mit der vorläufigen Sicherung im Steuerstrafverfahren abwegig von einer „täterfreundlichen Interpretation der Strafgerichte" spricht.

lang vorgeschulten Strafverfolger möglich sein,[75] auf eine entsprechende Entwicklung im Strafverfahren reagieren und vermögenssichernde Maßnahmen ausbringen zu können. Das ist nicht nur im staatlichen, sondern auch im Interesse der Betroffenen, denn nur so kann ungerechtfertigten Eingriffen in ihre Grundrechte vorgebeugt werden. In den Stellungnahmen zum Vermögensabschöpfungsrecht, sei es zum neuen, sei es zum alten, ist jedoch immer wieder ein grundlegender Fehler feststellbar, der auf dem Verständnis des Wortes „einfach" beruht. Gerade im Zusammenhang mit Vermögensabschöpfungsmaßnahmen werden schwer zu beweisende Tatbestandsvoraussetzungen gerne mit dem Hinweis abgelehnt, ohne solche sei die Regelung „praxisfreundlicher".[76] Vor allem das – unbestritten aufwendige und an einigen Stellen sicherlich reformbedürftige – Verfahren des staatlichen Auffangrechtserwerbs nach § 111i Abs. 2ff. StPO a.F. wurde schon unmittelbar nach Inkrafttreten der Reform 2007 massiv kritisiert und die Frage aufgeworfen, ob man dem mit dieser Norm konfrontierten Richter tatsächlich vorwerfen könne, wenn er aufgrund der Komplexität der Vorschrift von ihrer Anwendung absehen würde.[77] Sie kann auch heute noch nur nachdrücklich bejahend beantwortet werden, denn ein Strafprozess ist die massivste Form staatlicher Einflussnahme auf das Leben des Betroffenen. Hierbei darf es keine Rolle spielen, ob die Gesetzesanwendung „schwierig" ist, das ist kein primäres Qualitätskriterium einer Regelung. *Herzog* hat hierzu schon in den 1990er Jahren zutreffend ausgeführt, dass es aus guten Gründen nicht das Verständnis des historischen Gesetzgebers war, „ohne viel Federlesens und im raschen Durchgriff" den Zugriff auf vermeintliche Verbrechensgewinne zu ermöglichen.[78] Für Vermögensabschöpfungsmaßnahmen gilt das ganz allgemein, für vorläufige Sicherstellungsmaßnahmen aufgrund ihrer Auswirkungen auf verfassungsrechtliche Verfahrensprinzipien im Besonderen. „Einfache" Vermögensabschöpfung darf deshalb nicht bedeuten, dass man möglichst ohne größeren Beweis- und Begründungsaufwand vermeintlich deliktisch kontaminierte Vermögenswerte entzieht, sondern ausschließlich, dass dem Gesetzesanwender ein Regelungsinstrument zur Verfügung steht, das ihm im verfassungsrechtlich zulässigem Rahmen ermöglicht, eine vorläufige Sicherstellung durchzuführen, ihn aber gleichzeitig auch zwingt, die berechtigten Belange aller Beteiligten abzuwägen.[79]

Ob dem Gesetzgeber unter Zugrundelegung dieser Maßstäbe eine „Vereinfachung" **25**
der Vermögensabschöpfungsvorschriften gelungen ist, darf bezweifelt werden.[80] Zu begrüßen ist die grundsätzlich schärfere Trennung zwischen Beschlagnahme und Vermögensarrest, die sich systematisch klar darstellt.[81] Die ausdrückliche Bezeichnung der

75 *Saliger* ZStW **129** (2017) 995, 996 spricht über die Reform 2017 von einem „gigantischen Fortbildungsprogramm für alle Strafrechtler".
76 *Bittmann* KriPoZ **2016** 120, 127: „Das Streben nach Ausgewogenheit erleichtert die Rechtsanwendung allerdings nicht."; *Holznagel* Stellungnahme S. 12: „Erfreulich ist auch die praxisgerechte Ausweitung des Anwendungsbereichs der erweiterten Einziehung von Taterträgen ... Damit ist die Verdachtsabschöpfung deutlich erleichtert."; *Hansen* 189 f.
77 *Bohne/Boxleitner* NStZ **2007** 552, 554.
78 *Herzog* FS Lüderssen 246.
79 *Saliger* ZStW **129** (2017) 995, 1033, keine Vermögensabschöpfung um jeden Preis.
80 *Schilling/Corsten/Hübner* StraFo **2017** 305, 316; *Hüls* ZWH **2017** 242, 251; *Reh* NZWiSt **2018** 20, die von „weitreichend ungeklärten Fragen" spricht; *Löffelmann* StV **2018** 536, 537: „Verfehlt wurde auch der ambitionierte Anspruch, das Recht der Vermögensabschöpfung neu und besser verständlich zu gestalten ... das Strafverfahren [wird] unter dem griffigen Motto, der Straftäter dürfe aus seiner Tat keinen Vorteil ziehen ... mit prozessualen Nebenschauplätzen überfrachtet, die den Kern der tatgerichtlichen Aufgabe – die Wahrheitsfindung – zunehmend an den Rand drängen."; *Rhode* wistra **2018** 65 f.; ausdrücklich verneinend *Köllner/Mück* NZI **2017** 593, 599.
81 HK/*Gercke* 7.

Notwendigkeit eines Sicherungsbedürfnisses jedenfalls in der Gesetzesbegründung und der Möglichkeit, die Verwaltung beschlagnahmter oder gepfändeter Gegenstände zum Werterhalt auf einen Dritten zu übertragen, gehören ebenfalls zu den Errungenschaften der Reform. Ambivalenter hat indes die Einschätzung der gebundenen Entscheidung zur Beschlagnahme und zum Vermögensarrest in Fällen der „dringenden Annahme" einer Einziehungsentscheidung auszufallen, weil sie einerseits die Frage nach dem Verhältnis des Verdachtsgrades zum Sicherungsbedürfnis aufwirft, andererseits auch in Bagatellverfahren Ressourcen der Strafverfolgungsbehörden bindet,[82] die in keinem Verhältnis zum Ertrag stehen. Ob diesen Schwierigkeiten tatsächlich über die Vorschrift des § 421 hinreichend begegnet werden kann,[83] ist jedenfalls bei Berücksichtigung der aktuellen Form der Vorschrift zu bezweifeln.[84] Gleichermaßen fraglich ist, ob die Reform die **Opferentschädigung** vereinfacht hat.[85] Wenig plausibel ist in diesem Zusammenhang etwa, dass man das Zulassungsverfahren nach §§ 111g, 111h StPO a.F. abgeschafft hat, zugleich aber eine gerichtliche Entscheidung über die Entschädigung im Strafvollstreckungsverfahren vorsieht, wenn sich die Ansprüche des Verletzten nicht ohne Weiteres aus der Einziehungsanordnung ergeben, vgl. § 459k Abs. 2 Satz 2.[86] Das bedeutet gerade in großen Wirtschaftsstrafverfahren, in denen die Ansprüche der Verletzten ohnehin zivilrechtlich vor der Verjährung gesichert werden müssen, nichts anderes als eine Verlagerung des Zulassungsverfahrens an das Ende des Strafprozesses.

C. Die praktische Bedeutung der §§ 111b ff.

I. Rechtspolitik

26 Die praktische Bedeutung der Vermögensabschöpfungsvorschriften ist enorm,[87] was auf unterschiedliche Gründe zurückzuführen ist. Zum einen haben die Strafverfolgungsbehörden das nicht unerhebliche finanzielle Potential effektiver Vermögensabschöpfungsmaßnahmen erkannt, in diversen **Haushaltsplänen** der Bundesländer werden mittlerweile schon absehbare Einnahmen aus Strafverfahren berücksichtigt.[88] Der Gesetzgeber selbst hat prognostiziert, dass aufgrund der Erleichterung und Vereinfachung der Vermögensabschöpfung im Zuge der Reform 2017 erhebliche Mehreinnahmen zu erwarten sind, die nicht nur den gestiegenen Personalbedarf abdecken, sondern sich „positiv auf die öffentlichen Haushalte auswirken" werden.[89] Für das Jahr 2017 sind Vermögensgegenstände im Wert von 198.646.000,00 EUR eingezogen[90] und in Höhe von 646.809.000,00 EUR sichergestellt[91] worden. Darüber hinaus gilt die Vermögensabschöpfung seit Jahrzehnten als probates Mittel zur **Verhütung von Straftaten.**[92] Die vermeintlich abschreckende Wirkung der Vermögensabschöpfung war deshalb ein wesentliches Argument für die Einfüh-

---

82 Zur Notwendigkeit der Akzeptanz der Reform durch die Praxis *Korte* wistra **2018** 1, 12.
83 BTDrucks. **18** 9525 S. 77.
84 Zur Notwendigkeit der Verortung der Vermögensabschöpfung im Strafverfahren generell: *Saliger* ZStW **129** (2017) 995, 1000 ff.
85 Grundlegend dazu *Rhode* wistra **2018** 65 ff. und 102 ff.
86 *Baretto da Rosa* NZWiSt **2018** 215 f. kann keine „wesentliche Verbesserung des Opferschutzes" erkennen und legt die einzelnen Kritikpunkte dar.
87 Kritisch zu Recht: SSW/*Burghart* § 111b, 3.
88 *Meißner* Stellungnahme vom 14.11.2016 S. 25 spricht von einer „rechtspolitischen Priorisierung auf fiskalische Interessen".
89 BTDrucks. **18** 9525 S. 59.
90 BTDrucks. **19** 8795 S. 3.
91 BTDrucks. **19** 8795 S. 4.
92 RefE-VA S. 49; BVerfGE **110** 1, 29; *Schlachetzki* wistra **2011** 41, 42, eingehend *Johann* 18 ff.

rung der verurteilungsunabhängigen Vermögensabschöpfung, ohne dass diese aber empirisch belegt werden konnte.[93] Nach *Smettan* hat Gewinnabschöpfung tatsächlich gar keinen besonderen Einfluss auf die Entscheidung potentieller Straftäter, weil die Abschöpfung von Vermögen, das zuvor noch nicht im Vermögen des Betroffenen war, bei dessen Entscheidung zur Begehung einer Straftat nur eine untergeordnete Rolle spiele.[94] Erst kürzlich hat die Bundesregierung erklärt, die rechtstatsächliche Entwicklung der Vermögensabschöpfung zu beobachten und darüber im Austausch mit den Ländern, dem Generalbundesanwalt und dem Bundesgerichtshof zu stehen.[95]

II. Statistik

Die enorme praktische Bedeutung der Vermögensabschöpfung wird durch die wenigen vorhandenen[96] Statistiken bestätigt.[97] Das Lagebild Wirtschaftskriminalität 2017 des Bundeskriminalamtes weist für das Jahr 2017 über 74.000 Fälle der Wirtschaftskriminalität[98] mit einem **Gesamtschaden in Höhe von 3.738 Millionen Euro** aus.[99] Eine Statistik zur Vermögensabschöpfung findet sich hier nicht, anders als im Lagebild Organisierte Kriminalität 2017.[100] Danach wurden in insgesamt 146 Ermittlungsverfahren aus dem Bereich der Organisierten Kriminalität[101] im Jahr 2013 Vermögenswerte in Höhe von 85 Millionen Euro, 2014 in Höhe von 90 Millionen und 2017 Vermögenswerte in Höhe von rund 24 Millionen Euro vorläufig durch den Staat gesichert.[102] Das entspricht für das Jahr 2017 einer Quote von 16,6% zwischen vorläufig gesichertem Vermögen und den kriminellen Erträgen aus diesen Verfahren insgesamt. Trotz der im Vergleich zu den Vorjahren in diesem Deliktsbereich gesunkenen Zahlen[103] vorläufig gesicherter Vermögenswerte kumuliert sich die Zahl alleine hier jahresübergreifend betrachtet von 2013 bis 2017 auf insgesamt **325 Millionen Euro**. Der Großteil der vorläufig gesicherten Vermögenswerte entstammte im Jahr 2017 aus dem Bereich des Rauschgifthandels bzw. -schmuggels (44,4%), gefolgt von der Eigentumskriminalität (26,6%).[104] Eine noch im Lagebild Organisierte Kriminalität 2000 Bundesrepublik Deutschland des BKA vorhandene Aufschlüsselung, welche Sicherungsmaßnahmen auf welche Ermächtigungsgrundlagen gestützt wurden, findet sich nun nicht mehr.[105] 27

93 BTDrucks. **18** 9525 S. 45: „Ein Großteil der jährlich begangenen Straftaten zielt auf Profit ab. Kriminalitätsbekämpfung ohne wirksame strafrechtliche Vermögensabschöpfung wäre deshalb unvollkommenes Stückwerk."
94 *Smettan* 210 f.
95 BTDrucks. **19** 8795 S. 2.
96 *Korte* wistra **2018** 1, 12; *Köllner/Mück* NZI **2017** 593.
97 Zur Problematik von Hell- und Dunkelfeld in diesem Zusammenhang Bundeslagebild Wirtschaftskriminalität **2017** 2.
98 Zum Begriff § 74c Abs. 1 Nr. 1 bis 6b GVG.
99 Bundeslagebild Wirtschaftskriminalität **2017** 4.
100 Bundeslagebild Organisierte Kriminalität **2017** 10 ff.
101 „Organisierte Kriminalität ist die von Gewinn- oder Machtstreben bestimmte planmäßige Begehung von Straftaten, die einzeln oder in ihrer Gesamtheit von erheblicher Bedeutung sind, wenn mehr als zwei Beteiligte auf längere oder unbestimmte Dauer arbeitsteilig a) unter Verwendung gewerblicher oder geschäftsähnlicher Strukturen, b) unter Anwendung von Gewalt oder anderer zur Einschüchterung geeigneter Mittel oder c) unter Einflussnahme auf Politik, Medien, öffentliche Verwaltung, Justiz oder Wirtschaft zusammenwirken." Bundeslagebild Organisierte Kriminalität **2017** 9.
102 Bundeslagebild Organisierte Kriminalität **2017** 12.
103 Zu den Hintergründen Bundeslagebild Organisierte Kriminalität **2017** 12.
104 Bundeslagebild Organisierte Kriminalität **2017** 11.
105 Siehe ergänzend etwa das Lagebild Finanzermittlungen NRW **2017** und weitere Zahlen bei *Johann* 20 ff.

D. Anwendbarkeit der §§ 111b ff. in sonstigen Verfahren

28 Die Maßnahmen nach §§ 111b ff. sind in nahezu allen Verfahrensarten zulässig, auch im Privatklageverfahren nach §§ 374 ff.[106] und im selbständigen Einziehungsverfahren[107] nach §§ 435 ff. Im Sicherungsverfahren nach §§ 413 ff. kommen sie nach höchstrichterlicher Rechtsprechung nicht in Betracht, hier muss im Wege der selbständigen Einziehung nach § 76a Abs. 1 Satz 1 vorgegangen werden.[108] Im Ordnungswidrigkeitenverfahren finden die Vorschriften entsprechende Anwendung, § 46 OWiG.[109] Die §§ 324 ff. AO können grundsätzlich auch bei einem parallelen Vorgehen nach §§ 111b ff. angewendet werden, ebenso wie die §§ 111b ff. bei einem Vorgehen nach §§ 324 ff. AO anwendbar bleiben (umfassend bei §§ 111e, 56 ff.; 111h, 16 ff.). Auch gegen Dritte können die Maßnahmen ausgebracht werden, wenn der Täter oder Teilnehmer für diesen gehandelt und er dadurch etwas erlangt hat (§ 73b StGB) oder wenn einzuziehende Gegenstände ihm gehören (§ 74a StGB). Die Maßnahmen sind vom Wortlaut der Regelungen vollumfänglich auch gegen **Jugendliche** anzuwenden.[110]

E. Präventive Sicherstellung

I. Allgemeines

29 Unter den Stichworten „Präventive Sicherstellung"/„Präventive Gewinnabschöpfung" oder auch „Präventive Vermögensabschöpfung" werden Verfahren nach den **Polizei- und Ordnungsgesetzen der Bundesländer** verstanden, in denen vermeintlich inkriminierte Sachen sichergestellt und im staatlichen Interesse verwertet werden. Man kann diese Verfahren danach differenzieren, ob sie im Anschluss bzw. parallel zu einem strafrechtlichen Verfahren oder an deren Stelle durchgeführt werden. Letzterer Weg wird eingeschlagen, wenn die bekannten Tatsachen nicht einmal für den Anfangsverdacht einer Straftat ausreichen, die Auffindesituation aber „verdächtig" wirkt. Im Anschluss an ein Strafverfahren kommen präventive Sicherstellungen regelmäßig dann vor, wenn man dem Betroffenen keine Straftat nachweisen konnte und das Verfahren deshalb eingestellt wurde bzw. mit einem Freispruch endete. Die Praxis kennt schließlich aber sogar Fälle, in denen trotz strafrechtlicher Verurteilung und unterbliebener Einziehungsentscheidung präventive Sicherstellungen durchgeführt und dem Betroffenen auf diesem Wege der vermeintlich inkriminierte Vermögenswert entzogen wurde.[111]

---

106 HK/*Gercke* § 111b, 1; Meyer-Goßner/Schmitt/*Köhler* 6.

107 BGH NStZ **2018** 235; OLG Stuttgart wistra **2007** 276, 278; KK/*Spillecke* § 111b, 5; Meyer-Goßner/Schmitt/*Köhler* 6; MüKo/*Bittmann* 1.

108 BGH NStZ **2018** 235; **2018** 559; BeckRS **2017** 105976; **2016** 13680; BeckRS **2016** 6301; Meyer-Goßner/Schmitt/*Köhler* 6; **a.A.** SK/*Rogall* § 111b, 3; einschränkend KK//*Spillecke* § 111b, 5.

109 *Köhler* NStZ **2017** 497, 511 f.; *Dittmann/Reichart* JA **2011** 540, 541; KK/*Spillecke* § 111b, 5; ausführlich SK/*Rogall* 35 ff.

110 LG Münster NStZ **2018** 669 ff.; LG Trier BeckRS **2017** 129590; *Korte* NZWiSt **2018** 231, 232 f.; Meyer-Goßner/Schmitt/*Köhler* 1; *Köhler* NStZ **2018** 730 ff.; siehe dazu auch *Reh* NZWiSt **2018** 20, 23 f.; zur alten Rechtslage so schon BGH NStZ **2011** 270; **a.A.** AG Rudolstadt BeckRS **2017** 127300: Einziehung unzulässig, wenn Wert des Erlangten nicht mehr im Vermögen des Täters vorhanden ist; s. dazu auch LG Münster NStZ **2018** 669 ff. m. abl. Anm. *Köhler* S. 730.

111 Siehe dazu VGH Kassel NJW **2018** 3401 f.

II. Ursprung und Ablauf

Besondere Praxisrelevanz kommt der präventiven Sicherstellung seit jeher in Fällen ohne vorausgehende strafrechtliche Verurteilung zu. Der Ursprung der institutionalisiert vollzogenen präventiven Sicherstellung liegt dabei in Niedersachsen, wo man es auf Seiten der Polizei als „Ärgernis" empfunden hat, dass man dem Betroffenem nach einem freisprechenden Strafurteil Vermögenswerte wieder herausgeben musste, die dieser „offensichtlich rechtswidrig" erlangt hatte.[112] Unter Rekurs auf zwei verwaltungsgerichtliche Entscheidungen aus Berlin und Karlsruhe entwickelte sich ein **Phänomen der polizeilichen Parallelabschöpfung**: Strafrechtlich beschlagnahmte Sachen wurden nach Abschluss des Strafverfahrens nicht mehr an den letzten Gewahrsamsinhaber, sondern die Polizei- oder Ordnungsbehörden übergeben, um eine vermeintliche Gefahr für die öffentliche Sicherheit zu vermeiden, die nach Auffassung der Polizei durch die Rückgabe an den Betroffenen eingetreten wäre, schließlich hatte dieser die Sache offensichtlich „rechtswidrig" erlangt, war ihm aber „nur" keine Straftat nachzuweisen. Die Gegenstände wurden nach einer gewissen Zeit der Sicherstellung durch die Ordnungsbehörden schließlich zu Gunsten des Landeshaushalts verwertet, weshalb man von „Präventiver Gewinnabschöpfung" sprach. Obwohl bereits die Terminologie einen Widerspruch in sich darstellte, billigte die Rechtsprechung der Verwaltungsgerichte ein solches Vorgehen lange Zeit,[113] kritische Stimmen wurden erst in den vergangenen Jahren lauter.[114] 30

III. Rechtmäßigkeit

An dieser Stelle kann das Phänomen der präventiven Sicherstellung nicht abschließend erörtert werden, dafür ist es schlicht zu facettenreich.[115] Festzuhalten ist jedoch, dass die präventive Sicherstellung von Vermögenswerten im Anschluss an ein Strafverfahren nicht erst seit der Reform 2017 verfassungswidrig ist, sondern dies auch zuvor schon war.[116] Das gilt sowohl hinsichtlich der fehlenden **Ermächtigungsgrundlage**, als auch in Bezug auf ihre Implikationen mit der **Unschuldsvermutung**. 31

1. Unschuldsvermutung. Die präventive Sicherstellung verstößt gegen die Unschuldsvermutung, weil sie **strafähnliche Wirkung** hat.[117] Das Bundesverfassungsgericht nimmt eine solche nicht schon dann an, wenn eine Maßnahme mit einer Einbuße an Freiheit oder Vermögen verbunden ist und deshalb faktisch die Wirkung eines Übels entfaltet. Hinzukommen muss vielmehr, dass sich aus wertenden Kriterien die Strafähnlichkeit der Maßnahme ergibt, wobei als solche insbesondere der vom Gesetzgeber verfolgte Zweck und der Rechtsgrund der Anordnung in Betracht kommen.[118] Die 32

---

112 *Hunsicker* Präventive Gewinnabschöpfung in Theorie und Praxis 13.
113 VGH München Beschl. v. 19.11.2010 – 10 ZB 10.1707; OVG Lüneburg Urt. v. 2.7.2009 – 11 LC 4/08; VG Frankfurt Urt. v. 30.1.2007 – 5 E 2957/06; grds. zustimmend auch SK/*Rogall* 38 ff.;
114 OVG Bremen NVwZ-RR **2015** 116; StV **2015** 625 ff.; VG Wiesbaden BeckRS **2016** 48780; *Waechter* NordÖR **2008** 473 ff.; *Hüls/Reichling* StraFo **2009** 198 ff.; *Thiée* StV **2009** 102 ff.; *ders.* StV **2010** 215 ff.; *Artkämper* Gewinnabschöpfung; *Hornmann* 676 ff.
115 Ausführlich zur präventiven Sicherstellung *Johann* 256 ff.; Lisken/Denninger/*Graulich* E 656 ff.; *Thiée* StV **2009** 102 ff. und StV **2010** 215 ff.; *Lindemann* 405 ff.; *Hunsicker* Präventive Gewinnabschöpfung in Theorie und Praxis passim.
116 **A.A.** MüKo/*Bittmann* 6; SK/*Rogall* 38 ff.
117 Ausführlich *Johann* 279 ff.
118 Vgl. statt vieler: BVerfGE **110** 1, 14 m.w.N.

präventive Sicherstellung verfolgt den Zweck, dem vermeintlichen Kriminellen das aus der Tat Erlangte dauerhaft zu entziehen und ihm dadurch deutlich zu machen, dass sich Straftaten nicht lohnen. Regelmäßig recht unverhohlen wird auf diesem Wege das Ergebnis eines Strafverfahrens im Sinne vermeintlich gerechter Einzelfallergebnisse nach dem Gutdünken der Verwaltungsbehörden korrigiert.[119] Die Abschöpfungsmaßnahme ist dabei nicht nur aufgrund ihrer faktischen Wirkung, sondern vor allem aufgrund der dahinterstehenden Intention mit einer Strafsanktion vergleichbar.[120] Da die Schuld des Betroffenen aber nicht in einem strafprozessualen Verfahren nachgewiesen worden ist, verstößt die präventive Sicherstellung gegen die Unschuldsvermutung.[121]

33 **2. Fehlende Ermächtigungsgrundlage.** Maßnahmen der präventiven Sicherstellung sind darüber hinaus aber auch wegen Verstoßes gegen Art. 74 Abs. 1 Nr. 1 GG **verfassungswidrig.**[122] Der Gesetzgeber hat sowohl mit § 73d StGB a.F. als auch nunmehr mit § 76a Abs. 4 StGB abschließend bestimmt, unter welchen Voraussetzungen eine verurteilungsunabhängige Vermögensabschöpfung aus Anlass eines Strafverfahrens in Betracht kommt. Aufgrund der abschließenden bundesgesetzlichen Regelung besteht keine Gesetzgebungskompetenz der Bundesländer für entsprechende Maßnahmen, sie stellen eine Umgehung der bundesgesetzlichen Eingriffsgrundlage dar.

34 Dass es bei der präventiven Sicherstellung aber genau darum geht, strafgerichtliche Entscheidung zu „korrigieren" und strafrechtliche Eingriffsgrundlagen zu ergänzen, zeigt die jüngste Entscheidung des VGH Kassel zur präventiven Sicherstellung. In dem zu Grunde liegenden Sachverhalt war der Antragssteller zu einer Haftstrafe von fünf Jahren und drei Monaten wegen unerlaubten Handeltreibens mit Betäubungsmitteln verurteilt worden. Eine Einziehung bei ihm sichergestellter Vermögenswerte wurde nicht angeordnet. Als u.a. Bargeld in Höhe von 71.970,00 EUR an ihn herauszugeben war, stellte die Polizeibehörde das Geld nach § 40 Nr. 4 HSOG, d.h. zur Verhinderung einer Straftat, sicher. Während das VG Frankfurt noch zutreffend darauf hinwies, dass ein solches Vorgehen nicht möglich ist, entschied der Senat, es bestünden „keine Bedenken gegen die Verfassungsmäßigkeit der Norm und deren Anwendbarkeit in Fällen einer präventivpolizeilichen Anschluss-Sicherstellung". Begründet wurde die Sicherstellung maßgeblich mit einem bevorstehenden Verstoß gegen § 261 StGB durch den **inhaftierten Antragssteller.** Das kann freilich schon mangels hinreichender Gefahrprognose nicht überzeugen. Schon das Oberverwaltungsgericht Bremen hat der systematisch vollzogenen präventiven Gewinnabschöpfung mit zutreffender Begründung eine Absage erteilt.[123] Deutlicher als über § 76a Abs. 4 StGB konnte der Gesetzgeber kaum[124] zum Ausdruck bringen, dass er diese Auffassung teilt und außerhalb der materiell-strafrechtlichen Regelungen kein Platz für eine dauerhafte Entziehung von Vermögenswerten aufgrund vermeintlich deliktischer Handlungen ist.

---

119 Vgl. dazu etwa VGH Kassel NJW **2018** 3401 f.

120 *Lindemann* 407.

121 Eingehend *Johann* 269 ff.; HK/*Gercke* 10; **a.A.** VGH Kassel NJW **2018** 3401 f.; VG Köln BeckRS **2018** 13862; *Barthel* KommJur **2009** 81, 87; *Waechter* NordÖR **2008** 473, 479; SK/*Rogall* 39; allgemein zur Unschuldsvermutung bei Präventivmaßnahmen auch BVerwGE **45** 51, 61 f.; *Dannecker* JZ **2013** 924, 926; siehe auch *Meyer* StV **2017** 343, 350 f. zu § 76a Abs. 4 StGB.

122 *Korte* wistra **2018** 1, 8; eingehend zur (Un-)Vereinbarkeit der präventiven Sicherstellung mit dem Grundgesetz *Johann* 256 ff.; **a.A.** *Rhode* wistra **2018** 65, 69.

123 OVG Bremen StV **2015** 625, 627.

124 Vgl. zu einem Regelungsvorschlag *Johann* 328 ff.

§ 111b
Beschlagnahme zur Sicherung der Einziehung oder Unbrauchbarmachung

(1) [1]Ist die Annahme begründet, dass die Voraussetzungen der Einziehung oder Unbrauchbarmachung eines Gegenstandes vorliegen, so kann er zur Sicherung der Vollstreckung beschlagnahmt werden. [2]Liegen dringende Gründe für diese Annahme vor, so soll die Beschlagnahme angeordnet werden. [3]§ 94 Absatz 3 bleibt unberührt.

(2) Die §§ 102 bis 110 gelten entsprechend.

Schrifttum

Schrifttum zur Rechtslage vor 2017: *Achenbach* Verfahrenssichernde und vollstreckungssichernde Beschlagnahme im Strafprozeß, NJW **1976** 1068; *ders.* Polizeiliche Inverwahrnahme, NJW **1982** 2809; *ders.* Vermögensrechtlicher Opferschutz im strafprozessualen Vorverfahren, FS Blau (1985) 7; *ders.* Obligatorische Zurückgewinnungshilfe? NStZ **2001** 401; *Adick* Strafprozessuale Arrestanordnung bei Unzulässigkeit steuerlicher Arrestanordnung? PStR **2011** 86; *App* Probleme des Steuerarrests unter besonderer Berücksichtigung der Tätigkeit der Prüfungsdienste, StBp **1990** 154; *Arnold* Verfall, Einziehung und Unbrauchbarmachung (2015); *Artkämper* Präventive Gewinnabschöpfung bei Beschuldigten – Möglichkeiten und Grenzen, Die Kriminalpolizei **2013** 24; *Bach* Die Zulassung des durch die Straftat Verletzten bei Sicherung mittels strafprozessualen dinglichen Arrestes, JR **2004** 230; *ders.* Ist eine Kahlarrestierung des Beschuldigten möglich, StraFo **2005** 485; *ders.* Die steuerliche Seite des (strafrechtlichen) Verfalls, wistra **2006** 46; *ders.* Beschränkung des Einsatzbereichs der Zurückgewinnungshilfe, JR **2008** 230; *ders.* Verhältnis von strafprozessualem dinglichen Arrest und steuerrechtlichem dinglichen Arrest im Steuerstrafverfahren i.S.v. § 386 Abs. 2 AO, JR **2010** 286; *Baretto da Rosa* Gnadenstoß für einen Totengräber, ZRP **2012** 39; *Barthel* Sicherstellung und Verwertung aus kriminellen Handlungen erlangter Gegenstände durch die Ordnungsbehörden („Präventive Gewinnabschöpfung"), DVP **2005** 276; *ders.* Präventive Gewinnabschöpfung als neue Aufgabe der kommunalen Ordnungsbehörden, KommJur **2009** 81; *Bittmann* Bedeutung des § 111g für die Rückgewinnungshilfe – Wirkung, Voraussetzung, Rang, wistra **2013** 218; *Bohne* Die Rückgewinnungshilfe im Strafverfahren (2009); *Bohne/Boxleitner* Eins vor zwei zurück: Wie das deutsche Recht Straftätern weiterhin die Tatbeute belässt, NStZ **2007** 552; *Borggräfe/Schütt* Grundrechte und dinglicher Arrest – zugleich Anmerkung zum Beschluss des BVerfG vom 19.1.2006, StraFo **2006** 133; *Brundiers* Vorrang des steuerlichen Arrests vor der strafprozessualen Rückgewinnungshilfe? PStR **2009** 36; *Büttner* Die Berücksichtigung einer Steuerbelastung von Taterlösen im Verfallverfahren, wistra **2007** 47; *v. Canstein* Die öffentlich – rechtliche und die privatrechtliche Tragweite der prozessualen Beschlagnahme (1934); *Dannecker* Bruttoprinzip und Härteklausel bei Verfallsanordnung – Wert des Erlangten bei Handelskette, NStZ **2006** 683; *Dittke* Zulassung gem. § 111g StPO mit Rückwirkung, wistra **1991** 109; *Dittmann/Reichart* Die Sicherung von Arrest und Einziehung durch die §§ 111b ff. StPO im Ermittlungsverfahren, JA **2011** 540; *Doukoff* Grundlagen des Anscheinsbeweises, SVR **2015** 245; *Dörn* Sicherstellung von Geld durch Finanzbehörde im Steuerstrafverfahren, Anmerkung zum Beschluss des Landgerichts Berlin vom 26.2.1990, wistra **1990** 181; *ders.* Steuerlicher und strafprozessualer Arrest, StBp **1999** 130; *Eberbach* Einziehung und Verfall beim illegalen Betäubungsmittelhandel, NStZ **1985** 294; *ders.* Zwischen Sanktion und Prävention – Möglichkeiten der Gewinnabschöpfung nach dem StGB, NStZ **1987** 486; *Eser* Die strafrechtlichen Sanktionen gegen das Eigentum: Dogmatische und rechtspolitische Untersuchungen zu Einziehung, Unbrauchbarmachung und Gewinnverfall (1969); *Faust* Das strafprozessuale Vermögensabschöpfungsrecht (2008); *Friedrichs* Einziehung und Beschlagnahme in der Rechtsprechung des Reichsgerichts in Strafsachen, JW **1924** 260; *Goger* Bitcoins im Strafverfahren, virtuelle Währung und reale Strafverfolgung, MMR **2016** 431; *Greeve* Verstärkte Rückgewinnungshilfe und Vermögensabschöpfung seit dem 1.1.2007, NJW **2007** 14; *Greier* Zum Spannungsverhältnis zwischen Insolvenzrecht und strafprozessualer Vermögensabschöpfung, ZInsO **2007** 953; *ders.* Möglichkeiten strafprozessualer Sicherung von Bitcoins gemäß §§ 111b ff. StPO, wistra **2016** 249; *Güntert* Die Gewinnabschöpfung als strafrechtliche Sanktion (1983); *Hansen* Die Rückgewinnungshilfe: Die Vermögensabschöpfung gemäß §§ 111b ff. StPO zugunsten der Geschädigten unter besonderer Berücksichti-

https://doi.org/10.1515/9783110594546-002

gung des Spannungsverhältnisses zwischen Strafprozess – und Insolvenz des Täters (2013); *Hansen/Wolff-Rojczyk* Effiziente Schadenswiedergutmachung für geschädigte Unternehmen der Marken- und Produktpiraterie, GRUR **2007** 468; *Hees* Zurückgewinnungshilfe zu Gunsten der Opfer von Marken- und Produktpiraterie, GRUR **2002** 1037; *Herzog* Gewinnabschöpfung und Vermögenssanktionen, FS Lüderssen (2002) 241; *Herzog/Hoch/Warius* Die Sicherheitsleistung als Vehikel der Rückgewinnungshilfe – Rückgewinnungshilfe contra konkrete und wirkliche Strafverteidigung, StV **2007** 542; *Hetzer* Magna Charta der Mafia? ZRP **1999** 471; *Hoffmann* Reicht unser Beschlagnahmerecht noch aus? Probleme bei der Abschöpfung von Vermögenswerten, die aus illegalem Rauschgifthandel erlangt worden sind, MDR **1984** 617; *ders.* Verfallsanordnung gegen tatunbeteiligte Unternehmen, wistra **2008** 401; *Huber* Die Vermögensabschöpfung – Beschlagnahme, dinglicher Arrest und vorrangiges Befriedigungsrecht nach §§ 111g, 111h StPO, Rpfleger **2002** 285; *Hunsicker* Aktuelles zur Präventiven Gewinnabschöpfung – Anforderungen an die „gegenwärtige Gefahr" und Plädoyer für eine bundesweit geltende präventiv-polizeiliche Einziehung, Kriminalistik **2015** 516; *ders.* Präventive Gewinnabschöpfung in Theorie und Praxis (2008); *ders.* Präventive Gewinnabschöpfung, StV **2010** 212; *ders.* Präventive Gewinnabschöpfung, eine Bilanz nach rund 10 Jahren, Kriminalistik **2013** 396; *ders.* Verfassungsmäßigkeit der Präventiven Gewinnabschöpfung (2009); *Hüls/Reichling* Vermögensabschöpfung vor und nach dem Strafurteil – „Verzichtserklärungen" und die Instrumentalisierung des Gefahrenabwehrrechts, StraFo **2009** 198; *Julius* Die Zuständigkeit im Verfahren nach § 111k StPO, DRiZ **1984** 192; *ders.* Einziehung, Verfall und Art. 14 GG, ZStW **109** (1997) 58; *Käbisch* Zum Vorgehen der Steuerfahndung gem. §§ 73 ff. StGB, § 111b StPO, wistra **1984** 10; *Kalf* Die Beschlagnahme von Druckschriften strafbaren Inhalts, Die Polizei **1983** 392; *Kiethe/Groeschke/Hohmann* Die Vermögenszurückgewinnung beim Anlagebetrug im Spannungsverhältnis zur Insolvenzordnung, ZIP **2003** 185; *dies.* Die Rechte des Geschädigten und deren effiziente Durchsetzung im Rahmen der Vermögenszurückgewinnung am Beispiel des Anlagebetrugs, wistra **2003** 92; *Kirch-Heim* Einziehung des Wertersatzes bei Hinterziehung von Verbrauchsteuern, NStZ **2017** 362; *Klos* Die Beschlagnahme von Geld durch die Steuerfahndung, wistra **1987** 121; *Kunz* Sicherung von Steueransprüchen durch dinglichen Arrest nach Einleitung eines Strafverfahrens – Voraussetzungen und Anwendungsbereich der sog. Rückgewinnungshilfe, BB **2006** 1198; *Lampe* Ermittlungszuständigkeit von Richter und Staatsanwalt nach dem 1. StVRG, NJW **1975** 197; *Lindemann/Reichling* Anwendungsprobleme des Verfalls und des Verfalls von Wertersatz bei Umweltstraftaten, wistra **2014** 369; *Lohse* Ermessen, Gesamtschuld und Härteklausel beim staatlichen Auffangrechtserwerb, JR **2011** 242; *ders.* Sicherung der Gewinnabschöpfung und Vollstreckung durch den Verletzten, AnwBl. **2006** 603; *Mainzer* Gewinnabschöpfung im Strafverfahren, DRiZ **2002** 97; *Madauß* Vermögensabschöpfung im Steuerstrafverfahren: Verhältnis von StPO-Arrest und AO-Arrest, NZWiSt **2013** 128; *Malitz* Die Berücksichtigung privater Interessen bei vorläufigen strafprozessualen Maßnahmen gemäß §§ 111b ff. StPO, NStZ **2002** 337; *F. Meyer* Reformiert die Rückgewinnungshilfe – Denkanstöße für eine Generalüberholung der Vermögensabschöpfung, ZStW **127** (2015) 241; *Meyer/Hetzer* Neue Gesetze gegen die Organisierte Kriminalität, NJW **1998** 1017; *Moldenhauer/Momsen* Beschlagnahme in die Insolvenzmasse? wistra **2001** 456; *Mönch* Der Gewinnabschöpfungsanspruch nach § 10 UWG, ZIP **2004** 2032; *Mosbacher/Claus* Auffangrechtserwerb in Altfällen? wistra **2008** 1; *Mothes* Die Beschlagnahme nach Wesen, Art und Durchführung (1903); *Nitzsche* Gewinnabschöpfung durch die Rückgewinnungshilfe (2009); *Odenthal* Verteidigung wider vollstreckungssichernde Vermögensabschöpfung, FS Dahs (2005) 405; *Ordner* Die Verständigungseignung von vermögensabschöpfenden Rechtsfolgen, wistra **2017** 50; *Park* Finanzermittlungen und vorläufiger Zugriff auf das Vermögen, StraFo **2002** 73; *Perron* Vermögensstrafe und erweiterter Verfall, JZ **1993** 918; *Podolsky/Brenner* Vermögensabschöpfung im Straf- und Ordnungswidrigkeitenverfahren (2012); *Rhode, M.* Der Verfall nach § 73 Abs. 3 StGB, wistra **2012** 85; *Rhode, T.* Präventive Gewinnabschöpfung – Sicherstellung nach Gefahrenabwehrrecht im Rahmen des Osnabrücker Modells, NdsVBl **2010** 41; *Rieß* Die Rechtsstellung des Verletzten im Strafverfahren, Gutachten zum 55. DJT (1984), Verh. des 55. DJT, Bd. I Teil C; *Rieß/Hilger* Das neue Strafverfahrensrecht, NStZ **1987** 145; *Rönnau* Zeitliche Grenzen der Aufrechterhaltung von Maßnahmen zur Sicherung von Ansprüchen Tatgeschädigter, StV **2003** 581; *ders.* Zum Konkurrenzverhältnis von strafprozessualer Vermögens- und insolvenzrechtlicher Massesicherung, ZInsO **2012** 509; *ders.* Vermögensabschöpfung in der Praxis (2015); *ders.* Beweiserleichterungen im kommenden Vermögensabschöpfungsrecht? FS Ostendorf (2015) 707; *Rönnau/Hohn* Wertverlust sichergestellter Gegenstände – Ein delikates Problem der Vermögensabschöpfung, wistra **2002** 445; *Roth* Der StPO-Arrest im Steuerstrafverfahren – Ausschluss des Steuerfiskus von der Rückgewinnungshilfe nach § 111b Abs. 2 und 5 StPO, wistra **2010** 335; *Rückert* Vermögensabschöpfung und Sicherstellung bei Bitcoins, MMR **2016** 295; *Schlachetzki* Das Ermessen bei der Zurückgewinnungshilfe, wistra **2011** 41; *Schmidt* Möglichkeiten und Grenzen der Vermögensabschöpfung bei Bestechlichkeit im geschäftlichen Verkehr, wistra **2011** 321; *Schmidt/Winter* Vermögensabschöpfung in Wirtschaftsstrafverfahren – Rechtsfragen und praktische Erfahrungen, NStZ **2002** 8; *Schubert* Strafrechtliche Rückgewinnungshilfe für Geschädigte und keiner will sie haben? ZRP **2008** 55; *Schultehinrichs* Gewinnabschöpfung bei Betäubungsmitteldelikten – zur Problematik der geplanten Vorschrift über den erweiterten Verfall (1991); *Smettan* Kriminelle Bereicherung in Abhängigkeit von Gewinnen, Risiken, Strafen und Moral, eine empirische Untersuchung (1992); *Sotiriadis* Die Entwicklung der Gesetzgebung über die Gewinnabschöpfung und Geldwäsche unter Berücksichtigung der jeweiligen kriminalpolitischen Tendenzen (2010); *Söllner* Bargeld im Sicherheitsrecht, NJW **2009** 3339; *ders.* Präventive Gewinnabschöpfung im Wege der Sicherstellung von Buchgeld – Anmerkung zum Urteil des VG Oldenburg vom 29.6.2010, DVBl. **2010** 1386; *Spieker* Verfall, Einziehung und dinglicher Arrest im Ermittlungsverfahren, StraFo **2002** 43; *Strafverteidiger e.V.* Stellungnahme zum Referentenentwurf: „Entwurf eines Gesetzes zur Stärkung der Rückgewinnungshilfe und der Vermögensabschöpfung bei Straftaten." (2005); *Theile* Art. 14 GG und der strafprozessuale dingliche Arrest, StV **2009** 161; *Thieé* „Präventive Gewinnabschöpfung", StV **2009** 102; *ders.* Polizeirechtliche Sicherstellung nach Freigabe gem. § 98 StPO, StV **2010** 215; *Waechter* Präventive Gewinnabschöpfung, NordÖR **2008** 473; *Wallschläger* Die strafrechtlichen Verfallsvorschriften, eine rechtssystematische, verfassungsrechtliche und kriminalpolitische Analyse (2002); *Walther* Vermögensabschöpfung: Damit sich die Straftat nicht „rechnet", Polizei-Kurier **2010** 6; *Webel* Rückgewinnungshilfe in Steuerstrafsachen – unzulässig oder unverzichtbar und zwingend, wistra **2004** 249; *ders.* Der dingliche Arrest nach AO und StPO – ein Vergleich, PStR **2007** 41; *Wehnert/Mosiek* Untiefen der Vermögensabschöpfung in Wirtschaftsstrafsachen aus Sicht des Strafverteidigers, StV **2005** 568; *Weingartz/Lenßen* Überlegungen zum Sicherungsinteresse bei der Vermögensabschöpfung im Zusammenhang mit Steuerstraftaten, Stbg **2011** 82; *Wilk/Stewen* Rückgewinnungshilfe in der staatsanwaltschaftlichen Praxis, wistra **2013** 409; *Winterhoff* Rechtswidrigkeit einer sog. präventiven Gewinnabschöpfung, jM **2015** 80; *Wulf/Talaska* Neuere Rechtsprechung zum strafprozessualen Arrest im Steuerstrafverfahren, Stbg **2008** 413. Weiteres Schrifttum s. bei § 111k.

Schrifttum zur aktuellen Rechtslage und zur Reform 2017: *Barreto da Rosa* Die Reform der Vermögensabschöpfung, NZWiSt **2018** 215; *Bittmann* Zum Regierungsentwurf der Reform der Vermögensabschöpfung, KriPoZ **2016** 120; *ders.* Vom Annex zur Säule: Vermogensabschöpfung als 3. Spur des Strafrechts, NZWiSt **2016** 131; *ders.* Strafrechtliche Vermögensabschöpfung und Insolvenzrecht, ZInsO **2017** 2657; *ders.* Strafprozessuale Abschöpfung bei einem Dritten, NZWiSt **2018** 209; *Blankenburg* Reform der strafrechtlichen Vermögensabschöpfung – Neue Möglichkeiten der Staatsanwaltschaft im Insolvenzverfahren, ZInsO **2017** 1453; *Bode/Peters* Vermögensabschöpfung über den Tod hinaus, ZWH **2018** 45; *Bund Deutscher Rechtspfleger* Referentenentwurf des Bundesministeriums der Justiz und für Verbraucherschutz, Stellungnahme vom 31.5.2016; *Bundesrechtsanwaltskammer* Zum Regierungsentwurf eines Gesetzes zur Reform der strafrechtlichen Vermögensabschöpfung, Stellungnahme Nr. 39/2016; *dies.* Zum Referentenentwurf zur Reform der strafrechtlichen Vermögensabschöpfung, Stellungnahme Nr. 15/2016; *Deutscher Anwaltsverein* Stellungnahme zum Referentenentwurf des Bundesministeriums der Justiz und für Verbraucherschutz – Entwurf eines Gesetzes zur Reform der strafrechtlichen Vermögensabschöpfung, Stellungnahme Nr. 30/2016; *Deutscher Richterbund* Stellungnahme zum Referentenentwurf eines Gesetzes zur Reform der strafrechtlichen Vermögensabschöpfung, Stellungnahme Nr. 9/2016; *ders.* Zweite Stellungnahme des Deutschen Richterbundes zum Gesetzentwurf zur Reform der strafrechtlichen Vermögensabschöpfung, Stellungnahme Nr. 19/2016; *Feindt/Rettke* Die Auswirkungen der Reform der strafrechtlichen Vermögensabschöpfung auf das Steuerrecht, der späte Eintritt der Festsetzungsverjährung bei Steuerstraftaten, DStR **2018** 2357; *Fleckenstein* Die strafrechtliche Abschöpfung von Taterträgen bei Drittbegünstigten (2017); *Frind* Neuregelung von Vermögenssicherungen im strafrechtlichen Bereich zu Lasten der insolvenzrechtlichen Gläubigergemeinschaft? NZI **2016** 674; *Gebauer* Reform der strafrechtlichen Vermögensabschöpfung, ZRP **2016** 101; *Gericke* Stellungnahme zum Regierungsentwurf eines Gesetzes zur Reform der strafrechtlichen Vermögensabschöpfung für die Anhörung am 23.11.2016; *Gerlach/Manzke* Verzichtserklärung und Einziehung nach der Reform der strafrechtlichen Vermögensabschöpfung, StraFo **2018** 101; *Greeve* Das neue Recht der strafrechtlichen Vermögensabschöpfung, ZWH **2017** 277; *Heger* Stellungnahme zur Vorlage an den Rechtsausschuss vom 22.11.2016; *Hinderer/Blechschmitt* Die „erweiterte selbständige Einziehung" nach § 76a Abs. 4 StGB i.V.m. § 437 StPO, NZWiSt **2018** 179; *Holznagel* Stellungnahme für die Anhörung des Ausschusses für Recht und Verbraucherschutz am 23.11.2016 zum Gesetz zur Reform der strafrechtlichen Vermögensabschöpfung, BT-Drucks. 18/9525; *Hüls* Zur Reform des Rechts der Vermögensabschöpfung im Strafrecht, ZWH **2017** 242; *dies.* Zu Auswirkungen der Reform des Rechts der Vermögensabschöpfung im Strafrecht im Insolvenz – und Steuerrecht, ZWH **2018** 129; *Johann* Möglichkeiten und Grenzen des neuen Vermögensabschöpfungsrechts (2019); *ders.* Die Sicherungshypothek im (Steuer-) Strafrecht, PStR **2018** 146; *ders.* Arrestaufhebung wegen Verfahrensverzögerung PStR **2018** 295; *ders.* Auf ein Neues: Vermögensarrest nach § 111e StPO im Steuerstrafverfahren, PStR **2019** 38; *ders.* Haftung wegen Arrestvollziehung im Steuerstrafverfahren, PStR **2019** 89; *ders.* Vorläufige Sicherung darf keine Reflexmaßnahme sein, PStR **2019** 113; *ders.* Geldwäscheverdacht: Einziehung ohne Straftat, PStR **2019** 168; *Korte* Vermögensabschöpfung reloaded, wistra **2018** 1; *ders.* Grundzüge der Reform der Vermögensabschöpfung, NZWiSt **2018** 231; *Köhler* Die Reform der strafrechtlichen Vermögensabschöpfung – Teil 1/2, NStZ **2017** 497; *ders.* Unternehmensstrafrechtliche Tage, NZWiSt **2018** 226; *Köhler/Burkhard* Die Reform der strafrechtlichen Vermögensabschöpfung – Teil 2/2, NStZ **2017** 665; *Köllner/Mück* Reform der strafrechtlichen Vermögensabschöpfung, NZI **2017** 593; *Lampe* Neues zur Reform strafrechtlicher Vermögensabschöpfung, jurisPR-Straf **2017** Anm. 4; *Laroche* Das Insolvenzantragsrecht der Staatsanwaltschaft in der Praxis, ZInsO **2017** 1245; *Maciejewski/Schumacher* Endlich eine (steuerrechtliche) Lösung? – verbleibender Abstimmungsbedarf zwischen Straf- und Steuerrecht nach der Reform der Vermögensabschöpfung, DStR **2017** 2021; *Madauß* Das neue Recht der strafrechtlichen Vermögensabschöpfung und Steuerstrafverfahren, NZWiSt **2018** 28; *Marstaller/Zimmermann* Non-conviction-based confiscation in Deutschland? (2018); *Meinecke* Surviving Vermögensarrest, DStR **2018** 2387; *Meißner* Die Reform der strafrechtlichen Vermögensabschöpfung – ein Ehrgeizprojekt, KriPoZ **2017** 237; *ders.* Öffentliche Anhörung am 23.11.2016 zu dem Entwurf eines Gesetzes zur Reform der strafrechtlichen Vermögensabschöpfung, Schriftliche Stellungnahme vom 14.11.2016; *ders.* Das neue Modell der Opferentschädigung, NZWiSt **2018** 239; *Meißner/Schütrumpf* Vermögensabschöpfung – Praxisleitfaden zum neuen Recht (2018); *Meyer, F.* Die selbstständige Einziehung nach § 76a StGB-E, oder: Don't bring a knife to a gunfight, StV **2017** 343; *ders.* Abschöpfung von Vermögen unklarer Herkunft, NZWiSt **2018** 246; *Mückenberger/Hinz* Die neue Vermögensabschöpfung im Steuerstrafrecht, BB **2018** 1435; *Müller-Satori* Die Reform der strafrechtlichen Vermögensabschöpfung aus Sicht des Verletzten, WiJ **2016** 87; *Ohlmeier/Struckmeyer* Vermögensabschöpfung – das Taterlangte beim GmbH-Geschäftsführer und das Verhältnis von § 111e StPO zu § 324 AO, wistra **2018** 419; *Organisationsbüro Strafverteidigervereinigung* Stellungnahme der Strafverteidigervereinigung zum Entwurf eines Gesetzes strafrechtlichen Vermögensabschöpfung (2016); *dass.* (Ergänzende) Stellungnahme zum Entwurf eines Gesetzes zur strafrechtlichen Vermögensabschöpfung (2016); *Reh* Praxisprobleme im Umgang mit dem neuen Recht der Vermögensabschöpfung aus staatsanwaltlicher Sicht, NZWiSt **2018** 20; *Reitemeier* Vermögensabschöpfung, Für die Ermittlungspraxis mit Formulierungshilfen, Fallbeispielen und Schemata (2018); *Reitemeier/Koujouie* Das neue Recht der Vermögensabschöpfung, ein Leitfaden für die Praxis (2017); *Rettke* Einziehung und Vermögensarrest im Steuerstrafverfahren, wistra **2017** 417; *Rhode, M.* Die strafrechtliche Opferentschädigung im neuen Gewand (Teil 1), wistra **2018** 65; *ders.* Die strafrechtliche Opferentschädigung im neuen Gewand (Teil 2), wistra **2018** 102; *Rönnau/Begemeier* Die neue erweiterte Einziehung gem. § 73a Abs. 1 StGB-E: mit Kanonen auch auf Spatzen? NZWiSt **2016** 260; *dies.* Grund und Grenzen der Bruttoeinziehung, zur Gestaltung der Bruttoabschöpfung anlässlich der Reform der strafrechtlichen Vermögensabschöpfung, GA **2017** 1; *dies.* Wider die Entgrenzung der Vermögenseinziehung gemäß § 76a Abs. 4 StGB durch die Geldwäschedogmatik, JZ **2018** 443; *Roth* Der neue StPO-Vermögensarrest: kein Vorrang des § 324 AO mehr, ZWH **2017** 317; *ders.* Reform der Vermögensabschöpfung – Neujustierung des § 324 AO zum StPO-Arrest, Stbg **2017** 454; *Rübenstahl* Bruttoabschöpfung nach neuem Recht – alte und neue Probleme, NZWiSt **2018** 255; *Saliger* Grundfragen der Vermögensabschöpfung, ZStW **129** (2017) 995; *Saliger/Schörner* Neues Recht für alte Fälle? Die Vermögensabschöpfung im Spannungsfeld zwischen lex mitior-Grundsatz und Verschlechterungsverbot, StV **2018** 388; *Schilling/Corsten/Hübner* Das Gesetz zur Reform der strafrechtlichen Vermögensabschöpfung, StraFo **2017** 305; *Schilling/Hübner* Non-conviction-based confiscation – Ein Fremdkörper im neuen Recht der strafrechtlichen Vermögensabschöpfung? StV **2018** 49; *W. Schmidt* Vermögensabschöpfung (2019); *Transparency International Deutschland e.V.* Schriftliche Stellungnahme von Transparency International Deutschland e.V. zur Reform der strafrechtlichen Vermögensabschöpfung vom 30.5.2016; *Trüg* Die Reform der strafrechtlichen Vermögensabschöpfung, NJW **2017** 1913; *Ullenboom* Die „vergessene" Einziehung von Taterträgen und ihre Folgen nach dem Gesetz zur Reform der strafrechtlichen Vermögensabschöpfung, wistra **2018** 291; *Wagner* Die Rückgabe von Plagiaten nach Verfahrensabschluss in Fällen des Ankaufs durch Privatpersonen, wistra **2018** 287; *Wirtschaftsstrafrechtlichen Verei-*

nigung e.V. Stellungnahme der Wirtschaftsstrafrechtlichen Vereinigung e.V. zum Referentenentwurf „Reform der strafrechtlichen Vermögensabschöpfung“ (2016).

Sonstige Schriften: *Birk/Desens/Tappe* Steuerrecht[20] (2017); *Fehrenbacher* Steuerrecht[6] (2017); *Hübschmann/Hepp/Spitaler* Abgabenordnung – Finanzgerichtsordnung Band 3 §§ 33–68 (2005); Band 9 §§ 322–368; § 324 AO (2014); § 325 (2015); *Keller* Handbuch Zwangsvollstreckungsrecht (2013); *Kirchhof* Grundriß des Steuer- und Abgabenrechts[2] (2001); *Koenig* Abgabenordnung[3] (2014); *Schwarz/Pahlke* Kommentar zur Abgabenordnung / Finanzgerichtsordnung Band 5 §§ 1–160 FGO (2012); *Theimer/Theimer* Mustertexte zum Zivilprozessrecht Band II[8] (2018); *Tipke/Lang* Steuerrecht[23] (2018); *Tipke/Kruse* Abgabenordnung – Finanzgerichtsordnung Band 1 §§ 1–107 AO (2011); Band 3 §§ 233–415 AO, 1–62 FGO; § 324 f. (2017); § 375 (2017).

Entstehungsgeschichte[1]

Die Vorschrift wurde durch Art. 21 Nr. 29 EGStGB 1974 eingefügt und lautete zunächst:

(1) Gegenstände und andere Vermögensvorteile können sichergestellt werden, wenn dringende Gründe für die Annahme vorhanden sind, daß die Voraussetzungen für ihren Verfall oder ihre Einziehung vorliegen.

(2) [1]Besteht der Vermögensvorteil in einem bestimmten Gegenstand oder unterliegt ein Gegenstand der Einziehung, so wird die Sicherstellung durch Beschlagnahme bewirkt (§ 111c). [2]§ 94 Abs. 3 bleibt unberührt. [3]Die §§ 102 bis 110 gelten entsprechend.

(3) Die Absätze 1 und 2 gelten entsprechend für Vermögensvorteile, die nur deshalb nicht dem Verfall unterliegen, weil sie durch die Erfüllung eines Anspruchs beseitigt oder gemindert würden, der dem Verletzten aus der Tat erwachsen ist (§ 73 Abs. 1 Satz 2 des Strafgesetzbuches).

Durch das Gesetz zur Änderung des AWG, des StGB und anderer Gesetze vom 28.2.1992 (BGBl. I S. 372) wurde sie wie folgt neu gefasst:

(1) Gegenstände können durch Beschlagnahme nach § 111c sichergestellt werden, wenn dringende Gründe für die Annahme vorhanden sind, daß die Voraussetzungen für ihren Verfall oder ihre Einziehung vorliegen. § 94 Abs. 3 bleibt unberührt.

(2) Sind dringende Gründe für die Annahme vorhanden, daß die Voraussetzungen des Verfalls von Wertersatz oder der Einziehung von Wertersatz vorliegen, kann zu deren Sicherung nach § 111d der dingliche Arrest angeordnet werden.

(3) Die §§ 102 bis 110 gelten entsprechend.

(4) Die Absätze 1 bis 3 gelten entsprechend, soweit der Verfall nur deshalb nicht angeordnet werden kann, weil die Voraussetzungen des § 73 Abs. 1 Satz 2 des Strafgesetzbuches vorliegen.

Das Vorschriftengefüge der §§ 111b ff. wurde durch diese Änderung insgesamt etwas übersichtlicher, weil die beiden möglichen Arten der Sicherstellung (Beschlagnahme und dinglicher Arrest) in einer Vorschrift gegenübergestellt wurden. Mit der Gesetzesänderung war auch die Abwendung vom Netto- hin zum Bruttoprinzip verbunden (Rn. 9 ff.).

Weitere Änderungen brachte das Gesetz zur Verbesserung der Bekämpfung der Organisierten Kriminalität vom 4.5.1998 (BGBl. I S. 845). In den Absätzen 1 und 2 wurde jeweils das Wort „dringende“ gestrichen und damit die Verdachtsschwelle zur Ausbrin-

---

1 Siehe dazu ebenfalls umfassend bei SK/*Rogall* 4 ff. und Vor §§ 111b, 7 ff.; BTDrucks. **18** 9525 S. 45 f.

gung einer Sicherungsmaßnahme auf den Verdachtsgrad des einfachen Tatverdachts abgesenkt. Absatz 3 wurde neu eingefügt und die bisherigen Absätze 3 und 4 wurden die Absätze 4 und 5.

In der 13. Legislaturperiode wurde von CDU/CSU, SPD und FDP ein gemeinsamer Entwurf eines Gesetzes zur verbesserten Abschöpfung von Vermögensvorteilen aus Straftaten in den Bundestag eingebracht, der die materiellen (§§ 73 ff. StGB) und prozessualen (§§ 111b ff.) Voraussetzungen der Vermögensabschöpfung umfassend ändern sollte (BTDrucks. **13** 9742). Dieser Entwurf verfiel aber der Diskontinuität, in der 14. Wahlperiode wurde er nicht wieder aufgegriffen. Stattdessen bemühten sich die Länder um eine effektivere Anwendung des geltenden Rechts.[2]

In der 16. Legislaturperiode wurde mit dem Entwurf eines Gesetzes zur Stärkung der Rückgewinnungshilfe und der Vermögensabschöpfung bei Straftaten (BTDrucks. **16** 700) der Versuch unternommen, die Defizite der bisherigen Regelungen durch punktuelle Änderungen oder Ergänzungen des geltenden Rechts auszugleichen. Nach der Vorstellung der damaligen Bundesregierung hatte sich das geltende Recht in der Praxis grundsätzlich bewährt und ließ weitgehend eine effektive Abschöpfung der aus einer Straftat erlangten wirtschaftlichen Vorteile zu.[3] Das Gesetz trat zum 1.1.2007 in Kraft und galt bis zum 30.6.2017. Die Vorschrift des § 111b lautete in diesem Zeitraum:

> (1) [1]Gegenstände können durch Beschlagnahme nach § 111c sichergestellt werden, wenn Gründe für die Annahme vorhanden sind, daß die Voraussetzungen für ihren Verfall oder ihre Einziehung vorliegen. [2]§ 94 Abs. 3 bleibt unberührt.
>
> (2) Sind Gründe für die Annahme vorhanden, daß die Voraussetzungen des Verfalls von Wertersatz oder der Einziehung von Wertersatz vorliegen, kann zu deren Sicherung nach § 111d der dingliche Arrest angeordnet werden.
>
> (3) [1]Liegen dringende Gründe nicht vor, so hebt das Gericht die Anordnung der in Absatz 1 Satz 1 und Absatz 2 genannten Maßnahmen spätestens nach sechs Monaten auf. [2]Begründen bestimmte Tatsachen den Tatverdacht und reicht die in Satz 1 bezeichnete Frist wegen der besonderen Schwierigkeit oder des besonderen Umfangs der Ermittlungen oder wegen eines anderen wichtigen Grundes nicht aus, so kann das Gericht auf Antrag der Staatsanwaltschaft die Maßnahmen verlängern, wenn die genannten Gründe ihre Fortdauer rechtfertigen. [3]Ohne Vorliegen dringender Gründe darf die Maßnahme über zwölf Monate hinaus nicht aufrechterhalten werden.
>
> (4) Die §§ 102 bis 110 gelten entsprechend.
>
> (5) Die Absätze 1 bis 4 gelten entsprechend, soweit der Verfall nur deshalb nicht angeordnet werden kann, weil die Voraussetzungen des § 73 Abs. 1 Satz 2 des Strafgesetzbuches vorliegen.

Durch die mit der Reform 2007 einhergegangenen Änderungen in Absatz 3 konnte das Gericht die Sicherungsmaßnahmen nach Absatz 1 Satz 1 und Absatz 2 auf Antrag der Staatsanwaltschaft über sechs Monate hinaus verlängern, wenn zusätzlich zu den Voraussetzungen nach Absatz 1 Satz 1 und Absatz 2 bestimmte Tatsachen den Tatverdacht begründeten und die Ermittlungsmaßnahmen besonders umfangreich oder schwierig waren. Eine zeitliche Begrenzung dieser Verlängerungsmöglichkeit sah Absatz 3 Satz 2 nicht mehr vor, die ursprüngliche 3-Monatsgrenze war entfallen. Nach Absatz 3 Satz 3

2 *Schmid/Winter* NStZ **2002** 8; *Park* StraFo **2002** 73.

3 BTDrucks. **16** 700 S. 1; zu den unterschiedlichen Auffassungen der Praxis hierzu vgl. die Stellungnahmen des Deutschen Anwaltsvereins Nr. 32/2004 und 23/2005, abrufbar über: www.anwaltverein.de/interessenvertretung/stellungnahmen sowie die Stellungnahme des Deutschen Richterbundes vom Juli 2004, abrufbar über: http://www.gesmat.bundesgerichtshof.de/gesetzesmaterialien/15_wp/staerk_rueckgew/stellung_drb_juli_2004.pdf.

durfte die Maßnahme jedoch ohne das Vorliegen dringender Gründe nicht über 12 Monate hinaus aufrechterhalten werden.

Mit dem „Gesetz zur Reform der strafrechtlichen Vermögensabschöpfung“ (BGBl. I 2017 S. 872) wurde die Vorschrift in ihre heutige Form gegossen (ausführlich zu seiner Entstehung Vor §§ 111bff., 12ff.). § 111b regelt nun nur noch die Beschlagnahme zur Sicherung der Einziehung oder Unbrauchbarmachung, die Ausgangsvorschrift zur vorläufigen Sicherstellung durch Vermögensarrest findet sich in § 111e.

Übersicht

Alphabetische Übersicht

A. Allgemeines

§ 111b ist die Ausgangsvorschrift der Vermögensabschöpfung durch Beschlagnahme. 1 Sie hat durch die Reform 2017 deutlich an Umfang verloren. Die Vorschrift regelt heute in Absatz 1 nur noch die grundlegenden **Voraussetzungen der Beschlagnahme**, Absatz 2 verweist auf die Vorschriften zur Durchsuchung und bietet damit die Möglichkeit, entsprechende Maßnahmen zum Zwecke der Vermögenssicherung zu veranlassen. In Bezug auf die Anordnungsvoraussetzungen einer Beschlagnahme unterscheidet Absatz 1 in den Sätzen 1 und 2 zwischen einer einfachen und einer dringenden Annahme, dass es am Ende des Verfahrens zu einer Einziehung oder Unbrauchbarmachung eines Gegenstandes kommt. Den Strafverfolgungsbehörden steht nur im Falle einer einfachen Annahme ein Ermessenspielraum zu, bei einer dringenden Annahme soll die Beschlagnahme erfolgen.

B. Materiell-rechtliche Ausgangslage

2 Sowohl die Beschlagnahme als auch der Vermögensarrest setzen auf Tatbestandsebene die Annahme voraus, dass die Voraussetzungen der Einziehung oder Unbrauchbarmachung vorliegen. Um die Vorschriften und Möglichkeiten der §§ 111bff. verstehen zu können, muss sich der Rechtsanwender daher zunächst einen **Überblick** darüber verschaffen, unter welchen Voraussetzungen die Einziehung nach §§ 73ff., 74ff. StGB und die Unbrauchbarmachung in Betracht kommen.[4] Das Strafgesetzbuch unterscheidet zwischen der Einziehung von Taterträgen nach §§ 73ff. StGB und der Einziehung von Tatprodukten, Tatmitteln und Tatobjekten nach §§ 74ff. StGB. Hat der Täter oder Teilnehmer durch eine rechtswidrige Tat oder für sie etwas erlangt, so *ordnet* das Gericht dessen Einziehung an, § 73 Abs. 1 StGB. Gegenstände, die durch eine vorsätzliche Tat hervorgebracht (Tatprodukte) oder zu ihrer Begehung oder Vorbereitung gebraucht worden oder bestimmt gewesen sind (Tatmittel), können nach § 74 Abs. 1 StGB eingezogen werden. Gegenstände, auf die sich eine Straftat bezieht (Tatobjekte), unterliegen der Einziehung nach besonderen Vorschriften, § 74 Abs. 2 StGB. Die bisherige Unterscheidung zwischen **Verfall** und Einziehung ist durch das Gesetz zur Reform der strafrechtlichen Vermögensabschöpfung entfallen.[5]

I. Einziehung von Taterträgen, §§ 73ff. StGB

3 **1. Allgemeines.** Der frühere Verfall von Taterträgen ist heute in § 73 StGB unter der Überschrift „Einziehung von Taterträgen" geregelt.[6] Über §§ 316h EGStGB, 14 EGStPO sind die Vorschriften nach dem Willen des Gesetzgebers auch auf **Altfälle** anwendbar (vor § 111b, 22).[7] Eine „Entscheidung über die Anordnung des Verfalls oder des Verfalls von Wertersatz" im Sinne des § 316h Satz 2 EGStGB stellt auch deren Nichtanordnung dar.[8] Das Verschlechterungsverbot des § 358 Abs. 2 Satz 1 steht im Übrigen einer erstmaligen Anordnung der Einziehung nach der Revisionsentscheidung entgegen.[9] Die mitun-

---

4 SK/*Rogall* Vor §§ 111bff., 15.

5 BTDrucks. **18** 9525 S. 2.

6 Instruktiv dazu *Köhler* NStZ **2017** 497, 498ff.

7 BTDrucks. **18** 11640 S. 84; BGH Beschl. v. 23.10.2018 – 5 StR 185/18; NStZ **2018** 400; **2018** 458, 459; NStZ-RR **2018** 241; OLG Köln StraFo **2018** 204; OLG Celle StraFo **2018** 206, 207; OLG München FGPrax **2018** 68; OLG Hamm StraFo **2018** 63, 64; OLG Zweibrücken ZInsO **2018** 728, 729; Meyer-Goßner/Schmitt/*Köhler* Vor §§ 111bff., 8; HK/*Gercke* Vor §§ 111b, 2; *Korte* NZWiSt **2018** 231; *ders.* wistra **2018** 1, 11; *Saliger* ZStW **129** (2017) 995; *Rhode* wistra **2018** 65, 66; offengelassen LG Kaiserslautern NZWiSt **2018** 149, 151, umfangreich besprochen u.a. bei *Saliger/Schörner* StV **2018** 388; kritisch zur Rückwirkung *Johann* 5 Fn. 23; *Rettke* wistra **2018** 298f.

8 BGH Beschl. v. 23.10.2018 – 5 StR 185/18 sogar für den Fall einer vorausgehenden Urteilsaufhebung wegen fehlender Feststellungen nach § 111i Abs. 2 StPO a.F.; NJW **2018** 1831; NStZ **2018** 459; BeckRS **2017** 138870; OLG Hamburg ZWH **2018** 228; NStZ-RR **2018** 205; OLG Zweibrücken Beschl. v. 3.7.2018 – 1 OLG 2 Ss 81/17, mit dem der Vorlagebeschluss vom 28.2.2018 an den BGH zurückgenommen wurde.

9 LR/*Gössel* § 331, 106; Meyer-Goßner/*Schmitt* § 331, 21; *Saliger/Schörner* StV **2018** 388.

ter äußerst umfangreichen Vorschriften zur Einziehung von Taterträgen nach §§ 73ff. StGB können hier nicht allumfassend dargestellt werden, insoweit muss auf die einschlägige Kommentarliteratur verwiesen werden. Gleichwohl soll hier ein Überblick über die wesentlichen Neuregelungen gegeben werden, spielen sie doch für die Rechtmäßigkeit vorläufiger Sicherstellungsmaßnahmen eine maßgebliche Rolle.

2. Einziehung, § 73 StGB

a) Historie. Die Regelungen der Einziehung haben ihren Ursprung im 2. StrRG. Die- 4
ses bewirkte eine Umgestaltung des Geldstrafensystems, das die Abschöpfung des aus einer Tat gezogenen Vorteils nicht mehr durch die Geldstrafe selbst vorsah. Als Reaktion darauf wurde das Rechtsinstitut des Verfalls, einschließlich des erweiterten Verfalls (§§ 73 bis 73d StGB a.F.), als **Maßnahme eigener Art** geschaffen. So sollte das kriminalpolitische Ziel, dem Täter das durch eine rechtswidrige Tat Erlangte abnehmen zu können (Vor §§ 111bff., 26), auch dann erreicht werden, wenn zivilrechtliche Ersatzansprüche fehlten.[10] Die Anordnung des Verfalls setzte deshalb nach § 73 Abs. 1 Satz 1 StGB a.F. zunächst voraus, dass eine rechtswidrige Tat begangen worden war; schuldhaft brauchte der Täter nicht gehandelt zu haben.[11] Ferner musste der Täter oder Teilnehmer etwas für die Tat[12] oder aus der Tat – etwa Diebesbeute – erlangt haben. Der Verfall erfasste dabei bis zum 7.3.1992 nur den „Vermögensvorteil" der Tat, Aufwendungen konnte der Betroffene verfallsmindernd geltend machen. Mit der Wortlautänderung von „Vermögensvorteil" zu „erlangtem Etwas" vollzog sich die Abkehr vom „Netto-" zum sog. Bruttoprinzip.[13] Das aus der Tat Erlangte umfasste seither die Gesamtheit des aus der Tat Erlangten ohne Abzug von Aufwendungen und Gegenleistungen.[14]

Waren dem Verletzten **aus der Tat** Ansprüche gegen den Täter erwachsen, durften 5
nach § 73 Abs. 1 Satz 2 StGB a.F. Verfall oder Verfall des Wertersatzes nicht angeordnet werden. Sinn und Zweck dieser Regelung war es, dem Verletzten das aus der Tat Erlangte, samt Surrogaten oder – in den Fällen des § 73a StGB a.F. – den Wert des Erlangten, zur Befriedigung seiner Ansprüche zu erhalten. Verletzter i.S.d. § 73 Abs. 1 Satz 2 StGB a.F. war, wer durch die Tat im prozessualen Sinne geschädigt war.[15] Deshalb kam bei der Mehrzahl der Delikte, bei denen der Täter aus seiner Tat materielle Vorteile ziehen wollte,[16] eine Verfallsanordnung nicht in Betracht. Soweit das Erlangte in bestimmten Gegenständen (Sachen oder Rechten) bestand, wurde der Verfall der Gegenstände und der daraus gezogenen Nutzungen angeordnet, § 73 Abs. 2 Satz 1 StGB a.F. Ferner konnte nach § 73 Abs. 2 Satz 2 StGB a.F. der Verfall der Surrogate[17] angeordnet werden, die der Täter oder Teilnehmer durch die Veräußerung eines erlangten Gegenstandes oder als Ersatz

---

10 BGHSt **28** 269; BGH StV **1981** 627.
11 MüKo-StGB/*Joecks* § 73, 20.
12 Zur Einziehung bei geheimdienstlicher Agententätigkeit BGH NStZ **2008** 419.
13 BTDrucks. **12** 1134 S. 12.
14 BGH NStZ **2009** 275, 277; BGHSt **47** 369, 370; Einzelheiten bei Schönke/Schröder/*Eser/Schuster* § 73, 17f.
15 OLG Hamburg wistra **2011** 279.
16 Wie Diebstahl, Untreue, Betrug, aber auch in den Fällen der Marken- und Produktpiraterie; zutreffend weist *Hess* GRUR **2002** 1037, 1039 in diesem Zusammenhang auf § 14 Abs. 4, 7 MarkenG, § 97 UrhG, § 139 Abs. 2 PatG und § 823 Abs. 2 BGB i.V.m. den jeweiligen Strafvorschriften der genannten Gesetze sowie auf die Ansprüche wegen ungerechtfertigter Bereicherung (§§ 812, 816 BGB) und auf Herausgabe (§ 985 BGB) hin.
17 BGHR StGB § 73 Gewinn 2; dazu gehört auch die Forderung aus dem Kontovertrag gegenüber der Bank, wenn bei dieser der Erlös einbezahlt worden war, BGH NJW **2001** 693, 694; *Hess* GRUR **2002** 1037, 1038.

für dessen Zerstörung, Beschädigung oder Entziehung oder aufgrund eines erlangten Rechts erworben hatte. In Betracht kamen insbesondere Gegenstände, die der Täter mit gestohlenem Geld angeschafft hatte. Auf das **Eigentum an dem Gegenstand** kam es nicht an, wenn derjenige, dem er gehörte oder zustand, den Vermögensvorteil für die Tat oder sonst in Kenntnis der Tatumstände gewährt hatte, § 73 Abs. 4 StGB a.F. Der Verfall konnte auch gegen einen Dritten angeordnet werden, wenn der Täter oder Teilnehmer für den Dritten gehandelt und dieser hierdurch einen Vermögensvorteil erlangt hatte, § 73 Abs. 3 StGB a.F. Dies galt selbst gegenüber einem gutgläubigen Dritten.[18] Mit der Rechtskraft der Entscheidung ging das Eigentum an der verfallenen Sache oder das verfallene Recht auf den Staat über, § 73e StGB a.F.

6 **b) Aktuelle Rechtslage.** Mit der Reform 2017 hat sich die Vorschrift des § 73 StGB erheblich verändert. Nach § 73 Abs. 1 StGB hat der Staat nun einen **originären Einziehungsanspruch**, völlig losgelöst von der Frage, ob dem Verletzten ebenfalls Ansprüche aus der Tat erwachsen sind. Die Einziehung bei einem anderen als dem Täter oder Teilnehmer ist heute in § 73b StGB geregelt. § 73 Abs. 2 und 3 StGB entsprechen inhaltlich § 73 Abs. 2 StGB a.F.

7 **aa) Originärer Einziehungsanspruch.** Die wesentlichste Veränderung des § 73 StGB durch die Reform 2017 liegt in der Abschaffung der Ausschlussregelung des § 73 Abs. 1 Satz 2 StGB a.F. (Vor §§ 111b ff., Rn. 14). Der Gesetzgeber hat sich damit zugleich für die Abschaffung des Rechtsinstituts der **Rückgewinnungshilfe** nach § 111b Abs. 5 StPO a.F. und des **Auffangrechtserwerbs** des Staates nach § 111i Abs. 2 ff. StPO a.F. entschieden.[19] Der Einziehungsanspruch des Staates und der aus der Tat erwachsene Anspruch des Verletzten stehen nun grundsätzlich nebeneinander. Der Betroffene einer Vermögensabschöpfungsmaßnahme sieht sich damit unter Umständen[20] zwei Gläubigern ausgesetzt, ohne dass er etwa den Verletzten zur Befriedigung seiner Ansprüche an den Staat verweisen könnte. Trotz Abschaffung des § 73 Abs. 1 Satz 2 StGB a.F. gehen die Interessen der Verletzten den staatlichen Abschöpfungsinteressen im Streitfall auch nach der Reform 2017 weiterhin vor (ausführlich Rn. 87 f.).

8 **bb) Gegenständliche Betrachtung.** Der Einziehung unterliegt alles, was dem Betroffenen *durch* oder *für* die Tat zugeflossen ist.[21] Das gilt, entgegen den jedenfalls missverständlichen Ausführungen im Gesetzesentwurf,[22] nicht nur für wirtschaftlich messbare Vorteile. Auch das wirtschaftlich **wertlose** Erinnerungsstück unterliegt der Einziehung und kann auf diesem Wege dem Verletzten zurückgegeben werden. Das Erlangen ist ein tatsächlicher Vorgang, der in irgendeiner Phase der Tat[23] einen Übergang eines Gegenstandes (Sachen und Rechte)[24] in die Verfügungsgewalt des Betroffenen voraussetzt,[25] unabhängig von den zivilrechtlichen Besitz- und Eigentumsverhältnissen.[26] Die Einziehung ist dabei spiegelbildlich zu dem Vermögenswert, den der Betroffene durch die Tat

---

18 Vgl. hierzu LG Hildesheim wistra **2007** 274.
19 BTDrucks. **18** 9525 S. 61; Meyer-Goßner/Schmitt/*Köhler* Vor §§ 111b ff., 1.
20 Sofern in Fällen eines Drittbetroffenen auch ein Anspruch des Verletzten ihm gegenüber besteht.
21 BTDrucks. **18** 9525 S. 61 f.; instruktiv BGH Beschl. v. 27.3.2019 – 2 StR 561/18; für das Steuerstrafverfahren LG Hamburg wistra **2018** 446 ff.; *Ohlmeier/Struckmeyer* wistra **2018** 419, 420.
22 BTDrucks. **18** 9525 S. 61 f.
23 Siehe zu den zutreffenden Bedenken *Bittmann* KriPoZ **2016** 120, 122.
24 SK/*Rogall* 8; MüKo/*Bittmann* 6.
25 BGH Urt. v. 6.3.2019 – 5 StR 543/18; Meyer-Goßner/Schmitt/*Köhler* 3.
26 BTDrucks. **18** 9525 S. 62.

erlangt hat.[27] Nicht erfasst soll das zum Scheinkauf eingesetzte Geld von Polizeibeamten sein,[28] durch Botnetze generierte Bitcoins hingegen schon.[29] Entgegen der früheren Gesetzeslage, die an das „aus“ der Tat Erlangte anknüpfte (Rn. 5), wollte der Gesetzgeber mit der nunmehr gewählten Formulierung des „durch“ die Tat Erlangten klarstellen, dass es für das Erlangen allein auf eine Kausalbeziehung zwischen der Tat und dem Erlangen nach den Grundsätzen des Bereicherungsrechts ankommen soll.[30] Von dem zum Teil in der Rechtsprechung geforderten „Unmittelbarkeitserfordernis“ hat der Gesetzgeber damit ausdrücklich Abstand genommen[31] und zugleich für eine Ausweitung des **Begriffs des Erlangten** gesorgt.[32]

cc) Wert des Erlangten, § 73d Abs. 1 StGB. Wie der Wert des Erlangten konkret zu 9
bestimmen ist, richtet sich nicht nach § 73 Abs. 1 StGB, sondern nach § 73d StGB.[33] Nach dessen Satz 1 sind bei der Bestimmung des Wertes des Erlangten die Aufwendungen des Täters, Teilnehmers oder des anderen abzuziehen. Von diesem Abzugsgebot macht das Gesetz in § 73d Abs. 1 Satz 2 Hs. 1 StGB eine Ausnahme für all die Aufwendungen, die für die Begehung der Tat oder ihre Vorbereitung aufgewendet oder eingesetzt wurden. Die Gegenausnahme ist dann im zweiten Halbsatz geregelt, wonach doch die Aufwendungen Berücksichtigung finden, die zur Leistung der Erfüllung einer Verbindlichkeit gegenüber dem Verletzten der Tat erbracht wurden. Nach § 73d Abs. 2 StGB können Umfang und Wert des Erlangten, nicht die Antwort auf die Frage, ob überhaupt etwas erlangt wurde,[34] einschließlich der abzuziehenden Aufwendungen geschätzt werden. Die Regelung ermöglicht dem Richter, sich unter Befreiung vom Erfordernis des **Strengbeweises** mit einer vermutlichen Wertannahme zu begnügen.[35] Allerdings müssen Beweismittel, die ohne unverhältnismäßige Schwierigkeit zu erlangen sind, genutzt werden.[36] Auch bei der **Schätzung** gilt das Bruttoprinzip, so dass Aufwendungen im Sinne des § 73d Abs. 1 Satz 2 Hs. 1 StGB geschätzt werden können und in Abzug zu bringen sind.[37]

Der Wert des potentiell Erlangten und damit der **Umfang der vorläufigen Sicher-** 10
stellungsmaßnahme werden folglich mehrstufig ermittelt.[38] Die Zahl der Prüfungsschritte hängt davon ab, ob es einen individuellen Verletzten der vermeintlichen Tat gibt, dann sind es regelmäßig vier Schritte, ohne individuellen Verletzten „nur“ drei: Zunächst einmal wird im Rahmen des § 73 Abs. 1 StGB rein gegenständlich bestimmt, was der Betroffene durch oder für die Tat erlangt hat.[39] In einem zweiten Schritt werden dann die **Aufwendungen des Betroffenen** berücksichtigt,[40] um in einem dritten Schritt

---

27 BGH Urt. v. 18.12.2018 – 1 StR 36/17.
28 BGH NStZ **2018** 458 f.
29 BGH NStZ **2018** 401, 404.
30 BTDrucks. **18** 9525 S. 62 und 67; zum europarechtlichen Hintergrund wiederum S. 55 unter Rekurs auf Art. 2 Nr. 1 und Art. 4 Abs. 1 RL 2014/42/EU.
31 BTDrucks. **18** 9525 S. 56; ablehnend DRB Stellungnahme 19/16 S. 4: „Die Entscheidung, was der Abschöpfung unterliegt, ist keine Frage der Kausalität, sondern eine der ‚Unmittelbarkeit‘.“
32 BTDrucks. **18** 9525 S. 55 und 62 mit Beispielen.
33 Instruktiv *Köhler* NStZ **2017** 497, 504 ff.; *Korte* NZWiSt **2018** 231, 234 f; *ders.* wistra **2018** 1, 3 f.; *Hüls* ZWH **2017** 242, 243 ff.
34 BGH Beschl. v. 21.5.2019 – 5 StR 188/19.
35 *Fischer* § 73d, 11; Schönke/Schröder/*Eser*/*Schuster* § 73d, 13; *Schmidt* Rn. 293 spricht von einer Modifikation der Amtsaufklärungspflicht im Interesse der Prozessökonomie.
36 BGH NStZ-RR **2019** 142; *Fischer* § 73d, 11.
37 BTDrucks. **18** 9525 S. 69; *Köhler* NStZ **2017** 497, 505.
38 Für eine zweistufige Prüfung BTDrucks. **18** 9525 S. 62; ebenso *Reitemeier*/*Koujouie* 9; *Köhler* NStZ **2017** 497, 502; HK/*Gercke* 4.
39 BTDrucks. **18** 9525 S. 67.
40 Zur Kritik des Bundesrates daran siehe BTDrucks. **18** 10146 S. 2.

zu entscheiden, ob diese überhaupt abzugsfähig sind.[41] In Fällen mit individuellen Verletzten sind die im dritten Schritt ausgeschiedenen Aufwendungen in einem vierten Schritt dann doch wieder zu berücksichtigen, wenn es sich um Leistungen zur Erfüllung einer Verbindlichkeit gegenüber dem Verletzten der Tat (dazu Rn. 75) handelt.[42] Dogmatischer Hintergrund der Abzugsfähigkeit dieser Aufwendungen ist, dass etwa im Falle eines durch Betrug zustande gekommenen Austauschvertrages der Vertrag nur anfechtbar, aber nicht unwirksam ist.[43] Die Investition erfolgt damit nicht in „Verbotenes", sondern nur in „Anfechtbares".[44]

11 **dd) Stellungnahme.** Es ist zu begrüßen, dass der Gesetzgeber mit § 73d Abs. 1 StGB den Versuch unternommen hat, den selbst zwischen den Strafsenaten des BGH unterschiedlich ausgelegten Rechtsbegriff des Erlangten[45] zu konkretisieren und damit erhebliche Unsicherheiten in der Praxis zu beseitigen. Das Bruttoprinzip[46] spielt gerade bei der vorläufigen Sicherstellung eine erhebliche Rolle, kann sich diese doch höchstens auf das aus der Tat Erlangte beziehen. Zu Recht wurde allerdings schon im Gesetzgebungsverfahren darauf hingewiesen, dass der Versuch einer Konkretisierung des Bruttoprinzips in der vorliegenden Form nicht so recht gelungen ist.[47] Die Probleme der Neuregelung können hier nicht detailliert ausgeführt werden.[48] Angemerkt sei jedoch, dass es nicht überzeugt, das Erlangen nur kausal zu bestimmen, wodurch auf ein **Unmittelbarkeitserfordernis** und damit eine konkretisierende Verbindung zum geschützten Rechtsgut verzichtet wird.[49] Die daraus resultierenden Probleme wurden im Gesetzgebungsverfahren zutreffend aufgezeigt.[50]

12 Hinzuweisen bleibt schließlich noch darauf, dass der Gesetzgeber zwar betonte, dass die Regelung die Bedeutung des Rechtsgedankens des § 817 Satz 2 BGB unterstreiche, wonach das in Verbotenes Investierte unwiederbringlich verloren sein müsse. Entscheidend komme es damit darauf an, ob das Geschäft oder die Handlung, die zum Erlangen geführt hat, selbst verboten war.[51] Bei genauer Betrachtung ist § 73d Abs. 1 StGB damit entgegen der Auffassung des Gesetzgebers[52] aber gerade keine Konkretisierung,

---

41 Beispiele dazu bei BTDrucks. **18** 9525 S. 68; *Köhler* NStZ **2017** 497, 505 ff.; zur Steuerforderung aufgrund des durch die Straftat Erlangten *Maciejewski/Schumacher* DStR **2017** 2021, 2023 ff.

42 *Köhler* NStZ **2017** 497, 509.

43 BTDrucks. **18** 9525 S. 68.

44 BTDrucks. **18** 9525 S. 68.

45 Siehe dazu die Zusammenfassung in BTDrucks. **18** 9525 S. 46 f. m.w.N.

46 Grundlegend dazu *Saliger* ZStW **129** (2017) 995, 1010 ff.

47 DRB Stellungnahme 19/**16** S. 4; Wistev Stellungnahme zum RefE-VA S. 2; DAV Stellungnahme 30/2016 S. 9 ff.; *Bittmann* NZWiSt **2016** 131, 132 f.; *ders.* KriPoZ **2016** 120, 122 f.; *Gebauer* ZRP **2016** 101, 103 f.; *Saliger* ZStW **129** (2017) 995, 1014 f.; *Meißner/Schütrumpf* Rn. 31 zu Bedenken in systematischer Hinsicht.

48 Siehe dazu etwa *Rübenstahl* NZWiSt **2018** 255, 256 ff.; zur Problematik bei Unterhaltsansprüchen und anderen Unterlassungsdelikten *Reh* NZWiSt **2018** 20, 21.

49 Überzeugender ist es, im Rahmen des § 73 Abs. 1 StGB zunächst festzustellen, was genau als „durch" die rechtswidrige Tat erlangt zu betrachten ist. Das ist entgegen der Auffassung des Gesetzgebers und in Übereinstimmung mit dem 5. Strafsenat des Bundesgerichtshofs nur der Gegenstand, der entgegen dem Schutzzweck der Norm erlangt wurde. Die Handlung des Betroffenen, auf der der Erlangensvorgang beruht, ist nämlich nur soweit strafbar, soweit dadurch eine rechtlich missbilligte Gefahr geschaffen wurde, die sich im tatbestandlichen Erfolg auch niedergeschlagen hat. Hieran fehlt es aber, wenn der tatbestandliche Erfolg nicht dem Schutzzweck der Norm unterfällt. Die Handlung erfüllt dann nicht den Tatbestand und kann deshalb auch nicht *rechtswidrig* im Sinne des § 73 Abs. 1 StGB sein.

50 BTDrucks. **18** 9525 S. 67.

51 BTDrucks. **18** 9525 S. 55 mit Beispielen und S. 67; *Köhler* NStZ **2017** 497, 506.

52 BTDrucks. **18** 9525 S. 55 f.; BTDrucks. **18** 11640 S. 78 f.; *Müller-Metz* NStZ **2018** 400, 401.

sondern eine **Einschränkung** des Bruttoprinzips,[53] die gewährleisten soll, dass tatsächlich nur das eingezogen wird, was zielgerichtet in die rechtswidrige Tat investiert wurde. Aufwendungen für nicht zu beanstandende Leistungen müssen daher in Abzug gebracht werden, selbst wenn sie demselben tatsächlichen Vorgang entstammen, wie jener, der strafrechtlich missbilligt wird.[54] Dass nur solche Aufwendungen zu berücksichtigen sind, die aus dem historischen Sachverhalt entstammen, der sich für einen außenstehenden Dritten als einheitliches Erwerbsgeschehen darstellt, lässt sich dem Gesetz hingegen nicht entnehmen.[55] Es sind auch Aufwendungen abzugsfähig, die zuvor ohne Tatentschluss getätigt wurden, sowie die Aufwendungen desjenigen, der nur fahrlässig verkennt, dass das Geschäft verboten ist.[56] All das ist rechtspolitisch grundsätzlich zu begrüßen. Es ist jedoch höchst zweifelhaft, ob dadurch tatsächlich eine vereinfachte Bestimmung des Einziehungsbetrages möglich ist und, wie der Gesetzgeber erklärt, „eine mit rechtlichen Unsicherheiten behaftete Korrektur möglicher unvertretbarer Ergebnisse über eine Härteklausel" nicht mehr notwendig ist.[57] Die Konkretisierung des Bruttoprinzips und das Absehen von einer Einziehung aus Verhältnismäßigkeitsaspekten sind zwei völlig unterschiedliche Dinge. Die Einschränkung des Bruttoprinzips kann deshalb auch eine Verhältnismäßigkeitsprüfung im konkreten Einzelfall nicht entbehrlich machen (Rn. 14).

ee) Gebundene Entscheidung. Die Einziehung von Taterträgen steht, ebenso wie 13
der Verfall nach alter Rechtslage, nicht im Ermessen des Gerichts, sondern ist anzuordnen, wenn seine Voraussetzungen vorliegen. Im Unterschied zur alten Rechtslage, die ein Absehen von der Entscheidung über § 73c StGB a.F. unter Verhältnismäßigkeitsgesichtspunkten vorsah,[58] findet sich eine solche Möglichkeit heute nicht mehr im Strafgesetzbuch. Lediglich § 459g Abs. 5 bestimmt, dass die **Vollstreckung der Einziehungsanordnung** auf Anordnung des Gerichts unterbleibt, wenn sie unverhältnismäßig wäre. Eine Härtevorschrift, wie sie in § 73c StGB a.F. für die Anordnung des Verfalls zu finden war, sucht man im Strafgesetzbuch für die Einziehung von Taterträgen heute vergebens. Für die potentiell einschlägigen Fälle sah der Gesetzgeber in § 421 bzw. dem Entschädigungsmodell[59] hinreichenden Handlungsspielraum für ein sachgerechtes Vorgehen.[60]

Der 5. Strafsenat des Bundesgerichtshofs vertritt gleichwohl und entgegen der aus- 14
drücklichen Erklärung des Gesetzgebers die Auffassung, dass keine **Pflicht** der Gerichte **zur förmlichen Einziehungsentscheidung** bestehe, wenn der Betroffene wirksam auf die Rückgabe der sichergestellten Gegenstände **verzichtet** habe.[61] Der Senat sah keinen

---

53 Ebenso BGH NStZ-RR **2018** 241; *Rübenstahl* NZWiSt **2018** 255, 261; *Saliger/Schörner* StV **2018** 388, 390; *Rönnau/Begemeier* GA **2017** 1, 4; *Saliger* ZStW **129** (2017) 995, 1013; *Korte* NZWiSt **2018** 231, 234; *ders.* wistra **2018** 1, 4 weitergehend SSW-StGB/*Burghart* § 73, 12, der von einer Abkehr vom Bruttoprinzip spricht; ebenso BTDrucks. **18** 10146 S. 2 und *Baretto da Rosa* NZWiSt **2018** 215, 217.

54 BTDrucks. **18** 9525 S. 68.

55 So aber *Köhler* NStZ **2017** 497, 505.

56 BTDrucks. **18** 9525 S. 69 mit Beispielen.

57 Zur Tendenz, den Wegfall des § 73c StGB a.F. über § 421 zu kompensieren BGH NStZ **2018** 333.

58 Die Begründung, eine solche Einschränkung sei mit der hohen kriminalpolitischen Bedeutung der Vermögensabschöpfung nicht in Einklang zu bringen, *Köhler* NZWiSt **2018** 226, 227, kann nicht überzeugen.

59 Dazu *Meißner* NZWiSt **2018** 239 ff.

60 BTDrucks. **18** 9525 S. 81.

61 BGH NStZ **2018** 333; instruktiv aber zugleich einschränkend für „einfachere, eindeutige Fälle" Beschl. v. 11.12.2018 – 5 StR 198/18; BeckRS **2019** 2485: Einziehungsanspruch erlischt durch Verzicht; kritisch *Köhler* NStZ **2017** 497, 501; grundlegend auch *Gerlach/Manzke* StraFo **2018** 101 ff.

Grund, nach der Reform 2017 „von dieser in der forensischen Praxis bewährten Handhabung abzuweichen". Zwar räume die Vorschrift zur Einziehung von Taterträgen den Gerichten kein Ermessen ein, das sei aber bei der Vorgängervorschrift ebenfalls nicht der Fall gewesen und deshalb kein tragfähiges Argument für eine entsprechende Verpflichtung. Entscheidend sei vielmehr der Wille des Gesetzgebers, wonach die Reform die Möglichkeiten der ‚formlosen Einziehung' nicht einschränken und eine Entlastung der Gerichte und Staatsanwaltschaften bewirken sollte. Letzteres Ziel werde konterkariert, wenn den Tatgerichten die Pflicht auferlegt wäre, auch Gegenstände einzuziehen, auf deren Rückgabe wirksam verzichtet wurde.[62] In einer trotz Verzicht[63] erklärten Anordnung der Einziehung läge außerdem ein Verstoß gegen den **Grundsatz der Verhältnismäßigkeit**. Habe nämlich der Betroffene wirksam auf seine Herausgabeansprüche verzichtet, so ginge die Einziehung ins Leere und wäre damit ungeeignet, ihr Ziel zu erreichen.

15 Die Entscheidung des Senats, die er im Kern kürzlich bestätigt hat[64] und dem grundsätzlich auch der 3. Strafsenat zwischenzeitlich gefolgt ist,[65] war erkennbar von dem Willen getragen, die Praxis von förmlichen Einziehungsentscheidungen zu entlasten, für die es im konkreten Fall keine Notwendigkeit gibt, etwa weil sich die Verfahrensbeteiligten über den Verbleib der Vermögenswerte geeinigt[66] haben. Ob sie dogmatisch überzeugt, kann hier nicht in alle Einzelheiten vertieft werden. Festzustellen ist jedoch, dass der Senat zwei Grundaussagen getroffen hat, die in diametralem Widerspruch zum Willen des Gesetzgebers stehen dürften: Zum einen soll die Einziehung trotz entgegenstehendem Wortlauts nicht zwingend sein, zum anderen der Verhältnismäßigkeitsgrundsatz als Korrektiv im Einzelfall herangezogen werden dürfen. Diese Auffassung des Senats kann zwar nicht auf den Gesetzeswortlaut gestützt werden, ihr ist im Ergebnis aber gleichwohl beizupflichten, denn der **Verhältnismäßigkeitsgrundsatz** kann einer Einziehungsanordnung auch ohne ausdrückliche gesetzliche Normierung entgegenstehen:[67]

16 Der Wille des Gesetzgebers, dem Grundsatz der Verhältnismäßigkeit bei Einziehungsentscheidungen ausschließlich im Strafvollstreckungsverfahren Bedeutung beizumessen, widerspricht dem **Übermaßverbot**,[68] dem in allen Fällen staatlichen Handelns Bedeutung zukommt und dessen Prüfung durch die Gerichte vom Gesetzgeber nicht ausgeschlossen werden kann. Das gilt umso mehr, als die Möglichkeit des Absehens von der Vollstreckung der Einziehungsanordnung nach § 459g Abs. 5 gerade kein hinreichendes Korrektiv für die Abschaffung des § 73c StGB a.F. ist. Andernfalls bedürfte es für zu vollstreckende staatliche Maßnahmen auf Anordnungsebene gar keiner Verhältnismäßigkeitsprüfung mehr, erfolgt eine solche doch regelmäßig im Rahmen der Vollstreckung. Zur alten Rechtslage war deshalb auch unbestritten, dass § 73c StGB a.F. das notwendige Korrektiv zum fehlenden Ermessen des Gerichts beim Verfall und verfassungsrechtlich unumgänglich war.[69] Die Einziehung ohne entsprechendes Korrektiv mit Ausnahme der

62 BGH NStZ **2018** 333.
63 Umfassend zu dessen Voraussetzungen BGH Beschl. v. 11.12.2018 – 5 StR 198/18; zur Abgrenzung auf den Verzicht zur Auszahlung bei Hinterlegung BGH Beschl. v. 6.3.2019 – 5 StR 546/18.
64 BGH Beschl. v. 6.3.2019 – 5 StR 546/18.
65 BGH Beschl. v. 13.12.2018 – 3 StR 307/18.
66 Zur Untauglichkeit einer Verständigung über die Einziehung BGH NStZ **2018** 366; grundlegend *Ordner* wistra **2017** 50 ff.
67 SSW/*Burghart* 8; **a.A.** BGH NStZ-RR **2018** 241 f. jedenfalls für den konkreten Fall; Meyer-Goßner/Schmitt/*Köhler* 10 und § 111e, 10; *Korte* wistra **2018** 1, 9; wohl auch *Gerlach*/*Manzke* StraFo **2018** 101, 104.
68 HK/*Gercke* 23; zu § 73c StGB a.F. als Ausdruck des Übermaßverbotes NK-StGB/*Saliger* § 73c, 1.
69 MüKo-StGB/*Joecks* § 73c, 1; NK-StGB/*Saliger* § 73c, 1.

in § 421 geregelten Fälle[70] nunmehr immer anordnen zu müssen, kann zu verfassungswidrigen Ergebnissen führen, wenn die Anordnung im konkreten Einzelfall unverhältnismäßig wäre, denn sie hat schon wegen § 75 Abs. 3 StGB unmittelbare Auswirkungen auf den Betroffenen. Der Richter kann aber nicht gezwungen sein, eine offensichtlich verfassungswidrige, weil gegen das Übermaßverbot verstoßende, Entscheidung zu treffen, die dann (erst) auf Vollstreckungsebene wieder zu korrigieren ist.

Die Gerichte müssen deshalb, trotz Wegfalls der Regelung des § 73c StGB a.F., wie bisher auch die Frage aufwerfen, ob aus Gründen der **Verhältnismäßigkeit die Anordnung** einer Einziehung ausscheidet. Orientierung bieten insoweit die in § 459g Abs. 5 und § 73c StGB a.F. genannten Kriterien und die bisherige Kasuistik des Bundesgerichtshofs zur alten Rechtslage. Für Maßnahmen der vorläufigen Sicherstellung bedeutet das wiederum, dass vor ihrem Erlass festzustellen ist, ob Gründe für die Annahme vorhanden sind, dass eine Einziehung am Ende des Verfahrens unter Verhältnismäßigkeitsaspekten ausgeschlossen sein wird. Ist dies der Fall, scheidet auch eine vorläufige Sicherstellung aus. 17

c) Strafprozessuale Sicherung. Die strafprozessuale Sicherung einer potentiellen Einziehungsanordnung nach § 73 StGB erfolgt durch Beschlagnahme nach § 111b Abs. 1 s. Rn. 69 ff. 18

3. Einziehung des Wertes von Taterträgen, § 73c StGB. Die Anordnung der Einziehung scheidet aus, wenn das „Erlangte" nicht (mehr) im Vermögen des Betroffenen vorhanden ist, auch nicht als **Surrogat.**[71] In diesen und in den Fällen, in denen von der Einziehung eines Surrogats nach § 73 Abs. 3 StGB abgesehen wird, wird die Einziehung eines Geldbetrags angeordnet, der dem Wert des Erlangten entspricht, § 73c StGB. Die zuvor in § 73a StGB a.F. geregelte Vorschrift wurde durch die Reform 2017 in § 73c StGB ohne inhaltliche Änderung neu gefasst.[72] 19

a) Allgemeines. Für die Anordnung der Einziehung von Wertersatz ist es gleichgültig, aus welchen Gründen der Originalgegenstand oder das originäre Recht nicht eingezogen werden können. Als Ausschlussgründe nennt das Gesetz die Beschaffenheit des Erlangten oder einen anderen Grund, § 73c Satz 1 StGB. Dabei erlangt gerade in Wirtschaftsstrafsachen das Merkmal „wegen der Beschaffenheit des Erlangten" zunehmende Bedeutung. Sie steht der Anordnung der Einziehung entgegen, wenn das Erlangte (nur) in einem **geldwerten Vorteil** besteht.[73] Dieser kann sich etwa aus der Inanspruchnahme einer Dienstleistung, ersparten Aufwendungen[74] oder Gebrauchsvorteilen, etwa durch Überlassung eines PKW, ergeben. Er kommt auch in Betracht, wenn eine Verbindung oder Verarbeitung des Erlangten erfolgt ist.[75] „Aus einem anderen Grunde" kann die Einziehung undurchführbar sein, wenn sich die Sache zum Zeitpunkt der Entscheidung nicht mehr im Vermögen des Empfängers befindet, weil sie verbraucht, veräußert, zerstört, beiseite geschafft wurde oder untergegangen ist. Dies ist auch dann der Fall, wenn der Gegenstand einem anderen wirksam übertragen wurde, ohne dass ein Fall des § 73b 20

70 Dazu *Köhler/Burkhard* NStZ **2017** 665, 675 f.
71 BGH NJW **2018** 2141, 2142; NStZ **2010** 693; *Fischer* § 73, 32; SSW/*Burghart* 5; KMR/*Mayer* 5.
72 BTDrucks. **18** 9525 S. 67.
73 *Fischer* § 73c, 6.
74 KMR/*Mayer* 17.
75 *Fischer* § 73c, 6.

Abs. 1 Satz 1 Nr. 2 StGB vorliegt.[76] Eine **Vereitelungshandlung** des Täters ist für die Anordnung der Einziehung des Wertes von Taterträgen, anders als bei der Einziehung des Wertes von Tatprodukten, Tatmitteln und Tatobjekten (§ 74c StGB), nicht erforderlich.[77] Die Einziehung von Wertersatz muss schließlich auch dann angeordnet werden, wenn aus verfahrensökonomischen Gründen von der Anordnung des Surrogatsverfalls abgesehen wurde.[78] Ob das Gericht den Surrogatsverfall anordnet oder auf den im Einzelfall möglicherweise leichter durchzuführenden Wertersatzverfall zurückgreift, bleibt ihm überlassen.[79] Auf die Undurchführbarkeit des Surrogatverfalls kommt es nicht an.[80] Für die Wertermittlung kommt es auf den Zeitpunkt an, in dem der Wertersatzanspruch entstanden ist.[81] Ist die Einziehung von Anfang an unmöglich, gilt der Wert im Zeitpunkt der Erlangung, wird sie nachträglich unmöglich, ist auf den Wert im Zeitpunkt der Originaleinziehung abzustellen.[82] Lediglich dann, wenn das Gericht von der Einziehung des Surrogatsgegenstandes absieht und sich stattdessen für die Wertersatzeinziehung entscheidet, ist auf den Wert des Ersatzgegenstandes im Zeitpunkt der Entscheidung abzustellen.[83] Hat der Betroffene Aufwendungen erspart und damit Vermögensgegenstände angeschafft, sind diese keine Surrogate des Erlangten.[84]

21 **b) Folgen der Anordnung.** Mit der Einziehung des Wertes des Tatertrages entsteht rein tatsächlich ein der Geldstrafe vergleichbarer, **staatlicher Zahlungsanspruch.**[85] Das Vorgesagte gilt auch, wenn das für eingezogen erklärte Erlangte seit seiner Erlangung im Wert abgesunken ist. In diesem Fall ist neben seiner Einziehung nach § 73 StGB zusätzlich die Einziehung eines Geldbetrages anzuordnen, welcher der Wertminderung entspricht, § 73c Satz 2 StGB.[86] Dass sich der rechnerisch ermittelte Vorteil noch im Vermögen des Betroffenen befindet, dass dieser bei einer Anordnung des Wertersatzes also noch bereichert ist, setzt das Gesetz nicht voraus. Dieses Ergebnis ergibt sich heute im Umkehrschluss aus § 459g Abs. 5 Satz 1, wonach auf Anordnung des Gerichts die **Vollstreckung einer Nebenfolge**, die zu einer Geldzahlung verpflichtet, unterbleibt, soweit der Wert des Erlangten nicht mehr im Vermögen des Betroffenen vorhanden ist oder die Vollstreckung sonst unverhältnismäßig wäre. Zur Problematik der Berücksichtigung des Verhältnismäßigkeitsgrundsatzes schon bei der Anordnung siehe unter Rn. 13ff.

22 **4. Einziehung von Taterträgen bei anderen, § 73b StGB.** Die Einziehung von Taterträgen bei anderen als den Tätern oder Teilnehmern einer Straftat ist seit der Reform 2017 in § 73b StGB geregelt.[87] Sie ersetzt damit § 73 Abs. 3 StGB a.F. und regelt zugleich erstmals ausdrücklich die zuvor nur durch die Rechtsprechung entwickelten **„Verschie-**

---

76 BGH NStZ-RR **1997** 270, 271: Bei Schenkung kommt dann Wertersatzverfall in Betracht; siehe aber auch BGH Beschl. v. 27.3.2019 – 2 StR 561/18.
77 LK/*Schmidt* § 73a, 7; Schönke/Schröder/*Eser*/*Schuster* § 73c, 7.
78 LK/*Schmidt* § 73a, 8; Schönke/Schröder/*Eser*/*Schuster* § 73c, 8.
79 LK/*Schmidt* § 73a, 9; Schönke/Schröder/*Eser*/*Schuster* § 73c, 6.
80 LK/*Schmidt* § 73a, 9; Schönke/Schröder/*Eser*/*Schuster* § 73c, 6.
81 BTDrucks. **18** 9525 S. 67; nach BGH Urt. v. 18.12.2018 – 1 StR 36/17 der Zeitpunkt des Erlangens.
82 BTDrucks. **18** 9525 S. 67.
83 BTDrucks. **18** 9525 S. 67; MüKo-StGB/*Joecks* § 73a, 16 f.; **a.A.** *Fischer* § 73c, 9.
84 BGH Urt. v. 18.12.2018 – 1 StR 36/17.
85 BGH NStZ **2012** 382, 383.
86 *Fischer* § 73c, 8.
87 BGH BeckRS **2017** 138870 allerdings zur alten Rechtslage; instruktiv *Köhler*/*Burkhard* NStZ **2017** 665 ff.; ausführlich dazu *Fleckenstein* passim; *Korte* NZWiSt **2018** 231, 233 f.; *ders.* wistra **2018** 1, 5 f.; *Bittmann* NZWiSt **2018** 209, 210 ff.; *Madauß* NZWiSt **2018** 28, 31.

bungsfälle“.[88] Eine wesentliche Ergänzung des bisherigen Rechts findet sich darüber hinaus in § 73b Abs. 1 Satz 1 Nr. 3 StGB, der erstmals die Möglichkeit erfasst, das aus einer Straftat Erlangte gegenüber dem drittbegünstigten Erben, Pflichtteilsberechtigten oder Vermächtnisnehmer abzuschöpfen.[89]

Nach § 73b Abs. 1 StGB richtet sich die Einziehung gegen einen anderen als den Täter 23
oder Teilnehmer der Tat, wenn er (1.) durch die Tat etwas erlangt hat[90] und der Täter oder Teilnehmer für ihn gehandelt hat, (2.) ihm das Erlangte unentgeltlich oder ohne rechtlichen Grund übertragen wurde oder übertragen wurde und er erkannt hat oder hätte erkennen müssen, dass das Erlangte aus einer rechtswidrigen Tat herrührt[91] oder (3.) das Erlangte auf ihn als **Erben** übergegangen ist oder als **Pflichtteilsberechtigter** oder **Vermächtnisnehmer** übertragen worden ist. Die Varianten 2 und 3 finden indes keine Anwendung, wenn das Erlangte zuvor einem Dritten entgeltlich und mit rechtlichem Grund übertragen wurde, der nicht erkannt hat oder hätte erkennen müssen, dass das Erlangte aus einer rechtswidrigen Tat herrührt. § 73b Abs. 2 StGB bezieht sich auf den nach den Varianten 2 und 3 des Absatzes 1 erlangten Wertersatz und die gezogenen Nutzungen, deren Einziehung das Gericht ebenfalls obligatorisch anordnet, während es nach Absatz 3 (nur) nach pflichtgemäßem Ermessen entscheidet.[92]

Eine Einziehung nach Absatz 1 Satz 1 kann sich beim Drittbegünstigten auf jeden 24
Vermögenswert beziehen, den er durch das rechtswidrige Handeln des Täters oder Teilnehmers erlangt hat.[93] Die Einziehung ist damit unabhängig von der Frage möglich, ob es zuvor zum **Durchgangserwerb** des Täters oder Teilnehmers kam und ob es sich beim Dritten um eine natürliche oder juristische Person handelt.[94] Unerheblich ist auch, ob in den Verschiebungsfällen der Nummer 2 eine direkte Überlassung erfolgte oder in einer ununterbrochenen Bereicherungskette vom Täter oder Teilnehmer übertragen wurde.[95] Eine Zäsur stellt nur eine Übertragung an einen gutgläubigen Dritten im Sinne des § 73b Abs. 1 Satz 2 StGB dar. Umstritten ist jedoch, welche Anforderungen an die Bereicherungskette zu stellen sind.[96] Handelte der Beschuldigte als Organ, Vertreter oder Beauftragter (§ 14 StGB) eines Unternehmens, richtet sich die Einziehung grundsätzlich gegen das Unternehmen, nicht den Beschuldigten.[97]

5. Erweiterte Einziehung von Taterträgen bei Tätern und Teilnehmern, § 73a StGB

a) Historie. Die Vorschrift des § 73a StGB beruht auf der ursprünglich mit dem 25
OrgKG vom 15.7.1992 eingeführten Vorschrift des erweiterten Verfalls nach § 73d StGB a.F. Es schien dem Gesetzgeber damals angebracht,[98] erweiterte Zugriffsmöglichkeiten auf Vermögen zu schaffen, das der Organisierten Kriminalität (dazu Vor §§ 111bff., 27)

---

88 BTDrucks. **18** 9525 S. 66 f.; grundlegend zu den Verschiebungsfällen BGHSt **45** 235 ff.; OLG Celle StraFo **2018** 206, 208; *Köhler/Burkhard* NStZ **2017** 665, 666 ff.
89 Diese Frage war vorher strittig, vgl. dazu OLG Frankfurt NStZ-RR **2006** 39 ff. gegen OLG Stuttgart NJW **2000** 2598 f.; ausführlich zur Neuregelung *Bode/Peters* ZWH **2018** 45 ff.
90 Zu den (unveränderten) Anforderungen an die Verfügungsgewalt nach neuem Recht BGH NStZ-RR **2018** 240, Entscheidungsgründe bei BeckRS **2018** 13566; OLG Zweibrücken BeckRS **2018** 19290.
91 Zu den Fällen einer Überschneidung mit § 73 StGB vgl. BTDrucks. **18** 9525 S. 66 f.
92 Grundlegend dazu *Köhler/Burkhard* NStZ **2017** 665, 667 f.
93 BTDrucks. **18** 9525 S. 66; OLG Celle StraFo **2018** 206, 208.
94 BTDrucks. **18** 9525 S. 66.
95 BTDrucks. **18** 9525 S. 66.
96 Ausführlich dazu OLG Celle StraFo **2018** 206, 207 ff.
97 Ausführlich dazu BGH Beschl. v. 17.1.2019 – 4 StR 486/18; v. 14.11.2018 – 3 StR 447/18.
98 Vgl. zur Motivation des Gesetzgebers ausführlich BTDrucks. **18** 9525 S. 62.

zuzuordnen war. Da der Nachweis, der Täter habe vorhandenes Vermögen gerade durch die den Gegenstand des Verfahrens bildende Tat erworben, allerdings kaum zu führen war, ermöglichte der Gesetzgeber mit der verfassungsrechtlich nicht unbedenklichen[99] Vorschrift des § 73d StGB a.F. bei bestimmten, banden-[100] und gewerbsmäßig begangenen Delikten, bei denen die Strafvorschriften ausdrücklich auf § 73d StGB a.F. verwiesen,[101] dass der Verfall von Gegenständen (Rechte und Sachen) auch dann angeordnet werden konnte, wenn Umstände die Annahme rechtfertigten, dass diese Gegenstände für rechtswidrige (also nicht notwendig auch schuldhafte) Taten oder aus ihnen erlangt worden waren. Diese Taten mussten nicht mit denen identisch sein, die Gegenstand des Verfahrens waren, die Gegenstände mussten auch nicht aus Taten stammen, die auf § 73d StGB a.F. verwiesen. Nach der Grundsatzentscheidung des Bundesverfassungsgerichts[102] war die Vorschrift über den erweiterten Verfall nicht verfassungswidrig, weil sie präventiv-ordnende Ziele verfolgte und daher keine dem Schuldgrundsatz unterliegende, strafähnliche Maßnahme war. Über den Wortlaut des Gesetzes hinaus verlangte die Rechtsprechung des Bundesgerichtshofs aus rechtsstaatlichen Gründen im Wege verfassungskonformer Auslegung der Vorschrift jedoch eine auf erschöpfender Beweiserhebung und -würdigung beruhende, uneingeschränkte **tatrichterliche Überzeugung**[103] von der deliktischen Herkunft der Gegenstände.[104] Daher genügte es beispielsweise nicht, wenn es nach der Beweisaufnahme (nur) nahe lag, dass das Konto des Angeklagten aus kriminellen Geschäften stammte.[105] Die notwendige Überzeugung konnte das Tatgericht jedoch wie stets auch aus Beweisanzeichen gewinnen. Grundsätzlich mussten die dem erweiterten Verfall unterliegenden Gegenstände nach § 73d Abs. 1 Satz 1 StGB a.F. dem Täter gehören. Nach § 73d Abs. 1 Satz 2 StGB a.F. konnten allerdings auch Gegenstände für verfallen erklärt werden, die dem Täter nur deshalb nicht gehörten, weil er wegen der aus § 134 BGB folgenden Nichtigkeit des dinglichen Verfügungsgeschäfts nicht Eigentümer werden konnte. Die Vorschriften über den Verfall des Wertersatzes (§ 73a StGB a.F.) galten gemäß § 73d Abs. 2 und 4 StGB a.F. entsprechend. Wurde der erweiterte Verfall angeordnet, ging mit Rechtskraft das Eigentum an der verfallenen Sache auf den Staat über, bei Anordnung des Verfalls von Wertersatz entstand ein Zahlungsanspruch des Staates.

b) Neue Rechtslage

26 **aa) Absatz 1.** Die Möglichkeiten der erweiterten Einziehung von Taterträgen beim Täter oder Teilnehmer wurden durch die Reform 2017[106] erheblich ausgeweitet.[107] Das Gericht ordnet sie heute an, wenn eine rechtswidrige Tat begangen wurde und Gegenstände des Täters oder Teilnehmers durch andere rechtswidrige Taten oder für sie erlangt worden sind. Die erweiterte Einziehung ist dabei subsidiär zur Einziehung nach § 73 StGB.[108]

---

99 Schönke/Schröder/*Eser*[29] § 73d, 2 m.w.N.
100 Zum Begriff der Bande BGHSt **46** 321.
101 So z.B. § 244 I Nr. 2, §§ 244a, 302 I a.F. StGB.
102 BVerfG NJW **2004** 2073.
103 BGH StV **1995** 17.
104 BVerfG NJW **2004** 2073, 2077, das die Auslegung des Bundesgerichtshofs ausdrücklich bestätigt; BGH NStZ-RR **2012**, 312; NJW **1995** 470 mit eingehender Auseinandersetzung mit der Literatur, in der gegen die Vorschrift gewichtige rechtsstaatliche Bedenken erhoben worden waren.
105 BGH StV **1995** 17.
106 Zur im Referentenentwurf vorgesehenen Regelung umfassend *Rönnau/Begemeier* NZWiSt **2016** 260.
107 *Pelz* NZWiSt **2018** 251 ff.; *Saliger* ZStW **129** (2017) 995, 1015 ff.; *Hüls* ZWH **2017** 242, 248 ff.
108 BGH Beschl. v. 25.10.2018 – 1 StR 275/18.

Der Gesetzgeber berief sich zur Notwendigkeit der Ausweitung der erweiterten Einziehung auf sämtliche potentiellen „Vortaten" auf Richtlinie 2014/42/EU, die erfordere, den Anwendungsbereich der **erweiterten Vermögenseinziehung** grundsätzlich für alle Straftaten zu eröffnen, die direkt oder indirekt zu einem wirtschaftlichen Vorteil führen können.[109] Tatsächlich sieht die Richtlinie in ihrem Art. 5 Abs. 1 vor, dass die Mitgliedsstaaten die erforderlichen Maßnahmen treffen, um sicherzustellen, dass Vermögensgegenstände, die einer Person gehören, die wegen einer Straftat verurteilt ist, die direkt oder indirekt zu einem wirtschaftlichen Vorteil führen kann, ganz oder teilweise eingezogen werden können, wenn ein Gericht aufgrund der Umstände des Falles davon überzeugt ist, dass die Gegenstände aus Straftaten stammen. Allerdings wurde der Begriff der „Straftat" im Sinne des Absatz 1 dann im Absatz 2 des Art. 5 der Richtlinie anhand eines Straftatenkatalogs näher definiert. Hier finden sich etwa die Bestechung und die Bestechlichkeit, Straftaten im Zusammenhang mit kriminellen Vereinigungen und der Kinderpornographie oder auch Straftaten, die im Höchstmaß mit mindestens vier Jahren Freiheitsstrafe bedroht sind. Die vom Gesetzgeber vorgenommene Ausweitung der erweiterten Einziehung auf jeden Diebstahl, jede Trunkenheitsfahrt und jede Nötigung war demnach europarechtlich nicht erforderlich. Vielmehr wurde bereits die alte Rechtslage zu § 73d StGB a.F. den Anforderungen der Richtlinie weitestgehend gerecht und bestand daher entgegen den Ausführungen in den Gesetzentwürfen für eine Ausweitung der erweiterten Einziehung im Sinne des heutigen § 73a StGB keine europarechtliche Notwendigkeit.[110] Sie war rein rechtspolitischen Motiven geschuldet[111] und führt zu dem nicht unbedenklichen, hier freilich überspitzt dargestellten Ergebnis, dass dem Trunkenheitsfahrer sein Mobiltelefon weggenommen werden soll, wenn das Gericht zu der Überzeugung[112] gelangt, dieses müsse aus (irgend-)einer rechtswidrigen Tat stammen,[113] weil sich der Betroffene das Handy mit seinen wirtschaftlichen Verhältnissen nicht rechtmäßig habe beschaffen können.[114] Soweit zum Teil die Auffassung vertreten wird, in solchen Fällen werde der Weg über § 76a Abs. 4 StGB einzuschlagen sein,[115] steht dem schon der Subsidiaritätsgrundsatz der selbständigen Einziehung (Rn. 64) entgegen. Berücksichtigt man dann noch, dass in Bezug auf die Anforderungen an die richterliche Überzeugung dieselben, in der Praxis regelmäßig (zu) niedrig angesetzten, Maßstäbe wie zu § 73d StGB a.F. gelten sollen,[116] führt das zu einer erheblichen Ausweitung der erweiterten Einziehung und wirft die Frage auf, ob die Norm in dieser Form noch verfassungsgemäß ist.[117] 27

bb) Absatz 2. Nach § 73a Abs. 2 StGB berücksichtigt das Gericht die bereits ergangene Einziehungsanordnung, wenn der Täter oder Teilnehmer vor der Anordnung der Einziehung nach Absatz 1 an einer anderen rechtswidrigen Tat beteiligt war und erneut über die Einziehung seiner Gegenstände zu entscheiden ist. Die Regelung entspricht § 73d Abs. 3 StGB a.F. 28

---

109 BTDrucks. **18** 9525 S. 63ff.
110 *Pelz* NZWiSt **2018** 251; OStVV Stellungnahme vom 31.5.2016 S. 5ff.; **a.A.** BTDrucks. **18** 9525 S. 65.
111 Zu diesen für die Reform im Ganzen schon *Korte* wistra **2018** 1; *Saliger* ZStW **129** (2017) 995, 996; *Meyer* StV **2017** 343.
112 BGH Beschl. v. 25.10.2018 – 1 StR 275/18.
113 Schönke/Schröder/*Eser*/*Schuster* § 73a, 2, 10.
114 *Rönnau*/*Begemeier* NZWiSt **2016** 260, 264 sprechen davon, dass zur effektiven Abschöpfung mit Kanonen auf Spatzen geschossen werde.
115 *Korte* wistra **2018** 1, 7.
116 Eingehend BTDrucks. **18** 9525 S. 66; kritisch dazu DAV Stellungnahme 30/2016 S. 14f.
117 Das verneint mit überzeugenden Argumenten *Saliger* ZStW **129** (2017) 995, 1019ff.; siehe auch die Ausführungen bei Schönke/Schröder/*Eser*/*Schuster* § 73a, 3.

29 **6. Ausschluss der Einziehung, § 73e StGB.** Durch die Reform 2017 wurde § 73e StGB vollständig neu gefasst. Die Vorschrift enthält Regelungen, die es so zur alten Rechtslage nicht gab. Nach § 73e Abs. 1 StGB ist die Einziehung nach §§ 73 bis 73c StGB ausgeschlossen, soweit der **Anspruch**, der dem Verletzten aus der Tat auf Rückgewähr des Erlangten oder auf Ersatz des Wertes des Erlangten erwachsen ist, **erloschen** ist.[118] Nach Absatz 2 ist in den Fällen des § 73b StGB, auch in Verbindung mit § 73c StGB, die Einziehung darüber hinaus ausgeschlossen, soweit der Wert des Erlangten zur Zeit ihrer Anordnung nicht mehr im Vermögen des Betroffenen vorhanden ist. Das gilt jedoch nicht, wenn den Betroffenen die Umstände, welche die Anordnung der Einziehung gegen den Täter oder Teilnehmer ansonsten zugelassen hätten, zum Zeitpunkt des Wegfalls der Bereicherung bekannt oder infolge von Leichtfertigkeit unbekannt waren.

30 **a) Absatz 1.** § 73e Abs. 1 StGB ist eine der, wenn nicht sogar die Zentralvorschrift des materiellen Einziehungsrechts in Fällen mit individuellen Verletzten.[119] Ihr kommt deshalb auch bei der vorläufigen Sicherstellung maßgebliche Bedeutung zu. Der Gesetzgeber beschreibt sie in der Gesetzesbegründung (nur) als Konsequenz aus dem Wegfall des § 73 Abs. 1 Satz 2 StGB a.F. Soweit der Anspruch des Geschädigten erloschen sei, bestehe kein Grund mehr für die Anordnung der Einziehung. Die Regelung solle die **Privatautonomie** stärken und greife deshalb nicht erst dann, wenn die geschuldete Leistung im Sinne des § 362 Abs. 1 BGB bewirkt ist, sondern auch dann, wenn der Verletzte dem Betroffenen die Schuld erlasse.[120] Tatsächlich reicht die Bedeutung der Norm aber viel weiter:[121]

31 **aa) Dogmatischer Ausgangspunkt.** § 73e Abs. 1 StGB enthält den ersten ausdrücklichen Ansatzpunkt für die seit Jahren vor allem in der Rechtsprechung vertretene Auffassung, dass es sich bei der Vermögensabschöpfung um eine **quasi-kondiktionelle Ausgleichsmaßnahme** ohne Strafcharakter handle.[122] Das Opfer eines Betruges, einer Unterschlagung oder eines Diebstahls hätte dem Betroffenen den Vermögenswert schließlich jederzeit auch zivilrechtlich wirksam überlassen können. Erklärt der Verletzte nach Kenntnis der Straftat, dem Betroffenen die daraus resultierende Schuld gleichwohl erlassen zu wollen (ausführlich dazu Rn. 32ff.), ist aufgrund dieser freiverantwortlichen Entscheidung des Verletzten kein Raum für staatliche Ausgleichsmaßnahmen. Ist das Geschäft hingegen wegen Verstoßes gegen ein gesetzliches Verbot unwirksam, hätte der Verletzte dem Betroffenen den Vermögenswert nicht übertragen können, hat er deshalb keinen aus der Tat erwachsenen Anspruch im Sinne des § 73e Abs. 1 StGB und kann er folglich auch nicht wirksam über dessen Verbleib disponieren, indem er sich mit dem Betroffenen einigt.[123] Die Regelung ist daher grundsätzlich konsequent und sachgerecht. Aus ihrer Verortung im Strafgesetzbuch folgt zugleich, dass es die Aufgabe der Strafver-

---

118 Ausführlich zu der Frage, welche Ansprüche davon konkret umfasst sind *Johann* 73 ff.

119 Zur Problematik im Steuerstrafrecht *Feindt/Rettke* DStR **2018** 2357, 2358 ff.; *Köhler* NZWiSt **2018** 226, 227; *Mückenberger/Hinz* BB **2018** 1435, 1437 f.; *Madauß* NZWiSt **2018** 28, 29 f.

120 BTDrucks. **18** 9525 S. 69.

121 Zum Ausschluss der Einziehung bei öffentlich-rechtlichen Forderungen *Reh* NZWiSt **2018** 20, 22.

122 BTDrucks. **18** 9525 S. 48; siehe etwa bei BVerfG NJW **2004** 2073, 2074; BGH NStZ-RR **2018** 241; NStZ **2018** 400; NStZ-RR **2015** 281, 282; Beschl. v. 14.11.2018 – 3 StR 447/18; OLG Koblenz NJW **2018** 2505, 2506; OLG Köln StraFo **2018** 204, 205; *Köhler* NStZ **2017** 497, 498; *Bittmann/Tschakert* ZInsO **2017** 2657, 2658; *Müller-Metz* NStZ **2018** 400, 401; *Meyer* StV **2017** 343, 350; **anders** ausdrücklich LG Kaiserslautern StV **2018** 333 mit zust. Anm. *Reichling* wistra **2018** 139 f.; dazu auch *Rebell-Houben* NZWiSt **2018** 153 ff.; grundsätzlich zur dogmatischen Einordnung der neuen Einziehung *Saliger* ZStW **129** (2017) 995, 1004 ff.

123 Dazu *Johann* 103.

folgungsbehörden ist, zur Überzeugung des Gerichts nachzuweisen, dass durch sie die Einziehung nicht ausgeschlossen ist. Wieso man „vom Täter" verlangen können sollte, eine Überprüfung durch den Tatrichter zu ermöglichen, wenn er sich zur Abwehr der Einziehung auf § 73 Abs. 1 StGB beruft,[124] ist nicht ersichtlich.

bb) Sonderproblem Erlassvertrag. Ein in der Praxis besonders bedeutsamer, bisher aber nicht ausreichend besprochener Anwendungsfall des § 73e Abs. 1 StGB ist jener des Erlassvertrages nach § 397 BGB. Beim Erlass handelt es sich um einen formfreien,[125] dinglichen Vertrag[126] in Form eines **schuldrechtlichen Verfügungsgeschäfts.**[127] Im Zusammenhang mit § 73e Abs. 1 StGB und dem Erlassvertrag können unterschiedliche Probleme bei der vorläufigen Sicherstellung entstehen. 32

(1) Erlass ohne Rechtsgrund. Aus der Rechtsnatur des Erlassvertrages als dinglicher Vertrag folgt, dass die Einziehung nicht nur dadurch ausgeschlossen wird, dass der Verletzte (Rn. 75) dem Betroffenen seine Schuld *mit* Rechtsgrund erlässt, sondern auch der rechtsgrundlose Erlass zum Ausschluss der Einziehung führt. Der rechtsgrundlose Erlass ist zwar nicht kondiktionsfest, gleichsam führt er aufgrund seiner unmittelbar schuldtilgenden Wirkung zum Erlöschen der Forderung und damit zur Erfüllung des Ausschlusstatbestandes des § 73e Abs. 1 StGB.[128] In diesem Zusammenhang wird allerdings die Auffassung vertreten, dass wenn der Verletzte dem Betroffenen die Schuld erlasse oder ein Dritter auf die Schuld des Betroffenen leiste, dies nicht zum **Ausschluss der Einziehung** nach § 73e Abs. 1 StGB führe, weil durch diese Ausschlussregelung (nur) eine doppelte Inanspruchnahme des Betroffenen verhindert werden solle.[129] Diese Ansicht ist abzulehnen, weil sie mit keinem zulässigen Auslegungskriterium zu belegen ist und dem unzweideutigen Wortlaut des § 73e Abs. 1 StGB sowie der Gesetzesbegründung widerspricht. Sie ist im Übrigen auch völlig willkürlich. In Bezug auf das Fortbestehen des Einziehungsanspruchs bei Leistung durch einen Dritten ergibt sich dies schon daraus, dass es reiner Formalismus wäre darauf abzustellen, von wem die Zahlung angewiesen wird. Der Gesetzgeber hat außerdem deutlich erklärt, dass jeder, das heißt nicht etwa nur ein angemessener, verhältnismäßiger – aus wessen Sicht überhaupt – oder prozentualer Erlass eine Einziehung ausschließt; dabei hat es zu verbleiben. 33

Problematisch ist, was geschieht, wenn der Schuldner später seine rechtsgrundlos erbrachte Leistung wieder kondiziert; hier stellt sich die Frage nach dem **Wiederaufleben des Einziehungsanspruchs.** Nach dem Wortlaut des § 73e Abs. 1 StGB bleibt die Einziehung ausgeschlossen, weil der Anspruch, der dem Verletzten „aus der Tat" entstanden ist, durch den Erlass erloschen ist. Der Gläubiger hat lediglich einen Anspruch aus § 812 Abs. 1 Satz 1 Var. 1 BGB auf Wiederbegründung der Forderung. Diesen kann er zwar zur Vermeidung eines „nicht gerechtfertigten Formalismus" unmittelbar im Wege der Leistungsklage geltend machen,[130] allerdings lebt der Anspruch nicht von selbst wieder auf und wäre auch nicht mehr „aus der Tat", sondern „aus der Kondiktion" entstan- 34

124 So aber *Reh* NZWiSt **2018** 20, 25.
125 RGZ **53** 294, 296; OLG Hamburg NJW **1961** 76.
126 Vgl. statt vieler MüKo-BGB/*Schlüter* § 397, 6 ff.; OK-BGB/*Dennhardt* § 397, 2; *Haedicke* JuS **2001** 966, 968 m.w.N.
127 Staudinger/*Rieble* § 397, 29 ff.; OK-BGB/*Dennhardt* § 397, 2; MüKo-BGB/*Schlüter* § 397, 6; HK-BGB/*Schulze* § 397, 4.
128 Umfassend dazu *Johann* 75 ff.
129 SSW/*Burghart* 10, der aber zugleich der Auffassung ist, bei einem entgeltlichen Teilerlass sei die Einziehung ausgeschlossen, weil der Betroffene vor doppelter Inanspruchnahme zu schützen sei.
130 BGH NJW **1967** 553, 554.

den. Eine Einziehung scheidet daher auch nach der Kondiktion aufgrund des Analogieverbotes zwingend aus. Abschöpfungslücken entstehen daraus nicht, schließlich wird der Verletzte selbst zur Restitution aktiv. Aus dem Gesagten folgt zugleich, dass eine **Begleichung der Forderung** aus dem Erlassvertrag nicht erforderlich ist,[131] um den Ausschlussgrund des § 73e Abs. 1 StGB herbeizuführen.[132]

35 **(2) Konkludenter Erlass.** Schwierigkeiten können in Bezug auf die vorläufige Sicherstellung vor allem dann entstehen, wenn der Verletzte den Erlass nicht ausdrücklich erklärt bzw. erläutert, worauf konkret er verzichtet.[133] Insoweit gilt: Wird der Verletzte etwa nach § 111l Abs. 3 zur Mitteilung aufgefordert, ob und in welcher Höhe er Ansprüche geltend macht, reagiert er hierauf aber nicht, kommt dem Schweigen kein Erklärungsgehalt zu, es bleibt bei der Sicherungsmöglichkeit. Erklärt er hingegen, keine Ansprüche geltend zu machen, ist diese Angabe auslegungsbedürftig, weil der Verletzte, anders als der Betroffene, nicht nur auf die Rückgabe eines Gegenstandes an sich selbst,[134] sondern auch auf seinen Anspruch gegenüber dem Betroffenen „verzichten" kann. Der Nachweis, dass kein Ausschlussgrund nach § 73e Abs. 1 StGB für die Einziehung vorliegt, obliegt dabei nach **allgemeinen Beweislastgrundsätzen** der Strafverfolgungsbehörde. Es ist nicht die Aufgabe des Betroffenen nachzuweisen, dass die Sicherstellungsvoraussetzungen nicht (mehr) vorliegen.

36 **cc) Stellungnahme.** Der Ansatz des Gesetzgebers, dem Grundsatz der **Privatautonomie** bei der Vermögensabschöpfung durch § 73e Abs. 1 StGB stärkere Bedeutung zu verschaffen, ist eine lange überfällige gesetzliche Untermauerung seiner Auffassung zur Rechtsnatur der Einziehung als quasi-kondiktionelle Maßnahme mit Ausgleichscharakter.[135] Bis zur Reform 2017 wurde die privatautonome Entscheidung des Verletzten, die Vermögenswerte dem Betroffenen zu überlassen, regelmäßig durch die Verfallsvorschriften unterlaufen. Vor der Reform 2007 etwa hatte der Verzicht des Verletzten überhaupt erst zur Folge, dass ein staatlicher Zugriff auf die Vermögenswerte über eine Verfallsanordnung möglich wurde.[136] Nach Einführung des staatlichen Auffangrechtserwerbsverfahrens im Sinne des § 111i Abs. 2ff. StPO a.F. konnte der Staat dann sogar völlig unabhängig von den Entscheidungen der Verletzten dauerhaft auf die Vermögenswerte zugreifen, selbst wenn sich der Verletzte und der Betroffene auf einen Vergleich geeinigt hatten, schließlich ging die Rechtsprechung davon aus, dass eine Einigung zwischen den Beteiligten keine Auswirkungen auf den Auffangrechtsprozess haben sollte.[137] Diese Rechtsprechung konnte sich zwar auf den Wortlaut des § 111i Abs. 3 Satz 5 StPO a.F. stützen, der nur von einer „Befriedigung" des Verletzten sprach, sie war indes nicht mit der Rechtsnatur einer „Ausgleichsmaßnahme" zu vereinbaren. Freilich konnte man in diesen Fällen dahingehend argumentieren, der Betroffene habe durch die Tat mehr erlangt

---

131 So aber SSW/*Burghart* 18 in Bezug auf das (fortgesetzte) Sicherungsbedürfnis.
132 So wohl auch *Meißner* NZWiSt **2018** 239, 244.
133 Soweit vor der Reform davon ausgegangen wurde, dass der ausdrückliche *Verzicht* des Verletzten oder die Verjährung seiner Ansprüche den staatlichen Verfall ermöglichte, vgl. etwa BGH NStZ **2013** 403; **2011** 83; **2006** 621, 623; OLG Koblenz NStZ **2016** 610, 611; Schönke/Schröder/*Eser*[29] § 73, 26; LR/*Johann*[26] Rn. 9, war dies insoweit ungenau, als das Zivilrecht jedenfalls schuldrechtlich keinen Verzicht, sondern nur einen Erlass kennt. Ein Verzicht ist nur im Sachenrecht vorgesehen, etwa beim Verzicht auf ein Grundstück nach § 928 BGB oder auf eine bewegliche Sache, § 958 BGB.
134 Siehe dazu BGH NStZ **2018** 333; kritisch *Köhler* NStZ **2017** 497, 501.
135 Kritisch *Baretto da Rosa* NZWiSt **2018** 215, 216.
136 BGH NStZ **2013** 403.
137 OLG Saarbrücken BeckRS **2016** 111382; OLG Koblenz NStZ **2016** 610, 612.

als er durch den Vergleich an den Verletzten abzugeben habe; der Überschuss müsse daher abgeschöpft und „ausgeglichen" werden. Diese Auffassung überzeugte jedoch dogmatisch deshalb nicht, weil durch einen Vergleich zwischen den Parteien die Forderung im Übrigen untergegangen und damit materiell-rechtlich im Verhältnis der Beteiligten zueinander nichts mehr auszugleichen war. Der staatliche Eingriff war in diesen Fällen folglich gerade kein „Ausgleich" mehr, sondern führte zu einer **staatlichen Bereicherung aus Anlass einer Straftat**, nur um dem Betroffenen einen Vermögenswert zu entziehen, an dem selbst der Verletzte kein Interesse mehr hatte. Das mag man rechtspolitisch für sinnvoll halten, dogmatisch überzeugend war ein staatliches Einschreiten entgegen der privatautonomen Abrede zwischen Verletzten und Betroffenen jedoch nicht.[138]

Gleichermaßen ist allerdings nicht von der Hand zu weisen, dass § 73e Abs. 1 StGB in 37
deutlichem **Widerspruch zur Gesetzesintention** umfassender staatlicher Vermögensabschöpfung steht, wie sie durch die Abschaffung des § 73 Abs. 1 Satz 2 StGB a.F. zum Ausdruck gebracht und im Gesetzgebungsverfahren auch immer wieder betont wurde.[139] Erlässt der Verletzte dem Betroffenen seine Schuld, ohne dafür eine Gegenleistung zu verlangen oder ist die Gegenleistung jedenfalls unter wirtschaftlichen Gesichtspunkten nicht gleichwertig, so bleibt der Betroffene durch seine Straftat bereichert, ohne dass der Staat dem etwas entgegensetzen könnte.

Unter Berücksichtigung der Bedeutung der Privatautonomie, den Möglichkeiten, die 38
sich den Verletzten bieten und der Eingriffsintensität, die eine Einziehung für die Grundrechte der Betroffenen hat, handelt es sich bei § 73e Abs. 1 StGB gleichwohl um die richtige Schwerpunktsetzung zwischen den Interessen des Verletzten, des Betroffenen und des Staates. Nicht selten waren in der Vergangenheit in der Praxis Fälle zu beobachten, in denen gerade die vermögensabschöpfenden Zwangsmaßnahmen eine Befriedung von Betroffenem und Verletzten verhinderten. Wurde etwa vorläufig das gesamte Vermögen der Betroffenen gesichert, konnten die Verletzten trotz Einigungsbereitschaft mit dem Betroffenen zunächst keine **Schadenskompensation** erfahren, weil dem Betroffenen schlicht die Mittel fehlten. Wollte der Betroffene die Verletzten entschädigen, musste er über das Doppelte des potentiell aus der Straftat Erlangten verfügen, weil der nominelle Wert des Erlangten durch die Strafverfolgungsbehörden gesichert war und auch nicht zur Befriedigung der Verletzten freigegeben wurde. Das alte Vermögensabschöpfungsrecht bot dem Betroffenen überdies wenig Anlass sich mit dem Verletzten zu einigen, weil es eine etwaige Differenz zwischen dem Vergleichsbetrag und den strafgerichtlichen Feststellungen letztlich im Auffangrechtserwerbsverfahren einzog. § 73e Abs. 1 StGB hingegen schafft nun eben diesen Anreiz zur frühzeitigen Einigung mit den Verletzten, was zu einer Entlastung der Justiz, einer schnelleren Befriedigung der Verletzten und unter Berücksichtigung des Sinn und Zwecks der Vermögensabschöpfung als Ausgleichsmaßnahme zwischen den unmittelbar Beteiligten auch dogmatisch zu vernünftigen Ergebnissen führt. Das gilt vor allem deshalb, weil kein potentiell Verletzter gezwungen wird, sich mit dem Betroffenen zu einigen. Seine Möglichkeiten werden im Vergleich zur alten Rechtslage folglich nur erweitert, nicht beschränkt. Gleiches gilt für den Betroffenen. Die

---

138 Unberücksichtigt soll hier bleiben, dass die Abreden zwischen dem Verletzten, etwa den Sozialversicherungsträgern und dem Betroffenen auch darauf beruht haben, dass man die im Strafprozess zu Grunde gelegte Schadensumme im fachgerichtlichen Verfahren nicht nachweisen konnte. Die Differenz wurde vom Justizfiskus gleichwohl eingezogen, weil die Feststellungen nach § 111i Abs. 2 StPO a.F. nicht mehr nachträglich zu korrigieren waren.

139 BTDrucks. **18** 9525 S. 2f.; eingehend zum Verhältnis der staatlichen Einziehung zum Grundsatz der Privatautonomie *Johann* 96ff.

Einziehung nunmehr ausschließlich von dem (Fort-)Bestehen der Forderung des Verletzten abhängig zu machen, führt daher insgesamt zu mehr Flexibilität, Rechtssicherheit und ist auch dogmatisch schlüssig zu begründen.

39 **b) Absatz 2.** § 73e Abs. 2 StGB regelt die Folgen des Wegfalls der Bereicherung beim gutgläubigen Drittbegünstigten.[140] Sie ersetzt § 73c Abs. 1 Satz 2 StGB a.F. und ist die einzige ausdrückliche Möglichkeit des Strafgesetzbuches, aufgrund des Wegfalls der Bereicherung im Erkenntnisverfahren von der Einziehung abzusehen. Der Regelungsgehalt des § 73c StGB a.F. im Übrigen, d.h. für Tatbeteiligte und bösgläubige Dritte, ist indes in das Vollstreckungsverfahren verlagert worden, § 459g Abs. 5. Damit gibt es heute keine ausdrückliche Möglichkeit mehr, im Erkenntnisverfahren von einer Einziehung aus **Verhältnismäßigkeitsgesichtspunkten** abzuweichen. Siehe dazu aber ausführlich unter Rn. 13ff.

II. Einziehung von Tatprodukten, Tatmitteln und Tatobjekten, §§ 74ff. StGB

40 **1. Allgemeines.** Die schon vor der Reform 2017 als „Einziehung" bezeichneten Möglichkeiten der §§ 74ff. StGB wurden durch die Reform der strafrechtlichen Vermögensabschöpfung inhaltlich kaum verändert, im Wesentlichen handelt es sich um Klarstellungen gegenüber der alten Rechtslage.[141] Anders als die Vorschriften der §§ 73ff. StGB sind die Neuregelungen auf **Altfälle** nicht anwendbar, da § 316h StGB nicht auf die §§ 74ff. StGB rekurriert und die Neuregelungen für die Betroffenen nicht milder im Sinne des § 2 Abs. 1, 3 und 5 StGB sind.[142] Maßnahmen nach §§ 74 ff. StGB haben den Charakter einer Nebenstrafe und sind daher bei der Strafzumessung von Bedeutung.[143] Dies ist bei der vorläufigen Sicherungsmaßnahmen im Zuge der Annahmeprognose (Rn. 71 ff.) zu berücksichtigen.

41 **2. Einziehung von Tatprodukten, Tatmitteln und Tatobjekten bei Tätern und Teilnehmern, § 74 StGB.** Die Vorschrift zur Einziehung von Tatprodukten, Tatmitteln und Tatobjekten bei Tätern und Teilnehmern in § 74 StGB entspricht grundlegend der Rechtslage vor der Reform 2017. Der Einziehung nach § 74 Abs. 1 StGB unterliegen nur die Gegenstände (Sachen und Rechte), die durch die Tat hervorgebracht (producta sceleris) oder zu ihrer Begehung oder Vorbereitung gebraucht wurden oder bestimmt gewesen sind (instrumenta sceleris).[144] Gegenstände, die durch die Tat erlangt wurden, unterfallen nicht der Einziehung nach § 74 StGB, sondern der Einziehung nach § 73 StGB, Rn. 3ff.[145] Demnach kann weder die Diebesbeute noch das gewilderte Tier, der Glücksspielerlös, das Auftragsgeld des Mörders oder der Erlös aus unerlaubtem Betäubungsmittelhandel[146] nach § 74 StGB eingezogen werden. Für die Anordnung der Einziehung nach § 74 Abs. 1 StGB muss der einzuziehende Gegenstand mit dem aus der Tat hervorgebrachten oder zu ihrer Begehung oder Vorbereitung gebrauchten oder bestimmten Werkzeug identisch sein. Wie lange bei Veränderungen eines Gegenstandes Identität noch anzu-

140 BTDrucks. **18** 9525 S. 69.
141 BTDrucks. **18** 9525 S. 69ff.
142 So ausdrücklich BGH NStZ **2018** 333.
143 BGH Beschl. v. 19.3.2019 – 3 StR 522/18.
144 Einzelheiten bei Schönke/Schröder/*Eser*/*Schuster* § 74, 8; Einzelheiten zu einziehungsfähigen Objekten Schönke/Schröder/*Eser*/*Schuster* § 74, 5ff.
145 BGH Beschl. v. 27.11.2018 – 5 StR 445/18; zur Abgrenzung siehe eingängig BGH Beschl. v. 27.3.2019 – 2 StR 561/18.
146 BGH StV **1983** 416; instruktiv auch LG München NStZ **1989** 285.

nehmen ist, insbesondere, ob eine Sache etwa durch Vermischung zu einer neuen Sache von anderem Wesen und Gehalt geworden ist, beurteilt sich nach der Verkehrsanschauung.[147] Danach ist **Identität** etwa anzunehmen, wenn eine bestimmte Banknote als vertretbare Sache durch einen gleichwertigen Anspruch auf den entsprechenden Geldbetrag gegen die Staatskasse ersetzt wird.[148] Liegt Identität nicht mehr vor, kommt Einziehung des Wertersatzes nach § 74c StGB[149] und damit zu dessen Sicherung der Vermögensarrest nach § 111e in Betracht. Damit sich der Staat nicht auf Kosten des Verletzten bereichert, wird Letzterer nach dem Prioritätsgrundsatz im Strafvollstreckungsverfahren analog § 459m entschädigt, wenn Taterlangtes und Tatobjekt identisch sind.[150]

§ 74 Abs. 2 StGB stellt klar, dass die Einziehung von sog. **Beziehungsgegenständen** 42 nicht der Einziehung nach § 74 StGB, sondern besonderen Vorschriften vorbehalten ist.[151] Als solche Gegenstände bezeichnet das Gesetz die Tatobjekte, auf die sich die Straftat bezieht. Regelungen zur Einziehung von Tatobjekten finden sich innerhalb und außerhalb des Strafgesetzbuches.[152] Aus § 74 Abs. 3 StGB folgt, dass der Einziehung im Grundsatz nur die Gegenstände unterliegen, die zur Zeit der Entscheidung dem Täter oder Teilnehmer gehören oder zustehen.

3. Einziehung bei anderen, § 74a StGB. Verweist das Gesetz auf § 74a StGB,[153] so dür- 43 fen Gegenstände abweichend von § 74 Abs. 3 StGB auch dann eingezogen werden, wenn derjenige, dem sie zur Zeit der Entscheidung gehören oder zustehen, entweder wenigstens leichtfertig dazu beigetragen hat, dass die Sache oder das Recht als Tatmittel verwendet wurde oder Tatobjekt gewesen ist (Nr. 1) oder die Gegenstände in Kenntnis der Umstände, welche die Einziehung zugelassen hätten, in verwerflicher Weise erworben wurden (Nr. 2). Es handelt sich dabei um eine **Blankettvorschrift**, die die Dritteinziehung über die Sicherungseinziehung nach § 74b StGB (Rn. 44) hinaus erweitert. Liegen auch die Voraussetzungen des § 74b StGB vor, ist nach dieser Vorschrift einzuziehen.[154]

4. Sicherungseinziehung, § 74b StGB. Mit der Vorschrift des § 74b StGB hat der 44 Gesetzgeber aus systematischen Gründen eine eigene Norm für den Sonderfall[155] der Sicherungseinziehung geschaffen.[156] Absatz 1 ersetzt dabei die Regelung des § 74 Abs. 2 Nr. 2 und Abs. 3 StGB a.F., eine inhaltliche Änderung ist damit nicht verbunden.[157] Absätze 2 und 3 regeln nun die vorher in § 74f StGB a.F. geregelte **Entschädigung** für den Einziehungsbetroffenen.[158]

5. Einziehung des Wertes von Tatprodukten, Tatmitteln und Tatobjekten bei 45 **Tätern und Teilnehmern, § 74c StGB.** Die Vorschrift des § 74c StGB entspricht inhaltlich jener des § 74c Abs. 1 bis 3 StGB a.F.[159] Für den Fall, dass der Täter oder Teilnehmer

147 BGH NStZ **1993** 538; *Fischer* § 74, 7; MüKo-StGB/*Joecks* § 74, 24; KMR/*Mayer* 19.
148 BGH NStZ **1993** 538.
149 *Fischer* § 74, 7; MüKo-StGB/*Joecks* § 74, 23.
150 *Köhler/Burkhard* NStZ **2017** 665, 682.
151 BTDrucks. **18** 9525 S. 69; KMR/*Mayer* 9.
152 Schönke/Schröder/*Eser/Schuster* § 74, 12a; MüKo-StGB/*Joecks* § 74, 20, KMR/*Mayer* 9 jeweils mit Beispielen.
153 Siehe zur Einziehung über § 143 Abs. 5 MarkenG *Wagner* wistra **2018** 287 ff.
154 *Fischer* § 74a, 2; Schönke/Schröder/*Eser/Schuster* § 74a, 14.
155 Zur Konkurrenzregelung in § 21 Abs. 3 StVG siehe LG Kleve, Beschl. v. 25.7.2017 – 120 Qs 51/17.
156 BTDrucks. **18** 9525 S. 70.
157 BTDrucks. **18** 9525 S. 70.
158 BTDrucks. **18** 9525 S. 70.
159 BTDrucks. **18** 9525 S. 70.

den Gegenstand, auf dessen Einziehung hätte erkannt werden können, vor der Entscheidung über die Einziehung verwertet, insbesondere veräußert oder verbraucht oder dass er die Einziehung des Gegenstandes sonst vereitelt hat, kann auf Einziehung eines Geldbetrages bis zu der Höhe erkannt werden, die dem Wert des Gegenstandes entspricht (§ 74c Abs. 1 StGB). Unter den in § 74c Abs. 2 StGB genannten Voraussetzungen kann die Einziehung des Wertersatzes auch neben der Einziehung eines Gegenstandes oder an deren Stelle angeordnet werden. Zu beachten ist, dass der Wert des Gegenstandes und die Belastungen des Täters nach § 74c Abs. 3 StGB **geschätzt** werden können.

46 **6. Einziehung von Schriften, § 74d StGB.** Die Vorschrift entspricht inhaltlich dem § 74d StGB a.F., gestrichen hat der Gesetzgeber mit der Reform 2017 lediglich die beispielhafte Aufzählung in § 74d Abs. 1 Satz 2 StGB a.F.[160] Soweit es sich um **Presseinhaltsdelikte** handelt, also um Delikte, bei denen die Strafbarkeit auf dem Inhalt einer Druckschrift beruht, enthält § 74d StGB für die Einziehung von Schriften und den ihnen nach § 11 Abs. 3 StGB gleichgestellten Gegenstände sowie für die zu ihrer Herstellung benötigten Mitteln eine Sonderregelung, die sich in ihren Voraussetzungen von denen der Einziehung sonst unterscheidet. Liegen Presseinhaltsdelikte nicht vor, gelten die allgemeinen Einziehungsvorschriften. Siehe dazu § 111q passim.

47 **7. Sondervorschrift für Organe und Vertreter, § 74e StGB.** Die früher in § 75 StGB a.F. geregelte Vorschrift legt dar, unter welchen Voraussetzungen die Einziehung auch gegenüber einem Vertretenen zulässig ist. Der Regelungsgehalt hat sich im Vergleich zur Rechtslage vor der Reform 2017 nicht verändert.[161]

48 **8. Grundsatz der Verhältnismäßigkeit, § 74f StGB.** Die Vorschrift ist eine Ausprägung des **Übermaßverbotes**, die für die Einziehung von Tatmitteln, Tatprodukten und Tatobjekten in den Fällen der §§ 74–74b und 74d sowie die Unbrauchbarmachung nach § 74d Abs. 1 Satz 2 und Absatz 3 StGB Sonderregelungen enthält. Danach darf die Einziehung, sofern sie nicht zwingend vorgeschrieben ist und nicht die Gefahr besteht, dass die Einziehungsgegenstände die Allgemeinheit gefährden oder der Begehung weiterer Rechtsbrüche dienen werden, nicht angeordnet werden, wenn sie zu der Bedeutung der Tat und zu dem Vorwurf, der den von der Einziehung Betroffenen trifft, außer Verhältnis steht. Dabei sind namentlich der Wert des Einziehungsgegenstands, die Bedeutung der Tat und der Vorwurf gegen den Dritten abzuwägen.[162] Die Einziehung nach §§ 74 ff. StGB hat **Strafcharakter** und ist deshalb bei der Strafzumessung zu berücksichtigen.[163] Als Ausprägung des Übermaßverbotes kann die Einziehung vorbehalten werden.[164] Nach § 74f Abs. 1 Satz 5 StGB kann sie außerdem, sofern sie nicht vorgeschrieben ist, auf einen Teil der Gegenstände beschränkt werden. § 74f Abs. 1 Satz 1 StGB steht der Beschlagnahme nach § 111b nicht entgegen. Sie ist möglich, weil nur so die nachträgliche Anordnung nach § 74f Abs. 1 Satz 3 StGB gesichert werden kann. Der Zweck des § 74f Abs. 1 Satz 2 StGB kann im Beschlagnahmeverfahren dadurch erreicht werden, dass nach § 111d Absatz 2 verfahren und die beschlagnahmte Sache dem Betroffenen gegen sofortige Erlegung des Wertes zurückgegeben oder ihm unter Vorbehalt jederzeitigen Widerrufs zur vorläufigen weiteren Benutzung – auch unter Auflagen – überlassen wird, § 111d, 13 ff.

160 BTDrucks. **18** 9525 S. 70.
161 BTDrucks. **18** 9525 S. 70.
162 *Fischer* § 74f, 4.
163 BGH BeckRS **2018** 11910; NStZ-RR **2012** 169.
164 BTDrucks. **18** 9525 S. 70.

Absatz 2 regelt die Anwendung des Absatzes 1 für die Fälle der Unbrauchbarmachung nach § 74d Abs. 1 Satz 2 und Absatz 3 und ersetzt damit § 74d Abs. 5 StGB a.F.[165]

III. Die Wirkungen der Einziehung, § 75 StGB

1. Allgemeines. Die Wirkungen der Einziehung nach §§ 73 ff., 74 ff. StGB sind seit der Reform 2017 einheitlich in § 75 StGB geregelt. Die Vorschrift hat damit die ursprünglich in §§ 73e, 74e StGB a.F. gesondert geregelten Wirkungen von Verfall- und Einziehungsentscheidungen zusammengefasst.[166] Mit Rechtskraft des Urteils geht kraft Gesetzes nach § 75 Abs. 1 Satz 1 StGB das Eigentum an der Sache oder das eingezogene Recht auf den Staat über, wenn es 1. dem von der Anordnung Betroffenen zu dieser Zeit gehört oder zusteht oder es 2. einem anderen gehört oder zusteht, der den Gegenstand für die Tat oder andere Zwecke in Kenntnis der Tatumstände gewährt hat. In anderen Fällen geht das Eigentum an der Sache oder das Recht mit Ablauf von sechs Monaten nach der Mitteilung der Rechtskraft der Einziehungsanordnung auf den Staat über, es sei denn, dass vorher derjenige, dem der Gegenstand gehört oder zusteht, sein Recht bei der Vollstreckungsbehörde anmeldet. Die Einziehung des Wertersatzes hingegen führt zu einem **Zahlungsanspruch** der Staatskasse gegen den Schuldner, der mit Rechtskraft nach § 459g Abs. 2, § 459 i.V.m. § 1 JBeitrG, § 1 EBAO,[167] § 57 StrVollstrO wie eine Geldstrafe beigetrieben wird. 49

2. Absatz 1. § 75 Abs. 1 Satz 1 Nr. 1 StGB übernimmt den inhaltlich identischen Regelungsgehalt der § 73e Abs. 1 Satz 1, § 74e Abs. 1 StGB a.F, so dass auch nach neuer Rechtslage mit Rechtskraft der Einziehungsanordnung das Eigentum an der eingezogenen Sache oder das eingezogene Recht auf den Staat übergeht.[168] § 75 Abs. 1 Satz 1 Nr. 2 StGB entspricht dem früheren § 73 Abs. 4 StGB a.F. Sie umfasst vor allem jene Fälle des unerlaubten Betäubungsmittelhandels, in denen aufgrund der Nichtigkeit des Verfügungsgeschäftes über §§ 134, 138 BGB kein Eigentumserwerb an den Geldscheinen des Kaufpreises stattfinden konnte.[169] Ohne diese Regelung wäre zwar eine Einziehung des Geldes möglich, es könnte aber nicht in das **Eigentum des Staates** übergehen. Diese Lücke schließt die Vorschrift, indem das Eigentum an der eingezogenen Sache oder das eingezogene Recht auch dann auf den Staat übergeht, wenn es nicht dem Einziehungsadressaten zusteht.[170] Sie regelt damit zugleich, dass die **Rechtsinhaberschaft des Einziehungsadressaten** keine Voraussetzung für die Einziehungsentscheidung ist.[171] § 75 Abs. 1 Satz 2 StGB greift vor allem bei Diebstahlstaten zum Nachteil unbekannter Eigentümer, hier verliert der Geschädigte sein Eigentum gerade nicht, § 935 Abs. 1 BGB.[172] Aufgrund des 75 Abs. 1 Satz 1 StGB würde die Einziehung ohne die Regelungen in Satz 2 keine Wirkungen entfalten, was der Gesetzgeber in Anlehnung an die Fundvorschriften des BGB durch die Einführung dieses **„kleinen Auffangrechtserwerbs"** gelöst hat.[173] Es findet ein aufschiebend bedingter Rechtserwerb statt. Der Gesetzgeber stellte diesbezüg- 50

165 BTDrucks. **18** 9525 S. 70.
166 BTDrucks. **18** 9525 S. 70.
167 Einforderungs- und Beitreibungsanordnung vom 1.8.2011.
168 BTDrucks. **18** 9525 S. 70.
169 BTDrucks. **18** 9525 S. 71.
170 BTDrucks. **18** 9525 S. 71.
171 BTDrucks. **18** 9525 S. 71.
172 BTDrucks. **18** 9525 S. 71; zu den Folgen bei Verzicht auf Rückgabe durch den Angeklagten BGH Beschl. v. 13.12.2018 – 3 StR 307/18.
173 BTDrucks. **18** 9525 S. 71.

lich ausdrücklich darauf ab, dass auf diesem Wege auch die rechtsbeständige Einziehung von „nicht zuordenbarem Diebesgut“ ermöglicht werden soll, „ohne auf die für gänzlich andere Sachverhalte gedachten zivilrechtlichen Fundvorschriften“ zurückgreifen zu müssen.[174] Gleiches gilt für die sog. „präventive Gewinnabschöpfung“, auch für sie ist (spätestens) seit der Reform 2017 kein Raum mehr, vgl. dazu ausführlich Vor §§ 111bff., 29. Zum Schutz des Verletzten gilt § 75 Abs. 1 Satz 2 StGB nicht für Fälle, in denen das Gericht irrigerweise davon ausgeht, der Gegenstand stehe dem Täter und nicht dem Verletzten zu.[175] Da in diesen Fällen keine Mitteilung der Einziehungsanordnung erfolgt, kann kein Eigentumsverlust eintreten. Versäumt der Verletzte in den übrigen Fällen die Sechsmonatsfrist ohne Verschulden, so kann er nach Maßgabe der §§ 44ff. Wiedereinsetzung verlangen.[176]

51 **3. Absatz 2.** § 75 Abs. 2 StGB regelt die Folgen des staatlichen Eigentums- und Rechtserwerbs für die sonstigen dinglichen Rechte Dritter an dem eingezogenen Gegenstand, etwa in Form der (Grund-) **Pfandrechte**, des Nießbrauchs und des Sicherungs- und Vorbehaltseigentums, wobei Dritter nur eine Person sein kann, gegen die sich die Einziehung *nicht* richtet.[177] Das Eigentum an dem eingezogenen Gegenstand fällt nicht unter Absatz 2.[178] Nach Satz 1 erlöschen Rechte Dritter durch die Anordnung der Einziehung grundsätzlich nicht,[179] Ausnahmen sind in den Sätzen 2 und 3 normiert. Danach muss das Gericht das Erlöschen der Rechte des Dritten anordnen, wenn ein Fall der Sicherungseinziehung nach § 74b StGB vorliegt, Satz 2. In den Fällen der §§ 74, 74a StGB kann es das Erlöschen anordnen, wenn der Dritte die unter Nummer 1 und 2 näher beschriebenen Voraussetzungen erfüllt.

52 **4. Absatz 3.** War der Gegenstand bis zur Einziehungsentscheidung des Gerichts nicht nach §§ 111bff. beschlagnahmt, so bewirkt die Anordnung der Einziehung oder die Anordnung des Vorbehalts der Einziehung zum Schutz der späteren Vollstreckbarkeit der Anordnung ein **Veräußerungsverbot** im Sinne des § 136 BGB. Waren die Gegenstände indes schon vorher sichergestellt, so ergibt sich das Veräußerungsverbot aus den prozessualen Vorschriften.[180]

53 **5. Absatz 4.** Die Regelung in § 75 Abs. 4 StGB ergänzt die Vorschrift des § 111d Abs. 1 Satz 2 in den Fällen, in denen der Gegenstand vor der Einziehungsentscheidung bereits beschlagnahmt wurde und die Wirkung der Beschlagnahme von der Eröffnung des **Insolvenzverfahrens** nicht berührt wurde. Die Einziehung führt in diesen Fällen auch während eines Insolvenzverfahrens zu einem Eigentumsübergang auf den Staat, ohne dass § 91 InsO dem entgegenstehen würde.[181]

IV. Nachträgliche Anordnung der Einziehung des Wertersatzes, § 76 StGB

54 Ist die Anordnung der Einziehung eines Gegenstandes unzureichend oder nicht ausführbar, weil nach der Anordnung eine der in den §§ 73c oder 74c StGB bezeichneten

174 BTDrucks. **18** 9525 S. 71.
175 BTDrucks. **18** 9525 S. 71.
176 BTDrucks. **18** 9525 S. 71.
177 BTDrucks. **18** 9525 S. 71.
178 BTDrucks. **18** 9525 S. 71.
179 *Fischer* § 75, 8.
180 BTDrucks. **18** 9525 S. 71.
181 BTDrucks. **18** 11640 S. 81f.

Voraussetzungen eingetreten oder bekanntgeworden ist, so kann das Gericht die Einziehung des Wertersatzes nachträglich anordnen. § 76 StGB ermöglicht damit die **Durchbrechung der Rechtskraft** einer Einziehungsentscheidung und lässt auch eine nachträgliche Anordnung durch einen Beschluss des Gerichts des ersten Rechtszuges zu.[182]

V. Selbständige Einziehung, § 76a StGB

Die Vorschrift des § 76a StGB gehörte im Gesetzgebungsverfahren zur Reform 2017 55
zu den umstrittensten Neuregelungen. Das gilt weniger für die Absätze 1 bis 3, die im Wesentlichen dem Regelungsgehalt des § 76a StGB a.F. entsprechen,[183] dafür umso mehr für Absatz 4, der das Repertoire der strafrechtlichen Vermögensabschöpfung[184] um ein neues, **verurteilungsunabhängiges Abschöpfungsinstrument** erweitert hat.[185]

1. Absatz 1. Seit der Reform 2017 ist eine selbständige Einziehung nicht nur dann 56
möglich, wenn tatsächliche Gründe einer Verurteilung einer bestimmten Person entgegenstehen, sondern auch dann, wenn **rechtliche Hinderungsgründe** vorliegen.[186] Die Vorschrift soll der Umsetzung des Art. 4 der Richtlinie 2014/42/EU dienen und die Einziehung auch bei dauernder Verhandlungsunfähigkeit des Tatbeteiligten ermöglichen.[187] Sie soll im Übrigen selbst dann möglich sein, wenn Strafklageverbrauch vorliegt.[188] Satz 2 regelt die selbständige Einziehung von Surrogaten sowie Tatmitteln, Tatprodukten und Tatobjekten, für die nach den §§ 73ff. StGB „nur" eine Ermessensentscheidung vorgesehen ist.[189] Über Satz 3 wird zum einen das Fehlen eines Strafantrags, der Ermächtigung oder des Strafverlangens zum Ausschlussgrund der Einziehung, zum anderen auch der Umstand, dass in einem früheren Verfahren rechtskräftig über die in Rede stehende Einziehung entschieden worden ist.[190] Der Regelungshintergrund liegt darin, dass Prozessvoraussetzungen, die nicht im Einflussbereich der Strafverfolgungsbehörden liegen, nicht partiell umgangen werden sollen bzw. darin, dass der eingetretene Rechtsfrieden nicht nachträglich aufgehoben werden soll.[191] Wenn aber das Gericht die Möglichkeit der Einziehung verkannt hat, weil es sich dieser überhaupt nicht bewusst war oder weil es ausdrücklich oder konkludent von einer solchen Entscheidung abgesehen hat, soll eine nachträgliche Einziehung unter „Gerechtigkeitsaspekten" gerechtfertigt sein.[192] Verjährte Straftaten sollen hingegen nicht als Anknüpfungstaten für die selbständige Einziehung nach Absatz 1 in Betracht kommen.[193]

2. Absatz 2. Die Regelung in Absatz 2 ermöglicht die selbständige Einziehung bei 57
Vorliegen der Voraussetzungen der §§ 73, 73b und 73c StGB als auch bei jenen nach

---

182 MüKo-StGB/*Joecks* § 76, 1 m.w.N.
183 Zur Abkoppelung der Vermögensabschöpfung von der Verjährung BTDrucks. **18** 11640 S. 82; *Meyer* StV **2017** 343, 344.
184 Kritisch dazu *Saliger* ZStW **129** (2017) 995, 1022ff.; *Meyer* StV **2017** 343, 344.
185 Zu den Folgen für die Bereitschaft zu einem Vorgehen nach § 154 Abs. 1 *Reh* NZWiSt **2018** 20, 25.
186 OLG Hamburg ZWH **2018** 228, 229f.
187 BTDrucks. **18** 9525 S. 72.
188 BTDrucks. **18** 9525 S. 72.
189 BTDrucks. **18** 9525 S. 72.
190 BTDrucks. **18** 9525 S. 72.
191 BTDrucks. **18** 9525 S. 72.
192 BTDrucks. **18** 9525 S. 72; *Korte* wistra **2018** 1, 7; *Köhler/Burkhard* NStZ **2017** 665, 670f.; *Madauß* NZWiSt **2018** 28, 32f. für das Steuerstrafverfahren; zutreffende Gegenargumente bei *Ullenboom* wistra **2018** 291, 292.
193 Ausführlich dazu BTDrucks. **18** 9525 S. 72.

§§ 74b und 74d StGB abweichend von Absatz 1 auch für **verjährte Straftaten.** Mit der Entkoppelung der Vermögensabschöpfung von der Strafverfolgungsfrist soll ihrem Ziel, „strafrechtswidrige Störungen der Rechtsordnung zu beseitigen und damit der materiellen Gerechtigkeit“ Geltung verschafft werden. Dies sei durch einen Gleichlauf von Verfolgungs- und Abschöpfungsverjährung nicht zu erreichen.[194] Der 3. Strafsenat des Bundesgerichtshofs hält diese Möglichkeit wegen Verstoßes gegen das Verbot echt rückwirkender Gesetze für verfassungswidrig und hat im März 2019 einen Vorlagebeschluss an das Bundesverfassungsgericht gefasst.[195]

58 **3. Absatz 3.** Eine selbständige Einziehung nach Absatz 1 ist über Absatz 3 auch dann möglich, wenn das Gericht von Strafe absieht oder das Verfahren nach einer Vorschrift eingestellt wird, die dies nach dem Ermessen der Staatsanwaltschaft oder des Gerichts oder im Einvernehmen beider zulässt. Sie gilt nur für eine Einziehung nach Absatz 1 und gerade nicht für eine solche nach Absatz 4.[196]

59 **4. Die verurteilungsunabhängige Vermögensabschöpfung, § 76a Abs. 4 StGB.** Die dem Rückwirkungsverbot unterliegende,[197] selbständige Einziehung nach § 76a Abs. 4 StGB[198] ermöglicht die Einziehung eines aus einer rechtswidrigen Tat herrührenden Gegenstandes, der in einem Verfahren wegen einer bestimmten Katalogtat sichergestellt worden ist, wenn der von der Sicherstellung Betroffene nicht wegen der Straftat verfolgt oder verurteilt werden kann. Wird die Einziehung in diesen Fällen angeordnet, so geht das Eigentum an der Sache oder das Recht mit Rechtskraft der Entscheidung auf den Staat über; § 75 Abs. 3 StGB gilt entsprechend. Die ausführliche Darstellung dieser verfassungsrechtlich mehr als bedenklichen Vorschrift[199] muss der einschlägigen Kommentarliteratur vorbehalten bleiben. Folgende Anmerkungen sind jedoch notwendig, weil auch die **selbständige Einziehungsanordnung** vorläufig über §§ 111b ff. gesichert werden kann:

60 **a) Allgemeines.** Während Vertreter des Justizministeriums erklärten, mit der Einführung des § 76a Abs. 4 StGB das „schärfste Abschöpfungsrecht in Europa“ geschaffen zu haben,[200] erhoben andere schon im Gesetzgebungsverfahren nicht unerhebliche verfassungsrechtliche Bedenken[201] gegen die Vorschrift.[202] Maßgeblich begründete der Gesetzgeber seine Auffassung zur Verfassungskonformität der Eingriffsermächtigung damit, dass es sich bei **Maßnahmen** nach § 76a Abs. 4 StGB um solche **gegen die Sache,** nicht gegen die Person,[203] handle, diese „ausschließlich“ für schwere Straftaten aus dem

---

194 BTDrucks. **18** 11640 S. 82 mit weiteren Argumenten.
195 BGH Beschl. v. 7.3.2019 – 3 StR 192/18.
196 BTDrucks. **18** 9525 S. 73.
197 BTDrucks. **18** 9525 S. 74.
198 Ausführlich dazu *Marstaller/Zimmermann* passim; *Hinderer/Blechschmitt* NZWiSt **2018** 179 ff.
199 Siehe dazu etwa bei: *Schilling/Hübner* StV **2018** 49 ff.; *Saliger* ZStW **129** (2017) 995, 1022 ff.; *Rönnau/Begemeier* JZ **2018** 443, 447 f.; SSW/*Burghart* § 437, 6; *Hüls* ZWH **2017** 242, 250 f.; *Schilling/Corsten/Hübner* StraFo **2017** 305, 310; *Hinderer/Blechschmitt* NZWiSt **2018** 179, 182 ff.; *Meißner* KriPoZ **2017** 237, 243; *Greeve* ZWH **2017** 277, 280; HK/*Gercke* Vor §§ 111b ff., 5; **anders** *Meyer* StV **2017** 343, 350 ff.; *Korte* wistra **2018** 1, 6 f.
200 Plenarprotokoll **18** 193 S. 19227; einschränkend dann aber *Korte* NZWiSt **2018** 231, 232.
201 OStVV Stellungnahme vom 31.5.2016 S. 14 ff.; BRAK Stellungnahme 15/2016 S. 6 f.; *dies.* Stellungnahme 39/2016 S. 4 f.; *Gebauer* ZRP **2016** 101, 104; **a.A.** LG Hamburg Beschl. v. 7.3.19 – 614 Qs 21/18; kritisch dazu *Johann* PStR **2019** 168, 169.
202 Siehe indes zu den Forderungen des Bundesrates nach noch weitergehenden Beweiserleichterungen BTDrucks. **18** 10146 S. 1 f.
203 BTDrucks. **18** 9525 S. 92.

Bereich des Terrorismus und der Organisierten Kriminalität Anwendung fänden und damit einem kriminalpolitischen Bedürfnis Rechnung getragen werde.[204]

61 Die Verfassungskonformität damit zu begründen, dass die Einziehung gegen eine Sache und nicht gegen eine Person gerichtet ist, ist freilich Wortklauberei, denn natürlich handelt es sich (auch) um ein Verfahren gegen den Einziehungsbeteiligten,[205] dem über § 427 Abs. 1 Satz 1 deshalb auch dieselben Befugnisse zugesprochen werden, die ein Angeklagter inne hat. Die verurteilungsunabhängige Einziehung greift überdies gerade nicht nur bei schwersten Straftaten,[206] über § 76a Abs. 4 Satz 3 Nr. 1 lit. f) StGB hat der Gesetzgeber ihren Anwendungsbereich auch für Ermittlungsverfahren wegen Geldwäsche und damit letztlich für Fälle der **Kleinstkriminalität** eröffnet.[207] Ein europarechtlicher Konvergenzdruck für diese Vorschrift kann ebenfalls nicht attestiert werden.[208]

62 **b) Praktischer Anwendungsbereich.** Die Vorschrift zur verurteilungsunabhängigen Einziehung von Vermögenswerten hat auf Tatbestandsebene einen enorm umfangreichen Anwendungsbereich, der jedoch durch die prozessualen Sonderregelungen der §§ 435 ff. faktisch sehr stark eingeschränkt wird. Damit verbleibt tatsächlich nur ein sehr kleiner Anwendungsbereich der verurteilungsunabhängigen Einziehung,[209] allerdings aus anderen als den vom Gesetzgeber genannten Gründen:

63 **aa) Beweislast der Staatsanwaltschaft.**[210] Entgegen entsprechenden Ausführungen in der Literatur[211] enthält § 437[212] mit dem Merkmal des groben Missverhältnisses keine **Anscheinsbeweisregelung.**[213] Der Anscheinsbeweis ist ein Instrument der Beweiswürdigung,[214] das dem Nachweis eines Verschuldens,[215] nicht eines Zustandes, dient. Das grobe Missverhältnis hingegen beschreibt lediglich einen Zustand und hat keine Aussagekraft für dessen Entstehung, schließlich kann jedes Geschehen generalisierend beschrieben und damit plausibel gemacht werden.[216] In § 437 einen Anscheinsbeweis zu erblicken würde daher faktisch zu einer **Beweislastumkehr** zu Lasten des Betroffenen führen,[217] für die es an einer hinreichend konkreten gesetzlichen Regelung[218] fehlt. Die Vorschrift ist damit nicht mehr als die exemplarische Bezeichnung für die Möglichkeit richterlicher Überzeugungsbildung,[219] die nach dem Willen des Gesetzgebers der Bedeu-

---

204 Zur Begründung ausführlich BTDrucks. **18** 9525 S. 73 f.
205 Im Ergebnis ebenso *Schilling/Hübner* StV **2018** 49, 53 f.; *Hüls* ZWH **2017** 242, 251.
206 Zur Frage, wie der Gesetzgeber auf diesen Katalog kam, *Meyer* StV **2017** 343, 345.
207 OStVV Stellungnahme vom 31.5.2016 S. 17 ff.
208 *Schilling/Hübner* StV **2018** 49, 52 f.
209 Ausführlich *Johann* 225 ff.
210 Ausführlich *Johann* 230 ff.
211 *Meißner* KriPoZ **2017** 237, 239; *Meißner/Schütrumpf* Rn. 84; ebenso *Pelz* NZWiSt **2018** 251, 252; in diesem Sinne auch *Hinderer/Blechschmitt* NZWiSt **2018** 179, 182; *Schilling/Corsten/Hübner* StraFo **2017** 305, 313; *Meyer* StV **2017** 343, 347 sieht darin eine teilweise Grundsteinlegung für den Anscheinsbeweis; *Greeve* ZWH **2017** 277, 279 und *Hüls* ZWH **2017** 242, 243 sprechen ebenfalls von Beweislastumkehr; HK/*Gercke* Vor §§ 111b ff., 6: im Ergebnis Beweislastumkehr; siehe zur faktischen Beweislastumkehr auch *Köllner/Mück* NZI **2017** 593, 598.
212 Kritisch zu dieser Vorschrift *Saliger* ZStW **129** (2017) 995, 1027 ff.
213 BTDrucks. **19** 8795 S. 7.
214 Allgemeine Meinung, vgl. etwa schon RGZ **134** 237 ff.; BGH NJW **1963** 953; MüKo-ZPO/*Prütting* § 286, 48; *Doukoff* SVR **2015** 245, 250 f. m.w.N.
215 MüKo-ZPO/*Prütting* § 286, 48.
216 Musielak/Voit/*Foerste* § 286, 23.
217 Diese sieht *Greeve* ZWH **2017** 277, 281 grundsätzlich durch eine Arrestvollziehung.
218 Dazu *Meyer* StV **2017** 343, 346.
219 Zu ihrem Verhältnis zu § 261 *Meyer* StV **2017** 343, 348 f.

tung der Einziehung von Vermögen unklarer Herkunft im Gesamtgefüge der Einziehungsvorschriften Ausdruck verleihen soll.[220] Daraus folgt, dass die Strafverfolgungsbehörden den Gerichten für einen erfolgreichen Einziehungsantrag mehr zu präsentieren haben als die Tatsache, dass der einzuziehende Gegenstand in einem groben Missverhältnis zum sonstigen Vermögen des Betroffenen steht. Die Nichterweislichkeit der die Einziehung begründenden Tatsachen geht zu Lasten der Strafverfolgungsbehörden, was sich zwanglos aus dem Antragserfordernis nach § 435 ergibt. Der vom Gesetzgeber angedachten Orientierung an „zivilrechtlichen Darlegungs- und Beweislastregeln" hat der Bundesgerichtshof zwischenzeitlich jedenfalls konkludent in anderem Zusammenhang eine Absage erteilt, indem er erklärte: „Die Einziehung ist eine ... hoheitliche Eingriffsmaßnahme ... und damit der Durchsetzung von zivilrechtlichen Schadensersatzansprüchen im Gleichordnungsverhältnis zwischen Privatleuten im Zivilprozess nicht vergleichbar."[221]

64 **bb) Subsidiarität.** Die Strafverfolgungsbehörden müssen dem Gericht Tatsachen präsentieren, bei deren Nachweislichkeit es zu der *Überzeugung* gelangen kann, dass es sich um aus Straftaten herrührende Gegenstände handelt. Zugleich dürfen diese Tatsachen aufgrund der Subsidiarität der selbständigen Einziehung[222] keine **Anhaltspunkte für weitere Ermittlungen** gegen eine natürliche Person liefern. Der Vortrag der Staatsanwaltschaften ist deshalb qua Gesetzes höchst vage, was dazu führt, dass der Betroffene diesen leicht mit alternativen Erwerbshypothesen erschüttern kann. Erklärt der Betroffene etwa, das potentiell aus Straftaten herrührende Geld geschenkt bekommen zu haben oder es nur für einen (im Ausland ansässigen) Dritten zu verwahren, so müssen die Strafverfolgungsbehörden dem nachgehen. Sind weitere Ermittlungsansätze vorhanden, ist das selbständige Einziehungsverfahren unzulässig, denn das Gericht hat im Rahmen des durch die Reform neu geschaffenen Zwischenverfahrens zu prüfen, ob wegen der Straftat tatsächlich keine bestimmte Person verfolgt oder verurteilt werden kann.[223] Gleiches gilt freilich in Bezug auf die Höhe des Vermögenswertes in Fällen der **„Teilkontermination"**.[224]

c) Folgen für die vorläufige Sicherstellung

65 **aa) Allgemeines.** Für das selbständige Einziehungsverfahren und eine vorläufige Sicherstellung zum Schutz der Vollstreckbarkeit ihrer Entscheidung bleibt damit nur dann Raum, wenn die Annahme begründet ist, dass das Ermittlungsverfahren wegen einer Katalogtat geführt wird, trotz **Ausschöpfung aller Ermittlungsmöglichkeiten** keine bestimmte Person wegen dieser Tat verfolgbar oder zu verurteilen sein wird, der Einziehungsantrag ermessensfehlerfrei gestellt werden wird,[225] das Gericht zu der Überzeugung[226] gelangen wird, dass der einzuziehende Gegenstand aus einer rechtswidrigen Tat herrührt,[227] wobei diese Überzeugung rechtsfehlerfrei nicht isoliert auf dem groben

---

220 BTDrucks. **18** 9525 S. 92; *Meyer* NZWiSt **2018** 246, 248; *Saliger* ZStW **129** (2017) 995, 1028; SSW/*Burghart* § 437, 1; ebenso *Korte* wistra **2018** 1, 8 f.: „Anwendungshinweise".
221 BGH Beschl. v. 14.11.2018 – 3 StR 447/18.
222 BTDrucks. **18** 9525 S. 73.
223 Ausführlich *Johann* 249 ff.; zur Subsidiarität auch *Köhler/Burkhard* NStZ **2017** 665, 672 mit Beispiel; *Meyer* StV **2017** 343, 345.
224 BTDrucks. **18** 9525 S. 73; dazu generell kritisch *Rönnau/Begemeier* JZ **2018** 443, 445 ff.
225 BTDrucks. **18** 11640 S. 82.
226 BTDrucks. **19** 8795 S. 6 f.
227 Dazu *Rönnau/Begemeier* JZ **2018** 443, 444 ff.

Missverhältnis zwischen dem Wert des Gegenstandes und dem sonstigen Vermögen des Betroffenen gründen darf, und die Anordnung verhältnismäßig[228] wäre. Diese Voraussetzungen dürften praktisch[229] kaum einmal vorliegen[230] und je eher sie doch einmal nachzuweisen sind, umso wahrscheinlicher wird sich auch ein hinreichend Tatverdächtiger ermitteln lassen, damit die Subsidiaritätsklausel nicht erfüllt sein und folglich (doch wieder) der Weg über § 73a StGB einzuschlagen sein. Eine selbständige Einziehung scheidet nach zutreffender aber weitgehend bestrittener Ansicht außerdem aus, wenn sie im subjektiven Verfahren fehlerhaft unterblieben ist.[231]

bb) Sicherstellungsanordnung. Soll ein zunächst im subjektiven Verfahren sichergestellter Gegenstand selbständig eingezogen werden, so muss auch die Sicherstellungsanordnung angepasst werden. Anders als zu Zeiten des § 111b Abs. 5 StPO a.F., als nach herrschender Meinung im Zuge der vorläufigen Sicherstellung noch nicht festgestellt werden musste, ob die Maßnahme der Sicherung der Verfallsanordnung oder der Rückgewinnungshilfe dient,[232] kann aufgrund der grundlegend unterschiedlichen Voraussetzungen die Begründung einer Sicherstellungsanordnung nicht **alternativ** mit § 73 oder § 76a Abs. 4 StGB erfolgen. Ändert sich mit einem Wechsel des Arrestanspruchs von §§ 73ff. StGB auf § 76a Abs. 4 StGB die Anspruchsgrundlage, so muss sie **neu begründet** werden, denn schon der Grundsatz des fairen Verfahrens erfordert, dass der Betroffene weiß, ob er Beschuldigter oder Einziehungsbeteiligter bzw. Einziehungsbeteiligter in einem subjektiven oder objektiven Verfahren ist. 66

cc) Sonderproblem der Notwendigkeit vorläufiger Sicherstellung. War der Gegenstand der selbständigen Einziehung nicht vorläufig sichergestellt, scheidet eine Einziehung immer aus, denn das Gesetz geht davon aus, dass ein Gegenstand in einem Verfahren wegen des Verdachts einer Katalogtat im Sinne des § 76a Abs. 4 StGB „sichergestellt" worden ist. Der Gegenstand kann auch nicht nur zur Schaffung der Voraussetzungen des § 76a Abs. 4 StGB beschlagnahmt werden, schließlich setzt eine Beschlagnahme die **Notwendigkeit der Sicherung** einer Einziehungsanordnung voraus. Sie dient nicht dazu, deren Voraussetzungen erst noch zu schaffen. 67

VI. Verjährung der Einziehung von Taterträgen und des Wertes von Taterträgen, § 76b StGB

Die Vorschrift des § 76b StGB ist eine Folgeregelung der im Gesetzgebungsverfahren vorgenommenen Entkoppelung der Verjährung der Einziehung des Tatertrages oder des Wertersatzes von der Verjährung der entsprechenden Erwerbstat nach § 76a Abs. 2 Satz 1 StGB.[233] Die erweiterte und die selbständige Einziehung des Tatertrages verjähren nun- 68

228 BTDrucks. **18** 9525 S. 73.

229 *Saliger* ZStW **129** (2017) 995, 1032 sieht „zumindest prozedural ... das selbständige Einziehungsverfahren ... derzeit kaum [als] verfassungskonform" an.

230 Siehe zu alternativen Modellen bei *Rönnau/Begemeier* JZ **2018** 443, 449; *Saliger* ZStW **129** (2017) 995, 1000 ff.; *Meyer* StV **2017** 343, 349 ff.; *Johann* 328 ff.; siehe aber auch LG Hamburg Beschl. v. 7.3.19 – 614 Qs 21/18.

231 Zutreffende Argumente bei *Ullenboom* wistra **2018** 291, 292; **a.A.** BTDrucks. **18** 9525 S. 57; *Korte* wistra **2018** 1, 7; *Köhler/Burkhard* NStZ **2017** 665, 670 f.; *Madauß* NZWiSt **2018** 28, 32 f. für das Steuerstrafverfahren.

232 Etwa OLG Frankfurt a.M. NStZ-RR **2005** 111, 112; OLG Stuttgart NJW **2008** 1605, 1607; MüKo/*Bittmann* 17; LR/*Johann*[26] § 111b, 49; *Schmidt* NZWiSt **2015** 401, 408; **a.A.** SK/*Rogall* 40.

233 Umfassend dazu BTDrucks. **18** 11640 S. 83.

mehr innerhalb von dreißig Jahren, die §§ 78b und 78c StGB gelten entsprechend. In den besonderen Fällen des § 78 Abs. 2 StGB und § 5 VStGB verjährt die Einziehung nach §§ 73a, 76a StGB nicht, § 76b Abs. 2.[234]

C. Die Voraussetzungen des § 111b

I. Allgemeines

69 Durch das Gesetz zur Reform der strafrechtlichen Vermögensabschöpfung[235] hat der Gesetzgeber die Regelungen zur vorläufigen Sicherstellung von Gegenständen nach den §§ 111b ff. vollständig neu gefasst und umfangreiche systematische Veränderungen vorgenommen. Bereits zur alten Rechtslage vollzogene Sicherstellungen wirken im neuen Recht fort.[236] Das Ziel der Neuregelung war es, die vorläufige Sicherstellung von Vermögenswerten zu erleichtern[237] und zu stärken.[238] Um dieses Ziel zu erreichen unterscheidet das Gesetz zwar nach wie vor zwischen der Sicherung durch Beschlagnahme (§§ 111b ff.) und der Sicherung durch Arrest (§§ 111e ff.), allerdings heißt letzterer heute nicht mehr „dinglicher Arrest", sondern „Vermögensarrest" und ist auch nicht mehr in § 111b Abs. 2, sondern zentral in § 111e geregelt.[239] Nach Auffassung des Gesetzgebers dient dies der systematisch klareren Trennung der beiden Sicherungsmittel und wird durch die Einführung eines strafprozessualen Vermögensarrestes zugleich dessen eigenständige Bedeutung in Abgrenzung zum zivilrechtlichen Arrest hervorgehoben.[240] § 111b regelt heute nur noch, unter welchen Voraussetzungen eine **Beschlagnahme** stattfinden kann und dass die §§ 102 bis 110 entsprechende Anwendung finden. Mit der Reform wurde außerdem klargestellt, dass die Unbrauchbarmachung der Einziehung gleichsteht.[241] Neben diesen systematischen Veränderungen wurde die Vorschrift des § 111b aber auch inhaltlich neu gefasst. Eine zentrale Schutzvorschrift zu Gunsten des Betroffenen vor überlangen Sicherstellungen in Form des § 111b Abs. 3 StPO a.F. ist ersatzlos gestrichen worden, dafür wurde mit dem Sicherungsbedürfnis erstmals ein Merkmal zum Schutz des Betroffenen vor übereilten Sicherstellungsmaßnahmen in den Tatbestand aufgenommen.

II. Regelungsgehalt

70 Nach § 111b Abs. 1 Satz 1 können Gegenstände zur Sicherung der Vollstreckung beschlagnahmt werden, wenn Gründe für die Annahme vorhanden sind, dass die Voraussetzungen der Einziehung oder Unbrauchbarmachung dieser Gegenstände vorliegen. Liegen dringende Gründe für diese Annahme vor, so soll die Beschlagnahme nach Satz 2 sogar angeordnet werden (Rn. 90 ff.). Satz 3 wiederum bestimmt, dass § 94 Abs. 3 von diesen Regelungen unberührt bleibt. Andere Wege der Sicherstellung, wie sie § 94 für Beweismittel kennt (§ 94, 4 ff.), werden damit ausgeschlossen. Die Beschlagnahme kann bei Vorliegen ihrer Voraussetzungen von der Einleitung des Ermittlungsverfahrens bis hin zur Vollstreckbarkeit der getroffenen Entscheidung, das heißt auch noch während

---

234 BTDrucks. **18** 9525 S. 84.
235 BGBl. I 2017 S. 872.
236 *Korte* NZWiSt **2018** 231; zum Vermögensarrest etwa OLG Hamm MMR **2018** 529; OLG München FGPrax **2018** 68.
237 BTDrucks. **18** 9525 S. 48.
238 BTDrucks. **18** 9525 S. 49.
239 BTDrucks. **18** 9525 S. 75.
240 *Köhler/Burkhard* NStZ **2017** 665, 676.
241 BTDrucks. **18** 9525 S. 75.

der **Hauptverhandlung**, angeordnet werden.[242] Einzelheiten, insbesondere zu den beschlagnahmetauglichen Gegenständen, sind in § 111c geregelt.

III. Voraussetzungen des Absatz 1 Satz 1

1. Begründete Annahme einer Einziehung oder Unbrauchbarmachung. Das Gesetz verlangt für die Beschlagnahme, dass die Annahme begründet ist, dass die Voraussetzungen der Einziehung oder Unbrauchbarmachung (dazu Rn. 82) vorliegen. 71

a) Begründete Annahme. Das Tatbestandsmerkmal der Annahme orientiert sich am Begriff des Anfangsverdachts aus § 152 Abs. 2 („zureichende tatsächliche Anhaltspunkte").[243] Es ist eine gewisse, auf Tatsachen gestützte Wahrscheinlichkeit erforderlich, dass am **Ende des Strafverfahrens**[244] Maßnahmen nach §§ 73ff. StGB ergehen.[245] Bloße, vage Vermutungen reichen nicht aus.[246] Dabei sind schon vor Ausbringung der Sicherungsmaßnahmen die Ermessensregelungen in § 74 Abs. 1 StGB,[247] aber auch jene in den die Einziehung gestattenden Sondergesetzen zu berücksichtigen. Gleiches gilt für die Verhältnismäßigkeitsprüfung nach § 74f StGB.[248] Zwar soll nach dem Willen des Gesetzgebers im Rahmen der Einziehungsanordnung nach §§ 73ff. kein Ermessen mehr bestehen, dies kann jedoch aus den bei Rn. 13ff. dargestellten Gründen nicht überzeugen. Ebenso wie zu Zeiten des § 73c StGB a.F. ist deshalb nach wie vor auch vor der Sicherung der späteren Einziehungsanordnung grundsätzlich eine Prognose erforderlich, ob das Gericht überhaupt eine Einziehung anordnen wird oder Ausschlussgründe vorliegen.[249] Zu beachten ist außerdem, dass das Gericht nach § 421 mit Zustimmung der Staatsanwaltschaft unter gewissen Voraussetzungen von der Einziehung absehen kann. Die Frage des Vorliegens der Tatbestandsvoraussetzungen des § 421 dürfte zu Beginn eines Ermittlungsverfahrens zwar kaum zu beantworten sein;[250] ist jedoch bereits zu diesem frühen Zeitpunkt des Verfahrens davon auszugehen, dass bei rechtsfehlerfreier Ermessensausübung am Ende des Verfahrens von einer Anordnung der Einziehung nach § 421 abgesehen wird, darf schon mangels begründeter Annahme keine vorläufige Sicherung stattfinden. Es ist überdies nicht die Aufgabe des Betroffenen darzulegen, dass trotz bestehender Verdachtsmomente bestimmte Gegenstände nicht deliktischen Ursprungs sind; die Strafprozessordnung kennt keine Beweislastumkehr. Die Strafverfolgungsbehörden haben die **Darlegungs- und Beweislast**, dass Tatsachen für eine spätere Einziehungsanordnung sprechen.[251] 72

Der Einziehung stehen die Abführung des Mehrerlöses nach §§ 8ff. WiStG, die Vernichtung nach §§ 37, 42f. KunstUrhG[252] und § 144 Abs. 4 MarkenG gleich.[253] Fehlt es aktuell an einer Verfahrensvoraussetzung, steht aber zu erwarten, dass diese noch geschaffen 73

242 SK/*Rogall* 3.
243 HK/*Gercke* 11; MüKo/*Bittmann* 7; Meyer-Goßner/Schmitt/*Köhler* 6; SK/*Rogall* 12.
244 Hierbei ist auf die letztinstanzliche Entscheidung abzustellen, siehe MüKo/*Bittmann* 7.
245 BGH NStZ **2008** 419; OLG Celle NStZ-RR **2008** 203, 204; SSW/*Burghart* 7 und 10; Meyer-Goßner/Schmitt/*Köhler* 6; KMR/*Mayer* 27.
246 SSW/*Burghart* 10; SK/*Rogall* 13: erwiesene Tatsachen.
247 BGH wistra **2007** 431, 432.
248 Meyer-Goßner/Schmitt/*Köhler* 9.
249 SSW/*Burghart* 8.
250 Zu § 73c StGB a.F. so auch *Lohse* JR **2011** 242, 244.
251 SSW/*Burghart* § 111e, 6.
252 HK/*Gercke* 5.
253 SK/*Rogall* 13; Meyer-Goßner/Schmitt/*Köhler* 1; MüKo/*Bittmann* 6.

werden kann, ist die Sicherstellung ebenfalls zulässig.[254] Umgekehrt ist eine vorläufige Sicherstellung **ausgeschlossen**, wenn zwar im Zeitpunkt der Anordnung alle Voraussetzungen der Einziehung vorliegen, zugleich aber eine auf Tatsachen gestützte Wahrscheinlichkeit besteht, dass diese am Ende des Verfahrens entfallen sein werden.[255] Da die Beschlagnahme grundsätzlich dazu dient, den Vollzug einer späteren Einziehungsanordnung zu sichern (Vor §§ 111b ff., 5), fehlt es in diesen Fällen aber nicht nur am Tatbestandsmerkmal der begründeten Annahme, sondern ist die Maßnahme auch mangels legitimen Zwecks nicht verhältnismäßig. Auch gegen Dritte kann die Beschlagnahme angeordnet werden, wenn der Täter oder Teilnehmer für diesen gehandelt und er dadurch einen Vermögenswert erlangt hat (§ 73b StGB). Wird der Vermögenswert einer juristischen Person zugewendet, ist sie Einziehungsbeteiligte. Eine Einziehung beim unmittelbar handelnden Geschäftsführer scheidet grundsätzlich aus.[256] Nur weil ein Gegenstand besonderer Pflege bedarf oder zu verderben droht, hindert dies die Beschlagnahme nicht.[257] In diesen Fällen sieht das Gesetz vielmehr die Möglichkeit der **Notveräußerung** nach § 111p bzw. der ordnungsgemäßen Verwaltung nach § 111m vor. Da auch im selbständigen Einziehungsverfahren nach §§ 435 ff. auf Einziehung des Gegenstandes oder des Wertersatzes erkannt werden kann, setzt eine vorläufige Sicherstellung nicht zwingend voraus, dass eine bestimmte Person verfolgt werden kann (ausführlich Rn. 65 ff.).[258] Im selbständigen Einziehungsverfahren gilt nicht der Legalitätsgrundsatz,[259] sondern das Opportunitätsprinzip.[260] Er hat daher auch für die Beschlagnahme in diesem Verfahren keine Bedeutung. Ist erkennbar, dass eine Einziehung aus Opportunitätsgründen ausscheiden wird, kann auch keine vorläufige Sicherstellung ergehen. Ist absehbar, dass die Einziehung vorbehalten bleibt (Rn. 48), darf keine vorläufige Sicherstellung erfolgen.[261]

b) Sonderfall § 73e Abs. 1 StGB

74 **aa) Allgemeines.** Nach § 73e Abs. 1 StGB ist die Einziehung nach §§ 73 bis 73c StGB ausgeschlossen, soweit der Anspruch, der dem Verletzten aus der Tat auf Rückgewähr des Erlangten oder auf Ersatz des Wertes des Erlangten erwachsen ist, erloschen ist (ausführlich Rn. 30 ff.). Analog der zum alten Recht notwendigen Prüfung, ob eine Verfallsanordnung im Urteil an § 73c StGB a.F. scheitern wird, ist nun im Rahmen der **Prognoseentscheidung** zur „Annahme" zu berücksichtigen, ob Anhaltspunkte dafür vorliegen, dass die Ansprüche des Verletzten (Rn. 77) erlöschen werden.[262] Solche können sich etwa aus der Vernehmung des Verletzten, aber auch aus den Einlassungen des Betroffenen ergeben. Erklärt der Verletzte etwa, dass er sich mit dem Betroffenen auf eine bestimmte Zahlung geeinigt hat und im Gegenzug dafür auf die Rückgabe des durch die Straftat erlangten Gegenstandes verzichtet, scheidet schon die Annahme einer späteren Einziehungsanordnung aus. Dabei ist es völlig unerheblich, in welcher Höhe sich die Beteiligten einigen und ob diese Einigung dauerhaft ist, denn § 73e Abs. 1 StGB schließt auch bei

---

254 Meyer-Goßner/Schmitt/*Köhler* 7; SK/*Rogall* 14; KMR/*Mayer* 27.
255 SK/*Rogall* 14; SSW/*Burghart* 8.
256 BGH Beschl. v. 17.1.2019 – 4 StR 486/18; v. 14.11.2018 – 3 StR 447/18; Schönke/Schröder/*Eser*/*Schuster* § 73, 20.
257 Meyer-Goßner/Schmitt/*Köhler* 11; SK/*Rogall* 8.
258 Meyer-Goßner/Schmitt/*Köhler* 6; KMR/*Mayer* 25.
259 BGHSt **7** 357; Meyer-Goßner/Schmitt/*Köhler* § 435, 6; SK/*Rogall* 20.
260 BTDrucks. **18** 11640 S. 82.
261 Meyer-Goßner/Schmitt/*Köhler* 9.
262 SSW/*Burghart* 9; KMR/*Mayer* 28.

einem (rechtsgrundlosen) Erlass des Verletzten die Einziehung aus (Rn. 32ff.).[263] Entscheidend für die Frage, ob eine Beschlagnahme ergehen bzw. aufrecht erhalten werden kann, ist in diesen Fällen ausschließlich, ob der aus der Tat auf Rückgewähr des Erlangten oder auf Ersatz des Wertes des Erlangten erwachsene Anspruch des Verletzten voraussichtlich bis zur Einziehungsentscheidung erloschen sein wird.

bb) Verletztenbegriff. Verletzter im Sinne des Reformgesetzes ist (nur) derjenige, dem ein Anspruch auf Rückgewähr des Erlangten oder auf Ersatz des Wertes des Erlangten aus der Tat (Rn. 78) erwachsen ist, die im entscheidungserheblichen Zeitpunkt Gegenstand der vorläufigen Sicherung oder des Urteils mit abschließender Einziehungsentscheidung ist (zu den daraus folgenden Friktionen bei Steuerdelikten § 111h, 22f.).[264] Dieses sog. **„Identitätserfordernis"** hat zur Folge, dass die Begriffe **„Geschädigter"** und **„Verletzter"** nicht synonym sind, der Verletztenbegriff ist vielmehr der speziellere.[265] Er orientiert sich an der Rechtslage vor der Reform und soll damit die bis dahin ergangene Rechtsprechung auf das neue Recht übertragbar machen.[266] Verletzter kann neben jeder natürlichen Person grundsätzlich auch eine Personengemeinschaft oder eine juristische Person sein.[267] Auch der Staat kann Verletzter einer Straftat sein.[268] Verletzte im Sinne des Vermögensabschöpfungsrechts sind auch die Erben oder sonstigen Rechtsnachfolger des unmittelbar Verletzten und der Versicherer, auf den der Anspruch des unmittelbar Verletzten nach § 86 Abs. 1 VVG übergegangen ist.[269] 75

Machen **mehrere Verletzte** ihre Ansprüche an dem sichergestellten Gegenstand geltend, so darf die Annahme einer späteren Einziehung trotz Einigung zwischen Betroffenem und Verletzten so lange aufrechterhalten werden, solange nicht ermittelt ist, ob diesem Verletzten tatsächlich ein Anspruch auf Rückgewähr des sichergestellten Gegenstandes aus der Straftat erwachsen ist. Handelt es sich bei dem sichergestellten Gegenstand um den einzig werthaltigen des Betroffenen und machen mehrere Verletzte Ansprüche bei der Staatsanwaltschaft geltend, ohne dass diese Ansprüche mit der Tat in Zusammenhang stehen, die Anlass für die Beschlagnahme war, so fällt der Einziehungsgegenstand zwar in die (potentielle) Insolvenzmasse, die Freigabe muss jedoch erfolgen, wenn sich der aus dieser Straftat Verletzte und der Betroffene geeinigt haben und der Anspruch des Verletzten damit erlöschen wird. In diesen Fällen kann die Staatsanwaltschaft nur den Vermögensarrest in das Vermögen des Betroffenen beantragen und mittels seiner Vollziehung den Anspruch des Betroffenen auf Herausgabe bzw. den Gegenstand selbst pfänden. Unterbleibt der Vermögensarrest bzw. dessen Vollziehung, ist der Gegenstand herauszugeben. Zu Fällen mit mehreren Verletzten im Zusammenhang mit der Wertersatzeinziehung weitergehend bei § 111e, 16. 76

cc) Anspruch des Verletzten. Der Rechtsnatur der Vermögensabschöpfung als quasi kondiktioneller Ausgleichsmaßnahme eigener Art (Rn. 31) entspricht es, dass von 77

---

263 BTDrucks. **18** 9525 S. 69.
264 BTDrucks. **18** 9525 S. 50; *Köhler/Burkhard* NStZ **2017** 665, 679f.
265 *Köllner/Mück* NZI **2017** 593, 594.
266 BTDrucks. **18** 9525 S. 50.
267 *Kiethe/Hohmann* NStZ **2003** 505, 508; MüKo/*Bittmann* 17; ausführlich *Rönnau* Rn. 223ff.
268 Vgl. etwa BGH JR **2010** 34, 35; NJW **2001** 693; BeckRS **2010** 19610; OLG Celle wistra **2008** 359; Neumann/Kindhäuser/Paeffgen/*Saliger* § 73, 21b; Flore/Tsambikakis/*Webel* Teil 2 Kapitel 10, 159; *Meurer* NStZ **1991** 438, 439; *Eckstein* FS Schröder 777, 779; MAH (WSSt)/*Rönnau* § 13, 232 und 238.
269 BTDrucks. **18** 9525 S. 51; BGH NJW **2018** 2141; zum Insolvenzverwalter ausführlich MAH (WSSt)/*Rönnau* § 13, 235.

ihren materiellen und prozessualen Vorschriften nur diejenigen Geschädigten einer Tat auch als „Verletzte" erfasst werden, denen ein Anspruch auf Rückgewähr des Erlangten oder auf Ersatz des Wertes des Erlangten durch die Tat erwachsen ist. Der **vermögensabschöpfungsrechtliche Anspruch** ist die Kehrseite dessen, was der Betroffene durch der Tat erlangt hat.[270] Nicht erfasst sind damit sämtliche Schadensersatz- und Schmerzensgeldansprüche des Geschädigten, die diesem etwa aus der Raubtat gegenüber dem Täter zustehen;[271] nur in Bezug auf das unmittelbar aus der Tat Erlangte Raubgut ist er auch Verletzter. Soweit es den **Schadensersatz**- oder **Schmerzensgeldanspruch** betrifft, hat der Betroffene hingegen nichts aus der Tat erlangt.[272] Auch Zinsansprüche oder die Kosten der Rechtsverfolgung des Verletzten werden aus diesem Grunde nicht umfasst.[273] Diese strikte Differenzierung ist konsequent und belastet den Verletzten auch nicht über Gebühr, weil er wegen dieser vom Vermögensabschöpfungsrecht nicht erfassten Ansprüche das Adhäsionsverfahren wählen kann. Dass dieses in der Praxis der Strafgerichte weitestgehend stiefmütterlich behandelt wird, darf nicht dazu führen, dass man das dafür schon vom Sinn und Zweck her unpassende Vermögensabschöpfungsrecht noch weitergehend öffnet. Die Lösung liegt de lege ferenda darin, das Adhäsionsverfahren zu stärken und dem Verletzten ein brauchbares Beschwerderecht einzuräumen, das nicht dadurch umgangen werden kann, dass erst mit dem Urteil über den entsprechenden Antrag entschieden und damit die Beschwerdemöglichkeit ausgehebelt wird.[274] Im Übrigen bleibt es dem Verletzten unbenommen, die nicht erfassten Ansprüche zivilprozessual zu verfolgen.[275] Das ist unter Berücksichtigung des Ziels einer vereinfachten Opferentschädigung freilich nicht ideal, andererseits aber ohne grundlegende Neuausrichtung des Vermögensabschöpfungsrechts auch nicht zu vermeiden.

78 **dd) Tat.** Bis zur Reform 2017 entsprach es der ganz herrschenden Meinung, dass Verletzter im Sinne des Vermögensabschöpfungsrechts derjenige war, dem ein Anspruch aus der Tat im Sinne des § 264 erwachsen war.[276] Verletzter im Sinne des reformierten Rechts ist hingegen nur noch, wem durch die **Tat im materiellen Sinne** ein Anspruch auf Rückgewähr des Erlangten oder Ersatz des Wertes des Erlangten erwachsen ist.[277] Der konkrete Lebenssachverhalt, dessen Grundlage die vorläufige Sicherstellung in Bezug auf die Begründung der Einziehungsprognose ist, muss folglich identisch sein mit jener Tat im materiellen Sinne, aus der der Verletzte seine Ansprüche herleitet.[278] Auf das Schutzgut des verletzten Strafgesetzes kommt es dabei nicht an.[279] Verletzt die Handlung des Betroffenen nicht nur Individual-, sondern auch Universalrechtsgüter, so soll nach Auffassung des LG Stuttgart eine Einigung zwischen Verletztem und Betroffenen die Einziehung nur insoweit ausschließen, als die Einigung reicht.[280]

---

270 BTDrucks. **18** 9525 S. 51; BGH Urt. v. 18.12.2018 – 1 StR 36/17; *Köhler* NStZ **2017** 497, 503; *Rhode* wistra **2018** 65, 67; *Hüls* ZWH **2017** 242, 247; *Köhler/Burkhard* NStZ **2017** 665, 679.
271 BTDrucks. **18** 9525 S. 51; **a.A.** SSW-StGB/*Burghart* § 73, 38.
272 BTDrucks. **18** 9525 S. 50; *Hüls* ZWH **2017** 242, 247; **a.A.** SSW-StGB/*Burghart* § 73, 38.
273 BTDrucks. **18** 9525 S. 51; *Rhode* wistra **2018** 65, 67; ausführlich *Reh* wistra **2018** 414, 415 ff.
274 Vgl. dazu LR/*Hilger*[26] § 406a, 1; KK/*Zabeck* § 406a, 1.
275 BTDrucks. **18** 9525 S. 51.
276 Vgl. statt vieler: BGH NJW **2013** 950, 951; OLG Hamburg wistra **2011** 279, 280; MüKo/*Bittmann* 17; *Rönnau* Rn. 232 m.w.N.
277 BTDrucks. **18** 9525 S. 50; *Köhler/Burkhard* NStZ **2017** 665, 679.
278 BTDrucks. **18** 9525 S. 50; *Köhler/Burkhard* NStZ **2017** 665, 676.
279 BGH NJW **2013** 950, 951.
280 LG Stuttgart BeckRS **2019** 1814 allerdings unter Rekurs auf die Tat im prozessualen Sinne.

Der **Verletztenbegriff ist damit dynamisch.**[281] Während sich die Beschlagnahme-, vor allem aber die Arrestanordnung, anfangs noch auf Straftaten zu Lasten mehrerer Verletzter erstrecken kann, bewirkt eine Verfahrensbegrenzung nach §§ 154, 154a, dass diese Taten vollständig von der Verfolgung ausgenommen werden.[282] Soweit diesbezüglich nicht ins selbständige Einziehungsverfahren nach §§ 435 ff. gewechselt wird, scheiden die Verletzten mit der Einstellungsentscheidung ausnahmslos aus dem Verfahren aus und können sie auch nicht mehr am Restitutionsverfahren nach §§ 459h ff. teilnehmen.[283] Das gilt völlig unabhängig vom Zeitpunkt der Entscheidung. Andererseits können auch solche Taten einen Ausgleich im strafrechtlichen Entschädigungsverfahren finden, für die zunächst keine vorläufigen Sicherstellungen ausgebracht wurden, solange nur die Einziehungsentscheidung sie miteinbezieht. 79

Diese **„Flexibilität" des Verletztenbegriffs** – man könnte auch von Willkür sprechen – stellt für die Verletzten eine erhebliche Schwäche des Gesetzes dar, weil sie bis zur Rechtskraft der Einziehungsanordnung nicht sicher sein können, dass sie von den (vermeintlich) vereinfachten Möglichkeiten der §§ 459h ff. auch profitieren werden. Das führt dazu, dass letztlich gerade bei schwierigen Sachverhaltskonstellationen diejenigen Verletzten, die auf besondere Hilfe des Staates angewiesen wären, weiterhin „leer" ausgehen werden, weil man diese Sachverhalte in der Praxis aufgrund der Nachweisschwierigkeiten regelmäßig „wegbeschränkt", um das Verfahren zu verschlanken.[284] Der Gesetzgeber hat in der Gesetzesbegründung dargelegt, dass die Frage der Beschränkung des Verfahrens nach §§ 154, 154a „nach wie vor allein mit Blick auf das eigentliche Strafverfahren zu entscheiden sein" wird[285] und damit dieses Vorgehen legitimiert. Unter der Ägide des § 73 Abs. 1 Satz 2 StGB a.F. war diese Rechtsansicht insoweit weniger bedenklich, als der 5. Strafsenat des Bundesgerichtshofs unter Rekurs auf ihren Sinn und Zweck dargelegt hatte, dass unabhängig von einer Verfahrensbeschränkung nach §§ 154, 154a ein durch eine strafrechtlich relevante Handlung Verletzter mit seinen Ansprüchen den Verfallsansprüchen des Staates vorging. Nur dadurch sei gewährleistet, dass dem Verletzten durch eine Verfallsanordnung nicht die Mittel entzogen würden, die für die Schadenswiedergutmachung zur Verfügung stünden.[286] Nach dem Wegfall dieser Regelung fehlt es für diese zutreffende Rechtsauffassung am materiell-rechtlichen Anknüpfungspunkt. Überspitzt formuliert können die Strafverfolgungsbehörden heute durch gezielte Maßnahmen nach §§ 154, 154a Vermögenswerte des Betroffenen „an den Verletzten vorbei" einziehen und den Staat so aus Anlass einer Straftat zu Lasten der Verletzten bereichern.[287] Letzteren bleibt nur der Antrag auf Eröffnung des Insolvenzverfahrens, der aufgrund des § 111h Abs. 1 wirtschaftlich kaum erfolgsversprechend sein dürfte (zur Insolvenzfestigkeit des Vermögensarrestes zu Gunsten des Staates § 111h, 4 ff.). Mit dem Gesetzesziel einer Stärkung des Opferschutzes[288] ist das nicht zu vereinbaren. 80

ee) Folgen für die Begründung. Schon aufgrund der weitreichenden Folgen für die Grundrechte der Betroffenen, aber auch für jene der Verletzten, sind strenge Anforde- 81

---

281 BTDrucks. **18** 9525 S. 51: „Der Kreis der Verletzten ist damit nicht starr."; *Köhler/Burkhard* NStZ **2017** 665, 679; kritisch *Köllner/Mück* NZI **2017** 593, 597.
282 *Rhode* wistra **2018** 65, 66 f.; *Hüls* ZWH **2017** 242, 247; *Köhler/Burkhard* NStZ **2017** 665, 679.
283 *Korte* wistra **2018** 1, 3.
284 BTDrucks. **18** 9525 S. 51; *Köhler/Burkhard* NStZ **2017** 665, 679; *Köllner/Mück* NZI **2017** 593, 597 f.
285 BTDrucks. **18** 9525 S. 51.
286 BGH NJW **2013** 950, 951.
287 Zum Vorgehen im selbständigen Einziehungsverfahren nach einer solchen Einstellungsentscheidung *Bittmann/Tschakert* ZInsO **2017** 2657, 2672 f.
288 BTDrucks. **18** 9525 S. 2.

rungen an die **Begründung** der Beschlagnahme-, Arrest- und Einziehungsanordnung zu stellen (§ 111j, 12 und 19f.). Die anordnende Stelle muss hinreichend deutlich machen, wegen welchem konkreten Lebenssachverhalt eine Sicherstellung erfolgt. Das gilt entgegen der Auffassung des Gesetzgebers nicht „spätestens" bei Anklageerhebung,[289] sondern **spätestens** mit Vollziehung einer Beschlagnahme- oder Arrestanordnung, weil bereits durch sie die Wirkungen des § 111h eintreten. Zu pauschale, abstrakte oder generalisierende Darstellungen machen die Anordnung rechtswidrig.[290] Je länger das Ermittlungsverfahren dauert, umso höher sind die an die Begründung zu stellenden Anforderungen. Orientierung bieten die Grundsätze zur Verjährungsunterbrechung.[291] Im Urteil selbst sind die einzelnen Taten dann schon deshalb genau zu beschreiben, weil der Rechtspfleger die Verletzten nur anhand der Urteilsgründe feststellen darf und sich nur für diese Verletzten ein Entschädigungsanspruch ergibt.[292] Da im Entscheidungstenor nur die Gesamthöhe der Einziehung angegeben ist, sollte bei umfangreichen Sachverhalten an passender Stelle in den Urteilsgründen entsprechend aufgeschlüsselte Einzelbeträge den jeweiligen Verletzten zugeordnet werden. Das erleichtert allen Beteiligten das Vollstreckungsverfahren.

82 **c) Unbrauchbarmachung.** Die Sicherung der Unbrauchbarmachung bezieht sich auf die Vollstreckung der Anordnung nach § 74d Abs. 1 Satz 2 StGB.[293] Die Reform hat dabei nur die bisher ohnehin allgemein anerkannte Möglichkeit ausdrücklich ins Gesetz aufgenommen.

83 **2. Gegenstände.** Der Beschlagnahme zur Sicherung der Einziehung oder Unbrauchbarmachung unterliegen nur Gegenstände. Der Begriff umfasst Sachen und Rechte. Darunter fallen bewegliche Sachen, Grundstücke und andere Rechte, die den Vorschriften über die Zwangsvollstreckung in das unbewegliche Vermögen unterliegen, Forderungen und andere Vermögensrechte,[294] die nicht den Vorschriften über die Zwangsvollstreckung in das unbewegliche Vermögen unterliegen, sowie Schiffe, Schiffsbauwerke und Luftfahrzeuge, § 111c, 1.[295] Daten sind keine Gegenstände.[296] Hat der Täter einem anderen Geld gestohlen und dieses anschließend mit seinem eigenen **vermischt**, kann nicht das Geld beschlagnahmt werden, sondern es muss der Vermögensarrest zur Sicherung der Wertersatzeinziehung ausgebracht werden.[297] Es kommt insoweit auf die Identität des gestohlenen mit dem vorgefundenen Gegenstand an.[298] Die Beschlagnahmeanordnung muss den Gegenstand daher konkret beschreiben.[299] Eine allgemeine **Beschlagnahme einer Gattung** von Gegenständen ist möglich, wenn im Anordnungsbeschluss die Gattung so genau bezeichnet wird, dass das Vollstreckungsorgan den Umfang der Beschlagnahme nur anhand der Anordnung zweifelsfrei feststellen kann.[300]

---

289 BTDrucks. **18** 9525 S. 50.
290 *Köhler/Burkhard* NStZ **2017** 665, 679 gehen davon aus, dass „besonderes Augenmerk auf die notwendige Konkretisierung der einzelnen Erwerbstaten im Vermögensarrest, in der Anklage und im Urteil" zu legen ist.
291 Siehe dazu bei BGH NStZ **2018** 45, 46; **2007** 213, 215 j.m.w.N.
292 *Köhler/Burkhard* NStZ **2017** 665, 679 f.
293 SSW/*Burghart* 6.
294 Zu Bitcoins siehe Meyer-Goßner/Schmitt/*Köhler* 4 m.w.N.
295 Meyer-Goßner/Schmitt/*Köhler* 2.
296 LG Hamburg NJW **2013** 3458; Meyer-Goßner/Schmitt/*Köhler* 2.
297 SSW/*Burghart* § 111b, 5.
298 KMR/*Mayer* 19; Meyer-Goßner/Schmitt/*Köhler* 3; **a.A.** MüKo/*Bittmann* 6.
299 Meyer-Goßner/Schmitt/*Köhler* 12.
300 Meyer-Goßner/Schmitt/*Köhler* 12.

3. Sicherungsbedürfnis

a) Allgemeines. Eine Beschlagnahme ist nur rechtmäßig, wenn dies zur „Sicherung der Vollstreckung“ erforderlich ist. Der Gesetzgeber hat damit erstmals das bereits vor der Reform 2017 als ungeschriebenes Tatbestandsmerkmal,[301] jedenfalls aber im Ermessen[302] von der herrschenden Auffassung geprüfte Sicherungsbedürfnis als Tatbestandsmerkmal festgeschrieben.[303] Es ist gegeben, wenn nach dem Stand der Ermittlungen ohne die Sicherstellung die spätere rechtmäßige Zuordnung der betroffenen Gegenstände gefährdet ist (ausführlich § 111e, 11 ff.).[304] Eine Beweismittelbeschlagnahme schließt die Beschlagnahme nach § 111b nicht mangels Sicherungsbedürfnis aus, weil sie kein Verfügungsverbot[305] nach sich zieht (ausführlich § 111d, 4 ff.).[306] Bei gefährlichen Gegenständen liegt ein Sicherungsbedürfnis regelmäßig ohne weiteres vor.[307] 84

b) Arrestgrund. Nach Auffassung des Gesetzgebers soll das Sicherungsbedürfnis der Strafprozessordnung den Verweis auf das Erfordernis eines Arrestgrundes nach der Zivilprozessordnung obsolet machen und die bis dahin zum Arrestgrund ergangene Rechtsprechung zur Auslegung des Sicherungsbedürfnisses herangezogen werden können.[308] Diese Auffassung ist schon deshalb bedenklich, weil es zur alten Rechtslage heftig umstritten war, wann ein solcher Arrestgrund angenommen werden durfte. Gerade in den letzten Jahren war ein Wandel der Rechtsprechung bemerkbar, die nicht mehr nur deshalb, weil eine Straftat im Raum stand, einen Arrestgrund bejahte, sondern darüber hinausgehende Umstände verlangte, die die Annahme einer Vermögensverschiebung durch den Betroffenen rechtfertigte (ausführlich § 111e, 17 f.). Diese Auffassung verdiente Zustimmung und kann auf die Auslegung des Sicherungsbedürfnisses nach neuem Recht übertragen werden, denn wenn bereits der Tatverdacht einer Straftat die Sicherstellung rechtfertigen würde, so wäre das Tatbestandsmerkmal des Sicherungsbedürfnis im Strafverfahren stets überflüssig.[309] Ob ein Sicherungsbedürfnis vorliegt, bemisst sich damit anhand der konkreten Umstände des Einzelfalls, wobei sich Anhaltspunkte etwa aus den vermeintlichen Tatmodalitäten, dem Vorleben des Täters und dessen Nachtatverhalten ergeben können (ausführlich § 111e, 17 ff.). Nicht ausreichend ist es, zur Begründung des Sicherungsbedürfnisses lediglich auf die Umstände abzustellen, die schon zur Annahme des Tatverdachts herangezogen wurden.[310] Die schlichte Erwartung, dass der Betroffene die Zwangsmaßnahme „eher vereiteln statt hinnehmen“ wird, kann ohne bestimmte Anhaltspunkte kein Sicherungsbedürfnis begründen und hierfür ist die Sicherstellung auch nicht vorgesehen.[311] Es geht vielmehr darum, den Strafverfolgungsbehörden beim Vorliegen von entsprechenden *tatsächlichen* Anhaltspunkten ein Sicherungsmittel an die Hand zu geben, das effektiv Vereitelungsmaßnahmen verhindert. Dafür müssen aber, genauso wie etwa bei der Untersuchungshaft, Tatsachen vorliegen, 85

301 OLG Oldenburg wistra **2008** 119; *Faust* 228 mit Verweis auf 131 f.
302 OLG Celle wistra **2008** 359, 360.
303 BTDrucks. **18** 9525 S. 75; Meyer-Goßner/Schmitt/*Köhler* 8; KMR/*Mayer* 29.
304 BTDrucks. **18** 9525 S. 76 f.; SSW/*Burghart* § 111e, 10; eingehend *Johann* 84 ff.; ähnlich KK/*Spillecke* 13: Gefährdung der „Vollstreckung der endgültigen Maßnahme“.
305 Meyer-Goßner/Schmitt/*Köhler* 2.
306 SSW/*Burghart* 19.
307 Meyer-Goßner/Schmitt/*Köhler* 8; MüKo/*Bittmann* 6.
308 BTDrucks. **18** 9525 S. 49.
309 OLG Oldenburg NStZ-RR **2009** 282, 283; zum Streitstand LR/*Johann*[26] § 111d, 20.
310 Eingehend OLG Schleswig Beschl. v. 25.10.2018 – 2 Ws 271/18 mit Bespr. *Johann* PStR 2019 113 ff.
311 So aber SSW/*Burghart* 17.

die die Annahme rechtfertigen, dass der Betroffene eine Einziehungsanordnung vorab konterkarieren würde.[312] Nicht der Betroffene muss beweisen, dass er die Einziehungsanordnung akzeptieren wird, sondern die Strafverfolgungsbehörden müssen Tatsachen darlegen, die diese Annahme widerlegen. Deshalb lässt auch die Vollstreckung des Verletzten das Sicherungsbedürfnis entfallen, selbst wenn damit noch keine Befriedigung einhergeht.[313] Aufgrund der Vollstreckung ist der Gegenstand gesichert, das Ziel der Beschlagnahme also erreicht. Außerdem könnte andernfalls das Sicherungsbedürfnis nie entfallen, wenn auch die Staatsanwaltschaft auf den Gegenstand zugreift und damit die Befriedigung dauerhaft verhindert. Eine solche doppelte Sicherung wäre im Übrigen auch unverhältnismäßig, weil ihr Zweck schon durch die Maßnahme des Verletzten erreicht wurde.

86 **c) Sicherungssubjekt.** Der Gesetzeswortlaut lässt völlig offen, auf die Sicherung welches Verfahrensbeteiligten das Sicherungsbedürfnis abzielt. Zwar heißt es in der Gesetzesbegründung, die Sicherung diene „der Vollstreckbarkeit der Einziehungsanordnung", im Gesetzestext selbst fehlt der Zusatz „der Einziehungsanordnung" jedoch. Damit stellt sich die Frage, ob die Einziehung tatsächlich nur zur Sicherung der Einziehungsanordnung oder auch zur **Sicherung der Interessen des Verletzten** einer Straftat erfolgen kann.[314] Anhaltspunkte für eine Sicherungsmöglichkeit aufgrund der Interessen des Verletzten finden sich jedenfalls für den Vermögensarrest im Gesetz. So heißt es in § 111e Abs. 6, dass die Möglichkeit einer Anordnung eines Arrestes nach § 324 AO einer Anordnung des Vermögensarrestes nicht entgegensteht. Käme es im Rahmen des Sicherungsbedürfnisses nur auf die Vollstreckbarkeit der Einziehungsanordnung an, so wäre § 111e Abs. 6 überflüssig, weil die Möglichkeiten der Restitution des Verletzten dann ohnehin keine Auswirkungen auf das Sicherungsbedürfnis des Einziehungsgläubigers haben könnte. Vor der Reform 2017 war im Übrigen anerkannt, dass die Möglichkeiten der Verletzten zur Schadenskompensation ohne staatliche Hilfe Auswirkungen auf das Sicherungsbedürfnis haben konnten.[315] Warum von dieser Rechtsauffassung abzuweichen sein sollte,[316] nur weil der Verletzte nunmehr zusätzlich die Möglichkeit hat, sich im Strafvollstreckungsverfahren ohne zivilrechtlichen Titel schadlos zu halten, ist ebenso wenig nachvollziehbar wie eine unterschiedliche Behandlung von Vermögensarrest und Beschlagnahme zu dieser Frage. Ein Sicherungsbedürfnis kann sich demnach isoliert sowohl aus den Interessen der Verletzten, als auch jenen des Staates ergeben.[317]

87 **d) Interessenvorrang.** Die Möglichkeit einer Berücksichtigung der Interessen des Verletzten im Rahmen des Sicherungsbedürfnisses führt zu der Frage, wessen Interessen der Vorrang einzuräumen ist, wenn es zu **Konflikten zwischen** den Interessen des **Staates** und jenen des **Verletzten** einer Straftat kommt. Szenarien solch widersprüchlicher Interessen sind multipel denkbar, besonders augenscheinlich wird das Problem dann, wenn der Verletzte einen Vergleich mit dem Betroffenen anstrebt, der in toto unter dem liegt, was der Täter unbestritten aus der Straftat erlangt hat. Wegen § 73e Abs. 1 StGB (dazu Rn. 30 ff.) gefährdet die Einigung des Verletzten mit dem Betroffenen die staatliche Einziehungsan-

312 OLG Köln NStZ **2011** 174 f.; OLG Oldenburg NStZ-RR **2009** 282, 283; ähnlich KMR/*Mayer* 29.
313 **Anders** SSW/*Burghart* 18.
314 SSW/*Burghart* § 111b, 2 sieht den Sinn der Norm „auch" in der Sicherung der Befriedigungsmöglichkeiten der Geschädigten.
315 OLG Nürnberg NStZ **2011** 173, 174; OLG Celle StV **2009** 120, 122.
316 So *Bittmann* ZInSO **2018** 370, 373.
317 Ausführlich dazu *Johann* 109 ff.; **anders** wohl SSW/*Burghart* 18.

ordnung nicht nur in Höhe der Differenz zwischen Einigungsbetrag und Wert des Gegenstandes, sondern schon dem Grunde nach. Gingen die staatlichen Abschöpfungsinteressen in diesen Fällen dem Restitutionsinteresse der Verletzten vor, könnten die Strafverfolgungsbehörden zur Sicherung der Einziehungsanordnung sowohl erstmals aktiv werden, als auch mit gleicher Begründung die vorläufigen Maßnahmen aufrecht erhalten.

Die hier aufgeworfene Frage ist bisher weitestgehend unbesprochen.[318] Grundsätzlich gilt, dass das Sicherungsbedürfnis des Verletzten in Fällen **widerstreitender Interessen** jenem des Staates vorgeht. Für Fälle der Beschlagnahme kommt zu den allgemeinen Erwägungen zu dieser Frage (ausführlich § 111e, 15) der Gedanke hinzu, dass eine (fortgesetzte) Sicherstellung jedenfalls unverhältnismäßig wäre, weil sie nicht geeignet wäre, ihr Ziel zu erreichen. Zum einen sind entsprechende Einigungen zwischen Verletztem und Betroffenem regelmäßig nicht auf Rückgabe des Erlangten, sondern auf eine Kompensationszahlung gerichtet. Selbst wenn die Einigung aber auf Rückgabe des Erlangten gerichtet ist, so würde sich dieses Ergebnis auch dadurch verwirklichen lassen, dass der Verletzte mit dem Betroffenen einen Vertrag schließt, in dem dieser sich zur Rückgabe des Gegenstandes an den Verletzten verpflichtet. Zur Sicherung dieses Anspruchs kann der Betroffene dem Verletzten seinen Herausgabeanspruch gegenüber den Strafverfolgungsbehörden abtreten und der Verletzte dem Betroffenen anschließend die Schuld erlassen. Das Beispiel macht deutlich, dass die Strafverfolgungsbehörden eine Einigung zwischen Verletztem und Betroffenen rechtlich nicht verhindern können und die Beschlagnahme daher schon ungeeignet ist.[319] 88

4. Beschlagnahme. Im Gegensatz zu § 94, der die Sicherstellung eines Beweisgegenstandes aufgrund freiwilliger Herausgabe zulässt und eine förmliche Beschlagnahme nur für den Fall vorschreibt, dass die Gegenstände nicht freiwillig herausgegeben werden (§ 94, 35 f.), darf nach Absatz 1 die Sicherstellung von Einziehungsgegenständen auch bei Einverständnis des Betroffenen nur durch Beschlagnahme erfolgen.[320] Die Sicherstellung muss die Verfügungsbefugnis des Betroffenen einschränken, wenn ihm nicht Gelegenheit gegeben werden soll, den Zweck der Sicherungsmaßnahme durch rechtsgeschäftliche Verfügungen zu vereiteln. Das Gesetz sieht dafür ein **Veräußerungsverbot** nach § 136 BGB vor (§ 111d Abs. 1 Satz 1) und knüpft dieses aus Gründen der Rechtssicherheit an eine förmliche Beschlagnahme. Ist (noch) nicht erkennbar, ob der Gegenstand durch Beschlagnahme oder Vermögensarrest zu sichern ist, ist eine Alternativentscheidung möglich, wenn die jeweiligen Voraussetzungen der Sicherstellungsnorm vorliegen.[321] 89

5. Rechtsfolge. Liegen die Voraussetzungen des Tatbestandes vor und sprechen nur „einfache" Gründe für eine spätere Einziehungsanordnung, sieht das Gesetz auf Rechtsfolgenseite eine Entscheidung nach pflichtgemäßem Ermessen vor.[322] Sind indes dringende Gründe für die Annahme gegeben, dass es zu einer Einziehung oder Unbrauchbarmachung eines Gegenstandes kommt, so liegt nach Absatz 1 Satz 2 eine gebundene Entscheidung vor (dazu Rn. 93 ff.). 90

---

318 Ausführlich jedoch *Johann* 61 ff.
319 Der hier skizzierte Fall ist freilich in der Praxis nur dann problematisch, wenn die Strafverfolgungsbehörden weitere Straftaten des Täters vermuten und den Gegenstand deshalb nicht herausgeben wollen, um anderen Verletzten Vollstreckungsmasse zu erhalten. Der Gesetzgeber hat jedoch deutlich herausgestellt, dass sich die Annahme immer nur auf eine konkrete Tat im materiell-rechtlichen Sinne stützen darf, so dass in diesen Fällen der Gegenstand herauszugeben ist.
320 BTDrucks. **18** 9525 S. 75; Meyer-Goßner/Schmitt/*Köhler* 12; KMR/*Mayer* 11; SK/*Rogall* 19.
321 MüKo/*Bittmann* 4.
322 Meyer-Goßner/Schmitt/*Köhler* 11.

91 **a) Allgemeines.** Bis zum Inkrafttreten des Gesetzes zur Reform der strafrechtlichen Vermögensabschöpfung[323] stand die vorläufige Sicherstellung von Vermögenswerten zur Sicherung der Vollstreckbarkeit einer späteren Verfalls- oder Einziehungsanordnung ausschließlich im Ermessen der anordnenden Behörde. Umstritten war lediglich die Frage, ob und wenn ja unter welchen Voraussetzungen eine **gebundene Entscheidung zu Gunsten der Rückgewinnungshilfe** für Verletzte vorliegen konnte.[324] Der Referentenentwurf zum Gesetz zur Reform der strafrechtlichen Vermögensabschöpfung (ausführlich Vor §§ 111b ff., 12 ff.) sah nun erstmals in der Geschichte des Vermögensabschöpfungsrechts eine gebundene Entscheidung für die Beschlagnahme und den Vermögensarrest unabhängig vom Verdachtsgrad vor.[325] Begründet wurde diese geplante Änderung nicht. Im Referentenentwurf fand sich nur der Hinweis, dass die vorläufige Sicherstellung damit zum gesetzlichen Regelfall werde.[326] Im Zuge der Reformdiskussion wich der Gesetzgeber aufgrund der nicht unerheblichen Kritik, gerade von Seiten der Justiz, wieder von den geplanten Änderungen ab und unterscheidet nun in einer Art Kompromisslösung auf Rechtsfolgenseite danach, ob dringende oder einfache Gründe für die Annahme einer Einziehungs- oder Unbrauchbarmachungsanordnung vorliegen.[327] Dieses Stufenverhältnis soll den Strafverfolgungsbehörden einerseits eine flexible Handhabung der Sicherungsinstrumente ermöglichen, die für eine sachgerechte Entscheidung im Einzelfall notwendig sei. Andererseits unterstreiche der Entwurf mit der Neuregelung der vorläufigen Sicherstellung die hohe kriminalpolitische Bedeutung der strafrechtlichen Vermögensabschöpfung.[328] Überdies soll damit zugleich ein Schutz des Betroffenen vor übereilten Eingriffen und unverhältnismäßigen Sicherungen in Bagatellfällen gewährleistet sein.[329] Letzteres Argument kann freilich schon deshalb nicht überzeugen, weil die Annahme einer hohen Wahrscheinlichkeit der Einziehung aufgrund der materiell-rechtlich verpflichtenden Vorschrift nicht auf erhebliche Strafverfahren beschränkt ist. Gerade in **Bagatellfällen**, in denen etwa der Ladendieb ermittelt, die minderwertige Beute aber nicht mehr aufgefunden werden kann, führt die gebundene Entscheidung zu einer nicht unerheblichen Mehrbelastung der Justiz und des Betroffenen mit vorläufigen Sicherstellungsanordnungen.

92 **b) Ermessenskriterien.** Der Ermessensspielraum der Strafverfolgungsbehörden nach Absatz 1 Satz 1 kann damit begründet werden, dass aus der Verpflichtung der Staatsanwaltschaft, Straftaten zu verfolgen (§ 152 Abs. 2), die Pflicht folgt dafür zu sorgen, dass ein Gegenstand, der eingezogen werden kann, bei der Vollstreckung auch noch vorhanden ist, diese also vom Betroffenen nicht zwischenzeitlich vereitelt werden kann.[330] Andererseits werden Maßnahmen nach §§ 111b ff. in aller Regel im Ermittlungs- oder im Hauptverfahren getroffen, mithin zu einem Zeitpunkt, in dem die Unschuldsvermutung für den Betroffenen streitet.[331] Um diesen widerstreitenden Interessen gerecht zu werden, bedarf es ihrer **Abwägung im konkreten Einzelfall**.[332] Das Abschöpfungsin-

323 BGBl. I 2017 S. 872.
324 Vgl. etwa LR/*Johann*[26] § 111b, 53; MüKo/*Bittmann* 19; *Rönnau* 237 ff.
325 RefE-VA S. 19.
326 RefE-VA S. 81.
327 BTDrucks. **18** 9525 S. 75.
328 BTDrucks. **18** 9525 S. 49.
329 BTDrucks. **18** 9525 S. 49.
330 KMR/*Mayer* 32.
331 BVerfG BeckRS **2015** 10636; NStZ **2006** 639 f.; MüKo/*Bittmann* Vor §§ 111b ff., 4; SK/*Rogall* 15; zur Eröffnung des Schutzbereichs des Eigentumsgrundrechts beim Vorwurf rechtswidriger Erlangung des Gegenstandes ausführlich *Johann* 298 ff.
332 MüKo/*Bittmann* Vor §§ 111b ff., 4; SK/*Rogall* 15.

teresse aufgrund der „Bemakelung des Gegenstands" schwerer zu gewichten als beim Vermögensarrest,[333] kann gerade aufgrund der Unschuldsvermutung nicht überzeugen. Die Anforderungen an die Rechtfertigung des Eingriffs steigen außerdem,[334] je intensiver der Staat durch die Sicherungsmaßnahme in den vermögensrechtlichen Freiheitsbereich des Betroffenen eingreift. Die Ermessensentscheidung muss immer eine Abwägung der Sicherstellungsinteressen des Staates mit der Eigentumsposition des Betroffenen,[335] in Fällen mit individuellen Verletzten (Rn. 77 ff.) zwischen jenen des Betroffenen und des Verletzten vornehmen und aus der Beschlagnahmeanordnung erkennbar sein. Floskelhafte Formulierungen verbieten sich schon aufgrund der Grundrechtsrelevanz der Maßnahme.[336] Die Rechtfertigung der Maßnahme hat in der Anordnung selbst, nicht nur in den Akten, zu erfolgen,[337] denn sie muss dem Betroffenen auch ohne anwaltliche Hilfe und unmittelbar zugänglich sein. Ist aufgrund der Umstände des Einzelfalls anzunehmen, dass die spätere Einziehungsanordnung ohne die vorläufige Sicherungsmaßnahme ins Leere läuft, können allenfalls außergewöhnliche Belange des Betroffenen oder der Strafverfolgungsbehörden eine ablehnende Ermessensentscheidung rechtfertigen. In aller Regel wird eine Beschlagnahme geboten sein,[338] den Belangen des Betroffenen kann über § 111d Abs. 2 Genüge getan werden.

IV. Voraussetzungen des Absatz 1 Satz 2

Liegen dringende Gründe für die Annahme vor, dass die Voraussetzungen der Einziehung oder Unbrauchbarmachung erfüllt sind, so soll die Beschlagnahme erfolgen.[339] **93**

1. Begriff der dringenden Gründe. Dringende Gründe sind anzunehmen, wenn aufgrund von Tatsachen eine **große Wahrscheinlichkeit**[340] dafür spricht, dass die Voraussetzungen der §§ 73 ff. StGB vorliegen und es am Ende des Verfahrens zu einer entsprechenden Anordnung kommen wird. Es geht folglich nicht nur darum, die erhöhte Wahrscheinlichkeit einer Straftat darzulegen, die Prognose bezieht sich vielmehr sowohl auf das Vorliegen aller Tatbestandsvoraussetzungen der Einziehung als auch auf das Nichtvorliegen von Ausschlussgründen.[341] Das Tatbestandsmerkmal entspricht damit jenem der Gründe im Sinne des Absatz 1 Satz 1, lediglich in Bezug auf den Grad der Wahrscheinlichkeit besteht ein Unterschied. Eine dringende Annahme scheidet demnach unter denselben Voraussetzungen aus, unter denen auch eine einfache Annahme abzulehnen wäre, etwa weil nach dem Stand der Ermittlungen Anhaltspunkte für das Vorliegen der Voraussetzungen eines Ausschlusstatbestandes im Sinne der § 73e StGB oder § 421 gegeben sind (siehe dazu schon ausführlich unter Rn. 71 ff.). **94**

---

333 MüKo/*Bittmann* § 111c, 1.
334 Vgl. statt vieler BVerfG BeckRS **2015** 10636; NStZ **2006** 639, 641; SK/*Rogall* 15.
335 BVerfG NStZ **2006** 639, 640; NJW **2005** 3630.
336 Allgemein dazu BVerfG BeckRS **2015** 10636; konkret NStZ **2006** 639, 641; zum Phänomen von „Klammerbeschlüssen" siehe die Aufsätze von *Nowrousian* (Pro) und *Graalmann-Scheerer* (Contra) in SchlHA **2018** 375 ff.
337 MüKo/*Bittmann* Vor §§ 111b ff., 4.
338 Meyer-Goßner/Schmitt/*Köhler* 11; SK/*Rogall* 20; SSW/*Burghart* 11.
339 Zu den Vorgaben für Finanzermittlungen ab einem bestimmten Schwellenwert *Baretto da Rosa* NZWiSt **2018** 215, 218.
340 KK/*Graf* § 112, 3; ausführlich LR/*Lind* § 112, 16 ff.
341 SSW/*Burghart* 11.

95 **2. Grad der Wahrscheinlichkeit.** In Bezug auf den Grad der Wahrscheinlichkeit einer späteren Einziehungsanordnung muss sich nicht nur aufgrund der einheitlichen Terminologie, sondern auch aufgrund der vergleichbaren Konsequenzen für den Betroffenen grundsätzlich an jenem des § 112 Abs. 1 Satz 1 orientiert werden. Das gilt für die Beschlagnahme ebenso wie für den Vermögensarrest, obwohl der Eingriff in die Grundrechte des Betroffenen durch die Beschlagnahme regelmäßig weniger intensiv ist als durch einen Vermögensarrest. Der dringende Tatverdacht ist in Bezug auf den Grad der Wahrscheinlichkeit vor allem gegenüber dem hinreichenden Tatverdacht abzugrenzen. Die Verdachtsbegriffe sind zwar nur bedingt vergleichbar, weil der hinreichende Tatverdacht auf einer breiten Tatsachengrundlage nach Abschluss der Ermittlungen, die dringende Annahme hingegen auf dem aktuellen Stand des Ermittlungsverfahrens beruht.[342] Gerade weil die Tatsachengrundlage im Zeitpunkt der Beschlagnahmeanordnung jedoch regelmäßig überschaubar und im weiteren Verlauf des Verfahrens diversen Schwankungen unterworfen sein kann, kommt eine gebundene Entscheidung nur dann in Betracht, wenn der Mangel an Tatsachen durch die **Qualität der bekannten Tatsachen** kompensiert und trotz der Ungewissheit des weiteren Verfahrensverlaufs schon zu diesem frühen Zeitpunkt des Verfahrens eine sehr hohe Wahrscheinlichkeit der Einziehung oder Unbrauchbarmachung begründet ist. Die Annahme eines dringenden Verdachts macht überdies Ausführungen zum Tatbestand der Sicherstellung sowie der damit einhergehenden, inzidenten Darstellung der Tatbestandsmerkmale der materiell-rechtlichen Ermächtigungsgrundlage, nicht entbehrlich. Aufgrund des mit der gebundenen Entscheidung einhergehende, reduzierten Schutzes des Betroffenen bedarf es hier besonderer Aufmerksamkeit, besteht doch ansonsten die Gefahr, dass Sicherstellungen (nur) mit dem Hinweis auf die dringenden Gründe allzu eilfertig durchgeführt werden. Die **hohe Wahrscheinlichkeit** einer Straftat und die ebenso hohe Wahrscheinlichkeit, dass der Betroffene dadurch einen Vermögenswert erlangt hat, befreit aber gerade nicht von der Feststellung, aufgrund welcher Tatsachen eine vorläufige Sicherstellung begründet sein soll. Zur weiterhin auch beim Vorliegen dringender Gründe erforderlichen Prüfung der Verhältnismäßigkeit der Anordnung siehe ausführlich unter Rn. 13ff.

96 **3. Kritik.** Die Entscheidung des Gesetzgebers, in Fällen eines dringenden Verdachts einer späteren Einziehungsanordnung eine Sicherstellung als Regelfolge zu bezeichnen, verwundert vor allem unter zwei Gesichtspunkten. Zum einen war das Vorliegen dringender Gründe über viele Jahre hinweg Tatbestandsvoraussetzung der Beschlagnahme und wurde damals gerade deshalb kritisiert, weil den Strafverfolgungsbehörden zu Beginn des Ermittlungsverfahrens regelmäßig die Tatsachenbasis fehlen sollte, eine solch hohe Wahrscheinlichkeitsprognose abgeben zu können.[343] Durch das Gesetz zur Verbesserung der Bekämpfung der Organisierten Kriminalität[344] wurde die Eingriffsschwelle deshalb auf das Niveau des einfachen Tatverdachts abgesenkt und sollte die Vermögensabschöpfung damit umfangreicher möglich werden (Entstehungsgeschichte). Wenn nun aber der Gesetzgeber offenbar der Auffassung ist, dass Fälle mit dringenden Gründen so häufig vorkommen, dass es dafür einer eigenen Soll-Regelung bedarf, so fragt sich zum einen, warum man unter Berücksichtigung der **Eingriffsintensität in die Grundrechte** der Betroffenen nicht generell eine dringende Annahme für vorläufige Sicherstellungsmaßnahmen fordern sollte.[345] Zum anderen stellt sich die Frage nach der

---

342 EGMR NJW **2001** 2694, 2697; LR/*Lind* § 112, 21.
343 BTDrucks. **13** 8651 S. 15; OLG Celle NStZ-RR **2008** 203, 204.
344 BGBl. I 1998 S. 845.
345 Etwa *Lindemann* 412ff.; *Theile* StV **2009** 161, 166; *Kempf/Schilling* StraFo **2006** 180, 185.

Notwendigkeit einer Differenzierung der Verdachtsgrade auf Rechtsfolgenseite.[346] Liegen dringende Gründe für die Annahme einer späteren Einziehungsanordnung vor, wird dies regelmäßig auch bei einer Ermessensentscheidung eine nicht unerhebliche Rolle spielen und die Entscheidung für eine Sicherstellung sowohl in Bezug auf das Entschließungs- als auch das Auswahlermessen der Behörde stützen können. Mit anderen Worten liegt der einzige Mehrwert der Neuregelung darin, dass die anordnende Stelle unter Rekurs auf das Vorliegen dringender Gründe von einer Ermessensentscheidung und ihrer ausführlichen Begründung entbunden wird, während das Ergebnis identisch bleibt. Das ist in einem Bereich strafprozessualer Zwangsmaßnahmen, die offenkundig (auch) dazu genutzt werden, „Druck auf den Beschuldigten auszuüben" und ihm das „Geld für teure Strafverteidiger zu entziehen" (Vor §§ 111bff., 23), nicht sinnvoll und leistet Missbrauch Vorschub.

4. Das Sicherungsbedürfnis beim Vorliegen dringender Gründe. Aus dem Wortlaut der Vorschrift geht nicht hervor, ob ein **Sicherungsbedürfnis** im Sinne des Absatz 1 Satz 1 auch beim Vorliegen dringender Gründe erforderlich ist, denn Absatz 1 Satz 2 stellt nicht darauf ab, dass bei Annahme dringender Gründe die Beschlagnahme "zur Sicherung der Vollstreckung" angeordnet werden soll. Die Gesetzesbegründung verhält sich nicht ausdrücklich zu dieser Frage, hat im Zusammenhang mit der Einführung des Sicherungsbedürfnisses als konstitutives Merkmal der vorläufigen Sicherstellung aber konkludent zum Ausdruck gebracht, dass dieses bei allen Sicherstellungsanordnungen – also auch bei solchen, die auf einer dringenden Annahme beruhen – zu prüfen ist.[347] Die Prüfung wird auch nicht dadurch obsolet, dass aufgrund der hohen Wahrscheinlichkeit der Einziehungsanordnung das Sicherungsbedürfnis inzident vorläge. Nur weil der Betroffene etwas durch eine Straftat erlangt hat, heißt das nicht zwangsläufig, dass er diesen Gegenstand dem Zugriff des Staates entziehen wird (ausführlich dazu bei § 111e, 17ff.). Das Sicherungsbedürfnis ist deshalb mit all seinen Facetten auch beim Vorliegen dringender Gründe einer späteren Einziehungsanordnung sorgfältig zu prüfen.[348] 97

V. Die Voraussetzungen des § 111b Abs. 1 Satz 3

In seinem dritten Satz bestimmt § 111b Abs. 1, dass § 94 Abs. 3 von den Beschlagnahmemöglichkeiten unberührt bleibt. Nach § 94 Abs. 3 gelten § 94 Abs. 1 und 2 auch für **Führerscheine**, die der Einziehung unterliegen. Da Führerscheine grundsätzlich der Einziehung unterliegen, § 69 Abs. 3 Satz 2, § 69b Abs. 2 Satz 1 StGB, es bei ihnen auf die Eigentumsverhältnisse allerdings nicht ankommt[349] und **Verfügungsverbote** deshalb keine Rolle spielen,[350] folgt ihre Sicherstellung den Regeln über die Sicherstellung von Beweismitteln.[351] Bei Vorliegen der Voraussetzungen müssen sie sichergestellt oder beschlagnahmt werden,[352] vgl. § 94, 33. 98

---

346 *Greeve* ZWH **2017** 277, 280 f.; kritisch auch HK/*Gercke* 17.
347 BTDrucks. **18** 9525 S. 76: Sicherungsbedürfnis als Ausprägung des Übermaßverbotes.
348 SSW/*Burghart* 13 i.V.m 17.
349 Meyer-Goßner/Schmitt/*Köhler* 2; KMR/*Mayer* 15.
350 SK/*Rogall* 21.
351 Meyer-Goßner/Schmitt/*Köhler* 2.
352 SK/*Rogall* Vor §§ 111bff., 22; MüKo/*Bittmann* 3.

VI. Sonstiges zu Absatz 1

99 **1. Bewirkung der Beschlagnahme.** Die **Art und Weise**, in der die Beschlagnahme eines Einziehungsgegenstandes bewirkt wird, ist in § 111c im Einzelnen geregelt.

100 **2. Anordnung.** Die Zuständigkeit für die Anordnung der Beschlagnahme und des Vermögensarrest sind gemeinsam in § 111j geregelt. Die Erläuterungen zu dieser Vorschrift befassen sich deshalb auch mit den weiteren Einzelheiten der Beschlagnahmeanordnung.

101 **3. Durchführung.** Das Verfahren zur Vollziehung von Beschlagnahmeanordnungen und des Vermögensarrestes regelt § 111k, weshalb Einzelheiten zur Durchführung dort kommentiert sind.

102 **4. Herausgabe beschlagnahmter Gegenstände.** Ist die Beschlagnahme erloschen oder die Beschlagnahmeanordnung aufgehoben worden (§ 111j, 33 ff.), so muss der beschlagnahmte Gegenstand an den Berechtigten herausgegeben werden. Während der andauernden Beschlagnahme kommt eine **Rückgabe der Sache** gegen Erlegung des Wertes und die Überlassung zur vorläufigen weiteren Benutzung in Betracht, § 111d Abs. 2 (§ 111d, 13 ff.).

VII. Voraussetzungen des Absatz 2

103 Nach § 111b Abs. 2 gelten die Vorschriften über die **Durchsuchung** nach §§ 102 bis 110 im Rahmen der Vermögensabschöpfung entsprechend. Die Regelung in Absatz 2 hat sehr weitreichende Bedeutung. Sie führt dazu, dass bei dem Verdacht auf das Vorliegen von Gegenständen, die der Einziehung oder der Unbrauchbarmachung unterliegen, nach diesen gesucht werden kann,[353] allerdings nicht ohne entsprechenden Beschluss. Die Beschlagnahmeanordnung ersetzt den Durchsuchungsbeschluss nicht.[354] Die Anordnungen können jedoch miteinander verbunden werden.[355] Die §§ 102 ff. geben die Anforderungen an die **Auffindevermutung** von Gegenständen vor, so dass an die Durchsuchung beim Dritten strengere Anforderungen zu stellen sind, als an jene beim Betroffenen.[356] Beim Einziehungsbeteiligten gilt de lege lata nur § 103,[357] was mit der Gleichstellung des Einziehungsbeteiligten in § 427 Abs. 1 Satz 1 nur schwerlich vereinbar sein dürfte. Die Vorschrift ermöglicht auch die Suche nach Unterlagen, aus denen sich das Vorhandensein von Einziehungsgegenständen ergibt.[358] Die Beschlagnahmeverbote des § 97 gelten für der Einziehung unterliegende Gegenstände nicht. Entsprechend beschlagnahmte Gegenstände dürfen dann aber nicht als Beweismittel verwertet werden.[359] Für Zufallsfunde, die möglicherweise als Beweismittel dienen oder in anderen Verfahren der Einziehung unterliegen können, gilt § 108.[360]

---

353 OLG Zweibrücken NStZ **2003** 446; KK/*Spillecke* 15; SSW/*Burghart* 20.
354 SSW/*Burghart* 20; KMR/*Mayer* 34.
355 Meyer-Goßner/Schmitt/*Köhler* 13.
356 MüKo/*Bittmann* 15.
357 MüKo/*Bittmann* 15, der jedoch eine Begrenzung auf juristische Personen vornehmen will.
358 OLG Zweibrücken NStZ **2003** 446; MüKo/*Bittmann* 14; KMR/*Mayer* 35.
359 SK/*Rogall* 35.
360 SK/*Rogall* 35; MüKo/*Bittmann* § 111b, 16 erkennt eine Zugriffsmöglichkeit auf Gegenstände des Betroffenen auch ohne § 108 an; **a.A.** wohl SSW/*Burghart* 20.

D. Verhältnismäßigkeitsgrundsatz

I. Allgemeines

Das Recht der Vermögensabschöpfung insgesamt, besonders aber die Regelungen zur vorläufigen Sicherstellung von Vermögenswerten und die in diesem Zusammenhang stehenden Maßnahmen des Gesetzgebers sind, historisch betrachtet, davon geprägt gewesen, die Zugriffsmöglichkeiten der Strafverfolgungsbehörden immer weiter auszudehnen, zugleich aber die tatbestandlichen Anforderungen für einen solchen Zugriff zu reduzieren.[361] Eine einzige (kleine) Ausnahme stellt in diesem Zusammenhang die mit der Reform 2007 eingeführte Vorschrift des § 111b Abs. 3 Satz 1 StPO a.F. dar, wonach nach Ablauf von **sechs Monaten** dringende Gründe für die Annahme vorliegen mussten, dass es zu Maßnahmen nach den §§ 73ff., 74ff. StGB kommen wird; andernfalls hob das Gericht die Beschlagnahme oder den dinglichen Arrest auf. Über die Regelung in § 111b Abs. 3 Satz 2 StPO a.F. wurde dieser Schutz zwar wieder aufgeweicht, letztlich war aber jedenfalls nach einem Jahr das Vorliegen dringender Gründe obligatorische Voraussetzung einer vorläufigen Sicherstellungsanordnung. Durch die Reform 2017 wurde die Fristenregelung vom Gesetzgebers als „inkonsequent und wenig verständlich" abgeschafft.[362] Da die Norm ohnehin Ausdruck des allgemeinen Verhältnismäßigkeitsgrundsatzes sei, werde der Schutz des Betroffenen vor nicht erforderlichen oder unverhältnismäßigen Sicherstellungsmaßnahmen durch diese Vereinfachung nicht beeinträchtigt.[363] Eine Auffassung, die schon aufgrund der Vergleichbarkeit der Vorschriften der § 111b Abs. 3 StPO a.F. und des § 121 und dem allgemein anerkannten Verständnis des § 121 nicht überzeugen kann.[364] 104

So sehr die Abschaffung des § 111b Abs. 3 StPO a.F. schon deshalb zu kritisieren ist, weil damit die einzige **Fristenregelung zum Schutz des Betroffenen** entfallen ist, so sehr ist zu begrüßen, dass die Gesetzesbegründung die Bedeutung des (allgemeinen) Verhältnismäßigkeitsgrundsatzes bei vorläufigen Sicherstellungsmaßnahmen (nochmals) hervorgehoben hat, schließlich können je nach Sachverhaltskonstellation vorläufige Sicherstellungsanordnungen Eingriffe in das Eigentumsgrundrecht, die Berufsausübungsfreiheit, die Unverletzlichkeit der Wohnung und natürlich die Unschuldsvermutung begründen.[365] Von Gesetzes wegen wird dem Verhältnismäßigkeitsgrundsatz indes ausdrücklich (nur) durch die §§ 111d Abs. 2 Satz 1 und 3 und 111g Abs. 1 Rechnung getragen. Das ist bedenklich, denn in der Vergangenheit wiesen diverse höchstrichterliche Entscheidungen auf erhebliche Defizite in den Sicherstellungsanordnungen der Amtsgerichte und der Beschwerdekammern hin, die eine richterliche Prüfung der Verhältnismäßigkeit der Maßnahme im konkreten Einzelfall vermissen ließen.[366] Mit den Ausführungen in der Gesetzesbegründung hat der Gesetzgeber nun noch einmal deutlich gemacht, dass sich die regelmäßig zu lesenden,[367] floskelhaften und vom Einzelfall losgelösten **Text-** 105

---

361 BTDrucks. **18** 9525 S. 49: „Der Entwurf stärkt die vorläufige Sicherstellung von Vermögenswerten. Zugleich wird das Regelungswerk ... vereinfacht."; BTDrucks. **13** 8651 S. 15f.: „Dabei wird auch die Möglichkeit erweitert, auf kriminell erworbene Vermögenswerte zuzugreifen ... Bei derartigen Sicherstellungsanordnungen beschränkt das Verhältnismäßigkeitsgebot mögliche Sicherstellungen auf das Erforderliche und Angemessene."

362 BTDrucks. **18** 9525 S. 49.

363 BTDrucks. **18** 9525 S. 49.

364 Kritisch auch HK/*Gercke* 13 f; *Meißner* KriPoZ **2017** 237, 242.

365 SK/*Rogall* Vor §§ 111bff., 25; SSW/*Burghart* 10.

366 BVerfG NStZ **2006** 639f.; NJW **2005** 3630; KG BeckRS **2017** 115259.

367 *Greeve* ZWH **2017** 277, 282; *Köllner/Mück* NZI **2017** 593, 597.

bausteine, wonach die Maßnahme „aufgrund der vorbeschriebenen Umstände“ auch verhältnismäßig sei, verbieten. Gleiches gilt für eine ungeprüfte Übernahme der polizeilichen und staatsanwaltschaftlichen Sicherstellungsanträge.[368] Je intensiver die Sicherstellung in die Grundrechte des Betroffenen eingreift, umso intensiver ist sie gerade in Bezug auf die Verhältnismäßigkeit der Maßnahme – unberücksichtigt etwaiger allgemeiner Verwaltungsanweisungen –[369] im Einzelfall zu begründen.[370] Vgl. zu den konkreten Begründungspflichten auch § 111j, 12 und 19f.

II. Auswirkungen

106 Selbst wenn alle Tatbestandsvoraussetzungen des § 111b vorliegen, kann der Verhältnismäßigkeitsgrundsatz eine Aufhebung der Beschlagnahmeanordnung bzw. ihres Vollzuges rechtfertigen, denn die Beschlagnahme bewirkt, dass der Betroffene nicht mehr frei über die gesicherten Vermögenswerte verfügen kann. Durch diese Einschränkung der Nutzungs-[371] und Verfügungsmöglichkeiten liegt ein Eingriff in das Eigentumsgrundrecht, mitunter auch in die **Grundrechte** aus Art. 12 oder das Allgemeine Persönlichkeitsrecht[372] vor, der nicht erst mit der förmlichen Beschlagnahme, sondern der Entziehung der Nutzungsmöglichkeit durch die Strafverfolgungsbehörden beginnt. Da die Beschlagnahme in aller Regel bereits im Ermittlungsverfahren ergeht, ist zum Zeitpunkt der Sicherungsmaßnahmen noch nicht über die Schuld des Beschuldigten entschieden und die Unschuldsvermutung streitet für ihn und damit letztlich auch für den Betroffenen der Sicherstellungmaßnahme.[373] Das Bundesverfassungsgericht hat vor diesem Hintegrund in einer Reihe von Entscheidungen[374] immer wieder betont, dass der Verhältnismäßigkeitsgrundsatz bei der Vermögenssicherung von den Gerichten in besonderem Maße zu beachten ist.[375] Daraus folgt, dass in allen Stadien des Verfahrens eine Abwägung zwischen dem **Sicherstellungsinteresse** des Staates bzw. des Verletzten mit der Eigentumsposition des Betroffenen von Amts wegen erfolgen muss.[376] Je intensiver der staatliche Zugriff erfolgt, umso strengere Anforderungen sind an ihn zu stellen. Die Eingriffsintensität kann sich dabei sowohl aus dem Zeitablauf,[377] als auch aus dem Umfang des Eingriffs ergeben.[378] Andererseits ist die Knappheit staatlicher Ressourcen gerade kein Argument für eine Aufrechterhaltung der Maßnahmen.[379] Das gilt nach Abschaffung des § 111b Abs. 3 StPO a.F. mehr denn je.[380]

---

368 KG BeckRS **2017** 115259; SK/*Rogall* Vor §§ 111bff., 26; *Graalmann-Scheerer* SchlHA **2018** 376, 377.
369 MüKo/*Bittmann* 5.
370 In diesem Sinne auch BVerfG NStZ **2006** 639, 640; StraFo **2005** 338; StV **2004** 410; SK/*Rogall* 15; KMR/*Mayer* 30; MüKo/*Bittmann* 5; HK/*Gercke* Vor §§ 111bff., 4.
371 Zutreffend in Bezug auf die Prognose der (noch) zumutbaren Belastung bei einem zunächst als Beweismittel sichergestellten Gegenstand SSW/*Burghart* 14.
372 MüKo/*Bittmann* Vor §§ 111bff., 4.
373 MüKo/*Bittmann* Vor §§ 111bff., 4.
374 BVerfG NStZ **2006** 639; NJW **2005** 3630; StV **2004** 409.
375 SK/*Rogall* Vor §§ 111bff., 26.
376 BVerfG NStZ **2006** 639, 640; NJW **2005** 3630.
377 BVerfG StraFo **2005** 338; OLG Köln NStZ-RR **2014** 84; OLG Koblenz NStZ-RR **2014** 114; OLG Hamburg StV **2009** 122; Meyer-Goßner/Schmitt/*Köhler* 8; SSW/*Burghart* 12.
378 OLG Celle StV **2009** 120, 121; MüKo/*Bittmann* 7.
379 SSW/*Burghart* 13.
380 BTDrucks. **18** 9525 S. 75: „Die Dauer der Sicherungsmaßnahme richtet sich damit künftig allein nach dem allgemeinen Verhältnismäßigkeitsgrundsatz.“

E. Sonstiges

I. Zeitpunkt der Sicherung

107 Die Beschlagnahme ist bereits zu Beginn des Ermittlungsverfahrens zulässig, sobald eine Annahme im Sinne des Absatz 1 Satz 1 begründbar ist.[381] Sie kann während des gesamten Hauptverfahrens ergehen und kommt auch nach Urteilserlass bis zur **Vollstreckbarkeit der Einziehungsentscheidung** in Betracht, wenn dies zu ihrer Sicherung erforderlich ist. Auch nach Rechtskraft des Vorbehaltsurteils nach § 74f Abs. 1 Satz 2 StGB ist sie möglich,[382] wenn ein Sicherungsbedürfnis eintritt. Im Wiederaufnahmeverfahren darf sie erneut angeordnet werden.[383]

II. Ende der Maßnahme

108 Die Beschlagnahme endet in jedem Fall mit ihrer **Aufhebung** durch das Gericht. Im Übrigen ist zu differenzieren, vgl. § 111j, 33 ff.[384] Entfallen die Tatbestandsvoraussetzungen oder wird die Maßnahme unverhältnismäßig, ist die Beschlagnahme in jeder Lage des Verfahrens von Amts wegen aufzuheben.[385]

III. Beschlagnahme zur Vermögensabschöpfung und Beschlagnahme im Falle der Insolvenz

109 Die Auswirkungen der vorläufigen Sicherstellung nach §§ 111b ff. im Falle der Insolvenz des Betroffenen waren lange Zeit heftig umstritten.[386] Der Gesetzgeber hat mit dem Gesetz zur Reform der strafrechtlichen Vermögensabschöpfung nunmehr Regelungen getroffen, die der grundsätzlichen Differenzierung zwischen Beschlagnahme und Vermögensarrest folgen und zu unterschiedlichen Konsequenzen für das Insolvenzverfahren führen. Ausführlich zum Verhältnis von Vermögensabschöpfung und Insolvenzverfahren deshalb bei § 111h, 4 ff. und § 111i, 4 ff.

IV. Beschlagnahme zur Vermögensabschöpfung und Beschlagnahme zur Beweismittelsicherung

110 Unabhängig von den Möglichkeiten, über § 111b Abs. 2 i.V.m. §§ 94 ff. nach Gegenständen suchen zu können, die der Einziehung oder Unbrauchbarmachung unterliegen, haben die Beschlagnahme zur vorläufigen Vermögenssicherung und zur Beweismittelsicherung unterschiedliche Voraussetzungen und Wirkungen. Sie laufen deshalb parallel ab,[387] ein Gegenstand kann sowohl als Beweis- als auch als Einziehungsgegenstand in Betracht kommen.[388] Ist dies der Fall, müssen die entsprechenden Sicherstellungsmaßnahmen auch doppelt begründet werden. Es reicht nicht aus, einen Einziehungsgegenstand nur deshalb als Beweismittel zu beschlagnahmen, weil dies augenscheinlicher

---

381 BTDrucks. **13** 8651 S. 15.
382 Meyer-Goßner/Schmitt/*Köhler* 12.
383 SK/*Rogall* 3.
384 Zur Beschlagnahme: OLG Düsseldorf NJW **1995** 2239; KK/*Spillecke* § 111j, 10 ff.
385 OLG Stuttgart Justiz **2002** 65 spricht von einer Selbstverständlichkeit.
386 Ausführlich BTDrucks. **18** 9525 S. 79 ff.; MüKo/*Bittmann* Vor §§ 111b ff., 7 ff.
387 HK/*Gercke* 1; SK/*Rogall* Vor §§ 111b ff., 2 und 27 ff.; Meyer-Goßner/Schmitt/*Köhler* 1.
388 Ausführlich zum Verhältnis der §§ 94 ff. zu §§ 111b ff. MüKo/*Bittmann* Vor §§ 111b ff., 5; SK/*Rogall* Vor §§ 111b ff., 27 f.

oder verfahrensrelevanter ist, denn daraus folgt noch kein **Verfügungsverbot** und der Betroffene kann die Einziehungsanordnungen deshalb konterkarieren. Nach § 111b beschlagnahmte Gegenstände dürfen, sofern kein Beschlagnahmeverbot nach §§ 94 ff. vorliegt, auch als Beweismittel verwertet werden.[389]

V. Abgeordnete

111 Die Erläuterungen zu **§ 98, 80** ff. gelten entsprechend.

VI. Kosten

112 Nach § 788 ZPO hat die Kosten der Zwangsvollstreckung an sich der Schuldner zu tragen. Eine entsprechende Anwendung dieser Vorschrift auf Maßnahmen im strafrechtlichen Ermittlungsverfahren ist jedoch nicht möglich,[390] weil es schon an einem entsprechenden, ausdrücklichen Verweis fehlt. Die Kosten der Sicherstellung sind deshalb **Kosten des Verfahrens,**[391] für entstehende Gebühren und Gerichtskosten hat zunächst der Justizfiskus aufzukommen. Dies gilt insbesondere auch für die im Zwangsvollstreckungsverfahren entstehenden Kosten und auch dann, wenn die Maßnahmen nur im **Interesse des Verletzten** ausgebracht wurden.[392] Über die endgültige Tragung der Kosten entscheidet die verfahrens(stadium-)beendende Entscheidung (§ 464).[393]

VII. Gebühren

113 Der Rechtsanwalt kann neben den üblichen Gebühren in Fällen mit Vermögensabschöpfungsbezug auch die streitwertabhängige Gebühr nach Nr. 4142 VV RVG geltend machen. Zur alten Rechtslage war umstritten, unter welchen Voraussetzungen die Gebühr nach Nr. 4142 VV RVG entstehen konnte.[394] Die wohl herrschende Auffassung ging davon aus, dass die Gebühr nur dann verlangt werden konnte, wenn eine Verfalls- oder Einziehungsentscheidung in Betracht kam, nicht jedoch, wenn es um die Abwendung von **Rückgewinnungshilfemaßnahmen** ging. Diese Auffassung konnte jedenfalls seit der Einführung des § 111i Abs. 2 ff. StPO a.F. nicht mehr überzeugen, denn seither war die staatliche Maßnahme in allen Fällen darauf ausgerichtet, dem Betroffenen den Vermögenswert endgültig zu entziehen; entweder zu Gunsten des Staates oder aber zu Gunsten der Verletzten. Wurden letztere nicht aktiv, vollzog sich der staatliche Auffangrechtserwerb. Maßnahmen der Verteidigung richteten sich deshalb unabhängig von § 73 Abs. 1 Satz 2 StGB a.F. immer gegen die endgültige Entziehung der betroffenen Vermögenswerte.[395] Das galt freilich erst Recht dann, wenn der Verteidiger nach Ablauf der Dreijahresfrist im Sinne des § 111i Abs. 5 StPO a.F. zur Frage der Höhe des Auffangrechtserwerbs Stellung nahm.

114 Die Einziehung und die Einziehung von Wertersatz kommen heute unabhängig von den Ansprüchen der Verletzten in Betracht. Damit entsteht die Gebühr nach Nr. 4142 VV RVG auch unabhängig davon, ob die Einziehung deshalb ausscheidet, weil ihre Voraussetzungen nicht vorliegen oder weil sie (nur) aufgrund des Erlöschens des Anspruchs des Verletzten ausgeschlossen ist. Entscheidend ist, ob der Rechtsanwalt eine entspre-

---

389 KMR/*Mayer* 12.
390 OLG Düsseldorf StV **2003** 550, 551.
391 SK/*Rogall* Vor §§ 111b ff., 57; Meyer-Goßner/Schmitt/*Köhler* Vor §§ 111b ff., 9.
392 OLG Düsseldorf StV **2003** 550, 551; Meyer-Goßner/Schmitt/*Köhler* Vor §§ 111b ff., 9.
393 Zum Gegenstandswert beim dinglichen Arrest OLG Hamm wistra **2008** 160.
394 Vgl. dazu *Burhoff* Nr. 4142 VV RVG, 5 ff.
395 So nun auch BGH BeckRS **2018** 30617.

chende Tätigkeit im Auftrag des Mandanten entfaltet hat. Noch nicht geklärt ist, ob auch dann, wenn die mögliche Einziehung nicht ausdrücklich thematisiert wird, eine solche Tätigkeit vorliegt. Hierfür ließe sich anführen, dass die Einziehung vom Gesetz bei Vorliegen ihrer Voraussetzungen zwingend vorgeschrieben und die Verteidigung gegen den Tatvorwurf damit zugleich auch gegen die potentielle Einziehungsanordnung gerichtet ist. Die Gebühr entsteht auch bei der Vertretung des **Einziehungsbeteiligten**, nicht nur bei einer Tätigkeit für den Beschuldigten. Zwar spricht das Gesetz in Nr. 4142 von einer Tätigkeit für den Beschuldigten, diesem steht der Einziehungsbeteiligte aber gleich. Der Anwalt wird auch nicht nur in einer Einzeltätigkeit, sondern in der Angelegenheit der „Abwehr der Einziehung" tätig.[396] Dies kann unter Umständen sogar zeit- und kostenintensiver sein als die Strafverteidigung und ist als vollumfängliche Tätigkeit für den Mandanten zu vergüten.

§ 111c
Vollziehung der Beschlagnahme

(1) [1]Die Beschlagnahme einer beweglichen Sache wird dadurch vollzogen, dass die Sache in Gewahrsam genommen wird. [2]Die Beschlagnahme kann auch dadurch vollzogen werden, dass sie durch Siegel oder in anderer Weise kenntlich gemacht wird.

(2) [1]Die Beschlagnahme einer Forderung oder eines anderen Vermögensrechtes, das nicht den Vorschriften über die Zwangsvollstreckung in das unbewegliche Vermögen unterliegt, wird durch Pfändung vollzogen. [2]Die Vorschriften der Zivilprozessordnung über die Zwangsvollstreckung in Forderungen und andere Vermögensrechte sind insoweit sinngemäß anzuwenden. [3]Die Aufforderung zur Abgabe der in § 840 Absatz 1 der Zivilprozessordnung bezeichneten Erklärungen ist in den Pfändungsbeschluss aufzunehmen.

(3) [1]Die Beschlagnahme eines Grundstücks oder eines Rechts, das den Vorschriften über die Zwangsvollstreckung in das unbewegliche Vermögen unterliegt, wird durch ihre Eintragung im Grundbuch vollzogen. [2]Die Vorschriften des Gesetzes über die Zwangsversteigerung und Zwangsverwaltung über den Umfang der Beschlagnahme bei der Zwangsversteigerung gelten entsprechend.

(4) [1]Die Beschlagnahme eines Schiffes, eines Schiffsbauwerks oder eines Luftfahrzeugs wird nach Absatz 1 vollzogen. [2]Ist der Gegenstand im Schiffs- oder Schiffsbauregister oder im Register für Pfandrechte an Luftfahrzeugen eingetragen, ist die Beschlagnahme in diesem Register einzutragen. [3]Zu diesem Zweck können eintragungsfähige Schiffsbauwerke oder Luftfahrzeuge zur Eintragung angemeldet werden; die Vorschriften, die bei der Anmeldung durch eine Person, die auf Grund eines vollstreckbaren Titels eine Eintragung im Register verlangen kann, anzuwenden sind, gelten hierbei entsprechend.

Schrifttum

Siehe bei § 111b.

Entstehungsgeschichte

Die Vorschrift wurde durch Art. 21 Nr. 29 EGStGB 1974 eingefügt. Sie blieb bis zur Reform 2017 unverändert und hat dann im Zuge der umfangreichen Neustrukturierung der

396 Eingehend zur alten Rechtslage schon *Burhoff* RVGreport **2010** 441.

https://doi.org/10.1515/9783110594546-003

§§ 111bff. neben kleineren terminologischen vor allem zwei wesentliche strukturelle Veränderungen erfahren: Die früheren Absätze 2 und 3 wurden getauscht, was der praktischen Bedeutung des jeweiligen Sicherungsgegenstandes entsprechen dürfte. Darüber hinaus sind die bisherigen Absätze 5 und 6 nun separat in § 111d geregelt worden. Inhaltlich ist es weitgehend bei der bisherigen Regelung geblieben.

Übersicht

Alphabetische Übersicht

A. Allgemeines

1 § 111b Abs. 1 bestimmt als Ausgangsnorm der Beschlagnahme, unter welchen Voraussetzungen eine vorläufige Sicherstellung von Gegenständen zur Sicherung einer späteren Einziehungsanordnung oder Unbrauchbarmachung in Betracht kommt. Der Begriff der Gegenstände ist jedoch multipel. Er umfasst sowohl bewegliche als auch unbewegliche Sachen und Rechte.[1] Für die verschiedenen Arten von Gegenständen beschreibt § 111c deshalb ganz konkret, wie die Beschlagnahme im Einzelnen vollzogen wird. Die Vorschriften werden ergänzt durch die §§ 808ff. ZPO.[2] Der Begriff der Beschlagnahme nach § 111c darf nicht mit jenem in § 94 Abs. 2 verwechselt werden. Während es zur Begründung einer Sicherstellung nach § 94 ausreicht, wenn die Sache in Gewahrsam genommen wird (§ 94, 34ff.), sind an die Sicherstellung nach §§ 111b Abs. 1, 111c besondere

1 Meyer-Goßner/Schmitt/*Köhler* § 111b, 2.
2 MüKo/*Bittmann* 1; SK/*Rogall* 4.

Anforderungen gestellt.[3] Eine Beschlagnahme nach § 111c kann zwar durch Sicherstellung erfolgen, nicht jede Sicherstellung bewirkt jedoch auch eine Beschlagnahme im Sinne des § 111c.[4] Nur durch die wirksame, förmliche Beschlagnahme entsteht ein relatives Veräußerungsverbot zu Gunsten des Staates, § 111d Abs. 1. Kommt ein Gegenstand sowohl als **Beweismittel** als auch als Einziehungsgegenstand in Betracht, müssen[5] zur Herbeiführung der Wirkungen des § 111d Abs. 1 die Anordnungsvoraussetzungen des § 111j erfüllt sein, eine einfache Sicherstellung nach § 94 genügt auch dann nicht.[6] Für das Verfahren bei der Vollziehung der Beschlagnahme gilt § 111k. Mit dem Gesetz zur Reform der strafrechtlichen Vermögensabschöpfung hat der Gesetzgeber lediglich eine inhaltliche Änderung an § 111c vorgenommen und in Absatz 2 Satz 3 klargestellt, dass die Aufforderung zur Abgabe der Drittschuldnererklärung nach § 840 ZPO bereits in den Pfändungsbeschluss aufzunehmen ist. Eine gesonderte Aufforderung wird damit überflüssig.[7] Zu Kostenfragen siehe unter § 111b, 112ff. Zur Vollziehung eines Vermögensarrestes § 111f passim.

B. Bewirkung der Beschlagnahme

I. Bewegliche Sachen, Absatz 1

Bewegliche Sachen werden durch Inverwahrnahme oder durch Kenntlichmachung beschlagnahmt. Der Begriff der beweglichen Sachen stimmt mit dem der körperlichen Sachen im Sinne des § 808 Abs. 1 ZPO überein.[8] Er umfasst die beweglichen Sachen im Sinne des BGB,[9] einschließlich der Wertpapiere, Wechsel und anderer indossablen Papiere.[10] Nicht erfasst werden hingegen Rechte (Rn. 10ff.), die nicht durch Besitzergreifung gepfändet werden sowie das unbewegliche Vermögen[11] (Rn. 16).[12] Es können nur **bestimmte Gegenstände** beschlagnahmt werden.[13] Die pauschale Beschlagnahme „des vorhandenen Vermögens bis zu einer Höhe von ... EUR" ist anders als bei einem auf einen Geldbetrag gerichteten Vermögensarrest (dazu § 111j, 20) unzulässig[14] und führt zur Rechtswidrigkeit der Beschlagnahme,[15] ein Veräußerungsverbot kann nicht entstehen. Diese unterschiedliche Handhabung in der Anordnungsbezeichnung rechtfertigt sich dadurch, dass ein Vermögensarrest einen später möglicherweise auszuurteilenden Zahlungsanspruch auf Wertersatz sichert, während es bei der Beschlagnahme um die Sicherung einer Einziehungsanordnung für einen bestimmten Gegenstand geht.[16] Sollen EDV-Daten beschlagnahmt werden, ist zwischen den Daten und ihrem Speichermedium zu unterscheiden. Das Speichermedium und die darauf gespeicherten Daten können nach allgemeinen Regeln als bewegliche Sache beschlagnahmt werden.[17] Bei Daten, die sich 2

3 LG Flensburg StV **2004** 644.
4 LG Flensburg StV **2004** 644; Meyer-Goßner/Schmitt/*Köhler* 1.
5 **A.A.** wohl OK-StPO/*Huber* 2: in der Regel *auch* förmlich zu beschlagnahmen.
6 SK/*Rogall* 1; Meyer-Goßner/Schmitt/*Köhler* 1.
7 BTDrucks. **18** 9525 S. 75f.
8 HK/*Gercke* 2; SK/*Rogall* 4; MüKo/*Bittmann* 2.
9 Siehe dazu die Kommentare zum BGB bei § 90.
10 Zöller/*Herget* § 803, 1; MüKo/*Bittmann* § 111b, 6.
11 Thomas/Putzo/*Seiler* § 808, 1.
12 Zu ungetrennten Früchten und Zubehör SSW/*Burghart* 4.
13 KMR/*Mayer* 2; Meyer-Goßner/Schmitt/*Köhler* 1; MüKo/*Bittmann* 4.
14 LG Dresden StV **2004** 531.
15 MüKo/*Bittmann* 1.
16 LG Dresden StV **2004** 531 mit weiteren Argumenten.
17 BVerfG NJW **2005** 1917; SK/*Rogall* 5.

nur im Arbeitsspeicher des Computers befinden, müssen diese zunächst auf einem Speichermedium gesichert und dann dieses beschlagnahmt werden.[18]

3 Befindet sich die Sache im **Gewahrsam eines Dritten**, ist zunächst zu unterscheiden, ob dieser herausgabebereit ist oder die Herausgabe verweigert. Im Falle der Herausgabebereitschaft richtet sich die Beschlagnahme nach § 809 ZPO. Beim nicht zur Herausgabe bereiten Dritten ist umstritten, ob eine Beschlagnahme überhaupt möglich ist. Während zum Teil die Auffassung vertreten wird, § 111b Abs. 2, § 103 seien eigenständige Rechtsgrundlagen für die Durchsuchung und Beschlagnahme beim Dritten,[19] gehen andere davon aus, beim nicht zur Herausgabe bereiten Dritten sei nur der Herausgabeanspruch des Betroffenen gegen den Dritten pfändbar.[20] Einigkeit besteht jedoch insoweit, als sich die Sicherstellungsanordnung unmittelbar gegen den Dritten als **Einziehungsbeteiligten** richten und die Sache dann auch bei ihm beschlagnahmt werden kann. Dies dürfte den Großteil der praxisrelevanten Fälle abdecken. Übrig bleiben jene Fälle, in denen der Dritte nicht die Voraussetzungen des § 73b StGB erfüllt, sich der Gegenstand aber gleichwohl in seiner Obhut befindet. Zur Rechtmäßigkeit der Beschlagnahme beim Dritten in diesen Fällen auf § 111b Abs. 2, § 103 abzustellen überzeugt vom Sinn und Zweck der strafprozessualen Regelungen, wirft aber in systematischer Hinsicht Fragen auf, denn § 111b Abs. 1 setzt ausdrücklich die Annahme der Einziehung oder Unbrauchbarmachung voraus und nur in diesem Zusammenhang werden über Absatz 2 die §§ 102ff. für anwendbar erklärt. Die Strafprozessordnung enthält folglich nur für die Durchsuchung zur Einziehung eine Sonderregelung, dem Dritten droht aber in diesen Fällen gerade keine Einziehung. Ein staatlicher Zugriff zu seinen Lasten kann über § 103 daher nur für Beweismittel legitimiert werden. Nicht nur mangels Ermächtigungsgrundlage, sondern auch zur Vermeidung eines vorschnellen Eingriffs in die Rechte des Dritten ist jener Auffassung beizupflichten, die eine **Pfändung des Herausgabeanspruchs** verlangt. Durch die Pfändung wird der Status quo gesichert, so dass dann ermittelt werden kann, ob der Dritte die Sache herausgeben muss. Kommt der Gegenstand (auch) als Beweismittel in Betracht, kann eine Durchsuchung beim Dritten nach § 103 durchgeführt werden. Mit der Sicherstellung als Beweismittel und der damit einhergehenden Ingewahrsamnahme durch die Strafverfolgungsbehörden endet der Gewahrsam des Dritten und können die Gegenstände sodann mit der Wirkung des § 111d nach § 111c beschlagnahmt werden.[21] Letztlich könnte durch ein solches Vorgehen auch die Notwendigkeit der Pfändung des Herausgabeanspruchs umgangen und der Anspruch des Dritten auf die Sache faktisch aufgehoben werden. In diesen Fällen sollte deshalb besser der Weg über eine Wertersatzeinziehung und einen Vermögensarrest in das Vermögen des Betroffenen gewählt werden.

4 Bei Ehegatten findet die Vermutung des § 739 ZPO i.V.m. § 1362 BGB Anwendung.[22] Ist die Sache schon im Besitz der Staatsanwaltschaft, wird nicht entsprechend § 847 ZPO

18 BVerfG NJW **2009** 2431, 2434; KK/*Spillecke* 2; soweit MüKo/*Bittmann* § 111b, 5 davon ausgeht, aufgrund potentieller Datenveränderung durch den Kopiervorgang dürften die Trägermedien ebenfalls beschlagnahmt werden, ist das jedenfalls im hiesigen Zusammenhang unzutreffend. Die Datenträger können nur als Beweismittel beschlagnahmt werden, wobei die technischen Möglichkeiten heute so weit fortgeschritten sind, dass eine Datenveränderung durch Spiegelung nicht zu befürchten und deshalb schon aus Gründen der Verhältnismäßigkeit eine Spiegelung der Daten vor Ort der Sicherstellung vorzuziehen ist.

19 MüKo/*Bittmann* 4, jedenfalls für Fälle, in denen keine Änderung der zivilrechtlichen Berechtigung die Zulässigkeit der Beschlagnahmeanordnung selbst in Frage stellt.

20 KMR/*Mayer* 4; SK/*Rogall* 4.

21 KMR/*Mayer* § 111e, 3 für die Pfändung.

22 *Spieker* StraFo **2002** 43, 44.

der Herausgabeanspruch, sondern der Gegenstand selbst gepfändet.[23] Durch die Beschlagnahme entsteht ein **öffentlich-rechtliches Verwahrungsverhältnis** (siehe dazu umfassend bei § 111o, 8),[24] durch das der Staat auf Zeit zum Besitz aus eigenem Recht berechtigt wird.[25] Die Rückgabe der Sache erfolgt nicht zwingend (nur) an dem Ort, an welchem die Gegenstände aufbewahrt wurden, sondern es kann auch eine Bringschuld der Strafverfolgungsbehörden entstehen. Zu den Voraussetzungen einer Verpflichtung der Justizbehörden, die Sache dem Berechtigten an dessen Wohnort zu bringen,[26] § 111o, 8 ff.

1. Inverwahrnahme. Bewegliche Sachen werden grundsätzlich in der Weise beschlagnahmt, dass sie von der beschlagnahmenden Behörde (§ 111k) in Gewahrsam genommen werden.[27] Der grundsätzliche Vorrang der Beschlagnahme durch Inverwahrnahme vor jener durch Siegel oder in anderer Weise kommt heute durch die Gesetzessystematik in Absatz 1 Satz 1 und 2 und die Formulierung „kann auch" zum Ausdruck.[28] Die bloße Erklärung, die Sache sei beschlagnahmt, genügt nicht. Die Behörde muss sich die **tatsächliche Gewalt** über die Sache verschaffen. Die Art der Aufbewahrung ist hingegen Frage des Einzelfalles.[29] Die Sachen können zu den Akten genommen, mit ihnen verbunden oder als Asservate verwahrt werden.[30] Zulässig und in vielen Fällen auch zweckmäßig ist es, die Sachen durch Dritte entgeltlich verwahren zu lassen,[31] wobei als Dritter auch andere Behörden in Betracht kommen.[32] Es sollte dabei jedoch darauf geachtet werden, dass die Sache als beschlagnahmt gekennzeichnet wird[33] und dass die Sache nur an die Beschlagnahmebehörde wieder herausgegeben werden darf.[34] Zur Notwendigkeit der Verwaltung beschlagnahmter Gegenstände siehe § 111m passim. 5

2. Kenntlichmachung durch Siegel oder in anderer Weise. Diese Arten der Beschlagnahme treten neben die Inverwahrnahme, ohne dass das Gesetz dafür besondere Voraussetzungen vorsehen würde. Die Kenntlichmachung durch Siegel oder in anderer Weise stellt eine symbolische Besitzergreifung dar.[35] Kenntlichmachung wird vor allem in Betracht kommen, wenn eine Inverwahrnahme wegen der Art oder Größe der Sache nicht möglich ist oder wenn die amtliche Verwahrung der Sache besonders schwierig oder kostspielig erscheint.[36] Beispiele wären etwa die Beschlagnahme des Fuhrparks des Autohändlers oder der schweren Baugeräte des Bauunternehmers. Dem **Interesse des Betroffenen** an dem weiteren Besitz der Sache ist nicht durch eine besondere Art der Beschlagnahme, sondern durch eine Maßnahme nach § 111d Abs. 2 Rechnung zu tragen.[37] Entsprechend der Vorschrift des § 808 Abs. 2 Satz 1 ZPO wird man die Belassung 6

---

23 OLG Frankfurt NStZ-RR **2005** 144; SK/*Rogall* 8.
24 BGH NJW **2005** 988; NStZ **2005** 391, 392.
25 HK/*Gercke* 2.
26 Zum Ganzen BGH NJW **2005** 988.
27 Meyer-Goßner/Schmitt/*Köhler* 4.
28 SSW/*Burghart* 4; MüKo/*Bittmann* 2 sprach schon zur alten Rechtslage vom „faktischen Regelfall"; **a.A.** Meyer-Goßner/Schmitt/*Köhler* 4: gleichberechtigt.
29 MüKo/*Bittmann* 3.
30 Meyer-Goßner/Schmitt/*Köhler* 5; HK/*Gercke* 3.
31 SSW/*Burghart* 4.
32 MüKo/*Bittmann* 3.
33 Meyer-Goßner/Schmitt/*Köhler* 5.
34 KK/*Spillecke* 2.
35 HK/*Gercke* 4; Meyer-Goßner/Schmitt/*Köhler* 6.
36 Meyer-Goßner/Schmitt/*Köhler* 6.
37 SK/*Rogall* 6.

von Geld, Kostbarkeiten und Wertpapieren im Besitz des Betroffenen für unzulässig halten müssen.[38] Belässt der Gerichtsvollzieher andere Sachen im Gewahrsam des Schuldners, setzt die Beschlagnahme voraus, dass sie durch Siegel oder in anderer Weise kenntlich gemacht wird. Absatz 1 lehnt sich insoweit an § 808 Abs. 2 Satz 2 ZPO an, die zu dieser Vorschrift entwickelten Grundsätze finden Anwendung.[39] Ohne die vorgeschriebene Kenntlichmachung ist die Beschlagnahme **unwirksam.**[40] Ebenso wie nach § 808 Abs. 2 ZPO der Gerichtsvollzieher[41] hat nach § 111c Abs. 1 der Vollziehungsbeamte nur dann das Dienstsiegel zu verwenden, wenn die Anbringung von Siegelmarken oder anderen Pfandzeichen unmöglich oder unzweckmäßig ist.[42] Das Anlegen des Siegels erfolgt im Allgemeinen durch Aufkleben der Siegelmarke auf den Beschlagnahmegegenstand[43] oder durch eine mit Siegel versehene Plombe.[44] Es gilt der Grundsatz der Individual-, nicht der Raumpfändung.[45] Die Versiegelung eines Raumes genügt daher nicht zur Beschlagnahme der in ihm befindlichen Sachen.[46] Ein Warenlager muss durch Erfassung der einzelnen Gegenstände beschlagnahmt werden.

7 Scheidet die Anbringung eines Siegels aus, so kommt insbesondere die Anbringung einer **schriftlichen Pfandanzeige** in der Nähe der Beschlagnahmegegenstände in Betracht.[47] Sie ist so vorzunehmen, dass die Anzeige vom Betrachter bei Anwendung der verkehrsüblichen Sorgfalt bemerkt werden kann.[48] Die Beschlagnahme muss so gekennzeichnet werden, dass sie für jedermann deutlich und mühelos bemerkbar ist. Die Pfandanzeige darf auch keinen Zweifel daran lassen, welche Gegenstände beschlagnahmt sind. Die Gegenstände sind genau zu bezeichnen und die Pfandanzeige mit der Unterschrift des Vollziehungsbeamten zu versehen.[49] Die Möglichkeiten der Beschlagnahme nach Absatz 1 können auch kombiniert werden.[50] Möglich ist ebenfalls, dass Gegenstände durch Inverwahrnahme *und* das Anbringen eines Siegels beschlagnahmt werden, etwa bei komplizierten Maschinen oder Anlagen.[51] Wird die Pfändung ohne Wissen und Wollen des vollstreckenden Beamten (§ 111k Abs. 1) unkenntlich, besteht sie gleichwohl fort.[52] Der Vollziehungsbeamte hat die Pfandzeichen unverzüglich zu erneuern.[53] Wegen weiterer Einzelheiten wird auf die Kommentare zu § 808 ZPO verwiesen.

8 **3. Folgen.** Die Beschlagnahme der Sache führt zu einem Veräußerungsverbot nach § 111d Abs. 1 und hat ihre **Verstrickung** zur Folge, die über § 136 StGB strafrechtlich geschützt ist. Der Entfernung des Siegels hat auf die Wirksamkeit der Maßnahme keine Auswirkungen.[54]

---

38 *Spieker* StraFo **2002** 43, 44; Meyer-Goßner/Schmitt/*Köhler* 6; KMR/*Mayer* 6; MüKo/*Bittmann* 2.
39 *Spieker* StraFo **2002** 43, 44; siehe hierzu ausführlich Zöller/*Herget* § 808, 18 f.
40 Meyer-Goßner/Schmitt/*Köhler* 6.
41 Vgl. RGSt **36** 165; RGZ **126** 346; Zöller/*Herget* § 808, 19.
42 Zöller/*Herget* § 808, 19.
43 Meyer-Goßner/Schmitt/*Köhler* 6.
44 Frankfurt MDR **1973** 1033.
45 Siehe aber zur Versiegelung von Räumen Zöller/*Herget* § 808 Rn. 19.
46 KK/*Spillecke* 4.
47 Zöller/*Herget* § 808, 20; Meyer-Goßner/Schmitt/*Köhler* 6.
48 Zöller/*Herget* § 808, 19; KMR/*Mayer* 6.
49 Zöller/*Herget* § 808, 20 zur Pfändung durch den Gerichtsvollzieher.
50 Meyer-Goßner/Schmitt/*Köhler* 7; HK/*Gercke* 4.
51 Meyer-Goßner/Schmitt/*Köhler* 7.
52 Thomas/Putzo/*Seiler* § 808, 14; SK/*Rogall* 6; KMR/*Mayer* 6.
53 Thomas/Putzo/*Seiler* § 808, 14; Zöller/*Herget* § 808, 23.
54 SK/*Rogall* 6.

4. Pfändungsschutz. Pfändungsschutzvorschriften spielen bei der Beschlagnahme von Gegenständen keine Rolle, weil es hier um aus der Straftat erlangte bzw. dazu verwendete Gegenstände geht. Zum Pfändungsschutz beim Vermögensarrest § 111f, 15. 9

II. Forderungen und andere Vermögensrechte, Absatz 2

1. Pfändung. Die Beschlagnahme von Forderungen und anderen Vermögensrechten,[55] die nicht den Vorschriften über die Zwangsvollstreckung in das unbewegliche Vermögen unterliegen, wird durch Pfändung bewirkt. Der Begriff der „anderen Vermögensrechte" orientiert sich an § 857 Abs. 1 ZPO, entspricht diesem inhaltlich und umfasst daher etwa Ansprüche auf Abtretung, Miteigentumsanteile oder Nießbrauch.[56] Für die Pfändung sind nach Absatz 2 Satz 2 die **Vorschriften der Zivilprozessordnung** über die Zwangsvollstreckung in Forderungen und andere Vermögensrechte **sinngemäß anzuwenden.** In Betracht kommt vor allem die Anwendung des § 829 ZPO, der die Pfändung einer Geldforderung regelt. Die Vorschrift lautet: 10

§ 829 ZPO Pfändung einer Geldforderung

(1) [1]Soll eine Geldforderung gepfändet werden, so hat das Gericht dem Drittschuldner zu verbieten, an den Schuldner zu zahlen. [2]Zugleich hat das Gericht an den Schuldner das Gebot zu erlassen, sich jeder Verfügung über die Forderung, insbesondere ihrer Einziehung, zu enthalten. [3]Die Pfändung mehrerer Geldforderungen gegen verschiedene Drittschuldner soll auf Antrag des Gläubigers durch einheitlichen Beschluss ausgesprochen werden, soweit dies für Zwecke der Vollstreckung geboten erscheint und kein Grund zu der Annahme besteht, dass schutzwürdige Interessen der Drittschuldner entgegenstehen.

(2) [1]Der Gläubiger hat den Beschluss dem Drittschuldner zustellen zu lassen. [2]Der Gerichtsvollzieher hat den Beschluss mit einer Abschrift der Zustellungsurkunde dem Schuldner sofort zuzustellen, sofern nicht eine öffentliche Zustellung erforderlich wird. [3]An Stelle einer an den Schuldner im Ausland zu bewirkenden Zustellung erfolgt die Zustellung durch Aufgabe zur Post.

(3) Mit der Zustellung des Beschlusses an den Drittschuldner ist die Pfändung als bewirkt anzusehen.

(4) – Ermächtigung zum Erlass einer Rechtsverordnung –

2. Sinngemäße Anwendung der ZPO. Bei der sinngemäßen Anwendung der Vorschriften der ZPO ist Folgendes zu beachten: Der Verweis in die ZPO bezieht sich nur auf den Vorgang der Pfändung als solchen, nicht auf die Rechtsfolge.[57] Für das Verfahren der Pfändung gelten daher die Vorschriften der ZPO nach §§ 828ff. entsprechend. Die Rechtsfolge der Pfändung ist abweichend von der Zivilprozessordnung kein Pfändungspfandrecht, sondern ein **relatives Veräußerungsverbot**, § 111d Abs. 1 Satz 1.[58] Hintergrund der nur sinngemäßen Anwendung der Vorschriften der ZPO ist, dass es bei §§ 111bff. nur um Sicherungs- und nicht um Verwertungsmaßnahmen geht.[59] Anstelle des Gerichtsvollziehers handelt die Staatsanwaltschaft.[60] Unabhängig davon, ob das Gericht oder ob bei Gefahr im Verzug die Staatsanwaltschaft (§ 111j Abs. 1 Satz 2) die Be- 11

---

55 Zu Kryptowährungen wie Bitcoin, BGH NStZ **2018** 401, 404f. mit Anm. *Safferling*; *Greier* wistra **2016** 249, 256f.; *Goger* MMR **2016** 431ff.; *Rückert* MMR **2016** 295, 296; Meyer-Goßner/Schmitt/*Köhler* 8.

56 Vgl. dazu Baumbach/Lauterbach/Albers/*Hartmann* § 857, 5ff.; siehe auch MüKo/*Bittmann* § 111c, 7.

57 BGH NJW **2007** 3350, 3352; KMR/*Mayer* 7; Meyer-Goßner/Schmitt/*Köhler* 8.

58 Zur Zeit vor der Reform 2017 schon BGH NJW **2007** 3350, 3352, die vorherige Rechtsprechung BGHZ **144** 185, 188 wird ausdrücklich aufgegeben; SK/*Rogall* 6.

59 SK/*Rogall* 8.

60 Meyer-Goßner/Schmitt/*Köhler* 8.

schlagnahme anordnet, sind das Zahlungsverbot und das Verfügungsverbot nach § 829 Abs. 1 in den Beschluss oder in die staatsanwaltschaftliche Pfändungsanordnung aufzunehmen.[61] Es erfolgt indes keine Überweisung nach § 835 ZPO,[62] da es zunächst nur um die Sicherung des Vermögensrechtes geht.[63] Die Aufforderung zur Abgabe der Drittschuldnererklärung ist ebenfalls in den Pfändungsbeschluss aufzunehmen (Rn. 13), eine unterlassene Aufnahme hat jedoch keine Auswirkungen auf die Wirksamkeit des Beschlusses. Die Durchführung der Pfändung obliegt in jedem Fall der Staatsanwaltschaft (§ 111k Abs. 1). Diese tritt an die Stelle des Gläubigers in § 829 Abs. 2 Satz 1 ZPO und hat den Gerichtsbeschluss dem Drittschuldner zuzustellen. Die Mitwirkung des Gerichtsvollzieher, die § 829 Abs. 2 Satz 2 ZPO vorsieht, entfällt. Die Zustellungen veranlasst die Staatsanwaltschaft (siehe hierzu § 111k, 15 f.). Mit der Zustellung an den Drittschuldner ist die Pfändung bewirkt.[64] Die Geschäfte der Staatsanwaltschaft bei der Durchführung der Beschlagnahme sind dem Rechtspfleger übertragen (§ 31 Abs. 1 Nr. 1RPflG).[65]

12 Weitere **anwendbare Vorschriften** sind § 830 ZPO (Hypothekenforderungen), § 830a ZPO (Schiffshypotheken), § 831 ZPO (Forderungen aus Wechseln und anderen indossablen Papieren), §§ 846 ff. ZPO (Ansprüche auf Herausgabe oder Leistung körperlicher Sachen), § 857 ZPO (Zwangsvollstreckung in andere Vermögensrechte, die nicht Gegenstand der Zwangsvollstreckung in das unbewegliche Vermögen sind), § 858 ZPO (Schiffspart) und § 859 ZPO (Gesellschaftsanteile bürgerlichen Rechts).[66] Ob § 853 ZPO ebenfalls anwendbar ist, war bereits zur alten Rechtslage umstritten. Nach § 853 ZPO ist der Drittschuldner einer von mehreren Gläubigern gepfändeten Geldforderung berechtigt, unter Beachtung weiterer Verfahrensregelungen, den Schuldbetrag bei dem zuständigen Amtsgericht zu hinterlegen. Umstritten war, ob § 853 ZPO direkt oder analog im Verfahren nach § 111b ff. galt und ob der Drittschuldner zur Hinterlegung eine **Zustimmung des Gerichts** analog § 111g Abs. 2 StPO a.F. anstrengen musste.[67] Auch nach neuer Rechtslage bleibt es bei der Hinterlegungsmöglichkeit unmittelbar nach § 853 ZPO,[68] zumal die mit § 111g StPO a.F. vermeintlich einhergehenden Schwierigkeiten durch die Abschaffung des Zulassungsverfahrens obsolet geworden sind. Nicht anwendbar ist § 845 ZPO, da es sich bei der Beschlagnahmeanordnung nicht um einen vollstreckbaren Schuldtitel wegen einer Geldforderung handelt und deshalb eine Vorpfändung nicht in Betracht kommt.[69]

13 **3. Aufforderung zur Drittschuldnererklärung.** Nach § 111c Abs. 2 Satz 3 ist die Aufforderung zur Abgabe der in § 840 Abs. 1 ZPO bezeichneten Erklärung in den Pfändungsbeschluss aufzunehmen. Die Vorschrift lautet:

§ 840 Abs. 1 ZPO Erklärungspflicht des Drittschuldners

(1) Auf Verlangen des Gläubigers hat der Drittschuldner binnen zwei Wochen, von der Zustellung des Pfändungsbeschlusses an gerechnet, dem Gläubiger zu erklären:
1. ob und inwieweit er die Forderung als begründet anerkenne und Zahlung zu leisten bereit sei;
2. ob und welche Ansprüche andere Personen an die Forderung machen;

---

61 *Schmidt/Winter* NStZ **2002** 8, 9.
62 *Rönnau/Hohn* wistra **2002** 445, 447; Meyer-Goßner/Schmitt/*Köhler* 8.
63 HK/*Gercke* 5; KK/*Spillecke* 5.
64 MüKo/*Bittmann* 8; SSW/*Burghart* 8.
65 Meyer-Goßner/Schmitt/*Köhler* 2.
66 Meyer-Goßner/Schmitt/*Köhler* 8.
67 Verneinend *Locher* WuB VII § 111g StPO § 1.92 S. 778 gegen OLG Düsseldorf NStZ **1992** 203; umfassend LR/*Johann*[26] § 111g, 23.
68 Meyer-Goßner/Schmitt/*Köhler* 8.
69 KMR/*Mayer* 8; MüKo/*Bittmann* 9; SSW/*Burghart* 10; SK/*Rogall* 8.

3. ob und wegen welcher Ansprüche die Forderung bereits für andere Gläubiger gepfändet sei;
4. ob innerhalb der letzten zwölf Monate im Hinblick auf das Konto, dessen Guthaben gepfändet worden ist, nach § 850l die Unpfändbarkeit des Guthabens angeordnet worden ist, und
5. ob es sich bei dem Konto, dessen Guthaben gepfändet worden ist, um ein Pfändungsschutzkonto im Sinne von § 850k Abs. 7 handelt.

Enthält der Pfändungsbeschluss fehlerhaft keine Aufforderung zur Abgabe der Drittschuldnererklärung, erlässt diese die Staatsanwaltschaft, der nach § 111k Abs. 1 die Vollziehung der Beschlagnahme obliegt (§ 111k Abs. 1 i.V.m. § 31 Abs. 1 Nr. 1 RPflG). Die **Folgen der Nichtabgabe der Drittschuldnererklärung** waren schon nach altem Recht umstritten. Während einige darauf abstellten, die §§ 73ff. StGB enthielten abschließende Sonderregelungen über die Rechtspflichten des Dritten und deshalb eine Haftung nach § 840 Abs. 2 Satz 2 ZPO verneinten,[70] hielten andere[71] dies deshalb nicht für überzeugend, weil der von §§ 73ff. StGB erfasste Personenkreis und jener der potentiellen Drittschuldner nicht deckungsgleich seien und sich die Vorschriften überdies nicht mit der Haftung des Drittschuldners befassten. Der Gesetzgeber hat dieses Problem mit der Reform nicht gelöst. Tatsächlich wird man hier zwischen den konkreten Drittschuldnern unterscheiden müssen. Wer als Einziehungsbeteiligter in Betracht kommt, muss keine Angaben machen und auch keinen Schadensersatz leisten. Auf wen das erkennbar nicht zutrifft, der macht sich durch die Nichtabgabe ggf. schadensersatzpflichtig; im Zweifel ist von einer Einziehungsbeteiligung auszugehen, um dem Grundgedanken des § 427 Abs. 1 Satz 1 gerecht zu werden. Erzwingbar ist die Abgabe der Drittschuldnererklärung generell nicht.[72] 14

4. Rechtshilfe.[73] Umstritten war bereits zur alten Rechtslage,[74] ob es im Rahmen der Rechtshilfe zulässig war, einen Gegenstand, der in Deutschland als Vollstreckungsstaat beschlagnahmt wurde, an den **Entscheidungsstaat** herauszugeben. Hierzu wurde die Auffassung vertreten, dass das durch die Pfändung entstandene "Pfändungspfandrecht" an den fremden Staat übertragen werden dürfte.[75] Begründet wurde diese Auffassung mit dem vom Gesetzgeber in § 66 Abs. 1 Nr. 2 – 4 IRG niedergelegten Willen, Gegenstände, die der Einziehung unterliegen, an den Entscheidungsstaat herausgeben zu können. Es sei weder vom Wortlaut, noch vom Sinn und Zweck der Vorschrift gedeckt, zwar beim Täter vorgefundenes Bargeld an den ersuchenden Staat herausgeben zu können, nicht aber eine Forderung.[76] Nur teilweise wurde in der obergerichtlichen Rechtsprechung die Auffassung vertreten, Deutschland fehle es als Vollstreckungsstaat an der rechtlichen Möglichkeit, sich das Kontoguthaben oder die Forderung des Betroffenen gegen die Bank zu verschaffen, um diese dem Entscheidungsstaat zu übertragen.[77] § 66 IRG stelle diesbezüglich keine besondere Verfahrensvorschrift dar, so dass es bei der Anwendung der Strafprozessordnung verbleiben müsse und dann lediglich das durch die Beschlagnahme entstandene „Pfändungspfandrecht" übertragen werden könne.[78] Letztlich waren 15

---

70 KMR/*Mayer* 10; SK/*Rogall* 9.
71 MüKo/*Bittmann* 9; zum neuen Recht so auch SSW/*Burghart* 9.
72 SSW/*Burghart* 9, der aber nicht weiter zwischen den Drittschuldnern unterscheidet.
73 Ausführlich SK/*Rogall* 10; *Rönnau* Rn. 474ff.; *Hackner/Schierholt* Rn. 238ff.
74 Der Gesetzgeber hat diesen Streit im Rahmen der Reform trotz Änderungen an § 66 IRG nicht aufgelöst, vgl. BTDrucks. **18** 9525 S. 101.
75 *Hackner/Schierholt* Rn. 242ff.
76 *Hackner/Schierholt* Rn. 245.
77 OLG Karlsruhe NStZ **1992** 287.
78 OLG Karlsruhe NStZ **1992** 287f.

und sind auch nach neuer Rechtslage beide Auffassungen schon deshalb abzulehnen, weil die Beschlagnahme kein Pfändungspfandrecht nach sich zieht, das übertragen werden könnte.[79] Es fehlt in Deutschland schlicht an einer Regelung für die Übertragung von Forderungen an den ersuchenden Staat. Die insoweit unterschiedliche Behandlung von Bargeld und Forderungen mag man teleologisch für fragwürdig halten, sie rechtfertigt sich jedoch daraus, dass nach deutschem Zwangsvollstreckungsrecht Forderungen anders gesichert werden, als körperliche Gegenstände. Ohne Rechtsgrundlage bleibt es dabei, dass, jedenfalls bei fehlenden sonstigen Vereinbarungen,[80] die nur vorläufig gesicherte Forderung bis zum rechtskräftigen Abschluss des ausländischen Verfahrens mangels Einziehungsbefugnis nicht an den Entscheidungsstaat übertragen werden kann.[81]

III. Grundstücke und grundstücksgleiche Rechte, Absatz 3

16 Die Beschlagnahme von Grundstücken und grundstücksgleichen Rechten wird dadurch vollzogen, dass ein **Vermerk über die Beschlagnahme in das Grundbuch** eingetragen wird. Sie wird erst mit Eintragung wirksam.[82] Zu den grundstücksgleichen Rechten gehören nach § 864 Abs. 1 ZPO außer den Grundstücken mit ihren Bestandteilen[83] und ihrem Zubehör[84] die Berechtigungen, für welche die sich auf Grundstücke beziehenden Vorschriften gelten. Das sind etwa das Erbbaurecht,[85] das Wohnungseigentum, das Bergwerkseigentum, landesrechtliche Jagd- und Fischereigerechtigkeiten sowie Kohlenabbaugerechtigkeiten.[86] Um einen Vermerk über die Beschlagnahme in das Grundbuch zu erhalten, müssen Erklärungen und Ersuchen der Vollzugsbehörde auf Eintragung in das Grundbuch unterschrieben und mit Siegel oder Stempel versehen werden, § 29 Abs. 3, § 38 GBO. Für die Reihenfolge und den Rang der Eintragung gilt § 45 GBO.[87] Da es sich bei der Beschlagnahme um eine vorläufige Sicherungsmaßnahme handelt, ist die Beschlagnahmebehörde verpflichtet, das Grundstück oder grundstücksgleiche Recht im Wert zu erhalten.[88] Der hierzu ergangenen Entscheidung des OLG München lag ein Sachverhalt zu Grunde, in dem die Behörden sowohl eine Eigentumswohnung als auch Bankkonten des Betroffenen beschlagnahmt hatten. Die Staatsanwaltschaft hatte dann Geldbeträge freizugeben, um so den Erhalt der Eigentumswohnung zu gewährleisten. Ob diese Erhaltungspflicht auch dann besteht, wenn der Betroffene nur über ein Grundstück oder grundstückgleiches Recht verfügt und die Behörden daher mit eigenen Mittel für die Erhaltung sorgen müssten, erscheint zweifelhaft. Richtigerweise wird die Behörde nur dazu verpflichtet sein, mit den ihr zur Verfügung stehenden **Mitteln des Betroffenen** angemessen zu haushalten und im Falle der Notwendigkeit zum Erhalt des Vermögens Mittel freizugeben. Sie kann indes nicht verpflichtet werden, auf Kosten der Allgemeinheit Vermögenswerte des Beschuldigten oder eines Dritten zu erhalten (siehe zur Verwaltung beschlagnahmter Gegenstände § 111m passim).

---

79 SK/*Rogall* 10.
80 SK/*Rogall* 10.
81 Zur Forderungspfändung im Ausland KK/*Spillecke* § 111e, 5.
82 SSW/*Burghart* 6.
83 Zöller/*Seibel* § 864, 1.
84 Thomas/Putzo/*Seiler* § 865, 1.
85 Dazu BGH BeckRS **2017** 138870.
86 Zöller/*Seibel* § 864, 2; KMR/*Mayer* 11; SSW/*Burghart* 7.
87 SK/*Rogall* 7; KMR/*Mayer* 12.
88 OLG München StV **2003** 151, 152; MüKo/*Bittmann* 5 Fn. 18 m.w.N.

Für den **Umfang der Beschlagnahme** verweist Absatz 3 Satz 2 in Form eines Rechtsgrundverweises[89] auf die Vorschriften des Gesetzes über die Zwangsversteigerung und die Zwangsverwaltung. Wichtig sind § 20 Abs. 2 und § 21 ZVG.[90] Diese Vorschriften lauten: 17

§ 20 Abs. 2 ZVG

Die Beschlagnahme umfaßt auch diejenigen Gegenstände, auf welche sich bei einem Grundstück die Hypothek erstreckt.

§ 21 ZVG

(1) Die Beschlagnahme umfaßt land- und forstwirtschaftliche Erzeugnisse des Grundstücks sowie die Forderung aus einer Versicherung solcher Erzeugnisse nur, soweit die Erzeugnisse noch mit dem Boden verbunden oder soweit sie Zubehör des Grundstücks sind.

(2) Die Beschlagnahme umfaßt nicht die Miet- und Pachtforderungen sowie die Ansprüche aus einem mit dem Eigentum an dem Grundstück verbundenen Recht auf wiederkehrende Leistungen.

(3) Das Recht eines Pächters auf den Fruchtgenuß wird von der Beschlagnahme nicht berührt.

Das **Ersuchen um Eintragung** stellt nach § 111k Abs. 1 die **Staatsanwaltschaft** oder, wenn dies zur Beschleunigung angezeigt ist, das Gericht, welches die Beschlagnahme angeordnet hat, beim zuständigen Grundbuchamt, § 38 GBO. Die Erfordernisse des § 29 Abs. 3 GBO sind zu beachten, andernfalls kann keine Eintragung erfolgen. Die GBO kennt keine Privilegierung des Fiskus, weshalb es bei der allgemeinen Regel des § 45 GBO verbleibt und die Anträge in chronologischer Reihenfolge abgearbeitet werden müssen.[91] 18

IV. Schiffe, Schiffsbauwerke und Luftfahrzeuge, Absatz 4

1. Allgemeines. Die Beschlagnahme von Schiffen, Schiffsbauwerken und Luftfahrzeugen wird nach Absatz 1 vollzogen. Bei Schiffen ist zwischen Seeschiffen (§ 3 Abs. 2 SchRegO) und Binnenschiffen (§ 3 Abs. 3 SchRegO) zu unterscheiden. Für beide Arten von Schiffen werden unterschiedliche Register am Amtsgericht des Heimathafens oder seines Heimatortes geführt (§ 4 Abs. 1, § 1 Abs. 1 SchRegO). Ob ein Schiff eintragungsfähig ist, richtet sich nach den §§ 3 und 10 SchRegO. Zu beachten ist das Eintragungsverbot des § 14 SchRegO. Für Schiffsbauwerke gelten die §§ 65 ff. SchRegO. Im Unterschied zum Schiffsregister ist das Schiffsbauregister nicht öffentlich, zur Einsicht muss ein berechtigtes Interesse dargelegt werden (§ 65 Abs. 2 Satz 1, § 8 Abs. 1 SchRegO). Das Luftfahrzeugregister wird beim Bundesamt für Luftfahrt und bei den Beauftragten nach § 31c LuftVG geführt, § 64 Abs. 1 LuftVG. Luftfahrzeugregister sind die Luftfahrzeugrolle und das Luftsportgeräteverzeichnis, § 64 Abs. 1 Satz 1 LuftVG. Die Eintragung von Pfandrechten richtet sich nach dem Gesetz über Rechte an Luftfahrzeugen, der Beschlagnahmevermerk wird in der ersten Abteilung des Luftfahrzeugpfandrechtsregisters eingetragen, § 3 Abs. 1 Nr. 4d LuftRegV.[92] Die Beschlagnahme wird jeweils auch **ohne Eintragung wirksam**, die Vornahme der entsprechenden Eintragung ist jedoch zum Ausschluss des öffentlichen Glaubens geboten.[93] Das Gesetz über die Unzulässigkeit der Sicherungsbe- 19

89 MüKo/*Bittmann* 5.
90 Dazu *Spieker* StraFo **2002** 43, 45; ausführlich SSW/*Burghart* 6.
91 MüKo/*Bittmann* 6; SSW/*Burghart* 6.
92 Weiter ausgeführt von *Huber* Rpfleger **2002** 285, 287.
93 KMR/*Mayer* 13; SK/*Rogall* 12; SSW/*Burghart* 5; MüKo/*Bittmann* § 111d, 16.

schlagnahme von Luftfahrzeugen[94] dürfte trotz Rekurs auf die Vollziehung von Arresten aufgrund des gleichgerichteten Sinn und Zwecks auch auf die Beschlagnahme Anwendung finden.[95]

20 **2. Im Register Eingetragene.** Bei Schiffen, Schiffsbauwerken und Luftfahrzeugen, die im Schiffsregister, im Schiffsbauregister oder im Register für Pfandrechte an Luftfahrzeugen eingetragen sind, ist die **Beschlagnahme** im Schiffs- oder Schiffsbauregister oder im Register für Pfandrechte an Luftfahrzeugen einzutragen. Das Ersuchen bei dem Registergericht stellt die Staatsanwaltschaft (§ 111k Abs. 1).

21 **3. Nicht Eingetragene.** Die Beschlagnahme wird nach § 111c Abs. 4 Satz 1 wie bei einer beweglichen Sache dadurch bewirkt, dass der Gegenstand in Gewahrsam genommen oder die Beschlagnahme durch Siegel oder in anderer Weise kenntlich gemacht wird (oben Rn. 2ff.). Sind Schiffsbauwerke und Luftfahrzeuge im Schiffsbauregister und im Register für Pfandrechte an Luftfahrzeugen nicht eingetragen aber **eintragungsfähig**, so können sie zum Zweck der Eintragung der Beschlagnahme in das Register zur Eintragung angemeldet werden (Absatz 4 Satz 3 Hs. 1). Eintragungsfähig ist ein Schiffsbauwerk nach § 66 SchRegO[96] an sich nur, wenn zugleich eine Schiffshypothek an dem Schiffsbauwerk eingetragen wird oder wenn die Zwangsversteigerung des Schiffsbauwerks beantragt ist. Die Vorschrift wird deshalb durch Absatz 4 Satz 3 Hs. 1 dahin erweitert, dass die Eintragung auch zu dem Zweck erfolgen darf, den Beschlagnahmevermerk einzutragen. Luftfahrzeuge können nach § 1 LuftFzgG[97] mit einem Registerpfandrecht durch dessen Eintragung in dem Register für Pfandrechte an Luftfahrzeugen belastet werden. Nach Absatz 4 Satz 3 kann dort auch die Beschlagnahme eingetragen werden. Das Ersuchen um Anmeldung und Eintragung stellt nach § 111k Abs. 1 Satz 1 die Staatsanwaltschaft.[98]

C. Rechtsmittel

22 Zu den Rechtsmitteln gegen die Anordnung der Maßnahmen siehe die Erl. zu § 111j Abs. 2 Satz 3, zu denen gegen deren Durchführung die Erl. zu § 111k Abs. 3.

§ 111d
Wirkung der Vollziehung der Beschlagnahme; Rückgabe beweglicher Sachen

(1) [1]Die Vollziehung der Beschlagnahme eines Gegenstandes hat die Wirkung eines Veräußerungsverbotes im Sinne des § 136 des Bürgerlichen Gesetzbuchs. [2]Die Wirkung der Beschlagnahme wird von der Eröffnung des Insolvenzverfahrens über das Vermögen des Betroffenen nicht berührt; Maßnahmen nach § 111c können in einem solchen Verfahren nicht angefochten werden.

---

94 Zuletzt geändert durch Änderungsgesetz BGBl. I 2006 S. 876 f.
95 Konkludent so auch KMR/*Mayer* 13.
96 Neugefasst durch Bekanntmachung vom 26.5.1994 BGBl. I S. 1133, zuletzt geändert durch Art. 29 des Gesetzes vom 5.7.2017, BGBl. I S. 2208.
97 Gesetz über Rechte an Luftfahrzeugen vom 26.2.1959 (BGBl. I S. 57) in der zuletzt durch Verordnung vom 31.8.2015 bereinigten Fassung, BGBl. I S. 1474.
98 Meyer-Goßner/Schmitt/*Köhler* 10.

https://doi.org/10.1515/9783110594546-004

(2) [1]Eine beschlagnahmte bewegliche Sache kann dem Betroffenen zurückgegeben werden, wenn er einen den Wert der Sache entsprechenden Geldbetrag beibringt. [2]Der beigebrachte Betrag tritt an die Stelle der Sache. [3]Sie kann dem Betroffenen auch unter dem Vorbehalt jederzeitigen Widerrufs zur vorläufigen weiteren Benutzung bis zum Abschluss des Verfahrens überlassen werden; die Maßnahme kann davon abhängig gemacht werden, dass der Betroffene Sicherheit leistet oder bestimmte Auflagen erfüllt.

Schrifttum

Siehe bei § 111b.

Entstehungsgeschichte

Die Vorschrift wurde durch Art. 21 Nr. 29 EGStGB 1974 eingefügt. Sie blieb bis zum 30.6.2017 inhaltlich unverändert und wurde nur sprachlich angepasst. Durch das Gesetz zur Reform der strafrechtlichen Vermögensabschöpfung wurde die Norm vollständig neu gefasst. Die ursprünglich nur die Sicherstellung durch dinglichen Arrest erfassende Vorschrift regelt heute die Wirkung der Beschlagnahme und die Rückgabe beweglicher Sachen. Ihr bisheriger Regelungsgegenstand ist nun in §§ 111e, 111fff. normiert.

Übersicht

Alphabetische Übersicht

A. Allgemeines

1 Mit dem Gesetz zur Reform der strafrechtlichen Vermögensabschöpfung[1] im Jahr 2017 hat der Gesetzgeber das Ziel verfolgt, die Vorschriften zur vorläufigen Sicherstellung von Vermögenswerten zu vereinfachen und besser zu strukturieren.[2] § 111d ist ein Resultat dieses Bestrebens und regelt in Abkehr von der bis dato bestehenden Rechtslage nunmehr in Absatz 1 die Wirkung der Vollziehung einer Beschlagnahme und in Absatz 2 die Voraussetzungen, unter denen **bewegliche Sachen** an den Betroffenen zurückgegeben werden können. Sie entspricht damit im Wesentlichen den Regelungen des § 111c Abs. 5 und 6 StPO a.F., ergänzt um die Klarstellung der Auswirkungen der Eröffnung des Insolvenzverfahrens auf eine bereits erfolgte Beschlagnahme.

B. Die Wirkung der Beschlagnahme, Absatz 1

I. Allgemeines

2 § 111d Abs. 1 regelt für zwei völlig unterschiedliche Sachverhalte die Folgen einer Beschlagnahme. Während Absatz 1 Satz 1 klarstellt, dass die Vollziehung der Beschlagnahme die Wirkung eines Veräußerungsverbotes im Sinne des § 136 BGB hat, bestimmt Absatz 1 Satz 2, dass die **Eröffnung des Insolvenzverfahrens** über das Vermögen des Betroffenen die Wirksamkeit der Beschlagnahme nicht berührt und die Vollziehung der Beschlagnahme im Insolvenzverfahren nicht angefochten werden kann.

II. Veräußerungsverbot, Absatz 1 Satz 1

3 Nach Absatz 1 Satz 1 hat die Vollziehung der Beschlagnahme eines Gegenstandes nach § 111c die Wirkung eines Veräußerungsverbotes im Sinne des § 136 BGB. Die Vorschrift lautet:

§ 136 BGB Behördliches Veräußerungsverbot

„Ein Veräußerungsverbot, das von einem Gericht oder von einer anderen Behörde innerhalb ihrer Zuständigkeit erlassen wird, steht einem gesetzlichen Veräußerungsverbot der in § 135 bezeichneten Art gleich."

§ 135 BGB wiederum lautet:

§ 135 Gesetzliches Veräußerungsverbot

„(1) 1 Verstößt die Verfügung über einen Gegenstand gegen ein gesetzliches Veräußerungsverbot, das nur den Schutz bestimmter Personen bezweckt, so ist sie nur diesen Personen gegenüber unwirksam. 2 Der rechtsgeschäftlichen Verfügung steht eine Verfügung gleich, die im Wege der Zwangsvollstreckung oder der Arrestvollziehung erfolgt.

(2) Die Vorschriften zugunsten derjenigen, welche Rechte von einem Nichtberechtigten herleiten, finden entsprechende Anwendung."

---

1 BGBl. I S. 872.
2 BTDrucks. **18** 9525 S. 49.

1. Wirkung. Die Rechtsfolge der Beschlagnahme im Sinne der §§ 111b, 111c ist ein **relatives Veräußerungsverbot.**[3] Damit sind Verfügungen nur dem Staat gegenüber unwirksam, wenn sie den Rechtsübergang des beschlagnahmten Gegenstandes nach § 75 StGB vereiteln würden.[4] Dasselbe gilt für Verfügungen im Wege der Zwangsvollstreckung oder Arrestvollziehung (§ 135 Abs. 1 Satz 2 BGB).[5] Die Beschlagnahme eines Gegenstandes hat damit dieselbe Wirkung wie ein Urteil, in dem auf Einziehung oder Unbrauchbarmachung eines Gegenstandes erkannt wird (§ 75 Abs. 3 StGB), bis zu seiner Rechtskraft. Materiell-rechtlich wird das Veräußerungsverbot durch § 136 StGB geschützt.[6] Es kann bei beweglichen Sachen durch **guten Glauben** des Erwerbers an ein nicht bestehendes Veräußerungsverbot[7] überwunden werden, § 135 Abs. 2, §§ 932ff. BGB. Dies kommt vor allem dann in Betracht, wenn der gesicherte Gegenstand beim Betroffenen verblieben ist. Da der Betroffene im Falle der Verwahrung nicht mittelbarer Besitzer nach § 868 BGB ist,[8] weil die Behörde für sich und nicht einen anderen besitzt,[9] scheidet ein gutgläubiger Erwerb nach § 934 Alt. 1 BGB aus. Lediglich der von der Behörde eingeschaltete Dritte besitzt für sie.[10] Bei unbeweglichen Sachen ist nach der Eintragung in das dafür vorgesehene Register der **öffentliche Glaube** zerstört, ein gutgläubiger Erwerb scheidet dann ebenfalls aus. Nimmt der Betroffene das Pfandsiegel ab oder übt er sonst verbotene Eigenmacht aus, ist die Sache nach § 935 BGB nicht verkehrsfähig.[11] Zu Einzelheiten vgl. die Kommentare zu §§ 135, 136, 892, 935 BGB.[12] 4

2. Umfang. Der ursprünglich in § 111c Abs. 5 Hs. 2 StPO a.F. zur Rechtsfolge der Beschlagnahme enthalte Annex, dass das Veräußerungsverbot auch andere Verfügungen als Veräußerungen umfasst, ist in Absatz 1 Satz 1 entfallen. Allerdings hat der Gesetzgeber ausdrücklich erklärt, dass die Regelung in Absatz 1 Satz 1 dem bisherigen § 111c Abs. 5 StPO a.F. entsprechen soll[13] und er diesen Annex als überflüssig empfunden hat, da der Begriff des Veräußerungsverbotes nach allgemeiner Ansicht als Verfügungsverbot zu verstehen sei und sich deshalb bereits aus §§ 135, 136 BGB ergebe, dass nicht nur Veräußerungen, sondern **Verfügungen jeder Art** nach erfolgter Beschlagnahme unwirksam seien.[14] Verfügungen im Sinne des Absatz 1 Satz 1 sind danach alle, die zu einer Wertminderung des beschlagnahmten Gegenstandes führen könnten,[15] insbesondere unentgeltliche Verfügungen und die Belastung mit dinglichen Rechten. 5

3. Zeitpunkt. Das Veräußerungsverbot gilt erst ab dem **Vollzug der Beschlagnahme**, nicht schon mit dem Erlass der Beschlagnahmeanordnung oder der formlosen In- 6

3 BTDrucks. **16** 700 S. 17; BVerfG Beschl. v. 17.11.2007 – 2 BvR 2231/07; BGH NJW **2007** 3350, 3351; OLG Frankfurt ZIP **2009** 1582, 1583; KMR/*Mayer* 1; Meyer-Goßner/Schmitt/*Köhler* 1; SK/*Rogall* § 111c, 14.
4 OLG Düsseldorf NJW **1995** 2239 mit zust. Anm. *Danwitz* NStZ **1999** 262; Meyer-Goßner/Schmitt/*Köhler* 1; KMR/*Mayer* 1; SSW/*Burghart* 2.
5 Meyer-Goßner/Schmitt/*Köhler* 1.
6 Meyer-Goßner/Schmitt/*Köhler* 3; KMR/*Mayer* 4.
7 BGH NStZ **1985** 262; KK/*Spillecke*, 3; Meyer-Goßner/Schmitt/*Köhler* 1; KMR/*Mayer* 1; SSW/*Burghart* 2; SK/*Rogall* § 111c, 17.
8 OLG München NJW **1982** 2330, 2331; KMR/*Mayer* 2; SK/*Rogall* § 111c, 18.
9 MüKo/*Bittmann* § 111c, 11; MAH (WSSt)/*Rönnau* § 13, 187.
10 MüKo/*Bittmann* § 111c, 11.
11 KMR/*Mayer* 2.
12 Zum gutgläubigen Erwerb s. Palandt/*Ellenberger* § 136, 9.
13 BTDrucks. **18** 9525 S. 76.
14 BTDrucks. **18** 11640 S. 85.
15 Meyer-Goßner/Schmitt/*Köhler* 1; SK/*Rogall* § 111c, 15.

verwahrnahme.[16] Es wirkt damit, je nach Beschlagnahmegegenstand, zu unterschiedlichen Zeitpunkten: Wird eine bewegliche Sache beschlagnahmt, gilt das Verfügungsverbot ab dem Zeitpunkt der Ingewahrsamnahme/Kenntlichmachung der Beschlagnahme, in den Fällen einer unbeweglichen Sache mit der Eintragung im Grundbuch und bei Beschlagnahme einer Forderung oder einem anderen Vermögensrecht, das nicht den Vorschriften über die Zwangsvollstreckung in das unbewegliche Vermögen unterliegt, im Zeitpunkt der Zustellung der Pfändungsanordnung mit den Verboten des § 829 Abs. 1 ZPO. Nur in den Fällen der Beschlagnahme eines Schiffes, Schiffsbauwerkes oder Luftfahrzeug sind die Eintragungen nach Absatz 4 für das Entstehen des Verfügungsverbots unerheblich,[17] weil diese nach § 111c Abs. 1 vollzogen wird und nur (zusätzlich) eingetragen wird. Das Verfügungsverbot endet mit der Aufhebung durch das Gericht oder mit umfassender Rechtskraft eines Urteils, das von einer Einziehung oder Unbrauchbarmachung absieht.[18] Bei Teilrechtskraft endet das Verfügungsverbot erst mit Aufhebung der Maßnahme.[19] Ohne Aufhebung oder Rechtskraft bleibt die Sicherungsmaßnahme bis zur **förmlichen Aufhebung** aufrechterhalten, auch wenn ihre Voraussetzungen weggefallen sind.[20] Sodann ist nach § 111n zu verfahren. Die temporäre Unwirksamkeit von **Zwischenverfügungen** wird durch die Aufhebung geheilt. Spricht das Urteil die Einziehung aus, entsteht das Verfügungsverbot (auch) nach § 75 Abs. 3 StGB. Ob das aus dem Urteil resultierende Verbot an die Stelle des Verbotes nach Absatz 1 tritt[21] oder nur eine weitere Rechtsgrundlage erfährt,[22] dürfte praktisch ohne Belang sein, weil die Beschlagnahmeanordnung und der Urteilserlass uno actu erfolgen und das Veräußerungsverbot damit nahtlos bestehen bleibt.[23] Eine zur alten Rechtslage vollzogene Beschlagnahme übernimmt die Wirkungen des neuen Rechts.[24]

7 **4. Wechsel der Rechtsgrundlage.** Das Veräußerungsverbot wird durch einen Wechsel der Rechtsgrundlage für die Beschlagnahme eines Gegenstands nicht unterbrochen. Dies ist beispielsweise in Konstellationen denkbar, in denen ein Gegenstand zunächst zur Sicherung der Wertersatzeinziehung auf Grundlage eines Vermögensarrestes gesichert war und sich anschließend herausstellt, dass es sich um den durch die Tat erlangten Originalgegenstand handelt. Tritt in diesem Fall an die Stelle des Arrestvollzuges eine Beschlagnahmevollziehung, wird das bereits durch die erste Vollziehung bewirkte Veräußerungsverbot trotz Aufhebung einer Entscheidung und Ersetzung durch eine andere nicht unterbrochen.[25] Zwischenverfügungen bleiben unwirksam,[26] wenn Aufhebung und Ersetzung uno actu erfolgten. **Anders** liegt der Fall dann, wenn Aufhebung und Ersetzung zeitlich auseinanderfallen oder wenn der **Gegenstand zunächst als Beweismittel** beschlagnahmt wurde und später die Sicherstellung nach §§ 111b, 111c folgte. Da die Beweismittelbeschlagnahme nicht zu einem Veräußerungsverbot führt, wirkt dieses

16 KK/*Spillecke*3; SSW/*Burghart* 2; Meyer-Goßner/Schmitt/*Köhler* 2; SK/*Rogall* § 111c, 16.
17 SK/*Rogall* § 111c, 16; Meyer-Goßner/Schmitt/*Köhler* 2.
18 OLG Düsseldorf NJW **1995** 2239 mit zustimmender Anm. *Danwitz* NStZ **1999** 262; KMR/*Mayer* 7.
19 OLG Düsseldorf NJW **1995** 2239.
20 **A.A.** KMR/*Mayer* 5: förmliche Aufhebung bei Rechtskraft ohne Einziehungsausspruch nicht erforderlich.
21 So SK/*Rogall* § 111c, 16.
22 So MüKo/*Bittmann* § 111c, 11.
23 SSW/*Burghart* 2.
24 Meyer-Goßner/Schmitt/*Köhler* 9.
25 KMR/*Mayer* 9; SK/*Rogall* § 111c, 15.
26 Sehr weitgehend OLG Karlsruhe Justiz **1981** 483: auch bei Wechsel des Zwecks der Sicherung.

in derartigen Fällen erst ab der Beschlagnahme nach §§ 111b, 111c.[27] Andersherum entfällt das Verfügungsverbot, wenn der Gegenstand nur noch als Beweismittel in Betracht kommt und ein diesbezüglicher Beschluss ergeht.[28] Zur Beendigung der Beschlagnahme ausführlich § 111j 34 ff. Bei der dinglichen Surrogation (Rn. 15) ist in den gesetzlich normierten Fällen des Absatzes 2 Satz 2 keine erneute Beschlagnahme notwendig. Geht aber die in behördlicher Verwahrung befindliche Sache unter, ist der Ersatzanspruch des Betroffenen nicht per se von der Beschlagnahme erfasst.[29] Zur Frage einer „weiteren" Beschwerde, wenn die Umstellung der Rechtsgrundlage durch das Beschwerdegericht erfolgte, s. § 111j, 52.

5. Absolutes Veräußerungsverbot. Wird ein Gegenstand beschlagnahmt, weil er 8
die **Sicherheit der Allgemeinheit** gefährdet und daher der Einziehung unterliegt, so besteht mangels Verkehrsfähigkeit der Sache ein absolutes Veräußerungsverbot nach § 134 BGB.[30] Zwar erwähnt Absatz 1 Satz 1 diesen Fall nicht besonders, die Unzulässigkeit der Veräußerung ergibt sich jedoch unmittelbar aus § 134 BGB.

III. Verhältnis der Beschlagnahme zum Insolvenzverfahren, Absatz 1 Satz 2

1. Allgemeines. Mit dem Gesetz zur Reform der strafrechtlichen Vermögensabschöp- 9
fung[31] hat der Gesetzgeber erstmals ausdrückliche Regelungen zum Verhältnis der strafprozessualen Sicherstellung zum Insolvenzverfahren geschaffen. Eine davon findet sich in § 111d Abs. 1 Satz 2.[32] Sie bestimmt, dass die Wirkungen der Beschlagnahme von der Eröffnung des Insolvenzverfahrens über das Vermögen des Betroffenen unberührt bleiben und die Vollziehung der Beschlagnahme im Insolvenzverfahren nicht angefochten werden kann. § 80 Abs. 2 Satz 1 und § 88 InsO finden damit auf im strafprozessualen Wege beschlagnahmte Gegenstände keine Anwendung,[33] die Beschlagnahme deliktisch erlangter Gegenstände ist **insolvenzfest.**[34] Der Gesetzgeber wollte damit den Bestand des Sicherungsrechts an dem inkriminierten Gegenstand auch im Insolvenzverfahren über das Vermögen des von der Beschlagnahme Betroffenen sichern[35] und eine Gleichbehandlung der Straftatverletzten gewährleisten, unabhängig davon, ob der Tat ein Eigentums- oder Vermögensdelikt zu Grunde liegt.[36] Die Neuregelung soll außerdem den Insolvenzverwalter vor einer Strafbarkeit wegen Geldwäsche schützen.[37]

2. Kritik. Die Regelung hat erhebliche Kritik auf sich gezogen.[38] So erklärte etwa 10
schon der Bundesrat, die Neuregelung sei mit dem **Grundsatz der Gläubigergleichbehandlung** „kaum" zu vereinbaren und führe zu einem Auseinanderfallen zwischen den

---

27 KK/*Spillecke* 3.
28 SSW/*Burghart* § 111b, 16, der allerdings davon ausgeht, dass das Verfügungsverbot auch ohne entsprechenden Beschluss entfällt.
29 KMR/*Mayer* 8.
30 OLG Bremen NJW **1951** 675; Meyer-Goßner/Schmitt/*Köhler* 3; HK/*Gercke* 3.
31 BGBl. I 2017 S. 872.
32 Umfassend hierzu *Bittmann* NZWiSt **2016** 131, 134; *Rhode* wistra **2018** 65, 69 sieht darin „insolvenzrechtlich betrachtet" eine „mittlere Kulturrevolution".
33 BTDrucks. **18** 9525 S. 76; **anders** und ausführlich noch BGH NJW **2007** 3350 ff.
34 BTDrucks. **18** 10146 S. 11; Meyer-Goßner/Schmitt/*Köhler* 4; *Bittmann/Tschakert* ZInsO **2017** 2657, 2661.
35 BTDrucks. **18** 9525 S. 76.
36 BTDrucks. **18** 10146 S. 11; 11640 S. 79.
37 Umfassend dazu BTDrucks. **18** 9525 S. 76.
38 Etwa *Rhode* wistra **2018** 65, 69 m.w.N.

Restitutionsmöglichkeiten der Straftatverletzten und dem Fiskus auf der einen sowie den übrigen Gläubigern auf der anderen Seite.[39] Kritisiert wurde außerdem, dass dem Gesetz Regelungen fehlten, die das Verhältnis der am Straf- bzw. Insolvenzverfahren Beteiligten, etwa in Form von Akteneinsichtsmöglichkeiten des Insolvenzgerichts oder des Insolvenzverwalters, festlegten.[40] Die Bundesregierung blieb gleichwohl bis zuletzt bei ihrer Auffassung, die Regelung berücksichtige begründete Belange des Opferschutzes und schließe zugleich aus, dass sich Straftäter auf Kosten des Tatopfers über das Insolvenzverfahren von privatrechtlichen Verbindlichkeiten befreien können.[41]

11 **3. Bestandskraft der Beschlagnahme, Absatz 1 Satz 2 Halbsatz 1.** Das Gesetz stellt ausdrücklich klar, dass die vollzogene, nicht die (nur) angeordnete oder die im Gange befindliche[42] Beschlagnahme auch im Insolvenzverfahren Bestand hat. Bis zur Reform galt das nur für solche Gegenstände, an denen ein **Aussonderungsrecht** nach §§ 47 ff. InsO bestand. Das war etwa der Fall, wenn die beschlagnahmte Sache gestohlen, indes dann nicht, wenn die Sache durch Betrug erlangt wurde. Mit der Neuregelung werden nun diese Sachverhalte gleichgestellt und sämtliche Fälle der deliktischen Erlangung eines Gegenstandes erfasst.[43]

12 **4. Anfechtungsverbot, Absatz 1 Satz 2 Halbsatz 2.** Die Beschlagnahme einer beweglichen Sache kann durch den Insolvenzverwalter nicht nach den §§ 129 ff. InsO angefochten werden.[44] Allerdings kann er bei Zweifeln über die (weitere)[45] **Rechtmäßigkeit der Beschlagnahmeanordnung** oder auch des Beschlagnahmevollzugs mit den allgemeinen strafprozessualen Rechtsbehelfen nach § 111j Abs. 2 Satz 3, § 111k Abs. 3 gegen diese vorgehen.[46] Die Rechte und Pflichten des Insolvenzverwalters werden durch die Vorschrift nicht eingeschränkt.[47]

C. Rückgabe beschlagnahmter beweglicher Sachen an den Betroffenen, Absatz 2

I. Allgemeines

13 Absatz 2 ermöglicht es, beschlagnahmte Sachen an den Betroffenen zurückzugeben.[48] Dies gilt auch für den Betroffenen, der Beschuldigter ist.[49] Die Vorschrift entspricht dem Regelungsgehalt des § 111c Abs. 6 StPO a.F.[50] und dient vorwiegend dem Interesse des Betroffenen, der über die zurückgegebene Sache frei verfügen (Absatz 2 Satz 1) oder sie jedenfalls vorläufig weiter benutzen kann[51] (Absatz 2 Satz 3). Sie ist Aus-

---

39 BTDrucks. **18** 10146 S. 3.
40 Ausführlich *Köllner/Mück* NZI **2017** 593, 599.
41 BTDrucks. **18** 11640 S. 79; ebenso Meyer-Goßner/Schmitt/*Köhler* 4; *Bittmann/Tschakert* ZInsO **2017** 2657, 2661.
42 SSW/*Burghart* 3.
43 BTDrucks. **18** 9525 S. 76.
44 Meyer-Goßner/Schmitt/*Köhler* 4; KMR/*Mayer* 10.
45 SSW/*Burghart* 4.
46 KG wistra **2013** 445 ff.
47 BTDrucks. **18** 9525 S. 76; KMR/*Mayer* 11; SSW/*Burghart* 4.
48 SSW/*Burghart* 5 geht davon aus, dass die materiell-rechtlichen Regelungen, die den Wertersatz nur als Auffangmaßnahme vorsehen, grundsätzlich gegen eine Auslösung des Gegenstandes sprechen.
49 MüKo/*Bittmann* § 111c, 12; Meyer-Goßner/Schmitt/*Köhler* 6; SK/*Rogall* § 111c, 20.
50 BTDrucks. **18** 9525 S. 76.
51 SK/*Rogall* § 111c, 20.

druck des **Verhältnismäßigkeitsgrundsatzes,**[52] gilt aber nicht, wenn die Herausgabe nach § 111n möglich ist (dazu § 111n, 2ff.);[53] die Herausgabe geht vor.[54] Die Rückgabemöglichkeit kann insbesondere[55] Bedeutung gewinnen, wenn die beschlagnahmten Sachen verderblich sind oder ihr Wert während der Dauer der Verwahrung stark sinkt. Die Bestimmung gibt dem Betroffenen in diesen Fällen Gelegenheit, die mit der Notveräußerung nach § 111p verbundenen wirtschaftlichen Nachteile (vgl. § 111p, 1) durch Erlegung des Wertes der Sache abzuwenden. Obwohl die Rückgabe beschlagnahmter Sachen auch die Beschlagnahmebehörden entlastet, denen die Verwahrung der Beschlagnahmegegenstände zuweilen erhebliche Schwierigkeiten bereitet,[56] ist ihre praktische Bedeutung äußerst gering.[57] Wird eine Sache zugleich als Beweismittel benötigt, so kommt eine Rückgabe zur freien Verfügung nach Absatz 2 Satz 1 nicht in Betracht,[58] ein Überlassen gegen Sicherheit oder unter Auflagen nach Absatz 2 Satz 3 nur dann, wenn der Beweis trotzdem erhalten werden kann.[59] Besteht für die Sache ein absolutes Veräußerungsverbot, ist Absatz 2 unanwendbar.[60]

II. Rückgabe gegen Erlegung des Wertes, Satz 1 und 2

Die Rückgabe einer beschlagnahmten Sache an den Betroffenen nach Absatz 2 Satz 1 **14**
kommt vor allem in Betracht, wenn der Gegenstand der Einziehung nach § 73 StGB unterliegt. Ist mit der Sicherungseinziehung nach § 74b StGB zu rechnen, so scheidet die Rückgabe von vornherein aus.[61] Sie ist in jedem Fall davon abhängig, dass der Betroffene den Wert der Sache sofort erlegt. Das setzt voraus, dass der Wert feststeht oder aufgrund einer **Vereinbarung zwischen der Beschlagnahmebehörde und dem Betroffenen** festgestellt wird.[62] Die Schätzung durch die Strafverfolgungsbehörden muss angemessen sein. Kommt es hierüber zu keiner Einigung, so entfällt die Möglichkeit der Rückgabe. Die (Nicht-)Rückgabeentscheidung und die Schätzung des Wertes unterliegen der richterlichen Überprüfung, § 111k Abs. 3. Der Wert der Sache muss Zug um Zug gegen ihre Herausgabe erlegt werden.[63] Weder Ratenzahlungen noch Stundungen sind zulässig. Die Erlegung des Wertes muss in Geld oder geldwerten Papieren erfolgen;[64] Absatz 2 Satz 2 spricht ausdrücklich von dem beigebrachten „Geldbetrag". Die bloße Beibringung von Sicherheiten genügt daher nicht.[65] Der erlegte Betrag wird bei der Gerichtskasse hinterlegt.

---

52 *Bittmann* NZWiSt **2018** 209, 212f.
53 BTDrucks. **18** 9525 S. 76; zur möglicherweise analogen Anwendung der Vorschrift auf die Verletzten MüKo/*Bittmann* § 111c, 13.
54 MüKo/*Bittmann* § 111c, 13; Meyer-Goßner/Schmitt/*Köhler* 8; KMR/*Mayer* 15; allesamt aber (nur) für eine Rückgabe an den Verletzten.
55 **Anders** SSW/*Burghart* 5, der hierin den einzigen Anwendungsfall von Absatz 2 Satz 1 sieht.
56 Zur Gefahr der Haftung der Behörde wegen Wertverlustes sichergestellter Gegenstände vgl. sehr ausführlich *Rönnau/Hohn* wistra **2002** 445.
57 SK/*Rogall* § 111c, 20 m.w.N.
58 Meyer-Goßner/Schmitt/*Köhler* 8; SSW/*Burghart* 5.
59 KMR/*Mayer* 14, SK/*Rogall* § 111c, 21; Meyer-Goßner/Schmitt/*Köhler* 8; wohl auch MüKo/*Bittmann* § 111c, 12: „soweit"; nach KK/*Spillecke* 6 ist eine Rückgabe bei Beweisgegenständen völlig ausgeschlossen, wenn sie nach § 94 beschlagnahmt sind.
60 KK/*Spillecke* 6; KMR/*Mayer* 14.
61 KMR/*Mayer* 14; SK/*Rogall* § 111c, 20; MüKo/*Bittmann* § 111c, 12.
62 MüKo/*Bittmann* § 111c, 12; Meyer-Goßner/Schmitt/*Köhler* 6.
63 Meyer-Goßner/Schmitt/*Köhler* 6.
64 SK/*Rogall* § 111c, 21; Meyer-Goßner/Schmitt/*Köhler* 6.
65 HK/*Gercke* § 111c, 15.

15 Wird die Sache an den Betroffenen zurückgegeben, so tritt der hinterlegte Betrag an die Stelle der Sache (Absatz 2 Satz 2), es handelt sich um eine **dingliche Surrogation.**[66] Mit der Rückgabe erlischt die Beschlagnahme und damit auch das Veräußerungsverbot nach Absatz 1,[67] zugleich aber auch die Insolvenzfestigkeit.[68] Interessant ist diese Art der Freigabe daher für verderbliche Gegenstände, die der Beschuldigte weiterveräußern und so die Notveräußerung nach § 111p verhindern kann.[69] Wie im Fall des § 111p Abs. 1 Satz 2 ist in dem Urteil auf Einziehung des erlegten Betrages zu erkennen, wenn die Voraussetzungen für die Einziehungsanordnung vorliegen. Wird von der Anordnung der Einziehung abgesehen, so ist der Gegenwert des erlegten Betrages (nicht die erlegten Geldscheine oder Münzen) dem Betroffenen herauszugeben. Der bei der Gerichtskasse hinterlegt gewesene Betrag ist dann nach den Vorschriften der jeweiligen Hinterlegungsgesetze zu verzinsen, wobei die ganz überwiegende Zahl der Hinterlegungsgesetze eine solche heute nicht mehr vorsieht.

III. Überlassen zur vorläufigen weiteren Benutzung, Satz 3

16 Absatz 2 Satz 3 Hs. 1 schafft die Möglichkeit, dem Betroffenen den beschlagnahmten Gegenstand unter dem Vorbehalt jederzeitigen Widerrufs zur vorläufigen weiteren Benutzung bis zum Abschluss des Verfahrens zu überlassen. Die Sache bleibt dann beschlagnahmt, auch das Veräußerungsverbot nach Absatz 1 bleibt bestehen.[70] Das Überlassen der Sache unter Vorbehalt des Widerrufs kann nach Absatz 2 Satz 3 Hs. 2 davon abhängig gemacht werden, dass der Betroffene Sicherheit leistet oder bestimmte Auflagen erfüllt und wird vor allem dann in Betracht kommen, wenn es eine besondere Härte wäre, dem Betroffenen den Gegenstand sofort zu entziehen.

17 Wird das Überlassen nach Halbsatz 2 von der **Leistung einer Sicherheit** abhängig gemacht, so muss die Sicherheit vor der Herausgabe der Sache hinterlegt oder beigebracht werden. Die Art der Sicherheit (Bargeld, Bürgschaften, Wertpapiere) und die Höhe bestimmt die Beschlagnahmebehörde. Die Höhe der Sicherheit muss dem Wert der Sache nicht unbedingt entsprechen,[71] aber verhältnismäßig sein. Auch hier gilt, dass dem Betroffenen die gerichtliche Überprüfung über § 111k Abs. 3 jederzeit offen steht. Schafft der Betroffene den Gegenstand beiseite, so ist im Urteil die Einziehung von Wertersatz nach § 73c oder § 74c StGB anzuordnen und in die hinterlegte Sicherheit zu vollstrecken. Kommt es zu einer solchen Anordnung nicht, dann ist die Sicherheit in dem Zeitpunkt zurückzugeben, in dem die Beschlagnahmeanordnung aufgehoben werden muss.

18 Ein **Überlassen unter Auflagen** wird insbesondere zu erwägen sein, wenn nicht auszuschließen ist, dass das erkennende Gericht nach § 74f StGB von der Einziehung absehen und weniger einschneidende Maßnahmen treffen wird. Als Auflagen kommen daher auch in erster Linie die in § 74f Abs. 1 Satz 3 StGB erwähnten (Unbrauchbarmachung des Gegenstandes; Beseitigung bestimmter Einrichtungen oder Kennzeichen; Verfügungsverbote) in Frage.[72] Der Betroffene muss innerhalb einer von der Beschlagnahmebehörde zu bestimmenden Frist nachweisen, dass er die Auflage erfüllt hat; führt er den Nachweis nicht, so ist die Rückgabe zu widerrufen und die Beschlagnahme wieder

66 KMR/*Mayer* 12; Meyer-Goßner/Schmitt/*Köhler* 6; SK/*Rogall* § 111c, 21; MüKo/*Bittmann* § 111c, 12.
67 SK/*Rogall* § 111c, 21; MüKo/*Bittmann* § 111c, 12.
68 Meyer-Goßner/Schmitt/*Köhler* 6.
69 KK/*Spillecke*6; Meyer-Goßner/Schmitt/*Köhler* 6; SK/*Rogall* § 111c, 21.
70 MüKo/*Bittmann* § 111c, 12; KMR/*Mayer* 13; SK/*Rogall* § 111c, 22; Meyer-Goßner/Schmitt/*Köhler* 7.
71 SK/*Rogall* § 111c, 22; Meyer-Goßner/Schmitt/*Köhler* 7.
72 Meyer-Goßner/Schmitt/*Köhler* 7; SK/*Rogall* § 111c, 22.

zu vollziehen. Dem Betroffenen kann der Gegenstand zur weiteren Benutzung auch unter der Voraussetzung überlassen werden, dass er sowohl Sicherheit leistet, als auch Auflagen erfüllt. Das kommt vor allem in Betracht, wenn die Sicherheit dem Wert der Sache nicht entspricht, der Betroffene aber nicht in der Lage ist, eine höhere Sicherheit zu leisten.

IV. Ermessen

Die Möglichkeiten nach Absatz 2 stehen allesamt im Ermessen der Strafverfolgungs- 19
behörden bzw. der Gerichte. Sie müssen ermessensfehlerfrei ausgeübt und hinreichend begründet werden. Zu berücksichtigen ist etwa, ob der Gegenstand – wie Kraftfahrzeuge – einen geldwerten Gebrauchsvorteil hat, für dessen Entziehung grundsätzlich kein Bedarf besteht.[73] Dabei ist immer auch zu berücksichtigen, dass die grundsätzliche Notwendigkeit einer Sicherung des Gegenstandes schon im Rahmen des Tatbestandes des § 111b Abs. 1 in Form des Sicherungsbedürfnisses bejaht worden ist (§ 111b, 84ff.). Die Ermessensausübung im Zuge des Absatz 2 hat sich deshalb nicht an der **generellen Sicherungsbedürftigkeit** des Gegenstandes, sondern an der Frage zu orientieren, ob dieser auch über die dort beschriebenen Möglichkeiten Genüge getan werden kann, insbesondere, dass der Betroffene im Falle der Vereitelung der Vollstreckung die geleistete Sicherheit verlieren würde.[74] Es wäre deshalb ermessensfehlerhaft, wenn die Strafverfolgungsbehörden eine Rückgabe nach § 111d Abs. 2 Satz 2 (nur) deshalb verweigern würden, weil sie darin eine Gefahr für die spätere Vollstreckbarkeit der Einziehungsanordnung sehen. Ohne eine solche käme eine Beschlagnahme nämlich per se nicht in Betracht.[75] Die Ermessensausübung im Rahmen des Absatzes 2 muss darauf gerichtet sein, ob dem Sicherungszweck auch unter Berücksichtigung weniger einschneidender Maßnahmen als einer Wegnahme Rechnung getragen werden kann.[76] Wird die Überlassung später widerrufen, müssen hierfür sachliche Gründe angegeben werden.[77]

D. Rechtsmittel

Zu den Rechtsmitteln gegen die Anordnung der Maßnahmen siehe die Erl. zu § 111j, 20
zu denen gegen deren Durchführung die Erl. zu § 111k.

§ 111e
Vermögensarrest zur Sicherung der Wertersatzeinziehung

(1) [1]Ist die Annahme begründet, dass die Voraussetzungen der Einziehung von Wertersatz vorliegen, so kann zur Sicherung der Vollstreckung der Vermögensarrest in das bewegliche und unbewegliche Vermögen des Betroffenen angeordnet werden. [2]Liegen dringende Gründe für diese Annahme vor, so soll der Vermögensarrest angeordnet werden.

(2) Der Vermögensarrest kann auch zur Sicherung der Vollstreckung einer Geldstrafe und der voraussichtlichen Kosten des Strafverfahrens angeordnet wer-

73 Ähnlich MüKo/*Bittmann* § 111c, 12.
74 SSW/*Burghart* § 111c, 13.
75 MüKo/*Bittmann* § 111c, 12 Fn. 57; SSW/*Burghart* 5.
76 Im Ergebnis ebenso SSW/*Burghart* § 111c, 13.
77 KMR/*Mayer* 13.

https://doi.org/10.1515/9783110594546-005

den, wenn gegen den Beschuldigten ein Urteil ergangen oder ein Strafbefehl erlassen worden ist.

(3) Zur Sicherung der Vollstreckungskosten ergeht kein Arrest.

(4) [1]In der Anordnung ist der zu sichernde Anspruch unter Angabe des Geldbetrages zu bezeichnen. [2]Zudem ist in der Anordnung ein Geldbetrag festzusetzen, durch dessen Hinterlegung der Betroffene die Vollziehung des Arrestes abwenden und die Aufhebung der Vollziehung des Arrestes verlangen kann; § 108 Absatz 1 der Zivilprozessordnung gilt entsprechend.

(5) Die §§ 102 bis 110 gelten entsprechend.

(6) Die Möglichkeit einer Anordnung nach § 324 der Abgabenordnung steht einer Anordnung nach Absatz 1 nicht entgegen.

Schrifttum

Siehe bei § 111b.

Entstehungsgeschichte

§ 111e wurde durch Art. 21 Nr. 29 EGStGB mit zunächst völlig anderem Regelungsgehalt eingefügt. Bis zum Inkrafttreten des Gesetzes zur Reform der strafrechtlichen Vermögensabschöpfung am 1.7.2017 (BGBl. I S. 872) waren hier die Zuständigkeit für die Anordnung von Beschlagnahme und dinglichem Arrest sowie die Mitteilungspflichten der Staatsanwaltschaft gegenüber den Verletzten normiert. Diese finden sich heute in §§ 111j und 111l Abs. 1, 2 und 4, während § 111e ausschließlich die Voraussetzungen einer vorläufigen Sicherung staatlicher Geldforderungen durch Vermögensarrest bezeichnet.

Übersicht

Alphabetische Übersicht

A. Allgemeines

1 § 111e beschreibt in den Absätzen 1 bis 4 die Voraussetzungen, unter denen ein Vermögensarrest zur Sicherung der Wertersatzeinziehung ausgebracht werden darf. Die Vorschrift ist eine Kombination der § 111b Abs. 2 und 4, § 111d Abs. 1 und 2 StPO a.F.[1] Ihre Regelung in einem eigenen Paragrafen soll vor allem der klareren Trennung der vorläufigen Sicherungsmöglichkeiten dienen, indem Beschlagnahme und Vermögensarrest nun jeweils eigene Grundsatzvorschriften haben. Nach Auffassung des Gesetzgebers wird dem Gesetzesanwender damit ein vereinfachter Zugang zu den Vorschriften ermöglicht.[2] Durch Absatz 5 werden die allgemeinen Durchsuchungsmöglichkeiten auch für den Vollzug des Vermögensarrests eröffnet, eine äquivalente Regelung findet sich bereits in § 111b Abs. 2 für die Beschlagnahme (§ 111b, 103). Erstmals in der Geschichte des strafprozessualen Vermögensabschöpfungsrechts hat der Gesetzgeber mit Absatz 6 Stellung zum Verhältnis des strafprozessualen zum **steuerrechtlichen Arrest** nach § 324 AO genommen. Das ist grundsätzlich zu begrüßen, auch wenn in diesem Zusammenhang diverse Fragen weiterhin nicht geklärt sind (ausführlich Rn. 56 ff.). Ein nach alter Rechtslage erlassener dinglicher Arrest wirkt ununterbrochen nach neuem Recht fort.[3]

B. Die Voraussetzungen der Absätze 1 bis 5

I. Allgemeines

2 § 111e Abs. 1 ist die Ausgangsvorschrift der vorläufigen Sicherstellung zur Vermögensabschöpfung im Wege des Vermögensarrestes. Mit der Reform 2017 hat sich der Gesetzgeber von dem aus dem Zivilrecht entliehenen Begriff des „dinglichen Arrestes" ver-

1 BTDrucks. **18** 9525 S. 76.
2 BTDrucks. **18** 9525 S. 49.
3 OLG Hamm MMR **2018** 529, 530; OLG München FGPrax **2018** 68; Meyer-Goßner/Schmitt/*Köhler* § 111h, 5.

abschiedet. Zur Verdeutlichung der eigenständigen Bedeutung der strafprozessualen Sicherungsmöglichkeit spricht das Gesetz nun vom „Vermögensarrest“,[4] der inhaltlich jedoch dem zur alten Rechtslage bekannten „dinglichen Arrest“ gleicht. Dem Vermögensarrest kommt gegenüber der Beschlagnahme in der Praxis die weitaus größere Bedeutung zu, weil der durch die Tat erlangte Gegenstand in aller Regel nicht mehr im Original aufgefunden werden kann bzw. der Nachweis, dass es sich um den **Originalgegenstand** handelt, etwa bei Bargeld, nicht gelingt und deshalb nur die Wertersatzeinziehung in Betracht kommt (§ 111b, 19 ff.).[5] Auf die Wertersatzeinziehung und damit eine – zusätzliche – Sicherung durch Vermögensarrest muss außerdem in solchen Fällen zurückgegriffen werden, in denen der Originalgegenstand seit der Tat an Wert verloren hat. Nach § 46 OWiG gilt die Vorschrift auch im **Ordnungswidrigkeitenverfahren** zur Sicherung der Einziehung des Wertersatzes (§ 25 OWiG), von Geldbuße und Verfahrenskosten entsprechend.

Die Absätze 1 bis 5 regeln die Sicherung von **Zahlungsansprüchen der Staatskasse** 3 gegen den Betroffenen abschließend.[6] Wegen anderer als der in der Vorschrift bezeichneten Geldforderungen ist ein Arrestverfahren nicht zulässig, auch nicht nach den allgemeinen Vorschriften der §§ 916 ff. ZPO.[7] Soweit § 111e den Vermögensarrest vorsieht, hat der Justizfiskus ebenfalls nicht die Möglichkeit, in dem allgemeinen Arrestverfahren nach den Vorschriften der Zivilprozessordnung vorzugehen, wenn ihm das günstiger erscheint. Insbesondere ist der persönliche Sicherheitsarrest (§ 918 ZPO) ausgeschlossen.[8] Der Geschädigte indes kann trotz strafprozessualer Maßnahmen zivilrechtlich nach §§ 916 ff. ZPO gegen den Betroffenen vorgehen, denn er selbst hat nahezu keinen Einfluss darauf, ob der Vermögensarrest aufrechterhalten wird.[9] Die strafprozessuale Sicherung lässt das Sicherungsbedürfnis des Geschädigten (ausführlich Rn. 14 ff.) im (vorläufigen) **Zivilrechtsstreit** nicht entfallen.[10]

Der Arrest kann sowohl gegen den Beschuldigten, als auch gegen Dritte verhängt 4 werden, wenn der Täter oder Teilnehmer für diesen gehandelt hat und der Dritte dadurch etwas erlangt hat (§ 73b StGB). Dies gilt selbst gutgläubigen Dritten gegenüber.[11] Dritter kann auch eine **juristische Person** sein,[12] für die der Täter nach § 14 StGB oder sonst als offener oder verdeckter Stellvertreter oder doch wenigstens in ihrem Interesse gehandelt hat.[13] In diesen Fällen ist jedoch das Sicherungsbedürfnis des Staates besonders sorgfältig zu prüfen.[14]

II. Die Voraussetzungen des Absatz 1 Satz 1

Nach § 111e Abs. 1 Satz 1 kann zur Sicherung der Vollstreckung einer Anordnung des 5 Wertersatzes der Vermögensarrest in das bewegliche und unbewegliche Vermögen des Betroffenen angeordnet werden, wenn die Annahme begründet ist, dass die Voraussetzungen der Einziehung von Wertersatz vorliegen. Liegen dringende Gründe für diese

---

4 BTDrucks. **18** 9525 S. 75.
5 *Holznagel* Stellungnahme zum Gesetzentwurf der Bundesregierung S. 7 spricht davon, dass das Verhältnis der Beschlagnahme zum Arrest bei ca. 5% liege.
6 SSW/*Burghart* 2; KMR/*Mayer* 18; Meyer-Goßner/Schmitt/*Köhler* 1; HK/*Gercke* 8.
7 HK/*Gercke* 8; MüKo/*Bittmann* § 111d, 1; SK/*Rogall* § 111d, 4.
8 SSW/*Burghart* 1.
9 KG NStZ-RR **2010** 179, 180; OLG Bamberg NStZ **2010** 348.
10 OLG Bamberg NStZ **2010** 348.
11 OLG Karlsruhe NJW **2008** 162, 163; LG Hildesheim wistra **2007** 274.
12 *Fischer* § 73b, 3 ff.
13 Lackner/Kühl/*Heger* § 73b, 1a ff.
14 BTDrucks. **18** 9525 S. 76.

Annahme vor, so soll nach Satz 2 der Vermögensarrest angeordnet werden. Die Anordnungsvoraussetzungen von Beschlagnahme und Vermögensarrest sind damit grundsätzlich identisch.

6 **1. Begründete Annahme einer Wertersatzeinziehung.** Das Gesetz verlangt für die Anordnung eines Vermögensarrestes die begründete Annahme, dass die Voraussetzungen der Wertersatzeinziehung (§ 111b, 71 ff.) im Zeitpunkt des Urteilserlasses vorliegen werden.[15] Das Merkmal der Annahme entspricht jenem in § 111b Abs. 1 Satz 1. Es setzt damit eine gewisse, auf Tatsachen gestützte Wahrscheinlichkeit voraus, dass es am Ende des Strafverfahrens zur Wertersatzeinziehung kommt.[16] Es ist nicht die Aufgabe des Betroffenen darzulegen, dass keine Wertersatzeinziehung zu erwarten ist.[17] Vielmehr hat der auf das Vermögen des Betroffenen zugreifende Staat diese Prognose mit ausreichenden Tatsachen zu belegen, die unter Berücksichtigung der Schwere des Eingriffs in die Grundrechte des Betroffenen eine solche Annahme rechtfertigen.[18] Zutreffend wird darauf hingewiesen, dass das Vorliegen entsprechender Tatsachen keine Frage des Ermessens, sondern bereits des Tatbestandes ist.[19] Eine Ermessensentscheidung kommt nämlich überhaupt erst in Betracht, wenn aufgrund von Tatsachen eine unter Berücksichtigung der Eingriffsintensität hinreichend hohe Wahrscheinlichkeit der Einziehung angenommen werden kann. Bloße **Vermutungen** reichen freilich zur Anordnung des Vermögensarrestes nicht aus.[20] Je intensiver der Eingriff, umso höher sind die Anforderungen an die Annahmeprognose zu stellen.[21] Bei der Prüfung der Annahmetatsachen sind wiederum auch sämtliche Ausschlussgründe der Einziehung zu würdigen. Zu prüfen ist folglich, ob die Annahme begründet ist, dass die Voraussetzungen des § 73e Abs. 1 StGB im Urteilszeitpunkt vorliegen werden,[22] dass überhaupt noch ein Urteil ergeht,[23] ob eine Einziehung im konkreten Fall verhältnismäßig wäre (Rn. 43 sowie § 111b, 104) oder aber ein Vorgehen nach § 421 zu erwarten ist.[24] Der Gesetzgeber hat in der Gesetzesbegründung in diesem Zusammenhang ausdrücklich darauf hingewiesen, dass gerade in Fällen von Beschaffungskriminalität bereits zu Beginn des Verfahrens nach § 421 Abs. 3 und 1 vorgegangen werden könne und dann selbst beim Vorliegen dringender Gründe die vorläufige Sicherstellung von zufällig aufgefundenen Vermögenswerten ausscheide.[25] Die Annahme fehlt grundsätzlich gegenüber den Geschäftsführern einer GmbH, wenn die Gesellschaft am Wirtschaftsleben teilnimmt und von den Beschuldigten nicht nur als formaler Mantel genutzt wird. Die Einziehung kann sich in diesem Fall ausschließlich gegen die Gesellschaft als Einziehungsbeteiligte richten.[26] Das (eröffnete) Insolvenzver-

---

15 Meyer-Goßner/Schmitt/*Köhler* 4.

16 Kritisch zu dieser niedrigen Anordnungsschwelle SK/*Rogall* Vor §§ 111b ff., 11 m.w.N.

17 SSW/*Burghart* 6.

18 SK/*Rogall* § 111b, 12 f.

19 SSW/*Burghart* 6 spricht insoweit von geltungserhaltender Reduktion des Wortlauts und verlangt einen gesteigerten Grad an Wahrscheinlichkeit einer späteren Einziehungsanordnung. In diesem Sinne wohl auch SK/*Rogall* § 111b, 23.

20 SSW/*Burghart* 5.

21 SSW/*Burghart* 8; SK/*Rogall* Vor §§ 111b ff., 25 f.

22 Meyer-Goßner/Schmitt/*Köhler* 4; zum Steuerstrafrecht *Meinecke* DStR **2018** 2387, 2390 f.

23 OLG Frankfurt BeckRS **2018** 15866 mit Anm. *Johann* PStR **2018** 295 ff.

24 Zur alten Rechtslage und der Prognose der Ermessensentscheidung SK/*Rogall* § 111b, 14; MüKo/*Bittmann* § 111d, 4 und § 111b, 7, der zutreffend von einer doppelten Verhältnismäßigkeitsprüfung in Bezug auf die vorläufige und die endgültige Anordnung der Sicherung / Einziehung ausgeht und darin das Korrelat für die niedrigen Anordnungsvoraussetzungen auf Tatbestandsebene sieht.

25 BTDrucks. **18** 9525 S. 81.

26 BGH Beschl. v. 17.1.2019 – 4 StR 486/18; v. 14.11.2018 – 3 StR 447/18.

fahren[27] hindert den Vermögensarrest hingegen nicht. Er kann erlassen oder auch aufrechterhalten werden, unabhängig vom Insolvenzverfahren,[28] weil nur so der Zugriff auf einen potentiellen Überschuss erfolgen kann (§ 111i, 40).

a) Verhältnis des Vollstreckungsverbotes in § 111h Abs. 2 Satz 1 zur Annahmeprognose. Nach § 111h Abs. 2 Satz 1 sind Zwangsvollstreckungen in Gegenstände, die im Wege der Arrestvollziehung gepfändet wurden, während der Dauer der Arrestvollziehung unzulässig. Es handelt sich dabei um ein **Einzelvollstreckungsverbot**, mit dem unter anderem verhindert werden soll, dass einzelne Verletzte gegenüber anderen Verletzten aufgrund schnellerer Zwangsvollstreckungsmaßnahmen bevorzugt werden.[29] Wenn aus der staatlichen Arrestvollziehung aber ein Vollstreckungsverbot für den einzelnen Verletzten erwächst, so wird damit auch zugleich die Annahme gestärkt, dass es am Ende des Verfahrens zu einer Wertersatzeinziehung kommt, weil dem Verletzten eine Befriedigungsmöglichkeit genommen wird (siehe aber auch § 111h, 14). Die vorläufige Sicherstellung stärkt folglich ipso iure die Wahrscheinlichkeit der späteren Einziehung und führt zugleich regelmäßig zu einer Verlagerung der Schadenskompensation des Verletzten in das Strafvollstreckungsverfahren. Das ist einerseits deshalb problematisch, weil Vermögensabschöpfungsverfahren durch die Reform 2017 gerade von zivilrechtlichen Fragestellungen entlastet werden sollten,[30] zum anderen deshalb, weil den Strafverfolgungsbehörden daraus nicht unerhebliche Möglichkeiten erwachsen, einen **Täter-Opfer-Ausgleich** zu konterkarieren. Das ist nicht nur unter dem Gesichtspunkt der Schadenswiedergutmachung und ihrer Bedeutung im Rahmen des § 46 StGB[31] bedenklich. Einigen sich Verletzter und Betroffener nämlich auf einen Ausgleich, der (deutlich) hinter dem zurückbleibt, was der Betroffene durch die Tat erlangt haben soll, können die Strafverfolgungsbehörden durch eine vorläufige Sicherstellung jedenfalls die Zahlung an den Verletzten und damit in vielen Fällen auch den Untergang des staatlichen Einziehungsanspruchs (§ 111b, 33ff.) verhindern. Die Motivation hierfür kann vielfältig sein und von der Vermutung, dass es weitere Verletzte der vermeintlichen Straftat gibt und man deshalb nicht „zu früh" auf Sicherungsmaßnahmen verzichten will, bis hin zu **apokryphen Sicherungszwecken** (dazu Vor §§ 111bff., 23) reichen. 7

b) Zulässige Annahmekriterien. Es stellt sich folglich die Frage, ob im Rahmen der Prognoseentscheidung bereits Berücksichtigung finden darf, dass eine vorläufige Sicherstellung die Wahrscheinlichkeit der späteren Einziehungsanordnung erhöht. Hierfür lässt sich das Gesetzesziel des umfangreichen staatlichen Zugriffs auf vermeintlich deliktisch erlangte Vermögenswerte anführen, während etwa der Wille des Gesetzgebers, mit § 73e Abs. 1 StGB die **Privatautonomie im Strafverfahren** zu stärken und das Strafverfahren von zivilrechtlichen Fragen zu entlasten, gegen eine Berücksichtigung dieser Rechtsfolge schon bei der Annahmeentscheidung spricht. 8

Das Recht der vorläufigen Sicherstellung der §§ 111bff. verfolgt das Ziel, den Strafverfolgungsbehörden die Möglichkeit zu geben, auf Ermittlungserkenntnisse reagieren und den status quo ante herstellen zu können.[32] Dies gelingt freilich am effektivsten, indem 9

27 Zur Verjährung und dem damit einhergehenden Untergang von Steuerforderungen *Madauß* NZWiSt **2018** 28, 33.
28 Meyer-Goßner/Schmitt/*Köhler* 2.
29 BTDrucks. **18** 9525 S. 78.
30 BTDrucks. **18** 9525 S. 54.
31 Zur Strafmilderung bei „Verzicht" auf die sichergestellten Gegenstände *Gerlach*/*Manzke* StraFo **2018** 101, 104ff.
32 *Bittmann*/*Tschakert* ZInsO **2017** 2657, 2658.

man den Beteiligten den Handlungsspielraum nimmt und sie mit Verfügungs- und Vollstreckungsverboten belegt. Allerdings ist das Ziel der Vermögensabschöpfungsregelungen gerade nicht die Vollstreckung einer Einziehungsanordnung; sie ist nur ein Mittel zur Erreichung des eigentlichen Ziels in Form eines **quasi-kondiktionellen Ausgleichs** zwischen den Beteiligten. Die Wege, auf denen dieses Ziel erreicht werden kann, hat der Gesetzgeber mit der Reform 2017 und der Einführung des § 73e Abs. 1 StGB grundlegend verändert. Stand seit 1.1.2007 am Ende des Strafverfahrens über § 111i Abs. 5 StPO a.F. immer der staatliche Zugriff auf jene Vermögenswerte, über die der Verletzte nicht verfügt hatte, so schließt eine solche, auch nur teilweise Verfügung des Verletzten, den staatlichen Zugriff auf das Vermögen des Betroffenen heute vollumfänglich aus. Der Gesetzgeber erkennt damit sowohl einen vollständigen Erlass des Verletzten zu Gunsten des Betroffenen als auch einen vollumfänglichen staatlichen Zugriff auf das Taterlangte als **gleichwertige Vermögensabschöpfungsmaßnahme** an. Mit der Reform 2017 geht damit nicht weniger als ein **Paradigmenwechsel im Vermögensabschöpfungsrecht** einher, denn der Gesetzgeber macht deutlich, dass staatliche Vermögensabschöpfung heute – und das trotz Abschaffung des § 73 Abs. 1 Satz 2 StGB a.F. – stärker denn je von den Entscheidungen des Verletzten abhängig ist und diese Entscheidungen auch nicht mehr im Wege eines staatlichen Auffangrechtserwerbsverfahrens korrigiert werden können. Das aus der Tat Erlangte und das aus der Tat Abzuschöpfende sind nicht mehr identisch. Die materiell-rechtlichen Vorschriften des Strafgesetzbuches bestimmen zwar weiterhin, was durch die Tat erlangt wurde; ob das aber auch eingezogen werden darf, hängt mitunter von der alleinigen Entscheidung des Verletzten ab. Dem auch vom Bundesverfassungsgericht betonten Ziel der Vermögensabschöpfung, dem Betroffenen keinen wirtschaftlichen Anreiz für Straftaten zu liefern, wird dieser Ansatz grundsätzlich gerecht, denn der Betroffene kann das Erlangte nicht behalten, ohne eine Einigung mit dem Verletzten zu erzielen. Dass geschicktes Verhandeln mit dem Verletzten zur Bereicherung durch Straftaten führen kann, geht mit der Neuregelung zwingend einher. Rechtspolitisch mag man diese Grundsatzentscheidung des Gesetzgebers unterschiedlich bewerten; sie betont jedoch erstmals den grundsätzlich quasi-kondiktionellen Charakter der Vermögensabschöpfung – zumindest in Fällen mit individuellen Verletzten – und führt hier auch zu sachgerechten, jedenfalls aber an den Interessen der unmittelbar Beteiligten orientierten Ergebnissen.[33]

10 Die Voraussetzung des Absatz 1 Satz 1 in Form der Annahme, dass es am Ende des Verfahrens zu einer Einziehung kommt, darf deshalb nicht damit begründet werden, dass durch den Vollzug des Vermögensarrestes die Wahrscheinlichkeit für eine Einziehung steigt. Das Merkmal der Annahme dient nämlich nicht dazu, das Verfahren in eine bestimmte Richtung – staatlicher statt privatautonomer Ausgleich – zu lenken, sondern nur zur Beantwortung der Frage, ob Tatsachen vorliegen, die nach dem aktuellen Stand des Verfahrens im Zeitpunkt des Erlasses des Vermögensarrestes – nicht erst durch seinen Vollzug – dafür sprechen, dass es am Ende des Verfahrens zu einer Einziehungsanordnung kommen wird.

2. Sicherungsbedürfnis

11 **a) Allgemeines.** Der Vermögensarrest darf nur dann erlassen und aufrechterhalten werden, wenn dies „zur Sicherung der Vollstreckung" erforderlich ist, das heißt, ein Sicherungsbedürfnis besteht (§ 111b, 84 ff.).[34] Das Sicherungsbedürfnis ist nach dem Wort-

---

33 Ausführlich dazu *Johann* 104 ff.

34 BTDrucks. **18** 9525 S. 76; Meyer-Goßner/Schmitt/*Köhler* 5.

laut der Norm und dem Willen des Gesetzgebers **Tatbestandsmerkmal.**[35] Es ersetzt den bisherigen Verweis auf § 917 ZPO und erfordert das Vorliegen eines Arrestgrundes, ohne dass damit eine Absenkung der Anforderungen an dieses konstituierende Tatbestandsmerkmal der vorläufigen Sicherstellung verbunden wäre. Zur Auslegung soll deshalb auch auf die bisherige Rechtsprechung zum Arrestgrund zurück zu greifen sein.[36] Soweit teilweise axiomatisch behauptet wird, das Sicherungsbedürfnis sei kein eigenes Tatbestandsmerkmal und lediglich ein Abwägungskriterium im Rahmen der Verhältnismäßigkeit,[37] widerspricht das dem Wortlaut der Norm und dem ausdrücklichen Willen des Gesetzgebers (ausführlich Vor §§ 111b ff., 19).[38] Gleiches gilt für die Behauptung, eine **Gefahr für die Vollstreckung** der Einziehungsanordnung sei nach Absatz 1 nicht erforderlich,[39] es genüge vielmehr bereits die Verschleierung und das Verstecken von Vermögenswerten.[40] Richtig ist an dieser Auffassung lediglich, dass in dem Verstecken oder Verschleiern von Vermögenswerten eine Gefährdung der Vollstreckbarkeit der Einziehungsanordnung liegen kann; zwingend ist das nicht. Darüber hinaus stellt jedoch schon der Wortlaut durch die Formulierung „zur Sicherung der Vollstreckung" klar, dass konstitutive Voraussetzung der vorläufigen Sicherung eine Gefahr für die rechtmäßige Zuordnung der Gegenstände sein muss,[41] mithin eine Vollstreckungsvereitelungsgefahr bestehen muss (siehe aber auch Rn. 13), andernfalls bedürfte es gerade keiner „Sicherung".

b) Arrestgrund nach altem Recht. Die Anordnung eines dinglichen Arrestes setzte 12
nach altem Recht voraus, dass nach objektiven Maßstäben eine Vereitelung oder die wesentliche Erschwerung der Vollstreckung des Urteils zu besorgen war,[42] ohne dass sich diese Prognose auf eine bestimmte Vereitelungshandlung beziehen musste.[43] Die **Besorgnis der Vollstreckungsvereitelung oder -erschwerung** war regelmäßig anzunehmen, wenn der Beschuldigte fluchtverdächtig war, insbesondere wenn bereits ein Haftbefehl erlassen war oder wenn er seine Vermögensverhältnisse verschleierte, Vermögenswerte im Inland versteckte oder ins Ausland verbrachte[44] oder jedenfalls Vorbereitungen dafür traf. Ob die Vereitelungshandlung wegen des Verhaltens des Beschuldigten oder eines Dritten oder aus anderen Gründen zu befürchten war, spielte keine Rolle.[45] Insbesondere kam es auf die Vereitelungsabsicht des Beschuldigten nicht an; böswilliges oder auch nur rechtswidriges Verhalten war nicht erforderlich.[46] Es reichte daher als Arrestgrund aus, wenn der Betroffene seine Vermögenswerte verschleuderte.[47]

35 BTDrucks. **18** 9525 S. 76; *Korte* wistra **2018** 1, 11; *Gubitz/Molkentin* NJW **2017** 3733; *Greeve* ZWH **2018** 81, 82; *Bittmann* ZInsO **2018** 370, 371; *Meißner* NZWiSt **2018** 239, 242 f.; wohl auch OLG Hamburg Beschl. v. 26.10.2018 – 2 Ws 183/18; KK/*Spillecke* 4; HK/*Gercke* § 111b, 12, unklar aber § 111e, 10: im Ergebnis allgemeine Verhältnismäßigkeitserwägung.

36 BTDrucks. **18** 9525 S. 49; grundsätzlich zustimmend Meyer-Goßner/Schmitt/*Köhler* 5.

37 So aber *Rettke* wistra **2017** 417, 419; *Ohlmeier/Struckmeyer* wistra **2018** 419, 420.

38 BTDrucks. **18** 9525 S. 76 f.; wohl auch *Köhler/Burkhard* NStZ **2017** 665, 677.

39 LG Hamburg wistra **2018** 446, 447.

40 OLG Stuttgart NJW **2017** 3731 ff.; zustimmend *Bittmann* ZInsO **2018** 370, 373; Meyer-Goßner/Schmitt/*Köhler* 6.

41 SSW/*Burghart* 10; KMR/*Mayer* 7; *Gubitz/Molkentin* NJW **2017** 3733; *Greeve* ZWH **2018** 81, 82.

42 LG Halle/Saale wistra **2009** 39, 40; Thomas/Putzo/*Seiler* § 917, 1: „Maßgebend ist das objektive Urteil eines verständigen, gewissenhaft prüfenden Menschen"; *Bittmann/Kühn* wistra **2002** 248, 250; SK/*Rogall* § 111d, 12.

43 *Bittmann/Kühn* wistra **2002** 248, 250; SK/*Rogall* § 111d, 12.

44 *Bittmann/Kühn* wistra **2002** 248, 252;; KMR/*Mayer* 8.

45 RG JW **1890** 109, 113.

46 MüKo/*Bittmann* § 111d, 5; *Hellerbrand* wistra **2003** 201, 203; Zöller/*Vollkommer* § 917, 5; SK/*Rogall* § 111d, 12; ebenso heute SSW/*Burghart* 10.

47 Zum neuen Recht so Meyer-Goßner/Schmitt/*Köhler* 6.

13 **c) Sicherungsbedürfnis nach neuem Recht.** Legt man diese nach bisherigem Recht anerkannten Kriterien zur Auslegung des Sicherungsbedürfnisses zu Grunde, so könnte dieses heute damit begründet werden, dass der Betroffene eine Einigung mit dem Verletzten anstrebt, denn diese würde nach § 73e Abs. 1 StGB zum Untergang des staatlichen Einziehungsanspruchs führen und damit eine Vollstreckung des staatlichen Einziehungsanspruchs unmöglich machen. Dies dürfte jedoch nicht im Sinne des Gesetzgebers gewesen sein, wollte er doch einerseits den Opferschutz stärken, andererseits das Strafverfahren von zivilrechtlichen Fragen entlasten. Aufgrund der grundlegenden Neuausrichtung des Vermögensabschöpfungsrechts (Rn. 9) ist die bisherige Rechtsprechung zum Arrestgrund daher entgegen der Auffassung des Gesetzgebers nur partikulär auf die Auslegung des Sicherungsbedürfnisses übertragbar, im Kern erfordert sie eine **Neudefinition.**[48] Entscheidend ist nun nicht mehr, ob eine Vereitelung oder Erschwerung der Vollstreckung des *Urteils bzw. der Einziehungsanordnung* droht, sondern ausschließlich, ob ohne die Sicherstellung die rechtmäßige Zuordnung der betroffenen Gegenstände gefährdet ist. Nur so ist gewährleistet, dass die materiell-rechtlichen Spielräume der Beteiligten bei der Bestimmung des Sicherungsbedürfnisses hinreichend Beachtung finden. Zu den Voraussetzungen, unter den diese Gefahr angenommen werden darf, vgl. Rn. 17. Aus der (Neu-)Auslegung des Sicherungsbedürfnisses ergeben sich – insbesondere in Fällen mit individuellen Verletzten – bisher ungeklärte Probleme:

aa) Verhältnis des staatlichen zum Sicherungsbedürfnis des Verletzten

14 **(1) Allgemeines.** Bereits vor der Reform 2017 war umstritten, auf wessen Interessen im Rahmen des Arrestgrundes/Sicherungsbedürfnisses[49] abzustellen war. Während zum Teil die Auffassung vertreten wurde, nur das Sicherungsbedürfnis des Verletzten sei entscheidend,[50] argumentierten andere, es komme nur auf jenes des Staates an.[51] Die wohl herrschende Meinung ging davon aus, dass zunächst auf das Sicherungsbedürfnis des Verletzten abzustellen sei, nur wenn dieser kein Interesse an der Schadenskompensation hatte, sollte das staatliche Abschöpfungsinteresse ein Sicherstellungsbedürfnis begründen können.[52] Der Streit war maßgeblich davon geprägt, dass das Vermögensabschöpfungsrecht die Restitution des Verletzten damals noch im Wege des sog. Rückgewinnungshilfeverfahrens vorsah (Vor §§ 111b ff., 14 ff.) und staatliche Verfallsansprüche nach § 73 Abs. 1 Satz 2 StGB a.F. immer dann ausgeschlossen waren, wenn dem Verletzten ein Anspruch aus der Tat erwachsen war, der dem Betroffenen den Wert des aus der Tat Erlangten wieder entzogen hätte. Der staatliche Verfallsanspruch war folglich **subsidiär**, was auch durch § 111i Abs. 5 StPO a.F. zum Ausdruck kam. Ein staatlicher Auffangrechtserwerb kam danach nur in Betracht, wenn der Verletzte nicht zwischenzeitlich wenigstens in das Vermögen des Betroffenen „verfügt" hatte.[53] Diese Situation hat sich mit der Abschaffung des § 73 Abs. 1 Satz 2 StGB a.F. und dem Instrument des staatlichen Auffangrechtserwerbes vollumfänglich verändert. Staat und Verletzter sind heute **konkurrierende Gläubiger** des Betroffenen, die

---

48 *Köhler/Burkhard* NStZ **2017** 665, 676.

49 Die dogmatische Einordnung war strittig. Für ein ungeschriebenes Tatbestandsmerkmal: OLG Oldenburg wistra **2008** 119; als Arrestgrund: OLG Zweibrücken wistra **2009** 484, 486; *Roth* wistra **2010** 335, 337; für eine Berücksichtigung im Ermessen: OLG Celle wistra **2008** 359, 360.

50 MAH (WSSt)/*Rönnau* § 13, 257; in diesem Sinne auch *Nitzsche* 3; *Pananis* NStZ **2008** 579, 580.

51 *Weingartz/Lenßen* Stbg **2011** 82, 83; Flore/Tsambikakis/*Webel* Teil 2 Kap. 10 Rn. 166; SSW/*Burghart*[2] § 111d, 8.

52 OLG Rostock BeckRS **2014** 00906; MüKo /*Bittmann* § 111b, 20; *Wilk/Stewen* wistra **2013** 409, 412; wohl auch *Roth* wistra **2010** 335, 338.

53 Ausführlich dazu *Johann* 92 ff.

grundsätzlich ihre eigenen Interessen verfolgen. Der Gesetzgeber hat damit klargestellt, dass schon das staatliche Interesse an der Sicherstellung zum Schutz der Einziehungsanordnung geeignet sein kann, ein (isoliertes) Sicherungsbedürfnis zu begründen.[54] Nicht geklärt ist jedoch die Frage, welchen Interessen der Vorrang einzuräumen ist, wenn die Interessen des Staates den Interessen der Verletzten zuwiderlaufen.

(2) Grundsätzliche Erwägungen. Das Vermögensabschöpfungsrecht ist historisch betrachtet vom **Vorrang der Interessen des Individualverletzten** gegenüber jenen des Staates geprägt.[55] Dieser kam zunächst über § 73 Abs. 1 Satz 2 StGB a.F., sodann zusätzlich durch § 111i Abs. 5 StPO a.F. zum Ausdruck. Die Abschaffung dieser Vorschriften und die Einführung eines originären staatlichen Einziehungsanspruchs hat an diesem Vorrang nichts geändert, im Gegenteil. Mit Einführung des § 73e Abs. 1 StGB hat der Gesetzgeber den Vorrang der Interessen des Verletzten vor jenen des Staates sogar noch stärker betont, liegt es doch am Verletzten, den originären aber akzessorischen staatlichen Einziehungsanspruch untergehen zu lassen. Dass der Staat im Wege der Vermögensabschöpfung in Fällen mit individuellen Verletzten maßgeblich zur Durchsetzung der Interessen der Verletzten aktiv wird, ergibt sich dogmatisch aus der Rechtsnatur als **quasikondiktionelle Ausgleichsmaßnahme** und zeigt sich final an den Vollstreckungsvorschriften der §§ 459h ff., wonach die Früchte der Einziehungsanordnung dem Verletzten zustehen. Das Vermögensabschöpfungsrecht ist – gerade durch diesen Direktanspruch des Verletzten gegenüber dem Staat – stärker denn je auf die Interessen der Verletzten ausgerichtet. All diese Grundsatzentscheidungen des Gesetzgebers sind bei der Auslegung des Sicherungsbedürfnisses zu berücksichtigen und führen dazu, dass ein Sicherungsbedürfnis des Staates entgegen den Interessen des Verletzten nicht angenommen werden kann. In Fällen **widerstreitender Interessen** zwischen Staat und Verletztem setzen sich die Interessen des Verletzten deshalb durch und muss, etwa wenn die Verletzten eine anderweitige Einigung mit dem Betroffenen anstreben, die Sicherungsmaßnahme unterbleiben bzw. aufgehoben werden.[56] Dieses Ergebnis folgt letztlich schon aus einem Umkehrschluss zu § 73e Abs. 1 StGB, denn wenn der Verletzte den staatlichen Einziehungsanspruch vollständig untergehen lassen kann, kann dessen vorläufige Sicherstellung erst Recht nicht gegen die Interessen des Verletzten ergehen.[57] 15

(3) Mehrere Verletzte. Sind mehrere Verletzte einer Straftat vorhanden, so ändert sich die vorbeschriebene Situation grundsätzlich nicht. Es bleibt vielmehr dabei, dass das Sicherungsbedürfnis eines jeden einzelnen Verletzten ganz konkret festzustellen ist. Hierzu muss die (vermeintliche) Tat im materiellen Sinne (§ 111b, 78) bezeichnet und dargelegt werden, dass objektive Anhaltspunkte dafür sprechen, dass die rechtmäßige Zuordnung der von ihr betroffenen Vermögenswerte ohne die Sicherstellung gefährdet wäre. Schwierigkeiten bereiten in Fällen mit mehreren Verletzten allerdings Sachverhalte, in denen die Verletzten **unterschiedliche Interessen** verfolgen. Hier ist es besonders wichtig, dass das Sicherungsbedürfnis jedes einzelnen Verletzten individuell bestimmt und begründet wird. Einigt sich etwa der Betroffene mit nur einem Verletzten auf eine 16

54 Meyer-Goßner/Schmitt/*Köhler* 1 geht davon aus, dass es der Bejahung des Sicherungsbedürfnisses nicht entgegenstehe, wenn der Verletzte bereits einen Titel gegen den Betroffenen erwirkt hat. Darauf kommt es aber gar nicht an, weil es in diesem Fall schon an der positiven Annahmeprognose (Rn. 6) fehlen kann. Anders mag dies sein, wenn der Betroffene zahlungsunfähig ist.

55 Ausführlich dazu *Johann* 88 ff.

56 *Greeve* ZWH **2017** 277, 279; ausführlich dazu *Johann* 85 ff.

57 **A.A.** wohl SSW/*Burghart* § 111b, 2, wonach die Beschlagnahme „auch der Befriedigungsmöglichkeiten des Geschädigten aus dem Eingezogenen" dienen soll.

bestimmte Ausgleichszahlung, sind aber nicht genügend Vermögenswerte vorhanden, um die Ansprüche aller Verletzten auszugleichen, so kann im Interesse des nicht von der Einigung umfassten Verletzten eine Sicherstellungsmaßnahme in der Höhe ergehen bzw. aufrechterhalten werden, in der eine Wertersatzeinziehung aufgrund der einschlägigen materiell-rechtlichen Tat des nicht von der Einigung umfassten Verletzten zu erwarten ist. Nur im Übrigen ist die Sicherstellung aufzuheben, denn nur insoweit ist nicht damit zu rechnen, dass die Einziehung ausgeschlossen sein wird. Daraus ergeben sich auch Konsequenzen in Bezug auf die **Formulierung des Vermögensarrestes**, der die Anlasstat im materiellen Sinne hinreichend klar beschreiben muss, damit der Verletzte bestimmt ist und sein konkretes Sicherungsbedürfnis bzw. jenes des Staates zur Sicherung der Einziehungsanordnung erkennbar wird.

17 **bb) Sicherungsbedürfnis qua Tatverdacht.** Ob allein der Umstand, dass der Schuldner eine gegen fremdes Vermögen[58] gerichtete strafbare Handlung begangen haben soll, für die Annahme eines Sicherungsbedürfnisses genügt, ist umstritten. Teilweise wird diese Frage bejaht,[59] teilweise verneint,[60] während eine vermittelnde Ansicht die Frage im Regelfall bejaht.[61] Man wird hier richtigerweise davon auszugehen haben, dass eine differenzierte Betrachtungsweise erforderlich ist. Begründen lässt sich dies heute mit dem Gesetzeswortlaut, der eine vorläufige Sicherstellung nur dann vorsieht, wenn dies „zur Sicherung der Vollstreckung" notwendig ist. Daraus wird deutlich, dass allein die gegen fremdes Vermögen gerichtete Straftat keinen Arrestgrund begründen kann.[62] Das mag aus zivilprozessualer Sicht anders sein, weil hier die Begehung einer Straftat neben der Verschwendungssucht oder der beabsichtigten Veräußerung des Vermögens[63] einer von vielen Arrestgründen nach § 917 ZPO sein kann.[64] Strafprozessual liegt dem Vermögensarrest indes immer ein strafbares Verhalten zu Grunde, so dass die Annahme, dieser Tatverdacht begründe einen Arrestgrund, einen **Zirkelschluss**[65] bedeutet.[66] Hätte der Gesetzgeber von dem Verdacht einer Straftat auf die Besorgnis der Vereitelung oder Erschwerung der Vollstreckung schließen wollen, hätte es keines Korrektivs in Form des Sicherungsbedürfnisses bedurft. Gerade dieser Ansatz des Referentenentwurfs wurde im Gesetzgebungsverfahren jedoch zu Recht wieder aufgegeben, Vor §§ 111b ff, 15.[67] Daraus folgt im Umkehrschluss, dass wohl auch der Gesetzgeber der Auffassung war, dass ein Anfangsverdacht noch keinen Arrestgrund[68] darstellt. Das ist auch nachvollziehbar, denn es darf nicht außer Acht gelassen werden, dass die Aufdeckung der Tat regelmäßig

---

58 Zu Steuerdelikten *Madauß* NZWiSt **2018** 28, 30.

59 KG wistra **2010** 116, 117 im Falle von Vermögensdelikten; OLG Stuttgart wistra **2007** 276, 279; NJW **2008** 1605, 1607 Straftat und Verbrauch des Erlangten; OLG Frankfurt NStZ-RR **2005** 111; LG Halle/Saale wistra **2009** 39, 40; OLG Braunschweig, Beschl. v. 11.5.2007 – Ws 54/07; *Bittmann/Kühn* wistra **2002** 248, 250.

60 OLG Schleswig BeckRS **2017** 146439; OLG Hamm NJW-RR **2007** 388; OLG Frankfurt OLGR **2001** 71; OLG Köln NJW-RR **2000** 69; LG Berlin wistra **2012** 40, 41; *Wehnert* StV **2005** 568, 570; MüKo/*Bittmann* § 111b, 19, § 111d, 6; SK/*Rogall* § 111d, 11 ff.; HK/*Gercke* 12.

61 OLG Köln NStZ **2011** 174 m.w.N. OLG Düsseldorf NJW-RR **1999** 1592.

62 Zur alten Rechtslage so schon LG Berlin wistra **2012** 41, 42; vermittelnd SK/*Rogall* § 111d, 17.

63 Thomas/Putzo/*Seiler* § 917, 1.

64 *Rönnau/Hohn* wistra **2002** 445, 452.

65 *Tsambikakis/Kretschmer* Wirtschaftsstrafrecht in der Praxis VII. Rn. 119; so aber OLG Stuttgart NJW **2017** 3731, 3732; einschränkend Meyer-Goßner/Schmitt/*Köhler* 6, wonach „allein der Verdacht einer Straftat … nicht stets ohne weiteres ein Sicherungsbedürfnis" begründet; großzügiger MüKo/*Bittmann* § 111d, 6.

66 *Rönnau/Hohn* wistra **2002** 445, 452; *Greeve* ZWH **2018** 81, 82.

67 Siehe zu dieser Frage im Zusammenhang mit § 324 AO die Ausführungen des Bundesrates in BTDrucks. **18** 10146 S. 10.

68 So im Kern auch OLG Schleswig StraFo **2017** 501; KMR/*Mayer* 7.

eine Zäsur für den Betroffenen darstellt, bei der nicht generell davon ausgegangen werden kann, er werde hiervon unbeeindruckt unlauter weiterhandeln und sein **gesamtes Vermögen** derart beiseiteschaffen, dass ein Zugriff hierauf nicht mehr möglich ist.[69]

Zugleich ist jedoch nicht von der Hand zu weisen, dass die Begehung einer gegen fremdes Vermögen gerichteten Straftat die Annahme begründen *kann*, der Täter werde versuchen, die erlangten Vermögenswerte vor der Entziehung zu sichern.[70] Zwar gibt es keinen allgemeinen Erfahrungssatz, wonach, wer einmal unredlich gewesen ist, dies auch in Zukunft sein werde,[71] aus Sicht eines **objektiven Dritten** in der Situation der Strafverfolgungsbehörden kann nach kriminalistischer Erfahrung ex ante aber sehr wohl die Vermutung bestehen, der Täter werde die Vermögenswerte für sich behalten und dem Zugriff Dritter entziehen wollen. Liegen entsprechende Tatsachen vor, die eine solche Vermutung begründen (bspw. bereits vorgenommene Vermögensverschiebungen auf unbeteiligte Dritte, Ankündigungen von Vermögensverschiebungen im Wege der TKÜ erfasst etc.) kommt eine vorläufige Sicherung in Betracht. Nicht ausreichend ist, worauf auch die neue Rechtsprechung in diesem Zusammenhang zutreffend hinweist, dass der Betroffene die Tat durch Täuschung begangen hat. Andernfalls wäre etwa beim Vorwurf des Betruges ebenfalls kein Sicherungsbedürfnis erforderlich, da die Täuschung bekanntlich schon Tatbestandsmerkmal ist. In der Rechtsprechung wird deshalb erklärt, dass es „lebensfremd" sei, der (Steuer)-Straftäter würde typischerweise leicht entdeckbare Straftaten begehen.[72] Täuschungen und Manipulationen der potentiellen Täter seien vielmehr regelmäßig Maßnahmen nur der Tatausführung und nicht zugleich Vorbereitungen zur Vermögensverschiebung. Im Ergebnis bedeutet das, dass entscheidend für die Begründung eines Sicherungsbedürfnisses nicht abstrakte kriminalistische Erwägungen, sondern der konkrete Ermittlungsstand,[73] Art und Umfang der drohenden Gefahr einer Vermögensverschiebung, die sich nicht nur isoliert aus den Tatvorwürfen ergibt und damit eine hinreichend Würdigung des **konkreten Einzelfalls** ist; pauschale Annahmen verbieten sich.[74] 18

Dass sich der Schuldner in **schlechten Vermögensverhältnissen** befindet, genügt als alleiniger Umstand[75] ebenso wenig für die Annahme eines Arrestgrundes,[76] wie die Gefahr, dass andere Gläubiger auf das Vermögen zugreifen.[77] Literatur und Rechtsprechung haben seit jeher drohende Konkurrenz anderer Gläubiger nicht für einen Arrestgrund gehalten.[78] Deshalb darf der Arrest die Staatskasse nicht besserstellen, als sie bei einer sofortigen Vollstreckung stehen würde. Der Arrest soll außerdem keinen Vorrang der Staatskasse vor anderen Gläubigern sichern.[79] Ausreichend dürfte indes eine unklare 19

---

69 OLG Köln NStZ-RR **2011** 174.

70 OLG Braunschweig BeckRS **2014** 10080; MüKo/*Bittmann* § 111d, 6; eingehend Meyer-Goßner/Schmitt/*Köhler* 6.

71 BGH WM **1975** 641, 643; KG BeckRS **2017** 115259; OLG Hamm NJW-RR **2007** 388.

72 OLG Schleswig Holstein Beschl. v. 25.10.2018 – 2 Ws 271/18 mit Besprechung *Johann* PStR **2019** 113 ff.

73 In diesem Sinne auch OLG Köln NStZ **2011** 174; *Bittmann/Kühn* wistra **2002** 248, 250; zu knapp daher OLG Nürnberg NStZ **2011** 173, 174.

74 BGH NJW **2014** 3258; KG BeckRS **2017** 115259; OLG Schleswig BeckRS **2017** 146439; OLG Frankfurt BeckRS **2014** 09485; OLG Nürnberg NStZ-RR **2014** 85; OLG Hamm NJW-RR **2007** 388; OLG Oldenburg StV **2008** 241; OLG Köln NJW-RR **2000** 69; OLG Düsseldorf NJW-RR **1999** 1592; OLG Saarbrücken NJW-RR **1999** 143, 144; LG Halle/Saale wistra **2009** 39, 40; LG Berlin wistra **2012** 40, 41; MüKo/*Bittmann* § 111d, 6; SK/*Rogall* § 111d, 13; KMR/*Mayer* 7; HK/*Gercke* 11.

75 Meyer-Goßner/Schmitt/*Köhler* 7: gewichtiges Indiz für Sicherungsbedürfnis; SK/*Rogall* § 111d, 15; MüKo/*Bittmann* § 111d, 5.

76 BGHZ **131** 95, 105; OLG Hamburg WM **1998** 522, 523; LG Kiel wistra **2001** 319; Thomas/Putzo/*Seiler* § 917, 2; KMR/*Mayer* 7; SK/*Rogall* § 111d, 15.

77 SSW/*Burghart* 10.

78 BGHZ **131** 95, 105 mit umfassenden Nachw.; zustimmend OLG Frankfurt BeckRS **2014** 09485.

79 MüKo/*Bittmann* § 111d, 4.

Vermögenslage beim Betroffenen sein.[80] Eine nicht auf Tatsachen gestützte Befürchtung genügt keinesfalls.[81] Ein Arrestgrund kann ausgeschlossen sein, wenn der Betroffene seine Vermögensverhältnisse offenlegt[82] und sie einem von der Staatsanwaltschaft zu benennenden Sachwalter übergibt.[83] Das Verbrauchen von Vermögenswerten im Rahmen einer **angemessenen Lebensführung** begründet ebenfalls kein Sicherungsbedürfnis.[84] Eine Sicherstellung ist immer ausgeschlossen, wenn der Betroffene über hinreichende finanzielle Ressourcen verfügt.[85] Ein gleichwohl erlassener Vermögensarrest ist rechtswidrig.[86] Daraus folgt zugleich, dass der Verdachtsgrad, unabhängig von seiner Intensität, auch in diesen Fällen das Sicherungsbedürfnis nicht begründen kann.

20 **cc) Sonstiges.** Zureichender Arrestgrund für eine vorläufige zivilprozessuale Maßnahme ist nach § 917 Abs. 2 ZPO auch, wenn das **Urteil im Ausland vollstreckt** werden müsste und die Gegenseitigkeit nicht verbürgt ist.[87] Nachdem die Anforderungen an den Sicherungsgrund nach dem Willen des Gesetzgebers durch die Streichung der Verweisung auf § 917 ZPO nicht abgesenkt werden sollten,[88] dürfte eine solche Auslandsvollstreckung weiterhin ein Sicherungsbedürfnis begründen, obwohl Deutschland und zahlreiche europäische Staaten dem EuGeldwäscheÜbk[89] beigetreten sind. Dieses Abkommen verfolgt das Ziel, Erträge aus Straftaten transnational abzuschöpfen und zwar hinsichtlich Straftaten aller Art. Ungeachtet dieses Abkommens dürfte angesichts der bekannten Schwierigkeiten im Rechtshilfeverkehr in solchen Fällen der Arrestgrund aber gegeben sein.[90]

3. Arrestanspruch

21 **a) Allgemeines.** Als Arrestanspruch kommt nach Absatz 1 nur noch die Einziehung von Wertersatz[91] nach §§ 73c, 74c StGB in Betracht. Siehe hierzu § 111b, 19 ff. und 45. Der Vermögensarrest kann schon zu Beginn des Ermittlungsverfahrens zulässig sein und kommt bis zur **Rechtskraft** der Entscheidung in Betracht. Nach Rechtskraft ist eine entsprechende Anordnung zulässig, wenn Gründe für die Annahme vorliegen, dass es zu Maßnahmen nach §§ 76, 76a StGB kommen wird.

22 **b) Gesamtschuldnerschaft.** Umstritten ist, in welcher Höhe der Vermögensarrest angeordnet werden darf, wenn voraussichtlich eine **Gesamtschuld der Betroffenen** besteht.[92] Die Antwort auf diese Frage ist seit Jahrzehnten ungeklärt und führt in der

---

80 KG BeckRS **2017** 115259; OLG Frankfurt NStZ-RR **2005** 111.
81 *Rönnau* Rn. 202.
82 KG BeckRS **2017** 115259.
83 LG Lübeck wistra **2004** 400.
84 LG Bonn StV **2005** 123; SK/*Rogall* § 111d, 15; KMR/*Mayer* 7.
85 BTDrucks. **18** 9525 S. 76.
86 BTDrucks. **18** 9525 S. 76; in diesem Sinne auch schon SK/*Rogall* § 111d, 13.
87 Siehe hierzu Zöller/*Vollkommer* § 917, 15 ff.; Meyer-Goßner/Schmitt/*Köhler* 7; SK/*Rogall* § 111d, 18.
88 BTDrucks. **18** 9525 S. 76 f.
89 Übereinkommen über Geldwäsche sowie Ermittlung, Beschlagnahme und Einziehung von Erträgen aus Straftaten vom 8.11.1990 (EuGeldwäscheÜbk BGBl. 1998 II S. 519, 520; 1999 II S. 200 f., 210, 491).
90 Meyer-Goßner/Schmitt/*Köhler* 7; wohl auch SK/*Rogall* § 111d, 16; einschränkend KMR/*Mayer* 8: Auslandsvollstreckung kann Sicherungsbedürfnis begründen; **a.A.** MüKo/*Bittmann* § 111d, 3: Sicherungsbedürfnis nur bei nicht verbürgter Gegenseitigkeit.
91 Zur Terminologie Kritik bei SSW/*Burghart* 4.
92 Der Gesetzgeber ging davon aus, dass diese auch ohne eigene Vorschrift im Strafrecht angeordnet werden könne, BTDruck. **IV** 650 S. 245; grundlegend zur Gesamtschuld im Strafrecht BGH NJW **2011** 624 ff.

Praxis regelmäßig zu Diskussionen. Vereinzelt wird hierzu die Auffassung vertreten, eine vorläufige Sicherstellung könne in diesen Fällen in voller Höhe der Wertersatzforderung in jedes der Vermögen der Betroffenen angeordnet und auch vollzogen werden.[93] Sie wird im Wesentlichen damit begründet, dass nicht absehbar sei, in welcher Höhe der Betroffene später tatsächlich zur Zahlung verurteilt werde, so dass im Falle des Freispruchs eines Angeklagten Sicherungslücken für die Gesamtforderung entstehen könnten. Zutreffend geht die herrschende Meinung indes davon aus, dass der Vermögensarrest zwar in das Vermögen jedes einzelnen Gesamtschuldners in Höhe des insgesamt aus der Tat Erlangten angeordnet werden darf, die Vollziehung aller Arreste im Ergebnis aber auf die einmalige Absicherung der Gesamtsumme beschränkt ist.[94] Sie kann sich dabei zunächst auf den Umgang der zivilrechtlichen Rechtsprechung mit Fällen der Gesamtschuldnerhaftung im einstweiligen Rechtschutzverfahren stützen. Hier kann der Gläubiger ebenfalls in die Vermögen sämtlicher Gesamtschuldner in voller Höhe vollstrecken, sobald er aber hinreichend gesichert ist, muss er den überschießenden Teil der Sicherheiten aufgeben, andernfalls kann der Schuldner im Wege der Vollstreckungsabwehrklage vorgehen.[95] Dies entspricht dem Sinn und Zweck der Gesamtschuldnerregeln, der vor allem darin liegt, das Insolvenzrisiko eines Gesamtschuldners in die Sphäre der übrigen Gesamtschuldner zu verlangen und ihn nicht mit Abreden aus dem Innenverhältnis der Schuldner zu belasten. Anders als die Strafverfolgungsbehörden hat der zivilrechtliche Gläubiger überdies keine Möglichkeiten der Finanzermittlungen. Ihm muss daher die Vollstreckung in vollem Umfang erlaubt sein, ist er hinreichend gesichert, muss er reagieren und die überschießenden Sicherheiten aufgeben. Für die Strafverfolgungsbehörden können vor diesem Hintergrund keine großzügigeren Sicherheiten gewährt werden. Spätestens wenn der Vermögensarrest wirksam vollzogen ist, müssen über die Gesamtforderung hinausreichende Sicherheiten deshalb wieder aufgegeben werden. Hierfür streitet letztlich auch der **Verhältnismäßigkeitsgrundsatz**, schließlich kann nach allgemeiner Meinung der durch die Tat erlangte Betrag nur einmal abgeschöpft werden.[96] Betrachtet man das Argument der Gegenauffassung genauer, so müsste dieses bei konsequenter Umsetzung sogar dazu führen, dass gegen den vermeintlich freizusprechenden Gesamtschuldner gar kein Vermögensarrest angeordnet werden darf, ist hier doch offensichtlich schon die Verlässlichkeit der Annahmeprognose fraglich. Die Gegenauffassung kann aber vor allem deshalb nicht überzeugen, weil es nicht der Sinn und Zweck der vorläufigen Sicherstellung ist, auf alle **Eventualitäten der Hauptverhandlung** vorzubereiten. Andernfalls könnte mit dieser Begründung der Vermögensarrest immer über das Zwei-, Drei- oder Vierfache der potentiellen Einziehungsforderung ausgebracht werden, könnte sich doch im Rahmen der Hauptverhandlung herausstellen, dass der Betroffene tatsächlich mehr erlangt hat (§§ 73a, 76a Abs. 4 StGB), als bisher bekannt. Der Vermögensarrest dient indes nur dazu, aufgrund der aktuellen Erkenntnisse des Verfahrens die spätere rechtmäßige Zuordnung der Vermögenswerte zu bewirken. Stellt sich heraus, dass bei einem Betroffenen möglicherweise gar keine Einziehung oder jedenfalls nicht in der zuvor angenommenen Höhe ergehen wird, ist der Vermögensarrest von Amts wegen aufzuheben bzw. zu reduzieren und bei dem jeweils anderen Betroffenen zu erhöhen. Die gesamtschuldnerische Haftung befreit die anordnende Stelle überdies nicht von

m.w.N.; offengelassen BGH NStZ **2012** 267, 268; zum neuen Recht *Köhler/Burkhard* NStZ **2017** 665, 668 f.; kritisch zur Gesamtschuldnerhaftung im Strafrecht generell: *Güntert* 51 f.; *Schultehinrichs* 45 ff.; *Wallschläger* 138 ff.; *Sotiriadis* 91 ff.; *Rönnau* JZ **2009** 1125, 1127; *ders.* Rn. 90 ff. m.w.N.

93 *Podolsky/Brenner* 51 ff.; *Reitemeier* 153; MüKo/*Bittmann* § 111d, 13 Fn. 69.

94 *Köhler/Burkhard* NStZ **2017** 665, 668 f., unklar aber Fn. 36; SSW/*Burghart* 11; *Rönnau* Rn. 96; *Baretto da Rosa* NJW **2009** 1702, 1703 f.; so wohl auch SK/*Rogall* § 111b, 23.

95 Zöller/*Herget* § 803, 3.

96 BGH NJW **2011** 624, 625; *Köhler/Burkhard* NStZ **2017** 665, 669; *Baretto da Rosa* NJW **2009** 1702, 1703 f.

der Darlegung jener Tatsachen, auf deren Grundlage überhaupt von einer konkrekten **Verfügungsbefugnis des Gesamtschuldners** auszugehen ist.[97] Nur wenn Tatsachen vorliegen, die die Annahme rechtfertigen, dass der Betroffene tatsächlich über den Gegenstand (mit-)verfügen konnte, vermeintliche Mittäterschaft ist nicht hinreichend,[98] ist eine entsprechende Anordnung rechtmäßig.[99] Fehlende Erkenntnisse über die genauen Verfügungsmöglichkeiten dürfen nicht im Wege der Anordnung der gesamtschuldnerischen Haftung kompensiert werden.[100] Leistet ein Gesamtschuldner Sicherheit (Rn. 47 ff.), so wirkt das nach allgemeiner Meinung zu Gunsten sämtlicher Gesamtschuldner.

23 **4. Vollziehungsgegenstände.** Der Vermögensarrest kann in das bewegliche und unbewegliche Vermögen des Betroffenen ausgebracht werden. Die in Frage kommenden Gegenstände sind in § 111f Abs. 1 bis 3 aufgezählt. Es handelt sich analog der Beschlagnahme um bewegliche Sachen, Forderungen und andere Vermögensrechte, die nicht der Zwangsvollstreckung in das unbewegliche Vermögen unterliegen, Grundstücke und grundstücksgleiche Rechte, die den Vorschriften über die Zwangsvollstreckung in das unbewegliche Vermögen unterliegen sowie Schiffe, Schiffsbauwerke und Luftfahrzeuge.

5. Rechtsfolge des § 111e Absatz 1 Satz 1

24 **a) Allgemeines.** Auf Rechtsfolgenseite unterscheidet § 111e Abs. 1 für den Vermögensarrest genau wie § 111b Abs. 1 für die Beschlagnahme danach, ob einfache Gründe für die Annahme einer späteren Wertersatzeinziehung vorliegen (Satz 1), dann steht die Anordnung im pflichtgemäßen Ermessen, oder ob diese Annahme auf dringende Gründe gestützt wird (Satz 2), dann liegt eine gebundene Entscheidung vor (ausführlich § 111b, 72 ff.). Während jedoch im Zuge der Vollziehung einer Beschlagnahmeanordnung „nur" ein Gegenstand vorläufig gesichert wird, der vermeintlich durch eine Straftat erlangt wurde, bezieht sich die Vollziehung eines Vermögensarrestes auf das gesamte, auch unstrittig **legal erworbene Vermögen** des Betroffenen. Die Maßnahme kann damit deutlich eingriffsintensiver sein als die Beschlagnahme, was nicht nur in Bezug auf die Annahmeprognose, sondern gerade auch im Rahmen der Ermessensausübung besonders zu würdigen ist.[101]

25 **b) Ermessenskriterien.** Zulässige Ermessenskriterien sind der Verdachtsgrad, die Schadenshöhe, der Kosten- und Verwaltungsaufwand der Sicherung, die Schwere des Eingriffs in die Grundrechte des Betroffenen und die Interessen des Verletzten.[102] Besondere Beachtung ist den unmittelbaren und mittelbaren Folgen für die Betroffenen zu widmen, die in der **Nutzungs- und Verfügungsmöglichkeit** über ihre Vermögenswerte eingeschränkt werden. Diese sind vielfältig vorstellbar und reichen von den offensichtlichen Beeinträchtigungen der Betroffenen im täglichen Leben in Form des Entzuges der finanziellen Mittel zur Deckung des täglichen Bedarfs, der Bedienung von (Haus-) Krediten und Unterhaltspflichten, über die Auswirkungen auf von ihnen betriebene Unternehmen, Geschäftspartner oder Kollegen bis hin zur weiteren Teilnahme am Wirt-

---

97 Zur Problematik bei der Steuerhehlerei *Reh* wistra **2018** 414, 418.
98 BGH NJW **2011** 624, 625, offengelassen für Fälle der nur verabredeten Mitverfügungsmacht; NStZ-RR **2007** 121; *Köhler/Burkhard* NStZ **2017** 665, 669; Schönke/Schröder/*Eser/Schuster* § 73, 22.
99 Eingehend BGH Beschl. v. 23.10.2018 – 5 StR 185/18; BGH Urt. v. 6.3.2019 – 5 StR 543/18.
100 Noch weitergehend *Rönnau* Rn. 93.
101 *Korte* wistra **2018** 1, 11; dazu auch SK/*Rogall* § 111b, 15.
102 KG BeckRS **2017** 115259; Meyer-Goßner/Schmitt/*Köhler* 12 m.w.N.; KK/*Spillecke* 10.

schaftsleben in Form etwa des Abschlusses von (Mobilfunk-)Verträgen, der Beantragung von Krediten etc.[103] Die umfangreiche Berücksichtigung dieser Kriterien hat – auch im Rahmen einer Fortdauerentscheidung – sehr sorgsam zu erfolgen, weil der vollzogene Vermögensarrest – vor allem über das gesamte Vermögen des Betroffenen – diesen faktisch von der Teilnahme am Wirtschaftsleben irreparabel ausschließt,[104] was sich auch mittelbar in der Wahl seiner Verteidigung und damit seinem Anspruch auf ein **faires Verfahren** und das Recht auf angemessene anwaltliche Vertretung ausdrückt.[105] Nicht selten blieben in der Vergangenheit dingliche Arreste über mehrere Jahre aufrechterhalten, ohne dass das Ermittlungsverfahren erkennbar vorangetrieben wurde.[106] Nach Aufhebung des § 111b Abs. 3 StPO a.F. ist nicht damit zu rechnen, dass sich an dieser Praxis, insbesondere unter Berücksichtigung der beengten personellen Ressourcen der Strafverfolgungsbehörden, künftig etwas ändern wird.[107] Dabei muss nicht nur einer **veränderten Sachlage** im Rahmen der Ermessensausübung durch eine (teilweise) Aufhebung der Maßnahmen Rechnung getragen werden,[108] vielmehr ist das (weitere) Vorliegen der Anordnungsvoraussetzungen konstant von Amts wegen zu beachten.[109] Gründe für eine veränderte Ermessensentscheidung können sich aus den Erkenntnissen des Ermittlungsverfahrens, insbesondere aus dem Verhalten des Betroffenen, ergeben.[110] Fehlende Kooperationsbereitschaft alleine begründet dabei schon aufgrund des nemo-tenetur Grundsatzes keine fortgesetzte Sicherstellung, weder in Form der Bejahung des Sicherungsbedürfnisses, noch im Rahmen des Ermessens.[111] Eine veränderte Sachlage kann sich aber nicht nur durch neue Ermittlungsergebnisse, sondern auch durch schlichten **Zeitablauf** ergeben. Der vollzogene Vermögensarrest bewirkt einen unmittelbaren Eingriff in die Grundrechte des Betroffenen, so dass sich konstant die Frage stellt, ob dieser Eingriff (noch) verhältnismäßig ist.[112] Schon aus Gründen der Vergleichbarkeit von Vermögensarrest und Untersuchungshaft sollte der Gesetzgeber die in der Literatur geäußerte Anregung[113] aufgreifen und eine Vorschrift analog § 121 für den Vermögensarrest beschreiben.

c) Anspruch des Verletzten auf eine vorläufige Sicherung

aa) Streitstand. Bereits zur alten Rechtslage war die Frage umstritten, ob eine **Pflicht der Strafverfolgungsbehörden zur Vermögensabschöpfung** zu Gunsten der Verletzten bestand. Ausgehend vom Wortlaut der Norm galt über die Verweisung in § 111b Abs. 5 StPO a.F. auf Absatz 1 und 2 die „Kann-Formel" auch für Rückgewinnungshilfemaßnahmen. Eine Verpflichtung der Strafverfolgungsbehörden, zu Gunsten des Verletzten eine Sicherstellung vorzunehmen, ließ sich – anders als bei den Sicherstellungen nach Absatz 1 und 2 – nicht auf das Legalitätsprinzip stützen. Es wurde deshalb überwiegend die 26

103 BVerfG NJW **2006** 1048, 1049; kritisch zu langfristigen Sicherstellungen SK/*Rogall* § 111b, 28, der eine „strenge Kontrolle der weiteren Verhältnismäßigkeit" fordert.
104 SSW/*Burghart* 7, der zurecht auf die Vergleichbarkeit zur Untersuchungshaft rekurriert.
105 *Schlachetzki* wistra **2011** 41, 44; *Ordner* wistra **2017** 50, 57.
106 KG BeckRS **2017** 115259; OLG Frankfurt BeckRS **2018** 15866 mit Anm. *Johann* PStR **2018** 295 ff.; OLG Düsseldorf StV **2003** 547; *Rönnau* StV **2003** 581.
107 *Greeve* ZWH **2018** 81, 82; *Korte* NZWiSt **2018** 231 f.
108 MüKo/*Bittmann* § 111b, 7.
109 OLG Stuttgart Justiz **2002** 65 spricht von einer Selbstverständlichkeit; Meyer-Goßner/Schmitt/*Köhler* 18; SK/*Rogall* § 111d, 25.
110 SK/*Rogall* § 111d, 14.
111 MüKo/*Bittmann* § 111d, 5 weist auf die Möglichkeit der vorgespielten Kooperationsbereitschaft hin, für deren Annahme aber freilich tatsächliche Anhaltspunkte zu fordern sind.
112 *Korte* wistra **2018** 1, 11.
113 Wistev Stellungnahme zum Referentenentwurf S. 6.

Auffassung vertreten, Beschlagnahme oder dinglicher Arrest, die der Rückgewinnungshilfe des Verletzten dienen, stünden (nur) im pflichtgemäßen Ermessen der Beschlagnahmebehörde.[114] In der Literatur wurde jedoch seit geraumer Zeit auch dargelegt, dass sich die Bedeutung des Opferschutzes in der Legislatur gewandelt[115] und in den vergangenen Jahrzehnten immer mehr an Bedeutung gewonnen hat.[116] Dieser Entwicklung sollte bei der Ermessensausübung hinreichend Rechnung getragen werden müssen, so dass aus der gesetzlichen Formulierung als Ermessensformel nicht der irrige Schluss gezogen werden sollte, Maßnahmen der Rückgewinnungshilfe stünden im freien Belieben der Strafverfolgungsorgane.[117] Schon mit dem Gesetzeswortlaut unvereinbar war die weitergehende Auffassung, eine Sicherungsmaßnahme sei in aller Regel zwingend zu beantragen.[118]

27 **bb) Folgen der Reform.** Das Gesetz zur Reform der strafrechtlichen Vermögensabschöpfung hat Bewegung in diese Frage gebracht, sie aber nicht abschließend beantwortet. Von der im Referentenentwurf vorgesehenen Soll-Regelung unabhängig von dem Verdachtsgrad hat der Gesetzentwurf Abstand genommen (vgl. dazu ausführlich Vor §§ 111b ff., 15) und überdies im Zusammenhang mit der Insolvenzantragsstellung durch die Staatsanwaltschaften nach § 111i erklärt, dass keine Pflicht zu Finanzermittlungen oder zur vorläufigen Sicherstellung von Vermögenswerten aufgrund des Entschädigungsmodells entstehen soll. Rückgewinnungshilfe und Entschädigungsmodell seien insoweit identisch,[119] was auch als konkludente Ablehnung jener Auffassung verstanden werden kann, die nach alter Rechtslage von einer gebundenen Entscheidung zu Gunsten der Verletzten ausging.

28 Gegen die Annahme einer gebundenen Entscheidung zur Sicherung der Ansprüche der Verletzten spricht außerdem, dass diese, anders als noch vor der Reform 2017, für den Verletzten heute aufgrund des **Vollstreckungsverbotes** nicht mehr durchweg von Vorteil wäre. Das muss auch im Zuge der Ermessensausübung Berücksichtigung finden. Das zur alten Rechtslage immer wieder anzutreffende Argument, das Strafverfahren diene nicht der Durchsetzung zivilrechtlicher Forderungen,[120] ist jedoch (spätestens) durch die Reform 2017 ebenso überholt.[121] Das Strafverfahren ist heute erkennbar auch auf die Schadenskompensation des Verletzten ausgerichtet, wie sich zwanglos aus der Einführung des Entschädigungsmodells und dem Direktanspruch des Verletzten gegen den Staat ergibt.[122] Freilich fehlt es an der letzten Konsequenz, dies auch materiell-rechtlich zum Ausdruck zu bringen, was dazu führt, dass es regelmäßig eine rein subjektive Entscheidung des Gesetzesanwenders bleibt, ob er die Bedeutung der §§ 459h ff. hervorhebt und hierin einen Auftrag zur Unterstützung der Verletzten bei der Schadenskompensation erblickt oder aber unter Rekurs auf § 73e StGB, § 459g Abs. 4 erklärt, dass der wirtschaftlich ohnehin wertlose Anspruch des Staates – in den Fällen, in denen die Verletz-

114 OLG Celle StV **2009** 120, 121; *Schlachetzki* wistra **2011** 41, 44; *Bach* JR **2008** 230; KK/*Spillecke*[7] § 111b, 18; *Park* StraFo **2002** 73, 77; MüKo/*Bittmann* § 111b, 19; *Malitz* NStZ **2002** 337, 339; *Wehnert/Mosiek* StV **2005** 568, 571; SK/*Rogall* § 111b, 38; kritisch *Mainzer* DRiZ **2002** 97, 102.

115 *Achenbach* NStZ **2001** 401, 402 mit Nachweisen zur Entwicklung in der Legislatur.

116 *Bach* JR **2004** 230; siehe beispielshalber das Gesetz zur Stärkung der Rechte von Verletzten und Zeugen im Strafverfahren (2. Opferrechtsreformgesetz) vom 29.7.2009, BGBl. I S. 2280.

117 *Achenbach* NStZ **2001** 401, 402.

118 *Webel* wistra **2004** 249, 253.

119 BTDrucks. **18** 9525 S. 81.

120 LG Frankfurt als Vorinstanz zu OLG Frankfurt NStZ-RR **2005**, 111; zustimmend *Marel* StV **2004** 414, 415; in diesem Sinne auch *Malitz* NStZ **2002** 337, 344.

121 In diesem Sinne schon *Bittmann* wistra **2013** 218.

122 Siehe aber BGH Beschl. v. 13.12.2018 – 3 StR 307/18: „Die mit der Reform verbundene Stärkung des Opferschutzes war demgegenüber kein Selbstzweck und nicht das wesentliche Ziel der Neuregelung."

ten die Sicherstellung anregen und damit deutlich machen, dass sie an der Schadenskompensation interessiert sind – nicht weiter verfolgt wird. Das ist schon unter dem Gesichtspunkt des Art. 3 GG bedenklich und verbesserungswürdig.

Da die Reform den Streit weder in die eine, noch in die andere Richtung entschieden 29
hat, ist in Orientierung an der bisherigen Rechtsprechung des Bundesverfassungsgerichts zur Rückgewinnungshilfe[123] weiterhin davon auszugehen, dass eine **Abwägung** zwischen dem Interesse des Betroffenen an freier Verfügungsbefugnis über seine Vermögenswerte und dem Sicherungsbedürfnis[124] des Verletzten zu erfolgen hat.[125] Kriterien dieser Abwägung sind der Umfang des Eingriffs in die wirtschaftliche Bewegungsfreiheit des Betroffenen,[126] sonstige außergewöhnliche Belange des Betroffenen und auch weiterhin die Möglichkeiten des Verletzten, seine Ansprüche ohne die staatliche Unterstützung gleich effektiv durchsetzen zu können,[127] auch wenn dieser Aspekt durch die Reform an Gewicht verloren hat. Die Untätigkeit des Verletzten schließt die Sicherung der staatlichen Einziehungsanordnung andererseits freilich nicht aus,[128] kann und muss aber gleichwohl auch im Ermessen nach Absatz 1 Satz 1 berücksichtigt werden.

cc) Fazit. Der Verletzte hat im Ergebnis auch nach Inkrafttreten des Gesetzes zur Re- 30
form der strafrechtlichen Vermögensabschöpfung **keinen Anspruch** auf eine vorläufige staatliche Sicherstellung.[129] Allerdings hat er, ebenso wie der Betroffene, einen Anspruch gegen die Strafverfolgungsbehörden auf **ermessensfehlerfreie Entscheidung**. Pauschalierte, textbausteinartige Begründungen der sicherstellenden Ermessensentscheidung verbieten sich hier ebenso wie ihre Ablehnung. Entschließungs- und Auswahlermessensaspekte sind in der Akte zu vermerken,[130] und zwar so, dass sie für einen objektiven Dritten nachvollziehbar sind. Ein Antragsrecht auf gerichtliche Entscheidung hat der Verletzte auch nach neuem Recht nicht.[131]

III. Die Voraussetzungen des Absatz 1 Satz 2

Die Voraussetzungen des § 111e Abs. 1 Satz 2 entsprechen jenen des § 111b Abs. 1 31
Satz 2, vgl. dazu ausführlich bei § 111b, 93ff. Insbesondere lässt auch eine dringende Annahme einer späteren Einziehung den Verhältnismäßigkeitsgrundsatz unberührt.[132] Gerade in **Bagatellfällen** ist deshalb besonders sorgfältig zu prüfen, ob die Anordnung des Arrestes (noch) verhältnismäßig ist.[133]

---

123 BVerfG StraFo **2005** 338, 339.
124 BGH NStZ **1991** 437, 438; ein solches kann auch nach der Reform unabhängig von den staatlichen Interessen bestehen, vgl. dazu ausführlich *Johann* 113 ff.
125 Meyer-Goßner/Schmitt/*Köhler* 12 spricht von freiem Ermessen; im hiesigen Sinne zur alten Rechtslage schon *Schlachetzki* wistra **2011** 41, 45.
126 OLG Celle StV **2009** 120, 122.
127 Umfassend dazu *Schlachetzki* wistra **2011** 41, 44 f.
128 KMR/*Mayer* 9.
129 Zur alten Rechtslage bereits OLG Celle wistra **2013** 39.
130 MüKo/*Bittmann* § 111b, 5 und unter Hinweis auf potentielle Amtshaftungsansprüche 19.
131 So zum alten Recht schon OLG Celle wistra **2013** 39; MüKo/*Bittmann* § 111b, 19.
132 BTDrucks. **18** 9525 S. 77.
133 BTDrucks. **18** 9525 S. 77.

IV. Die Voraussetzungen des Absatz 2

32 **1. Allgemeines.** Mit der Rechtskraft des Strafurteils können **Ansprüche der Staatskasse** gegen den Verurteilten auf **Zahlung von Geldbeträgen** entstehen. Dabei kann es sich neben einer Einziehung von Wertersatz (§ 73c StGB) auch um eine Geldstrafe (§§ 40 ff. StGB) oder um die Verfahrenskosten (§§ 465 ff.) handeln. Nach § 111e Abs. 2 kann diese zukünftige Zahlungsverpflichtung des Beschuldigten schon während des Verfahrens durch die Ausbringung eines Vermögensarrestes gesichert werden. Die Regelung geht zurück auf den durch Art. 119 Nr. 5 EGStGB aufgehobenen § 10 der Justizbeitreibungsordnung vom 11.3.1937 (RGBl. I S. 298).[134] Eine vorläufige Sicherung setzt danach voraus, dass zusätzlich zu den Voraussetzungen des Absatz 1 gegen den Beschuldigten ein Urteil ergangen oder ein Strafbefehl erlassen worden ist. Sie entspricht damit in weiten Teilen § 111d Abs. 1 Satz 1 und 2 StPO a.F., die dies schon vor Inkrafttreten des Gesetzes zur Reform der strafrechtlichen Vermögensabschöpfung jedenfalls für die Zeit nach Urteilserlass vorsahen. Mit der Reform wurde nun auch die Möglichkeit geschaffen, den Vermögensarrest nach Erlass des Strafbefehls zur Sicherung dieser Zahlungsverpflichtungen zu erwirken.[135] Die zuvor in § 111d Abs. 2 StPO a.F. geregelten Verweise in die Zivilprozessordnung sind entfallen, weil der Gesetzgeber die entsprechenden Regelungen in der Strafprozessordnung festgeschrieben hat.[136] Aus dem Tatbestand des Absatz 2 folgt im Umkehrschluss, dass überschießend vorläufig gesicherte Gegenstände nicht (hilfsweise) zur Absicherung der ausgeurteilten Geldstrafe oder der Verfahrenskosten genutzt werden dürfen, sondern freizugeben sind.

33 **2. Urteil oder Strafbefehl.** Auf Strafe lautende[137] Urteile sind solche, die nach § 465 Abs. 1 eine **Kostenentscheidung** zu Lasten des Angeklagten enthalten. Es kann sich folglich auch um Urteile handeln, in denen auf Freispruch erkannt, daneben aber Maßregeln der Besserung und Sicherung nach §§ 63 ff. StGB angeordnet worden sind. Auch Urteile im Sicherungsverfahren nach den §§ 413 ff., im selbständigen Einziehungsverfahren nach den §§ 435 ff. und im Verfahren zur Festsetzung von Geldbußen gegen juristische Personen nach § 444 sind erfasst. Ein **Bußgeldbescheid** ist nicht ausreichend.[138] Das Urteil darf in den Rechtsfolgen nicht zwischenzeitlich wieder aufgehoben worden sein.[139] Der Strafbefehl nach §§ 407 ff. muss erlassen und darf nicht nur beantragt sein. Eine bereits erfolgte Zustellung ist nicht notwendig.[140]

34 **3. Geldstrafe.** Wenn gegen den Angeklagten auf Geldstrafe (§§ 40 ff. StGB) erkannt worden ist, entsteht mit der Rechtskraft des Urteils ein Zahlungsanspruch des Staates. Dieser wird nach § 459 durch Beitreibung der Forderung nach den Vorschriften des **Justizbeitreibungsgesetzes** verwirklicht. Diesen Anspruch für den Fall zu sichern, dass der Angeklagte während des Rechtsmittelverfahrens Vermögensgegenstände veräußert oder beiseite schafft, um die Zwangsvollstreckung zu vereiteln, kann kriminalpolitisch durch-

134 OLG Frankfurt NStZ-RR **2005** 144, 145.
135 BTDrucks. **18** 9525 S. 77.
136 BTDrucks. **18** 9525 S. 77; gleichwohl kann bei Auslegungsfragen schon aufgrund der weitestgehend identischen Regelungen auf die hierzu ergangenen zivilrechtlichen Judikate rekurriert werden, vgl. dazu auch SSW/*Burghart* § 111b, 2.
137 Der Gesetzgeber sah in dem Wegfall des Zusatzes des „auf Strafe lautenden" Urteils im Tatbestand der Regelung nur eine redaktionelle Änderung, vgl. BTDrucks. **18** 9525 S. 77.
138 KK/*Spillecke*[7] § 111d, 5.
139 SSW/*Burghart* 3.
140 SSW/*Burghart* 3.

aus erforderlich sein, obwohl das Gesetz für nicht vollstreckbare Geldstrafen in § 43 StGB die Ersatzfreiheitsstrafe vorsieht. Zu denken ist an Fälle, bei denen die Vollstreckbarkeit der Ersatzfreiheitsstrafe etwa aus gesundheitlichen Gründen unsicher sein mag oder bei denen der Verdacht nahe liegt, der Angeklagte könne sich durch die Verbüßung der Ersatzfreiheitsstrafe gleichsam „freikaufen". In der Regel wird die Sicherung der Geldstrafe in der **Höhe der Strafe** erfolgen, auf die bereits erkannt worden ist.[141] Wird das Urteil in Bezug auf die Höhe oder die Anzahl der Tagessätze aufgehoben, ist zumindest die ergänzende Begründung erforderlich, warum der Arrest nicht entsprechend angepasst werden soll; in der Regel wird eine solche Anpassung erforderlich sein.[142]

4. Verfahrenskosten, § 464a Abs. 1. Auch die Verfahrenskosten, die der Beschuldigte der Staatskasse aufgrund der Kostenentscheidung des Urteils voraussichtlich zu erstatten hat, können durch Vermögensarrest gesichert werden. Auf **andere Prozessbeteiligte**, die zur Kostentragung verurteilt werden können (Privatkläger, Nebenkläger, gesetzliche Vertreter) findet Absatz 2 keine Anwendung,[143] weil dies vom Sinn und Zweck der Norm nicht umfasst ist. Die Vorschrift regelt die Kostensicherung nur auf – im weitesten Sinne – Seiten des Angeklagten. Andererseits können auch die Kosten und notwendigen Auslagen der vorbezeichneten Beteiligten nicht durch Vermögensarrest gesichert werden.[144] Soweit ersichtlich ist bisher nicht weiter besprochen, ob der Vermögensarrest nach Absatz 2 nur in das Vermögen des Angeklagten oder auch in das Vermögen des **Einziehungsbeteiligten** ausgebracht werden darf. Zu denken ist hier etwa an Fälle, in denen sich der Drittbeteiligte mit der Revision gegen die Einziehungsanordnung wendet.[145] Warum eine Sicherung der dadurch entstehenden Verfahrenskosten durch Vermögensarrest gegenüber dem Drittbeteiligten nicht möglich sein soll,[146] erschließt sich bei genauer Betrachtung nicht. Der Wortlaut schließt eine solche Anordnung jedenfalls nicht aus, Gleiches gilt für den Sinn und Zweck der Vorschrift. Ein Vermögensarrest zur Sicherung der Verfahrenskosten ist daher auch zu Lasten eines Einziehungsbeteiligten grundsätzlich zulässig. Mit den „voraussichtlichen Kosten des Strafverfahrens" sind (nur) die Gebühren und Auslagen der Staatskasse gemeint. Sie umfassen neben den durch die Vorbereitung der öffentlichen Klage entstandenen Kosten nach § 464a Abs. 1 Satz 1 und 2 auch die – zu schätzenden – voraussichtlich noch entstehenden Kosten (Einzelheiten bei LR/*Hilger*[26] § 464a, 1ff.). Die nach § 464a Abs. 1 Satz 2 ebenfalls zu den Verfahrenskosten gehörenden **Kosten der Vollstreckung** einer Rechtsfolge der Tat nimmt Absatz 3 als Arrestansprüche ausdrücklich aus (Rn. 40). 35

Die Anordnung des Vermögensarrests wegen der zu erwartenden Verfahrenskosten setzt voraus, dass bereits ein auf Strafe lautendes **Urteil** (Rn. 33) ergangen ist, das dem Angeklagten die Verfahrenskosten mindestens teilweise auferlegt.[147] Wegen der Höhe der Gerichtsgebühren, die sich nach der verhängten Strafe richtet (Anlage 1 Teil 3 zu § 3 Abs. 2 GKG), ist in erster Hinsicht dieses Urteil maßgebend. Wurde bereits ein **Rechtsmittel** eingelegt oder ist ein Rechtsmittel zu erwarten, können auch die voraussichtlich für die Rechtsmittelzüge entstehenden Gerichtsgebühren durch Arrest gesichert werden.[148] Hierbei kann davon ausgegangen werden, dass über Berufung und Revision in 36

---

141 **A.A.** KMR/*Mayer* 12: beschränkt auf diese Höhe.
142 SSW/*Burghart* 3.
143 MüKo/*Bittmann* § 111d, 2; KMR/*Mayer* 14.
144 KMR/*Mayer* 14.
145 BGHSt **47** 369.
146 LR/*Schäfer*[25] § 111d, 13; MüKo/*Bittmann* § 111d, 2.
147 OLG Frankfurt StV **2005** 541; Meyer-Goßner/Schmitt/*Köhler* 13.
148 AG Hanau NJW **1974** 1662, 1663; Meyer-Goßner/Schmitt/*Köhler* 13; SK/*Rogall* § 111d, 9.

jeweils einer Hauptverhandlung entschieden wird, so dass die entsprechenden Gebühren erhoben werden. Hat die Staatsanwaltschaft ein Rechtsmittel eingelegt, das voraussichtlich zur Verhängung einer höheren Strafe führen wird, dann dürfen auch die hierdurch entstehenden höheren Kosten durch Arrest gesichert werden.[149] Die Höhe der voraussichtlich verhängten Strafe darf geschätzt werden.[150] Freilich ist in der Sicherstellungsanordnung hinreichend substantiiert darzulegen, wieso von einer voraussichtlich höheren Strafe auszugehen ist. Die **Kosten des Arrestverfahrens** können als Verfahrenskosten ebenfalls berücksichtigt und durch Arrest gesichert werden.[151] Der Arrest ist aufzuheben, wenn ein vollstreckbarer Kostenansatz bei der Gerichtskasse vorliegt.[152]

37 Als **Auslagen** der Staatskasse (Anlage 1 Teil 9 und 3 zu § 3 Abs. 2 GKG) sind zunächst alle Auslagen anzusetzen, die bereits bis zum Erlass des Urteils entstanden sind. Auslagen für das Rechtsmittelverfahren sind zu berücksichtigen und dem Arrest in der voraussichtlich entstehenden Höhe zu Grunde zu legen. Die dadurch entstehenden Auslagen, insbesondere die an **Zeugen und Sachverständige** zu zahlenden Entschädigungen, sind zu schätzen. Ihre Höhe richtet sich danach, mit welchen Beweiserhebungen im Rechtsmittelzug zu rechnen ist.

38 **5. Sicherungsbedürfnis.** Die Sicherung der Vollstreckung der Geldstrafe und der Verfahrenskosten nach Absatz 2 setzt ebenso wie die Sicherung der Wertersatzeinziehung nach Absatz 1 ein Sicherungsbedürfnis voraus. Das ergibt sich schon aus dem Wortlaut des Absatzes 2, der analog der Formulierung in Absatz 1, von einem Vermögensarrest „zur Sicherung der Vollstreckung" spricht. Es gelten deshalb die Ausführungen unter Rn. 11 ff. auch für Absatz 2. Es darf nicht lediglich aufgrund des Urteils oder Strafbefehls davon ausgegangen werden, dass der Betroffene die Vollstreckung vereiteln wird, vgl. Rn. 17 ff.

39 **6. Ermessen.** Die Sicherung der Vollstreckung einer Geldstrafe oder der Kosten des Strafverfahrens steht im Ermessen des Gerichts. Die Ermessensausübung unterliegt im Unterschied zu jener nach Absatz 1 Satz 1 der Besonderheit, dass hier bereits ein auf Strafe lautendes Urteil ergangen ist und die Erkenntnisse aus dem Verfahren bei der Ermessensentscheidung Berücksichtigung finden dürfen und müssen.

V. Die Regelung des Absatz 3

40 Nach § 111e Abs. 3 ergeht zur Sicherung der Vollstreckungskosten kein Vermögensarrest. Die Regelung entspricht damit § 111d Abs. 1 Satz 3 Hs. 1 StPO a.F., allerdings ohne den ursprünglich vorhandenen Zusatz, dass zur Sicherung **geringfügiger Beträge** kein Arrest ergeht. Der Gesetzgeber ging bei der Reform 2017 davon aus, dass die Staatsanwaltschaft über § 421 von der Einziehung solcher Beträge absehen könne.[153] Alte und neue Rechtslage weisen damit gleichwohl eine nicht unerhebliche Diskrepanz auf, wenn ein Arrest nach § 111d Abs. 1 Satz 3 Hs. 2 StPO a.F. noch zwingend ausgeschlossen war, während das Absehen nun „nur" im Ermessen der Staatsanwaltschaft steht.[154] Andererseits wird ein Absehen

---

149 KMR/*Mayer* 14.
150 MüKo/*Bittmann* § 111d, 2.
151 OLG Oldenburg StV **2006** 29.
152 OLG Stuttgart NStZ **2005** 401, 402; SK/*Rogall* § 111d, 9; MüKo/*Bittmann* § 111d, 2.
153 BTDrucks. **18** 9525 S. 77; dazu Meyer-Goßner/Schmitt/*Köhler* 11.
154 Meyer-Goßner/Schmitt/*Köhler* 11.

von der Einziehung über §421 Abs. 1 Nr. 3 auch bei Beträgen möglich, die **nicht mehr geringfügig** sind.[155] Hier ist aktuell noch Vieles völlig offen,[156] zumal entsprechende Entscheidungen fehlen. Je niedriger der Betrag, umso fragwürdiger dürfte aber ohnehin das Sicherungsbedürfnis sein, wobei sich feste Wertgrenzen verbieten.

VI. Die Regelung des Absatz 4

1. Allgemeines. Absatz 4 bestimmt, dass in der Anordnung des Vermögensarrestes der zu sichernde Anspruch (nach den Absätzen 1 oder 2) unter Angabe des Geldbetrages zu bezeichnen und zudem ein Geldbetrag festzusetzen ist, durch dessen Hinterlegung der Betroffene die Vollziehung des Arrestes abwenden und die Aufhebung der Vollziehung des Arrestes verlangen kann. Die Vorschrift ersetzt damit in Satz 1 den früheren Verweis auf § 920 Abs. 1 ZPO und schreibt dessen Voraussetzungen ausdrücklich in der Strafprozessordnung fest. Satz 2 Hs. 1 regelt die **Abwendungsbefugnis des Betroffenen**, Satz 2 Hs. 2 erklärt § 108 Abs. 1 ZPO für entsprechend anwendbar. Zur Zuständigkeit für die Arrestanordnung ausführlich § 111j, 14 ff. 41

2. Arrestanordnung

a) Allgemeines. Der Vermögensarrest kann sogleich nach Einleitung des Ermittlungsverfahrens beantragt und angeordnet werden. Er ist in allen Verfahrensabschnitten bis zur Rechtskraft des Urteils zulässig. Nach Rechtskraft kommt er in zwei Konstellationen in Betracht, nämlich einmal zur Sicherung der Verfahrenskosten[157] und der Geldstrafe (Rn. 32 ff.) sowie wenn nachträglich nach §§ 76, 76a StGB die Einziehung von Wertersatz angeordnet werden soll. Der Vermögensarrest – und auch der ihm zu Grunde liegende Antrag – kann bestimmte Vermögensbestandteile ausdrücklich von der Anordnung ausnehmen.[158] Vor der Anordnung muss der Betroffene in aller Regel nicht angehört werden, im sich ggf. anschließenden Beschwerdeverfahren schon, da dann eine Vereitelung der Sicherung durch die Anhörung nicht mehr denkbar ist.[159] In diesem Verfahrensstadium ist ihm auch **Einsicht in die Ermittlungsakten** zu gewähren (§ 111j, 29).[160] Grundvoraussetzung für die Anordnung ist, dass die Einziehung zu erwarten und diese nicht unverhältnismäßig ist (§ 111b, 13 ff.). Nur wenn das der Fall ist muss die Frage beantwortet werden, ob auch die vorläufige Sicherstellung dieses Anspruchs durch Vermögensarrest verhältnismäßig ist.[161] 42

b) Verhältnismäßigkeitsgrundsatz. Mit der Anordnung des Vermögensarrestes geht ein Eingriff in das Grundrecht des Betroffenen aus Art. 14 Abs. 1 Satz 1 GG einher.[162] Die Arrestanordnung unterliegt daher dem Verhältnismäßigkeitsgrundsatz.[163] Das gilt auch dann, wenn eine dringende Annahme einer späteren Einziehung vorliegt, die „Soll- 43

---

155 Siehe dazu etwa MüKo/*Bittmann* § 111d, 1; SK/*Rogall* § 111d, 10 m.w.N.
156 Siehe die Vorschläge von Meyer-Goßner/Schmitt/*Köhler* 11.
157 OLG Stuttgart NStZ **2005** 401, 402.
158 MüKo/*Bittmann* § 111d, 7.
159 BVerfG NJW **2006** 1048, 1049; KK/*Spillecke* 12; SSW/*Burghart* 13.
160 BVerfG NJW **2006** 1048.
161 Zur Trennung dieser Fragen siehe auch Meyer-Goßner/Schmitt/*Köhler* 12.
162 BVerfG NStZ **2006** 639, 640.
163 BVerfG StV **2004** 409, 410; OLG Stuttgart wistra **2007** 276, 279; OLG Köln NStZ **2005** 400, 401; LG Berlin wistra **2012** 41, 42; HK/*Gercke* 5.

Regelung“ lässt den Verhältnismäßigkeitsgrundsatz unberührt.[164] Gerade in Bagatellfällen ist deshalb, unabhängig vom Grad der Annahme, sorgfältig zu prüfen, ob die Anordnung des Arrestes verhältnismäßig ist.[165] Je intensiver der Staat mit der vorläufigen Sicherungsmaßnahme in den Vermögensbereich des Betroffenen eingreift, umso höher sind die **Voraussetzungen an die Rechtfertigung.**[166] Dies gilt insbesondere, wenn der Staat mit den vorläufigen Sicherungsmaßnahmen (nahezu) das gesamte Vermögen sichert[167] oder auf das Vermögen unbeteiligter Dritter[168] zugreift. Schematisch vorgenommene Anordnungen oder **formelhafte Bemerkungen** in den Beschlussgründen sind mit der Bedeutung des Verhältnismäßigkeitsgrundsatzes beim Vermögensarrest nicht in Einklang zu bringen.[169] Die Arrestanordnung hat – unabhängig etwaiger Verwaltungsanweisungen –[170] immer auf den Einzelfall Bezug zu nehmen und die Grundrechte des Betroffenen umfassend zu würdigen.[171] Je länger der Vollzug des Vermögensarrestes andauert, umso strengere Anforderung stellt der Verhältnismäßigkeitsgrundsatz.[172] Der Gesetzgeber hat insoweit auch ausdrücklich erklärt, dass mit dem Wegfall von § 111b Abs. 3 StPO a.F. keine Schwächung der Rechte des Betroffenen einhergeht.[173] Ohne dringende Gründe wird der Arrest nach sechs Monaten regelmäßig unverhältnismäßig sein.[174] Dient die Maßnahme offensichtlich auch den Interessen der Verletzten und haben diese ihre Ansprüche schon gegenüber der Staatsanwaltschaft geltend gemacht, können und müssen ihre Belange im Rahmen der Verhältnismäßigkeitsprüfung Berücksichtigung finden. Es hat dann eine Abwägung zwischen den staatlichen Interessen,[175] den Interessen der Betroffenen und jenen der Verletzten auf Schadenskompensation zu erfolgen.[176]

44 **c) Bezeichnung des Arrestanspruchs.** Der Vermögensarrest hat den zu sichernden Anspruch so konkret wie möglich zu bezeichnen. Das gilt zunächst ganz allgemein für die Feststellung, welcher Anspruch im Sinne der Absätze 1 oder 2 gesichert werden soll, wer Schuldner und wer Gläubiger ist.[177] Erforderlich ist außerdem die **Darlegung der Tatsachen**, auf die der Anspruch gestützt wird. Die Bezeichnung des Arrestanspruchs muss, vergleichbar dem konkreten Anklagesatz, eine subsumtionsfähige Tatsachenschilderung beinhalten, die es dem Betroffenen ermöglicht nachzuvollziehen, auf welche Umstände die Behörden den Einziehungsanspruch stützen. § 920 Abs. 2 ZPO, der die **Glaubhaftmachung** für das Zivilverfahren bestimmt, ist nach der Strafprozessordnung nicht entsprechend anzuwenden,[178] weil der Gesetzgeber davon ausgeht, dass die Staatsanwaltschaft die Voraussetzungen des Vermögensarrestes schon wegen seiner einschneidenden Wirkungen

---

164 BTDrucks. **18** 9525 S. 77.
165 BTDrucks. **18** 9525 S. 77.
166 BVerfG BeckRS **2015** 10636; NStZ **2006** 639, 640; LG Halle/Saale wistra **2009** 39, 40; Meyer-Goßner/Schmitt/*Köhler* 8; KMR/*Mayer* 10; MüKo/*Bittmann* Vor §§ 111b ff., 4.
167 BVerfG NStZ **2006** 639, 640.
168 OLG Rostock BeckRS **2013** 08877; Meyer-Goßner/Schmitt/*Köhler* 9.
169 BVerfG NStZ **2006** 639, 640; *Greeve* ZWH **2017** 277, 282.
170 MüKo/*Bittmann* § 111b, 5.
171 SK/*Rogall* § 111d, 20.
172 BVerfG BeckRS **2015** 10636; OLG Stuttgart NJW **2017** 3731, 3732; Meyer-Goßner/Schmitt/*Köhler* 9; zum alten Recht schon MüKo/*Bittmann* § 111b, 13.
173 BTDrucks. **18** 9525 S. 49.
174 *Rettke* wistra **2017** 417, 421; eine kurze Übersicht findet sich bei KK/*Spillecke* 9.
175 BVerfG BeckRS **2015** 10636; Meyer-Goßner/Schmitt/*Köhler* 8.
176 MüKo/*Bittmann* § 111b, 18 wollte das Interesse des Verletzten jedenfalls nach altem Recht schwerer gewichten als das Abschöpfungsinteresse.
177 SSW/*Burghart* 12.
178 **A.A.** *Theile* StV **2009** 161, 166, der analog § 920 Abs. 2 ZPO eine Glaubhaftmachung durch den Steuerfiskus verlangt, wenn dieser durch den Arrest gesichert werden soll.

sorgfältig prüft; Abstriche an die Darlegungspflichten des Antragsstellers sind damit jedoch nicht verbunden.[179] Die in der Praxis nicht unübliche, unkorrigierte Übernahme von **Rechtschreib- und Grammatikfehlern** aus den jeweiligen Anträgen der Strafverfolgungsbehörden durch die Gerichte hat das Bundesverfassungsgericht bereits scharf kritisiert und derartigen Beschlüssen eine Unvereinbarkeit mit dem gesetzlichen Richtervorbehalt attestiert.[180]

d) Bezeichnung des Geldbetrages. Das Gesetz verlangt, dass in der Anordnung des 45
Vermögensarrestes der zu sichernde Anspruch „unter Angabe des Geldbetrages zu bezeichnen" ist. Gemeint ist damit jener Betrag, in dessen Höhe der Anspruch besteht (Absatz 2) oder festgestellt werden wird (Absatz 1). Dieser deckt sich nicht zwangsläufig mit dem Betrag, den der Betroffene durch die Straftat erlangt haben soll, etwa im Falle der Kumulation von Vermögensarrest und Beschlagnahme. In der Anordnung ist zum einen der Gesamtbetrag zu nennen, in dessen Höhe der Arrest in das Vermögen des Betroffenen anzuordnen ist, in den – immer[181] darzulegenden – Gründen muss dann im Falle der Sicherung mehrerer Ansprüche der **einzelne Anspruch** der Höhe nach bezeichnet werden, so dass der Gesamtbetrag nachvollziehbar ist.[182] Der Betrag kann nach den Grundsätzen des § 73d StGB geschätzt werden,[183] dann ist aber die Schätzgrundlage anzugeben. Etwaige Fehler sind im Beschwerdewege angreifbar.

e) Bezeichnung des Sicherungsbedürfnisses. Der Gesetzgeber verlangt in Bezug 46
auf die notwendigen Ausführungen in der Arrestanordnung über Absatz 4 Satz 1 lediglich die Bezeichnung des zu sichernden Anspruchs unter Angabe eines bestimmten Geldbetrages. Freilich muss die Anordnung aber auch konkret die Umstände bezeichnen, die eine vorläufige Sicherstellung überhaupt rechtfertigen.[184] Insbesondere bei einem Arrestanspruch nach Absatz 1 Satz 1 muss in der Anordnung dargelegt werden, warum sie zur **Sicherung der Vollstreckung** erforderlich ist und welche Ermessensgesichtspunkte Berücksichtigung gefunden haben. Eine Glaubhaftmachung dieser Gründe ist nicht erforderlich, reine Behauptungen oder Vermutungen genügen jedoch ebenfalls nicht, so dass der Antragssteller **konkrete Anhaltspunkte** sowohl für den Arrestanspruch als auch das Sicherungsbedürfnis darlegen muss.[185]

f) Hinterlegung

aa) Lösungssumme. Nach Absatz 4 Satz 2 Hs. 1 ist im Vermögensarrest ein Geldbe- 47
trag festzusetzen, durch dessen Hinterlegung der Betroffene die Vollziehung des Arrestes abwenden und die Aufhebung der Vollziehung verlangen kann. Die sog. Lösungssumme richtet sich nach der Höhe der Geldforderungen, die in dem Arrestgesuch genannt sind.[186] Durch Hinterlegung kann der Schuldner die Hemmung und die Aufhebung der

179 MüKo/*Bittmann* § 111d, 8.
180 BVerfG NJW **2005** 3630, 3631; NStZ **2006** 639 f.; vergleichbar KG Berlin BeckRS **2017** 115259; im Ergebnis ebenso MüKo/*Bittmann* § 111d, 9; SK/*Rogall* § 111d, 23.
181 SSW/*Burghart* 12; SK/*Rogall* § 111d, 23.
182 MüKo/*Bittmann* § 111d, 9.
183 MüKo/*Bittmann* § 111d, 7.
184 MüKo/*Bittmann* § 111d, 7 und 9: „Pauschalierende und allgemeine Floskeln genügen keinesfalls."
185 SK/Rogall § 111d, 12; Meyer-Goßner/Schmitt/*Köhler* 15; *Hellerbrand* wistra **2003** 201, 202; MüKo/*Bittmann* § 111d, 4.
186 MüKo/*Bittmann* § 111d, 10.

Arrestvollziehung erreichen, nicht aber der Arrestanordnung (vor § 111b, 6).[187] Fehlt die Angabe der Lösungssumme in dem Arrestbefehl, so berührt das seine Wirksamkeit nicht; er muss jedoch insoweit ergänzt werden.[188]

48 **bb) Andere Abwendungsmöglichkeit.** Über die in Absatz 4 Satz 2 Hs. 2 angeordnete entsprechende Anwendung des § 108 ZPO kann der Betroffene die Vollziehung nicht nur durch Hinterlegung eines Geldbetrages, sondern auch auf anderem Wege erreichen. § 108 Abs. 1 ZPO hat zwei Anwendungsfälle und regelt zum einen, dass es im freien Ermessen des Gerichts steht, in welcher Art und Höhe Sicherheit geleistet werden kann. Trifft das Gericht keine Ermessensentscheidung in Bezug auf die konkrete Sicherheitsleistung, so bestimmt § 108 Abs. 1 Satz 2 ZPO zum anderen, dass Sicherheit im Wege einer selbstschuldnerischen Bankbürgschaft und durch Hinterlegung von Geld oder Wertpapieren im Sinne des § 234 Abs. 1 und 3 BGB geleistet werden kann. Die Verweisung auf § 108 ZPO darf dabei nicht missverstanden werden: Da § 111e Abs. 4 Satz 2 die Festsetzung eines Geldbetrages, durch dessen Hinterlegung der Arrest abgewendet und die Aufhebung der Vollziehung des Arrestes verlangt werden kann, zwingend vorschreibt, liegt darin gerade keine Ermessensentscheidung im Sinne des § 108 Abs. 1 Satz 1 ZPO. Andernfalls wäre der Verweis auf § 108 Abs. 1 ZPO redundant, weil der Gesetzgeber über Absatz 4 Satz 2 dem Gericht die Sicherheitsleistung schon für alle Fälle vorgegeben hätte. Die Bezeichnung der Lösungssumme im Vermögensarrest, durch dessen Erbringung die Arrestvollziehung gehemmt bzw. aufgehoben wird, ist daher lediglich Ausdruck der vom Gesetzgeber gestellten Anforderungen in Form des Absatz 4 Satz 2 und gerade keine Ermessensentscheidung im Sinne des § 108 Abs. 1 Satz 1 ZPO. Die Bezeichnung der Lösungssumme schließt die Beibringung einer Bankbürgschaft[189] oder die Hinterlegung von Wertpapieren[190] in dieser Höhe mithin auch dann nicht aus, sondern ermöglicht sie vielmehr erst (Rn. 47), wenn das Gericht diese Form der Sicherheitsleistung im Vermögensarrest nicht ausdrücklich bezeichnet. Neben den alternativ zur Geldhinterlegung folglich auch ohne ausdrückliche Bezeichnung immer bestehenden Abwendungsmöglichkeiten[191] (Hinterlegung von Wertpapieren und Beibringung der Bankbürgschaft) ermöglicht der Verweis auf § 108 Abs. 1 ZPO dem Gericht, zusätzliche Optionen für den Betroffenen zu schaffen, Sicherheit zu leisten. So können etwa Wertgegenstände hinterlegt oder Bürgschaften von Dritten, die keine Banken sind, als Sicherheit anerkannt werden. Ob der Betroffene oder ein Dritter die Sicherheit leistet, ist gleichgültig. Mit der Hinterlegung erlangt die Staatskasse ein Pfandrecht (§ 233 BGB).[192] Hinterlegt ein Gesamtschuldner, wirkt das zu Gunsten aller Gesamtschuldner. Die Vollziehung des Arrests wird durch die Hinterlegung gehemmt.

49 **cc) Praktische Probleme.** Die Hinterlegung hat in der Praxis nur einen geringen Anwendungsbereich. Das resultiert daraus, dass der Betroffene nach Vollzug des Vermögensarrestes regelmäßig keine finanziellen Mittel mehr hat, um seiner Hinterlegungsmöglichkeit nachzukommen. Wenn dem doch einmal so sein sollte, so ist der Vermögensarrest, jedenfalls im Falle der vollumfänglichen Geldhinterlegung durch den Betroffenen, re-

187 BTDrucks. **18** 9525 S. 77; **18** 11640 S. 85; SSW/*Burghart* 13; Thomas/Putzo/*Seiler* § 934, 1.
188 OLG Hamburg NJW **1958** 1145 („kann“ angepasst werden) mit Anm. *Lent*; Meyer-Goßner/Schmitt/*Köhler* 15; KMR/*Mayer* 18: bis dahin keine Eintragung der Sicherungshypothek möglich.
189 Meyer-Goßner/Schmitt/*Köhler* § 111g, 2; Thomas/Putzo/*Hüßtege* § 108, 7a.
190 Dazu Thomas/Putzo/*Hüßtege* § 108, 6; SK/*Rogall* § 111d, 24.
191 In diesem Sinne auch Meyer-Goßner/Schmitt/*Köhler* § 111g, 2.
192 Thomas/Putzo/*Hüßtege* § 108, 13.

gelmäßig schon mangels **Sicherungsbedürfnis** rechtswidrig, denn der Gesetzgeber hat im Zuge der Reform 2017 ausdrücklich erklärt, dass bei hinreichendem Vermögen des Betroffenen kein Sicherungsbedürfnis (Rn. 11) für einen Vermögensarrest besteht.[193] Der Betroffene wird in einem solchen Fall daher keinen Geldbetrag hinterlegen, sondern vor allem den Vermögensarrest im Wege der Beschwerde angreifen. Der Vermögensarrest wird dann aufgehoben, die Hinterlegungsmöglichkeit obsolet.

Die Hinterlegung kommt damit in der Praxis vor allem dann in Betracht, wenn ein Drit- **50**
ter bereit ist, Sicherheit für den Betroffenen zu leisten oder aber der Betroffene jedenfalls einen **Teilbetrag** hinterlegen kann. Das Gesetz verhält sich zwar nicht ausdrücklich zur Rechtsfolge der Hinterlegung eines Teilbetrages, das ist jedoch auch nicht erforderlich, denn wenn der Betroffene oder ein Dritter einen Teilbetrag hinterlegt, so ist die Arrestvollziehung aus diesem Grunde schon unter **Verhältnismäßigkeitsgesichtspunkten** um die Höhe des Wertes der hinterlegten Sicherheit zu reduzieren.[194] Dem Betroffenen steht zwar keine ausdrückliche Auswahlmöglichkeit zu, welche Vollziehungsmaßnahme durch die Hinterlegung gehemmt werden soll,[195] allerdings dient die Arrestvollziehung nur der vorläufigen Sicherung einer Geldforderung gegenüber dem Betroffenen. Das einzig berücksichtigungsfähige Interesse des Staates ist deshalb die Sicherung dieser Forderung. Wurde der Vermögensarrest in mehrere Gegenstände im Sinne des § 111f Abs. 1 bis 3 vollzogen und entspricht die Hinterlegung dem Wert mehrerer dieser Gegenstände, sind sie gleichermaßen einfach zu veräußern etc., so kann der Betroffene die Freigabe des Gegenstandes verlangen, der für ihn am bedeutsamsten ist, denn mit Hinterlegung der geleisteten Sicherheit wird die Vollziehung des Arrestes in dieser Höhe nicht mehr erforderlich, ist daher unverhältnismäßig und muss aufgehoben werden. Der Betroffene kann nach § 111k Abs. 3 jederzeit die gerichtliche Entscheidung beantragen.

g) Form. Das Gericht entscheidet über den Antrag der Staatsanwaltschaft durch Be- **51**
schluss nach § 34; die Staatsanwaltschaft erlässt in den Fällen des § 111j Abs. 1 Satz 2 eine schriftliche Verfügung. Auch die Entscheidung des Gerichts ergeht ohne mündliche Verhandlung. Eine vorherige Anhörung des Betroffenen ist der Natur der Sache nach untunlich und daher nach § 33 Abs. 4 Satz 1 nicht erforderlich, sie kann und muss vielmehr im Beschwerdeverfahren gewährt werden.[196] Die **Formel des Vermögensarrestes** besteht in der einfachen Anordnung des Vermögensarrestes in das Vermögen des Betroffenen, der Bezeichnung des zu sichernden Anspruchs, seiner Höhe und der Höhe der Lösungssumme.[197] Die Anordnung kann unter Umständen auf bestimmte Gegenstände des Betroffenen beschränkt oder um andere Möglichkeiten der Sicherheitsleistung (Rn. 48) ergänzt werden. Die Darlegung des Arrestgrundes ist den Gründen der Entscheidung vorbehalten; der Arrestbeschluss ist immer mit Gründen zu versehen,[198] ihr Umfang bemisst sich nach der Bedeutung der Maßnahme für den Betroffenen.[199]

---

193 BTDrucks. **18** 9525 S. 76: „Verfügt der Betroffene etwa über ausreichendes Vermögen, gibt es keinen Grund, die Vollstreckung der gerichtlichen Wertersatzeinziehung zu sichern. Die Anordnung des Vermögensarrestes wäre damit rechtswidrig."

194 Ebenso OK-StPO/*Huber* § 111g, 1; **a.A.** wohl MüKo/*Bittmann* § 111d, 10.

195 SK/*Rogall* § 111d, 37; MüKo/*Bittmann* § 111d, 19.

196 BVerfG NJW **2006** 1048.

197 KMR/*Mayer* 17 f.; Formulierungsbeispiele für den Antrag der Staatsanwaltschaft finden sich bei *Reitemeier* 151.

198 Meyer-Goßner/Schmitt/*Köhler* 15; SSW/*Burghart* 12; KMR/*Mayer* 16 f.

199 BVerfG Beschl. v. 17.4.2015 – 2 BvR 1986/14; SSW/*Burghart* 8; MüKo/*Bittmann* § 111d, 9; SK/*Rogall* § 111d, 23.

52 **h) Bekanntmachung.** Die Bekanntmachung des Vermögensarrestes richtet sich nicht nach den Vorschriften der Zivilprozessordnung, sondern nach § 111l Abs. 1 und 4, siehe § 111l, 4 ff.

53 **i) Folgen bei Fehlern.** Sind die Anforderungen des Absatz 4 nicht eingehalten, kann der Arrest rechtswidrig, aber auch nichtig sein. Entscheidend ist die Schwere des Verstoßes,[200] mithin, ob die Anordnung trotz des Fehlers einem objektiven Dritten in der Person des Vollziehungsbeamten nachvollziehbar darlegt, bei wem wieso gepfändet werden darf. Fehlt es etwa an der Bezeichnung des Arrestanspruchs, so ist die Anordnung nichtig. Ist der Arrestbetrag zu hoch festgesetzt, ist er (nur) rechtswidrig,[201] (zu diesen Folgen § 111j, 9 f.) fehlt (nur) die Lösungssumme, macht das die Anordnung auch (nur) rechtswidrig und kann das ohne Auswirkungen auf seine weitere Wirksamkeit nachgeholt[202] werden.

VII. Die Voraussetzungen des Absatz 5

54 Nach Absatz 5 gelten die Vorschriften der §§ 102 bis 110 entsprechend. Der Gesetzgeber stellt damit klar, dass sich Durchsuchungen zum Zwecke der **Arrestvollziehung** nach der Strafprozessordnung richten;[203] die Arrestanordnung muss ihr also vorausgehen.[204] Es gelten insoweit die Ausführungen bei § 111b, 103. Soweit in der Literatur zum Teil die Auffassung vertreten wird, für die Pfändung zur Arrestvollziehung richte sich die Zulässigkeit der Durchsuchung und die Behandlung von Zufallsfunden nach der Zivilprozessordnung, weil nur durch die Trennung zwischen der Vollziehung der Beschlagnahme und der Pfändung zur Vollziehung des Vermögensarrestes ein stimmiges Verhältnis zwischen den Befugnissen der zuständigen Vollziehungsorgane entstehe,[205] überzeugt dies ebenso wenig wie die jedenfalls zur alten Rechtslage vertretene Auffassung, für den Arrestvollzug würden, bei Zuständigkeit des Richters in Strafsachen, die Bestimmungen der ZPO gelten, die im Konfliktfall hinter die Vorschriften der Strafprozessordnung zurückträten.[206] Der Gesetzgeber hat expressis verbis erklärt, dass die Durchsuchung „zum Zwecke der Arrestvollziehung" nach den Regeln der Strafprozessordnung erfolgt. **Durchsuchungen zur Unzeit** ohne entsprechende Notwendigkeit[207] sind analog § 98 Abs. 2 Satz 2 angreifbar. Die Durchsuchungsanordnung kann mit der Arrestanordnung verbunden werden,[208] sie wird von der Arrestanordnung aber nicht ersetzt.[209] Für Durchsuchungen nach Rechtskraft erhält § 459g Abs. 3 eine Sondervorschrift.[210]

---

200 Zutreffend schon OLG Hamburg NJW **1958** 1145, 1146.
201 Zur ungenauen Bezeichnung des Pfändungsgegenstandes OLG Frankfurt NStZ-RR **2005**, 144, 145.
202 SSW/*Burghart* 13; KMR/*Mayer* 18.
203 BTDrucks. **18** 9525 S. 77.
204 KMR/*Mayer* 21; kritisch deshalb zur Verortung bei § 111e und nicht bei § 111f: SSW/*Burghart* 15.
205 SSW/*Burghart* § 111b, 20.
206 MüKo/*Bittmann* § 111b, 14.
207 Potentielle Gründe bei MüKo/*Bittmann* § 111b, 15.
208 LG Hamburg wistra **2018** 446 (Durchsuchungsbeschluss nicht mit abgedruckt); Meyer-Goßner/Schmitt/*Köhler* 20.
209 KMR/*Mayer* 21; SK/*Rogall* § 111b, 35.
210 *Korte* wistra **2018** 1, 10.

VIII. Ende der Maßnahmen

Der Vermögensarrest endet in jedem Fall mit seiner Aufhebung durch das Gericht. 55
Mit Rechtskraft einer Entscheidung, in der keine Einziehung angeordnet wurde, muss der Vermögensarrest aufgehoben werden (§ 111j, 41 ff.), die Rechtskraft des Urteils alleine bewirkt noch nicht das Erlöschen des Arrestes. Liegen keine genügenden Gründe für die spätere Anordnung der Einziehung des Wertersatzes (mehr) vor, sind die Voraussetzungen der Sicherungsanordnung entfallen und die Maßnahmen ist in jeder Lage des Verfahrens von Amts wegen aufzuheben.[211] S. zu Einzelheiten § 111j, 33 ff. Ist der Arrest aufgehoben, sind die Gegenstände unverzüglich herauszugeben, da die Ermächtigungsgrundlage für die staatliche Sicherung entfallen ist.[212]

C. Strafprozessualer und steuerrechtlicher Arrest, Absatz 6

Mit dem Gesetz zur Reform der strafrechtlichen Vermögensabschöpfung[213] hat der 56
Gesetzgeber erstmals ausdrücklich zum Verhältnis des strafprozessualen Vermögensarrestes zum steuerrechtlichen Arrest nach § 324 AO Stellung genommen. Allerdings beschränkt sich diese Stellungnahme jedenfalls in § 111e Abs. 6 auf die Feststellung, dass die Möglichkeit einer Anordnung nach § 324 AO einer Anordnung nach Absatz 1 nicht entgegensteht. In der Gesetzesbegründung heißt es dazu, das Gesetz stelle damit die Gleichrangigkeit beider Sicherungsinstrumente fest, wodurch rechtliche Unsicherheiten bei der vorläufigen Sicherstellung in Steuerstrafverfahren beseitigt würden.[214] Tatsächlich war die Gleichrangigkeit der beiden Arrestformen im Grundsatz aber schon vor der Reform relativ unbestritten,[215] fraglich war vielmehr, unter welchen Voraussetzungen ein **Sicherungsbedürfnis des Steuerfiskus** (noch) anzunehmen war, wenn dieser trotz Kenntnis seiner Vollstreckungsmöglichkeiten über einen längeren Zeitraum keine Vollstreckungsmaßnahmen unternahm.[216] Im Gesetzgebungsverfahren gab es deshalb einen Diskurs zwischen Bundesrat[217] und Bundesregierung[218] über die Frage, ob das Verhältnis von steuerrechtlichem zu strafprozessualem Arrest weitergehend geregelt werden müsse und Folgeänderungen in der Abgabenordnung erforderlich seien. Die aktuelle Vorschrift beruht auf dem unverändert übernommenen Vorschlag aus dem Gesetzentwurf, ohne dass die Anregungen des Bundesrates aufgegriffen wurden. Die Regelung wirft einige Fragen auf,[219] ist aktuell hoch umstritten und von enormer Praxisrelevanz.[220]

---

211 OLG Stuttgart Justiz **2002** 65 spricht von einer Selbstverständlichkeit; Meyer-Goßner/Schmitt/*Köhler* 18; SK/*Rogall* § 111d, 25.
212 Meyer-Goßner/Schmitt/*Köhler* 18.
213 BGBl. I 2017 S. 872.
214 BTDrucks. **18** 9525 S. 77 f.
215 KG Berlin BeckRS **2017** 115259; *Rhode* wistra **2018** 65, 67; KK/*Spillecke*[7] § 111d, 6 m.w.N.; *Adick* PStR **2011** 86 für einen Ausschluss des § 111e, wenn die Voraussetzungen des § 324 AO nicht vorliegen. Ein genereller Vorrang der §§ 111b ff. unter Ausschluss des § 324 AO wurde nicht vertreten, *Bach* JR **2010** 286, 287; Flore/Tsambikakis/*Webel* Teil 2 Kap. 10, 157.
216 OLG Oldenburg wistra **2008** 119; *Theile* StV **2009** 161, 166; MAH (WSSt)/*Rönnau* § 13, 259 für einen zurückhaltenderen Einsatz der §§ 111b ff. StPO a.F.; SK/*Rogall* § 111b, 37, der davon ausging, dass das Sicherungsbedürfnis wegen § 324 AO „vielfach" entfallen dürfte.
217 BTDrucks. **18** 10146 S. 8 ff.
218 BTDrucks. **18** 10146 S. 13 f.
219 *Ohlmeier/Struckmeyer* wistra **2018** 419; *Madauß* NZWiSt **2018** 28; **a.A.** Meyer-Goßner/Schmitt/*Köhler* 21: Unsicherheiten sind beseitigt.
220 Umfangreich dazu *Johann* 155 ff.

I. Das Merkmal der „Möglichkeit der Anordnung"

57 **1. Auslegung.** Im Gegensatz zu der im Schrifttum und Rechtsprechung aktuell wohl herrschenden Auffassung[221] muss die konkrete Möglichkeit des Steuerfiskus, einen Arrest nach § 324 AO zu erlassen, weiterhin im Rahmen des Sicherungsbedürfnisses nach Absatz 1 berücksichtigt werden.[222] Es kann an dieser Stelle nicht auf sämtliche zu diesem Ergebnis führenden Erwägungen eingegangen werden.[223] Entscheidend ist Folgendes: Mit § 111h Abs. 2 Satz 2 hat der Gesetzgeber dem Steuerfiskus die Möglichkeit eröffnet, in die vorläufig strafprozessual gesicherten Vermögenswerte schon während des laufenden Ermittlungsverfahrens zu vollstrecken. Das stellt eine erhebliche **Privilegierung des Steuerfiskus** gegenüber allen anderen Verletzten einer Straftat dar, die sich in diesem Zeitraum mit § 111h Abs. 2 Satz 1 sogar einem Vollstreckungsverbot ausgesetzt sehen. Das Fiskusprivileg wiederum hat der Reformgesetzgeber ausdrücklich als „Wertung des Gesetzgebers" aus dem früheren in das neue Recht übertragen.[224] Diese Wertung würde leerlaufen, wenn man dem Steuerfiskus weiterhin die Möglichkeit geben würde, sich einer Sicherung seiner Ansprüche im Wege des § 324 AO dauerhaft zu enthalten und stattdessen auf den Vermögensarrest zurückzugreifen.[225] Soweit die Gegenauffassung sämtlich isoliert auf den Wortlaut des Absatz 6 abstellt, erschüttert dies weder das vorbezeichnete systematische Argument, noch kann diese Auslegung überzeugen. Nur weil die Möglichkeit einer Anordnung nach § 324 einer Anordnung des Vermögensarrestes nicht entgegensteht, heißt das nicht, dass im Rahmen des Vermögensarrestes unberücksichtigt bleiben müsste, dass zur Erreichung seines Sicherungszwecks auch andere Möglichkeiten gegeben sind.[226] Das gilt vor allem dann, wenn, wie im hiesigen Zusammenhang, eine den Betroffenen in einem ganz entscheidenden Punkt weniger belastende staatliche Maßnahme möglich ist.[227] Schließlich haftet der Steuerfiskus analog § 945 ZPO **verschuldensunabhängig** für die Folgen eines Vorgehens nach § 324 AO, was nach allgemeiner Auffassung bei einem Vorgehen nach Absatz 1 nicht der Fall ist.[228]

58 **2. Unmöglichkeit des steuerrechtlichen Arrestes.** Eine Anordnung des Vermögensarrestes ist damit nur solange möglich, bzw. der Arrest kann nur so lange aufrechterhalten werden, solange dem Steuerfiskus aus tatsächlichen oder rechtlichen Gründen eine Sicherung über § 324 AO nicht möglich ist. Tatsächliche Gründe liegen etwa vor, wenn die zuständige Finanzbehörde noch keine Kenntnis von dem Verfahren hat, weil sich die Verdachtsmomente in einem rein staatsanwaltschaftlichen Ermittlungsverfahren ergeben haben. Rechtliche Unmöglichkeit kann etwa darin begründet sein, dass noch kein **konkreter Steuerschuldner** bezeichnet oder die **Haftungsvoraussetzungen** noch nicht ermittelt werden konnten.[229] Eine Unmöglichkeit des Vorgehens nach § 324 AO ergibt sich hingegen weder aus der Struktur der Vorschrift, noch aus den differenzie-

---

221 LG Hamburg wistra **2018** 446; Meyer-Goßner/Schmitt/*Köhler* 21; wohl auch KMR/*Mayer* 9; KK/*Spillecke* 14; *Ohlmeier/Struckmeyer* wistra **2018** 419 ff.
222 Im Ergebnis wohl ebenso *Rhode* wistra **2018** 65, 67 f., allerdings für den „Mangelfall".
223 Siehe dazu ausführlich *Johann* 125 ff.
224 BTDrucks. **18** 9525 S. 79.
225 Zur Gefährdung des Steueraufkommens *Johann* 170 f.
226 Auch heute noch zutreffende Argumente dafür nennt das KG BeckRS **2017** 115259.
227 Meyer-Goßner/Schmitt/*Köhler* 21 erkennt jedenfalls für den erlassenen und vollzogenen Arrest nach der Abgabenordnung den Entfall des strafrechtlichen Sicherungsbedürfnisses „in der Regel" an; vergleichbar *Meinecke* DStR **2018** 2387, 2390; wohl auch KMR/*Mayer* 9.
228 Etwa BGH BeckRS **2018** 26430; *Greeve* ZWH **2017** 277, 281.
229 *Madauß* NZWiSt **2018** 28, 29.

renden Zuständigkeiten innerhalb der Finanzverwaltung.[230] § 324 AO ermöglicht von seinen Tatbestandsvoraussetzungen eine Sicherung schon dann, wenn der angenommene Sachverhalt nach Abwägung aller Umstände wahr zu sein scheint, das Nichtvorliegen des Sachverhaltes nicht mehr wahrscheinlich, sondern allenfalls möglich ist.[231] Praktische Gewissheit muss nach nahezu einhelliger Auffassung nicht vorliegen,[232] was schon daraus folgt, dass es sich um ein vorläufiges Eilverfahren handelt.[233] In Bezug auf den Arrestanspruch lässt die Abgabenordnung es außerdem schon ausreichen, dass der Rechtsgrund der Forderung gelegt ist, sie selbst muss nicht einmal entstanden sein.[234] Die Möglichkeit der steuerrechtlichen Sicherung reicht damit sogar weiter als jene nach der Strafprozessordnung.[235] Dass innerhalb einer Finanzbehörde organisatorisch die Veranlagungsstelle für den Arrest zuständig ist, die abschließende Entscheidung über den Arrest aber regelmäßig dem Vorsteher[236] übertragen ist, ist kein Grund für die Annahme tatsächlicher Unmöglichkeit. Sofern in dieser Kompetenzverteilung tatsächlich ein Problem liegen sollte – der Arrest kann sogar **fernmündlich** angeordnet werden –[237] müssen die Finanzministerien diesem über die FAGO begegnen und die Kompetenzen neu verteilen.[238] Mangelnde Behördenorganisation kann nicht dazu berechtigen, schwerer in die Grundrechte des Betroffenen einzugreifen, als dies bei hinreichender Organisation notwendig wäre.

II. Konsequenzen

Stehen einem Vorgehen nach § 324 AO weder rechtliche noch tatsächliche Gründe 59
entgegen, so reduziert sich das Sicherungsbedürfnis des Steuerfiskus mit fortschreitendem Zeitablauf, denn ihm steht dann eine grundsätzlich taugliche, unkomplizierte und flexible Möglichkeit der Sicherung der Steuerforderung offen.[239] Das Sicherungsbedürfnis des Justizfiskus bleibt davon zwar grundsätzlich unberührt,[240] der Vermögensarrest wird aber **unverhältnismäßig,**[241] weil eine mildere staatliche Maßnahme zur Zweckerreichung zur Verfügung steht.[242] Außerdem umgeht der Steuerfiskus so das Risiko, nur aus der Insolvenzmasse befriedigt zu werden.[243] In der Regel ist der Arrest in Anlehnung

230 So aber BTDrucks. **18** 10146 S. 8f.; *Roth* wistra **2010** 335ff.; *Madauß* NZWiSt **2013** 128ff.; *Webel* wistra **2004** 249ff.; eingehend *Johann* 173ff.
231 Schwarz/Pahlke/*Kämper* § 324, 13a; Tipke/*Kruse* § 324, 24 und 27; Flore/Tsambikakis/*Webel* Teil 2 Kap. 10 Rn. 22f.
232 Schwarz/Pahlke/*Kämper* § 324, 13.
233 Tipke/*Kruse* § 324, 23.
234 HHSp./*Hohrmann* § 324, 17; Tipke/*Kruse* § 324, 9; Flore/Tsambikakis/*Webel* Teil 2 Kap. 10 Rn. 26 mit Beispiel zur Einkommensteuervorauszahlung; mit anderer Terminologie, im Ergebnis aber wohl identisch: *Braun* PStR **2004** 258; Tipke/Lang/*Seer* § 6, 22 und 27ff.
235 Weitere Argumente bei *Johann* 173ff.; *Ohlmeier/Struckmeyer* wistra **2018** 419, 422.
236 Nr. 71 Abs. 1 Satz 2 AStBV.
237 *Klos* wistra **1987** 121, 126; *Dörn* wistra **1990** 181, 182.; dazu auch im allgemeinen Strafverfahren MAH (WSSt)/*Rönnau* § 13, 173; **a.A.** Tipke/*Kruse* § 324, 64.
238 Der Bundesrat wollte eine entsprechende Klarstellung zur Zuständigkeit der Behörden in § 324 AO aufnehmen: BTDrucks. **18** 10146 S. 8.
239 *Korte* wistra **2018** 1, 3: „vergleichsweise einfach ... nach § 324 AO durchsetzen."
240 Weitergehend *Köhler/Burkhard* NStZ **2017** 665, 678: „Ein strafprozessuales Sicherungsbedürfnis gibt es dann nicht mehr. Die StA wird den Vermögensarrest ... aufheben."; im Ergebnis ebenso HK/*Gercke* § 111h, 5.
241 Auch *Rhode* wistra **2018** 65, 67 sieht nach wie vor Wechselwirkungen zwischen dem Sicherungsbedürfnis des Verletzten und der Verhältnismäßigkeit staatlicher Sicherung.
242 *Mückenberger/Hinz* BB **2018** 1435, 1437; ausführlich *Johann* 184ff.; **a.A.** *Rettke* wistra **2017** 417, 420; *Madauß* NZWiSt **2018** 28, 29, der es aber gleichwohl für ratsam hält, wenn die Finanzbehörden das sofortige Sicherungsbedürfnis darlegen; *Roth* Stbg **2017** 454, 458.
243 Meyer-Goßner/Schmitt/*Köhler* § 111h, 4; *Köhler/Burkhard* NStZ **2017** 665, 678.

an § 75 Satz 2 VwGO **drei Monate** nach Kenntnisnahme der Steuerbehörde vom Arrestvollzug nach Absatz 1 aufzuheben,[244] schließlich ist kein Grund ersichtlich, warum der Erlass und die Vollziehung eines Arrestes nach § 324 AO in bereits sichergestellte Gegenstände in diesem Zeitraum nicht möglich sein sollte. Führen die Steuerbehörden das Ermittlungsverfahren selbst, so scheidet ein Vorgehen nach Absatz 1 aus den genannten Gründen regelmäßig von vornherein aus.[245]

D. Sonstiges

I. Vollziehung des Vermögensarrestes

60 Die **Art und Weise**, in der der Vermögensarrest vollzogen wird, ist in § 111f im Einzelnen geregelt und unterscheidet sich nach dem jeweiligen Sicherungsgegenstand (§ 111f, 5 ff.).

II. Anordnung

61 Die Zuständigkeit für die Anordnung des Vermögensarrestes ist gemeinsam mit jener für die Beschlagnahme in § 111j geregelt. Die Erläuterungen zu dieser Vorschrift befassen sich deshalb auch mit den weiteren Einzelheiten des Vermögensarrestes.

III. Durchführung

62 Das Verfahren zur Vollziehung von Beschlagnahmeanordnungen und des Vermögensarrestes regelt § 111k, weshalb Einzelheiten zur Durchführung dort kommentiert sind.

IV. Herausgabe gesicherter Gegenstände

63 Ist der Vermögensarrest aufgehoben worden oder die Vollziehung aufzuheben, so muss der sichergestellte Gegenstand an den Berechtigten herausgegeben werden. Weiteres regelt § 111n. Zur Hinterlegung siehe Rn. 47 ff.

V. Kosten

64 Im Zwangsvollstreckungsverfahren entstehende Kosten hat nach § 788 ZPO an sich der Schuldner zu tragen. Eine entsprechende Anwendung dieser Vorschrift auf Maßnahmen im strafrechtlichen Ermittlungsverfahren scheidet jedoch aus. Die Kosten der Sicherstellung sind Kosten des Verfahrens,[246] für entstehende **Gebühren und Gerichtskosten** hat zunächst der Justizfiskus aufzukommen. Über die endgültige Tragung der Kosten entscheidet dann die verfahrens(stadium-)beendende Entscheidung (§ 464).

VI. Pfändungsschutz

65 Die Strafprozessordnung kennt keine den §§ 811 ff., 850 ff. ZPO vergleichbaren Regelungen. Der Gesetzgeber hat mit diesen Vorschriften aber klargestellt, unter welchen

---

244 *Köhler/Burkhard* NStZ **2017** 665, 678 f.: unverzüglich.
245 **A.A.** OLG Stuttgart NJW **2017** 3731, 3733; *Madauß* NZWiSt **2018** 28, 29.
246 OLG Düsseldorf StV **2003** 550, 551; KK/*Spillecke*[7] § 111b, 21.

Voraussetzungen ein Zugriff auf das Schuldnervermögen ausscheidet. Sie finden über den Verweis auf § 928 ZPO[247], jedenfalls aber über das **Übermaßverbot** auch im Strafprozess Anwendung. Zivilrechtlich unpfändbare Gegenstände sind daher auch strafprozessual im Wege des Vermögensarrestes unpfändbar.[248]

VII. Gebühren

Für seine Tätigkeit im Strafverfahren, die (auch) auf die Aufhebung eines Vermögensarrestes in das Vermögen seines Mandanten gerichtet ist, kann der Verteidiger zusätzlich zu den allgemeinen Gebühren auch die Gebühr nach Nr. 4142 VV RVG geltend machen. Das gilt sowohl dann, wenn der Arrest eine potentielle Auffangrechtserwerbsentscheidung nach altem Recht,[249] als auch eine Einziehungsanordnung nach neuem Recht, sichert, unabhängig davon, ob diese später dem Verletzten zugutekommen soll. Soweit das Oberlandesgericht Rostock[250] die Auffassung vertritt, der **Gegenstandswert** sei auf den Wert der in Vollziehung des Vermögensarrestes gepfändeten Gegenstände beschränkt, kann das nicht überzeugen, weil das wirtschaftliche Interesse, auf das die Entscheidung maßgeblich abstellt, darauf gerichtet ist, den Vollstreckungstitel insgesamt aufheben zu lassen. Gerade unter dem Gesichtspunkt, dass es dem Gesetzgeber bei der Reform maßgeblich darum ging, auch nachträglich entdecktes Vermögen einziehen zu können,[251] hat der Betroffene ein wirtschaftliches Interesse an der Abwehr des Arrestes in voller Höhe, nicht nur in Höhe des (bereits erfolgten) Vollzuges.[252] Der BGH hat die Frage, ob im Hinblick auf den vorläufigen Charakter des Vermögensarrestes ein Abschlag von der Höhe des Gegenstandswertes vorzunehmen ist, ausdrücklich offengelassen.[253] 66

§ 111f
Vollziehung des Vermögensarrestes

(1) [1]Der Vermögensarrest in eine bewegliche Sache, in eine Forderung oder ein anderes Vermögensrecht, das nicht der Zwangsvollstreckung in das unbewegliche Vermögen unterliegt, wird durch Pfändung vollzogen. [2]Die §§ 928 und 930 der Zivilprozessordnung gelten sinngemäß. [3]§ 111c Absatz 2 Satz 3 gilt entsprechend.

(2) [1]Der Vermögensarrest in ein Grundstück oder ein Recht, das den Vorschriften über die Zwangsvollstreckung in das unbewegliche Vermögen unterliegt, wird durch Eintragung einer Sicherungshypothek bewirkt. [2]Die §§ 928 und 932 der Zivilprozessordung gelten sinngemäß.

(3) [1]Der Vermögensarrest in ein Schiff, ein Schiffsbauwerk oder ein Luftfahrzeug wird nach Absatz 1 bewirkt. [2]Ist der Gegenstand im Schiffs- oder Schiffsbauregister oder im Register für Pfandrechte an Luftfahrzeugen eingetragen, gelten die §§ 928 und 931 der Zivilprozessordung sinngemäß.

---

247 LG Stuttgart BeckRS **2019** 1814.
248 OLG Celle Beschl. v. 25.9.2012 – 2 Ws 214/12; MüKo/*Bittmann* § 111d, 13.
249 BGH BeckRS **2018** 30617.
250 OLG Rostock Beschl. v. 7.6.2018 – 20 Ws 42/18.
251 BTDrucks. **18** 9525 S. 48; ausdrücklich auf die Anordnung abstellend auch *Köhler/Burkhard* NStZ **2017** 665, 670.
252 Diesen Aspekt übersieht BGH BeckRS **2018** 30617, stellt aber auf das Kriterium der „ernstlichen Durchsetzbarkeit" ab.
253 BGH BeckRS **2018** 30617.

https://doi.org/10.1515/9783110594546-006

(4) In den Fällen der Absätze 2 und 3 Satz 2 wird auch das Veräußerungsverbot nach § 111h Absatz 1 Satz 1 in Verbindung mit § 136 des Bürgerlichen Gesetzbuchs eingetragen.

Schrifttum

Siehe bei § 111b.

Entstehungsgeschichte

§ 111f wurde durch Art. 21 Nr. 29 EGStGB eingefügt und durch Art. 1 Nr. 4 des Gesetzes zur Änderung der Strafprozessordnung vom 6.8.2002 (BGBl. I S. 3018) mit Wirkung zum 14.8.2002 geändert. Er regelte bis zum 1.7.2017 und dem Inkrafttreten des Gesetzes zur Reform der strafrechtlichen Vermögensabschöpfung (BGBl. I S. 872) die Zuständigkeit für die Vollstreckung von Beschlagnahme und dinglichem Arrest, die sich heute weitgehend in § 111k wiederfindet.[1]

Übersicht

Alphabetische Übersicht

A. Allgemeines

1 Die Vollziehung des Vermögensarrestes ist seit Inkrafttreten des Gesetzes zur Reform der strafrechtlichen Vermögensabschöpfung[2] für alle Vollziehungsgegenstände einheitlich in § 111f normiert. Sie ergänzt damit die Regelungen zur Anordnung des Vermögensarrest in § 111e, zur Zuständigkeit für dessen Anordnung in § 111j und zur Zuständigkeit

1 Zur Entwicklung des § 111f bis zur Reform 2017 LR/*Johann*[26] Entstehungsgeschichte und Rn. 1.
2 BGBl. I 2017 S. 872.

für die Vollziehung des Vermögensarrestes in § 111k. Konkret regelt Absatz 1 die Vollziehung in bewegliches Vermögen und solches, das nicht der Zwangsvollstreckung in das unbewegliche Vermögen unterliegt, Absatz 2 die Vollziehung in unbewegliches Vermögen und Absatz 3 die Vollziehung in Schiffe, Schiffsbauwerke und Luftfahrzeuge. Absatz 4 enthält eine Sonderregelung für die Absätze 2 und 3 Satz 2, wonach in diesen Fällen auch das Veräußerungsverbot nach § 111h Abs. 1 Satz 1 i.V.m. § 136 BGB eingetragen wird. Die Vorschrift entspricht in weiten Teilen § 111c und macht zugleich deutlich, dass die beabsichtigte **Wirkung des Vermögensarrestes** in Form einer Sicherung des Status quo nicht schon durch die Arrestanordnung eintritt, sondern seine Vollziehung erforderlich ist,[3] ausführlich dazu schon bei § 111d, 6. Neben dem zu pfändenden Gegenstand können im Wege der Hilfspfändung auch dessen Legitimationspapiere gepfändet werden, bei Kraftfahrzeugen etwa die Zulassungsbescheinigungen I und II, bei Forderungspfändungen aufgrund eines Sparguthabens das jeweilige Sparbuch.[4]

I. Verhältnis zur ZPO

Die Vorschrift des § 111f entspricht in weiten Teilen § 111d Abs. 2 StPO a.F., soweit dort auf die §§ 928 und 930 bis 932 ZPO verwiesen wurde.[5] Die Absätze 1 bis 3 erklären übereinstimmend die Vorschrift des § 928 ZPO für anwendbar, so dass für die Vollziehung des Arrestes in alle dort bezeichneten Gegenstände die Vorschriften über die Zwangsvollstreckung nach der Zivilprozessordnung entsprechend anzuwenden sind. Die genaue Reichweite der Verweisung war[6] und ist auch nach der Reform 2017 unklar. Die Vorschrift hat für die Vollziehung des Vermögensarrestes aber insgesamt ohnehin nur geringe Bedeutung, da §§ 111j und 111k die Zuständigkeiten für das Strafverfahren abweichend von der Zivilprozessordnung regeln[7] und auch die Rechtsbehelfe und Rechtsmittel der Zivilprozessordnung nicht stattfinden (vgl. § 111j, 48). Hinzu kommt, dass die Vollziehung des Vermögensarrestes immer nur der vorläufigen Sicherung, nicht aber der Befriedigung des Gläubigers dient. Die Forderung wird dem Gläubiger deshalb nur gesichert und nicht zur Einziehung überwiesen.[8] Da die Vollziehung des Vermögensarrestes Teil des Strafverfahrens ist, müssen dessen Grundprinzipien bei der entsprechenden Anwendung der zivilprozessualen Vorschriften immer Beachtung finden.[9] Nicht anwendbar sind deshalb etwa die Vorschriften auf Abgabe der **Vermögensauskunft** nach erfolglosem Pfändungsversuch nach § 807 ZPO[10] und die **Schuldnerbefragung** nach § 806a ZPO.[11] Nach herrschender Meinung kann sich der Betroffene auch nicht auf § 945 ZPO und eine verschuldensunabhängige Haftung des Staates berufen.[12] Die Verweisung auf §§ 928 und 930 ff. ZPO in den Absätzen 1 bis 3 bewirkt damit vorrangig die Anwendbarkeit der §§ 803 ff. ZPO für die Mobiliarzwangsvollstreckung, der §§ 829 ff. ZPO für die Forderungspfändung und der §§ 864 ff. ZPO für die Immobiliarzwangsvollstreckung.[13] Bei der Forderungspfändung etwa ist dem Drittschuldner zu 2

3 SSW/*Burghart* 2.
4 MüKo/*Bittmann* § 111d, 15.
5 BTDrucks. **18** 9525 S. 78.
6 SK/*Rogall* § 111d, 26; *Kempf*/*Schilling* StraFo **2006** 180, 183 und 186 ff.
7 BGH wistra **2005** 35.
8 MüKo/*Bittmann* § 111d, 12; SK/*Rogall* § 111d, 30.
9 SK/*Rogall* § 111d, 26.
10 SK/*Rogall* § 111d, 26.
11 Einschränkend MüKo/*Bittmann* § 111d, 12 und wohl auch SK/*Rogall* § 111d, 26.
12 BGH BeckRS **2018** 26430; Meyer-Goßner/Schmitt/*Köhler* § 111e, 18; SK/*Rogall* § 111d, 26 geht aber von Amtshaftung und Entschädigungsmöglichkeiten nach dem StrEG aus; vgl. dazu umfassend bei *Rönnau* Rn. 444 ff.; **a.A.** *Borggräfe*/*Schütt* StraFo **2006** 133, 139 f.
13 MüKo/*Bittmann* § 111d, 15.

verbieten, an den Schuldner zu zahlen (Arrestatorium) und dem Schuldner zu verbieten, über die Forderung zu verfügen (Inhibitorium). Dem Drittschuldner ist die Pfändungsverfügung zuzustellen.[14] Mit Vollzug der Maßnahme entsteht nicht nur ein Veräußerungsverbot im Sinne des § 136 BGB, sondern auch ein **Pfändungspfandrecht**, das mit Rechtskraft der Entscheidung zum Vollstreckungspfandrecht erstarkt.[15]

II. Vollziehungsfrist

3 § 111f verweist an keiner Stelle auf § 929 ZPO. Daraus wird deutlich, dass die dort in Absatz 2 geregelte **Monatsfrist zur Vollziehung** für den Vermögensarrest keine Anwendung findet.[16] Das heißt indes nicht, dass der Vermögensarrest unbefristet vollziehbar wäre.[17] Zum Teil wird hierzu die Auffassung vertreten, eine Vollziehungsfrist von einem Monat sei aufgrund der Grundrechtsrelevanz entsprechender Maßnahmen in analoger Anwendung der zivilprozessualen Vorschriften angezeigt,[18] während Andere[19] in Anlehnung an die Rechtsprechung des Bundesverfassungsgerichts zur Vollstreckung von Durchsuchungs- und Beschlagnahmeanordnungen nach §§ 94 ff. eine Sechsmonatsfrist für angemessen halten. Tatsächlich ist es mit dem Sinn und Zweck des Vermögensarrestes als Eilmaßnahme zur Sicherung des Status quo nur schwerlich vereinbar, wenn ein solcher über einen Zeitraum von über einem Monat nicht vollzogen wird.[20] Allerdings hat der Gesetzgeber auch im reformierten Recht der §§ 111b ff. keine Ausschlussfrist für die Vollstreckung von Beschlagnahme- oder Arrestanordnung vorgesehen, so dass für eine analoge Anwendung von § 929 Abs. 2 ZPO schon mangels Planwidrigkeit kein Raum sein dürfte. Das heißt indes nicht, dass ein Zeitablauf von über einem Monat zwischen Erlass und Vollzug der Arrest- oder Beschlagnahmeanordnung keine Auswirkungen hätte. Einem erheblichen Zeitablauf zwischen Erlass und Beginn des Vollzuges des Vermögensarrestes wird im Rahmen der Prüfung des **Sicherungsbedürfnisses** Rechnung getragen, wird durch den unbegründeten Nichtvollzug (§ 111k, 3) doch deutlich, dass ein Zuwarten offenbar möglich war. Das gilt in ganz besonderem Maße, wenn der Betroffene Kenntnis von den Ermittlungen hat.[21] Unabhängig von der Frage, welches „Verfallsdatum"[22] man dem Vermögensarrest zubilligt, bleibt es auch ohne ausdrückliche Regelung dabei, dass er nur so lange vollstreckt werden kann, solange sich die Sachlage nicht verändert hat. Nach sechs Monaten ist der Vollzug in Anlehnung an die Rechtsprechung des Bundesverfassungsgerichts zur Vollstreckung von Durchsuchungsanordnungen immer unzulässig.

III. Verhältnis von Zustellung und Vollziehung

4 Die herrschende Auffassung geht davon aus, dass der Vollzug des Vermögensarrestes schon vor dessen Zustellung an den Schuldner erfolgen kann,[23] obwohl auf § 929

---

14 Zu Sachverhalten, in denen die Staatsanwaltschaft selbst Drittschuldner ist, MüKo/*Bittmann* § 111d, 15.
15 SK/*Rogall* § 111d, 29; MüKo/*Bittmann* § 111d, 15.
16 SSW/*Burghart* 2; OLG Celle Beschl. v. 19.3.2018 – 18 W 20/18; *Johann* PStR **2018** 146, 147; MüKo/*Bittmann* § 111d, 14; SK/*Rogall* § 111d, 28.
17 BVerfG StraFo **2005** 338, 339; MüKo/*Bittmann* § 111d, 14; SK/*Rogall* § 111d, 28 für eine Höchstfrist von 6 Monaten.
18 MüKo/*Bittmann* § 111d, 14.
19 SK/*Rogall* § 111d, 28; **a.A.** MüKo/*Bittmann* § 111d, 14: 6 Monate sind zu lang.
20 MüKo/*Bittmann* § 111d, 14.
21 Eingehend MüKo/*Bittmann* § 111d, 14.
22 SK/*Rogall* § 111d, 28.
23 SSW/*Burghart* 3.

Abs. 3 Satz 1 ZPO gerade nicht verwiesen wird.[24] Die Praxis umgeht diese Problematik regelmäßig dadurch, dass im Falle des Auffindens von potentiellen Vollziehungsgegenständen, ohne dass bereits ein Vermögensarrest erlassen ist, diese zunächst als **Beweismittel** oder nach § 111b beschlagnahmt und dann der Vermögensarrest nachgeholt und der Gegenstand sodann gepfändet wird. Das ist freilich unter dem Gesichtspunkt effektiven Rechtschutzes bedenklich und erfordert jedenfalls die unverzügliche Zustellung der begründeten Arrestanordnung zusammen mit der Pfändung.[25]

B. Die Vollziehung des Vermögensarrestes nach Absatz 1

Der Vermögensarrest in eine bewegliche Sache, in eine Forderung oder ein anderes **5** Vermögensrecht, das nicht der Zwangsvollstreckung in das unbewegliche Vermögen unterliegt, wird nach § 111f Abs. 1 durch **Pfändung** vollzogen. Absatz 1 Satz 2 bestimmt hierfür die sinngemäße Anwendung der §§ 928 und 930 ZPO, Satz 3 die des § 111c Abs. 2 Satz 3. Bevor der Arrest nicht vollzogen ist, entfaltet er keine Wirkung.[26]

I. Vollziehungsgegenstand, Absatz 1 Satz 1

Absatz 1 bestimmt abschließend, in welche Gegenstände der Vermögensarrest durch **6** Pfändung vollzogen wird. Siehe ausführlich zu den einzelnen **Vollziehungsgegenständen** bei § 111c, 2ff.,10ff., 16ff. und 19ff. Zu beachten ist, dass es keinen prinzipiellen Vorrang der Vollstreckung in bewegliches vor unbeweglichem Vermögen gibt.[27]

II. Vollziehung durch Pfändung, Absatz 1 Satz 1 und 2

Die Vollziehung eines Vermögensarrestes in bewegliche Sachen, Forderungen und **7** andere Vermögensrechte,[28] die nicht der Zwangsvollstreckung in unbewegliches Vermögen unterliegen, erfolgt durch Pfändung. Die Strafprozessordnung verweist insoweit auf die sinngemäße Anwendung der §§ 928 und 930 ZPO. Maßgebliche Bedeutung kommt dabei dem Verweis auf § 930 ZPO zu, der die Art und Weise der Zwangsvollstreckung in das bewegliche Vermögen regelt. In Betracht kommt aber nur die Anwendung des Absatzes 1 Satz 1 und 2 und des Absatzes 2. Die Regelung über die **Zuständigkeit** für die Forderungspfändung in § 930 Abs. 1 Satz 3 ZPO wird durch § 111k ersetzt.[29] Anstelle des § 930 Abs. 3 ZPO (Notveräußerung) gilt § 111p. Die Vorschrift lautet in ihren hier maßgeblichen Absätzen:

§ 930 ZPO

(1) [1]Die Vollziehung des Arrestes in bewegliches Vermögen wird durch Pfändung bewirkt. [2]Die Pfändung erfolgt nach denselben Grundsätzen wie jede andere Pfändung und begründet ein Pfandrecht mit den im § 804 bestimmten Wirkungen. (...)

(2) Gepfändetes Geld und ein im Verteilungsverfahren auf den Gläubiger fallender Betrag des Erlöses werden hinterlegt.

---

24 MüKo/*Bittmann* § 111d, 11.
25 SSW/*Burghart* 3.
26 KMR/*Mayer* § 111e, 3.
27 *Johann* PStR **2018** 146, 147.
28 Zu Kryptowährungen wie Bitcoin, BGH NStZ **2018** 401, 404f. mit Anm. *Safferling*; *Greier* wistra **2016** 249, 256f.; *Rückert* MMR **2016** 295, 296; *Goger* MMR **2016** 431ff.; Meyer-Goßner/Schmitt/*Köhler* 3.
29 KMR/*Mayer* 2.

8 **1. Teilpfändung.** In der zivilrechtlichen Literatur wird zum Teil die Auffassung vertreten, die Pfändung einer Forderung umfasse grundsätzlich die Gesamtforderung des Schuldners gegen den Drittschuldner, unabhängig von der Höhe der Vollstreckungsforderung. Diese sog. Vollpfändung stehe nicht im Widerspruch zum **Verbot der Überpfändung** nach § 803 Abs. 1 Satz 2 ZPO.[30] In der strafrechtlichen Praxis führt dies zum Teil dazu, dass sich Drittschuldner, insbesondere Banken, gegenüber dem Betroffenen darauf zurückziehen, er könne im Falle der Kontoforderungspfändung auch dann nicht mehr über seine Forderung verfügen, wenn diese die Vollstreckungsforderung deutlich übersteigt. Der Bundesgerichtshof wiederum hat zutreffend darauf hingewiesen, dass entgegen der gegen eine Teilpfändung vorgebrachten Bedenken diese unproblematisch möglich ist.[31] Die Literatur erkennt mittlerweile eine Teilpfändung jedenfalls dann an, wenn sich der Pfändungsbetrag aus der Vollstreckungsanordnung ergibt.[32] Dies ist regelmäßig der Fall, da die Pfändung andernfalls unwirksam wäre. Der Drittschuldner kann sich daher nicht darauf zurückziehen, es läge eine **Vollpfändung** vor, sondern hat den Betroffenen über den Differenzbetrag verfügen zu lassen. Verweigert er gleichwohl die Auszahlung des überschießenden Betrages, muss der Schuldner den Drittschuldner zivilrechtlich in Anspruch nehmen.

9 **2. Folgen.** Durch die Pfändung entsteht ein **Pfändungspfandrecht** des Staates.[33] Zum Schutz des Schuldners sind die Vollstreckungsbeschränkungen der §§ 811 ff., 850 ff. ZPO zu beachten.[34] Gepfändetes Geld wird hinterlegt, § 930 Abs. 2 ZPO. Hat die Staatsanwaltschaft den Besitz über die Sache bereits vor der Sicherung erlangt, so wird nicht in entsprechender Anwendung von § 847 Abs. 1 ZPO der dem Beschuldigten zustehende Herausgabeanspruch, sondern die Sache selbst gepfändet.[35] Der Anspruch auf Herausgabe einer freigewordenen Sicherheit unterliegt der Pfändung, auch schon vor der tatsächlichen Freigabe.[36] Materiell ist die Pfändung durch § 136 StGB geschützt.[37]

III. Entsprechende Anwendung des § 111c Abs. 2 Satz 3; Absatz 1 Satz 3

10 Absatz 1 Satz 3 verweist auf die entsprechende Anwendung von § 111c Abs. 2 Satz 3 auch im Falle der Vollziehung des Vermögensarrestes. Damit ist die Aufforderung zur Abgabe der Drittschuldnererklärung nach § 840 ZPO auch in den **Pfändungsbeschluss** mit aufzunehmen. Zu den Anforderungen an die Aufforderung zur Abgabe der Drittschuldnererklärung und den Konsequenzen bei Nichtabgabe ausführlich bei § 111c, 14.

C. Die Vollziehung des Vermögensarrestes nach Absatz 2

11 Der Vermögensarrest in ein Grundstück oder ein Recht, das den Vorschriften über die Zwangsvollstreckung in das unbewegliche Vermögen unterliegt, wird durch **Eintragung einer Sicherungshypothek** bewirkt.[38] Die hierfür in Bezug genommene Vorschrift des § 932 ZPO lautet:

---

30 Keller/*Steder* Kap. 3 Rn. 259; Zöller/*Herget* § 829, 12.
31 BGH NJW **1975** 738.
32 Keller/*Steder* Kap. 3 Rn. 261.
33 Meyer-Goßner/Schmitt/*Köhler* 2.
34 Meyer-Goßner/Schmitt/*Köhler* 2; KMR/*Mayer* 4.
35 OLG Frankfurt NStZ-RR **2005**, 144; Meyer-Goßner/Schmitt/*Köhler* 4.
36 OLG Frankfurt NJW **2005** 1727, 1729 mit Bespr. *Herzog/Hoch/Warius* StV **2007** 542, 547; Meyer-Goßner/Schmitt/*Köhler* 4 m.w.N.
37 KMR/*Mayer* 2.
38 OLG Celle Beschl. v. 19.3.2018 – 18 W 20/18 mit Bespr. *Johann* PStR **2018** 146 ff.; SSW/*Burghart* 4.

§ 932 ZPO

(1) [1]Die Vollziehung des Arrests in ein Grundstück oder in eine Berechtigung, für welche die sich auf Grundstücke beziehenden Vorschriften gelten, erfolgt durch Eintragung einer Sicherungshypothek für die Forderung; der nach § 923 festgestellte Geldbetrag ist als der Höchstbetrag zu bezeichnen, für den das Grundstück oder die Berechtigung haftet. [2]Ein Anspruch nach § 1179a oder § 1179b des Bürgerlichen Gesetzbuchs steht dem Gläubiger oder im Grundbuch eingetragenen Gläubiger der Sicherungshypothek nicht zu.

(2) Im Übrigen gelten die Vorschriften des § 866 Abs. 3 Satz 1, des § 867 Abs. 1 und 2 und des § 868.

(3) Der Antrag auf Eintragung der Hypothek gilt im Sinne des § 929 Abs. 2, 3 als Vollziehung des Arrestbefehls.

Die Sicherungshypothek ist eine Höchstbetragshypothek, § 932 Abs. 1 Satz 1 ZPO, § 1190 BGB, die Lösungssumme ist als Höchstbetrag zu bezeichnen, § 932 Abs. 2 Hs. 2 ZPO.[39] Die Eintragung einer Sicherungshypothek ist nur zulässig, wenn der Arrestbetrag bei mehr als 750,00 EUR liegt, § 932 Abs. 2, § 866 Abs. 3 Satz 1 ZPO.[40] Ob **mehrere Ansprüche gegen den Schuldner** in einer Hypothek gesichert werden können, auch wenn sie nicht Gegenstand derselben Arrestanordnung sind, § 866 Abs. 3 Satz 2 ZPO, ist offen.[41] Für den Eingang der Eintragungsersuchen gilt § 45 GBO. Ist ein Vermögensarrest bereits zur alten Rechtslage vollzogen worden, kann auf Ersuchen der Staatsanwaltschaft zur Vermeidung gutgläubigen Erwerbs das Veräußerungsverbot ins Grundbuch eingetragen werden.[42] 12

D. Die Vollziehung des Vermögensarrestes nach Absatz 3

Der Vermögensarrest in ein Schiff, Schiffsbauwerk oder Luftfahrzeug wird ebenfalls durch Pfändung nach Absatz 1 bewirkt (ausführlich dazu § 111c, 19 ff.). Ist das **Sicherstellungsobjekt** im Schiffs- oder Schiffsbauregister oder im Register für Pfandrechte an Luftfahrzeugen eingetragen, gilt § 931 ZPO sinngemäß. Die Vorschrift lautet: 13

§ 931 ZPO

(1) Die Vollziehung des Arrestes in ein eingetragenes Schiff oder Schiffsbauwerk wird durch Pfändung nach den Vorschriften über die Pfändung beweglicher Sachen mit folgenden Abweichungen bewirkt.

(2) Die Pfändung begründet ein Pfandrecht an dem gepfändeten Schiff oder Schiffsbauwerk; das Pfandrecht gewährt dem Gläubiger im Verhältnis zu anderen Rechten dieselben Rechte wie eine Schiffshypothek.

(3) Die Pfändung wird auf Antrag des Gläubigers vom Arrestgericht als Vollstreckungsgericht angeordnet; das Gericht hat zugleich das Registergericht um die Eintragung einer Vormerkung zur Sicherung des Arrestpfandrechts in das Schiffsregister oder Schiffsbauregister zu ersuchen; die Vormerkung erlischt, wenn die Vollziehung des Arrestes unstatthaft wird.

(4) Der Gerichtsvollzieher hat bei der Vornahme der Pfändung das Schiff oder Schiffsbauwerk in Bewachung und Verwahrung zu nehmen.

(5) Ist zur Zeit der Arrestvollziehung die Zwangsversteigerung des Schiffes oder Schiffsbauwerks eingeleitet, so gilt die in diesem Verfahren erfolgte Beschlagnahme des Schiffes oder Schiffsbauwerks als erste Pfändung im Sinne des § 826; die Abschrift des Pfändungsprotokolls ist dem Vollstreckungsgericht einzureichen.

---

39 OLG München FGPrax **2018** 68.
40 Weitergehend dazu bei MAH (WSSt)/*Rönnau* § 13, 213 ff.; MüKo/*Bittmann* § 111d, 17; SK/*Rogall* § 111d, 33 f.
41 **Ablehnend** KMR/*Mayer* 6, allerdings ohne Begründung.
42 OLG München FGPrax **2018** 68.

(6) [1]Das Arrestpfandrecht wird auf Antrag des Gläubigers in das Schiffsregister oder Schiffsbauregister eingetragen; der nach § 923 festgestellte Geldbetrag ist als der Höchstbetrag zu bezeichnen, für den das Schiff oder Schiffsbauwerk haftet. [2]Im Übrigen gelten der § 867 Abs. 1 und 2 und der § 870a Abs. 3 entsprechend, soweit nicht vorstehend etwas anderes bestimmt ist.

(7) Die Vollziehung des Arrestes in ein eingetragenes Seeschiff ist unzulässig, wenn sich das Schiff auf der Reise befindet und nicht in einem Hafen liegt.

Anstelle des § 931 ZPO Abs. 3 Hs. 1 gilt § 111k Abs. 1.

E. Sonderregelungen für Absatz 2 und 3 Satz 2 in Absatz 4

14 Nach § 111f Abs. 4 wird auch das Veräußerungsverbot nach § 111h Abs. 1 Satz 1 i.V.m. § 136 BGB eingetragen. Die Vorschrift fand erst nach Beratungen im Rechtsausschuss Eingang in das Gesetz[43] und ist vor dem Hintergrund zu sehen, dass das Veräußerungsverbot im Sinne der §§ 136, 135 BGB nur ein relatives ist und über § 135 Abs. 2 BGB durch **guten Glauben** überwunden werden kann (ausführlich dazu § 111c, 19). Die Vorschrift dient deshalb dazu, den gutgläubigen Dritterwerb zu verhindern.[44] Den Antrag auf Eintragung stellt nach § 111k die Staatsanwaltschaft, zuständig ist nach § 31 Abs. 1 Nr. 2 RPflG der Rechtspfleger.[45]

F. Pfändungsschutz

15 Die Strafprozessordnung enthält nur eine eigene Pfändungsschutzvorschrift in § 111g Abs. 2, die quasi ohne **Praxisrelevanz** ist. Über den Verweis in § 928 ZPO[46] bzw. das Übermaßverbot (§ 111e, 65) sind jedoch die Regelungen der §§ 811ff., 850ff. ZPO entsprechend anwendbar.[47]

G. Aufhebung der Arrestvollziehung

16 Siehe dazu § 111g, 3ff.; § 111j, 41ff.

H. Rechtsbehelfe

17 Nicht nur aus der Verweisungskette der §§ 928, 803 ZPO, sondern schon aus dem verfassungsrechtlichen Verhältnismäßigkeitsgrundsatz folgt, dass der Betroffene keine **Überpfändung** akzeptieren muss.[48] Zu den Rechtsbehelfen in einem solchen Fall siehe § 111k, 17ff.

---

43 BTDrucks. **18** 11640 S. 27.
44 BTDrucks. **18** 11640 S. 85.
45 BTDrucks. **18** 11640 S. 85.
46 LG Stuttgart BeckRS **2019** 1814.
47 OLG Celle wistra **2013** 39, 40; LG Braunschweig StraFo **2015** 65, 66; MüKo/*Bittmann* § 111d, 13; SK/*Rogall* § 111d, 27, kritisch, ob das zum Schutz der Betroffenen ausreicht; kritisch auch *Kempf/Schilling* StraFo **2006** 180, 189; **a.A.** SSW/*Burghart* § 111b, 4. Insoweit ist zuzugeben, dass zwar bei jeder Beschlagnahme auch das Übermaßverbot zu beachten ist, wenn man dies aber als alleinige Grenze ansehen will, so ergibt sich doch aus den Pfändungsschutzvorschriften, in welche Gegenstände nach Auffassung des Gesetzgebers zum Schutz des Schuldners vor übermäßigen Belastungen gerade nicht vollstreckt werden darf.
48 SK/*Rogall* § 111d, 27.

§ 111g
Aufhebung der Vollziehung des Vermögensarrestes

(1) Hinterlegt der Betroffene den nach § 111e Absatz 4 festgesetzten Geldbetrag, wird die Vollziehungsmaßnahme aufgehoben.

(2) Ist der Arrest wegen einer Geldstrafe oder der voraussichtlich entstehenden Kosten des Strafverfahrens angeordnet worden, so ist eine Vollziehungsmaßnahme auf Antrag des Beschuldigten aufzuheben, soweit der Beschuldigte den Pfandgegenstand zur Aufbringung der Kosten seiner Verteidigung, seines Unterhalts oder des Unterhalts seiner Familie benötigt.

Schrifttum

Siehe bei § 111b.

Entstehungsgeschichte

Die Vorschrift wurde durch Art. 21 Nr. 29 EGStGB eingefügt. Sie umfasste zu diesem Zeitpunkt fünf Absätze und regelte das Verhältnis der strafprozessualen Sicherstellung zu Vollstreckungsmaßnahmen des Verletzten.[1] Mit dem Inkrafttreten des Gesetzes zur Reform der strafrechtlichen Vermögensabschöpfung am 1.7.2017 (BGBl. I S. 872) und der damit einhergehenden Abkehr vom Rückgewinnungshilfeverfahren sind diese Regelungen obsolet geworden. Die Vorschrift normiert heute ausschließlich die Voraussetzungen der Aufhebung der Vollziehung des Vermögensarrestes nach § 111e.

Übersicht

Alphabetische Übersicht

1 Ausführlich LR/*Johann*[26] § 111g, Entstehungsgeschichte.

https://doi.org/10.1515/9783110594546-007

A. Allgemeines

I. De lege lata

1 Mit dem Gesetz zur Reform der strafrechtlichen Vermögensabschöpfung hat der Gesetzgeber § 111g komplett neu gefasst. Das hier ursprünglich beschriebene **Zulassungsverfahren** ist entfallen; Absatz 1 regelt heute die Folgen der Hinterlegung der im Vermögensarrest genannten Lösungssumme, Absatz 2 den in der Praxis kaum vorkommenden[2] Sonderfall der Aufhebung des Vermögensarrestes zur Sicherung einer Geldstrafe oder der Verfahrenskosten, wenn der Beschuldigte den Pfandgegenstand für seine Verteidigung oder den Unterhalt seiner Familie benötigt. Während Absatz 1 diese Rechtsfolge insoweit erstmals ausdrücklich in der Strafprozessordnung beschreibt, entspricht Absatz 2 dem bisherigen § 111d Abs. 3 StPO a.F. Die Vorschrift betrifft nur den Arrestvollzug im Sinne des § 111f, nicht die Arrestanordnung nach § 111e.[3] Sie beschreibt lediglich **Sonderfälle der zwingenden Aufhebung** und darf nicht dahingehend missverstanden werden, dass die Vollziehung des Vermögensarrestes nur unter den dort genannten Voraussetzungen aufzuheben ist.[4] Aufzuheben sind die Vollziehungsmaßnahmen vielmehr immer (schon) dann, wenn eines der konstitutiven Merkmale der Arrestanordnung (dazu § 111e, 5ff.) entfallen ist, insbesondere, wenn keine Gründe mehr für die Annahme vorhanden sind, dass die Voraussetzungen für die Einziehung des Wertersatzes vorliegen, das Sicherungsbedürfnis entfallen oder die Sicherung unverhältnismäßig geworden ist.[5] Liegen die Voraussetzungen vor, unter denen der Arrestbefehl aufgehoben werden muss (§ 111j, 41ff.), so sind auch alle Vollziehungsmaßnahmen aufzuheben.[6] Hierfür bedarf es keines Antrags des Betroffenen. Bleiben die Voraussetzungen zur Anordnung des Vermögensarrestes im Laufe des Verfahrens bestehen, bleibt auch der Arrestbefehl samt Vollziehungsmaßnahmen bis zur Rechtskraft des Urteils wirksam.[7]

II. De lege ferenda

2 Es ist in der Literatur zutreffend kritisiert worden, dass es an Plausibilität dafür fehlt, dass das Gesetz die Aufhebung einer Vollziehungsmaßnahme auf Antrag des Beschuldigten nach Absatz 2 vorsieht, wenn dieser bereits verurteilt wurde und den Pfandgegenstand zur Wahrnehmung verfassungsrechtlich geschützter Anliegen wie freie Anwaltswahl und Bestreiten des Lebensunterhalts benötigt, diese aber keine ausdrücklichen Ausschlussgründe der Arrestvollziehung darstellen, wenn der Beschuldigte noch nicht verurteilt ist und gegen ihn nur ein Tatverdacht besteht.[8] Die Regelung bringt über diese Schlüssigkeitsbedenken hinaus zugleich ein **deutliches Missverhältnis** der Möglichkeiten des Betroffenen gegenüber jenen der Strafverfolgungsbehörden im Zusammenhang mit Vermögensabschöpfungsmaßnahmen zum Ausdruck, weil sie im Umkehrschluss bedeutet, dass der Bedarf der Vermögensgegenstände zur Deckung der Lebens- oder Verteidi-

---

2 MüKo/*Bittmann* § 111d, 19.
3 Meyer-Goßner/Schmitt/*Köhler* 1; SSW/*Burghart* 1; KMR/*Mayer* 2.
4 KMR/*Mayer* 1; MüKo/*Bittmann* § 111d, 19.
5 Siehe § 111b, 104f.; Meyer-Goßner/Schmitt/*Köhler* § 111e, 18 m.w.N.; MüKo/*Bittmann* § 111d, 18; KK/*Spillecke*[7] § 111d, 7.
6 KK/*Spillecke* 6; KMR/*Mayer* 1.
7 OLG Stuttgart NStZ **2005** 401; MüKo/*Bittmann* § 111d, 18.
8 SSW/*Burghart* 3; das Argument, die Interessen des Betroffenen würden in diesen Fällen über das materielle Recht in Form des § 73c StGB a.F. berücksichtigt, SK/*Rogall* § 111d, 37, war praktisch ungehört.

gungskosten im Ermittlungsverfahren keinen Freigabeanspruch begründet. Da die Vermögensabschöpfung jedenfalls partikulär für **apokryphe Zwecke** missbraucht wird (vor § 111b, 23), sollte der Gesetzgeber hier dringend nachbessern und eine Absatz 2 entsprechende Regelung auch für das Ermittlungsverfahren schaffen. Nur so kann ansatzweise die "Waffengleichheit" hergestellt werden, die für ein rechtstaatliches Verfahren konstituierend ist.[9] Das potentielle Gegenargument, dass den Verletzten durch eine Freigabe von Vermögenswerten zur Finanzierung der Verteidigung Vermögenswerte entzogen werden, kann schon deshalb nicht durchschlagen, weil auch im Insolvenzverfahren keine Bedenken dagegen bestehen, zu Lasten der Insolvenzgläubiger die Masse mit vorrangigen Forderungen des Insolvenzverwalters zu belasten. Aufgrund des mit dem Vermögensarrest einhergehenden, deutlich massiveren Eingriffs in die Grundrechte des Betroffenen im Vergleich zum Insolvenzverfahren muss auch hierfür eine verfassungsrechtlich konforme Regelung geschaffen werden. Um Missbrauch vorzubeugen könnte die Regelung so ausgestaltet werden, dass die Freigabe auf eine bestimmte Quote zwischen gesicherten und freizugebenden Vermögenswerten begrenzt wird.

B. Hinterlegung, Absatz 1

Hinterlegt der Betroffene die Lösungssumme im Sinne des § 111e Abs. 4 (dort Rn. 47 ff.), 3
so ist die Vollziehung des Vermögensarrestes zwingend aufzuheben. Die Regelung entspricht dem Sinn und Zweck des Vermögensarrestes als vorläufiges Sicherungsmittel zur Vollstreckbarkeit einer späteren staatlichen Geldforderung gegen den Betroffenen. Hinterlegt dieser die Lösungssumme, so ist kein Grund mehr vorhanden, die Arrestvollziehung aufrechtzuerhalten, da Geld als vertretbare Sache beliebig austauschbar ist. Die Vorschrift erfasst ausdrücklich nur die Fälle der Hinterlegung eines Geldbetrages. Sie ist darüber hinaus aber auch auf alle anderen Fälle der **Sicherheitsleistung** im Sinne des § 111e Abs. 4 anwendbar.[10] In der Gesetzesbegründung heißt es dazu: „Absatz 1 regelt die Aufhebung der Arrestvollziehung, falls der Arrestschuldner von der Abwendungsbefugnis (§ 111e Absatz 4 StPO-E) Gebrauch macht."[11] Die Abwendungsbefugnis erfasste aber schon im Gesetzentwurf den Verweis auf § 108 ZPO, so dass auch in diesen Fällen der Vollzug aufzuheben ist, schließlich erwirbt der Staat auch in solchen Fällen nach § 233 BGB ein Pfandrecht an dem Hinterlegten.[12] Wird nur ein Teilbetrag hinterlegt, beispielsweise um die Arrestvollziehung in ein Grundstück abzuwenden, führt das nach dem Wortlaut zwar nicht zur gebundenen Entscheidung der Aufhebung, die Vollziehungsmaßnahme ist dann in diesem Umfang aber unverhältnismäßig und deshalb aufzuheben.[13]

C. Notlage des Beschuldigten, Absatz 2

I. Allgemeines

Ist der Arrest nur wegen einer Geldstrafe oder wegen der voraussichtlich entstehen- 4
den Verfahrenskosten angeordnet worden, so muss nach Absatz 2 eine **Vollziehungsmaßnahme**, also wiederum nicht der Arrestbefehl selbst,[14] aufgehoben werden, wenn

9 *Ordner* wistra **2017** 50, 57.
10 *Bittmann* NZWiSt **2018** 209, 213; Meyer-Goßner/Schmitt/*Köhler* 2; MüKo/*Bittmann* § 111d, 18.
11 BTDrucks. **18** 9525 S. 78.
12 MüKo/*Bittmann* § 111d, 18; SK/*Rogall* § 111d, 36.
13 Im Ergebnis ebenso Meyer-Goßner/Schmitt/*Köhler* 3.
14 Meyer-Goßner/Schmitt/*Köhler* 1; SSW/*Burghart* 1.

der Beschuldigte den Pfandgegenstand benötigt, um die Kosten seiner Verteidigung, seines Unterhalts oder des Unterhalts seiner Familie aufzubringen. Dem Betroffenen steht zwar keine ausdrückliche Auswahlmöglichkeit zu, welche Vollziehungsmaßnahme durch die Hinterlegung gehemmt werden soll[15] – die Auswahl trifft die Staatsanwaltschaft und hier der Rechtspfleger, § 31 Nr. Abs. 1 Nr. 2 RPflG –, allerdings dient die Arrestvollziehung nur der vorläufigen Sicherung einer Geldforderung gegenüber dem Betroffenen. Das einzig berücksichtigungsfähige Interesse des Staates ist deshalb die Sicherung dieser Forderung. Wurde der Vermögensarrest in mehrere Gegenstände im Sinne des § 111f Abs. 1 bis 3 vollzogen und entspricht die Hinterlegung dem Wert mehrerer dieser Gegenstände, sind sie gleichermaßen einfach zu veräußern etc. so kann der Betroffene die Freigabe der Gegenstände verlangen, mit denen er die Notlage am ehesten glaubt beseitigen zu können. Der Betroffene kann nach § 111k Abs. 3 jederzeit die gerichtliche Entscheidung beantragen. Ist von vornherein abzusehen, dass die Voraussetzungen des Absatzes 2 vorliegen, so darf der Arrest nicht angeordnet werden.[16]

II. Kosten der Verteidigung

5 Kosten der Verteidigung sind in erster Hinsicht die Gebühren und Auslagen des Verteidigers. Auf die **Höchstgebühren des RVG**[17] sind sie nicht beschränkt; der Verteidiger darf eine höhere Gebühr vereinbaren (§ 3a RVG). Die Höhe der notwendigen Auslagen und damit der gesetzlichen Gebühren ist nach einhelliger Auffassung nicht entscheidend,[18] denn Absatz 3 spricht von den Kosten der Verteidigung, nicht von den „erstattungsfähigen" Kosten.[19] Gerade in komplexen Verfahren wird sich ohnehin kaum ein qualifizierter Verteidiger finden, der die Verteidigung für die Gebühren nach RVG übernimmt.[20] Auch mehrere Verteidiger können von dem Beschuldigten beauftragt werden. Bei der Aufhebung der Arrestvollziehung zu dem Zweck, dem Beschuldigten die Mittel für die Verteidigung zur Verfügung zu stellen, darf nicht kleinlich verfahren werden. Es ist nicht der Sinn des § 111e, den Beschuldigten in seinen Verteidigungsmöglichkeiten zu beschränken, auch wenn dies mitunter kolportiert wird (Vor §§ 111bff., 23). Nur übermäßig hohe Verteidigungskosten sind nicht anzuerkennen.[21] Anhaltspunkte für die Angemessenheit der Verteidigerkosten können zwar grundsätzlich der zivilrechtlichen Rechtsprechung entnommen werden,[22] allerdings ist dabei auch zu berücksichtigen, dass die üblichen Stundensätze gerade in **Umfangsverfahren** im Wirtschaftsstrafrecht deutlich höher liegen als in anderen Bereichen des Straf- und Zivilrechts. Anhaltspunkte zur Angemessenheit von Stundensätzen liefern jährlich aktualisierte Umfragen einschlägiger Fachverlage.[23] Kosten der Verteidigung können auch Aufwendungen für Reisen zu dem Verteidiger oder zum Gericht sein.[24]

---

15 SK/*Rogall* § 111, 37; MüKo/*Bittmann* § 111d, 19.

16 Meyer-Goßner/Schmitt/*Köhler* 3; KMR/*Mayer* 5.

17 Vgl. zu den Gebühren: § 2 Abs. 2 Anlage 1 Teil 4 RVG.

18 KMR/*Mayer* 3; KK/*Spillecke* 4; Meyer-Goßner/Schmitt/*Köhler* 4; MüKo/*Bittmann* § 111d, 19; SK/*Rogall* § 111d, 38; HK/*Gercke* 4; **a.A.** lediglich AG Hanau NJW **1974** 1662, 1663.

19 Meyer-Goßner/Schmitt/*Köhler* 4; deshalb sah BTDrucks **13** 9742 S. 8 in einem § 111c eine Beschränkung auf die nach § 464a Abs. 2 erstattungsfähigen Kosten ausdrücklich vor.

20 *Schlachetzki* wistra **2011** 41, 44.

21 KK/*Spillecke* 4; Meyer-Goßner/Schmitt/*Köhler* 4; zur Frage Wahl- oder Pflichtverteidigerkosten: *Bach* StraFo **2005** 485, 486.

22 Vgl. BGH NJW **2005** 2142.

23 Siehe etwa JUVE Handbuch Wirtschaftskanzleien 2018/2019.

24 HK/*Gercke* 4.

III. Kosten des Unterhalts

Die Kosten des Unterhalts des Beschuldigten und seiner Familie sind **notwendige Kosten**. Dem Beschuldigten ist alles zu belassen, was er auch bei einer Vollstreckung des rechtskräftigen Urteils nicht herausgeben müsste, insbesondere die pfändungsfreien Beträge nach den im Fall der Vollstreckung des Urteils anzuwendenden §§ 850 ff. ZPO.[25] Ist der Beschuldigte inhaftiert, ist ihm entsprechend § 811 Abs. 1 Nr. 8 ZPO Eigengeld zur Deckung seiner persönlichen Bedürfnisse zu belassen.[26] 6

IV. Verfahren

Wenn die Voraussetzungen des Absatzes 2 vorliegen, ist die Aufhebung der Vollziehungsmaßnahmen zwingend vorgeschrieben. Sie erfolgt aber nach ausdrücklicher Regelung nicht von Amts wegen, sondern nur auf Antrag des Beschuldigten.[27] Grundsätzlich muss er darlegen, d.h. aber schon vom Wortlaut der Regelung nicht zwingend **Glaubhaftmachung** im Sinne des § 294 ZPO,[28] dass er bei Vollziehung des Arrestes nicht in der Lage wäre, die notwendigen Kosten für seine Verteidigung oder den Unterhalt aufzubringen. Hierbei sind nicht zu strenge Anforderungen zu stellen (Rn. 2). Insbesondere ist es nicht die Aufgabe des Betroffenen darzulegen, dass er nicht über andere Vermögenswerte verfügt, aus denen er seinen Lebensunterhalt bestreiten kann oder dass er seine Finanzknappheit nicht selbst herbeigeführt hat.[29] Eine solche **Darlegungspflicht** widerspräche schon dem nemo-tenetur-Grundsatz, weil sie Anhaltspunkte für die weitere Strafverfolgung bieten könnte. Zu berücksichtigen ist in diesem Zusammenhang auch, dass die Strafverfolgungsbehörden durch die Finanzermittlungen (Vor §§ 111b ff., 4) regelmäßig über die finanziellen Verhältnisse des Beschuldigten im Bilde sind bzw. sich ins Bilde setzen können. An die Darlegung seiner Bedürftigkeit sind deshalb keine zu hohen Anforderungen zu stellen, schließlich gilt auch insoweit der Amtsermittlungsgrundsatz. Fehlen indes substantielle Angaben zur Bedürftigkeit und werden sie auch auf Ersuchen der Staatsanwaltschaft nicht nachgeholt oder glaubhaft gemacht, so ist der Antrag zu verwerfen.[30] Eine förmliche Beweisaufnahme findet jedenfalls nicht statt.[31] 7

Zum **konkreten Ablauf der Freigabe** verhält sich das Gesetz auch nach der Reform 2017 nicht. Die Verfahrensbeteiligten sind insoweit weitgehend auf sich gestellt, weshalb etwa die Auffassung vertreten wird, die Freigabe der erforderlichen Mittel müsse nicht sofort erfolgen und dem Angeklagten auch nicht zur freien Verfügung überlassen werden, vielmehr reiche es aus, sie an den Wahlverteidiger auszukehren, nachdem der Betroffene ihm seinen **Frei- und Herausgabeanspruch** abgetreten habe.[32] Begründen ließe sich diese einschränkende Auffassung jedenfalls teilweise mit dem Wort „soweit“, wobei sich dieses wohl eher auf den Umfang denn die Art der Freigabe erstreckt. Letztlich hält das Gesetz weder für eine nicht unverzügliche Freigabe, noch für eine nicht an den Betroffenen erfolgende Freigabe Anhaltspunkte bereit. Sie dürften auch nicht erforderlich sein, weil sich der Verteidiger schon aus Eigeninteresse die Ansprüche wird abtreten 8

25 Meyer-Goßner/Schmitt/*Köhler* 5; HK/*Gercke* 4; KMR/*Mayer* 3.
26 OLG Karlsruhe StraFo **2002** 84, 85; KMR/*Mayer* 3.
27 HK/*Gercke* 5; Meyer-Goßner/Schmitt/*Köhler* 6.
28 **A.A.** KK/*Spillecke* 6; Meyer-Goßner/Schmitt/*Köhler* 6; KMR/*Mayer* 4; jedenfalls zur alten Rechtslage auch MüKo/*Bittmann* § 111d, 19; SK/*Rogall* § 111d, 40.
29 Für letzteres aber MüKo/*Bittmann* § 111d, 19.
30 Zu strenge Anforderungen an die Darlegung bei HK/*Gercke* 5.
31 OLG Karlsruhe StraFo **2002** 84.
32 MüKo/*Bittmann* § 111d, 19.

lassen und der Betroffene, unabhängig vom Freigabegrund, kein Interesse haben wird, die Vermögenswerte für andere als die Freigabezwecke zu nutzen, schließlich betreffen Lebensunterhalt und Verteidigung elementare Belange des Betroffenen. Die Freigabe ist weder zwingend einmalig noch vollumfänglich durchzuführen. Sie kann und wird regelmäßig vielmehr schrittweise erfolgen.[33]

V. Beschuldigter

9 Der **Einziehungsbeteiligte** wird von der Vorschrift nicht ausdrücklich erfasst. Das ist dem Umstand geschuldet, dass auch § 111e Abs. 2 nur auf den Beschuldigten abstellt. Da der Vermögensarrest zur Sicherung der Verfahrenskosten aber auch in das Vermögen des Betroffenen angeordnet werden kann (§ 111e, 4), muss er auch vom Schutzbereich des Absatz 2 erfasst sein. Die Sachlage ist insoweit bei Beschuldigten und Einziehungsbeteiligten identisch.

D. Zuständigkeit

10 Die Zuständigkeit für die Aufhebung der Vollziehungsmaßnahme liegt seit der Reform 2017 nicht mehr beim Gericht,[34] sondern als Annex bei der **Vollzugsbehörde** selbst. Das ist im Grundsatz nach § 111k Abs. 1 Satz 1 die Staatsanwaltschaft.[35] Gegen ihre Entscheidung kann der Betroffene nach § 111k Abs. 3 jederzeit die gerichtliche Entscheidung beantragen, siehe dort Rn. 17 ff.

E. Folgen der Aufhebung des Arrestvollzuges

11 Wird der Arrestvollzug aufgehoben, sind die Vollziehungsmaßnahmen rückgängig zu machen. Es gelten die §§ 775, 776 ZPO und zwar unabhängig von dem jeweiligen Aufhebungsgrund.[36] Pfändungsanordnungen werden nach § 775 Nr. 1, § 776 ZPO aufgehoben, bewegliche Sachen werden zurückgegeben. War der Arrest in unbewegliches Vermögen im Sinne des § 111f Abs. 2 vollzogen, wandelt sich die Sicherungshypothek in eine **Eigentümergrundschuld**, §§ 868 ZPO i.V.m. 1177 BGB. Das Schiff oder Schiffsbauwerk ist zurückzugeben, actus contrarius zu § 931 Abs. 4 ZPO, das ggf. eingetragene Pfandrecht wird gelöscht.

F. Entschädigung des Betroffenen

12 Im Zivilverfahren ist der Gläubiger dem Arrestschuldner nach § 945 ZPO zum Schadensersatz verpflichtet, wenn die Anordnung des Arrests ungerechtfertigt war. Im Strafverfahren besteht diese Möglichkeit nach herrschender Meinung nicht.[37] Es bleibt nur die **Entschädigungspflicht der Staatskasse** nach § 2 Abs. 2 Nr. 4 StrEG.[38] Subsidiär kommen Amtshaftungsansprüche nach § 839 BGB i.V.m. Art. 34 GG in Betracht.[39]

---

33 Meyer-Goßner/Schmitt/*Köhler* 3.
34 Vgl. dazu LR/*Johann*[26] § 111d, 45.
35 BTDrucks. **18** 9525 S. 78.
36 SSW/*Burghart* 1.
37 *Greeve* ZWH **2017** 277, 281; MüKo/*Bittmann* § 111d, 18; SK/*Rogall* § 111d, 26; **a.A.** *Borggräfe/Schütt* StraFo **2006** 133, 139 f. für eine analoge Anwendung des § 945 ZPO.
38 Ausführlich *Rönnau* Rn. 444 ff.
39 BGH BeckRS **2019** 10649 mit Besprechung *Johann* PStR **2019** 89 ff.; HK/*Gercke* 8; vgl. hierzu auch *Borggräfe/Schütt* StraFo **2006** 133, 137 f.

§ 111h
Wirkung der Vollziehung des Vermögensarrestes

(1) [1]Die Vollziehung des Vermögensarrestes in einen Gegenstand hat die Wirkung eines Veräußerungsverbots im Sinne des § 136 des Bürgerlichen Gesetzbuchs. [2]Für das Sicherungsrecht, das in Vollziehung des Vermögensarrestes entsteht, gilt § 80 Absatz 2 Satz 2 der Insolvenzordnung.

(2) [1]Zwangsvollstreckungen in Gegenstände, die im Wege der Arrestvollziehung gepfändet worden sind, sind während der Dauer der Arrestvollziehung nicht zulässig. [2]Die Vollziehung einer Arrestanordnung nach § 324 der Abgabenordnung bleibt unberührt, soweit der Arrestanspruch aus der Straftat erwachsen ist.

Schrifttum

Siehe bei § 111b.

Entstehungsgeschichte

Die Vorschrift wurde durch Art. 21 Nr. 29 EGStGB eingefügt und stellte seither eine Ergänzung des § 111g StPO a.F. dar. Seit dem Inkrafttreten des Gesetzes zur Reform der strafrechtlichen Vermögensabschöpfung (BGBl. I 2017 S. 872) ist das dort ursprünglich geregelte Zulassungsverfahren abgeschafft und die Vorschrift normiert heute ausschließlich die Auswirkungen der Vollziehung eines Vermögensarrestes.

Übersicht

Alphabetische Übersicht

https://doi.org/10.1515/9783110594546-008

A. Allgemeines

1 Die Vorschrift des § 111h regelt die Wirkungen der Vollziehung des Vermögensarrestes nach § 111f und damit das Verhältnis des Justizfiskus als Arrestgläubiger zu den übrigen Gläubigern des Betroffenen.[1] Während Absatz 1 Satz 1 der Regelung des § 111d Abs. 1 Satz 1 entspricht und analog den Wirkungen der Vollziehung der Beschlagnahme bestimmt, dass der Vollzug des Vermögensarrestes zu einem **Veräußerungsverbot** im Sinne des § 136 BGB führt (§ 111d, 2ff.), erklärt Satz 2 dieses Absatzes die Regelung des § 80 Abs. 2 Satz 2 InsO für anwendbar. Besondere Bedeutung kommt Absatz 2 zu, der eine grundlegende Abkehr von der Rechtslage vor der Reform 2017 darstellt und in seinem Satz 1 (auch) den Verletzten einer Straftat die Zwangsvollstreckung in vorläufig gesicherte Vermögenswerte untersagt. Eine Ausnahme hiervon gilt nach Absatz 2 Satz 2 nur für die Vollziehung eines Arrestes nach § 324 AO.

B. Wirkung der Vollziehung des Vermögensarrestes, Absatz 1

I. Allgemeines

2 Die Vorschrift des § 111h Abs. 1 fasst zwei unterschiedliche Sachverhalte zusammen. Während sie in Absatz 1 Satz 1 bestimmt, dass die Vollziehung des Vermögensarrestes zu einem relativen Veräußerungsverbot führt (§ 111d, 2ff.), bezeichnet Absatz 1 Satz 2 erstmals ausdrücklich das Verhältnis der Vollziehung eines strafprozessualen Arrestes zum Insolvenzverfahren. Ein nach alter Rechtslage erlassener **dinglicher Arrest** wirkt mit diesen Folgen ununterbrochen nach neuem Recht fort.[2]

II. Veräußerungsverbot, Absatz 1 Satz 1

3 Mit der Arrestvollziehung nach § 111f tritt die Verstrickung des Arrestgegenstandes ein[3] und es entsteht ein Veräußerungsverbot im Sinne des § 136 BGB. Dieses ist, ebenso wie jenes im Zusammenhang mit der Beschlagnahme, ein relatives, das heißt, es wirkt nur zu Gunsten des Staates. Es gilt für alle Verfügungen, die zu einer **Wertminderung** führen können.[4] Das durch den Arrestvollzug entstandene Pfändungspfandrecht bzw. die hierdurch entstandene Sicherungshypothek erstarken mit Rechtskraft der gerichtli-

1 SSW/*Burghart* 1.
2 OLG Hamm MMR **2018** 529, 530; OLG München FGPrax **2018** 68; Meyer-Goßner/Schmitt/*Köhler* 5; KMR/*Mayer* 2.
3 MüKo/*Bittmann* § 111d, 15.
4 Meyer-Goßner/Schmitt/*Köhler* 2.

chen Anordnung zu einem Vollstreckungspfandrecht, das die Verwertung gestattet.[5] Es gelten die Ausführungen zu § 111d, 4 ff. entsprechend.

III. Verhältnis des vollzogenen Vermögensarrestes zum Insolvenzverfahren, Absatz 1 Satz 2

1. Allgemeines. Mit dem Gesetz zur Reform der strafrechtlichen Vermögensabschöp- 4
fung[6] hat der Gesetzgeber erstmals ausdrückliche Regelungen zum Verhältnis der strafprozessualen Sicherstellungsmaßnahmen zum Insolvenzverfahren geschaffen. Eine davon findet sich in Absatz 1 Satz 2. Sie bestimmt, dass für das Sicherungsrecht, das in Vollziehung des Vermögensarrestes entsteht, § 80 Abs. 2 Satz 2 InsO gilt. Die Vorschrift lautet:

§ 80 InsO

(1) Durch die Eröffnung des Insolvenzverfahrens geht das Recht des Schuldners, das zur Insolvenzmasse gehörende Vermögen zu verwalten und über es zu verfügen, auf den Insolvenzverwalter über.

(2) [1]Ein gegen den Schuldner bestehendes Veräußerungsverbot, das nur den Schutz bestimmter Personen bezweckt (§§ 135, 136 des Bürgerlichen Gesetzbuches), hat im Verfahren keine Wirkung. [2]Die Vorschriften über die Wirkungen einer Pfändung oder einer Beschlagnahme im Wege der Zwangsvollstreckung bleiben unberührt.

Die Verweisung auf § 80 Abs. 2 Satz 2 InsO ist nach Auffassung des Gesetzgebers rein 5
deklaratorischer Natur,[7] bewirkt also weder eine Änderung der Rechtslage noch eine Privilegierung des Staates (siehe aber § 111i, 10).[8] Es verbleibt deshalb dabei, dass das in Vollziehung des Vermögensarrestes entstandene Pfändungspfandrecht an dem Gegenstand des Betroffenen auch im anschließend eröffneten Insolvenzverfahren bestehen bleibt, sofern kein Fall der Rückschlagssperre nach § 88 InsO oder der Insolvenzanfechtung nach §§ 129 ff. InsO vorliegt.[9] Das Pfändungspfandrecht begründet ein **Recht zur abgesonderten Befriedigung** nach §§ 49, 50 InsO.[10] Zur Ausnahme in Fällen mit individuellen Verletzten siehe Rn. 8 und § 111i, 4 ff.

2. Sicherungsrecht aus Arrestvollziehung. Welches Sicherungsrecht aus der Voll- 6
ziehung des Vermögensarrestes entsteht, richtet sich nach dem konkreten Vollziehungsgegenstand im Sinne des § 111f. Beim Arrestvollzug in bewegliche Gegenstände und Forderungen erwächst dem Staat ein Pfändungspfandrecht, beim Vollzug in Grundstücke und grundstücksgleiche Rechte eine Sicherungshypothek (siehe dazu umfassend § 111f, 5 ff.). Schon der Wortlaut der Regelung macht deutlich, dass das Sicherungsrecht entstanden, die Arrestvollziehung folglich abgeschlossen sein muss, damit das Sicherungsrecht insolvenzfest ist. Wird ein Gegenstand vorläufig sichergestellt, dann ein Vermögensarrest beantragt und dieser erst in den sichergestellten Gegenstand vollzogen, nachdem das Insolvenzverfahren eröffnet ist, fällt der Gegenstand ohne Absonderungs-

---

5 BTDrucks. **18** 9525 S. 78; MüKo/*Bittmann* § 111d, 15 ff.
6 BGBl. I 2017 S. 872.
7 Meyer-Goßner/Schmitt/*Köhler* 3; *Köhler/Burkhard* NStZ **2017** 665, 677; zu potentiellen Missverständnissen ohne die Klarstellung SSW/*Burghart* 3.
8 BTDrucks. **18** 9525 S. 78.
9 Dazu schon *Blankenburg* ZInsO **2017** 1453, 1454 f.; Meyer-Goßner/Schmitt/*Köhler* 3; **a.A.** *Rönnau* ZInsO **2012** 509, 510 ff.
10 BTDrucks. **18** 9525 S. 78; Meyer-Goßner/Schmitt/*Köhler* 3.

recht in die Insolvenzmasse. Ist die Wirksamkeit der Pfändung von einer Eintragung abhängig, kommt es auf den Zeitpunkt der Eintragung, nicht den der Antragstellung an.[11] Für den Zeitpunkt der Eröffnung des Insolvenzverfahrens gilt § 27 Abs. 2 Nr. 3, Abs. 3 InsO.[12] Der Verweis auf § 80 Abs. 2 Satz 2 InsO macht damit vor allem auch deutlich, dass die Arrestvollziehung nur von einem **zeitlich nachfolgend eröffnetem Insolvenzverfahren** unberührt bleibt.[13] In Abkehr von der bisherigen Praxis der Strafverfolgungsbehörden dürfte es deshalb angezeigt sein, jedenfalls in Fällen, in denen die Eröffnung eines Insolvenzverfahrens in das Vermögen des Betroffenen wahrscheinlich, aber unklar ist, im Sicherstellungsverzeichnis sicherheitshalber den Zeitpunkt zu notieren, in dem der Gegenstand in amtlichen Gewahrsam gelangt ist. Der Zeitpunkt des Erlasses des Vermögensarrestes ist im hiesigen Zusammenhang immer unerheblich.

7 **3. Folgen.** Ist der Vermögensarrest in einen bestimmten Gegenstand im Sinne des § 111f vollzogen, liegt kein Ausschlussgrund nach § 88 InsO vor und wird die Vollziehung auch nicht vom Insolvenzverwalter angefochten, besteht ein Absonderungsrecht nach §§ 49, 50 InsO.[14] Ist die Maßnahme hingegen unwirksam, weil einer der vorbezeichneten Ausschlussgründe vorliegt oder sie wirksam angefochten wurde, so kann der Insolvenzverwalter nach § 143 InsO den **Verzicht der Staatsanwaltschaft** auf das Pfandrecht und die Herausgabe der Gegenstände verlangen.

8 **4. Kein Fall des § 111i Absatz 1.** Die Insolvenzfestigkeit des staatlichen Sicherungsrechtes hängt davon ab, dass kein Fall des § 111i Abs. 1 vorliegt. Dieser setzt voraus, dass mindestens einem Verletzter ein Anspruch auf Ersatz des Wertes des aus der Tat Erlangten erwachsen ist. In Fällen ohne individuelle Verletzte bleibt es folglich immer bei der **Insolvenzfestigkeit der Arrestvollziehung.**[15] Ist hingegen mindestens einem Verletzten ein solcher Anspruch entstanden und wird das Insolvenzverfahren über das Vermögen des Betroffenen eröffnet, erlischt das Sicherungsrecht des Staates nach § 111i Abs. 1 Satz 1.[16] Das gilt zum einen unabhängig davon, wer den Insolvenzantrag stellt und führt dazu, dass auch der nicht aus der Straftat verletzte Gläubiger eine Überleitung des vorläufig gesicherten Vermögensgegenstandes in die Insolvenzmasse bewirken kann. Die Vollziehungsmaßnahme wird zum anderen auch unabhängig von der Zeitspanne, die zwischen Arrestvollzug und Insolvenzeröffnung liegt, unwirksam. Auf § 88 InsO kommt es in diesen Fällen nicht an, so dass der Insolvenzverwalter nach Eröffnung des Insolvenzverfahrens die **Freigabe der Vermögensgegenstände** verlangen kann.[17] Zur Frage des Zusammentreffens von Delikten mit und ohne individuelle Verletzte § 111i, 12.

C. Vollstreckungsverbote, Absatz 2

I. Allgemeines

9 Absatz 2 regelt Grundsatz und Ausnahme der Zwangsvollstreckung in durch Vollzug des Vermögensarrests gepfändete Gegenstände und stellt trotz seiner unscheinbaren

11 SSW/*Burghart* 4.
12 SSW/*Burghart* 4.
13 SSW/*Burghart* 4.
14 SSW/*Burghart* 4; *Blankenburg* ZInsO **2017** 1453, 1456.
15 *Bittmann/Tschakert* ZInsO **2017** 2657; *Blankenburg* ZInsO **2017** 1453, 1456; *Reitemeier* 157.
16 *Köhler/Burghart* NStZ **2017** 677; *Reitemeier* 159.
17 *Reitemeier* 160.

Form nicht weniger als einen **Paradigmenwechsel im Vermögensabschöpfungsrecht** dar, indem die vorläufig gesicherten Vermögenswerte der Zwangsvollstreckung der Verletzten entzogen werden. Während es bis zum Inkrafttreten des Gesetzes zur Reform der strafrechtlichen Vermögensabschöpfung gerade der Sinn und Zweck des staatlichen Eingreifens war, dem Verletzten Vermögenswerte vorläufig zu sichern, in die er dann die Zwangsvollstreckung betreiben konnte, wird ihm dieses Vorgehen heute ausdrücklich untersagt. Stattdessen soll er seine Ansprüche gegenüber den Strafverfolgungsbehörden anmelden und kann dann (erst) im Strafvollstreckungs- oder Insolvenzverfahren Befriedigung aus den gesicherten Vermögenswerten erfahren.

1. Grundsatz. Absatz 2 Satz 1 regelt ein **Einzelzwangsvollstreckungsverbot**, mit 10
dem der Gesetzgeber unterschiedliche Ziele[18] verfolgt. Es soll zum einen dazu dienen, Tatgeschädigte gleich zu behandeln und nicht denjenigen zu privilegieren, der sich schneller um Ausgleich seiner Ansprüche bemüht als seine Konkurrenten. Es soll außerdem verhindert werden, dass durch Einzelzwangsvollstreckungsmaßnahmen zwischen der Arrestvollziehung und der Eröffnung des Insolvenzverfahrens Absonderungsrechte einzelner Gläubiger entstehen, die die Insolvenzmasse zu Lasten der anderen Gläubiger schmälern. Sie soll insoweit eine notwendige Ergänzung des Vollstreckungsverbotes in § 89 InsO darstellen.[19] Letztlich wollte der Gesetzgeber mit ihr aber auch sicherstellen, dass weiterhin ein grundsätzlicher Vorrang der Straftatverletzten vor anderen Gläubigern des Betroffenen besteht, der bisher über das **Zulassungsverfahren** nach §§ 111g, 111h StPO a.F. gesichert wurde.[20] Sie hindert die Verletzten nicht, ihre Ansprüche zivilprozessual zu verfolgen, sondern erklärt „nur" die Zwangsvollstreckung für unzulässig.[21]

2. Kritik. Die Bedenken gegen die Regelung sind nicht nur rechtspolitischer, son- 11
dern auch verfassungsrechtlicher Natur. Rechtspolitisch stellt sich die Frage nach der Sinnhaftigkeit des Vollstreckungsverbotes, die im Gesetzgebungsverfahren darin gesehen wurde, das „Windhunderennen" der Gläubiger[22] zu vermeiden. Diese Terminologie war ebenso unpassend wie der Bruch mit dem im Einzelzwangsvollstreckungsrecht etablierten **Prioritätsgrundsatz** unberechtigt war, denn die Ausgangslage und damit die Chancen auf Befriedigung waren schon nach bisheriger Rechtslage für alle Verletzten gleich. Sie wurden nach § 111e Abs. 3 und 4 StPO a.F. unverzüglich über den Vollzug des Arrestes unterrichtet und hatten dann Gelegenheit, in die vorläufig gesicherten Vermögenswerte zu vollstrecken. Dass der schnellere Gläubiger umfassender befriedigt wird als der langsam agierende, liegt in der Natur des Zwangsvollstreckungsrechts und der Gesetzgeber ist schon den Versuch des Nachweises schuldig geblieben, dass dies in der Praxis tatsächlich zu Problemen geführt hätte. Nunmehr darf aber selbst dann, wenn es nur einen Verletzten einer Straftat gibt, dieser Verletzte trotz möglicherweise aufwendig erstrittenem oder im Wege der Einigung mit dem Betroffenen erlangten Titel nicht mehr in die vorläufig gesicherten Vermögenswerte vollstrecken, sondern ist auf die Freigabe durch die Staatsanwaltschaft angewiesen. Das wiederum führt zu den **verfassungsrechtlichen Bedenken** gegen die Vorschrift, denn der Gesetzgeber ist eine Rechtfertigung für diesen Eingriff in die Grundrechte des Verletzten schuldig geblieben. Anders als

---

18 Dazu auch Meyer-Goßner/Schmitt/*Köhler* 4.

19 BTDrucks. **18** 9525 S. 79.

20 Zu alledem BTDrucks. **18** 9525 S. 78 f.; zu den Folgen der Reform für bereits vorher bestehende Arreste OLG München FGPrax **2018** 68, 70.

21 BTDrucks. **18** 9525 S. 79; SSW/*Burghart* 6; *Bittmann*/*Tschakert* ZInsO **2017** 2657, 2660 f.

22 BTDrucks. **18** 9525 S. 46.

§ 89 InsO, der ein Vollstreckungsverbot für die Insolvenzgläubiger vorsieht und seine Legitimation aus dem Ziel der Masseerhaltung zieht,[23] kann das Vollstreckungsverbot nach Absatz 2 Satz 1 damit gerade nicht begründet werden, weil das Verbot nicht nur dann greift, wenn ein Insolvenzverfahren des Betroffenen zu erwarten ist, sondern bei jeder Arrestvollziehung, völlig unabhängig von der Anzahl der potentiellen Gläubiger und der vorhandenen Masse.

II. Vollstreckungsverbot, Absatz 2 Satz 1

12 Das Vollstreckungsverbot besteht für Gegenstände, die im Wege der Arrestvollziehung gepfändet worden sind, und gilt für den Zeitraum von der Vollziehung des Vermögensarrestes nach § 111f bis zu dessen Aufhebung. Es betrifft nicht nur die Verletzten, sondern alle **Gläubiger des Betroffenen** (zur Ausnahme für den Steuerfiskus Rn. 16ff.).

13 **1. Zwangsvollstreckung.** Der Begriff der Zwangsvollstreckung ist umfassend zu verstehen und meint insbesondere sämtliche Maßnahmen nach dem 8. Buch der Zivilprozessordnung, dem Gesetz über die Zwangsversteigerung und Zwangsverwaltung sowie **öffentlich-rechtliche Vollstreckungsvorschriften.** Daraus folgt auch, dass die ohnehin verfassungswidrigen Maßnahmen einer präventiven Gewinnabschöpfung (ausführlich dazu Vor §§ 111bff., 29ff.) in vorläufig gesicherte Gegenstände während der Arrestvollziehung schon einfachgesetzlich ausgeschlossen sind.

14 **2. Umfang.** Das Vollstreckungsverbot bezieht sich nur auf im Wege der Arrestvollziehung gepfändete Gegenstände. Die mit dem Vermögensarrest überhaupt pfändbaren Gegenstände beschreibt § 111f abschließend. Taugliche Vollstreckungsobjekte der Gläubiger des Betroffenen bleiben damit trotz vorläufiger Sicherstellung durch den Staat sämtliche Gegenstände des Betroffenen, die nicht von der Arrestvollziehung erfasst sind. Das sind insbesondere auch die Ansprüche des Betroffenen gegen den Staat auf Frei- oder Herausgabe der gesicherten Vermögenswerte, aus dem StrEG oder ggf. bestehende Amtshaftungsansprüche (vgl. dazu § 111g, 12). Bisher nicht geklärt ist, ob das Vollstreckungsverbot gegenständlich zu verstehen ist, d.h. ob eine Zwangsvollstreckung in den im Wege der Arrestvollziehung gepfändeten Gegenstand tatsächlich unabhängig von der Höhe der Arrestvollziehung nicht zulässig sein soll. Der Wortlaut der Norm ermöglicht beide Ansichten, je nachdem, ob man maßgeblich auf den Begriff „Gegenstände" oder „Arrestvollziehung" abstellt. Tatsächlich kann letztere aber nie weiter reichen, als die Arrestforderung selbst. Da ein Gegenstand folglich auch im Wege der Arrestvollziehung nur insoweit gepfändet ist, als die Arrestforderung reicht, dürfte einer nachfolgenden Pfändung durch Dritte jedenfalls nicht der Wortlaut der Regelung entgegenstehen. Eine an und für sich unzulässige, gleichwohl aber erfolgte Vollstreckung des Verletzten wird nicht durch die Eröffnung des Insolvenzverfahrens und den Entfall des staatlichen Pfändungspfandrechts geheilt, weil § 89 Abs. 1 InsO einer **Heilung der unzulässigen Vollziehung** entgegensteht; sie kann jedoch durch die Aufhebung der Vollzugsmaßnahme bzw. das Ende des Insolvenzverfahrens eintreten.[24]

15 **3. Dauer.** Das Vollstreckungsverbot wird nicht schon mit Erlass des Vermögensarrestes, sondern erst mit Abschluss der Vollziehungsmaßnahme (ausführlich § 111f, 5ff.)

---

23 BTDrucks. **12** 2443 S. 137; MüKo-Inso/*Breuer* § 89, 4.
24 *Blankenburg* ZInsO **2017** 1453, 1457.

wirksam. Es wirkt nur in die Zukunft und macht der staatlichen Vollziehungsmaßnahme vorausgehende Zwangsvollstreckungsmaßnahmen nicht unwirksam.[25] Das Vollstreckungsverbot besteht, bis die Vollzugsmaßnahme aufgehoben wird. Die Aufhebung des Vermögensarrestes bewirkt das nicht ipso iure, die Vollzugsmaßnahme ist vielmehr ihrerseits separat aufzuheben.

III. Vollstreckungsprivileg des Steuerfiskus, Absatz 2 Satz 2

1. Allgemeines. Anders als alle anderen Verletzten einer Straftat darf der Steuerfiskus[26] nach Absatz 2 Satz 2 eine Arrestanordnung im Sinne des § 324 AO in die im Wege des Vermögensarrests gepfändeten Gegenstände vollstrecken, soweit sein Arrestanspruch aus der Straftat erwachsen ist. 16

a) Historie. Das Vollstreckungsprivileg des Steuerfiskus, das im Referentenentwurf (vor § 111b, 13ff.) noch nicht vorgesehen war, hat erst im Zuge des Gesetzgebungsverfahrens Eingang in die Strafprozessordnung gefunden. Begründet wurde diese **Ausnahme zu Gunsten des Steuerfiskus** damit, dass dieser über die Möglichkeit des § 324 AO schneller als andere Verletzte einer Straftat eine Sicherheit erlangen könne und deshalb auch schon nach altem Recht die Zulassung der Zwangsvollstreckung nach § 111g Abs. 2 StPO a.F. schneller erreichen konnte. Diese „Bevorteilung" des Steuerfiskus sollte beibehalten und die damit einhergehende „Wertung des Gesetzgebers" in das neue Recht übertragen werden.[27] 17

b) Kritik. Die Begründung des Gesetzgebers, warum der Steuerfiskus im Gegensatz zu anderen Verletzten einer Straftat künftig privilegiert in die vorläufig gesicherten Vermögenswerte vollstrecken können darf, überzeugt nicht. Gleiches gilt für die Erklärung, das Vollstreckungsprivileg gewährleiste, dass das wegen Steuerstraftaten geschädigte Vermögen dem geschädigten Gemeinwesen zugutekomme.[28] Zum einen ersetzt die Feststellung der Privilegierung des Steuerfiskus durch das bisherige Recht keine Erwägungen zu dessen Legitimation, zum anderen haben die Steuerbehörden höchst selten von dieser Sicherungsmöglichkeit Gebrauch gemacht und damit ihr **Sicherungsbedürfnis** gerade in Frage gestellt.[29] Das Argument der Restitution des ursprünglich Geschädigten gilt genauso für alle anderen Verletzten einer Straftat, die vom Gesetzgeber gleichwohl mit einem Vollstreckungsverbot belegt und damit regelmäßig auf das Insolvenzverfahren verwiesen werden. 18

Kann die vom Gesetzgeber gegebene Begründung für eine Privilegierung des Steuerfiskus auch nicht überzeugen, folgt die Vermögensabschöpfung in Steuerstrafverfahren doch einem in sich schlüssigem **Gesamtkonzept**. Über die Regelung in Absatz 2 Satz 2 zwingt der Gesetzgeber die Steuerbehörden dazu,[30] ihre Ansprüche frühzeitig über § 324 AO zu sichern und entlastet so das Strafverfahren von entsprechenden Maßnahmen. 19

---

25 SSW/*Burghart* 6.

26 *Feindt/Rettke* DStR **2018** 2357, 2358 zu den über die Verweisungen in den Fachgesetzen ansonsten befugten Stellen.

27 BTDrucks. **18** 9525 S. 79; kritisch *Blankenburg* ZInsO **2017** 1453, 1457.

28 BTDrucks. **18** 11640 S. 80; Meyer-Goßner/Schmitt/*Köhler* 4.

29 Etwa KG Berlin BeckRS **2017** 115259; OLG Nürnberg NStZ **2011** 173, 174; OLG Oldenburg wistra **2008** 119.

30 *Reh* NZWiSt **2018** 20, 23 begründet dasselbe Ergebnis mit der Wirtschaftlichkeit und Sparsamkeit der öffentlichen Verwaltung; einschränkend, unter teleologischen Gesichtspunkten aber ähnlich *Köhler/Burkhard* NStZ **2017** 665, 678.

Damit wird zugleich der Forderung des Deutschen Richterbundes Rechnung getragen, das **Vollzugsdefizit der Finanzverwaltung** nicht auf die Strafjustiz abzuwälzen.[31] Für den Betroffenen hat das neue Konzept den Vorteil, dass er einerseits keine Doppelbelastung durch straf- und steuerrechtliche Zwangsmaßnahmen fürchten muss, andererseits aber auch, dass der Steuerfiskus gehalten ist, vermehrt nach § 324 AO vorzugehen und ihm auf diesem Wege auch verschuldensunabhängig nach § 945 ZPO haftet.

20 **2. Arrestanordnung nach § 324 AO.** Die privilegierte Zwangsvollstreckung des Steuerfiskus setzt eine Arrestanordnung nach § 324 AO voraus. Die Vorschrift lautet in ihren hier maßgeblichen Absätzen:

> **§ 324 AO** Dinglicher Arrest
>
> (1) [1]Zur Sicherung der Vollstreckung von Geldforderungen nach den §§ 249 bis 323 kann die für die Steuerfestsetzung zuständige Finanzbehörde den Arrest in das bewegliche oder unbewegliche Vermögen anordnen, wenn zu befürchten ist, dass sonst die Beitreibung vereitelt oder wesentlich erschwert wird. [2]Sie kann den Arrest auch dann anordnen, wenn die Forderung noch nicht zahlenmäßig feststeht oder wenn sie bedingt oder betagt ist. [3]In der Arrestanordnung ist ein Geldbetrag zu bestimmen, bei dessen Hinterlegung die Vollziehung des Arrestes gehemmt und der vollzogene Arrest aufzuheben ist.
>
> (2) [1]Die Arrestanordnung ist zuzustellen. [2]Sie muss begründet und von dem anordnenden Bediensteten unterschrieben sein. [3]Die elektronische Form ist ausgeschlossen.
>
> (3) [1]Die Vollziehung der Arrestanordnung ist unzulässig, wenn seit dem Tag, an dem die Anordnung unterzeichnet worden ist, ein Monat verstrichen ist. [2]Die Vollziehung ist auch schon vor der Zustellung an den Arrestschuldner zulässig, sie ist jedoch ohne Wirkung, wenn die Zustellung nicht innerhalb einer Woche nach der Vollziehung und innerhalb eines Monats seit der Unterzeichnung erfolgt... [4]Auf die Vollziehung des Arrestes finden die §§ 930 bis 932 der Zivilprozessordnung sowie § 99 Abs. 2 und § 106 Abs. 1, 3 und 5 des Gesetzes über die Rechte an Luftfahrzeugen entsprechende Anwendung; an die Stelle des Arrestgerichts und des Vollstreckungsgerichts tritt die Vollstreckungsbehörde, an die Stelle des Gerichtsvollziehers der Vollziehungsbeamte. [5]Soweit auf die Vorschriften über die Pfändung verwiesen wird, sind die entsprechenden Vorschriften dieses Gesetzes anzuwenden.

21 Es kristallisiert sich langsam heraus, dass die überwiegende Auffassung nicht nur einen vorläufigen dinglichen Arrest nach § 324 AO, sondern auch einen **bestandskräftigen Steuerbescheid** als Vollstreckungstitel zur privilegierten Zwangsvollstreckung anerkennen will.[32] Das dürfte dem Sinn und Zweck der Regelung entsprechen und mit einem argumentum e contrario zu begründen sein. Über den Wortlaut der Regelung, der einer solchen Auslegung nicht zugänglich ist, verhilft das allerdings nicht hinweg. Ohne entsprechende gesetzliche Klarstellung muss es deshalb aufgrund des Vorbehalts des Gesetzes dabei bleiben, dass eine Zwangsvollstreckung nur aufgrund des dinglichen Arrestes nach § 324 AO zulässig ist.

22 **3. Aus der Straftat erwachsener Arrestanspruch.** Eine Arrestvollziehung in vorläufig gesicherte Vermögenswerte ist nur zulässig, wenn der gesicherte Arrestanspruch des Steuerfiskus aus der Straftat erwachsen ist. Der Steuerfiskus kann mit dem dinglichen Arrest zwar mehrere Forderungen gegenüber dem Steuerschuldner sichern, eine privilegierte Arrestvollziehung bleibt in diesen Fällen aber nur „soweit" zulässig, als der jeweilige Arrestanspruch auch aus der Straftat erwachsen ist. Die Regelung ähnelt im

31 DRB Stellungnahme 9/16 S. 2.

32 Meyer-Goßner/Schmitt/*Köhler* 4; *Feindt/Rettke* DStR **2018** 2357, 2358 Fn. 11; *Rettke* wistra **2017** 417, 421; *Ohlmeier/Struckmeyer* wistra **2018** 419, 422.

Wortlaut dem Verfallsausschluss in § 73 Abs. 1 Satz 2 StGB a.F., der ebenfalls auf „aus der Tat erwachsene" Ansprüche rekurrierte. Unproblematisch aus der Straftat erwachsene Arrestansprüche des Steuerfiskus sind jene im Zusammenhang mit der Steuerhehlerei nach § 374 oder dem Bannbruch nach 372 AO.[33] Im Falle der **Steuerhinterziehung** nach § 370 AO ist der Anspruch indes nicht aus der Straftat erwachsen. § 38 AO bestimmt, dass die Steuerschuld entsteht, sobald der Tatbestand verwirklicht ist, an den das Gesetz die Leistungspflicht knüpft. Der Steueranspruch steht daher nicht zur Disposition der Steuerbehörden[34] und besteht unabhängig von seiner fehlerhaften Festsetzung.[35] Soweit der Bundesgerichtshof seit seiner Grundsatzentscheidung vom 28.11.2000 zur gleichlautenden Problematik bei § 73 Abs. 1 Satz 2 StGB a.F. darauf abstellte, dass dem Gesetz keine Einschränkung des Anwendungsbereichs des § 73 Abs. 1 Satz 2 StGB a.F. zu entnehmen sei, wonach die Norm nur solche Ansprüche erfasse, die an die Verwirklichung eines Straftatbestandes selbst anknüpfen und der ‚Rückholung' des durch die Straftat verlorenen Vermögensanteils dienten,[36] konnte das schon damals nicht überzeugen. Der Täter einer Steuerhinterziehung hat genauso wenig Einfluss auf seine Steuerschuld wie der Fiskus selbst, sie wird durch die Festsetzung nicht begründet,[37] sondern nur fehlerhaft bezeichnet,[38] weshalb der Anspruch des Steuerfiskus durch die rechtswidrige Festsetzung auch nicht untergehen kann. Der Steueranspruch besteht selbst dann, wenn er nicht festgesetzt wird.[39] Damit kann der Steueranspruch in Fällen der Steuerhinterziehung aber gerade nicht aus der Tat „erwachsen" sein, denn er hat seinen Ursprung im tatsächlichen Sachverhalt, auf den § 38 AO in Verbindung mit dem Einzelsteuergesetz Anwendung findet,[40] nicht in der Tathandlung. Es ist terminologisch unmöglich, sowohl Ansprüche, die erst durch die Straftat entstehen, wie etwa in Fällen der Steuerhehlerei, als auch solche, auf die die Straftat gerichtet ist, als „aus der Straftat erwachsen" zu bezeichnen.[41]

Diese Kritik ist durch die Neuregelung nicht obsolet geworden,[42] sie hat jedoch an **23**
(verfassungsrechtlicher) Relevanz verloren, weil das Vollstreckungsprivileg, anders als § 73 Abs. 1 Satz 2 StGB a.F., keine materiell-rechtliche Vorschrift ist und damit nicht den strengen Anforderungen des Art. 103 Abs. 2 GG unterliegt.[43] Die Regelung kann deshalb unter Berücksichtigung des historischen Willens des Gesetzgebers und ihrem Zweck dahingehend **ausgelegt** werden, dass auch im Falle der Steuerhinterziehung nach § 370 AO eine privilegierte Zwangsvollstreckung möglich ist, geht der Gesetzgeber in Bezug auf die Bestimmung des aus der Tat Erlangten doch mittlerweile von einer gegenständlichen Betrachtung aus und dürfte es sich bei der Formulierung in § 111h Abs. 2 Satz 2 daher um ein Redaktionsversehen des Gesetzgebers handeln.[44] Der Steuerfiskus kann aus diesem Grund wegen aller ihm aus der Abgabenordnung in Verbindung mit dem jeweiligen Ein-

---

33 Dazu *Reh* wistra **2018** 414, 417 f.
34 *Koenig* § 38, 3; *Birk/Desens/Tappe* Rn. 240; *Fehrenbacher* § 8, 9.
35 *Kirchhof* Rn. 105; *Fehrenbacher* § 8, 87; Tipke/Lang/*Seer* § 6, 21.
36 BGH NJW **2001** 693, 694.
37 *Haug* 124; *Roth* Verwaltungsrechtliche Organstreitigkeiten 423; *Fehrenbacher* § 8, 9.
38 Klein/*Ratschow* § 38, 18.
39 BTDrucks. **VI** 1982 S. 113, was der Gesetzgeber als „selbstverständlich" bezeichnete und eine entsprechende Regelung deshalb nicht traf.
40 Ebenso *Madauß* NZWiSt **2018** 28, 31; *Reh* NZWiSt **2018** 20, 22.
41 *Rönnau/Hohn* JR **2002** 298, 300; die Gegenauffassung, vgl. etwa *Hansen* 104 ff., argumentiert erkennbar vom Ergebnis her („Würde man solche Ansprüche nicht in den Anwendungsbereich einbeziehen…") und überschreitet dabei die Wortlautgrenzen.
42 Ausführlich *Madauß* NZWiSt **2018** 28, 31 f.
43 Siehe dazu Maunz/Dürig/*Remmert* Art. 103 Abs. 2, 56 ff.; OK-GG/*Radtke/Hagemeier* Art. 103, 19 ff.; zu den potentiellen Komplikationen im Insolvenzverfahren *Madauß* NZWiSt **2018** 28, 32.
44 Ausführlich dazu *Johann* 149 ff.

zelsteuergesetz entstandenen Ansprüche, auf die sich die Handlungen des Steuerschuldners beziehen und die Gegenstand der strafrechtlichen Ermittlungen gegen ihn sind, privilegiert in die durch Vermögensarrest gesicherten Gegenstände des Betroffenen vollstrecken.[45] Wegen anderer als den strafrechtlich relevanten Forderungen des Steuerfiskus[46] gegen den Steuerschuldner scheitert eine privilegierte Zwangsvollstreckung an Absatz 2 Satz 1.[47]

24 **4. Vollziehung der Arrestanordnung.** Die Vollziehung der Arrestanordnung richtet sich nach § 324 Abs. 3 AO, der in weitem Umfang auf die Zivilprozessordnung verweist. Die Darstellung der steuerlichen Arrestvollziehung muss der einschlägigen Literatur vorbehalten bleiben, an dieser Stelle soll es mit nachfolgenden, grundlegenden Ausführungen sein Bewenden haben: Die Arrestvollziehung bezieht ihre materiellrechtliche Berechtigung gerade aus der **Eilbedürftigkeit staatlichen Handelns** im konkreten Fall, so dass die mit Unterzeichnung, nicht mit Bekanntgabe,[48] beginnende Vollziehungsfrist einen Monat beträgt.[49] Es geht auch hier nur um die Sicherung, nicht die Befriedigung des Steueranspruchs. Die Monatsfrist ist gewahrt, wenn innerhalb dieses Zeitraums mit der Vollziehung begonnen wurde; sie muss nicht abgeschlossen sein.[50] Die Arrestanordnung muss dem Steuerschuldner bei Vollzug nicht vorliegen,[51] selbst ohne besondere Dringlichkeit kann sie erlassen und dem Schuldner innerhalb einer Woche nach ihrem Vollzug zugestellt werden.[52] Da die Arrestanordnung schon dann ergehen kann, wenn der Rechtsgrund für die Forderung nach § 38 AO bereits gelegt ist, der Arrestanspruch selbst aber noch gar nicht entstanden sein muss,[53] ist eine **steuerrechtliche Arrestvollziehung** schon deutlich früher möglich als jene des Vermögensarrestes.

25 **5. Folge der Arrestvollziehung.** Der Gesetzgeber hat nicht ausdrücklich festgelegt, wie sich eine Arrestvollziehung nach § 324 AO auf die Arrestvollziehung nach der Strafprozessordnung auswirkt. Das Gesetz geht lediglich davon aus, dass die Vollziehung der steuerrechtlichen Arrestanordnung von dem Vollstreckungsverbot nach Absatz 2 Satz 1 unberührt bleiben soll. Es gelten demnach die allgemeinen Grundsätze der Zivilprozess- und Abgabenordnung. Der Steuerfiskus erwirbt durch eine Zwangsvollstreckung demnach eine wirksame, im Rang aber nachrangige Stellung gegenüber dem Justizfiskus.[54] Da der Vermögensarrest **aufgehoben** wird, wenn der steuerrechtliche dingliche Arrest vollzogen ist (§ 111e, 59), ist dieser Nachrang aber nur temporär. Ein potentieller weiterer Verletzter kann gegen die Arrestvollziehung durch den Steuerfiskus Beschwerde einlegen.[55]

---

45 In diesem Sinne auch SSW/*Burghart* 7.

46 Grundlegend zum Verhältnis von Einziehung und Steuerforderung: *Maciejewski/Schumacher* DStR **2017** 2021 ff.

47 SSW/*Burghart* 7.

48 HHSp./*Hohrmann* § 324, 57; Flore/Tsambikakis/*Webel* Teil 2 Kap. 10 Rn. 66.

49 Koenig/*Zöllner* § 324, 23 AO.

50 Flore/Tsambikakis/*Webel* Teil 2 Kap. 10 Rn. 67; Schwarz/Pahlke/*Kämper* § 324, 23; Tipke/*Kruse* § 324, 66; *Schuhmann* DStZ **1982** 34, 35; HHSp./*Hohrmann* § 324, 61 mit Beispielen, wann die Frist jeweils noch gewahrt sein soll.

51 *Theile* StV **2009** 161, 165; *Klos* wistra **1987** 121, 126; *Dörn* wistra **1990** 181, 182; *App* StBp **1990** 154, 156.

52 HHSp./*Hohrmann* § 324, 60; Tipke/*Kruse* § 324, 45.

53 HHSp./*Hohrmann* § 324, 17; Tipke/*Kruse* § 324, 9; Flore/Tsambikakis/*Webel* Teil 2 Kap. 10 Rn. 26 mit Beispiel zur Einkommensteuervorauszahlung; mit anderer Terminologie, im Ergebnis aber wohl identisch: *Braun* PStR **2004** 258; Tipke/Lang/*Seer* § 6, 22 und 27 ff.

54 SSW/*Burghart* 7.

55 *Bittmann* NZWiSt **2018** 209, 214.

§ 111i
Insolvenzverfahren

(1) [1]Ist mindestens einem Verletzten aus der Tat ein Anspruch auf Ersatz des Wertes des Erlangten erwachsen und wird das Insolvenzverfahren über das Vermögen des Arrestschuldners eröffnet, so erlischt das Sicherungsrecht nach § 111h Absatz 1 an dem Gegenstand oder an dem durch dessen Verwertung erzielten Erlös, sobald dieser vom Insolvenzbeschlag erfasst wird. [2]Das Sicherungsrecht erlischt nicht an Gegenständen, die in einem Staat belegen sind, in dem die Eröffnung des Insolvenzverfahrens nicht anerkannt wird. [3]Die Sätze 1 und 2 gelten entsprechend für das Pfandrecht an der nach § 111g Absatz 1 hinterlegten Sicherheit.

(2) [1]Gibt es mehrere Verletzte und reicht der Wert des in Vollziehung des Vermögensarrests gesicherten Gegenstandes oder des durch dessen Verwertung erzielten Erlöses nicht aus, um die Ansprüche der Verletzten auf Ersatz des Wertes des Erlangten, die ihnen aus der Tat erwachsen sind und von ihnen gegenüber der Staatsanwaltschaft geltend gemacht werden, zu befriedigen, stellt die Staatsanwaltschaft einen Antrag auf Eröffnung des Insolvenzverfahrens über das Vermögen des Arrestschuldners. [2]Die Staatsanwaltschaft sieht von der Stellung eines Eröffnungsantrags ab, wenn begründete Zweifel daran bestehen, dass das Insolvenzverfahren auf Grund des Antrags eröffnet wird.

(3) [1]Verbleibt bei der Schlussverteilung ein Überschuss, so erwirbt der Staat bis zur Höhe des Vermögensarrestes ein Pfandrecht am Anspruch des Schuldners auf Herausgabe des Überschusses. [2]In diesem Umfang hat der Insolvenzverwalter den Überschuss an die Staatsanwaltschaft herauszugeben.

Schrifttum

Siehe bei § 111b.

Entstehungsgeschichte

Die Vorschrift wurde durch Art. 21 Nr. 29 EGStGB eingefügt. Mit dem Gesetz zur Stärkung der Rückgewinnungshilfe und der Vermögensabschöpfung bei Straftaten vom 24.10.2006[1] wurde der sog. Auffangrechtserwerb des Staates eingeführt. Mit dem Inkrafttreten des Gesetzes zur Reform der strafrechtlichen Vermögensabschöpfung (BGBl. I 2017 S. 872) ist das Rückgewinnungshilfe- und damit auch das Auffangrechtserwerbsverfahren entfallen, § 111i enthält heute ausschließlich Regelungen zum Verhältnis von Straf- und Insolvenzverfahren.

Übersicht

1 BGBl. I S. 2350.

https://doi.org/10.1515/9783110594546-009

Alphabetische Übersicht

A. Allgemeines

I. Regelungsgegenstand

§ 111i ist die zentrale Vorschrift des neuen Vermögensabschöpfungsrecht im Zusammenhang mit der Frage, wie sich vorläufige strafprozessuale Sicherungsmaßnahmen auf ein Insolvenzverfahren über das Vermögen des Betroffenen auswirken.[2] Das Spannungsverhältnis zwischen Individualansprüchen der Verletzten und dem Grundsatz der **Gläubigergleichbehandlung** im Insolvenzverfahren wird nach Auffassung des Gesetzgebers durch die Norm zu Gunsten der Gläubigergleichbehandlung aufgelöst[3] und zugleich das Strafverfahren von Fragen der Opferentschädigung entlastet.[4] Für eine solche Klarstellung bestand unbestritten Regelungsbedarf, da verschiedene Oberlandesgerichte unterschiedliche Entscheidungen zu dieser Frage getroffen hatten und auch die Literatur unterschiedliche Lösungsansätze verfolgte.[5] Der Rechtsausschuss des Bundestages ging zuletzt davon aus, mit der Neuregelung insbesondere des Absatz 2 „alle wesentlichen Probleme“ aus den Stellungnahmen des Bundesrates und der Sachverständigen gelöst zu haben.[6] 1

II. Anwendungsbereich

§ 111i gilt unmittelbar von der Einleitung des Ermittlungsverfahrens bis zur Rechtskraft der Einziehungsentscheidung und über den Verweis in § 459h Abs. 2 Satz 2 nach Rechtskraft entsprechend. Absatz 1 Satz 1 bestimmt in Abkehr von § 111h Abs. 1 Satz 2, dass in all den Fällen, in denen mindestens einem Verletzten ein Anspruch auf Ersatz des Wertes des Erlangten aus der Tat erwachsen ist und das Insolvenzverfahren über das Vermögen des Arrestschuldners eröffnet wird, das aus dem Arrestvollzug erwachsene **Sicherungsrecht** an dem Gegenstand respektive seinem Verwertungserlös im Zeitpunkt 2

---

2 Siehe zum Streitstand zur alten Rechtslage ausführlich BTDrucks. **18** 9525 S. 76, 79; MüKo/*Bittmann* Vor §§ 111b ff., 7 ff.; SK/*Rogall* Vor §§ 111b ff., 43 ff.

3 BTDrucks. **18** 11640 S. 52 geht von einem „rechts- und sozialpolitisch“ begründeten Vorrang der Gläubigergleichbehandlung aus; KMR/*Mayer* 1; Meyer-Goßner/Schmitt/*Köhler* 1; kritisch dazu *Blankenburg* ZInsO **2017** 1453, 1468; Stellungnahme des Bundesrat in BTDrucks. **18** 10146 S. 4.

4 BTDrucks. **18** 9525 S. 50; Meyer-Goßner/Schmitt/*Köhler* 9; *Köhler*/*Burkhard* NStZ **2017** 665, 679; kritisch SSW/*Burghart* 16.

5 Für eine insolvenzrechtliche Lösung: OLG Nürnberg wistra **2014** 116; NZWiSt **2013** 297; *Rönnau* ZInsO **2012** 509 ff.; MüKo/*Bittmann* Vor § 111b ff., 10 ff. Für eine Insolvenzfestigkeit des dinglichen Arrestvollzuges: OLG Frankfurt ZInsO **2016** 453; KG wistra **2013** 445; zum Streitstand allgemein *Frind* NZI **2016** 674, 676 ff.; *Blankenburg* ZInsO **2017** 1453, 1454 ff. mit umfangreichen Nachweisen.

6 BTDrucks. **18** 11640 S. 86; *Laroche* ZInsO **2017** 1245; **a.A.** SSW/*Burghart* 2, der im Zusammenhang mit Absatz 1 von einem „unausgegorenen Regelungskonzept“ spricht; *Baretto da Rosa* NZWiSt **2018** 215, 218 sieht „zahlreiche offene Fragen“.

der Eröffnung des Insolvenzverfahrens **erlischt.**[7] Absatz 1 Satz 2 normiert hiervon eine Ausnahmeregelung für im Ausland belegene Gegenstände, wenn dort die Eröffnung des Insolvenzverfahrens nicht anerkennt wird. Absatz 1 Satz 3 erklärt sodann, dass die vorausgehenden Sätze auch für das Pfandrecht an der hinterlegten Sicherheit im Sinne des § 111g Abs. 1 Anwendung finden.

3 Absatz 2 Satz 1 hat einen von Absatz 1 völlig losgelösten Regelungsgehalt, der die Staatsanwaltschaft unter den dort näher bezeichneten Voraussetzungen bindet, einen **Antrag auf Eröffnung des Insolvenzverfahrens** über das Vermögen des Betroffenen zu stellen. Hiervon sieht sie nach Absatz 2 Satz 2 nur ab, wenn begründete Zweifel daran bestehen, dass das Verfahren aufgrund des Antrags auch eröffnet wird. Absatz 3 bestimmt, wie in den praktisch unwahrscheinlichen Fällen vorzugehen ist, in denen nach Durchführung des Insolvenzverfahrens noch ein **Überschuss** verbleibt. Zuständig ist in allen Fällen der Rechtspfleger der Staatsanwaltschaft, § 31 Abs. 1 Nr. 3 RPflG. Für alle Verfahren, in denen vor dem 30.6.2017 eine Verfallsanordnung an § 73 Abs. 1 Satz 2 StGB a.F. scheiterte, ist nach wie vor das Auffangrechtserwerbsverfahren nach § 111i Abs. 2ff. StPO a.F. anzuwenden.[8]

B. Der Arrestvollzug in der Insolvenz des Betroffenen, Absatz 1

I. Regelungskonzept

4 § 111i Abs. 1 ist eine Ausnahmeregelung zu dem in § 111h Abs. 1 Satz 2 bestimmten Grundsatz, dass das Sicherungsrecht, das in Vollziehung des Vermögensarrestes entsteht, vom Insolvenzbeschlag unberührt bleibt, sofern keine Rückschlagsperre vorliegt oder der Insolvenzverwalter den Arrestvollzug anficht (§ 111h, 4ff.). Dieser gilt nämlich nur für Fälle, in denen keinem Verletzten aus der Straftat ein Anspruch auf Ersatz des Wertes des aus der Tat Erlangten erwachsen ist. Für all jene Fälle, in denen ein solcher Anspruch besteht, bricht Absatz 1 mit dem Grundsatz der Insolvenzfestigkeit des Arrestvollzuges und gewährt dem **Insolvenzbeschlag Vorrang** vor der strafrechtlichen Vermögensabschöpfung.[9] Auf die Fragen, wann die Arrestvollziehung beendet war oder ob ein Anfechtungsgrund gegeben ist, kommt es in diesen Fällen nicht an. Das Sicherungsgut fällt ohne Absonderungsanspruch des Staates in die Insolvenzmasse und steht zur Befriedigung aller Gläubiger des Betroffenen, nicht nur der Verletzten, zur Verfügung.[10] Dasselbe geschieht mit Gegenständen, die erst nach Insolvenzeröffnung zur Masse gelangen, etwa weil sie in sog. Verschiebungsfällen nach § 73b Abs. 1 Nr. 1 und 2, Abs. 2 StGB zurückgegeben wurden.[11] Der Gesetzgeber wollte damit im Sinne der „Einheit der Rechtsordnung“ dem Grundsatz der Gläubigergleichbehandlung gerecht werden, mit der Begrenzung auf Taten zum Nachteil individueller Verletzter aber zugleich verhindern, dass Erlöse, die durch Verstöße gegen Rechtsgüter der Allgemeinheit erlangt wurden, in die Insolvenzmasse fallen und der Betroffene dadurch seine (privaten) Schulden im Insolvenzverfahren begleichen kann.[12]

7 BTDrucks. **18** 11640 S. 85.
8 BGH NStZ-RR **2017** 375, 376; *Köhler/Burkhard* NStZ **2017** 665, 682.
9 BTDrucks. **18** 9525 S. 79; Meyer-Goßner/Schmitt/*Köhler* 1; *Blankenburg* ZInsO **2017** 1453, 1456.
10 *Reitemeier* 160.
11 BTDrucks. **18** 9525 S. 79.
12 BTDrucks. **18** 9525 S. 79; *Köhler/Burkhard* NStZ **2017** 665, 680.

II. Erlöschen des Sicherungsrechts des Justizfiskus, Absatz 1 Satz 1

1. Verletzter der Straftat. Das aus dem Arrestvollzug entstandene Sicherungsrecht des Justizfiskus nach § 111h Abs. 1 Satz 1 erlischt nur dann, wenn es mindestens einen Verletzten einer Straftat gibt, dem ein Anspruch auf Ersatz des Wertes des aus der Tat Erlangten erwachsen ist. Dies soll nach Auffassung des Gesetzgebers rein rechtsgutsbezogen zu betrachten sein, wobei auch der Steuerfiskus Straftatverletzter sein könne.[13] Damit soll ein weitgehender Gleichlauf von Absatz 1 und 2 herbeigeführt werden.[14] Es gilt daher auch im hiesigen Zusammenhang der dem Vermögensabschöpfungsrecht immanente **„dynamische Verletztenbegriff“** (ausführlich dazu 111b, 75ff.).[15] Die Regelung greift auch dann, wenn der Anspruch auf den Erben übergegangen ist, abgetreten wurde oder durch gesetzlichen Forderungsübergang den Inhaber gewechselt hat,[16] schließlich ist nach dem Wortlaut die Anspruchsentstehung entscheidend. Ein von dem Verletzten vor Arrestvollzug erwirktes Pfandrecht bleibt von Absatz 1 Satz 1 unberührt, der Verletzte kann im Insolvenzverfahren sein Absonderungsrecht geltend machen.[17] 5

2. Anspruch auf Wertersatz

a) Anspruchsgegenstand. Dem Verletzten muss aus der Straftat im materiellen Sinne[18] (dazu § 111b, 78ff.) ein Anspruch auf Ersatz des Wertes des Erlangten erwachsen sein. Wurde der Vermögensarrest ausschließlich wegen Taten angeordnet, aus denen der Betroffene etwas zum Nachteil der Allgemeinheit erlangt haben soll, bleibt es bei der Regelung in § 111h Abs. 1.[19] Das Tatgeschehen muss folglich die Tatbestandsmerkmale des Straftatbestandes erfüllen[20] und der Wert des Erlangten muss vom Vermögen des Verletzten in das Vermögen des Betroffenen geflossen sein.[21] Ob dies durch eine oder mehrere Taten im materiellen Sinne geschehen ist, ist unerheblich.[22] Ein Herausgabeanspruch des Verletzten gegenüber dem Beschuldigten reicht hingegen nicht aus,[23] Gleiches gilt für **Schmerzensgeldansprüche**.[24] Vom Tatbestand erfasst sind auch jene Fälle, in denen dem Verletzten auch ein Anspruch auf Wertersatz entstanden ist, etwa weil die gestohlene Sache zwischenzeitlich an Wert verloren hat. Das führt zu dem aus Sicht der Verletzten wenig plausiblen Ergebnis,[25] dass sein Anspruch auf Wertersatz im Insolvenzverfahren ohne Absonderungsrecht befriedigt werden muss, während der Gegenstand selbst an ihn herausgegeben wird und nicht in die Insolvenzmasse fällt. 6

---

13 BTDrucks. **18** 10146 S. 11; **18** 11640 S. 86; Meyer-Goßner/Schmitt/*Köhler* 1.
14 BTDrucks. **18** 11640 S. 85.
15 Auch BTDrucks. **18** 9525 S. 80 geht von einem „vermögensabschöpfungsrechtlichen Verletztenbegriff“ aus; Meyer-Goßner/Schmitt/*Köhler* 2; HK/*Gercke* 2; *Blankenburg* ZInsO **2017** 1453, 1458; *Bittmann/Tschakert* ZInsO **2017** 2657, 2671.
16 SSW/*Burghart* 8; HK/*Gercke* 3.
17 *Blankenburg* ZInsO **2017** 1453, 1456.
18 Meyer-Goßner/Schmitt/*Köhler* 2; *Köhler/Burkhard* NStZ **2017** 665, 677; **a.A.** KMR/*Mayer* 2.
19 BTDrucks. **18** 11640 S. 86; *Rhode* wistra **2018** 65, 70; Meyer-Goßner/Schmitt/*Köhler* 2; *Köhler/Burkhard* NStZ **2017** 665, 677 f.; HK/*Gercke* 1.
20 SSW/*Burghart* 4 mit Beispielen.
21 BTDrucks. **18** 9525 S. 80; BGH NJW **2001** 2560, 2562; NStZ **2010** 326.
22 Meyer-Goßner/Schmitt/*Köhler* 1.
23 SSW/*Burghart* 13.
24 SSW/*Burghart* 15; Meyer-Goßner/Schmitt/*Köhler* 3; KMR/*Mayer* 2.
25 *Frind* NZI **2016** 674, 676; ausführlich unter Darlegung der zivilrechtlichen Kondiktionsvorschriften SSW/*Burghart* 13f.

7 **b) Geltendmachung des Anspruchs.** Der Anspruch, der dem Verletzten auf Ersatz des Wertes des Erlangten erwachsen ist, muss nach dem Wortlaut des Absatz 1 nicht von ihm gegenüber der Staatsanwaltschaft geltend gemacht worden sein. Das Sicherungsrecht entfällt vielmehr aufgrund der schlichten **Existenz der Verletztenansprüche**. Es ist allerdings fraglich, ob die Regelung auch unter historischen bzw. teleologischen Gesichtspunkten so verstanden werden kann.

8 **aa) Problemaufriss.** In seiner Terminologie ähnelt Absatz 1 Satz 1 dem Wortlaut von § 73 Abs. 1 Satz 2 StGB a.F., der eine Verfallsanordnung ausschloss, soweit dem Verletzten aus der Tat ein Anspruch erwachsen war, dessen Erfüllung dem Täter oder Teilnehmer den Wert des aus der Tat Erlangten entzogen hätte. Umstritten war in diesem Zusammenhang, ob der Verfall schon dann ausgeschlossen war, wenn dem Verletzten ein solcher Anspruch entstanden war oder ob er diesen Anspruch auch geltend machen musste. Teilweise wurde davon ausgegangen, das schlichte **Bestehen eines Ausgleichsanspruchs** des bekannten Verletzten ohne Geltendmachung schließe die Verfallsanordnung nicht aus.[26] Der Bundesgerichtshof hatte sich dieser Auffassung nicht angeschlossen,[27] sondern vielmehr klargestellt, dass eine solche Interpretation den Wortlaut der Norm überschritt und zudem im Widerspruch zu ihrem Regelungsziel stand, weil sie den Verletzten gezwungen hätte, seine zivilrechtlichen Ansprüche zu einem bestimmten Zeitpunkt geltend zu machen.

9 Gerade unter Berücksichtigung des konkreten Regelungsziels lassen sich für Absatz 1 Satz 1 jedoch Argumente finden, die für das Erfordernis einer Geltendmachung der Ansprüche durch die Verletzten sprechen, denn etwa bei Massebetrugsverfahren, in denen sich die Verletzten nur unter hohem Aufwand feststellen lassen und in denen aufgrund der geringen individuellen Schadenssummen ohnehin nicht davon auszugehen ist, dass sie ihre Ansprüche geltend machen werden, führt der Wortlaut der Norm dazu, dass das Sicherungsrecht des Staates entfällt und das Sicherungsgut ohne Absonderungsrecht in die Insolvenzmasse fällt. Das ist nicht schlüssig, denn es macht für die Verwertung des Gegenstandes keinen Unterschied, ob es überhaupt keinen Verletzten der Tat gibt oder dieser seine Ansprüche nur nicht geltend macht, in beiden Fällen würde der Wert des Gegenstandes dem Staat zufließen. Beiden Alternativen gleichwohl unterschiedliche Rechtsfolgen zuzuschreiben, ist nicht ohne Weiteres verständlich und führt zu nicht unerheblichen **Wertungswidersprüchen** innerhalb der gesetzlichen Regelungen der § 111h Abs. 1 und § 111i Abs. 1. Der vom Gesetzgeber angegebene Grund für das Fortbestehen des staatlichen Sicherungsrechts in Fällen ohne individuellen Verletzten, dass der Betroffene sich nicht auf Kosten der Allgemeinheit über das Insolvenzverfahren von privaten Schulden befreien können soll (Rn. 4), greift für Fälle mit unbekannten Verletzten nämlich gleichermaßen. Ob sich der Betroffene durch Straftaten zu Lasten der Allgemeinheit oder zu Lasten unbekannter Verletzter über das Insolvenzverfahren von seinen Verbindlichkeiten befreit, macht keinen Unterschied; beides wäre aus rechtsstaatlicher Sicht gleichermaßen unbefriedigend. Die Gesetzesbegründung liefert keine Antwort auf die Frage, ob das Erlöschen des staatlichen Sicherungsrechts im Sinne des Absatz 1 Satz 1 die Geltendmachung von Ansprüchen durch die Verletzten voraussetzt oder das schlichte Bestehen des Anspruchs genügt. Dort wird nur ausgeführt, dass das Erlöschen des Sicherungsrechtes dazu führe, dass auch jene Gläubiger am Sicherungsgut partizipieren können, denen kein Anspruch auf Wertersatz aus der Tat erwachsen ist.[28] Damit

---

26 *Kiethe/Hohmann* NStZ **2003** 505, 510 m.w.N.
27 BGH NStZ **2006** 621, 622.
28 BTDrucks. **18** 9525 S. 79.

beschreibt der Gesetzgeber aber lediglich die von Absatz 1 Satz 1 normierte Folge, erklärt indes nicht, unter welchen tatsächlichen Voraussetzungen sie eintreten soll.[29]

bb) Lösung. Unter Berücksichtigung des Wortlauts der Regelung und insbesondere einem systematischen Vergleich zwischen Absatz 1 und Absatz 2 ist trotz der dargelegten Bedenken im Ergebnis für eine erweiterte teleologische Auslegung kein Raum, denn dass der Gesetzgeber, wenn er die Geltendmachung von Ansprüchen durch die Verletzten als notwendige Tatbestandsvoraussetzung beschreiben wollte, dies ausdrücklich getan hat, zeigt sich gerade in Absatz 2 Satz 1. Hinzu kommt, dass eine solche Auslegung faktisch vor allem die bekannten Geschädigten belasten würde und damit im Widerspruch zum das Reformgesetz tragenden[30] **Opferschutzgedanken** stünde, denn die Praxis behilft sich in Umfangsverfahren häufig mit einem Vorgehen nach §§ 154, 154a und versucht so, den Prozessgegenstand überschaubar zu halten. Anhaltspunkte dafür, dass sich dies künftig ändern wird, gibt es nicht, zumal der Gesetzgeber ausdrücklich erklärt hat, dass die Staatsanwaltschaften auch nach neuem Vermögensabschöpfungsrecht berechtigt sein sollen, Beschränkungen allein mit „Blick auf das eigentliche Strafverfahren" vorzunehmen.[31] Darauf gestützt darf man prognostizieren, dass gerade in Umfangsverfahren viele der Insolvenzgläubiger strafrechtlich belastete Geschädigte des Beschuldigten sein werden, die lediglich aufgrund von Entscheidungen der Staatsanwaltschaft nach § 154 nicht mehr als Verletzte im Sinne des Vermögensabschöpfungsrecht bezeichnet werden dürfen.[32] Für diese Geschädigten ist die Überleitung des Sicherungsgutes in das Insolvenzverfahren von Vorteil.[33] Trotz der damit einhergehenden Wertungswidersprüche hängt das Erlöschen des staatlichen Sicherungsrechtes damit nicht von der Geltendmachung der Ansprüche durch die Verletzten ab.[34] Daraus folgt zugleich, dass der Sinn und Zweck des Absatz 1 Satz 1 tatsächlich darin liegt, die Insolvenzgläubiger vor einer abgesonderten Befriedigung durch die Verletzten der Straftat zu schützen[35] und in § 111h Abs. 1 Satz 2 lediglich eine **Ausnahme** von diesem Grundsatz **zu Gunsten des Staates** normiert ist. 10

c) Nachträgliche Veränderung. Geht die Forderung des Verletzten gegen den Betroffenen **unter**, so schließt das nach § 73e Abs. 1 StGB die Einziehung aus. Damit entfällt die Annahme im Sinne des § 111e Abs. 1 (dort Rn. 6ff.), muss der Vermögensarrest aufgehoben und das Sicherungsgut zu Gunsten der Insolvenzmasse freigegeben werden. Das gilt vollkommen unabhängig von den Ursachen des Untergangs der Forderung (vgl. dazu § 111b, 32ff.). Ist der Anspruch hingegen nur **gehemmt**, bleibt das ohne Auswirkungen auf das Erlöschen des staatlichen Sicherungsrechtes, weil die Norm (nur) auf einen aus der Tat erwachsenen Anspruch abstellt.[36] Damit lässt auch ein verjährter Anspruch des Verletzten das staatliche Sicherungsrecht entfallen, auch wenn die Einrede nicht erhoben ist. Unerheblich für die Bejahung des Tatbestandsmerkmals ist im Übrigen auch, ob der Anspruch des Verletzten auf einen Dritten **übergegangen** ist oder ob der **Verletzte** 11

---

29 In diesem Sinne auch SSW/*Burghart* 7.

30 **A.A.** BGH Beschl. v. 13.12.2018 – 3 StR 307/18: Opferschutz kein Selbstzweck und nicht das wesentliche Ziel der Neuregelung.

31 BTDrucks. **18** 9525 S. 51.

32 *Laroche* ZInsO **2017** 1245, 1247; *Köhler/Burkhard* NStZ **2017** 665, 680.

33 Diese Grundidee findet sich auch in BTDrucks. **18** 9525 S. 79; ähnlicher Ansatz bei *Frind* NZI **2016** 674, 676.

34 SSW/*Burghart* 7, mit Überlegungen zum Zweck der Regelung.

35 SSW/*Burghart* 8.

36 Im Ergebnis ebenso SSW/*Burghart* 9.

selbst in die **Insolvenz** fällt, da der Anspruch dem Verletzten jeweils erwachsen und „nur" (die Verfügungsbefugnis) auf einen Dritten übergegangen ist.[37] Gleiches gilt für die Fragen, ob der Anspruch tituliert wurde oder ob der Betroffene den Anspruch anerkennt.[38]

12 **3. Aus der Tat erwachsen.** Der Anspruch auf Ersatz des Wertes des Erlangten muss dem Verletzten aus der Straftat erwachsen sein. Die Terminologie entspricht jener in § 111h Abs. 2 Satz 2. Erforderlich ist daher, dass der Anspruch des Verletzten gerade auf der Handlung oder Unterlassung des Betroffenen oder Beschuldigten beruht, die die materielle Strafnorm erfüllt.[39] Es gilt folglich auch hier ein materiell-rechtlicher Tatbegriff (ausführlich dazu 111b, 78). Der Betroffene muss etwas erlangt haben, was dem Verletzten durch die Tat entzogen wurde.[40] Anders als im Zusammenhang mit dem Vollstreckungsprivileg des Steuerfiskus (§ 111h, 16 ff.) stellt sich im hiesigen Zusammenhang jedoch regelmäßig nicht das Problem, ob der jeweilige Wertersatzanspruch des Verletzten auch aus der Straftat „erwachsen" ist, weil der Verletzte insoweit immer (auch) einen deliktischen Anspruch innehat, der ihm tatsächlich erst aus der Tat „erwachsen" ist.[41] Werden dem Betroffenen mehrere Taten vorgeworfen und umfassen diese sowohl Taten zum Nachteil individueller Verletzter als auch Taten ausschließlich zum **Nachteil der Allgemeinheit** und wird der Vermögensarrest nur zur Sicherung der Wertersatzeinziehung aus den Taten zum Nachteil der Allgemeinheit ausgebracht, bleibt das Aussonderungsrecht bestehen, es gilt dann weiterhin § 111h Abs. 1 Satz 1.[42] Das liefert den Strafverfolgungsbehörden erhebliche Einflussmöglichkeiten über den Umfang der Insolvenzmasse.[43] Betrifft die Tat sowohl Individual- als auch Allgemeinrechtsgüter, soll das Sicherungsrecht des Staates mit Insolvenzeröffnung auch dann erlöschen, wenn das Verfahren nach § 154a auf das Delikt zum Schutz der Allgemeinheit beschränkt war.[44]

4. Insolvenzverfahren

13 **a) Allgemeines.** Das Erlöschen des staatlichen Sicherungsrechts setzt voraus, dass das Insolvenzverfahren über das Vermögen des Betroffenen eröffnet und der gesicherte Gegenstand oder der aus seiner Verwertung erzielte Erlös vom **Insolvenzbeschlag** erfasst wird. Wann, insbesondere zu welchem Zeitpunkt nach Vollzug des Vermögensarrestes das Insolvenzverfahren eröffnet wird, ist für das Erlöschen des Sicherungsrechtes ebenso irrelevant wie die Frage, aufgrund wessen Antrags das Verfahren eröffnet wurde.[45]

14 **b) Eröffnung des Insolvenzverfahrens.** Die Voraussetzungen, unter denen das Insolvenzverfahren über das Vermögen des Betroffenen eröffnet werden kann, richten sich ausschließlich nach der Insolvenzordnung. Die Strafprozessordnung enthält insoweit

---

37 SSW/*Burghart* 8 und 11.
38 SSW/*Burghart* 4.
39 SSW/*Burghart* 4; **a.A.** KK/*Spillecke* 4.
40 Meyer-Goßner/Schmitt/*Köhler* 3; SSW/*Burghart* 13 ff.; *Bittmann/Tschakert* ZInsO **2017** 2657, 2661.
41 Ausführlich dazu SSW/*Burghart* 4; *Johann* 73 ff.
42 Meyer-Goßner/Schmitt/*Köhler* 5; *Köhler/Burkhard* NStZ **2017** 665, 678.
43 BTDrucks. **18** 10146 S. 12; *Hüls* ZWH **2018** 129, 133; *Bittmann/Tschakert* ZInsO **2017** 2657, 2658 f. mit Tenorierungsvorschlägen; kritisch *Blankenburg* ZInsO **2017** 1453, 1468; *Köllner/Mück* NZI **2017** 593, 597.
44 *Köhler/Burkhard* NStZ **2017** 665, 678; Meyer-Goßner/Schmitt/*Köhler* 5; KMR/*Mayer* 1; *Bittmann/Tschakert* ZInsO **2017** 2657, 2672.
45 BTDrucks. **18** 11640 S. 86; KMR/*Mayer* 5; Meyer-Goßner/Schmitt/*Köhler* 4.

keine berücksichtigungsbedürftigen Sondervorschriften (siehe aber Rn. 33f.). Insbesondere regelt Absatz 2 keinen **Sonderfall der Insolvenzeröffnung**. Maßgeblicher Zeitpunkt für die Eröffnung des Insolvenzverfahrens ist nach der allgemeinen Regelung in § 27 Abs. 2 Nr. 3 InsO daher die im Eröffnungsbeschluss genannte Stunde der Eröffnung; zu diesem Zeitpunkt entfallt das Sicherungsrecht des Staates. Ist die Stunde der Eröffnung nicht angegeben, gilt nach § 27 Abs. 3 InsO die Mittagsstunde des Tages, an dem der Beschluss erlassen worden ist.

c) Insolvenzbeschlag. Der Begriff des Insolvenzbeschlages bezeichnet den Zeitpunkt, zu dem die Verfügungsbefugnis des Schuldners auf den Insolvenzverwalter übergeht und betrifft damit (nur) jene Gegenstände, die nach § 35 InsO zur Insolvenzmasse gehören. Ausgenommen sind nach § 36 Abs. 3 InsO etwa Sachen, die zum gewöhnlichen Hausrat gehören und im Haushalt des Schuldners gebraucht werden, solange nicht ohne weiteres ersichtlich ist, dass durch ihre Verwertung ein Erlös erzielt wird, der zu dem Wert des Gegenstandes außer allem Verhältnis steht. Über die Frage, ob ein Gegenstand zur Insolvenzmasse gehört, entscheidet nach § 36 Abs. 4 InsO das Insolvenz- und nicht das **Strafgericht**. Zur Anfechtbarkeit der Freigabeentscheidung der Staatsanwaltschaft durch den Betroffenen Rn. 18; zur Zuständigkeit im Falle des Streits über das Erlöschen des Sicherungsrechts Rn. 17. 15

5. Rechtsfolge

a) Allgemeines. Liegen die Voraussetzungen des Absatz 1 Satz 1 vor, erlischt das nach § 111h Abs. 1 Satz 1 durch Vollzug des Vermögensarrestes erlangte Sicherungsrecht des Staates an dem Gegenstand oder seinem Verwertungserlös ipso iure, sobald es vom Insolvenzbeschlag erfasst wird.[46] Das bedeutet im Umkehrschluss, dass das staatliche Sicherungsrecht an **insolvenzfreien Gegenständen** im Sinne des § 36 InsO, die wiederum ihrerseits nicht den Pfändungsschutzvorschriften unterfallen, unabhängig von der Insolvenzeröffnung fortbestehen bleibt.[47] Einer **gerichtlichen Entscheidung** über das Fortbestehen des Sicherungsrechtes bedarf es nicht.[48] Fällt der Gegenstand in die Insolvenzmasse, kann er im Insolvenzverfahren herangezogen und zur Befriedigung der Insolvenzgläubiger verwertet werden.[49] In diesen Fällen gibt die Staatsanwaltschaft den Gegenstand an den Insolvenzverwalter heraus.[50] Gelangt der Gegenstand erst nach Insolvenzeröffnung in die Verfügungsbefugnis des Insolvenzverwalters, erlischt das Sicherungsrecht zu diesem Zeitpunkt.[51] Der Vermögensarrest selbst bleibt von der Eröffnung des Insolvenzverfahrens aber unberührt.[52] 16

---

46 BTDrucks. **18** 9525 S. 79; SSW/*Burghart* 17, der in der Behauptung des Gesetzgebers, den Opferschutz dadurch gestärkt zu haben, eine „recht dreiste Lüge" sieht; kritisch auch *Frind* NZI **2016** 674, 675; **anders** *Bittmann/Tschakert* ZInsO **2017** 2657, 2676, die von „Gewinner[n] auf allen Seiten!" ausgehen; *Korte* wistra **2018** 1, 2.

47 *Rhode* wistra **2018** 65, 70; SSW/*Burghart* 17.

48 SSW/*Burghart* 19.

49 KMR/*Mayer* 6; Meyer-Goßner/Schmitt/*Köhler* 4; kritisch zu diesem Ansatz im Vergleich zum weitergehenden Schutz durch die Rückgewinnungshilfe SSW/*Burghart* 16.

50 Meyer-Goßner/Schmitt/*Köhler* 6; *Blankenburg* ZInsO **2017** 1453, 1465; eingehend auch zu den (haftungsrechtlichen) Folgen im Entschädigungsverfahren *Bittmann/Tschakert* ZInsO **2017** 2657, 2674f.

51 SSW/*Burghart* 18.

52 BTDrucks. **18** 9525 S. 79; SSW/*Burghart* 2; Meyer-Goßner/Schmitt/*Köhler* 4 und Vor §§ 111bff., 5: Anordnung solle „tunlichst aufrechterhalten werden"; KMR/*Mayer* 4; *Blankenburg* ZInsO **2017** 1453, 1457.

17 **b) Gerichtliche Entscheidung.** Besteht Streit über die Frage, ob das Sicherungsrecht erloschen ist, muss der Insolvenzverwalter diese Frage gerichtlich klären. Über die Frage, ob hierfür das Straf-[53] oder das Insolvenzgericht[54] zuständig ist, fehlt es an einer gesetzlichen Regelung. Für die Auffassung einer **strafgerichtlichen Zuständigkeit** spricht, dass § 111k Abs. 3 einen Rechtsbehelf für Maßnahmen in der Vollziehung des Vermögensarrestes vorsieht und die Nichtfreigabe des Gegenstandes eine solche Entscheidung darstellt. Allerdings ist die Frage, ob ein Gegenstand in die Insolvenzmasse fällt, eine originär insolvenzrechtliche. Es besteht überdies keine Notwendigkeit, diese Frage strafprozessual zu klären, weil die Insolvenzgerichte hierfür die größere Fachkenntnis aufweisen. Um Auseinandersetzungen über diese Frage zu vermeiden, sollte der Gesetzgeber schnellsten Klarheit schaffen, welcher Rechtsweg gegeben sein soll.

18 Schwierigkeiten bereitet zugleich die Antwort auf die Frage, wie sich der Übergang der Verwaltungs- und Verfügungsbefugnis über das Vermögen des Schuldners nach § 80 Abs. 1 InsO auf die Möglichkeiten des Betroffenen nach § 111k Abs. 3 auswirkt. Bisher ungeklärt ist dabei, ob der Betroffene durch den Verlust seiner Verfügungsbefugnis über sein Vermögen auch die **Dispositionsbefugnis über** seinen **Antrag nach § 111k Abs. 3** verliert. Problematisch ist das etwa für Fälle, in denen es um die Herausgabe von vermeintlich aus der Straftat erlangten Originalgegenständen geht. Das an ihnen entstandene Sicherungsrecht ist nach § 111d Abs. 1 Satz 2 insolvenzfest. Während der Insolvenzverwalter ein Interesse daran haben kann, diese Gegenstände freizubekommen, um sie der Masse zuzuführen, kann der Betroffene ein Interesse daran haben, dass diese dem Verletzten zurückgewährt werden. Da der Antrag im Sinne des § 111k Abs. 3 im weitesten Sinne zur Verwaltung des schuldnereigenen Vermögens zählt, dürfte vom Übergang der Verwaltungs- und Verfügungsbefugnis nach § 80 InsO auch das Antragsrecht nach § 111k Abs. 3 umfasst sein.

19 **c) Wiederaufleben des Sicherungsrechts.** Ist das Sicherungsrecht einmal ent- und der Vermögensgegenstand in die Insolvenzmasse gefallen, kann es nicht nachträglich über Verfahrensbeschränkungen nach §§ 154, 154a wieder der Insolvenzmasse entzogen werden. Das ergibt sich schon im Umkehrschluss zu § 111h Abs. 1 Satz 2, weil insoweit jedenfalls die Rückschlagsperre greift. Entfällt hingegen der Insolvenzbeschlag, entsteht das Sicherungsrecht des Staates nur durch eine **weitere Vollzugsmaßnahme eines Vermögensarrestes**, denn das Sicherungsrecht ist nach dem Willen des Gesetzgebers erloschen und nicht lediglich gehemmt.[55] Grundlage dieser neuerlichen Vollziehung kann,[56] muss aber nicht derjenige Vermögensarrest sein, der vor Entfall des Sicherungsrechtes die Rechtsgrundlage für die Vollzugsmaßnahme darstellte. In Bezug auf die Vollziehungsfristen des Vermögensarrestes gelten die Ausführungen bei § 111f, 3.

III. Auslandsbelegenheit des Sicherungsgutes, Absatz 1 Satz 2

20 Abweichend von Absatz 1 Satz 1 erlischt das staatliche Sicherungsrecht nach § 111h Abs. 1 Satz 1 nicht an solchen Gegenständen, die in einem Staat belegen sind, in dem die Eröffnung des Insolvenzverfahrens nicht anerkannt wird. Entscheidend ist folglich das Recht des ausländischen Staates.[57] In Bezug auf die Einzelheiten muss auf die insolvenz-

53 So Meyer-Goßner/Schmitt/*Köhler* 6; KMR/*Mayer* 4.
54 So SSW/*Burghart* 19.
55 SSW/*Burghart* 20.
56 SSW/*Burghart* 20.
57 BTDrucks. **18** 9525 S. 79.

rechtliche Kommentarliteratur verwiesen werden, hier soll es bei folgenden, grundlegenden Ausführungen verbleiben: Das Insolvenzverfahren erstreckt sich grundsätzlich auf das gesamte Vermögen des Schuldners, d.h. auch auf jenes, das sich im Ausland befindet. Die Insolvenzordnung kennt hiervon jedoch Ausnahmen, die in den §§ 354 ff. InsO geregelt sind. Liegt ein solches isoliertes Partikularinsolvenzverfahren oder ein Sekundärinsolvenzverfahren vor, bleibt es bei den allgemeinen Regelungen nach Absatz 1 Satz 1. Erstreckt sich das Insolvenzverfahren auf das gesamte Schuldnervermögen und liegen Teile davon in einem **Mitgliedsstaat der Europäischen Union**, greift die Europäische Verordnung über Insolvenzverfahren (EUInsVO) und wird über Art. 16 und 17 EuInsVO die Eröffnung des deutschen Insolvenzverfahrens auch im Ausland anerkannt. Es bleibt dann auch insoweit bei den Wirkungen des Absatz 1 Satz 1. Die Regelung in Absatz 1 Satz 2 betrifft damit vor allem jene Fälle, in denen es weder bi- noch multilaterale Verträge zum Insolvenzrecht gibt.[58] Da in diesen Fällen kein Grund besteht, zu Gunsten der Verletzten auf den Vollstreckungsgegenstand zu verzichten, bleibt das im Wege der internationalen Rechtshilfe erwirkte (dazu auch § 111c, 15), durch den Vollzug des Vermögensarrests erwachsene Sicherungsrecht, an dem Vollziehungsgegenstand bestehen und kann dieser nach Rechtskraft des Urteils verwertet werden.

IV. Erstreckung auf Pfandrecht, Absatz 1 Satz 3

Die Sätze 1 und 2 des Absatz 1 gelten entsprechend für das durch **Hinterlegung** entstandene Pfandrecht des Staates, das bei Eröffnung des Insolvenzverfahrens ebenfalls erlischt.[59] Die Vorschrift ist logische Konsequenz der Hinterlegungsmöglichkeit des Betroffenen, denn es kann für das Sicherungsrecht keinen Unterschied machen, ob der Betroffene die Lösungssumme hinterlegen kann oder nicht. 21

C. Insolvenzantragstellung durch die Staatsanwaltschaft, Absatz 2

I. Allgemeines

Während Absatz 1 Regelungen dazu trifft, wie sich das durch Vollziehung des Vermögensarrestes erwachsene Sicherungsrecht des Staates nach § 111h Abs. 1 Satz 1 im anschließenden Insolvenzverfahren auswirkt, regelt Absatz 2 einen vollkommen anderen Sachverhalt. Hier geht es nicht mehr um die Rechtswirkungen einer Insolvenzeröffnung, sondern ausschließlich um die Frage, unter welchen Voraussetzungen die Staatsanwaltschaft berechtigt ist, einen **Fremdantrag auf Eröffnung des Insolvenzverfahrens** über das Vermögen des Betroffenen zu stellen. Die Regelung, die die Staatsanwaltschaft vor einer schwierigen Verteilung von unzureichenden Vermögenswerten unter den Verletzten bewahren soll,[60] wurde im Rechtsausschuss noch einmal grundlegend verändert. Anders als noch im Gesetzesentwurf der Bundesregierung angedacht (Vor §§ 111b ff., 18 ff.), stellt die Staatsanwaltschaft den Eröffnungsantrag nicht in Vertretung der Verletzten, sondern im eigenen Namen als Gläubigerin der Einziehungsforderung, auch wenn diese nachrangig im Sinne des § 39 Abs. 1 Nr. 3 InsO ist.[61] Damit soll die Abschaffung des Rückgewinnungshilfeverfahrens konsequent vollzogen werden und zugleich zum Aus- 22

58 Siehe dazu eingehend *Laroche* ZInsO **2017** 1245, 1249 f.
59 BTDrucks. **18** 11640 S. 86.
60 SSW/*Burghart* 21.
61 BTDrucks. **18** 11640 S. 86; Meyer-Goßner/Schmitt/*Köhler* 9; MüKo-InsO/*Ehricke* § 39, 23; *Bittmann/Tschakert* ZInsO **2017** 2657, 2666; *Blankenburg* ZInsO **2017** 1453, 1466 f. auch zu Sonderkonstellationen.

druck kommen, dass der Staat nun einen eigenen Einziehungsanspruch gegenüber dem Betroffenen hat. Die Staatsanwaltschaft wird deshalb nicht für den Verletzten, sondern aus **eigenem Recht** aktiv.[62] Die Vorschrift hat für die Staatsanwaltschaften eine enorme praktische Bedeutung, zumal die Antragstellung vom Wortlaut nicht in ihrem Ermessen steht. Sie gilt bereits im Ermittlungsverfahren[63] und ist über den Verweis in § 459h Abs. 2 Satz 2 im Vollstreckungsverfahren entsprechend anwendbar. Für die Verletzten bedeutet die Antragstellung durch die Staatsanwaltschaft regelmäßig eine wirtschaftliche Schlechterstellung, weil sie sich zur Kompensation ihrer Schäden nicht mehr nur mit den übrigen Verletzten an das Sicherungsgut aus der Arrestvollziehung, sondern mit allen Gläubigern des Betroffenen an die Insolvenzmasse halten müssen und hier in aller Regel mit einer schlechteren, nur quotalen Befriedigung zu rechnen ist.[64]

II. Voraussetzungen der Insolvenzantragstellung durch die Staatsanwaltschaft, Absatz 2

23 **1. Allgemeines.** Die Staatsanwaltschaft, hier nach § 31 Abs. 1 Nr. 3 RPflG der zuständige Rechtspfleger, stellt einen Antrag auf Eröffnung des Insolvenzverfahrens über das Vermögen des Arrestschuldners, wenn es mehrere Verletzte einer Straftat gibt und der Wert des in Vollziehung des Vermögensarrestes gesicherten Gegenstandes oder der durch dessen Verwertung erzielte Erlös nicht ausreicht, um die aus der Tat erwachsenen Ansprüche der Verletzten auf Ersatz des Wertes des Erlangten, die gegenüber der Staatsanwaltschaft **geltend gemacht** werden, zu befriedigen. Ist der Gegenstand verwertet worden, weil er notveräußert werden musste, kommt es auf den Wert des erzielten Erlöses an.

24 **2. Mehrere anspruchsberechtigte Verletzte.** Grundvoraussetzung der Insolvenzantragstellung durch die Staatsanwaltschaft ist das Vorliegen mehrerer Verletzter,[65] die ihre jeweils aus der Tat im materiellen Sinne[66] erwachsenen Ansprüche auf Wertersatz bei der Staatsanwaltschaft geltend machen.[67] Das Gesetz stellt damit klar, dass die Geltendmachung eines Anspruchs durch einen **einzigen Verletzten** auch dann keine Antragsbefugnis nach Absatz 2 Satz 1 begründet, wenn die in Vollziehung des Vermögensarrestes gesicherten Werte diesen Anspruch voraussichtlich nicht vollumfänglich zu befriedigen vermögen.[68] Dem soll der Fall gleichstehen, dass die Verletzten sich als Gesellschaft bürgerlichen Rechts zusammenschließen oder ihre Ansprüche auf einen Treuhänder übertragen, der dann singulär gegenüber der Staatsanwaltschaft auftritt.[69] In diesen Fällen wird der Verletzte grundsätzlich in Höhe des Sicherungsgutes im Strafvollstreckungsverfahren befriedigt,[70] die Staatsanwaltschaft stellt jedenfalls keinen Insolvenzantrag. Die Verletzten müssen jeweils einen aus der Tat im materiellen Sinne erwachsenen Anspruch auf Wertersatz (dazu § 111b, 78 ff.) gegen den Betroffenen haben.[71] Das ergibt sich zwar nicht unmittelbar aus dem Wortlaut, der nur verlangt, dass es „meh-

---

62 BTDrucks. **18** 11640 S. 86.
63 SSW/*Burghart* 23.
64 SSW/*Burghart* 21.
65 BTDrucks. **18** 9525 S. 80; kritisch dazu *Laroche* ZInsO **2017** 1245, 1247.
66 Meyer-Goßner/Schmitt/*Köhler* 11; *Köhler/Burkhard* NStZ **2017** 665, 681.
67 *Laroche* ZInsO **2017** 1245, 1246 f.
68 Kritisch dazu *Blankenburg* ZInsO **2017** 1453, 1458.
69 *Bittmann/Tschakert* ZInsO **2017** 2657, 2664.
70 SSW/*Burghart* 21.
71 SSW/*Burghart* 22.

rere Verletzte“ gibt, folgt aber einerseits aus der in §§ 111bff. einheitlich verwendeten Terminologie des Verletzten, andererseits daraus, dass das Einziehungsrecht vom Sinn und Zweck ausschließlich auf die Kompensation dieser Schäden gerichtet ist. Absatz 2 Satz 1 gilt daher nicht, wenn nur einem Verletzten ein solcher Wertersatzanspruch aus der Tat erwachsen ist, unabhängig davon, wieviele Geschädigte andere Ansprüche, etwa auf **Schmerzensgeld** oder auf Rückgewähr des Erlangten, gegen den Betroffenen geltend machen.[72]

3. Erfolgreiche, aber unzureichende Arrestvollziehung. Die Berechtigung der Staatsanwaltschaft zur Stellung eines Insolvenzantrages über das Vermögen des Betroffenen erfordert einen erfolgreichen aber nicht ausreichenden Arrestvollzug oder eine Verwertung der in Vollziehung des Arrestes gesicherten Gegenstände, deren Erlös nicht ausreicht, um die von den Verletzten gegenüber der Staatsanwaltschaft geltend gemachten Ansprüche der Verletzten auf Wertersatz zu befriedigen. Da der Vermögensarrest nur der Sicherung des Status quo, nicht aber der Verwertung des Gegenstandes dient, kommt eine Veräußerung eines Gegenstandes nur unter den in § 111p beschriebenen Voraussetzungen in Betracht. 25

a) Arrestvollzug. Die Antragstellung durch die Staatsanwaltschaft setzt voraus, dass in Vollziehung des Vermögensarrestes nach § 111f überhaupt ein Gegenstand gesichert werden konnte, dessen Wert voraussichtlich nicht ausreichen wird, um die geltend gemachten Ansprüche der Verletzten im **Strafvollstreckungsverfahren** zu befriedigen. E contrario dürfte eine Antragstellung auch dann zulässig sein, wenn gar kein Gegenstand gesichert werden konnte. Da die Vollziehung des Vermögensarrestes praktisch aber quasi immer zu einem Sicherungsrecht des Staates führt, weil selbst pfandlose Schuldner regelmäßig über kleinere Geldbeträge verfügen, die ihnen durch die Strafverfolgungsbehörden abgenommen werden, ist die Frage, ob eine Insolvenzantragstellung die **Wirksamkeit der Arrestvollziehung** voraussetzt, insbesondere, dass nicht in pfändungsfreie Gegenstände vollstreckt wurde, von Praxisrelevanz, bisher aber noch nicht diskutiert. Der Wortlaut der Vorschrift verlangt nur eine Vollziehung des Vermögensarrestes, nicht jedoch deren Rechtmäßigkeit. Andererseits ging schon der Gesetzesentwurf der Bundesregierung ausdrücklich davon aus, dass eine Antragstellung erst dann in Betracht kommen wird, wenn eine gesicherte Tatsachenbasis einen „Mangelfall“ erkennen lässt.[73] Ein mit fundierter (rechtlicher) Begründung angefochtener Vollstreckungsakt wird deshalb regelmäßig einer Insolvenzantragstellung durch die Staatsanwaltschaften entgegenstehen, auch wenn er ihn formaljuristisch nicht ausschließt. 26

b) Vermögensarrest. Um in jedem Verfahrensstadium den Kreis der im hiesigen Zusammenhang relevanten Verletzten und deren Forderungen klar umfassen zu können, müssen die Staatsanwaltschaften den Vermögensarrest an die Ermittlungslage anpassen, etwa wenn neue Erkenntnisse vorliegen oder aber nach Einstellungsentscheidungen aus Opportunitätsgründen.[74] Ein **veralteter Vermögensarrest** kann den Insolvenzantrag nicht begründen. Nicht diskutiert ist bisher, ob der Vermögensarrest und damit die Rechtsgrundlage für die Vollstreckung in das Vermögen des Betroffenen selbst wirksam sein muss, damit die Staatsanwaltschaft nach Absatz 2 zur Antragstellung berech- 27

72 *Rhode* wistra **2018** 65, 71.
73 BTDrucks. **18** 9525 S. 81; **18** 11640 S. 86.
74 BTDrucks. **18** 9525 S. 80.

tigt ist. Das Gesetz geht von einem in Vollziehung des Vermögensarrestes gesicherten Gegenstand aus, was die Frage aufwirft, ob man auch einen auf Grundlage eines **rechtswidrigen Vermögensarrestes** erlangten Gegenstand als „gesichert" betrachten kann (siehe dazu § 111j, 9f., 28f.). Die Antwort auf diese Frage dürfte in der Praxis künftig nur eine untergeordnete Bedeutung einnehmen, weil die Verletzten nach § 111l Abs. 1 ohnehin erst nach Vollzug des Vermögensarrestes über das Verfahren informiert werden und auch erst dann ihre Ansprüche werden geltend machen können. Der Betroffene dürfte damit ausreichend Zeit haben, einen rechtswidrigen Vermögensarrest anzufechten und so seine Aufhebung zu erwirken, bevor ein Insolvenzantrag gestellt wird.

28 **c) Fortgesetze Vollziehung.** Der Arrest muss zum Zeitpunkt der Insolvenzantragstellung noch vollzogen sein. Der Gesetzgeber hat expressis verbis (nur) zwei Fälle beschrieben, unter denen die Antragstellung möglich ist, nämlich wenn der Wert des gesicherten Gegenstandes oder der durch seine Verwertung erzielte Erlös ungenügend ist. Nicht ausdrücklich geregelt ist damit, ob die **Hinterlegung der Lösungssumme** dem vollzogenen Arrest gleichzusetzen ist. Hierfür sprechen der Sinn und Zweck der Regelung, allerdings fehlt es insoweit an einer entsprechenden Bezeichnung im Gesetz. Bedeutsam könnte diese Frage werden, wenn die Hinterlegung in Wertpapieren erfolgte (§ 111e, 48), die zwischenzeitlich an Wert verloren haben. Da die Arrestvollziehung im Falle der Hinterlegung einer Sicherheit aufgehoben und der Vollziehungsgegenstand nicht (nur) durch ein Surrogat ersetzt wird, kommt in diesen Fällen, jedenfalls ohne ausdrückliche gesetzliche Regelung, eine Insolvenzantragstellung durch die Staatsanwaltschaft nicht in Betracht.

29 **d) Unzureichende Vollstreckungsmasse.** Eine Insolvenzantragstellung durch die Staatsanwaltschaft erfordert, dass der Wert des in Vollziehung des Vermögensarrestes gesicherten Gegenstandes oder dessen Erlös unzureichend ist, die **angemeldeten Ansprüche**, die ihren Ursprung in den vermeintlichen Straftaten haben und auf die sich der Vermögensarrest bezieht, zu befriedigen. Entscheidend für die Insolvenzantragstellung ist daher nicht, was der Betroffene aus der Tat erlangt hat, sondern ausschließlich, welche Ansprüche die Verletzten geltend machen. Diese sind in Relation zu den aus Anlass dieser Taten gesicherten Vermögenswerten zu setzen.[75] Bei **Gesamtschuldnern** muss die Einziehungsforderung die Vermögen aller Gesamtschuldner übersteigen.[76] Einigen sich die Verletzten vorab darauf, gegenüber der Staatsanwaltschaft nur 1/3 ihrer Ansprüche geltend zu machen und reicht der gesicherte Gegenstand aus, die Ansprüche in dieser Höhe zu befriedigen, ist der Staatsanwaltschaft die Stellung des Insolvenzantrages verwehrt. Stellt auch kein anderer Gläubiger des Betroffenen einen Insolvenzantrag, so bleibt der Gegenstand nur zur Befriedigung der Verletzten im Strafvollstreckungsverfahren verfügbar.

4. Geltendmachung gegenüber der Staatsanwaltschaft

30 **a) Anspruchsgrund.** Anders als Absatz 1 Satz 1 (Rn. 7) setzt Absatz 2 Satz 1 ausdrücklich die Geltendmachung der Ansprüche durch die Verletzten gegenüber der Staatsanwaltschaft voraus. Das Gesetz verlangt jedoch weder eine Glaubhaftmachung, noch stellt es weitere Anforderungen in Bezug auf die Darlegung der Ansprüche durch

---

75 BTDrucks. **18** 9525 S. 80; *Bittmann/Tschakert* ZInsO **2017** 2657, 2662; *Blankenburg* ZInsO **2017** 1453, 1459.

76 *Bittmann/Tschakert* ZInsO **2017** 2657, 2665.

den Verletzten auf.[77] Der Gesetzentwurf der Bundesregierung ging ebenfalls (lediglich) davon aus, dass die Verletzten ihre Ansprüche ernsthaft einforderten.[78] An die Geltendmachung von Ansprüchen durch die Verletzten sind daher keine strengen Anforderungen zu stellen, zumal die Insolvenzantragstellung einen vollzogenen Vermögensarrest und dieser wiederum die Darlegung der dem Beschuldigten vorgeworfenen Tat im materiellen Sinne und damit auch der potentiellen Verletzten voraussetzt. Diese können sich zur Anspruchsbegründung folglich regelmäßig auf die **Erkenntnisse des Ermittlungsverfahrens** stützen. Sind die die konkreten Verletzten betreffenden Taten nicht Gegenstand des Arrestanspruchs, sind ihre Erklärungen ohnehin irrelevant, weil sie nicht Verletzte im Sinne des Absatz 2 Satz 1 sind. Sind der Staatsanwaltschaft mehrere Verletzte bekannt, macht aber nur einer seine Ansprüche geltend, scheidet eine Insolvenzantragstellung aus.[79] Wann die Verletzten ihre Ansprüche geltend machen, ist unerheblich. Erfolgt die Geltendmachung erstmals in der Hauptverhandlung, so kann dadurch ein Deckungsfall zu einem Mangelfall mit der Folge der Berechtigung der Staatsanwaltschaft zur Insolvenzantragstellung werden.[80] Über Verfahrensbeschränkungen nach § 154 kann der Mangelfall wiederum zum Deckungsfall werden.[81]

b) Anspruchshöhe. Schwieriger als die Bezeichnung des Anspruchsgrundes ist für 31
die Verletzten regelmäßig die Darlegung der Höhe ihrer Ansprüche, weil hier wiederum eine Differenzierung zwischen den maßgeblichen Ansprüchen auf Wertersatz und den unmaßgeblichen in Form anderer **Schadensersatz- oder Schmerzensgeldansprüche** erforderlich sein kann.[82] Die relevanten Schäden der Verletzten sind ausschließlich jene, die dem Wert der Bereicherung auf Seiten des Betroffenen entsprechen, denn nur in diesem Umfang können Vermögenswerte auch durch einen Vermögensarrest gesichert werden.[83] Gerade nicht anwaltlich beratenen Verletzten ist diese Unterscheidung mitunter nicht plausibel, so dass ggf. im Wege der Nachfrage durch die Staatsanwaltschaften zu klären ist, wie hoch der Wertersatzanspruch aus Sicht der Verletzten tatsächlich ist bzw. geltend gemacht wird. Das gilt vor allem dann, wenn die Verletzten einen deutlich höheren Anspruch behaupten, als sie die Staatsanwaltschaft dem Vermögensarrest zu Grunde gelegt hat und sich nur aus dieser Differenz eine unzureichende Arrestvollziehung ergibt.

5. Rechtsfolge und Ausschlussgründe. Liegen die tatbestandlichen Voraussetzun- 32
gen nach Absatz 2 Satz 1 vor, so sieht das Gesetz eine gebundene Entscheidung der Staatsanwaltschaft zur Stellung des Insolvenzantrags vor. Von ihr soll nur abgesehen werden, wenn begründete Zweifel daran bestehen, ob das Insolvenzverfahren aufgrund des Antrags eröffnet wird, Absatz 2 Satz 2. Ein Insolvenzantrag kommt folglich nur in Betracht, wenn der Staatsanwaltschaft nicht ausreichende Vermögenswerte des Betroffenen zur Verfügung stehen, mit denen sie die Ansprüche der **Verletzten im materiellen Sinne** befriedigen kann.[84] Bestehen Zweifel an der Eröffnung, ist von der Antragstel-

77 *Blankenburg* ZInsO **2017** 1453, 1458 f.; kritisch dazu schon *Frind* NZI **2016** 674, 679.
78 BTDrucks. **18** 9525 S. 80 unter Verweis auf *Uhlenbruck* § 17, 117 InsO.
79 *Köhler/Burkhard* NStZ **2017** 665, 681; *Blankenburg* ZInsO **2017** 1453, 1459; *Bittmann/Tschakert* ZInsO **2017** 2657, 2660.
80 *Köhler/Burkhard* NStZ **2017** 665, 681.
81 *Köhler/Burkhard* NStZ **2017** 665, 681.
82 Dazu ausführlich SSW/*Burghart* 15.
83 BTDrucks. **18** 9525 S. 80.
84 BTDrucks. **18** 11640 S. 87.

lung abzusehen.[85] In allen anderen Fällen hat die Antragstellung zu erfolgen,[86] den Antrag stellt der Rechtspfleger, § 31 Abs. 1 Nr. 3 RPflG.[87] Die Entscheidung, ob das Insolvenzverfahren eröffnet wird, trifft einzig und allein das Insolvenzgericht.[88] Die Staatsanwaltschaft haftet damit zwar nicht für die Folgen der Eröffnung,[89] sehr wohl aber für jene eines zu **Unrecht gestellten Insolvenzantrages.**[90]

33 **a) Dogmatik.** Der Rechtsausschuss des Bundestages ging im Gesetzgebungsverfahren davon aus, dass sich die Befugnis der Staatsanwaltschaft, schon im Ermittlungsverfahren einen Insolvenzantrag über das Vermögen des Betroffenen zu stellen, unmittelbar aus der Insolvenzordnung ergäbe und sah in der aktuellen Regelung eine Beschränkung der Staatsanwaltschaft für diese Antragstellung.[91] In der Literatur wird hingegen die Auffassung vertreten, diese Befugnis beruhe alleine auf der Sonderreglung in Absatz 2 Satz 1, die das fehlende Rechtschutzbedürfnis der Staatsanwaltschaft ersetze.[92] Kern des Streits ist die Frage, ob der **Einziehungsanspruch** durch die Tathandlung[93] oder erst mit dem Urteil[94] **entsteht.** Sie soll hier nicht weiter vertieft werden, weil ihre Antwort im hiesigen Zusammenhang ohne praktische Konsequenzen bleibt. Unbestritten kann die Staatsanwaltschaft (jedenfalls) auf Grundlage von Absatz 2 Satz 1 einen zulässigen Insolvenzantrag schon im Ermittlungsverfahren stellen und darf sie keinen solchen Antrag stellen, wenn die Voraussetzungen nicht vorliegen.[95]

34 **b) Insolvenzantragstellung durch die Staatsanwaltschaft.** Will man in Absatz 2 Satz 1 eine Sonderregelung zu den insolvenzrechtlichen Voraussetzungen der Antragstellung sehen (Rn. 33), so erschöpft sich diese Sonderregelung im Verzicht auf die Darlegung eines besonderen Rechtsschutzbedürfnisses.[96] Im Übrigen bleibt es in Bezug auf die Voraussetzungen an einen **zulässigen und begründeten Insolvenzantrag** nach einhelliger Meinung bei den insolvenzrechtlichen Anforderungen[97] und auch das Insolvenzverfahren selbst verläuft nach den allgemeinen Regeln.[98] Die Staatsanwaltschaft muss deshalb die Voraussetzungen für die Eröffnung eines Insolvenzverfahrens nach § 14 InsO, insbesondere ihren Einziehungsanspruch und die Voraussetzungen des Absatz 2 Satz 1 in ihrem Eröffnungsantrag glaubhaft machen,[99] wobei eine Titulierung

---

85 KMR/*Mayer* 8.
86 Meyer-Goßner/Schmitt/*Köhler* 9; *Bittmann/Tschakert* ZInsO **2017** 2657, 2663.
87 Meyer-Goßner/Schmitt/*Köhler* 10.
88 BTDrucks. **18** 9525 S. 81; Meyer-Goßner/Schmitt/*Köhler* 14; SSW/*Burghart* 25.
89 BTDrucks. **18** 9525 S. 81; Meyer-Goßner/Schmitt/*Köhler* 14.
90 *Frind* NZI **2016** 674, 679.
91 BTDrucks. **18** 11640 S. 87; BGH Beschl. v. 11.12.2018 – 5 StR 198/18; *Blankenburg* ZInsO **2017** 1453, 1458; *Bittmann/Tschakert* ZInsO **2017** 2657, 2665; *Rhode* wistra **2018** 65, 71.
92 SSW/*Burghart* 23 f.
93 So BTDrucks. **18** 11640 S. 86; BGH Beschl. v. 14.11.2018 – 3 StR 447/18; *Bittmann/Tschakert* ZInsO **2017** 2657, 2658; *Köhler* NStZ **2017** 497, 498; *Rhode* wistra **2018** 65, 70.
94 So ausführlich SSW/*Burghart* 23; **a.A.** BGH Beschl. v. 14.11.2018 – 3 StR 447/18: Titulierung des Anspruchs.
95 BTDrucks. **18** 11640 S. 87 spricht insoweit von einer „internen Beschränkung der Staatsanwaltschaft, wann und unter welchen Voraussetzungen sie von der Antragsbefugnis Gebrauch machen soll"; *Laroche* ZInsO **2017** 1245.
96 SSW/*Burghart* 24.
97 BTDrucks. **18** 11640 S. 86; SSW/*Burghart* 24; Meyer-Goßner/Schmitt/*Köhler* 13; *Bittmann/Tschakert* ZInsO **2017** 2657, 2663; vertieft zur Terminologie *Laroche* ZInsO **2017** 1245, 1246.
98 BTDrucks. **18** 9525 S. 81.
99 *Rhode* wistra **2018** 65, 71 sieht darin „gewaltige Herausforderungen"; zu den insolvenzrechtlichen Voraussetzungen an eine schlüssige Darlegung des Antrags *Laroche* ZInsO **2017** 1245, 1247 ff.; *Blankenburg*

durch Urteil freilich nicht erforderlich ist.[100] Sie ist insoweit genauso wie jeder andere Gläubiger des Betroffenen zu behandeln, kann allerdings auf die Erkenntnisse aus dem Ermittlungsverfahren,[101] insbesondere auf jene aus den durchgeführten **Finanzermittlungen**,[102] zurückgreifen und dem Antrag die Anklageschrift, den Vermögensarrest oder auch den Eröffnungsbeschluss beifügen.[103] Das gilt jedoch nur, solange diese nicht veraltet sind, etwa weil sich das Ermittlungsverfahren über einen längeren Zeitraum erstreckt hat.[104] Die Antragstellung darf freilich auch nicht dazu genutzt werden, die Finanzermittlungen auf das Insolvenzgericht zu übertragen.[105] Der Arrestbeschluss des Ermittlungsrichters kommt schon deshalb regelmäßig nicht als alleiniges Mittel der Glaubhaftmachung in Betracht,[106] weil er häufig zu Beginn des Ermittlungsverfahrens ergeht und es hier kaum einmal möglich sein wird, von einer überwiegenden Wahrscheinlichkeit und damit von dem Wahrscheinlichkeitsgrad für eine Einziehung auszugehen, der Grundlage für eine Anklageerhebung ist.[107] Der Antrag muss nicht sämtliche Vermögenswerte des Betroffenen enthalten, sondern nur die fälligen Zahlungsverpflichtungen im Sinne der Rn. 24 und diesen die innerhalb von drei Wochen liquidierbaren Zahlungsmittel gegenüberstellen.[108] Wann die Staatsanwaltschaft den Antrag stellt, bleibt ihr überlassen;[109] eine Antragstellung dürfte jedoch regelmäßig erst dann in Betracht kommen, wenn die Sache anklagereif ist, da zuvor schon aufgrund des flexiblen Verletztenbegriffs eine verlässliche **Grundlage für die Annahme** der **unzureichenden Vollstreckungsmasse** fehlen dürfte.[110] Überdies dürfte auch erst dann eine Insolvenzforderung überwiegend wahrscheinlich im Sinne des § 14 InsO sein.[111] Im Insolvenzverfahren gilt über § 4 InsO die Geständnisfiktion des § 138 Abs. 3 ZPO. Ihre Reichweite in einem Insolvenzverfahren auf Antrag der Staatsanwaltschaft ist bisher vollkommen ungeklärt, wobei die Auffassung, das Schweigen des Betroffenen stelle den Vortrag der Staatsanwaltschaft unstrit-

---

ZInsO **2017** 1453, 1461 ff.; kritisch dazu *Bittmann/Tschakert* ZInsO **2017** 2657, 2663; *Reh* NZWiSt **2018** 20, 23 für die Feststellungen bei Bankrotttaten.

100 BTDrucks. **18** 11640 S. 86; Meyer-Goßner/Schmitt/*Köhler* 13.

101 BTDrucks. **18** 9525 S. 80.

102 BTDrucks. **18** 11640 S. 86.

103 Meyer-Goßner/Schmitt/*Köhler* 13.

104 *Rhode* wistra **2018** 65, 72; *Blankenburg* ZInsO **2017** 1453, 1463; *Bittmann/Tschakert* ZInsO **2017** 2657, 2668; BTDrucks. **18** 11640 S. 87 schlägt für diese Fälle die Beauftragung des Gerichtsvollziehers und die Vorlage von dessen Fruchtlosigkeitsbescheinigung zur Glaubhaftmachung vor.

105 *Laroche* ZInsO **2017** 1245, 1248.

106 **A.A.** BTDrucks. **18** 9525 S. 80 und **18** 11640 S. 86, einschränkend dann BTDrucks. **18** 9525 S. 81 mit Beispielen, welche Unterlagen dem Antrag sinnvoll beizufügen sind; *Bittmann/Tschakert* ZInsO **2017** 2657, 2666 f.; MüKo-InsO/*Schmahl/Vuia* § 14, 68.

107 *Blankenburg* ZInsO **2017** 1453, 1461; *Frind* NZI **2016** 674, 679; *Laroche* ZInsO **2017** 1245, 1251.

108 BTDrucks. **18** 9525 S. 80 mit Beispielen; *Bittmann/Tschakert* ZInsO **2017** 2657, 2668.

109 HK/*Gercke* 17; *Köllner/Mück* NZI **2017** 593, 596; *Bittmann/Tschakert* ZInsO **2017** 2657, 2664; *Bittmann* NZWiSt **2016** 131, 135.

110 BTDrucks. **18** 9525 S. 81; Meyer-Goßner/Schmitt/*Köhler* 12; HK/*Gercke* 17; *Rhode* wistra **2018** 65, 71 f.; *Bittmann/Tschakert* ZInsO **2017** 2657, 2667 gehen von „nahezu ausnahmslos[en]" Anträgen bei Vorliegen dringender Gründe aus; restriktiv *Blankenburg* ZInsO **2017** 1453, 1459; kritisch dazu wiederum *Bittmann/Tschakert* ZInsO **2017** 2657, 2667, deren Annahme, der Ermittlungsrichter prüfe vor Erlass des Vermögensarrestes „umfassend alle Tatsachen, Unterlagen, Zeugenaussagen und etwaige Angaben des Beschuldigten" mit den Entscheidungen BVerfG NJW **2005** 3630; NStZ **2006** 639 f. und KG BeckRS **2017** 115259 jedenfalls nicht zwanglos in Einklang zu bringen ist; kritisch auch *Köllner/Mück* NZI **2017** 593, 598; *Laroche* ZInsO **2017** 1245, 1254 geht von einer vielfach opportunen Antragstellung erst nach Rechtskraft der Entscheidung aus; zur gleichlautenden Problematik im Steuerstrafverfahren *Meinecke* DStR **2018** 2387, 2389 f.

111 Meyer-Goßner/Schmitt/*Köhler* 13; für eine Anpassung der RiStBV BTDrucks. **18** 9525 S. 81.

tig,[112] unter Berücksichtigung des nemo-tenetur-Grundsatzes bedenklich erscheint.[113] Die Angaben des Betroffenen sind jedenfalls dem Schutz des § 97 Abs. 1 Satz 3 InsO zu unterstellen.[114]

35 Die **Zahlungsunfähigkeit des Insolvenzschuldners** kann die Staatsanwaltschaft auch über eine Fruchtlosigkeitsbescheinigung eines Gerichtsvollziehers nachweisen, den sie nach § 111k Abs. 1 mit der Vollziehung des Arrestes beauftragen kann.[115] Soweit der Gesetzgeber die Auffassung vertreten hat, auch ein **Durchsuchungsprotokoll** sei geeignet, die fehlenden Vermögenswerte des Betroffenen zu belegen,[116] kann dies nur dann gelten, wenn (ernsthaft) nach entsprechenden Gegenständen gesucht wurde, das heißt, ein Vermögensarrest bereits ergangen war und Finanzermittlungen durchgeführt wurden.[117] Die schlichte Feststellung des Durchsuchungsbeamten, die dieser über die augenscheinliche finanzielle Situation des Betroffenen trifft, bei dem z.B. nur nach Beweismitteln gesucht wurde, hat nicht die Beweisqualität einer Fruchtlosigkeitsbescheinigung des Gerichtsvollziehers,[118] letztere wiederum nicht die von umfangreich durchgeführten Finanzermittlungen.[119] In diesem Zusammenhang ist festzuhalten, dass strafprozessuale Zwangsmaßnahmen nicht isoliert dazu eingesetzt werden dürfen, Erkenntnisse zu erlangen, die nur der Insolvenzantragstellung dienen. Diese verfolgt nämlich nicht den Sinn und Zweck des Strafverfahrens in Form der Aufklärung der Strafbarkeit und der Festsetzung von Rechtsfolgen.[120] Der Einsatz strafprozessualer Zwangsmittel nur zur **Erforschung der Insolvenzreife** des Betroffenen kann nicht einmal mit den Interessen der Verletzten an Schadenskompensation begründet werden,[121] ist die Eröffnung des Insolvenzverfahrens für den Verletzten doch regelmäßig nachteilig,[122] weil sie sich danach nicht nur mit anderen Verletzten, sondern mit allen Gläubigern des Betroffenen um eine Befriedigung aus der Insolvenzmasse bemühen müssen. Führen die Zwangsmaßnahmen hingegen nur reflexartig auch zur Verwendbarkeit im Rahmen des Insolvenzantrags, wie dies etwa bei Durchsuchungen und Beschlagnahmen von Bank- und Geschäftsunterlagen der Fall ist, ist ein solches Vorgehen unproblematisch.

36 **6. Ausschlussgrund, Absatz 2 Satz 2.** Ist absehbar, dass der Insolvenzantrag nicht zur Eröffnung des Insolvenzverfahrens über das Vermögen des Betroffenen führen wird, so sieht die Staatsanwaltschaft von einem entsprechenden Antrag ab. Das Gesetz verwendet hier die Terminologie des begründeten Zweifels an einer kausal auf den Antrag der Staatsanwaltschaft beruhenden Verfahrenseröffnung. Den Regelungszweck sah der Rechtsausschuss des Bundestages darin, die Staatsanwaltschaft von der Verpflichtung zur Stellung offensichtlich unzulässiger Anträge zu entbinden, die nach seiner Auffassung vor allem dann in Betracht kamen, wenn der Betroffene über nicht greifbares **Vermögen im Ausland** verfügte und damit insolvenzrechtlich nicht zahlungsunfähig war[123]

---

112 *Blankenburg* ZInsO **2017** 1453, 1462.
113 *Laroche* ZInsO **2017** 1245, 1251 zur Glaubhaftmachung durch öffentlich-rechtliche Gläubiger.
114 Zur Reichweite des § 97 InsO *Bittmann/Tschakert* ZInsO **2017** 2657, 2669 f.
115 BTDrucks. **18** 11640 S. 86.
116 BTDrucks. **18** 9525 S. 80 f.
117 *Blankenburg* ZInsO **2017** 1453, 1459; *Frind* NZI **2016** 674, 679.
118 **A.A.** HK/*Gercke* 12.
119 **A.A.** *Bittmann/Tschakert* ZInsO **2017** 2657, 2668.
120 SSW/*Burghart* 24; *Blankenburg* ZInsO **2017** 1453, 1463, der dies aber mit fehlenden Kapazitäten der Staatsanwaltschaften begründet.
121 SSW/*Burghart* 24.
122 KMR/*Mayer* 6.
123 Dazu schon BTDrucks. **18** 9525 S. 80.

oder aber den gegenteiligen Fall, dass schon die Deckung der Kosten des Insolvenzverfahrens mangels Masse fraglich war.[124] Freilich ist bisher völlig offen, wie die Staatsanwaltschaften diese für sie nicht alltäglichen Fragen, etwa über die voraussichtlichen Kosten des Insolvenzverfahrens, werden beantworten können.[125] Kein Ausschlussgrund im Sinne des Absatz 2 Satz 2 liegt vor, wenn die Staatsanwaltschaft nur temporär nicht in der Lage sein sollte, den Antrag schlüssig zu begründen. In diesen Fällen kann sie den Urteilserlass abwarten und sodann einen entsprechenden Antrag stellen.[126]

7. Rechtsmittel. Absatz 2 sieht keine ausdrückliche Möglichkeit des Betroffenen vor, über die Insolvenzantragstellung eine **gerichtliche Entscheidung** herbeizuführen. Zum Teil wird er deshalb auf das Anhörungsverfahren vor dem Insolvenzgericht nach § 14 Abs. 2 InsO, das Verwaltungsgerichtsverfahren[127] oder die Beschwerde gegen den Eröffnungsbeschluss nach § 34 InsO verwiesen.[128] Allerdings gewährt § 111k Abs. 3 dem Betroffenen die Möglichkeit, gegen (jede) Maßnahme in Vollziehung des Vermögensarrestes die gerichtliche Entscheidung herbeizuführen. Ihm steht daher, jedenfalls bis das Insolvenzverfahren eröffnet ist (Rn. 18), ein Antrag auf gerichtliche Entscheidung nach § 111k Abs. 3 i.V.m. § 31 Abs. 6 Satz 1 RPflG mit dem Ziel der Rücknahme des Insolvenzantrages offen.[129] Ein Rechtschutzbedürfnis besteht deshalb, weil der Gesetzgeber mit § 111i Abs. 2 die Antragsstellung durch die Staatsanwaltschaft an bestimmte Tatsachen geknüpft hat, die das Insolvenzgericht aber gerade nicht prüft.[130] Könnte der Betroffene die Maßnahme der Antragsstellung nicht durch die (Straf-)Gerichte prüfen lassen, liefe die Begrenzungsfunktion des Absatz 2 faktisch leer. Mit Eröffnung des Insolvenzverfahrens muss der Insolvenzverwalter das Verfahren weiterführen. Einen **Anspruch auf Antragstellung** durch die Staatsanwaltschaft haben weder der Verletzte noch der Betroffene, können sie doch selbst entsprechende Anträge stellen.[131] 37

D. Folgen der Insolvenzeröffnung

I. Allgemeines

Wird das Insolvenzverfahren über das Vermögen des Betroffenen eröffnet, werden sämtliche Forderungen, seien sie den Verletzten oder dem Staat erwachsen, zu Insolvenzforderungen.[132] Das gilt vollkommen unabhängig davon, aufgrund wessen Antrags das Verfahren eröffnet wird, aber freilich nur dann, wenn die Verletzten ihre Forderungen auch anmelden. Dies übernimmt nicht die Staatsanwaltschaft für sie.[133] Die Sonderregelung in § 111h Abs. 1 wiederum bewirkt nur, dass dem Staat insoweit ein **Absonde-** 38

---

124 BTDrucks. **18** 11640 S. 87.
125 Kritisch auch *Blankenburg* ZInsO **2017** 1453, 1464, der ab freiem Vermögen in Höhe von € 4.000 von Kostendeckung ausgeht; zutreffende Bedenken in diesem Zusammenhang äußert auch *Hüls* ZWH **2018** 129, 133.
126 BTDrucks. **18** 11640 S. 87.
127 *Blankenburg* ZInsO **2017** 1453, 1459 f.
128 OK-StPO/*Huber* § 111i, 36.
129 **A.A.** Meyer-Goßner/Schmitt/*Köhler* 16, kein Rechtschutzbedürfnis; dem folgt das VG Gelsenkirchen mit Beschl. v. 19.3.2019 – 3 K 511/19 (nicht veröffentlicht) und verweist den Antragssteller auf § 23 Abs. 1 EGGVG; das OLG Hamm sieht mit Beschl. v. 3.6.2019 – III-1 VAs 38/19 (nicht veröffentlicht) § 23 EGGVG als den zulässigen Rechtsbehelf an, hat die Rechtsbeschwerde aber zugelassen; KMR/*Mayer* 8.
130 *Laroche* ZInsO **2017** 1245, 1254.
131 Meyer-Goßner/Schmitt/*Köhler* 16.
132 SSW/*Burghart* 2.
133 BTDrucks. **18** 9525 S. 81; KMR/*Mayer* 10.

rungsrecht zusteht, aus dem er die Befriedigung des Einziehungsanspruchs verlangen kann. Die Eröffnung des Insolvenzverfahrens wird durch das Sicherungsrecht indes nicht ausgeschlossen. Ist der Antrag erfolgreich, richtet sich das weitere Verfahren nach den allgemeinen strafrechtlichen Vorschriften, insbesondere der Opferentschädigung nach §§ 459h ff. Ist das Verfahren noch nicht eröffnet oder der Antrag rechtskräftig abgewiesen und fallen die Voraussetzungen des Absatz 2 nachträglich weg, muss die Staatsanwaltschaft den **Antrag** nach § 13 Abs. 2 InsO **zurücknehmen**. Das gilt vor allem in Fällen, in denen nachträglich Vermögenswerte auftauchen, die bei Insolvenzantragstellung nicht berücksichtigt wurden. Es bleibt dann bei den allgemeinen, strafvollstreckungsrechtlichen Folgen, § 459m Abs. 1 Satz 1.[134] Die Kosten der Ablehnung der Eröffnung des Insolvenzverfahrens trägt die Staatskasse.[135]

II. Staatliche Forderung in der Insolvenz

39 Die staatlichen Forderungen, die dem Justizfiskus gegen den Betroffenen aus der Straftat erwachsen sind, sind im Insolvenzverfahren **nachrangige Forderungen** im Sinne des § 39 Abs. 1 Nr. 3 InsO. Sowohl der Einziehungsanspruch als auch der Anspruch auf Zahlung der Geldstrafe werden somit erst dann befriedigt, wenn die übrigen Forderungen bedient sind. Da dies in der Praxis kaum vorkommt, hängen die Befriedigungsaussichten für staatliche Forderungen entscheidend davon ab, ob es individuelle Verletzte einer Straftat gibt,[136] dann ist aufgrund der Nachrangigkeit ohne besondere Sicherung nicht mit einer Befriedigung zu rechnen, oder ob es keine Individualverletzten gibt, sich die Straftat des Beschuldigten folglich ausschließlich gegen Rechtsgüter der Allgemeinheit gerichtet hat und das staatliche Sicherungsrecht nach § 111h Abs. 1 deshalb zur abgesonderten Befriedigung der nachrangigen staatlichen Forderung führt. Zwar bleiben hier auch regelmäßig die Forderungen aus Geldstrafen unbefriedigt, in Bezug auf die Einziehungsforderung kann der gesicherte Gegenstand indes in vollem Umfang zu Gunsten des Staates verwertet werden, wenn die Rechtskraft der Einziehungsentscheidung eingetreten ist. Zuvor richtet sich das Absonderungsrecht nur auf die Sicherung des Gegenstandes.[137] Das Arrestpfandrecht wandelt sich mit Rechtskraft der Entscheidung im subjektiven und auch im objektiven Verfahren in ein Vollstreckungspfandrecht.[138] Das aus der Arrestvollziehung nach §§ 324 AO, 111h Abs. 2 Satz 2 resultierende **Arrestpfandrecht des Steuerfiskus** ist hingegen insolvenzfest.[139]

III. Pfandrecht am Überschuss, Absatz 3

40 Wird das Insolvenzverfahren schneller abgeschlossen als das Strafverfahren, so erwirbt der Staat nach Absatz 3 Satz 1 ein gesetzliches Pfandrecht an dem Anspruch des Insolvenzschuldners auf Herausgabe des Überschusses.[140] In diesem Umfang hat der Insolvenzverwalter den Überschuss an die Staatsanwaltschaft nach Absatz 3 Satz 2 herauszugeben.[141] Die Vorschrift regelt damit eine Ausnahme von § 199 InsO, wonach der

134 BTDrucks. **18** 9525 S. 97.
135 KMR/*Mayer* 11.
136 In diesem Sinne auch SSW/*Burghart* 26.
137 SSW/*Burghart* 26.
138 SSW/*Burghart* 26.
139 KMR/*Mayer* 6; *Madauß* NZWiSt **2018** 28, 31.
140 BTDrucks. **18** 9525 S. 81.
141 Zur Praxisrelevanz *Rhode* wistra **2018** 102, 103 f.

Insolvenzverwalter einen verbleibenden Überschuss an den Schuldner herauszugeben hätte. Der Rechtsgrund für das Behaltendürfen des Überschusses ist der **Vermögensarrest.**[142] Eine Herausgabe des Überschusses an die Staatsanwaltschaft setzt damit aber zugleich ungeschrieben auch voraus, dass ein Vermögensarrest zuvor überhaupt vollzogen war. Wird das Insolvenzverfahren über das Vermögen des Betroffenen eröffnet, ohne dass zuvor ein Vermögensarrest in sein Vermögen vollzogen wurde, so muss die Staatsanwaltschaft, um in den Genuss des Überschusses zu kommen, das Recht des Insolvenzschuldners aus § 199 InsO im Wege der Vollziehung des Vermögensarrestes pfänden.

IV. Anmeldung der Forderungen der Verletzten

Die Möglichkeit der Staatsanwaltschaft, einen Antrag auf Eröffnung des Insolvenz- 41
verfahrens über das Vermögen des Betroffenen zu stellen, ändert nichts daran, dass die Verletzten ihre Forderungen selbst beim Insolvenzgericht anmelden müssen.[143] Dies wird nicht von der Staatsanwaltschaft übernommen, weil sie nicht wegen der Ansprüche der Verletzten, sondern ausschließlich wegen ihres **eigenen Einziehungsanspruchs** zur Antragstellung berechtigt ist.

V. Haftungsansprüche

Da die Entscheidung über die Eröffnung des Insolvenzverfahrens alleine das Insol- 42
venzgericht trifft, sollen **Amtshaftungsansprüche** gegenüber dem Bundesland, dessen Staatsanwaltschaft den Antrag gestellt hat, ausgeschlossen sein.[144] Das gilt aber nur für den Fall, dass der Antrag erfolgreich ist. Die Verletzten tragen weder ein Kostenrisiko, noch können sie sonst für die Insolvenzantragstellung der Staatsanwaltschaft in Anspruch genommen werden, weil diese den Antrag aus eigenem Recht heraus stellt.[145]

§ 111j
Verfahren bei der Anordnung der Beschlagnahme und des Vermögensarrestes

(1) [1]Beschlagnahme und Vermögensarrest werden durch das Gericht angeordnet. [2]Bei Gefahr im Verzug kann die Anordnung auch durch die Staatsanwaltschaft erfolgen. [3]Unter der Voraussetzung des Satzes 2 sind zur Beschlagnahme einer beweglichen Sache auch die Ermittlungspersonen der Staatsanwaltschaft (§ 152 des Gerichtsverfassungsgesetzes) befugt.

(2) [1]Hat die Staatsanwaltschaft die Beschlagnahme oder den Arrest angeordnet, so beantragt sie innerhalb einer Woche die gerichtliche Bestätigung der Anordnung. [2]Dies gilt nicht, wenn die Beschlagnahme einer beweglichen Sache angeordnet ist. [3]Der Betroffene kann in allen Fällen die Entscheidung des Gerichts beantragen. [4]Die Zuständigkeit des Gerichts bestimmt sich nach § 162.

---

142 SSW/*Burghart* 27.
143 BTDrucks. **18** 9525 S. 81; KMR/*Mayer* 10.
144 BTDrucks. **18** 9525 S. 81.
145 BTDrucks. **18** 11640 S. 87.

https://doi.org/10.1515/9783110594546-010

Schrifttum

Siehe bei § 111b.

Entstehungsgeschichte

Die Vorschrift wurde durch das Gesetz zur Reform der strafrechtlichen Vermögensabschöpfung (BGBl. I 2017 S. 872) erstmals in die Strafprozessordnung aufgenommen. Inhaltlich entspricht sie § 111e Abs. 1 und 2 StPO a.F. Diese Regelungen wurden durch Art. 21 Nr. 29 EGStGB eingefügt. Mit ihnen wurde das Ziel verfolgt, die strafrichterliche Zuständigkeit entsprechend § 98 auch für die vorläufige Sicherstellung zu etablieren.[1] Durch das Gesetz zur Stärkung der Rückgewinnungshilfe und der Vermögensabschöpfung bei Straftaten vom 24.10.2006 (BGBl. I S. 2350) wurden sie redaktionell verändert und die Zuständigkeit des „Richters" durch die Zuständigkeit des „Gerichts" ersetzt. Hierdurch sollte eine geschlechtsneutrale Formulierung herbeigeführt werden. Der Begriff des Hilfsbeamten wurde an die neue Terminologie der Ermittlungsperson (§ 152 GVG) angepasst.

Übersicht

1 SK/*Rogall* 3.

Alphabetische Übersicht

A. Allgemeines

Mit dem Gesetz zur Reform der strafrechtlichen Vermögensabschöpfung[2] wurden zur Vereinfachung und besseren Strukturierung des strafprozessualen Vermögensabschöpfungsrechts die Zuständigkeit und das Verfahren bei der Anordnung der Beschlagnahme (§ 111b) und des Vermögensarrestes (§ 111e) in einer eigenen Vorschrift zusammengefasst.[3] Eine inhaltliche Veränderung der Zuständigkeitsregeln ist mit der Neufassung im Vergleich zur alten Rechtslage nicht verbunden.[4] Zuständig für die Anordnung von Beschlagnahme oder Arrest ist weiterhin grundsätzlich das Strafgericht.[5] Die Entscheidung, 1

2 BGBl. I 2017 S. 872.
3 BTDrucks. **18** 9525 S. 82.
4 BTDrucks. **18** 9525 S. 82.
5 KK/*Spillecke* 2.

mit der eine strafprozessuale Zwangsmaßnahme angeordnet wird, unterliegt dabei stets hohen Begründungsanforderungen.[6] Durch das Gesetz zur Reform der strafrechtlichen Vermögensabschöpfung hat der Gesetzgeber außerdem klargestellt, dass sich die Zuständigkeit des Gerichts ausschließlich nach § 162 richtet, Absatz 2 Satz 4.[7] Im Vorverfahren entscheidet der zuständige Ermittlungsrichter, § 162 Abs. 1 Satz 1, im Hauptverfahren das in der Hauptsache zuständige Gericht von Amts wegen, § 162 Abs. 3 Satz 1.[8] Ist das Verfahren bereits im Revisionsrechtszug anhängig, so bleibt das Gericht der letzten Tatsacheninstanz zuständig, § 162 Abs. 3 Satz 2.[9] Nach rechtskräftigem Abschluss des Verfahrens in den Fällen des selbständigen Einziehungsverfahrens gilt § 436 Abs. 1; danach entscheidet das Gericht, das für die Strafverfolgung einer bestimmten Person zuständig wäre. Bei **Gefahr im Verzug** besteht eine Eilkompetenz der Staatsanwaltschaft für die Anordnung von Beschlagnahme und Vermögensarrest, Absatz 1 Satz 2. Die Ermittlungspersonen der Staatsanwaltschaft sind bei Gefahr im Verzug nur zur Anordnung der Beschlagnahme beweglicher Sachen befugt. Die Regelung stimmt weitgehend mit der in § 98 für die Anordnung der Beschlagnahme von Beweisgegenständen und Führerscheinen überein. Lediglich beim Erfordernis **richterlicher Bestätigung** nichtrichterlich angeordneter Maßnahmen besteht ein wesentlicher Unterschied: Haben die Staatsanwaltschaft oder eine ihrer Ermittlungspersonen die Beschlagnahme einer beweglichen Sache angeordnet, muss keine Bestätigung dieser Anordnung eingeholt werden. Die Staatsanwaltschaft kann sie jedoch herbeiführen, wenn sie dies für erforderlich hält.[10] Der Betroffene selbst kann jederzeit und in allen Fällen um **gerichtliche Entscheidung** nachsuchen, Absatz 2 Satz 3. Soweit eine gerichtliche Bestätigung erforderlich ist, muss die Staatsanwaltschaft diese innerhalb einer Woche beantragen. Im Vergleich zu § 98 Abs. 2 Satz 1 ist die Frist somit verlängert; sie beginnt mit der Anordnung.[11] Vgl. zu Einzelheiten § 98, 42ff. Die Regelungen zur **Vollziehung** von Beschlagnahme und Vermögensarrest finden sich in § 111k. Sollen Druckwerke beschlagnahmt werden, sind die zusätzlichen Voraussetzungen in § 111q zu beachten.

B. Beschlagnahmeanordnung

2 Mit der Beschlagnahmeanordnung wird die Vollstreckbarkeit von Anordnungen der Einziehung von Taterträgen nach §§ 73ff. StGB, der Einziehung von Tatwerkzeugen nach §§ 74ff. StGB und der Unbrauchbarmachung gesichert (§ 111b, 3ff. und 40ff.).

I. Zuständigkeit, Absatz 1

3 **1. Gericht.** Die Beschlagnahme von Einziehungsgegenständen ist grundsätzlich dem Gericht vorbehalten. Soweit es erforderlich sein sollte, zur Durchführung der Beschlagnahme eine Durchsuchung vorzunehmen, gelten nach § 111b Abs. 2 die Vorschriften der §§ 102 bis 110 entsprechend. Auch dort ist grundsätzlich der Richter[12] für die Anordnung zuständig. Im Vorverfahren entscheidet das Amtsgericht, in dessen Bezirk die Staatsanwaltschaft ihren Sitz hat, § 162 Abs. 1 Satz 1. Handelt eine **Zweigstelle der Staatsan-**

---

6 *Graalmann-Scheerer* SchlHA **2018** 376, 377.
7 BTDrucks. **18** 9525 S. 82.
8 SK/*Rogall* § 111e, 6.
9 OLG Frankfurt NStZ-RR **2005** 144, 145.
10 BGH NStZ **1985** 262; KK/*Spillecke* 5; SK/*Rogall* § 111e, 15.
11 Meyer-Goßner/Schmitt/*Köhler* 6.
12 Nach BTDrucks. **16** 700 S. 11 nunmehr geschlechtsneutral formuliert: Das Gericht.

waltschaft, so gilt der Sitz der Zweigstelle. Entgegen der früher geltenden Regelung sind die entsprechenden Anträge somit nicht mehr bei dem Amtsgericht zu stellen, in dessen Bezirk die Ermittlungsmaßnahme vorgenommen werden sollte. Damit wird eine erhebliche Vereinfachung herbeigeführt und die zur früheren Rechtslage bestehenden Schwierigkeiten sind ausgeräumt. Für Verfahren, die nach §§ 120, 120b GVG zur Zuständigkeit der Oberlandesgerichte im ersten Rechtszug gehören, gilt § 169 Abs. 1. Nach Anklageerhebung entscheidet das Gericht, das nunmehr mit der Sache befasst ist, in der für Beschlüsse außerhalb der Hauptverhandlung vorgeschriebenen Besetzung (Näheres bei § 98, 8 ff.).[13] Im Berufungsverfahren ist das Berufungsgericht zuständig, sobald ihm die Akten nach § 321 vorgelegt worden sind; vorher entscheidet das Amtsgericht. Im Revisionsverfahren ist das Gericht zuständig, dessen Urteil angefochten ist, niemals das Revisionsgericht.[14]

Regelmäßig wird das Gericht auch im Hauptverfahren (nur) auf Antrag tätig werden. 4
Wer den Antrag stellen darf, ist in den §§ 111b ff. nicht bestimmt. Dem System des deutschen Strafverfahrens entspricht es, dass im Ermittlungsverfahren nur die Staatsanwaltschaft zuständig ist, den Antrag zu stellen, im Hauptverfahren können jedoch auch **andere Verfahrensbeteiligte** sachdienliche Anträge stellen. Bedenkenswert dürfte daher auch ein Antragsrecht des Nebenklägers nach Anklageerhebung sein. In der Praxis wird sich die Staatsanwaltschaft bei Vorliegen der Voraussetzungen einer entsprechenden Anregung der Nebenklage durch eigenen Antrag anschließen oder das Gericht die Sicherungsmaßnahme von Amts wegen anordnen. Sollte dies jedoch einmal nicht geschehen, dürfte der Antrag des Nebenklägers zulässig sein, denn er ist befugt, Anträge zu stellen, die auf einen sachgerechten Verfahrensablauf[15] gerichtet sind. Dies gilt umso mehr, wenn andernfalls seine Ansprüche nach § 459h gefährdet sind.

2. Staatsanwaltschaft und Ermittlungspersonen

a) Allgemeines. Die Staatsanwaltschaft ist bei Gefahr in Verzug zur Anordnung der 5
Beschlagnahme sämtlicher potentieller Einziehungsgegenstände befugt, Absatz 1 Satz 2. Die Ermittlungspersonen der Staatsanwaltschaft (§ 152 GVG)[16] hingegen dürfen die Beschlagnahme von Einziehungsgegenständen bei Gefahr im Verzug nur anordnen, wenn es sich um bewegliche Sachen handelt (Absatz 1 Satz 3) und wenn ein **Staatsanwalt nicht erreichbar**[17] ist. Trotz des Wegfalls des ausdrücklichen Verweises sind von der Neuregelung zur Eilkompetenz nach wie vor nur die in § 111c Abs. 1 beschriebenen Gegenstände umfasst, schließlich wollte der Gesetzgeber die Anordnungskompetenz inhaltlich nicht verändern.[18]

---

13 SK/*Rogall* § 111e, 6.
14 OLG Frankfurt NStZ-RR **2005** 144, 145.
15 *Rieß*/*Hilger* NStZ **1987** 145, 154.
16 Siehe hierzu LR/*Franke*[26] § 152, 1 ff. GVG.
17 SSW/*Burghart* 5; Meyer-Goßner/Schmitt/*Köhler* 2; für besonders eingriffsintensive Maßnahmen auch MAH (WSSt)/*Rönnau* § 13, 173; soweit MüKo/*Bittmann* § 111e, 3 Fn. 4 die Auffassung vertritt, die Ermittlungspersonen seien zwar an die Vorgaben der Staatsanwaltschaft gebunden und hätten den Vorrang des anwesenden Staatsanwalts zu beachten, seien aber gleichwohl auch bei Erreichbarkeit des Staatsanwalts anordnungsbefugt, weil dieser (regelmäßig) nur auf Basis der Angaben der Ermittlungspersonen entscheiden könne, kann dem deshalb nicht gefolgt werden, weil die Subsumtion der mitgeteilten Tatsachen unter die Sicherstellungsvorschrift durch den Staatsanwalt durchaus anders ausfallen kann, als jene durch seine Ermittlungspersonen.
18 BTDrucks. **18** 9525 S. 82; SSW/*Burghart* 4.

b) Voraussetzungen der Gefahr im Verzug

6 **aa) Allgemeines.** Gefahr im Verzug ist anzunehmen, wenn die richterliche Anordnung nicht mehr eingeholt werden kann, ohne dass der Erfolg der vorläufigen Sicherstellungsmaßnahme gefährdet wird.[19] Der Erfolg der Anordnung von Beschlagnahme und Vermögensarrest liegt wiederum in ihrem Vollzug. Entscheidend für oder gegen die Eilkompetenz der Staatsanwaltschaft ist folglich die Antwort auf die Frage, ob dem Richter das Sicherstellungsbegehren erläutert werden und er über dieses entscheiden kann, ohne dass damit ein (zusätzliches) **Risiko für den Vollstreckungserfolg** einhergeht, das über jenes hinausgeht, dass ohnehin einer jeden Vollstreckungshandlung immanent ist.[20] Das Argument, dass eine Vollstreckung freilich immer weniger gefährdet ist, wenn der sie rechtfertigende Titel sofort und nicht erst nach zeitlichem Ablauf durch einen Richter geschaffen wird, kann deshalb keine Eilkompetenz stützen. Eine Sonderregelung für die Beschlagnahme periodischer Druckwerke findet sich in § 111q Abs. 4 Satz 1, hier ist die Staatsanwaltschaft auch bei Gefahr im Verzug nicht zuständig.

7 **bb) Konkrete Tatsachen.** Die Annahme von Gefahr im Verzug ist auf konkrete Tatsachen zu stützen, Vermutungen oder Erwartungen des einzelnen Beamten können sie nicht hinreichend begründen.[21] Die Tatsache, dass es sich nicht um eine **Anordnung zur Nachtzeit** handelt und eine gerichtliche Entscheidung deshalb grundsätzlich möglich wäre, steht der Annahme von Gefahr im Verzug nicht grundsätzlich entgegen.[22] Die Voraussetzungen der Eilbedürftigkeit sind dabei für jede konkrete Maßnahme gesondert zu prüfen, so dass die Notwendigkeit der Anordnung und unmittelbaren Vollziehung einer Durchsuchungsmaßnahme nicht zugleich die Beschlagnahme dort vorgefundener beweglicher Sachen rechtfertigt.[23] Vielmehr kann z.B. durch die Durchsuchung und die damit einhergehende Sicherung des Status quo ausreichend Zeit geschaffen worden sein, eine richterliche Anordnung für die Beschlagnahme zu erwirken.[24] Die mitunter festzustellende, **reflexartige Beschlagnahme** beweglicher Sachen aus Anlass der Vollziehung einer Durchsuchungsanordnung ist von der Eilkompetenz nicht gedeckt und damit rechtswidrig. Zwar ist etwa bei Bargeldbeträgen auch zu berücksichtigen, dass diese leicht veräußerlich sind, so dass an die Annahme von Gefahr im Verzug in diesen Fällen keine zu hohen Anforderungen zu stellen sind.[25] Aber auch für Bargeld gilt, dass dieses nicht einfach beschlagnahmt werden darf, sondern zunächst versucht werden muss, eine richterliche oder jedenfalls staatsanwaltschaftliche Anordnung[26] zu erwirken.[27] In den Akten sind die Gründe für die Annahme von Gefahr im Verzug so darzulegen, dass eine richterliche Kontrolle dieser Entscheidung möglich ist. Das gilt sowohl für staatsanwaltschaftliche, als auch für Maßnahmen der Ermittlungsbeamten.[28]

---

19 BVerfG NJW **2015** 2787, 2789; es handelt sich um einen unbestimmten Rechtsbegriff und nicht etwa um eine Ermessensentscheidung der Strafverfolgungsbehörden, BVerfG NJW **2001** 1121, 1124; *Rönnau* 172.
20 In diesem Sinne auch BVerfG NJW **2015** 2787, 2790; SK/*Rogall* § 111e, 8.
21 BVerfG NJW **2015** 2787, 2790; MüKo/*Bittmann* § 111e, 4; SK/*Rogall* § 111e, 10.
22 MüKo/*Bittmann* § 111e, 5.
23 MüKo/*Bittmann* § 111e, 4.
24 Im Ergebnis wohl übereinstimmend MüKo/*Bittmann* § 111e, 5.
25 SK/*Rogall* § 111e, 8.
26 Siehe dazu Fn. 16.
27 *Rönnau* 169 ff.
28 Meyer-Goßner/Schmitt/*Köhler* 3.

cc) Zeitpunkt. Die Strafverfolgungsbehörden dürfen mit der Einholung einer richterlichen Anordnung nicht warten, bis die Voraussetzungen der Gefahr im Verzug vorliegen und sie die Maßnahme deshalb selbst anordnen dürfen.[29] Ob Gefahr im Verzug vorlag, ist anhand des Zeitpunkts zu entscheiden, in dem die Strafverfolgungsbehörden erstmals von der **Sicherstellungsmöglichkeit Kenntnis** erlangt haben.[30] Der Beschluss kann mündlich per Telefon eingeholt werden. Um etwaige Konflikte über den Zeitpunkt des Entstehens des Veräußerungsverbotes zu vermeiden, kann es Fälle geben, in denen sinnvollerweise auch die Uhrzeit der Beschlagnahme in den Akten vermerkt werden sollte.[31] 8

c) Folgen bei Verstoß

aa) Diskussionsstand zum alten Recht. Zu der Frage, welche Auswirkungen es auf die jeweilige strafprozessuale Zwangsmaßnahme hat, wenn die Strafverfolgungsbehörden zu **Unrecht Gefahr im Verzug** angenommen haben, hat sich das Bundesverfassungsgericht in den letzten Jahren wiederholt geäußert.[32] Es ging dabei etwa um die Anordnung einer Blutentnahme durch die Polizei oder die Eilentscheidungskompetenz bei einer Durchsuchungsanordnung; für vermögensabschöpfungsrechtliche Sachverhalte gab es keine vergleichbaren Entscheidungen. Die Literatur stand zur alten Rechtslage daher weitgehend auf dem Standpunkt, dass angesichts der Grundrechtsrelevanz von Maßnahmen nach §§ 111b ff. die Grundsätze der höchstrichterlichen Rechtsprechung zu anderen Zwangsmaßnahmen auch auf Sicherstellungsanordnungen übertragen werden könnten,[33] zumal § 111b Abs. 4 StPO a.F. auf § 105 verwies.[34] Demnach hätte die rechtswidrige vorläufige Sicherstellungsanordnung durch den Staatsanwalt oder eine Ermittlungsperson im weiteren Verfahren grundsätzlich keine Folgen.[35] Das Gericht hätte in diesen Fällen vielmehr die Rechtswidrigkeit der Anordnung feststellen, bei grundsätzlichem Vorliegen der Anordnungsvoraussetzungen diese aber bestätigen bzw., das war umstritten (dazu Rn. 28), sie neu erlassen müssen.[36] Anders hätte der Fall nur bei schwerwiegenden, bewussten oder willkürlichen Verfahrensverstößen, bei denen die **grundrechtliche Sicherung** planmäßig oder systematisch außer Acht gelassen worden ist, gelegen;[37] hier sollte es dann zu „Beweisverwertungsverboten“[38] kommen. 9

bb) Auswirkungen der Reform. Der Gesetzgeber hat mit dem Gesetz zur Reform der strafrechtlichen Vermögensabschöpfung zu diesen Fragen keine Stellung bezogen. Es ist daher nach wie vor höchst unklar, welche Konsequenzen die rechtswidrige Anordnung bzw. die rechtswidrige Vollstreckung der Beschlagnahme- oder Arrestentscheidung nach sich zieht. Das ist unter Berücksichtigung der Grundrechtsrelevanz vorläufiger Sicherstellungsmaßnahmen äußert bedenklich und sollte durch Literatur und Rechtsprechung zeitnah aufgearbeitet werden. Dabei ist zu bedenken, dass die Orientierung der Literatur an 10

---

29 SK/*Rogall* § 111e, 10.
30 BGH NJW **2015** 2787, 2788 und zu den Ausnahmen 2791; NStZ **2012** 104; SSW/*Burghart* 5.
31 MüKo/*Bittmann* § 111e, 4.
32 BVerfG NJW **2015** 2787 ff.; BVerfG NJW **2010** 2864 ff.
33 LR/*Johann*[26] § 111e, 3; SSW/*Burghart* 5; SK/*Rogall* § 111e, 9: Übertragung grundsätzlich gerechtfertigt, einschränkend aber zu „unreflektierten Abbildung [en] der verfassungsrichterlichen Aussagen...“.
34 MüKo/*Bittmann* § 111e, 4.
35 BVerfG NJW **2005** 1917, 1923; BGH NStZ **2012**, 104, 105; SK/*Rogall* § 111e, 5 m.w.N.
36 MüKo/*Bittmann* § 111e, 13.
37 BVerfG NStZ **2011** 103, 105; BGH NStZ **2012** 104, 105.
38 SK/*Rogall* § 111e, 5.

der höchstrichterlichen Rechtsprechung zu anderen Zwangsmaßnahmen im Wesentlichen nicht darauf beruhen dürfte, dass sich eine Übertragung dieser Grundsätze teleologisch aufdrängt, sondern dass man zur Beantwortung dieser praxisrelevanten Frage um eine vertretbare Lösung bemüht ist. Ob man im Rahmen des vorläufigen Sicherstellungsrechts aber überhaupt davon ausgehen kann, dass das Bundesverfassungsgericht rechtswidrigen Sicherstellungsmaßnahmen für den weiteren Verfahrensverlauf Bedeutung beimessen würde, erscheint fraglich. Selbst in einer seiner bemerkenswertesten Entscheidungen zum vorläufigen Sicherstellungsrecht nach altem Recht, in der der erkennende Senat von einer „grob unzureichende[n], der verfahrensmäßigen Gewährleistung des Eigentumsgrundrechts nicht gerecht werdenden richterlichen Leistung" ausging,[39] wurde die Arrestanordnung zwar aufgehoben, auf die Frage, ob sich daraus zusätzliche Konsequenzen für das weitere (Sicherstellungs-)Verfahren ergeben, aber nicht eingegangen. Möglicherweise ist deshalb tatsächlich nur von der aktuell diskutierten „Rangfolgenlösung" (dazu Rn. 28) auszugehen, die ihrerseits der grundrechtlichen Bedeutung vorläufiger Sicherstellungsmaßnahmen aber nur bedingt gerecht werden dürfte.

II. Form

11 Gerichtliche Anordnungsentscheidungen ergehen grundsätzlich schriftlich durch Beschluss. Dieser ist zu begründen, da er mit der Beschwerde (Rn. 48 ff.) anfechtbar ist, § 34. Wird der Erfolg der Maßnahme durch eine Anhörung des Betroffenen gefährdet, darf ohne seine Anhörung entschieden werden. Ist die Maßnahme eilbedürftig, kann das Gericht sie auch (fern-)mündlich[40] anordnen und alsdann schriftlich zu den Akten reichen.[41] Hier sind die Entscheidungsgründe dann ebenso umfassend darzulegen, wie im Rahmen eines im schriftlichen Verfahren erlassenen Beschlusses, insbesondere muss auch dargelegt werden, warum die Maßnahme verhältnismäßig ist (ausführlich Rn. 19 f.). Die Übergabe der Anordnung zur Vollstreckung an die Staatsanwaltschaft nach § 36 Abs. 2 Satz 1 kann immer mündlich erfolgen.[42] Die **Anordnung der Staatsanwaltschaft** kann in besonderen Fällen ebenfalls mündlich ergehen, der Vorgang muss aber dann unverzüglich aktenkundig gemacht werden. Wenn die Ermittlungsbeamten bewegliche Sachen beschlagnahmen, genügt es, den Gegenstand in Verwahrung zu nehmen. Der spezifische Sicherungszweck (dazu Rn. 12) muss im Sicherstellungsverzeichnis bestimmt werden.

III. Inhalt

12 Die Beschlagnahmeanordnung muss neben dem zu beschlagnahmenden Gegenstand auch den **spezifischen Sicherungszweck** zweifelsfrei klarstellen.[43] Dafür ist erforderlich, dass der Betroffene erkennen kann, ob es sich um eine **Beweis- oder Vollstreckungssicherung** handelt,[44] da nur bei einer Sicherung der späteren Vollstreckung auch das Veräußerungsverbot nach § 111d Abs. 1 wirksam werden kann. Einer ausdrücklichen Mitteilung des Beschlagnahmezwecks bedarf es nicht, wenn dieser auf der Hand

---

39 BVerfG NJW **2005** 3630, 3631.
40 Zur mündlichen Anordnung bei § 81a BVerfG NJW **2010** 2864, 2865.
41 HK/*Gercke* 3; MüKo/*Bittmann* § 111e, 7; KK/*Spillecke* 4.
42 SK/*Rogall* § 111e, 12 m.w.N.
43 BGH NStZ **1985** 262; OLG Frankfurt NStZ-RR **1996** 301, 302; SK/*Rogall* § 111e, 13; SSW/*Burghart* 12; KK/*Spillecke* 4; *Achenbach* NJW **1982** 2809.
44 *Achenbach* NJW **1982** 2809; noch weitergehend LG Frankfurt NJW **1982** 897.

liegt.[45] Schon aufgrund der Konkurrenz zur ebenfalls denkbaren Beweismittelbeschlagnahme dürfte das aber praktisch nicht vorkommen. Der Sicherungszweck ist deshalb in der Anordnung grundsätzlich klar und unmissverständlich zu bezeichnen.[46] Die Beschlagnahme kann freilich auch auf mehrere Rechtsgrundlagen gestützt werden, die Ermittlungsbeamten müssen diese Maßnahmen aber unverzüglich schriftlich zur Akte begründen,[47] und zwar in Bezug auf jede die Sicherstellung begründende Rechtsgrundlage. Wird der Gegenstand sowohl als Beweis- als auch als Einziehungsgegenstand beschlagnahmt, müssen folglich sowohl der potentielle Beweiswert als auch seine Eigenschaft als Tatertrag aus der Darlegung erkennbar werden, schließlich macht eine Beschlagnahme durch die Ermittlungsbeamten nur die richterliche Anordnung, nicht aber das Vorliegen der Beschlagnahmevoraussetzungen, entbehrlich. Eine Belehrung über das Verfügungsverbot nach § 111d Abs. 1 sieht das Gesetz auch nach der Reform nicht vor.[48] Es ist gleichwohl angebracht, den Betroffenen auf diese Rechtsfolgen hinzuweisen.[49] Unterbleibt die Belehrung, macht das die Anordnung nicht rechtswidrig, das Verfügungsverbot entsteht dennoch. Bei mündlicher Beschlagnahmeanordnung ist über den Inhalt der Anordnung zu Beweiszwecken ein Aktenvermerk zu fertigen.

IV. Bekanntmachung

Die Beschlagnahmeanordnung muss dem Betroffenen bekanntgegeben werden. Dies 13
kann – und muss spätestens – bei der Vollziehung geschehen. Eine vorherige Mitteilung ist nicht notwendig, um den Erfolg der Maßnahme nicht zu gefährden. Die Bekanntgabe erfolgt daher in der Praxis regelmäßig im Zuge der Vollziehung.[50] Zur damit einhergehenden Problematik beim Vermögensarrest, Rn. 15. Der Betroffene ist analog § 98 Abs. 2 Satz 5 über sein Recht, gerichtliche Entscheidung zu beantragen, zu belehren.[51] Die Bekanntgabe gegenüber den Verletzten richtet sich ausschließlich nach § 111l.

C. Arrestanordnung

Die Arrestanordnung nach § 111e Abs. 1 dient der Sicherung der Einziehung von 14
Wertersatz, der Geldstrafe oder der Verfahrenskosten, Vor §§ 111b ff., 5. Im Grundsatz gelten die Ausführungen zur Zuständigkeit einer Beschlagnahmeanordnung entsprechend, allerdings gibt es Besonderheiten aus der Natur des Vermögensarrestes zu beachten.

I. Zuständigkeit, Absatz 1

Der Vermögensarrest wird nicht über §§ 764, 919 ZPO durch den Zivilrichter, sondern 15
durch den Strafrichter[52] angeordnet. Das ergibt sich heute unproblematisch aus §§ 111e, 111j und der damit einhergehenden Neubezeichnung des „dinglichen Arrestes“ als „Vermögensarrest“, mit der der Gesetzgeber die Eigenständigkeit dieses Sicherungsmit-

---

45 BGH NStZ **1985** 262; OLG Frankfurt NStZ-RR **1996** 301, 302.
46 SK/*Rogall* § 111e, 13.
47 Ebenso Meyer-Goßner/Schmitt/*Köhler* 3.
48 HK/*Gercke* 3; Meyer-Goßner/Schmitt/*Köhler* 3.
49 HK/*Gercke* 3; *Achenbach* NJW **1982** 2809; ob man hierzu in Analogie zu § 232 ZPO, so MüKo/*Bittmann* § 111e, 10 oder nach allgemeinen Verfahrensgrundsätzen kommt, muss hier nicht entschieden werden.
50 MüKo/*Bittmann* § 111e, 8.
51 SK/*Rogall* § 111e, 13.
52 BGH wistra **2005** 35.

tels betonen und seine Unterscheidung zum zivilrechtlichen Arrest deutlich machen wollte.[53] Die sachliche und örtliche Zuständigkeit des Strafrichters ist die gleiche wie bei der Beschlagnahme von Einziehungsgegenständen (Rn. 3). Im Unterschied zur Beschlagnahmeanordnung, die bei **Gefahr im Verzug** (zum Begriff vgl. Rn. 6ff. und § 98, 29ff.) die Sicherstellung einer beweglichen Sache auch durch die Ermittlungspersonen der Staatsanwaltschaft ermöglicht (Rn. 5), obliegt die Anordnung des Vermögensarrestes hingegen ausschließlich dem Gericht bzw. der Staatsanwaltschaft. Das ergibt sich aus einem argumentum e contrario Absatz 1 Satz 3 und ist unstrittig.

16 Können und müssen die Ermittlungsbeamten in einem solchen Fall die Anordnung eines Staatsanwalts einholen, so darf der Staatsanwalt in dieser Situation den Vermögensarrest wiederum nur dann anordnen, wenn ein weiteres **Zuwarten auf eine richterliche Entscheidung** den Erfolg der Maßnahme gefährden würde.[54] Andernfalls würde nämlich der Richtervorbehalt faktisch durch einen „Staatsanwaltsvorbehalt" ersetzt. In der Praxis kommt es ohnehin immer wieder dazu, dass im Rahmen von Durchsuchungsmaßnahmen Bargeldbeträge aufgefunden werden, die dann von den Ermittlungsbeamten der Staatsanwaltschaft als Beweismittel oder potentielle Einziehungsgegenstände beschlagnahmt werden, obwohl absehbar ist, dass sich diese Annahme nicht bestätigen lassen wird und vielmehr eine Wertersatzeinziehung in Betracht kommt. Die Beschlagnahme wird dann aufgehoben und das Geld in Vollziehung des Vermögensarrestes gepfändet. Das ist formaljuristisch freilich vertretbar, führt aber rein faktisch dazu, dass der Richtervorbehalt für die Arrestanordnung im Zusammenhang mit der Sicherstellung von Bargeld und anderen körperlichen Vermögensgegenständen leer läuft, weil man die Vollzugsmaßnahme einfach zeitlich vor die Arrestanordnung legt.[55] Das ist mit der erst kürzlich wieder durch das Bundesverfassungsgericht betonten Bedeutung des Richtervorbehalts nicht vereinbar.[56] Auch insoweit gilt, dass ein vollumfängliches Verwertungsverbot in Form des Ausschlusses der Wertersatzeinziehung genauso wenig überzeugen kann wie das Vorgehen selbst (vgl. dazu schon Rn. 9f.), eine befriedigende Lösung aber bisher noch nicht gefunden ist.

17 Eine weitere Besonderheit im Zusammenhang mit der Eilkompetenz ergibt sich aus der Rechtsnatur des Vermögensarrestes, der den Zugriff auf unstrittig legal erworbene Vermögenswerte zulässt. Gefahr im Verzug für einen Zugriff auf unstrittig legal erworbene Gegenstände, insbesondere bei Drittbeteiligten, darf daher nur sehr restriktiv und mit entsprechendem Problembewusstsein angenommen werden,[57] um der **Bedeutung des Eigentumsgrundrechts** gerecht zu werden. Zu den konkreten Anforderungen an die Begründung der Arrestanordnung Rn. 19.

II. Form der Arrestanordnung

18 Die Arrestanordnung ergeht weitgehend in derselben Form wie eine Beschlagnahmeanordnung, vgl. oben Rn. 11, sowie § 111e, 42ff. Der Vermögensarrest wird anders als der dingliche Arrest nicht mehr als „Arrestbefehl" bezeichnet,[58] sondern als „Vermögensarrest" oder „Beschluss".

---

53 BTDrucks. **18** 9525 S. 75.
54 MüKo/*Bittmann* § 111e, 5, der die Frage aufwirft, wann diese Situation tatsächlich einmal vorliegen sollte.
55 Hiergegen zutreffend für die Beschlagnahme KMR/*Mayer* § 111c, 2.
56 BVerfG NJW **2015** 2787ff.
57 MüKo/*Bittmann* § 111e, 5; MAH (WSSt)/*Rönnau* § 13, 174ff.
58 SK/*Rogall* § 111e, 12.

III. Inhalt der Arrestanordnung

Die Begründung einer Arrestanordnung verdient besondere Aufmerksamkeit, weil sie im Unterschied zur Beschlagnahmeanordnung den Zugriff auf unstrittig legal erworbenes Vermögen des Betroffenen ermöglicht und damit regelmäßig einen schwerwiegenden Eingriff in Art. 14, 12 oder 2 Abs. 1 GG darstellt. Ist der Richtervorbehalt zur Arrestanordnung zwar auch hier (nur) im einfachen Recht verankert, so dient er aber gleichwohl der Gewährleistung des Grundrechtsschutzes. Diesem wird die richterliche Anordnung nur gerecht, wenn sie sich nicht nur auf bestimmte, gar von der Exekutive ausgewählte Aspekte der Prüfung beschränkt oder sich auf eine „Beurkundungsfunktion" reduziert.[59] Das Gericht muss die Voraussetzungen der Arrestanordnung vielmehr selbstständig und besonders sorgfältig prüfen.[60] Das gilt sowohl für das Vorliegen der Tatbestandsvoraussetzungen des § 111e (dort Rn. 5ff.), insbesondere des Sicherungsbedürfnisses,[61] aber auch für die Frage der Verhältnismäßigkeit der Maßnahme (dazu § 111e, 43) im konkreten Einzelfall. **Floskel- und textbausteinartige Ausführungen** verbieten sich aufgrund der Grundrechtsrelevanz der Maßnahme hier noch stärker als bei Beschlagnahmeanordnungen,[62] siehe dazu schon ausführlich bei Rn. 7. Die Arrestanordnung muss erkennen lassen, dass sich der Anordnende der Schwere des Eingriffs und der Folgen für den Betroffenen bewusst war, insbesondere, dass ein Zugriff auf nicht einmal vermutlich inkriminierte Vermögenswerte erfolgen soll. Es muss dargelegt werden, dass trotz des Grundrechtseingriffs ein überwiegendes Interesse an einer entsprechenden Anordnung besteht.[63] Der immer wieder in dieser und vergleichbaren Formen verwendete Textbaustein,[64] die Maßnahme sei „unter Berücksichtigung des Tatvorwurfs auch verhältnismäßig", verbietet sich und kann sogar als Indiz dafür betrachtet werden, dass der Entscheidung im konkreten Einzelfall gerade keine Verhältnismäßigkeitsprüfung vorausgegangen ist. Andernfalls wäre davon auszugehen, dass etwa die Höhe der Arrestsumme, die Vermögensverhältnisse des Betroffenen, der Bezug zur vermeintlichen Straftat und vergleichbare Singularitäten des Falles gegen die im konkreten Fall betroffenen Grundrechte des Betroffenen im Rahmen einer Angemessenheitsprüfung im engeren Sinne abgewogen worden wären. Nicht minder strenge Voraussetzungen sind aufzustellen, wenn die **Staatsanwaltschaft** den Vermögensarrest wegen Gefahr im Verzug anordnet. Sie muss neben den vorbezeichneten Voraussetzungen in den Akten vor allem darlegen, warum die Annahme von Gefahr in Verzug begründet war.[65] 19

Der in dieser Form hinreichend begründete Vermögensarrest ist in das Vermögen eines konkreten Schuldners auszubringen und muss einen zu sichernden Anspruch dem Grunde und der Höhe nach bezeichnen. Zu letzterem sind Schätzungen im Rahmen des nach § 73d Abs. 2 StGB Zulässigen möglich. Der Arrestgrund wiederum darf nicht geschätzt oder nur prognostiziert werden. Entscheidend ist, dass aufgrund von konkret zu benennenden Tatsachen die Annahme begründet ist, dass am Ende des Verfahrens eine Wertersatzeinziehung angeordnet wird. Das beinhaltet zugleich die Darlegung der Umstände, die auf eine Erwerbstat hindeuten.[66] Die Anordnung muss außerdem eine Lö- 20

---

59 BVerfG NJW **2015** 2787, 2790 f.; KG BeckRS **2017** 115259; SSW/*Burghart* 3; MüKo/*Bittmann* § 111d, 8 f.; *Graalmann-Scheerer* SchlHA **2018** 376, 377.
60 KG BeckRS **2017** 115259; MüKo/*Bittmann* § 111e, 6; *Rettke* wistra **2017** 417, 419.
61 Meyer-Goßner/Schmitt/*Köhler* § 111e, 15.
62 MüKo/*Bittmann* § 111d, 9; eingehend etwa OLG Hamburg Beschl. v. 26.10.2018 – 2 Ws 183/18.
63 OLG Oldenburg NStZ-RR **2009** 282, 283; MüKo/*Bittmann* § 111e, 6; SSW/*Burghart* 3.
64 *Greeve* ZWH **2017** 277, 282; *Köllner*/*Mück* NZI **2017** 593, 598.
65 Meyer-Goßner/Schmitt/*Köhler* § 111e, 14.
66 Meyer-Goßner/Schmitt/*Köhler* § 111e, 15.

sungssumme bezeichnen, durch deren Hinterlegung die Arrestvollziehung gehemmt wird, § 111e Abs. 4. Der Vermögensarrest wird zwar in das gesamte Vermögen eines konkreten Schuldners, aber nur in einer bestimmten Höhe, ausgebracht. Die mitunter in der Praxis vorgebrachte Behauptung, es handle sich beim Vermögensarrest trotz bezeichneter Arrestsumme nicht um eine **Teilpfändung** des Vermögens, widerspricht schon der zivilgerichtlichen Rechtsprechung zur Teilpfändung (§ 111f, 8).[67] Über den Arrestbetrag hinaus kann in diesen Fällen keine Sicherstellung stattfinden und bleibt der Betroffene daher auch verfügungsbefugt.

IV. Bekanntmachung

21 Für die Bekanntmachung des Vermögensarrestes gelten die Ausführungen zur Bekanntgabe der Beschlagnahmeanordnung entsprechend, vgl. dazu Rn. 13.

D. Bestätigung nichtrichterlicher Anordnungen, Absatz 2

I. Allgemeines

22 Die Bestätigung der nichtrichterlichen Beschlagnahme- oder Arrestanordnung ist in Absatz 2 geregelt. Dabei wird zwischen der Beschlagnahme von beweglichen Sachen und den **Anordnungen von Beschlagnahme und Arrest in sonstigen Fällen** unterschieden. Eine Überprüfung durch das Gericht ist nur in den sonstigen Fällen, also nicht bei der Beschlagnahme von beweglichen Sachen, erforderlich. Zu den Möglichkeiten für den Betroffenen, eine gerichtliche Anordnung überprüfen zu lassen, Rn. 24. Die Regelung umfasst ausschließlich die Bestätigung der Anordnung, nicht ihres Vollzuges. Dieser wird nur auf Antrag des Betroffenen überprüft, § 111k Abs. 3. Der Anspruch auf rechtliches Gehör aus Art. 103 Abs. 1 GG erfordert, dass dem Betroffenen spätestens im Rechtsbehelfsverfahren die Anordnungsgründe dargelegt, die sie stützenden maßgeblichen Erkenntnisse über die Ermittlungsakteneinsicht (Rn. 29) benannt werden und vor allem eine unverzügliche Entscheidung über das Rechtsmittel erfolgt.[68]

II. Antragspflicht, Absatz 2 Satz 1 und 2

23 Hat die Staatsanwaltschaft die Beschlagnahme oder den Arrest angeordnet, so hat sie von Gesetzes wegen innerhalb einer Woche die gerichtliche Bestätigung der Anordnung einzuholen. Anders als bei § 98 Abs. 2 Satz 1 bedarf die Anordnung nach Absatz 1 somit **grundsätzlich der gerichtlichen Bestätigung**, ein Widerspruch des Betroffenen ist nicht erforderlich.[69] Eine Ausnahme gilt aber für den Fall, dass die Beschlagnahme beweglicher Sachen angeordnet worden ist. Ein Antrag der Staatsanwaltschaft ist dann nicht notwendig, auch dann nicht, wenn der Betroffene Widerspruch gegen die Anordnung eingelegt hat, Absatz 2 Satz 2. Dabei spielt es keine Rolle, ob die Beschlagnahme von der Staatsanwaltschaft oder nach Absatz 1 Satz 3 von ihren Ermittlungspersonen angeordnet worden ist. Da die Ermittlungspersonen der Staatsanwaltschaft andere als bewegliche Sachen im Sinne des § 111c Abs. 1 nicht beschlagnahmen dürfen,[70] findet eine richterliche Bestätigung ihrer Anordnung folglich niemals statt. Statthaft bleibt der An-

---

67 BGH NJW **1975** 738 m.w.N.
68 SSW/*Burghart* 11.
69 KK/*Spillecke* 5.
70 SSW/*Burghart* 6.

trag der Staatsanwaltschaft auf gerichtliche Bestätigung freilich trotzdem,[71] schließlich hätte die Beschlagnahme ohne die Voraussetzungen der Gefahr im Verzug gerichtlich angeordnet werden müssen. Zu bedenken ist auch, dass dem Widerspruch gegen die Beschlagnahme regelmäßig auch der Wille des Betroffenen entnommen werden kann, die Anordnung gerichtlich bestätigt zu sehen, § 300. Wird der Widerspruch in diesem Sinne ausgelegt, ist dem Betroffenen vor der richterlichen Entscheidung Gelegenheit zur (weitergehenden) Begründung zu geben. Zum Recht auf Akteneinsicht Rn. 29.

III. Antragsfrist

Die Staatsanwaltschaft muss den Antrag auf gerichtliche Bestätigung innerhalb einer Woche nach Erlass der Anordnung der Beschlagnahme oder des Arrestes stellen. Absatz 2 Satz 1 ist insoweit trotz der von § 98 Abs. 2 Satz 1 abweichenden Formulierung eine Sollvorschrift. Eine **Überschreitung der Frist** ist daher auf die Rechtmäßigkeit der Beschlagnahme oder des Arrestes ohne Einfluss.[72] Die Frist beginnt an dem Tag, an dem die Anordnung verfügt worden ist.[73] Sie wird nach § 43 berechnet. Die Frist gilt nur für den Bestätigungsantrag; die richterliche Entscheidung muss nicht innerhalb der Frist ergehen.[74] Ist zum Zeitpunkt der gerichtlichen Entscheidung die Anordnung noch nicht vollzogen, so kommt nicht die Bestätigung der staatsanwaltschaftlichen, sondern nur noch der Erlass einer gerichtlichen Beschlagnahmeanordnung in Betracht, da offensichtlich keine Eilbedürftigkeit (mehr) vorliegt. 24

IV. Antragsrecht des Betroffenen, Absatz 2 Satz 3

Der Betroffene kann auch weiterhin jederzeit die gerichtliche Entscheidung herbeiführen. Eine **gerichtliche Entscheidung** kann er daher auch verlangen, wenn eine solche bereits vorliegt, sich die Sachlage aus seiner Sicht aber derart verändert hat, dass die Voraussetzungen der Anordnung entfallen sind.[75] Der Betroffene ist über dieses Recht in analoger Anwendung von § 98 Abs. 2 Satz 5 zu belehren.[76] Es gibt keinen vernünftigen Grund, diese Belehrung bei der vorläufigen Sicherstellung von Einziehungsgegenständen zu unterlassen. Dass diese Belehrung in den §§ 111b ff. nicht ausdrücklich vorgeschrieben ist, steht nicht entgegen; die Ausführungen zu § 98, 40 gelten entsprechend. Eine unterbliebene Belehrung hat mangels gesetzlicher Verankerung jedoch keine Auswirkungen auf die Wirksamkeit der Anordnung. Wenn der Betroffene sich gegen die nichtrichterliche Anordnung beschwert, ist dies als Antrag auf gerichtliche Entscheidung zu behandeln.[77] Eine Belehrung des Verletzten über seine Möglichkeiten zur Schadensrestitution richtet sich ausschließlich nach § 111l. Zur Auslegung des Widerspruchs des Betroffenen als Antrag auf gerichtliche Entscheidung Rn. 23. 25

---

71 MüKo/*Bittmann* § 111e, 11; SK/*Rogall* § 111e, 15.
72 Meyer-Goßner/Schmitt/*Köhler* 6; SK/*Rogall* § 111e, 16; MüKo/*Bittmann* § 111e, 12; KK/*Spillecke* 5; **a.A.** SSW/*Burghart* 7, der in Rn. 8 dadurch den Richtervorbehalt geschützt sieht. Dieses Anliegen ist zu begrüßen, die nach *Burghart* daraus resultierende Rechtsfolge der Rechtswidrigkeit der Anordnung wegen Fristablaufs kann ohne weiteren Anknüpfungspunkt an den Wortlaut der Norm im Ergebnis aber nicht überzeugen.
73 *Hellerbrand* wistra **2003** 201, 204; Meyer-Goßner/Schmitt/*Köhler* 6; HK/*Gercke* 6; KK/*Spillecke* 5.
74 SSW/*Burghart* 7.
75 KK/*Spillecke* § 5.
76 SK/*Rogall* § 111e, 13; KK/*Spillecke* 5; Meyer-Goßner/Schmitt/*Köhler* 7; *Achenbach* NJW **1982** 2809.
77 Meyer-Goßner/Schmitt/*Köhler* 8; HK/*Gercke* 7.

V. Zuständigkeit, Absatz 2 Satz 4

26 Die Zuständigkeit der gerichtlichen Entscheidung einer vorläufigen Sicherstellungsanordnung richtet sich nach § 162. Vgl. zu den insoweit übereinstimmenden Ausführungen unter Rn. 3ff.

VI. Gegenstand der Prüfung

27 **1. Allgemeines.** Das Gericht hat die Anordnung der Staatsanwaltschaft, im Falle des Antrags des Betroffenen ggf. auch die Anordnung der Ermittlungsbeamten, umfassend auf ihre Rechtmäßigkeit zu prüfen. Prüfungsgegenstand ist demnach nicht nur die Frage, ob die Annahme einer Eilkompetenz angezeigt war,[78] sondern auch, ob zum Zeitpunkt der gerichtlichen Entscheidung die **Anordnungsvoraussetzungen** noch vorliegen.[79] Es ist insbesondere zu prüfen, ob die Annahme begründet ist, dass die beschlagnahmten Gegenstände eingezogen werden oder dass auf Einziehung des Wertersatzes erkannt wird. Beschlagnahme und Vermögensarrest müssen außerdem verhältnismäßig sein und der grundrechtlichen Relevanz der Maßnahme gerecht werden.[80] Die nachträgliche gerichtliche Kontrolle muss infolgedessen effektiv und auf den Einzelfall bezogen sein.[81] Das Gericht hat sich dabei eine **eigene Überzeugungsgrundlage** vom Vorliegen der Voraussetzungen der Maßnahme zu bilden, die unabhängig von den Feststellungen und Wertungen der Exekutive zu beurteilen ist.[82] Insbesondere hat das Gericht Feststellungen zur Angemessenheit der Anordnung mit auf den Einzelfall bezogenen Ausführungen zu treffen,[83] s. dazu schon unter Rn. 19 sowie § 111e, 42ff. Das Gericht überprüft auch, ob die Staatsanwaltschaft ein ihr eventuell zustehendes Ermessen ausgeübt hat.[84] Hier gelten die allgemeinen Grundsätze zur Prüfung einer Ermessensentscheidung.[85]

28 **2. Folgen bei Fehlern.** Das Gericht kann die zu überprüfende Entscheidung ändern oder mit anderen Gründen versehen. Soweit die angegriffene Entscheidung fehlerhaft war, wird ihre Rechtswidrigkeit festgestellt.[86] Umstritten ist dabei, ob das Gericht die Anordnung in diesem Fall (nur) bestätigt und sie damit kontinuierlich fortbestehen bleibt[87] oder ob das Gericht sie aufhebt und sodann neu erlassen[88] muss, mit der Folge, dass die Vollziehung zu wiederholen ist und sich die **Rangfolge** nachteilig zu Lasten des Staates verändern kann.[89] Zum Teil wird unter Berücksichtigung des Richtervorbehalts als „grundrechtsschützende Verfahrensnorm" ein unberechtigtes Abweichen vom Richtervorbehalt – und sei es „nur" zeitlich, weil die Voraussetzungen der Anordnung nach fehlerhafter Einschätzung noch nicht vorlagen – als Verletzung des Grundrechts des

---

78 BVerfG NJW **2015** 2787, 2791; SK/*Rogall* § 111e, 17.
79 HK/*Gercke* 8.
80 SSW/*Burghart* 12.
81 MüKo/*Bittmann* § 111e, 6.
82 BVerfG NJW **2005** 3630, 3631;; SSW/*Burghart* 3; SK/*Rogall* § 111e, 7; *Graalmann-Scheerer* SchlHA **2018** 376, 377.
83 Meyer-Goßner/Schmitt/*Köhler* 9.
84 MüKo/*Bittmann* § 111e, 13.
85 Siehe dazu etwa BGH Urt. v. 1.8.2018 – 2 StR 42/18; OLG Hamm NStZ-RR **2009** 189, 190; OLG Karlsruhe Beschl. v. 29.11.2011 – 2 VAs 21/11.
86 SK/*Rogall* § 111e, 17.
87 So konkludent BGH NStZ **1985** 262: „Die Beschlagnahmeanordnung, die wirksam … durchgeführt worden ist, bedurfte nicht der richterlichen Bestätigung … ".
88 SK/*Rogall* § 111e, 17 und 32; SSW/*Burghart* 8.
89 Differenzierend nach dem Grund der Rechtswidrigkeit MüKo/*Bittmann* § 111e, 13.

Betroffenen gewertet und gefordert, dass diese verfassungswidrige Entscheidung aufzuheben sei. Nur so bliebe die fachgerichtliche Kontrolle nicht hinter den Wirkungen einer Kontrolle durch das Bundesverfassungsgericht zurück und könne sie solchermaßen Abhilfe verschaffen, dass es einer Verfassungsbeschwerde nicht mehr bedürfe.[90] Dieser Auffassung ist unter Berücksichtigung der Grundrechtsrelevanz vorläufiger Sicherstellungsmaßnahmen im Kern zuzustimmen, denn es kann nicht überzeugen, dass rechtswidrige, mitunter sogar zielgerichtete, Umgehungen der Anordnungsvoraussetzungen (Vor §§ 111b ff., 23) nur zur Konsequenz haben sollen, dass die Anordnung – ohne Rangverluste – bei Vorliegen ihrer Voraussetzungen wiederholt werden muss. Andernfalls würde der Grundrechtsschutz umgangen und der Betroffene stünde rechtswidrigen Maßnahmen faktisch wehrlos gegenüber. Aufgrund der Praxis- und Grundrechtsrelevanz dieser Frage ist eine (gesetzliche) Klarstellung allerdings dringend angezeigt (s. dazu schon Rn. 10).

Die Anordnung der Beschlagnahme oder des Arrestes wird in jedem Fall aufgehoben, wenn sie entweder gar nicht hätte ergehen dürfen oder zwischenzeitlich die sie rechtfertigenden Gründe entfallen sind. Ist die Anordnung bereits vollzogen worden, sind die Gegenstände freizugeben. Das Gericht kann auch **Modifikationen der Anordnung** vornehmen. Die Prüfung des Gerichts erfolgt nach Aktenlage, wobei dem Betroffenen in entsprechender Anwendung der Rechtsprechung des Europäischen Gerichtshofs für Menschenrechte zur Haft[91] mindestens **Teilakteneinsicht** gewährt werden muss, so dass ihm die Verteidigung gegen die Sicherungsmaßnahme möglich ist.[92] Hier ist nicht kleinlich zu verfahren,[93] schließlich ist der Erfolg der Maßnahme zu diesem Zeitpunkt aufgrund ihres Vollzuges nicht mehr gefährdet. Die Übersendung nur des Ermittlungsberichts der Polizei etwa ist keinesfalls ausreichend.[94] Unzulässig ist es auch, die Beschlagnahme- oder Arrestanordnung zu vollstrecken und dem Betroffenen dann die Darlegung ihrer Gründe unter Verweis auf ausstehende Ermittlungen zu verweigern. Der Anspruch auf rechtliches Gehör erfordert vielmehr von den Strafverfolgungsbehörden, dass sie Zwangsmaßnahmen, die nicht im Verborgenen durchgesetzt werden können, wie etwa die Arrest- oder Beschlagnahmeanordnung aber auch die Untersuchungshaft, erst dann vollstrecken, wenn sie dem Betroffenen auch hinreichend begründet werden können.[95] Wird durch diese Mitteilung der Untersuchungszweck gefährdet, ist die Maßnahme so lange aufzuschieben, bis eine Gefährdung der weiteren Ermittlungen ausgeschlossen ist.[96] Ausführlich zur Akteneinsicht bei potentieller Gefährdung des Untersuchungserfolges LR/*Lüderssen*/*Jahn*[26] § 147, 75 ff. 29

3. Auswirkungen auf den Vollzug. Zum Teil wird die Auffassung vertreten, der Antrag des Betroffenen auf gerichtliche Entscheidung umfasse auch die Prüfung der Rechtmäßigkeit ihres noch andauernden Vollzuges.[97] Die Beantwortung der Frage, ob der Betroffene die Rechtmäßigkeit des Vollstreckungstitels oder des Vollzugsaktes angreift, kann in der Praxis tatsächlich mitunter Schwierigkeiten bereiten,[98] wenn etwa 30

---

90 SSW/*Burghart* 8.
91 EGMR NJW **2002** 2018 ff.; BVerfG NJW **2006** 1048, 1049 f.; LG Kiel NStZ **2007** 424.
92 MüKo/*Bittmann* § 111e, 18.
93 MüKo/*Bittmann* § 111e, 18: das kann sehr weit reichen.
94 SK/*Rogall* § 111e, 34.
95 BVerfG NJW **2006** 1048, 1049 f.; SSW/*Burghart* 13.
96 BVerfG NJW **2006** 1048, 1049 f.; LG Kiel NStZ **2007** 424.
97 SK/*Rogall* § 111e, 32; **a.A.** MüKo/*Bittmann* § 111e, 13.
98 Siehe dazu etwa LG Stuttgart BeckRS **2019** 1814.

(nur) konkrete Gegenstände herausgefordert werden. Ist der Antrag ausdrücklich auf die Prüfung der Rechtmäßigkeit der Beschlagnahmeanordnung oder des Vermögensarrestes gerichtet, bleibt die **Prüfung der Vollzugsmaßnahme** grundsätzlich außer Betracht.[99] Ergibt sich aus dem Vortrag des Antragsstellers hingegen, dass es ihm auch um diese Prüfung geht und ist das Gericht dafür zuständig (vgl. § 111k, 6 ff.), so prüft es die Maßnahme mit, § 300. Verlangt der Betroffene einen bestimmten Gegenstand heraus und legt er dar, dass aus seiner Sicht die Voraussetzungen für eine Sicherstellung gar nicht gegeben sind, kann das als Antrag auf Prüfung der Anordnung ausgelegt werden; denn ist die Anordnung rechtswidrig und wird sie deshalb aufgehoben, wirkt das automatisch auch auf die Vollzugsmaßnahme und erfüllt damit das Rechtsschutzziel des Betroffenen.

VII. Änderung der Rechtsgrundlage

31 Stellt sich bei der gerichtlichen Überprüfung heraus, dass an Stelle der als Rechtsgrundlage angenommenen Einziehung eine Einziehung des Wertersatzes in Betracht kommt, kann das Gericht die **Entscheidung entsprechend ändern**. Dabei ist jedoch zu beachten, dass die Bewirkungshandlungen sehr unterschiedlich sind und dafür auch ganz unterschiedliche Zuständigkeiten bestehen. Beim Übergang von einer Beschlagnahme- zu einer Arrestanordnung kann das Gericht daher nur den Arrest anordnen, seine Vollstreckung ist dem Vollzugsbeamten, Gerichtsvollzieher oder dem Rechtspfleger übertragen, § 111k, 6 ff. Wurde beispielsweise bei einem Rauschgifthändler Geld als aus der Straftat „Erlangtes“ beschlagnahmt und steht auch fest, dass der Betroffene Geld in der Höhe des beschlagnahmten Betrags erlöst hat, kann aber nicht festgestellt werden, dass das beschlagnahmte Geld aus dem Erlös der den Gegenstand des Verfahrens bildenden Tat stammt, kommt nicht die Einziehung dieses Geldes, sondern Einziehung des Wertersatzes in Betracht. Die Beschlagnahme des Geldes als bewegliche Sache erfolgte durch Inverwahrnahme (§ 111c Abs. 1), der Zugriff auf bewegliche Sachen in Vollziehung des Arrests hingegen durch Pfändung, § 111f Abs. 1 i.V.m. § 930 ZPO. Im Beispielsfall muss also das Gericht, das die Beschlagnahme aufhebt und an seiner Stelle den Vermögensarrest anordnet, dessen Vollzug in das sichergestellte Geld durch den Rechtspfleger der Staatsanwaltschaft veranlassen. Durch die Änderung der Rechtsgrundlage tritt keine Rangänderung ein, da es sich um denselben Verfahrensgegenstand handelt.[100]

VIII. Entscheidung

32 Für **Form, Verfahren und Inhalt der Bestätigungsentscheidung** gelten die Ausführungen zur richterlichen Beschlagnahmeanordnung (§ 98, 15) sowie jene in den Rn. 11 ff. entsprechend. Der Betroffene ist vor der Entscheidung zu hören, da durch diese Anhörung der Erfolg der Maßnahme nicht gefährdet werden kann. Die Entscheidung ist dem Betroffenen und den Prozessbeteiligten bekannt zu geben. Die Bestätigung der Anordnung der Beschlagnahme oder des Arrestes löst die nichtrichterliche Beschlagnahmeanordnung ab. Dies gilt, auch wenn die Maßnahme nur in modifizierter Form aufrechterhalten wird, für das gesamte weitere Verfahren, insbesondere in Bezug auf die Anfechtung, siehe hierzu Rn. 44 ff.

---

99 OLG Köln BeckRS **2014** 00235; OLG Rostock Beschl. v. 19.12.2013 – Ws 320/17.
100 MüKo/*Bittmann* § 111b, 4.

E. Beendigung von Beschlagnahme und Vermögensarrest

I. Allgemeines

Vorläufige Sicherstellungsanordnungen ergehen im Ermittlungsverfahren nur auf Antrag der Staatsanwaltschaft, eine Entscheidung des Gerichts von Amts wegen ist nicht vorgesehen. Daraus folgt zugleich, dass Beschlagnahme und Vermögensarrest im Ermittlungsverfahren auf Antrag der Staatsanwaltschaft vom Gericht analog § 120 Abs. 3 Satz 1 aufzuheben sind.[101] Die vorläufig gesicherten Gegenstände können mit dem Antrag herausgegeben werden, § 120 Abs. 3 Satz 2 analog.[102] Einigkeit besteht außerdem darüber, dass Beschlagnahme und Vermögensarrest bis zur Rechtskraft des Urteils von Amts wegen aufzuheben sind, wenn ihre Voraussetzungen entfallen sind.[103] Das können die tatbestandlichen Voraussetzungen sein, Gleiches gilt aber auch, wenn die Maßnahme unverhältnismäßig wird. Erheblich divergierende Ansichten bestehen zu der Frage, unter welchen Voraussetzungen Beschlagnahmeanordnung und Vermögensarrest nach **Abschluss des Hauptverfahrens** enden. Man differenziert hier zwischen den jeweiligen Sicherungsmaßnahmen sowie danach, ob das Gericht eine Einziehungsentscheidung getroffen oder nicht getroffen hat und ob diese Entscheidung rechtskräftig ist. Hintergrund des Streits ist, dass der Gesetzgeber keine Regelungen zu diesen Fragen im Gesetz verankert hat.[104] 33

II. Beschlagnahmeanordnung

1. Erlöschen. Ist die Einziehung **angeordnet** worden und diese Entscheidung in **Rechtskraft** erwachsen, wird die Beschlagnahmeanordnung mit der Rechtskraft des Urteils gegenstandslos,[105] da in einem solchen Fall mit der Rechtskraft der Entscheidung das Eigentum oder Recht an dem beschlagnahmten Gegenstand auf den Staat übergeht, § 75 Abs. 1 StGB, und ihn damit zugleich zum Besitz an der Sache berechtigt. Die Beschlagnahmeanordnung kann, muss aber in diesen Fällen nicht aufgehoben werden,[106] weil in den Gegenstand ohnehin nur einmal vollstreckt werden kann. Ist die Einziehung **angeordnet** worden, die Entscheidung aber **nicht rechtskräftig**, so bewirkt das Urteil zwar ein Veräußerungsverbot im Sinne des § 136 BGB, vgl. dazu § 75 Abs. 3 StGB, dieses berechtigt den Staat aber nicht zum Besitz.[107] Die Beschlagnahmeanordnung bleibt deshalb ohne Weiteres wirksam, einer richterlichen Bestätigung bedarf sie nur dann, wenn der Betroffene sie im Fortgang beantragt (Rn. 48 ff.). 34

Sieht das Urteil **keine Einziehung** des Gegenstandes vor, so ist wiederum danach zu differenzieren, ob diese Entscheidung bereits **rechtskräftig** ist. Ist das der Fall, muss die Beschlagnahmeanordnung vom iudex a quo von Amts wegen aufgehoben werden,[108] weil ihr Sicherungsziel nicht mehr erreicht werden kann und es deshalb schon an der „Annahmevoraussetzung" im Sinne des § 111b Abs. 1 fehlt. Hierfür spricht, neben dem Argument, dass der Betroffene mit dem Aufhebungsbeschluss seine wiedererlangte Ver- 35

---

101 MüKo/*Bittmann* § 111e, 14; SK/*Rogall* § 111e, 22; KK/*Spillecke* 16.
102 SK/*Rogall* § 111e, 22.
103 Meyer-Goßner/Schmitt/*Köhler* 11.
104 SSW/*Burghart* 15.
105 Meyer-Goßner/Schmitt/*Köhler* 10; SK/*Rogall* § 111e, 19: erlöschen.
106 SK/*Rogall* § 111e, 19.
107 SSW/*Burghart* 16.
108 **A.A.** LR/*Johann*[26] § 111e, 25; OLG Düsseldorf NStZ **1997** 301; MüKo/*Bittmann* § 111e, 14: kraft Gesetzes.

fügungsbefugnis über Forderungen nachweisen kann,[109] maßgeblich, dass die Beschlagnahmeanordnung, der als Vollstreckungstitel für die vorläufige Sicherstellung eigenständiger Regelungsgehalt zukommt, ihre Vollstreckbarkeit nicht dadurch verliert, dass keine die Einziehung anordnende Entscheidung ergangen ist. Schon aus Gründen der Rechtssicherheit ist es deshalb erforderlich, diesen Beschluss aufzuheben.[110] Ob die Beschlagnahmeanordnung in diesen Fällen schon vor ihrer Aufhebung gegenstandslos wird,[111] ist bisher nicht abschließend geklärt. Warum die Beschlagnahmeanordnung wirkungslos werden sollte, „nur“ weil ihre Tatbestandsvoraussetzungen nicht (mehr) vorliegen, ist jedoch fraglich. Ist die Entscheidung **nicht rechtskräftig**, wird die Beschlagnahmeanordnung regelmäßig mangels Annahmeprognose aufzuheben sein; zwingend ist das jedoch nicht (Rn. 38).

36 Eine Besonderheit gilt für die Fälle der selbständigen Einziehung. Kommt eine selbständige Einziehung in Betracht, muss die Staatsanwaltschaft eine dahingehend lautende, **neue gerichtliche Anordnung** erwirken.[112] Zwar gilt grundsätzlich, dass die Beschlagnahmeanordnung auch (nur) in ihrer Begründung geändert werden kann, allerdings sind diese Fälle davon geprägt, dass die grundlegenden Voraussetzungen der Sicherstellung (Ermittlungsverfahren gegen eine Person, Arrestanspruch, Arrestgrund) im Wesentlichen vergleichbar sind. Die selbständigen Einziehung bedarf jedoch der Durchführung eines objektiven Verfahrens, das zu vollständig neuen „Rollen“ und anderen Rechten der Betroffenen führt. Vor diesem Hintergrund scheint es schon aus Gründen der Rechtssicherheit und dem **Transparenzgebot** angezeigt, durch einen neuen Beschluss deutlich zu machen, dass ein anderes Verfahren durchgeführt wird, als zuvor. Da sich der Gegenstand in diesen Fällen regelmäßig in staatlichem Gewahrsam befindet und der neue Beschluss nahtlos an den ursprünglichen anknüpfen kann, besteht einerseits keine Gefahr für das Sicherungsziel, kommt aber andererseits auch keine Selbstanordnungskompetenz der Staatsanwaltschaft in Betracht.

2. Aufhebung der Beschlagnahmeanordnung

37 **a) Voraussetzungen.** Die Beschlagnahmeanordnung muss jederzeit auf Antrag oder von Amts wegen aufgehoben werden, wenn die **Voraussetzungen für die Anordnung oder Fortdauer der Maßnahme entfallen** sind.[113] Es können sich etwa Art und Maß des Tatverdachts oder die Wahrscheinlichkeit dafür, dass die beschlagnahmten Gegenstände im Urteil eingezogen werden, geändert haben.[114] Letzteres wiederum ist etwa denkbar, wenn sich im Laufe des Verfahrens herausstellt, dass die Anordnung der Einziehung nach § 74f Abs. 1 StGB außer Verhältnis zu Tat und Schuldvorwurf stünde. Da die Beschlagnahme nicht formlos ergeht, sondern einer ausdrücklichen Anordnung bedarf (Rn. 11 ff.), muss auch ihre **Aufhebung förmlich erfolgen.**[115]

38 Wird der Angeklagte **freigesprochen** oder wird er zwar verurteilt, die genannten **Rechtsfolgen aber nicht angeordnet**, muss die Beschlagnahmeanordnung nicht zwingend aufgehoben werden, solange das Urteil mit einem Rechtsmittel zuungunsten des

---

109 SSW/*Burghart* 17; wobei sich freilich die Frage stellt, wann eine Forderung einmal beschlagnahmt und nicht im Wege des Vermögensarrestes gepfändet wird.

110 SK/*Rogall* § 111e, 20 m.w.N.

111 So SK/*Rogall* § 111e, 20; offengelassen SSW/*Burghart* 17.

112 Zur alten Rechtslage anders SK/*Rogall* § 111e, 22, wonach nur die Begründung geändert werden muss.

113 KMR/*Mayer* 7.

114 Für den Fall, dass fraglich ist, ob überhaupt noch ein Urteil ergehen wird, OLG Frankfurt Beschl. v. 14.6.2018 – 3 Ws 425/17 mit Besprechung *Johann* PStR **2018** S. 295 ff.

115 *v. Danwitz* NStZ **1999** 262; *Malitz* NStZ **2003** 61 f. nur für das Ermittlungsverfahren.

Angeklagten angefochten werden kann.[116] § 111a Abs. 2 Hs. 2 gilt nicht entsprechend. Es wird aber schwerlich vorstellbar sein, dass nach Erlass eines solchen Urteils noch die Annahme einer Einziehungsanordnung bejaht werden kann. Das Gericht würde damit andernfalls zum Ausdruck bringen, dass es seine eigene Entscheidung nicht für überzeugend hält. Es wird die Beschlagnahmeanordnung daher regelmäßig mit Urteilsverkündung aufheben.[117] Hat nur der Angeklagte gegen ein solches Urteil Rechtsmittel eingelegt, steht das **Verschlechterungsverbot** einer Anordnung der Einziehung entgegen,[118] die Beschlagnahme ist dann ebenfalls aufzuheben.[119] Das Veräußerungsverbot wirkt bis zur Aufhebung weiter. Hebt die erste Instanz die Anordnung auf, kann das Berufungsgericht nach Vorlage der Akten die Maßnahmen wieder anordnen.[120] Kommt eine nachträgliche Anordnung zu Lasten eines Beteiligten in Betracht,[121] gelten die Ausführungen unter Rn. 31. Wird das Verfahren hingegen nach §§ 421 ff. auf die anderen Rechtsfolgen beschränkt, ist zugleich die Beschlagnahmeanordnung aufzuheben.[122] Wird die Rechtskraft nachträglich durchbrochen, lebt die Maßnahme nach § 47 Abs. 3 Satz 1 wieder auf.[123]

b) Zuständigkeit. Die Grundsätze zu § 98 gelten entsprechend (vgl. daher dort 39
Rn. 61).

c) Verfahren.[124] Das Gericht ordnet die Aufhebung der Beschlagnahmeanordnung 40
durch Beschluss an, die Staatsanwaltschaft durch Verfügung. Bei beweglichen Sachen sind die auszuliefernden Gegenstände und die Person des Empfangsberechtigten genau zu bezeichnen. Sind Forderungen, Rechte, Grundstücke, Schiffe, Schiffsbauwerke oder Luftfahrzeuge beschlagnahmt worden, so erfordert die **Vollziehung der Aufhebungsanordnung**, dass die Beschlagnahmemaßnahmen rückgängig gemacht werden. Die Staatsanwaltschaft hat die beschlagnahmten beweglichen Sachen unverzüglich an den Berechtigten (vgl. dazu § 111n) herauszugeben und dafür zu sorgen, dass andere Beschlagnahmemaßnahmen (§ 111d Abs. 2) aufgehoben werden.[125] Die Pfändung einer Forderung oder eines anderen Vermögensrechts muss aufgehoben, die Registereintragung nach § 111c Abs. 4 gelöscht werden. Die Aufhebung muss dem letzten Gewahrsamsinhaber mitgeteilt werden, den Prozessbeteiligten, wenn sie von der Beschlagnahme Kenntnis erhalten hatten und das Verfahren noch nicht beendet ist. Nach Rechtskraft einer entsprechenden Anordnung sind Rechtsmittel nur noch unter den Voraussetzungen statthaft, die das Bundesverfassungsgericht für die Überprüfung erledigter Hoheitsakte aufgestellt hat.[126] Das setzt insbesondere voraus, dass ein berechtigtes Interesse des Betroffenen an der Entscheidung über die Rechtswidrigkeit der Maßnahme besteht.[127] Ein

---

116 MüKo/*Bittmann* § 111e, 14; OLG Düsseldorf NJW **1995** 2239; **a.A.** SSW/*Burghart* 17; Meyer-Goßner/Schmitt/*Köhler* 11.
117 Meyer-Goßner/Schmitt/*Köhler* 11; KMR/*Mayer* 7.
118 OLG Hamm wistra **2008** 38, 40; OLG Düsseldorf NJW **1995** 2239; LR/*Gössel*[26] § 331, 106 ff.
119 BGH NStZ **1991** 122 zur Einziehung von Tatwerkzeugen; OLG Düsseldorf NJW **1995** 2239; KMR/*Mayer* 7.
120 KK/*Spillecke*[7] § 111e, 17.
121 Siehe auch LR/*Gössel*[26] § 331, 106 ff.
122 Meyer-Goßner/Schmitt/*Köhler* 11.
123 MüKo/*Bittmann* § 111e, 15; Meyer-Goßner/Schmitt/*Köhler* 10; SK/*Rogall* § 111e, 20; LR/*Graalmann-Scheerer* § 47, 16.
124 Allgemein zur Rückgabe von nach §§ 111b ff. gesicherten Vermögenswerten: *Malitz* NStZ **2003** 61.
125 SK/*Rogall* § 111e, 20.
126 SK/*Rogall* § 111e, 19.
127 BVerfG NJW **2018** 1667, 1668; NStZ-RR **2017** 379, 380 f.; NJW **1997** 2163; **2002** 2456; MüKo/*Bittmann* § 111e, 17 f.; SK/*Rogall* § 111e, 33 sieht ein solches aufgrund der Grundrechtsrelevanz der Sicherstellung als regelmäßig gegeben an, anders dann Rn. 34; **a.A.** OLG München NStZ-RR **2004** 303.

solches wird aufgrund der mit der vorläufigen Sicherstellung einhergehenden Beeinträchtigung des Betroffenen regelmäßig dann zu bejahen sein, wenn er den Rechtsbehelf rechtzeitig eingelegt hat. Zur Frage, wie die Herausgabe bei beweglichen Sachen zu erfolgen hat, §§ 111n f.

III. Arrestanordnung

41 **1. Erlöschen.** Der Vermögensarrest endet niemals ohne Weiteres,[128] auch nicht mit **Rechtskraft des Urteils.**[129] Es fehlt für diese Rechtsfolge an einer entsprechenden gesetzlichen Regelung. Insoweit könnte man zwar versuchen, aus der Historie und der Regelung in § 111i Abs. 2ff. StPO a.F., die von einer Aufrechterhaltung der Sicherstellung ausging, Rückschlüsse auf die Fortdauer des Vermögensarrestes nach Rechtskraft der Anordnung zu ziehen.[130] Zum einen ist diese Regelung und mit ihr die Sonderkonstellation des staatlichen Auffangrechtserwerbes aber abgeschafft, zum anderen kann aus der gesetzgeberischen Intention, dass die Sicherung nach § 111i Abs. 3 StPO a.F. „aufrechterhalten" wurde, weder geschlossen werden, dass sie andernfalls von alleine endete, noch, dass sie ohne eine weitere Anordnung fortbestehen geblieben wäre. Entscheidend dürfte vielmehr sein, dass der Vermögensarrest seine dogmatischen Wurzeln im zivilprozessualen Arrest hat und letztlich auch mit diesem vergleichbare Ziele verfolgt. Im Zivilrecht wiederum kann der Schuldner nach § 927 ZPO die Aufhebung des Arrestes wegen veränderter Umstände verlangen. Hierzu zählt auch eine rechtskräftige, den Arrest bestätigende **Hauptsacheentscheidung.**[131] Der Arrest endet folglich nicht mit der Verurteilung in der Hauptsache. Das spricht dafür, dass auch der Vermögensarrest nicht von alleine endet und deshalb stets der **förmlichen Aufhebung** bedarf. Wann diese zu erfolgen hat, richtet sich nach der konkreten Hauptsacheentscheidung:

42 Ist die **Wertersatzeinziehung angeordnet** worden und die **Entscheidung rechtskräftig** (zu den übrigen Konstellationen Rn. 43ff.), kann und muss der Vermögensarrest im Zeitpunkt der Vorlage der vollstreckbaren Urteilsabschrift, bei Sicherung der Verfahrenskosten im Zeitpunkt des § 19 GKG, aufgehoben werden.[132] Die Aufhebung wirkt ex nunc, nicht ex tunc.[133] In Bezug auf die Wirkungen der Sicherung tritt nach allgemeinem Zwangsvollstreckungsrecht mit Rechtskraft der Entscheidung zur Sicherungsfunktion der Arrestpfändung die Verwertungsfunktion der Zwangsvollstreckung hinzu, anders ausgedrückt, wandelt sich das Arrest- in ein Vollstreckungspfandrecht,[134] sobald der Gläubiger über einen rechtskräftigen oder ohne Sicherheitsleistung vollstreckbaren Titel in der Hauptsache verfügt. Das ist für die Wertersatzeinziehung der Zeitpunkt nach § 451 Abs. 1, in dem eine mit Bescheinigung der Vollstreckbarkeit versehene Urteilsabschrift vorliegt.[135] Die Arrestpfändung gilt sodann als eine im Zuge der Zwangsvollstreckung

---

128 **A.A.** Meyer-Goßner/Schmitt/*Köhler* § 111e, 17.

129 BGH NJW **2013** 950, 952 „neigt dazu"; OLG Frankfurt NStZ-RR **1996** 255, 256; SSW/*Burghart* 18; **a.A.** OLG Stuttgart NStZ **2005** 401, 402; MüKo/*Bittmann* § 111e, 15 im Falle der rechtskräftigen Anordnung; Meyer-Goßner/Schmitt/*Köhler* 10: Anordnung wird gegenstandslos.

130 BTDrucks. **16** 700 S. 15.

131 Keller/*Kellendorfer* Kap. 8, 32; Theimer/*Theimer* § 10, 36; Baumbach/Lauterbach/Albers/*Hartmann* § 927, 10; Zöller/*Vollkommer* § 927, 6.

132 **A.A.** KG NStZ-RR **2010** 180; OLG Stuttgart NStZ **2005** 401, 402; Meyer-Goßner/Schmitt/*Köhler* § 111e, 17.

133 Baumbach/Lauterbach/Albers/*Hartmann* § 927, 10.

134 Meyer-Goßner/Schmitt/*Köhler* § 111e, 17; *Leuger* wistra **2006** 238, 239; **a.A.** OLG München wistra **2004** 479, 480; KK/*Spillecke* 14.

135 SSW/*Burghart* 19; SK/*Rogall* § 111e, 21.

erfolgte Pfändung.[136] Der Gläubiger muss keine erneute Pfändung veranlassen, der Rang des Pfandrechts bleibt erhalten.[137] Es besteht daher kein Bedarf des Gläubigers, über zwei Vollstreckungstitel zu verfügen, jedoch ein solches des Schuldners, dass der überholte Vollstreckungstitel aufgehoben wird.

2. Aufhebung der Arrestanordnung

a) Allgemeines. Der Vermögensarrest endet niemals von alleine (Rn. 41), er ist immer förmlich aufzuheben. Die förmliche Aufhebung hat nicht nur deshalb zu erfolgen, weil die Anordnung ebenfalls förmlich ergeht und keine Regelung ersichtlich ist, die eine **Arrestbeendigung ipso iure** vorsieht,[138] sondern auch deshalb, damit der Schuldner die Vollzugsmaßnahmen aufheben lassen und den Aufhebungsbeschluss weiteren Vollziehungsmaßnahmen entgegenhalten kann.[139] Die tatsächlichen Umstände, unter denen ein Vermögensarrest aufzuheben ist, sind vielfältig. Der Vermögensarrest ergeht im Ermittlungsverfahren nur auf Antrag der Staatsanwaltschaft, eine Entscheidung des Gerichts von Amts wegen ist nicht vorgesehen. Daraus folgt zugleich, dass in diesem Verfahrensstadium das Gericht an den Antrag auf Aufhebung des Vermögensarrestes durch die Staatsanwaltschaft analog § 120 Abs. 3 Satz 1 gebunden ist.[140] Die vorläufig gesicherten Gegenstände können mit dem Antrag herausgegeben werden, § 120 Abs. 3 Satz 2 analog. 43

b) Voraussetzungen der Aufhebung. Der Vermögensarrest ist zum einen immer dann aufzuheben, wenn seine Tatbestandsvoraussetzungen entfallen sind. Ein Antrag des Betroffenen ist nicht erforderlich, das Vorliegen der jeweiligen Tatbestandsvoraussetzungen ist vielmehr in jeder Lage des Verfahrens von Amts wegen zu prüfen. Der Vermögensarrest ist ferner aufzuheben, wenn sich im Laufe des Verfahrens herausstellt, dass die Einziehung für den Betroffenen **unverhältnismäßig** wäre und deshalb im Vollstreckungsverfahren ohnehin nicht ausgeführt werden dürfte, § 459g Abs. 5 Satz 1. Eine Maßnahme „zur Sicherung der Vollstreckung" ist in diesen Fällen gerade nicht erforderlich. 44

Ist die **Wertersatzeinziehung angeordnet** worden, die Entscheidung aber **noch nicht rechtskräftig**, bleibt der Vermögensarrest bis zur Vorlage der vollstreckbaren Entscheidung im Sinne des § 451 Abs. 1 aufrechterhalten und Rechtsgrund für die Vollziehungsmaßnahmen.[141] Sichert der Arrest die Verfahrenskosten nach § 111e Abs. 2, bedarf es der Vorlage des Kostenansatzes, § 19 GKG.[142] Es bedarf vor der Aufhebung des Vermögensarrestes weder der Einleitung,[143] noch der Beendigung der Zwangsvollstreckung aus dem Arrest. Der Vermögensarrest bleibt in diesem Fall ohne Weiteres wirksam,[144] einer richterlichen Bestätigung bedarf er nur dann, wenn der Betroffene im Fortgang die Aufhebung beantragt (Rn. 49). Ist die **Anordnung rechtskräftig** erfolgt, ist der Vermögensarrest aufzuheben,[145] weil es keine gesetzliche Regelung gibt, wonach er in diesen Fällen 45

---

136 OLG Frankfurt NStZ-RR **1996** 255, 256; Thomas/Putzo/*Seiler* § 930, 3.
137 Meyer-Goßner/Schmitt/*Köhler* § 111e, 17.
138 MüKo/*Bittmann* § 111e, 16; SSW/*Burghart* 15.
139 SSW/*Burghart* 18; SK/*Rogall* § 111e, 21.
140 MüKo/*Bittmann* § 111e, 14; SK/*Rogall* § 111e, 22.
141 SSW/*Burghart* 19.
142 SSW/*Burghart* 18.
143 So aber OLG München wistra **2004** 479, 480; KK/*Spillecke*[7] § 111e, 14.
144 MüKo/*Bittmann* § 111e, 16 spricht von einem schrittweise Außerkrafttreten der Maßnahme.
145 **A.A.** MüKo/*Bittmann* § 111e, 15, der einer Aufhebungsentscheidung nur deklaratorische Bedeutung beimisst, sie aber für „durchaus sachgerecht" hält.

automatisch seine Wirksamkeit verliert. Ohne Aufhebung gäbe es ansonsten zwei Vollstreckungstitel über ein und dieselbe Forderung. Ist die **Wertersatzeinziehung nicht angeordnet** worden, die Entscheidung aber **noch nicht rechtskräftig**, muss auch der Vermögensarrest nicht zwingend aufgehoben werden; es gelten die Ausführungen zur Beschlagnahme unter Rn. 38 entsprechend, so dass auch beim Vermögensarrest die Aufhebung nach entsprechender Entscheidung die regelmäßige Folge sein wird.[146] Ist die Wertersatzeinziehung nicht angeordnet worden und die **Entscheidung rechtskräftig** oder nur vom Angeklagten angefochten, erlischt der Vermögensarrest ebenfalls nicht ohne Weiteres, sondern ist er zwingend aufzuheben (Rn. 43 ff.) und die Vollziehung rückgängig zu machen.[147]

46 **c) Zuständigkeit.** Zuständig ist das Gericht, das den Arrest angeordnet, bestätigt hat oder ihn zu bestätigen hätte.[148] Die Grundsätze zu § 98 gelten entsprechend (vgl. daher dort Rn. 57 ff.).

47 **d) Verfahren.**[149] Das Gericht ordnet die Aufhebung der Arrestanordnung durch **Beschluss** an, die Staatsanwaltschaft durch Verfügung. Die Mitteilung über die Aufhebung von Beschlagnahme und Vermögensarrest hat ebenso wie die darauf folgende Aufhebung der Vollziehungsmaßnahmen unverzüglich zu erfolgen. Genau wie die Anordnung kann und sollte auch die Freigabe per Telefax erfolgen, § 111k, 15 f. Dies gilt vor allem dann, wenn der übliche Geschäftsgang absehbar zu zeitlichen Verzögerungen führt. Zur Frage, wie die Herausgabe konkret erfolgt, § 111o, 7 ff.

F. Rechtsbehelfe und Rechtsmittel bei Anordnung von Beschlagnahme und Vermögensarrest

I. Allgemeines

48 Die Rechtsbehelfe gegen die Anordnung von Beschlagnahme und Vermögensarrest zur Sicherung späterer Einziehungsanordnungen sind abschließend in der Strafprozessordnung geregelt.[150] Zivilrechtliche Rechtsbehelfe sind daneben nicht statthaft.[151] In Betracht kommen ein Antrag auf gerichtliche Entscheidung und die Beschwerde nach §§ 304 ff., wobei die fehlerhafte Bezeichnung nach § 300 unschädlich ist.[152] Es gelten die strafprozessualen, nicht die zivilprozessualen Beweislastgrundsätze.[153]

II. Antrag auf gerichtliche Entscheidung, Absatz 2 Satz 3

49 Unabhängig davon, ob gemäß Absatz 2 Satz 1 die gerichtliche Entscheidung von der Staatsanwaltschaft beantragt oder ob diese sogar bereits ergangen ist,[154] kann der Betroffene gegen die von der Staatsanwaltschaft und ihren Ermittlungspersonen angeordnete

146 SSW/*Burghart* 20; in diesem Sinne auch Meyer-Goßner/Schmitt/*Köhler* § 111e, 18.
147 SK/*Rogall* § 111e, 21; **dagegen** BGH NJW **2013** 950, 952, jedenfalls dann, wenn der Arrest (auch) zugunsten des Verletzten angeordnet wurde. Diese Auffassung ist durch die Reform überholt.
148 Meyer-Goßner/Schmitt/*Köhler* § 111e, 19.
149 Allgemein zur Rückgabe von nach §§ 111b ff. gesicherten Vermögenswerten: *Malitz* NStZ **2003** 61 ff.
150 SK/*Rogall* § 111e, 30.
151 MüKo/*Bittmann* § 111e, 17.
152 SK/*Rogall* § 111e, 30 f.
153 Im Umkehrschluss zu BTDrucks. **18** 9525 S. 92.
154 HK/*Gercke* 11.

Beschlagnahme und gegen die Arrestanordnung der Staatsanwaltschaft **jederzeit** – das heißt auch nach richterlicher Bestätigung der nichtrichterlichen Anordnung, wenn z.B. neue Tatsachen vorliegen –[155] die Entscheidung des für die Anordnung an sich zuständigen Gerichts[156] (Rn. 3) beantragen. Das Anfechtungsrecht ist grundsätzlich un-, der Instanzenzug indes begrenzt. Bestätigt das Landgericht die Arrestanordnung der Staatsanwaltschaft und wurde diese Bestätigung zuvor vom Amtsgericht abgelehnt, steht dem **Betroffenen** hiergegen nur die weitere Beschwerde zu,[157] die das Vorliegen der Voraussetzungen des § 310 Abs. Nr. 3 erfordert. Ein Antrag auf gerichtliche Entscheidung nach Absatz 2 Satz 3 wäre grundsätzlich zulässig, würde jedoch bei unveränderter Sachlage im Ergebnis keinen Vorteil für den Betroffenen bringen, weil sich entweder das Amtsgericht der Auffassung des Landgerichts anschließen oder an seiner ursprünglichen Auffassung festhalten und dann wiederum vom Landgericht aufgehoben werden würde. Der Antrag ist damit zwar zulässig, regelmäßig aber sinnlos. Betroffener ist jeder, in dessen Gewahrsam oder Rechte durch die Anordnung eingegriffen wird.[158] Das kann der Beschuldigte, der Eigentümer aber auch jeder andere sein, der zum Besitz der Sache oder zur Ausübung des beschlagnahmten Rechts befugt ist.[159] Gleiches gilt für einen Mitangeklagten, der die Einziehung mit einem Rechtsmittel angreifen könnte.[160] Zur Anfechtung (nur) der Vollziehungsmaßnahme § 111k, 17 ff.

Zum Prüfungsumfang und zur Entscheidung, insbesondere zum Austausch der Rechtsgrundlagen, gelten die Ausführungen zur Bestätigung nichtrichterlicher Anordnungen entsprechend (Rn. 22). Nach rechtskräftiger Einziehungsanordnung sind die vorangegangenen Sicherstellungsmaßnahmen auf Antrag des Betroffenen aufzuheben, da es an einer Regelung fehlt, die eine Beendigung ipso iure bewirkt (ausführlich Rn. 33 ff.).[161] Der Antrag auf Aufhebung der Sicherungsmaßnahme und gegen sie eingelegte Beschwerden werden daher nicht gegenstandslos.[162] Im Übrigen gelten die für § 98 entwickelten Grundsätze entsprechend, auch zu der Frage des Rechtsbehelfs gegen erledigte Maßnahmen.[163] 50

III. Beschwerde

Gegen die richterliche Entscheidung ist die Beschwerde nach den allgemeinen Grundsätzen der §§ 304 ff. zulässig.[164] Die Staatsanwaltschaft kann gegen die gerichtliche 51

155 BGH NStZ **1985** 262; KK/*Spillecke* 5; SK/*Rogall* § 111e, 31; MüKo/*Bittmann* § 111e, 17 geht davon aus, die schlichte Wiederholung eines bereits beschiedenen Antrags sei *unzulässig*. Ebenso KK/*Spillecke* 5. Das ist schon deshalb fraglich, weil sich nach einhelliger Auffassung das Sicherungsbedürfnis mit Zeitablauf reduzieren kann. Berücksichtigt man die gängigen Entscheidungsdauern der Praxis, so kann auch ein „nur" auf dieselben Tatsachen gestützter Antrag daher zulässig und sogar begründet sein.
156 SSW/*Burghart* 6; KK/*Spillecke*[7] § 111e, 16.
157 SK/*Rogall* § 111e, 31 m.w.N.
158 MüKo/*Bittmann* § 111e, 17.
159 SK/*Rogall* § 111e, 34; KK/*Spillecke* 19.
160 KK/*Spillecke* 19.
161 **A.A.** OLG München wistra **2004** 479, 480.
162 **A.A.** Meyer-Goßner/Schmitt/*Köhler* 10 aber ohne Erklärung, warum die Maßnahmen keiner Aufhebung bedürfen. Bei Rn. 11 weist *Köhler* dann zutreffend darauf hin, dass im Falle der Nichtanordnung der Einziehung eine Aufhebung erfolgen muss, weil sonst ein Vollstreckungstitel existiert, der keine materiell-rechtliche Grundlage mehr hat. Im Falle der Einziehungsanordnung und Nichtaufhebung des Vermögensarrestes hätte man jedoch zwei vollstreckbare Titel über dieselbe Forderung. Das kann genauso wenig überzeugen.
163 SK/*Rogall* § 111e, 34; MüKo/*Bittmann* § 111e, 17 Fn. 65.
164 SK/*Rogall* § 111e, 32; OLG Hamburg NStZ-RR **2011** 345 zum eingeschränkten Prüfungsumfang, wenn das Urteil nur noch revisionsrechtlicher Überprüfung unterliegt.

Entscheidung, mit der der Anordnungsantrag abgelehnt worden ist, Beschwerde einlegen.[165] Gleiches gilt für die Fälle, in denen die von ihr getroffene Anordnung gerichtlich nicht bestätigt wurde.[166] Die Beschwerde des **Insolvenzverwalters** über das Vermögen des Betroffenen ist nur gegen die Anordnung, nicht aber gegen die Aufhebung des Vermögensarrestes zulässig, weil der Betroffene, dessen Rechte der Insolvenzverwalter ausübt, nur in ersterem Fall beschwert ist und es für die Zulässigkeit der Beschwerde unerheblich ist, ob der Insolvenzverwalter aus anderen Gründen ein Interesse an einer vorläufigen staatlichen Sicherung hat.[167]

52 War der **Gegenstand zunächst als Beweismittel** beschlagnahmt, wurde diese vom Beschwerdegericht aufgehoben und gleichzeitig die Sicherstellung nach §§ 111b, 111e angeordnet, liegt an sich eine auf eine Beschwerde hin ergangene Entscheidung vor, die nach § 310 Abs. 2 nicht mit der Beschwerde angegriffen werden kann. Die Sicherstellung als Beweismittel und die Sicherstellung zur Sicherung der späteren Einziehungsanordnung unterscheiden sich aber in Voraussetzungen und Wirkungen derart, dass es sich der Sache nach um eine **erstinstanzliche Entscheidung** handelt, für die das Beschwerdegericht nicht zuständig ist. Entscheidet es gleichwohl, was aus praktischen Gründen vertretbar erscheint, muss aber gegen seine Entscheidung die Beschwerde zulässig sein. Die Beschwerde gegen die richterliche Beschlagnahme- und Arrestanordnung ist auch bei Entscheidungen des Ermittlungsrichters des Bundesgerichtshofs und des Oberlandesgerichts im ersten Rechtszug zulässig (§ 304 Abs. 4 und Abs. 5), da § 304 Abs. 4 Satz 2 Hs. 2 Nr. 1 mit „Beschlagnahme“ auch den Vermögensarrest erfassen will.[168] Wird vor Anklageerhebung Beschwerde gegen die gerichtliche Arrestanordnung eingelegt, über diese aber erst nach Anklageerhebung entschieden, ist die Beschwerde in einen Antrag auf Aufhebung der beschwerenden Maßnahme umzudeuten und zu bescheiden. Hiergegen ist dann die Beschwerde möglich.[169] Zum Prüfungsumfang und zur Entscheidung, insbesondere zum Austausch der Rechtsgrundlagen, gelten die Ausführungen zur Bestätigung nichtrichterlicher Anordnungen entsprechend (Rn. 27).

IV. Weitere Beschwerde, § 310 Abs. 1 Nr. 3

53 Mit dem Gesetz zur Stärkung der Rückgewinnungshilfe und der Vermögensabschöpfung bei Straftaten[170] hat der Gesetzgeber die Möglichkeit geschaffen, gegen die Anordnung – nicht den Vollzug –[171] des Vermögensarrestes über einen Betrag von mehr als 20.000 EUR[172] weitere Beschwerde einlegen zu können. Einigkeit bestand insoweit, als dieses Rechtsmittel jedenfalls dem Betroffenen zustand. Auch die Staatsanwaltschaft konnte – jedenfalls theoretisch – zu Gunsten des Betroffenen weitere Beschwerde einlegen. In Literatur und Rechtsprechung war jedoch umstritten, ob die **Staatsanwaltschaft auch gegen die Nichtanordnung** oder die Aufhebung des Vermögensarrestes mit der

165 Meyer-Goßner/Schmitt/*Köhler* 12.
166 SK/*Rogall* § 111e, 34; KG NStZ **2011** 175, 176; OLG Jena NStZ-RR **2011** 278.
167 OLG Nürnberg NZWiSt **2013** 297 f.; Meyer-Goßner/Schmitt/*Köhler* 12.
168 BGHSt **29** 13, 14; BGH NJW **2002** 765: keine analoge Anwendung, Arrestanordnung ist Unterfall der Beschlagnahme; im Ergebnis ebenso KK/*Spillecke* § 111e, 19 und HK/*Gercke* 13, die die Anordnung des Arrestes der Beschlagnahme gleichstellen wollen.
169 OLG Jena wistra **2010** 80; OLG Frankfurt StV **2008** 624; OLG Stuttgart NStZ-RR **2003** 142; Meyer-Goßner/Schmitt/*Köhler* 12.
170 BGBl. I 2006 S. 2350, 2352.
171 BTDrucks. **16** 2021 S. 6.
172 In Anlehnung an § 26 Nr. 8 EGZPO, vgl. BTDrucks. **16** 2021 S. 6.

weiteren Beschwerde vorgehen konnte.[173] Der Gesetzgeber hat mit dem Gesetz zur Reform der strafrechtlichen Vermögensabschöpfung diese Frage nun bejaht.[174] Diese hier schon zuvor vertretenen Rechtsauffassung[175] ist zutreffend, da nur so dem Sinn und Zweck der §§ 111b ff. umfassend Rechnung getragen werden kann.[176] Die Möglichkeiten nach § 307 Abs. 2 bleiben davon freilich unberührt.[177] Die Beschlagnahmeanordnung kann nicht, auch dann nicht, wenn sie einen Gegenstand betrifft, der einen Wert von mehr als 20.000,00 EUR hat, mit der weiteren Beschwerde angefochten werden.[178] Das ist vor allem dann bedenklich, wenn es um die Beschlagnahme vermeintlicher Tatwerkzeuge, insbesondere Kraftfahrzeuge, geht. Hier ist die Differenzierung zwischen Vermögensarrest und Beschlagnahmeanordnung schon deshalb nicht plausibel, weil das vermeintliche Tatwerkzeug regelmäßig ebenfalls unstrittig legal erworben sein wird und sein Entzug einen Eingriff in Art. 14 GG darstellt.

V. Rechtsmittel gegen die Ablehnung oder Aufhebung der Beschlagnahme oder des Arrestes

Die Erläuterungen zu § 98, 70 ff. gelten auch für die Zeit nach Erhebung der öffentlichen Klage entsprechend. Jedoch ist im Bereich der Sicherung von Einziehung, Geldstrafe und Verfahrenskosten anders als bei der Sicherstellung von Beweismitteln eine Beschwerde der Staatsanwaltschaft auch nach Erhebung der öffentlichen Klage zulässig. Der Verletzte soll die Aufhebung der Arrestanordnung nicht anfechten können, da er nicht am Verfahren beteiligt sei.[179] 54

VI. Rechtsbehelfe gegen Entscheidungen zur Vollstreckung

Siehe § 111k, 17 ff. 55

§ 111k
Verfahren bei der Vollziehung der Beschlagnahme und des Vermögensarrestes

(1) [1]Beschlagnahme und Vermögensarrest werden durch die Staatsanwaltschaft vollzogen. [2]Soweit ein Arrest nach den Vorschriften über die Pfändung in bewegliche Sachen zu vollziehen ist, kann dies durch die in § 2 des Justizbeitreibungsgesetzes bezeichnete Behörde, den Gerichtsvollzieher, die Staatsanwaltschaft oder durch deren Ermittlungspersonen (§ 152 des Gerichtsverfassungsgesetzes) vollzogen werden. [3]Die Beschlagnahme beweglicher Sachen kann auch durch

173 **Bejahend**: KG NStZ **2011** 175; OLG Jena wistra **2011** 399; OLG Celle StV **2009** 120, OLG Braunschweig Beschl. v. 11.5.2007 –Ws 54/07 (der die Zulässigkeit nicht einmal problematisiert); **dagegen**: OLG Oldenburg StV **2011** 613; OLG Köln NStZ-RR **2011** 279; OLG Hamburg NStZ **2009** 232 im Fall eines Drittbetroffenen; OLG München NJW **2008** 389, 390; *Pfordte* StV **2008** 241, 243; *Theile* StV **2009** 161, 162; KK/*Spillecke*[7] § 111e, 20.
174 BTDrucks. **18** 9525 S. 86.
175 LR/*Johann*[26] § 111e, 35.
176 **A.A.** mit umfangreicher Begründung nach wie vor SSW/*Burghart* 14.
177 Ausführlich, auch zur Abwägung zwischen dem Vollzugs- und dem Aussetzungsinteresse in diesen Fällen, BGH NStZ **2010** 343, 344; zustimmend Meyer-Goßner/Schmitt/*Köhler* 12.
178 SSW/*Burghart* 14.
179 OLG Oldenburg NStZ-RR **2012** 349; Meyer-Goßner/Schmitt/*Köhler* § 111e, 18.

https://doi.org/10.1515/9783110594546-011

die Ermittlungspersonen der Staatsanwaltschaft (§ 152 des Gerichtsverfassungsgesetzes) vollzogen werden. [4]§ 98 Absatz 4 gilt entsprechend.

(2) [1]Für die Zustellung gilt § 37 Absatz 1 mit der Maßgabe, dass auch die Ermittlungspersonen der Staatsanwaltschaft (§ 152 des Gerichtsverfassungsgesetzes) mit der Ausführung beauftragt werden können. [2]Für Zustellungen an ein im Inland zum Geschäftsbetrieb befugtes Kreditinstitut gilt § 174 der Zivilprozessordnung entsprechend.

(3) Gegen Maßnahmen, die in Vollziehung der Beschlagnahme oder des Vermögensarrestes getroffen werden, kann der Betroffene die Entscheidung des nach § 162 zuständigen Gerichts beantragen.

Schrifttum

Bachof Die verwaltungsgerichtliche Klage auf Vornahme einer Amtshandlung (1968); *Brettschneider* Der Staatsanwalt als Gerichtsvollzieher? NStZ **2000** 180; *ders.* Zur Zuständigkeit der Vollstreckung dinglichen Arrestes in bewegliche Sachen nach der StPO, wistra **2001** 120; *Burhoff* Abrechnung des Antrags auf gerichtliche Entscheidung gem. § 111f Abs. 5 StPO, RVGreport **2010** 441; *Kessel* Unzuständigkeit des Gerichtsvollziehers für Pfändungsmaßnahmen zur Vermögensabschöpfung in Strafverfahren, DGVZ **2001** 10; *Müller* Zuständigkeit für den Arrestvollzug nach § 111d StPO, DGVZ **2000** 81. Weiteres Schrifttum s. bei § 111b.

Entstehungsgeschichte

Die Vorschrift wurde durch Art. 21 Nr. 29 EGStGB eingefügt; sie ist an die Stelle des durch Art. 21 Nr. 27 EGStGB 1974 aufgehobenen § 111 getreten[1] und regelte seither die Herausgabe beweglicher Sachen, die für Zwecke des Strafverfahrens nicht mehr benötigt werden. Mit dem Gesetz zur Reform der strafrechtlichen Vermögensabschöpfung (BGBl. I 2017 S. 872) wurde die Vorschrift komplett neu gefasst, sie geht zurück auf § 111f StPO a.F. und regelt heute das Verfahren bei der Vollziehung von Beschlagnahme und Vermögensarrest.[2] Die ursprüngliche Regelung über die Herausgabe beweglicher Sachen und das diesbezügliche Verfahren finden sich nun in §§ 111n und 111o.

Übersicht

1 Siehe zur Entstehungsgeschichte SK/*Rogall* § 111f, 3 m.w.N.
2 Kritisch zur Übersichtlichkeit der Regelung im Vergleich zur Vorgängervorschrift des § 111f SSW/*Burghart* 2; umfassend zur Entstehungsgeschichte des § 111f StPO a.F. SK/*Rogall* § 111f, 3 f.

Alphabetische Übersicht

A. Allgemeines

Während die Zuständigkeit für die Anordnung der Beschlagnahme (§ 111b) und des Vermögensarrestes (§ 111e) in § 111j geregelt ist, bestimmt § 111k die **Zuständigkeit für die Vollstreckung** von Beschlagnahme und Vermögensarrest. Für den Vollzug von Beschlagnahme und Vermögensarrest ist nach Absatz 1 Satz 1 grundsätzlich die Staatsanwaltschaft zuständig. Die Regelung umfasst alle denkbaren Vollzugsobjekte. Absatz 1 Satz 2 betrifft sodann den Spezialfall des Vollzugs des Vermögensarrestes in bewegliche Sachen, Absatz 1 Satz 3 den der Beschlagnahme ebensolcher. Absatz 2 ermächtigt zur Übertragung der Zustellungsverantwortlichkeit auf die Ermittlungspersonen der Staatsanwaltschaft und regelt die Zustellung an bestimmte Kreditinstitute. Absatz 3 stellt klar, dass für alle Maßnahmen der Vollziehung einer Beschlagnahme oder des Vermögensarrestes der **strafprozessuale Rechtsweg** gegeben ist und die zivilprozessualen Regelungen keine Anwendung finden. 1

Schon seit der Novellierung der Vorschriften durch das Gesetz zur Stärkung der Rückgewinnungshilfe und der Vermögensabschöpfung bei Straftaten vom 24.10.2006 besaß die Staatsanwaltschaft eine **einheitliche Vollstreckungskompetenz** zur Durchführung der Beschlagnahme und der Vollziehung des Arrestes,[3] lediglich für Ersuchen und Anmeldungen auf Registereintragungen waren auch die Gerichte zuständig. Damit sollte das Verfahren vereinfacht und beschleunigt werden.[4] Dieses Ziel ist nun mit der Aufhebung auch der letzten Ausnahmekompetenz der Gerichte verstärkt worden, die Staatsanwaltschaften sind nun allumfassend zuständig.[5] Dem Richtervorbehalt wird durch § 111j Rechnung getragen, indem die Zuständigkeit für die Anordnung der Sicherungsmaßnahmen in seinen Händen verbleibt. Aus Absatz 1 ergibt sich außerdem die 2

3 BTDrucks. **16** 700 S. 12.
4 BTDrucks. **16** 700 S. 12.
5 BTDrucks. **18** 9525 S. 82; Meyer-Goßner/Schmitt/*Köhler* 1.

Zuständigkeit der Staatsanwaltschaft für die Aufhebung der Maßnahme als Annexkompetenz.[6]

3 § 111j wird durch § 31 Abs. 1 RPflG ergänzt. In diesem Zusammenhang verdient die Streichung des § 22 Nr. 1 bis 3 RPflG a.F. besondere Beachtung. Sie führt dazu, dass in sämtlichen Verfahrensabschnitten der Rechtspfleger der Staatsanwaltschaft und nicht mehr jener des Gerichts zuständig ist.[7] Aus der Beschlagnahme- oder Arrestanordnung besteht keine Verpflichtung des Rechtspflegers bzw. der Staatsanwaltschaft, diese auch zu vollziehen, sie wird dadurch lediglich ermöglicht.[8] Die **Nichtvollziehung** hat gleichwohl Konsequenzen: Wird eine Anordnung *ohne* hinreichende Gründe nicht vollzogen, so zeigt das, dass tatsächlich kein Sicherungsbedürfnis besteht und die Anordnung deshalb aufzuheben ist. Hinreichende Gründe können etwa sein, dass der Vermögensarrest bereits in das Vermögen eines Gesamtschuldners erfolgreich vollstreckt wurde (§ 111e, 22) oder aber der Betroffene aufgrund des Arrestes seine Vermögensverhältnisse offen legt, ein Dritter Sicherheit in anderer als der bei § 111e, 48 genannten Form leistet etc. Tritt schon ohne Arrestvollzug eine Sicherung der potentiellen Forderung ein, so wäre dieser nicht verhältnismäßig. Völlig offen ist in diesem Zusammenhang die Frage der Auswirkungen einer Untätigkeit auf potentielle **Amtshaftungsansprüche**; denn nur weil die Anordnung selbst grundsätzlich keine Verpflichtung zur Vollziehung enthält, heißt das nicht, dass nicht aus anderen Gesichtspunkten wie etwa dem Opferentschädigungsmodell eine Amtspflicht hergeleitet werden könnte.

4 Bisher nicht geklärt ist darüber hinaus die Frage, ob durch die Reform eine **Eilzuständigkeit der Gerichte** entfallen ist.[9] Hierfür spricht nicht nur die Wortlautänderung von § 111f StPO a.F. zu § 111k Abs. 1, wonach die Vollziehung nun nicht mehr der Staatsanwaltschaft „obliegt", sondern von dieser „durchgeführt wird". Hinzu kommt, dass die Zuständigkeit des Rechtspflegers des Gerichts ersatzlos gestrichen wurde, vgl. § 22 RPflG. Dem Willen des Gesetzgebers dürfte es daher entsprechen, dass nur noch die Staatsanwaltschaft zuständig ist. In Eilfällen verbleibt es daher (nur) bei den Möglichkeiten des § 165.

5 Im Rahmen der Vollziehung nach § 111k besteht für den Betroffenen jederzeit die Möglichkeit, eine gerichtliche Entscheidung herbeizuführen, Absatz 3.[10] Trotz unterschiedlichen Wortlautes der bisherigen und der aktuellen Regelung in Form des Wegfalls des Wortes „jederzeit" bleibt es bei der jederzeitigen Antragsmöglichkeit (Rn. 20), die Änderung ist rein terminologischer Natur. Eine umfassende **gerichtliche Kontrolle** ist damit gewährleistet. Gerichtliche Anordnungen können nach § 160 GVG, staatsanwaltschaftliche nach § 143 GVG in jedem deutschen Bundesland vollstreckt werden, während Beschlagnahmeanordnungen der Ermittlungspersonen der Staatsanwaltschaft nur im jeweils örtlichen Zuständigkeitsbereich des Beamten vollstreckbar sind.[11]

---

6 KMR/*Mayer* 2.
7 BTDrucks. **18** 9525 S. 100; **a.A.** SSW/*Burghart* 4 und SK/*Rogall* § 111f, 6, die entgegen der allgemeinen Meinung unter Rekurs auf den Wortlaut von § 31 Nr. 2 RPflG von einer funktionalen Zuständigkeit des Staatsanwalts ausgehen.
8 MüKo/*Bittmann* § 111f, 1.
9 So wohl KMR/*Mayer* 2.
10 BTDrucks. **16** 700 S. 9, 12.
11 SK/*Rogall* § 111f, 2 m.w.N.

B. Vollziehung der Beschlagnahme, Absatz 1 Satz 1 und 3

I. Bewegliche Sachen

Die Durchführung der Beschlagnahme beweglicher Sachen obliegt der Staatsanwaltschaft. 6
Dies gilt für Beschlagnahmeanordnungen des Gerichts genauso wie für von der Staatsanwaltschaft wegen Gefahr im Verzug selbst getroffener Anordnungen (dazu § 111j, 5 ff.). Das die Beschlagnahme anordnende Gericht übergibt den Vorgang zum Vollzug der Anordnung an die Staatsanwaltschaft, § 36 Abs. 2 Satz 1.[12] Die beschlagnahmten Sachen werden auf Veranlassung der Staatsanwaltschaft nach § 111c Abs. 1 in **Gewahrsam genommen** oder die Beschlagnahme durch Siegel oder in anderer Weise kenntlich gemacht. Sie bedient sich zum Vollzug der Anordnung ihrer Ermittlungspersonen (§ 152 GVG), kann aber auch andere Polizeibeamte[13] oder Justizwachtmeister[14] heranziehen. Die Geschäfte der Staatsanwaltschaft bei der Durchführung der Beschlagnahme nach Absatz 1 sind nach § 31 Abs. 1 Nr. 2 RPflG dem **Rechtspfleger** übertragen.[15] Haben Ermittlungspersonen der Staatsanwaltschaft nach § 111j Abs. 1 Satz 3 die Beschlagnahme wegen Gefahr im Verzug angeordnet, so sind sie auch zur Vollstreckung berechtigt.[16] Sie können sich aber auch anderer Polizeibeamter bedienen.[17] Wenn eine Beschlagnahme in einem Dienstgebäude oder einer nicht allgemein zugänglichen Einrichtung oder Anlage der Bundeswehr erforderlich wird, gelten nach Absatz 1 Satz 4 die Vorschriften des § 98 Abs. 4 entsprechend. Näheres dazu bei § 98, 25 ff.

II. Grundstücke und grundstücksgleiche Rechte

Der Vollzug der Beschlagnahme von Grundstücken und grundstücksgleichen Rechten 7
erfolgt durch Eintragung in das jeweilige Register. Die erforderlichen Eintragungen in das Grundbuch und die in § 111c Abs. 4 genannten Register werden nach Absatz 1 Satz 1 nur noch auf Ersuchen der Staatsanwaltschaft bewirkt,[18] die diese Eintragungen aber nicht etwa selbst vornehmen kann.[19] Die Eintragung kann auch schon vor Ergehen einer **richterlichen Bestätigung** beantragt werden.[20] Die bei der Durchführung der Beschlagnahme zu erledigenden Geschäfte sind nicht mehr dem Rechtspfleger des Gerichts, sondern jenem der Staatsanwaltschaft übertragen, denn § 22 Nr. 1 RPflG a.F. wurde durch das Gesetz zur Reform der strafrechtlichen Vermögensabschöpfung gestrichen.[21]

III. Forderungen und andere Vermögensrechte

Nach Absatz 1 Satz 1 obliegt die Durchführung der Beschlagnahme der **Staatsan-** 8
waltschaft. Ihre Aufgabe ist es, in sinngemäßer Anwendung der Vorschriften der ZPO,

---

12 KK/*Spillecke* 2; SK/*Rogall* § 111f, 6.
13 Meyer-Goßner/Schmitt/*Köhl*er 2; MüKo/*Bittmann* § 111f, 2 geht davon aus, dass jeder Dritte auf Anordnung und unter Aufsicht des Staatsanwalts die erforderlichen Realakte vornehmen dürfe.
14 KMR/*Mayer* § 111f, 2.
15 Meyer-Goßner/Schmitt/*Köhler* 2; **a.A.** SSW/*Burghart* 4 unter Rekurs auf § 20 Nr. 17 RPflG: Zuständigkeit des Staatsanwalts.
16 KMR/*Mayer* 6.
17 Meyer-Goßner/Schmitt/*Köhler* 2.
18 BTDrucks. **18** 9525 S. 82.
19 Eingehend SSW/*Burghart* 6.
20 MüKo/*Bittmann* § 111f, 2 Fn. 8.
21 Meyer-Goßner/Schmitt/*Köhler* 3; siehe aber auch oben Fn. 7.

auch die Pfändung von Forderungen und anderen Vermögensrechten zu bewirken. Die Ermittlungspersonen der Staatsanwaltschaft sind zur Beschlagnahme nicht befugt. Sind das Zahlungsverbot sowie die Aufforderung zur Abgabe der Drittschuldnererklärung nach § 840 ZPO nicht schon in der Pfändungsanordnung enthalten (§ 111c, 10 ff.), erwirkt die Staatsanwaltschaft diese entsprechend § 829 Abs. 1 ZPO gegenüber dem Drittschuldner. Gegenüber dem Schuldner hat sie das Verfügungsverbot zu erlassen. Fehlt es an diesen Voraussetzungen, ist die Pfändung unwirksam.[22] Vor der Pfändung muss der Schuldner nicht gehört werden (§ 834 ZPO).[23] Die Geschäfte sind nach § 31 Abs. 1 Nr. 2 RpflG dem Rechtspfleger übertragen, wobei sich das nur dann auswirkt, wenn die Pfändung nicht schon mit der Anordnung erfolgt.[24]

IV. Schiffe, Schiffsbauwerke und Luftfahrzeuge

9 Die Beschlagnahme eines Schiffes, Schiffsbauwerkes oder Luftfahrzeuges erfolgt wie bei beweglichen Sachen (Rn. 6), § 111c, 19 ff., allerdings besteht keine Kompetenz der Ermittlungsbeamten, da es insoweit bei der terminologischen Differenzierung zwischen beweglichen Sachen im Sinne des § 111c Abs. 1 und jenen in § 111c Abs. 2 und 4 bleibt und Absatz 1 Satz 3 nur jene Gegenstände nach § 111c Abs. 1 umfasst.[25] Um die Eintragung der Beschlagnahme im **Schiffsregister** oder im **Register für Pfandrechte** an Luftfahrzeugen (§ 111c Abs. 4 Satz 2) ersucht die Staatsanwaltschaft. Das Gleiche gilt für die Anmeldung eintragungsfähiger, aber nicht eingetragener Schiffsbauwerke und Luftfahrzeuge nach § 111c Abs. 4 Satz 3. Die Geschäfte bei der Durchführung der Beschlagnahme sind weitgehend dem Rechtspfleger übertragen (§ 31 Abs. 1 Nr. 1 und 2 RPflG).[26]

C. Vollziehung des Arrestes, Absatz 1 Satz 1 und 2

I. Bewegliche Sachen

10 Die Zuständigkeit für den Vollzug des Arrestes durch Pfändung in bewegliche Sachen ist schon seit der Gesetzesänderung des Jahres 2002 klar geregelt.[27] Neben der in § 2 JBeitrG bezeichneten Behörde sind auch der Gerichtsvollzieher, die Staatsanwaltschaft sowie ihre Ermittlungspersonen im Sinne des § 152 GVG vollzugsberechtigt, Absatz 1 Satz 2. Damit sollte insbesondere die große Sachkenntnis der Gerichtsvollzieher nutzbar gemacht werden.[28] Behörde im Sinne des § 2 JBeitrG ist diejenige Behörde, die für die Vollstreckung in den gesicherten Anspruch im Falle seines rechtskräftigen Ausspruchs zuständig wäre.[29] Im Falle der Sicherung der Verfahrenskosten ist dies die **Gerichtskasse** gem. § 1 Abs. 1 Nr. 4, § 2 Abs. 1 Satz 1 JBeitrG, ansonsten die Staatsanwaltschaft gem. § 451 Abs. 1, §§ 459, 459g Abs. 2 i.V.m. § 1 Abs. 1 Nr. 1, § 2 Abs. 1 Satz 1 JBeitrG.[30] Kosten, die beim Bundesverfassungsgericht oder dem Bundesgerichtshof entstehen, treibt das Bundesamt für Justiz bei,

---

22 OLG Frankfurt Beschl. v. 27.4.2000 – 26 W 169/99, wonach die polizeiliche Benachrichtigung des Drittschuldners von der Anordnung der Beschlagnahme nicht genügt und keine Pfändung bewirken kann.
23 Missverständlich *Spieker* StraFo **2002** 43, 45.
24 SSW/*Burghart* 5.
25 SSW/*Burghart* 5; insoweit ungenau LR/*Johann*[26] § 111k, 5.
26 Meyer-Goßner/Schmitt/*Köhler* 5.
27 Zur früheren Rechtslage siehe *Brettschneider* NStZ **2000** 180; SK/*Rogall* § 111f, 3.
28 BTDrucks. **16** 700 S. 12.
29 KMR/*Mayer* 5; HK/*Gercke* 6.
30 Meyer-Goßner/Schmitt/*Köhler* 8; kritisch SK/*Rogall* § 111f, 12.

§ 2 Abs. 2 JBeitrG.[31] Dient die Sicherung durch Vermögensarrest nicht nur zur Sicherung der Verfahrenskosten, obliegt die gesamte Vollstreckung der Staatsanwaltschaft, wie sich aus § 1 Abs. 4 JBeitrG ergibt.[32] Die Staatsanwaltschaft kann die Vollstreckung selbst anordnen oder durchführen. Ihr steht es aber auch frei, ihre Ermittlungspersonen mit der Durchführung zu beauftragen.[33] Eine Rangordnung der verschiedenen Stellen besteht nicht, die Staatsanwaltschaft kann vielmehr nach Zweckmäßigkeitsgesichtspunkten entscheiden.[34] Bei der Staatsanwaltschaft ist der Rechtspfleger zuständig, § 31 Abs. 1 Nr. 2 RPflG.[35] Er kann auch dem Gerichtsvollzieher den Pfändungsauftrag erteilen.[36] Der Gerichtsvollzieher hat die Pfändung für die Staatsanwaltschaft ohne Erhebung von Kosten durchzuführen, § 2 Abs. 1 GvKostG.[37] Eine Ermittlungsperson der Staatsanwaltschaft ist zur Beauftragung des Gerichtsvollziehers nicht befugt.[38]

II. Forderungen und andere Vermögensrechte

Für die Vollziehung des Arrestes in Forderungen ist nach Absatz 1 Satz 1 ebenfalls **11** die Staatsanwaltschaft zuständig. Die frühere Möglichkeit, einen Arrestantrag mit der Vollziehung durch das Gericht zu verbinden, um **Amtshaftungsansprüche**[39] zu vermeiden, ist entfallen. Die staatsanwaltschaftlichen Geschäfte[40] sind nach § 31 Abs. 1 Nr. 2 RPflG dem Rechtspfleger übertragen.

III. Grundstücke und grundstücksgleiche Rechte

Für die Vollziehung des Arrestes in Grundstücke und grundstücksgleiche Rechte ist **12** die Staatsanwaltschaft zuständig. Das Ersuchen an das Grundbuchamt um Eintragung einer **Sicherungshypothek** (§ 111f, 11 f.) stellt daher die Staatsanwaltschaft[41] auch schon vor Ergehen der richterlichen Bestätigung nach § 111j Abs. 2. Nach zur neuen Rechtslage herrschender Auffassung hat sich trotz unterschiedlichen Wortlauts an diesen Grundsätzen auch durch die Reform nichts verändert.[42] Die Geschäfte sind dem Rechtspfleger übertragen, § 31 Abs. 1 Nr. 2 RPflG.[43]

IV. Luftfahrzeuge

Für die Arrestvollziehung in Luftfahrzeuge besteht dieselbe Zuständigkeit wie bei **13** beweglichen Sachen (oben Rn. 10). Die nach § 111c Abs. 4 Satz 3 und 4 erforderlichen Anmeldungen und Eintragungsersuchen nimmt die Staatsanwaltschaft vor.[44] Die Geschäfte sind auch hier dem **Rechtspfleger** übertragen (§ 31 Abs. 1 Nr. 2 RPflG).

---

31 Meyer-Goßner/Schmitt/*Köhler* 9.
32 HK/*Gercke* 6; SK/*Rogall* § 111f, 12.
33 KMR/*Mayer* 2; HK/*Gercke* 6; Meyer-Goßner/Schmitt/*Köhler* 8.
34 MüKo/*Bittmann* § 111f, 3; SSW/*Burghart* 8; SK/*Rogall* § 111f, 11.
35 KMR/*Mayer* 5; **a.A.** SSW/*Burghart* 8.
36 HK/*Gercke* 6; KMR/*Mayer* 5; Meyer-Goßner/Schmitt/*Köhler* 8; einschränkend SK/*Rogall* § 111f, 12: nur wenn Vollziehungsbeamte fehlen.
37 SK/*Rogall* § 111f, 13.
38 HK/*Gercke* 6, KMR/*Mayer* 6; SK/*Rogall* § 111f, 14.
39 BTDrucks. **16** 700 S. 12.
40 SSW/*Burghart* 10.
41 **A.A.** unter Hinweis auf § 31 Abs. 1 Nr. 2, § 20 Abs. 1 Nr. 17 RPflG KMR/*Mayer* 3.
42 OLG Hamm Beschl. v. 22.2.2018 – 15 W 15/18; OLG München FGPrax **2018** 68.
43 Meyer-Goßner/Schmitt/*Köhler* 10; SSW/*Burghart* 9.
44 KMR/*Mayer* 8.

V. Schiffe und Schiffsbauwerke

14 Für die Anordnung der Pfändung eines **eingetragenen** Schiffs oder Schiffsbauwerks ist die Staatsanwaltschaft zuständig, Absatz 1 Satz 1. Der Arrest in Schiffe und Schiffsbauwerke, die **nicht im Register eingetragen** sind, wird wie bei beweglichen Sachen (oben Rn. 6) vollzogen. Die nach § 111c Abs. 4 Satz 2 etwa erforderlichen Eintragungsersuchen stellt die Staatsanwaltschaft. Die Geschäfte sind dem Rechtspfleger übertragen (§ 31 Abs. 1 Nr. 2 RPflG).

D. Zustellung, Absatz 2

15 Für die Zustellung der Vollzugsanordnung gilt § 37 Abs. 1 mit der Maßgabe, dass auch die Ermittlungspersonen der Staatsanwaltschaft mit der Ausführung beauftragt werden können. Vor der Einfügung des § 111f Abs. 4 StPO a.F. durch das Gesetz zur Stärkung der Rückgewinnungshilfe und der Vermögensabschöpfung bei Straftaten vom 24.10.2006 war die Staatsanwaltschaft durch die Verweisung des § 111d Abs. 2 StPO a.F. bei der Zustellung auf das Verfahren im Amtsbetrieb nach §§ 166ff. ZPO angewiesen.[45] Absatz 2 übernimmt nun den Regelungsgehalt des früheren § 111f Abs. 4 und regelt in Abweichung dieser Verweisung, dass die Zustellung sowohl im **Partei**- als auch im **Amtsbetrieb** sowie durch die Ermittlungspersonen der Staatsanwaltschaft erfolgen kann, §§ 37 StPO, 166ff., 191ff. ZPO.[46] § 168 Abs. 2 ZPO gilt nicht.[47]

16 Von einer Erweiterung des Personenkreises, an den nach § 174 ZPO gegen Empfangsbekenntnis zugestellt werden darf, hatte der Gesetzgeber 2006 noch abgesehen, um die **Einheitlichkeit des Zustellungsrechts** zu erhalten.[48] Durch das Gesetz zur Reform der strafrechtlichen Vermögensabschöpfung[49] wurde nun (doch) für Zustellungen an ein im Inland zum Geschäftsbetrieb befugtes Kreditinstitut die Vorschrift des § 174 ZPO für entsprechend anwendbar erklärt. Der Verweis regelt damit die Zustellung gegen Empfangsbekenntnis an Personen, bei denen aufgrund ihres Berufes von einer erhöhten Zuverlässigkeit ausgegangen werden kann.[50] Über die Möglichkeit der Zustellung per Telekopie (Fax) und elektronisches Dokument ist eine Sicherstellung somit vereinfacht und ohne Zeitverlust möglich. Der Gesetzgeber wollte hierdurch Vermögensverschiebungen in „letzter Sekunde" verhindern und die Vorschriften über öffentlich-rechtliche Kreditinstitute hinaus auch auf Privatbanken erweitern.[51] Über den Verweis in § 404 Satz 1 AO können auch **Steuerfahnder** mit der Zustellung beauftragt werden, was insbesondere sinnvoll erscheint, wenn zugleich mit Vermögensabschöpfungsmaßnahmen begonnen werden soll.[52] Vgl. zum Verhältnis der Arrestmöglichkeiten nach Strafprozess- und Abgabenordnung jedoch ausführlich § 111e, 56ff. Freilich können auch die Ermittlungspersonen der Staatsanwaltschaft eine Zustellung vornehmen.

---

45 BTDrucks. **16** 700 S. 12; Meyer-Goßner/Schmitt/*Köhler* 14.
46 BTDrucks. **16** 700 S. 12f.
47 KK/*Spillecke* 6; Meyer-Goßner/Schmitt/*Köhler* 14; KMR/*Mayer* 9.
48 BTDrucks. **16** 700 S. 13.
49 BGBl. I 2017 S. 872.
50 Kritisch SSW/*Burghart* 11.
51 BTDrucks. **18** 9525 S. 82; KMR/*Mayer* 10.
52 SK/*Rogall* § 111f, 19.

E. Rechtsmittel, Absatz 3

I. Allgemeines

Gegen Maßnahmen, die in Vollziehung der Beschlagnahme oder des Arrestes getroffen werden, kann der Betroffene die Entscheidung des Gerichts beantragen.[53] Eine **Überprüfung von Amts wegen** findet nicht statt.[54] Die Untätigkeit trotz entsprechenden Antrags des Betroffenen unterliegt ebenfalls der gerichtlichen Kontrolle nach Absatz 3, weil sie den Betroffenen genauso belasten kann, wie ein konkretes Handeln der Vollstreckungsbehörde. 17

1. Betroffener. Die Möglichkeit der Herbeiführung einer gerichtlichen Entscheidung hat jeder, der durch die Vollzugsmaßnahmen in seinen Rechten beschränkt worden ist. Das kann, muss aber nicht zwangsläufig, der Beschuldigte, nicht einmal ein potentieller **Einziehungsbeteiligter**, sein. Der Antrag ist vielmehr schon dann zulässig, wenn der Betroffene eine eigene Rechtsverletzung behauptet. Dies kann etwa auch der Verletzte sein, wenn der Steuerfiskus einen Arrest nach § 324 AO vollstreckt und die Staatsanwaltschaft das Sicherungsgut freigeben will.[55] Dem Betroffenen steht zur Begründung seines Antrags jedenfalls nach § 475 ein eigenes Akteneinsichtsrecht zu. Die Staatsanwaltschaft kann aufgrund ihrer Anordnungskompetenz keinen Antrag nach Absatz 3 stellen, sondern eine gerichtliche Entscheidung nur mit der Beschwerde anfechten. 18

2. Zivilprozessuale Rechtsbehelfe. Schon mit der Einführung des § 111f Abs. 5 StPO a.F. durch das Gesetz zur Stärkung der Rückgewinnungshilfe und der Vermögensabschöpfung bei Straftaten zum 1.1.2007 stellte der Gesetzgeber klar, dass hinsichtlich **aller Einwendungen gegen Maßnahmen**, die in Vollziehung der Beschlagnahme oder des Arrestes getroffen werden, der strafprozessuale Rechtsweg gegeben ist.[56] Die nunmehr inhaltlich identische Regelung in Absatz 3 bezweckt ebenfalls eine umfassende Zuständigkeit der Strafgerichtsbarkeit, die auch dann bestehen bleibt, wenn es sich der Sache nach um zwangsvollstreckungsrechtliche Rechtsbehelfe handelt[57] oder der Gerichtsvollzieher die Maßnahmen vorgenommen hat.[58] So kann bspw. die Eintragung einer Sicherungshypothek nicht mit der Grundbuchbeschwerde nach § 71 GBO angegriffen werden,[59] auch die Drittwiderspruchsklage ist nicht statthaft.[60] Mit der Zuständigkeit der Strafgerichte einher geht die Anwendung des Amtsermittlungsgrundsatzes und des Freibeweisverfahrens.[61] Es ist daher etwa nicht die Aufgabe des Drittbeteiligten nachzuweisen, dass der von der Staatsanwaltschaft gepfändete Gegenstand ihm gehört. Die zivilprozessualen Beweislastgrundsätze gelten nicht. Vielmehr hat nach allgemeinen strafprozessualen 19

53 Zur Abrechnung des Antrags auf gerichtliche Entscheidung vgl. *Burhoff* RVGreport **2010** 441, online abrufbar bei www.burhoff.de.
54 SSW/*Burghart* 1.
55 *Bittmann* NZWiSt **2018** 209, 214.
56 BTDrucks. **16** 700 S. 13.
57 Bspw. §§ 766, 771 bis 776 ZPO, vgl. BTDrucks. **16** 700 S. 13; OLG Saarbrücken StraFo **2016** 377; OLG Bamberg wistra **2013** 120; OLG Düsseldorf wistra **2009** 207; Meyer-Goßner/Schmitt/*Köhler* 15; SSW/*Burghart* 12; MüKo/*Bittmann* § 111f, 5.
58 Zu den Motiven des Gesetzgebers, die Zuständigkeit in die Strafgerichtsbarkeit zu verlagern BTDrucks. **16** 700 S. 13.
59 OLG Jena NJW **2012** 692; SK/*Rogall* § 111f, 20.
60 Obsolet daher BGH NStZ **2006** 235; OLG Düsseldorf wistra **2009** 207.
61 OLG Düsseldorf wistra **2009** 207; OLG Hamburg StraFo **2008** 426; SK/*Rogall* § 111f, 20; KK/*Spillecke* 8.

Beweislastgrundsätzen die Strafverfolgungsbehörde zur Überzeugung des Gerichts darzulegen, dass der Gegenstand nicht dem Drittbetroffenen zusteht. Der Tatverdacht gegen den Betroffenen kann entsprechende Erwägungen nicht ersetzen, weil er nur den Vermögensarrest selbst, nicht aber die konkrete Vollzugsmaßnahme legitimiert. Die Frage, ob Absatz 3 über seine klarstellende Funktion hinaus einen eigenen Rechtsbehelf gegen gerichtliche Vollziehungsakte darstellt, kommt heute aufgrund der Zuständigkeit der Staatsanwaltschaft keine Bedeutung mehr zu.

20 **3. Auswirkungen der Wortlautänderung.** Die Neuregelung in § 111k Abs. 3 und die Streichung des Begriffs „jederzeit" aus dessen Wortlaut hat keine inhaltliche Veränderung zur alten Rechtslage bewirkt.[62] Die Begründung des Gesetzentwurfs ging an dieser Stelle nur davon aus, dass Absatz 3 den Rechtsbehelf gegen Maßnahmen in Vollziehung der Beschlagnahme oder des Vermögensarrestes "regelt" und damit dem bisherigen § 111f Abs. 5 StPO a.F. entspricht. Eine Reduzierung der Rechtsbehelfsmöglichkeiten des Betroffenen war nicht beabsichtigt.

II. Zuständigkeit

21 **1. Allgemeines.** Die Zuständigkeit für Einwendungen gegen Maßnahmen in Vollziehung der Beschlagnahme oder des Vermögensarrestes liegt bei dem nach § 162 zuständigen Gericht. Das ist für Maßnahmen des Gerichtsvollziehers und staatsanwaltschaftlicher Vollzugsbeamter der Richter, der im Zeitpunkt der Entscheidung für die Maßnahme zuständig wäre.[63] Im Vorfahren ist folglich der Ermittlungsrichter zuständig, § 162 Abs. 1.[64] Wurde Anklage bereits erhoben, ist das mit der Hauptsache befasste Gericht zuständig,[65] während des Revisionsverfahrens verbleibt es bei der Zuständigkeit des Gerichts, dessen Urteil angefochten wird.[66] Die Frage der **Zuständigkeit nach Rechtskraft des Urteils** wurde zuletzt unterschiedlich beantwortet.[67] Teilweise wurde davon ausgegangen, es sei das Gericht des ersten Rechtszugs zuständig,[68] andere gingen von einer Zuständigkeit der Zivilgerichte aus.[69] Tatsächlich ist zu differenzieren, welche Einziehungsentscheidung das Gericht getroffen hat und ob diese rechtskräftig ist. Liegt eine rechtskräftige Einziehungsanordnung vor, gilt § 459o.[70] Der Antrag ist dann als Einwendung über Entscheidungen der Vollstreckungsbehörde zu behandeln, nach § 462a Abs. 2 Satz 1 ist das Gericht des ersten Rechtszuges zuständig.[71] Dies ergibt sich jedenfalls mittelbar aus der Gesetzesbegründung, wonach eine einheitliche, strafprozessuale Behand-

---

62 BTDrucks. **18** 9525 S. 82 spricht nur davon, dass Absatz 3 den Rechtsbehelf gegen Maßnahmen in Vollziehung der Beschlagnahme oder des Vermögensarrestes beschreibt und damit dem bisherigen § 111f Abs. 5 StPO a.F. entspricht.

63 SSW/*Burghart* 12.

64 Meyer-Goßner/Schmitt/*Köhler* 15.

65 KK/*Spillecke*[7] § 111f, 7.

66 BGH Urt. v. 6.3.2019 – 5 StR 543/18; Meyer-Goßner/Schmitt/*Köhler* 15.

67 MüKo/*Bittmann* § 111f, 5 Fn. 21 m.w.N.

68 OLG Celle NStZ **2011** 175; so auch der Wille des Gesetzgebers, siehe BTDrucks. **16** 700 S. 13.

69 OLG Frankfurt NStZ-RR **2010** 379; OLG Düsseldorf wistra **2009** 207; OLG Nürnberg StV **2011** 148.

70 Meyer-Goßner/Schmitt/*Köhler* 16; HK/*Gercke* 12; **a.A.** SK/*Rogall* § 111f, 21, der eine Kontrollkompetenz der Strafgerichte jedenfalls zur alten Rechtslage nur im Zeitraum vorläufiger Sicherungsmaßnahmen annahm.

71 Meyer-Goßner/Schmitt/*Köhler* 16; SSW/*Burghart* 14 m.w.N.; **a.A.** zur alten Rechtslage noch OLG Nürnberg StV **2011** 148; siehe dazu ausführlich LR/*Johann*[26] § 111f, 13.

lung der Vermögensabschöpfung erfolgen sollte.[72] Ist die Einziehung angeordnet, die zu Grunde liegende Entscheidung aber noch nicht rechtskräftig, gilt § 162 Abs. 3 Satz 1. Ist rechtskräftig keine Einziehung angeordnet worden, besteht aber ein tiefgreifender Grundrechtseingriff, was grundsätzlich in den Fällen der Absätze 1 und 2 der Fall ist und will der Betroffene die Rechtswidrigkeit gerichtlich festgestellt wissen, richtet sich die Zuständigkeit nach § 162 Abs. 3 Satz 3 und entscheidet der Ermittlungsrichter. Die Zivilgerichte sind auch in diesem Fall nicht für die Feststellung der Rechtswidrigkeit zuständig, da das Verfahren insgesamt den Strafgerichten zugewiesen ist.[73] Unberührt davon bleiben **Amtshaftungsansprüche**, die freilich bei den Zivilgerichten geltend zu machen sind.[74]

2. Entscheidungen des Rechtspflegers. Über **Einwendungen gegen Maßnahmen des Rechtspflegers** ist aufgrund der Spezialregelung in § 31 Abs. 6 Satz 1 RPflG das Gericht unmittelbar zuständig.[75] Eine vorgeschaltete Überprüfung durch den Staatsanwalt scheidet aus.[76] Das gilt ebenso, wenn es um die Anfechtung von Maßnahmen der **Ermittlungspersonen der Staatsanwaltschaft** oder des Gerichtsvollziehers geht, die im Auftrag der Staatsanwaltschaft erfolgten.[77] Die Staatsanwaltschaft kann hier zwar abhelfen,[78] ihr muss vom Betroffenen vor der gerichtlichen Entscheidung hierzu aber keine Gelegenheit gegeben werden. Gegen eine Maßnahme des Staatsanwalts kann jederzeit das nach § 162 zuständige Gericht angerufen werden. Hierbei kann auch die Art und Weise des Vollzuges gerügt werden.[79] Die Anrufung des Gerichts ist an keine Frist gebunden. Die Überprüfung beschränkt sich nach dem Grundsatz „ne ultra petita" auf die **angegriffene Vollzugsmaßnahme** und erstreckt sich nicht auch auf die ihr zu Grunde liegende Anordnung der Beschlagnahme oder des Vermögensarrestes (zur Abgrenzung siehe § 111j, 30). 22

III. Beschwerdemöglichkeit

Gegen die richterlichen Entscheidungen nach Rn. 21 ist grundsätzlich Beschwerde statthaft.[80] Dies gilt nicht, wenn es sich um Entscheidungen der **Oberlandesgerichte** als Gerichte des ersten Rechtszugs oder des **Ermittlungsrichters beim Bundesgerichtshof** handelt. Da die Entscheidungen nach § 111k Abs. 3 nur die Durchführung der Beschlagnahme und des Arrestes betreffen, nicht aber diese selbst, fallen sie nicht unter § 304 Abs. 4 Satz 2 und § 304 Absatz 5. Die Beschwerde hat keine aufschiebende Wirkung, wie sich aus § 307 Abs. 1 ergibt. Sie kann jedoch mit einem Antrag auf Aussetzung der angefochtenen Maßnahme nach § 307 Abs. 2 verbunden werden. Eine solche Aussetzung der Vollziehung steht nicht grundsätzlich im Widerspruch zur Eilbedürftigkeit der Maßnahme (Rn. 3). 23

Die Überprüfung des Beschwerdegerichts beschränkt sich nach dem Grundsatz „ne ultra petita" auf die angegriffene Vollzugsmaßnahme und nicht auch auf die ihr zu Grunde liegende Anordnung der Beschlagnahme oder des Vermögensarrrestes. Wird der Vermögensarrest in einen Gegenstand vollzogen und belastet den Betroffenen diese Maßnahme **unverhältnismäßig**, weil ein wirtschaftlich gleichwertiger Vollzugsgegen- 24

---

72 BTDrucks. **18** 9525 S. 93: „Infolge der ... Neuregelungen des Rechts der Vermögensabschöpfung ... werden die ... strafvollstreckungsrechtlichen Vorschriften neu gefasst."
73 BTDrucks. **16** 700 S. 13; OLG Düsseldorf wistra **2009** 207.
74 BGH BeckRS **2018** 26430.
75 BTDrucks. **16** 700 S. 13; Bassenge/*Roth* FamFG § 31, 15 RPflG; SSW/*Burghart* 12.
76 MüKo/*Bittmann* § 111f, 5; SK/*Rogall* § 111f, 22.
77 SK/*Rogall* § 111f, 22.
78 MüKo/*Bittmann* § 111f, 5 Fn. 25.
79 MüKo/*Bittmann* § 111f, 5.
80 SSW/*Burghart* 13; MüKo/*Bittmann* § 111f, 5.

stand zur Verfügung steht, so betrifft das nicht die Arrestanordnung selbst,[81] vielmehr handelt es sich um einen (klassischen) Fall des Absatz 3. Gleiches gilt für den Fall, dass trotz Hinterlegung die Vollzugsmaßnahme nicht unverzüglich aufgehoben wird.[82]

25 Keinerlei Erkenntnisse hat das Gesetz zur Reform der strafrechtlichen Vermögensabschöpfung in Bezug auf die Frage einer **Übersicherung** gebracht. Das ist bedauerlich, weil diesbezüglich in der Praxis nicht unerhebliches Konfliktpotenzial besteht.[83] Gerade aufgrund der Tatsache, dass die vorläufige Sicherstellung auf einer Prognoseentscheidung des Gerichts beruht und im Rahmen der Hauptverhandlung regelmäßig ein Abschlag und kein Zuschlag auf die Einziehungsentscheidung vorgenommen wird, etwa weil gewisse Prognosen nicht mit Tatsachen nachweisbar sind oder nach §§ 154, 154a das Verfahren beschränkt wird, ist der Vollzugsgegenstand mit Bedacht zu wählen. Schon § 803 ZPO, erst Recht aber der Umstand, dass der Staat dem Verhältnismäßigkeitsgrundsatz in besonderer Form verpflichtet ist, macht **eher einen Sicherheitsab- als einen Sicherheitszuschlag** erforderlich.[84] Ist die angegriffene Maßnahme erledigt, bevor ein Antrag nach Absatz 3 gestellt wurde, besteht nur bei einem tiefgreifenden Grundrechtseingriff (§ 98, 50), der in der Vollstreckung und nicht in der Anordnung der Maßnahme liegen muss, ein Rechtsschutzbedürfnis auf Feststellung der Rechtswidrigkeit.[85] Erforderlich ist, dass die Belastung auf einen Zeitraum beschränkt war, in dem der Betroffene eine gerichtliche Entscheidung kaum erlangen konnte.[86]

IV. Weitere Beschwerde

26 Die weitere Beschwerde nach § 310 ist ausgeschlossen, da es dem Antragssteller bei Absatz 3 nicht um die Überprüfung der Rechtmäßigkeit der Anordnung, sondern des Vollzuges des Vermögensarrestes geht.[87] Dies belastet vor allem denjenigen **Betroffenen, der nicht Einziehungsschuldner** ist. Die Frage, wie er eine obergerichtliche Entscheidung über die Rechtmäßigkeit der aus seiner Sicht zu Unrecht zu seinen Lasten ausgebrachten Vollzugsmaßnahme herbeiführen kann, ist offen. Unstrittig dürfte sein, dass hier aufgrund der mitunter erheblichen Grundrechtsbeeinträchtigung eine unter Berücksichtigung der Bedeutung des Art. 14 GG erhebliche Rechtschutzlücke besteht, wenn zwar der von einem nicht in Höhe von 20.000,00 EUR vollzogenen Vermögensarrest Betroffene eine OLG-Entscheidung herbeiführen kann, demjenigen, der behauptet, die beschlagnahmten 100.000,00 EUR Bargeld gehörten ihm, dies aber verwehrt ist.

V. Folgen

27 Wird die Vollzugsmaßnahme für unzulässig erklärt, bewirkt dies gem. § 775 Nr. 1, § 776 Satz 1 ZPO, dass die Vollstreckungsmaßnahmen aufzuheben[88] und die Zwangsvollstreckung in diesen Gegenstand einzustellen ist.[89]

---

81 So aber MüKo/*Bittmann* § 111e, 13.
82 **A.A.** SK/*Rogall* § 111f, 36: Erinnerung nach § 766 ZPO.
83 Siehe dazu etwa OLG Hamm Beschl. v. 5.11.2015 – 5 Ws 292/15; *Rönnau* Rn. 76ff. m.w.N.; MüKo/*Bittmann* § 111d, 13.
84 *Rönnau* Rn. 78.
85 SK/*Rogall* § 111f, 24; MüKo/*Bittmann* § 111f, 5.
86 HK/*Gercke* 14.
87 OLG Köln BeckRS **2014** 00235; OLG Hamburg NStZ **2009** 232; OLG Köln NStZ-RR **2011** 279; SSW/*Burghart* 13; MüKo/*Bittmann* § 111f, 5.
88 Meyer-Goßner/Schmitt/*Köhler* 17.
89 HK/*Gercke* 13; SK/*Rogall* § 111f, 23; **a.A.** MüKo/*Bittmann* § 111f, 5: Zwangsvollstreckung ist einzuschränken.

§ 111l
Mitteilungen

(1) Die Staatsanwaltschaft teilt die Vollziehung der Beschlagnahme oder des Vermögensarrestes dem Verletzten mit.

(2) In den Fällen der Beschlagnahme einer beweglichen Sache ist die Mitteilung mit dem Hinweis auf den Regelungsgehalt des Verfahrens über die Herausgabe nach den §§ 111n und 111o zu verbinden.

(3) [1]Wird ein Vermögensarrest vollzogen, so fordert die Staatsanwaltschaft den Verletzten zugleich mit der Mitteilung auf zu erklären, ob und in welcher Höhe er den Anspruch auf Ersatz des Wertes des Erlangten, der ihm aus der Tat erwachsen ist, geltend machen wolle. [2]Die Mitteilung ist mit dem Hinweis auf den Regelungsgehalt des § 111h Absatz 2 und der Verfahren nach § 111i Absatz 2, § 459h Absatz 2 sowie § 459k zu verbinden.

(4) [1]Die Mitteilung kann durch einmalige Bekanntmachung im Bundesanzeiger erfolgen, wenn eine Mitteilung gegenüber jedem einzelnen Verletzten mit unverhältnismäßigem Aufwand verbunden wäre. [2]Zusätzlich kann die Mitteilung auch in anderer geeigneter Weise veröffentlicht werden. [3]Gleiches gilt, wenn der Verletzte unbekannt oder unbekannten Aufenthalts ist. [4]Personendaten dürfen nur veröffentlicht werden, soweit ihre Angabe zur Wahrung der Rechte der Verletzten unerlässlich ist. [5]Nach Beendigung der Sicherungsmaßnahmen veranlasst die Staatsanwaltschaft die Löschung der Bekanntmachung.

Schrifttum

Siehe bei § 111b.

Entstehungsgeschichte

§ 111l wurde durch Art. 21 Nr. 29 EGStGB 1974 eingefügt. Er regelte bis zum Inkrafttreten des Gesetzes zur Reform der strafrechtlichen Vermögensabschöpfung (BGBl. I 2017 S. 872) die Notveräußerung von Vermögenswerten, die heute in § 111p normiert ist. Sein aktueller Regelungsgegenstand geht auf die bis zum 30.6.2017 geltenden Absätze 3 und 4 des § 111e StPO a.F. zurück, die die Mitteilungspflichten der Staatsanwaltschaft gegenüber den Verletzten umschrieben und ebenfalls durch Art. 21 Nr. 29 EGStGB 1974 eingeführt wurden. Durch das Gesetz zur Stärkung der Rückgewinnungshilfe und der Vermögensabschöpfung bei Straftaten (BGBl. I 2006 S. 2350) wurden diese Mitteilungsanforderungen erstmals inhaltlich verändert. War zunächst schon die Anordnung der Beschlagnahme und des Arrestes dem durch die Tat Verletzten mizuteilen, erfolgte eine Information des Verletzten sodann erst nach dem Vollzug der Anordnung. Dadurch sollte der Erfolg der Maßnahme besser als bis dahin gewährleistet werden und der Geschädigte nicht zu früh und möglicherweise ohne wirtschaftliche Erfolgsaussichten angehalten werden, sich einen Titel zu verschaffen. An diesem Gedanken hat der Gesetzgeber auch bei der Reform 2017 festgehalten. Die mit dem heutigen Absatz 4 Satz 4 und 5 vergleichbare Regelung in § 111e Abs. 4 Satz 2 und 3 StPO a.F. war Ausdruck der Rücksichtnahme auf datenschutzrechtliche Belange des Betroffenen in Form des Rechts auf informationelle Selbstbestimmung, sie wurde 2017 ebenfalls inhaltlich beibehalten und lediglich an das neue Opferentschädigungsmodell angepasst.

https://doi.org/10.1515/9783110594546-012

Übersicht

Alphabetische Übersicht

A. Allgemeines

I. Regelungsgehalt

1 Mit dem Gesetz zur Reform der strafrechtlichen Vermögensabschöpfung[1] hat sich der Regelungsgehalt des § 111l grundlegend verändert. Waren hier zuletzt die Möglichkeiten der Notveräußerung beschlagnahmter oder gepfändeter Gegenstände geregelt (jetzt § 111p), bestimmt die Vorschrift nun die Mitteilungspflichten[2] der Staatsanwaltschaft gegenüber den Straftatverletzten. Die Vorschrift entspricht in ihren Grundzügen § 111e Abs. 3 und 4 StPO a.F.,[3] hat durch die Reform 2017 aber gerade im Zusammenhang mit den Neuregelungen zur Verletztenrestitution (§ 111h, 9ff.) einige Neuerungen erfahren. Absatz 1 beschreibt die grundsätzliche Mitteilungspflicht, die Absätze 2 und 3 die je nach konkreter Sicherstellungsmaßnahme **zusätzlichen weiteren Hinweise.**[4] Absatz 4 regelt die Form der Mitteilung. Die funktionelle Zuständigkeit für die Mitteilung liegt als Annexkompetenz zur Vollziehung beim Rechtspfleger der Staatsanwaltschaft.[5]

1 BGBl. I 2017 S. 872.
2 Meyer-Goßner/Schmitt/*Köhler* 1.
3 BTDrucks. **18** 9525 S. 82.
4 Meyer-Goßner/Schmitt/*Köhler* 4.
5 BTDrucks. **18** 9525 S. 82; Meyer-Goßner/Schmitt/*Köhler* 11; **a.A.** für das Ermittlungsverfahren *Rhode* wistra **2018** 65, 68; KK/*Spillecke* 3.

II. Anforderungen an den Verletzten

Von grundsätzlicher Bedeutung für das Verständnis der Vorschrift ist, dass sie dem Verletzten **keinerlei Handlungs- oder Erklärungspflichten** auferlegt und nach allgemeinen Rechtsgrundsätzen aus seinem Schweigen auch keine Erklärungen fingiert werden dürfen.[6] Reagiert der Verletzte nicht auf die ihm zugegangene Aufforderung, tritt dadurch kein Rechtsverlust ein, denn die Norm regelt ausschließlich die Mitteilungspflichten der Staatsanwaltschaft; Pflichten oder auch nur Obliegenheiten[7] des Verletzten statuiert sie nicht. Historisch betrachtet ergibt sich dies daraus, dass bereits zur alten Rechtslage teilweise davon ausgegangen wurde, dass das schlichte Bestehen eines Ausgleichsanspruchs des bekannten Verletzten die Verfallsanordnung nach § 73 Abs. 1 Satz 2 StGB a.F. nicht ausschloss, vielmehr sollte dieser Anspruch auch tatsächlich geltend gemacht werden müssen.[8] Der Bundesgerichtshof hat sich dieser Auffassung zutreffend nicht angeschlossen,[9] sondern klargestellt, dass eine solche Interpretation den Wortlaut der Norm überschritt und zudem im **Widerspruch zu ihrem Regelungsziel** stand. Der Geschädigte sollte nicht gezwungen sein, seine zivilrechtlichen Ansprüche zu einem bestimmten Zeitpunkt geltend machen zu müssen. Vielmehr sollte er, wie jeder andere Gläubiger auch, den günstigsten Zeitpunkt für die zivilrechtliche Inanspruchnahme des Täters frei wählen können. Aus dem Umstand, dass er zugleich Opfer einer Straftat wurde, sollte ihm nicht der Nachteil erwachsen, dass ihm der Zeitpunkt der Geltendmachung seiner Forderung durch den Ablauf des Strafverfahrens vorgeschrieben wird. Auf § 111l sind diese Ausführungen insoweit übertragbar, als auch hier weder aus dem Wortlaut noch dem Sinn und Zweck der Regelung ein Wille des Gesetzgebers erkannt werden kann, dass die Verletzten eine **Pflicht zur Anmeldung** ihrer Ansprüche trifft. Maßgeblicher Normzweck ist es, den Verletzten eine Information zukommen zu lassen, die sie in die Entscheidungsfindung einer Geltendmachung potentieller Entschädigungsansprüche einfließen lassen können.[10] Er liegt indes nicht darin, sie zu einer Entscheidung zu zwingen. 2

III. Ablauf

Der Verletzte ist von der Staatsanwaltschaft – auch nach Erhebung der öffentlichen Klage –[11] formlos[12] über die Vollzugsmaßnahme zu informieren. Ihm wird dabei nicht schon die Anordnung von Beschlagnahme oder Vermögensarrest mitgeteilt, sondern erst deren Vollzug. Die Bekanntmachungspflicht steht dem **Recht auf Akteneinsicht** eines Verletzten nicht entgegen.[13] Dieser kann vielmehr auch schon dann Akteneinsicht verlangen,[14] wenn die Staatsanwaltschaft noch nicht alle Verletzten informiert hat. Das galt 3

6 In Bezug auf die Auswirkungen offen KMR/*Mayer* 3.

7 In der Gesetzesbegründung ist zwar von einer Obliegenheit des Verletzten die Rede, BTDrucks. **18** 9525 S. 82, da dem Verletzten in diesem Verfahrensstadium aber noch kein Rechtsverlust droht, sondern die Mitteilung nur zur Aufklärung der Staatsanwaltschaft dient, vgl. beispielshalber BTDrucks. **18** 9525 S. 82 f., dürfte es sich hierbei um eine Formulierungsungenauigkeit handeln.

8 Schönke/Schröder/*Eser*[29] § 73, 26; *Kiethe/Hohmann* NStZ **2003** 505, 510 f.

9 BGH NStZ **2006** 621, 622.

10 SSW/*Burghart* 1; Meyer-Goßner/Schmitt/*Köhler* 1.

11 Meyer-Goßner/Schmitt/*Köhler* 3; SK/*Rogall* § 111e, 23.

12 SK/*Rogall* § 111e, 24; MüKo/*Bittmann* § 111e, 20; Meyer-Goßner/Schmitt/*Köhler* 1; **a.A.** KMR/*Mayer* 5: schriftlich.

13 Siehe zur praktischen Handhabung MüKo/*Bittmann* § 111e, 20.

14 Siehe dazu auch OLG Hamm Beschl. v. 7.12.2017 – 5 Ws 541/17; SK/*Rogall* § 111e, 25.

nach alter Rechtslage schon deshalb, weil das Gesetz hier nahe legte, dass der einzelne Verletzte so schnell wie möglich in die Lage versetzt werden sollte, seine Ansprüche gegenüber den Betroffenen geltend machen zu können.[15] Auf Grundlage des heute vollständig veränderten Entschädigungsmodells, wonach das Prioritätsprinzip weitgehend obsolet ist, gilt das erst Recht. Mitzuteilen ist nach neuer Rechtslage auch der Vollzug von Arrestanordnungen lediglich zur Sicherung von Geldstrafen und Verfahrenskosten, da auch in diesen Fällen das Vollstreckungsverbot nach § 111h Abs. 2 Satz 1 greift und der Verletzte ein Interesse an dieser Mitteilung hat.[16] Die Regelung gilt nicht für die **Bekanntmachung gegenüber dem Betroffenen**. Freilich hat die Vollstreckungsbehörde auch ihm die Anordnung spätestens nach Vollziehung der Maßnahme bekannt zu machen,[17] das folgt jedoch nicht aus § 111l, sondern wird durch die Zustellung nach § 111k Abs. 2 bewirkt.

B. Mitteilung an den Verletzten, Absatz 1

I. Allgemeines

4 Absatz 1 regelt, dass dem Verletzten die Vollziehung einer Beschlagnahme oder eines Vermögensarrestes mitzuteilen ist. Mangels gesetzlicher Bestimmung über die **Form der Mitteilung** wählt diese die Staatsanwaltschaft, wobei eine Zustellung grundsätzlich nicht erforderlich ist.[18] Der Gesetzgeber hat ausdrücklich darauf hingewiesen, dass durch eine reine Repetition des Gesetzeswortlauts die Mitteilungspflichten nicht erfüllt werden.[19] Der Wortlaut „Regelungsgehalt" stelle klar, dass im Sinne des Opferschutzgedankens die Staatsanwaltschaft verpflichtet sei, die Verletzten inhaltlich über ihre Rechte und Obliegenheiten und die möglichen Entscheidungswege zu unterrichten. Dazu gehöre insbesondere auch die Pflicht zur Anmeldung der Ansprüche in einem potentiellen Insolvenzverfahren.[20] Der Verletzte sollte überdies auch darauf hingewiesen werden, dass im Einziehungs- bzw. Vollstreckungsverfahren nur die Ansprüche der Verletzten auf Rückgewähr des aus der Tat Erlangten bzw. dessen Wert gesichert und befriedigt werden können[21] und andere Ansprüche im Adhäsionsverfahren geltend zu machen sind.[22] Er sollte grundsätzlich auch immer darauf hingewiesen werden, dass durch die staatliche Vollziehungsmaßnahme seine **zivilrechtlichen Ansprüche** nicht berührt werden und insbesondere keine Verjährungsunterbrechung eintritt.[23]

II. Verletzter

5 Verletzter im Sinne des § 111l Abs. 1, aber auch im Sinne der übrigen Vorschriften der §§ 111b ff., kann grundsätzlich neben jeder natürlichen Person, eine Personengemein-

---

15 LG Düsseldorf wistra **2003** 239, 240; *Kiethe/Groeschke/Hohmann* wistra **2003** 92, 94.
16 SSW/*Burghart* 1; **a.A.** Meyer-Goßner/Schmitt/*Köhler* 1.
17 KK/*Spillecke*[7] § 111e, 9.
18 Meyer-Goßner/Schmitt/*Köhler* 1.
19 BTDrucks. **18** 11640 S. 88.
20 BTDrucks. **18** 11640 S. 88.
21 BTDrucks. **18** 9525 S. 83; Meyer-Goßner/Schmitt/*Köhler* 7.
22 SK/*Rogall* § 111e, 24.
23 MüKo/*Bittmann* § 111e, 20 sah zur alten Rechtslage insoweit Haftungsrisiken der Justiz gegenüber dem Betroffenen und anderen Verletzten. Diese Gefahr dürfte jedoch schon deshalb nicht bestehen, weil keine Amtspflichtverletzung vorliegt, wenn die Staatsanwaltschaft zur Vermeidung eigener Haftungsrisiken gegenüber dem Verletzten die Folgen der staatlichen Sicherstellung erläutert.

schaft oder eine juristische Person sein.[24] Auch **Rechtsnachfolger**, wie etwa der Versicherer des unmittelbar Geschädigten, können Verletzte[25] im Sinne der §§ 73ff. StGB, 111bff. sein.[26] Vgl. zum Verletztenbegriff ausführlich § 111b, 75ff.[27]

III. Bekanntmachung an den bekannten Verletzten

Der Vollzug der Beschlagnahme und des Arrestes ist dem durch die Straftat Verletzten (Rn. 5) durch die Staatsanwaltschaft mitzuteilen, wenn er bekannt ist oder im Laufe des Verfahrens bekannt wird. Ist der Verletzte nicht bekannt, so brauchen keine Ermittlungen geführt zu werden, um die Bekanntmachung nach Absatz 1 zu ermöglichen; es verbleibt dann bei der Mitteilung nach Absatz 4 (Rn. 14ff.). 6

1. Zeitpunkt. Um den Verletzten davor zu schützen, sich einen nicht realisierbaren Titel zu verschaffen, entsteht die Mitteilungspflicht erst mit dem **Vollzug der Maßnahme**.[28] Das zur alten Rechtslage noch vorhandene Merkmal der „Unverzüglichkeit" ist durch die Reform 2017 und die Veränderung des Opferentschädigungsmodells entfallen. Der Mitteilungszeitpunkt liegt dadurch im pflichtgemäßen Ermessen der Staatsanwaltschaft,[29] was nach dem Willen des Gesetzgebers gerade in komplexen Ermittlungsverfahren zu ihrer Entlastung beitragen soll.[30] Das ist für den Verletzten aufgrund des **Vollstreckungsverbotes** nach § 111h Abs. 2 Satz 1 jedoch nicht unproblematisch. Je länger die Mitteilung, insbesondere gegenüber dem Anzeigenerstatter, unterbleibt, umso größer wird die Wahrscheinlichkeit, dass dieser selbst (zivilprozessual) aktiv wird und finanzielle Mittel unnötig aufwendet, weil etwa in den einzig werthaltigen Gegenstand des Schuldners schon die Staatsanwaltschaft vollstreckt hat (zur Frage der Reichweite des Vollstreckungsverbotes § 111h, 14). Die Staatsanwaltschaft muss die Mitteilung daher zwar nicht unverzüglich, aber nach pflichtgemäßem Ermessen doch so zeitnah wie im Einzelfall möglich, veranlassen. Der Verletzte soll schließlich durch die Mitteilung nicht nur Gelegenheit erhalten, seine Ansprüche auf den beschlagnahmten Gegenstand geltend zu machen, sondern auch weitere notwendige Schritte zu veranlassen; vor **unnötigen Maßnahmen** soll er zugleich geschützt werden. Für den Verletzten kann es sich empfehlen, zunächst die eingehenden Drittschuldnerklärungen abzuwarten,[31] ehe er sich um einen zivilrechtlichen Titel bemüht. Dieser ist auch nach dem heutigen Opferentschädigungsmodell nicht redundant, Rn. 4. 7

2. Form. Die Mitteilung kann formlos erfolgen.[32] Um den Bekanntmachungszweck zu erfüllen, kann es sich empfehlen, in der Mitteilung den Betroffenen, die Tat,[33] die ein- 8

---

24 *Kiethe/Hohmann* NStZ **2003** 505, 508; zur Rückgewinnungshilfe zu Gunsten des Steuerfiskus vgl. OLG Nürnberg NStZ **2011** 173; OLG Celle StV **2009** 120, 121; *Theile* StV **2009** 161, 162ff.; Verletzter kann auch der Steuerfiskus sein: BGH NStZ **2013** 403; JR **2010** 34, 35; NJW **2001** 693; auch schon LG Aachen NJW **1978** 385.

25 Ob sie als Verletzte zu bezeichnen sind oder diesen nur gleichstehen, so OLG Hamm wistra **2008** 38, ist im Ergebnis unerheblich.

26 BGH NStZ **2009** 145, 146; OLG Hamm wistra **2008** 38; in diesem Sinne auch BTDrucks. **16** 700 S. 16; **a.A.** *Schmid/Winter* NStZ **2002** 8, 13.

27 Einschränkend zur Mitteilungspflicht nur gegenüber bestimmten Verletzten, je nach Anspruch, den sie verfolgen SSW/*Burghart* 4.

28 BTDrucks. **16** 700 S. 11.

29 Meyer-Goßner/Schmitt/*Köhler* 2.

30 BTDrucks. **18** 9525 S. 82.

31 *Schmid/Winter* NStZ **2002** 8, 13.

32 HK/*Gercke* 2; Meyer-Goßner/Schmitt/*Köhl*er 1; *Bach* JR **2008** 230, 232.

33 SK/*Rogall* § 111e, 24.

zelnen Vermögenswerte und deren Aufenthaltsort zu bezeichnen, denn so kann der Verletzte auch feststellen, in welche Gegenstände ein Vollstreckungsverbot besteht, vgl. § 111h, 9 ff.[34] Auf die **Wirksamkeit der Mitteilung** hat der unterlassene Hinweis allerdings keine Auswirkungen.

9 **3. Erfolglose Vollziehung.** Um das Risiko der **Realisierbarkeit der Forderung** abschätzen zu können, besteht die Benachrichtigungspflicht der Staatsanwaltschaft beim Vermögensarrest auch dann, wenn zunächst keine Vermögensgegenstände gesichert werden konnten. Hierdurch erfährt der Verletzte nämlich auch von fruchtlosen Vollstreckungsmaßnahmen.[35] Die Mitteilung zu unterlassen, wenn der Wert des Gegenstandes in Folge vorrangiger Zwangsvollstreckung bereits erschöpft ist, ist mit der gesetzlichen Regelung nicht vereinbar. Der Staatsanwaltschaft steht insoweit kein Ermessen zu. Der Verletzte soll vielmehr selbst entscheiden können, ob und wie er in diesem Fall vorgeht, die Entscheidung darf ihm nicht von der Staatsanwaltschaft abgenommen werden, indem sie ihm erst gar keine Mitteilung zukommen lässt.[36]

10 **4. Vollzug der Bekanntmachung.** Die Bekanntmachung obliegt stets der Staatsanwaltschaft,[37] welcher der richterliche Beschluss nach § 111j zur Vollstreckung zu übergeben ist und die dann nach § 36 Abs. 2 das Weitere veranlasst. Die Benachrichtigungspflicht kann die Strafverfolgungsbehörden in Großverfahren mit vielen Hunderten oder Tausenden von Verletzten Belastungen aussetzen, die nicht ohne Einbußen bei der eigentlichen Ermittlungstätigkeit bewältigt werden können. Unter anderem in diesen Fällen sieht das Gesetz in Absatz 4 Satz 1 die Möglichkeit vor, die Mitteilung durch einmalige Bekanntmachung im Bundesanzeiger zu ersetzen, siehe hierzu Rn. 14 ff. Verstöße gegen die Mitteilungspflicht haben zwar keinen Einfluss auf die Wirksamkeit der Maßnahme selbst, können aber unter Umständen **Amtshaftungsansprüche** auslösen.[38]

C. Hinweispflicht auf §§ 111n, 111o, Absatz 2

11 Für den Fall der Beschlagnahme einer beweglichen Sache sieht Absatz 2 eine Besonderheit bei der Mitteilung gegenüber dem Verletzten vor. Hier wird die Staatsanwaltschaft verpflichtet, die Mitteilung mit dem Hinweis auf den **Herausgabeanspruch** nach § 111n Abs. 2 und das hierfür vorgesehene Verfahren nach § 111o zu verbinden.[39]

D. Aufforderung an Verletzte, Absatz 3

12 Absatz 3 regelt den Spezialfall der **Vollziehung eines Vermögensarrestes**. In einem solchen fordert die Staatsanwaltschaft den Verletzten mit der Mitteilung über den vollzogenen Vermögensarrest zugleich auf zu erklären, ob und in welcher Höhe er seinen aus der Tat erwachsenen Anspruch auf Ersatz des Wertes des Erlangten geltend machen will. Die Mitteilung nach Absatz 1 soll dabei mit dem Hinweis auf das Vollstre-

34 HK/*Gercke* 2.
35 SK/*Rogall* § 111e, 24.
36 Im Ergebnis ebenso SK/*Rogall* § 111e, 25.
37 Meyer-Goßner/Schmitt/*Köhler* 3; *Rhode* wistra **2018** 65, 68.
38 Allg. Meinung, vgl. etwa OLG Celle NStZ-RR **2011** 343, 344; KMR/*Mayer* 1; SK/*Rogall* § 111e, 25; SSW/*Burghart* 1; Meyer-Goßner/Schmitt/*Köhler* 2 unter einschränkendem Hinweis auf die weitere Mitteilung nach § 459l.
39 BTDrucks. **18** 9525 S. 82.

ckungsverbot nach § 111h Abs. 2 Satz 1 und die Verfahren nach § 111i Abs. 2, § 459h Abs. 2 sowie § 459k verbunden werden. Die Staatsanwaltschaft weist in der Mitteilung darauf hin, dass bei einer Eröffnung des Insolvenzverfahrens die Forderungen schriftlich beim Insolvenzverwalter angemeldet werden müssen.[40] Die Aufforderung zur Erklärung begründet weder eine Pflicht, noch eine Obliegenheit des Verletzten (Rn. 2). Die Staatsanwaltschaft hat hierauf hinzuweisen und alles zu unterlassen, was einen solchen Eindruck erwecken könnte, schließlich dient die Aufforderung für sie nur der Prüfung, ob ein **Insolvenzantrag** gestellt werden kann.[41]

Von besonderer Bedeutung für die Verletzten ist die Hinweispflicht auf § 111h Abs. 2 13 Satz 1, in dem ein **Einzelzwangsvollstreckungsverbot** geregelt ist (§ 111h, 9 ff.). Nur so kann der Verletzte umfangreich abschätzen, ob die (zusätzliche) zivilrechtliche Geltendmachung seiner Ansprüche gegenüber dem Betroffenen zielführend ist. Ungeklärt ist bisher, welche Konsequenzen der unterbliebene Hinweis hat. Erweckt die Staatsanwaltschaft durch ihre Mitteilung den Eindruck, der Verletzte könne nun in die vorläufig gesicherten Vermögenswerte vollstrecken, so könnten die Zwangsvollstreckungskosten **analog § 93 ZPO** erstattungsfähig sein.

E. Öffentliche Bekanntmachung, Absatz 4

I. Allgemeines

Das Gesetz sieht in Absatz 4 die Möglichkeit vor, den Vollzug der Beschlagnahme 14 und des Arrestes und die Hinweise und Aufforderungen nach Absätzen 2 und 3[42] öffentlich bekannt zu machen. Die Regelung beruht auf § 111e Abs. 4 StPO a.F. und wurde auf das aktuelle Reformmodell der Opferentschädigung angepasst.[43] Die Mitteilung kann dann durch einmalige **Bekanntmachung im Bundesanzeiger** erfolgen, wenn eine gesonderte Mitteilung an jeden (bekannten) Verletzten mit unverhältnismäßigem Aufwand verbunden wäre oder der Verletzte unbekannt oder unbekannten Aufenthalts ist, Sätze 1 und 3. Die Mitteilung im Bundesanzeiger reicht unter den vorbezeichneten Voraussetzungen aus, kann aber durch Mitteilungen auf andere geeignete Weisen ergänzt werden, Satz 2. Während Satz 4 dem Schutz personenbezogener Daten dient, bestimmt Satz 5, dass die Staatsanwaltschaft die Löschung der Bekanntmachung veranlasst, wenn die Sicherungsmaßnahme beendet ist. Die Möglichkeit einer öffentlichen Bekanntmachung in Fällen, in denen zu vermuten ist, dass noch unbekannten Verletzten Ansprüche aus der Tat erwachsen sind (§ 111e Abs. 4 Satz 1 Hs. 2 StPO a.F.), sieht das Gesetz heute nicht mehr vor.

II. Telos

Die Veröffentlichung im Bundesanzeiger dient nicht nur den Strafverfolgungsbe- 15 hörden, die sich einem wesentlich **geringeren Verwaltungsaufwand** ausgesetzt sehen. Sie gibt auch den Verletzten die Möglichkeit, eine kostensparende, einfache und verlässliche Informationsmöglichkeit zu erhalten.[44] Mehr als eine bloße Möglichkeit dürfte darin aber tatsächlich nicht zu sehen sein. Der elektronische Bundesanzeiger kann im Inter-

40 BTDrucks. **18** 11640 S. 87.
41 BTDrucks. **18** 9525 S. 82 f.
42 BTDrucks. **18** 9525 S. 83.
43 BTDrucks. **18** 9525 S. 83.
44 BTDrucks. **16** 700 S. 12; Meyer-Goßner/Schmitt/*Köhler* 8.

net unter www.bundesanzeiger.de eingesehen werden. Der Gesetzgeber sieht in Fällen mit zahlreichen Geschädigten dies als die regelmäßige Form der Mitteilung an,[45] wobei offen bleibt, ab wann von „zahlreichen“ Geschädigten ausgegangen werden kann.

III. Unverhältnismäßiger Aufwand der Mitteilung, Satz 1

16 Eine Mitteilung nach Absatz 1 kann im Bundesanzeiger erfolgen, wenn die Mitteilung gegenüber jedem einzelnen Verletzten mit unverhältnismäßig hohem Aufwand verbunden wäre. Mit der schon zur alten Rechtslage bestehenden Möglichkeit wollte der Gesetzgeber eine Entlastung der Strafverfolgungsbehörden herbeiführen und eine möglichst schleunige und sichere Benachrichtigung der Verletzten ermöglichen.[46] Die Frage der Verhältnismäßigkeit ist dabei wie immer **Frage des Einzelfalls.**[47] Man wird hier nicht zu strenge Maßstäbe anzulegen haben. Kriterium dürfte etwa sein, ob die Benachrichtigung gegenüber den Verletzten individualisiert erfolgen muss oder aber ein identisches Anschreiben an alle Verletzten ausreicht und der Verwaltungsaufwand dementsprechend geringer ist. Auch dass der Bundesanzeiger von der Bevölkerung in aller Regel nicht verfolgt wird, sollte bei der Entscheidung berücksichtigt werden und dann jedenfalls zusätzlich von den Möglichkeiten nach Satz 2 Gebrauch gemacht werden.

IV. Unbekannter Verletzter oder Verletzter unbekannten Aufenthalts, Satz 3

17 Die Mitteilung und die Aufforderung nach Absätzen 1 bis 3 kann außerdem dann durch einmalige Bekanntmachung im Bundesanzeiger erfolgen, wenn die Verletzten noch unbekannt oder unbekannten Aufenthalts sind. Kein Mitteilungsgrund ist entgegen der früheren Rechtslage[48] die schlichte **Vermutung**, dass es weitere, **unbekannte Verletzte** gibt.[49]

V. Bekanntmachung in anderer Weise, Satz 2

18 Da durch Straftaten Verletzte selten den Bundesanzeiger zu lesen pflegen,[50] kann und sollte zusätzlich zur Veröffentlichung im Bundesanzeiger immer noch von der Möglichkeit des Absatz 4 Satz 2 Gebrauch gemacht werden. Danach kann die Mitteilung neben der Bekanntmachung im Bundesanzeiger auch in anderer geeigneter Weise veröffentlicht werden. Die Bekanntmachung in anderer Weise ist **nicht alternativ, sondern nur kumulativ** zur Veröffentlichung im Bundesanzeiger möglich, das folgt aus der Wortwahl „zusätzlich“. Neben einer Anzeige in einer örtlichen Tageszeitung[51] kann die Staatsanwaltschaft auch in Pressemitteilungen auf die vollzogenen Sicherungsmaßnahmen hinweisen.[52] Auch die Bekanntmachung auf andere Weise (Aushang, Plakate) ist zulässig.[53] Bisher nicht erörtert ist die Frage, ob eine Mitteilung auch über Internetkommunikationsplattformen möglich ist. Das dürfte daran liegen, dass die Staatsanwalt-

45 BTDrucks. **18** 9525 S. 83.
46 BTDrucks. **16** 700 S. 9.
47 MüKo/*Bittmann* § 111e, 22.
48 LR/*Johann*[26] § 111e, 20.
49 Meyer-Goßner/Schmitt/*Köhler* 1.
50 *Bach* JR **2008** 230, 233.
51 *Bach* JR **2008** 230, 233.
52 BTDrucks. **16** 700 S. 12.
53 Meyer-Goßner/Schmitt/*Köhler* 9.

schaften, im Gegensatz zu vielen Polizeibehörden, hier bisher schlicht nicht vertreten sind. Unter Beachtung der datenschutzrechtlichen Belange des Betroffenen, Rn. 20, dürfte ein solches Vorgehen nicht prinzipiell ausgeschlossen sein.

VI. Ermessen

Die Entscheidungen nach den Sätzen 1 bis 3, also das „Wie" und nicht das „Ob" der Mitteilung,[54] stehen im Ermessen der Staatsanwaltschaft.[55] Bei der Ausübung dieses Ermessens wird sie zu berücksichtigen haben, dass Interessen der Verletzten nicht gefährdet werden dürfen. Deshalb wird jedenfalls gegenüber einer **überschaubaren Zahl von bekannten Verletzten** die Mitteilung nach Absatz 4 nur ausnahmsweise in Betracht kommen.[56] Weitere Ermessenskriterien werden die Höhe des verursachten Schadens, die Kosten der Veröffentlichung, die Wertigkeit des gesicherten Gutes, die Erfolgsaussichten der Zwangsvollstreckung und die Wahrscheinlichkeit sein, mit der Veröffentlichung die Verletzten tatsächlich zu erreichen. Im Rahmen der Ermessensausübung hat auch eine Abwägung zwischen dem Recht auf informationelle Selbstbestimmung und den Interessen der Verletzten an einer Information über die Möglichkeit der Schadloshaltung durch zu ihren Lasten begangene Straftaten zu erfolgen;[57] es gilt analog das Prinzip der praktischen Konkordanz.[58] 19

VII. Datenschutzrechtliche Sonderbestimmungen, Satz 4

Personendaten dürfen durch die Staatsanwaltschaft nur veröffentlicht werden, soweit ihre Angaben zur Wahrung der Rechte der Verletzten unerlässlich sind. Personendaten sind nach **§ 5 Abs. 1 Nr. 1 BZRG** neben dem Vor- und Familiennamen auch ein davon abweichender Geburtsname, das Geschlecht, das Geburtsdatum, der Geburtsort, die Staatsangehörigkeit sowie eine Anschrift. Die Regelung trägt dem Recht auf informationelle Selbstbestimmung der Betroffenen Rechnung. Der Begriff der Unerlässlichkeit wird in der Strafprozessordnung mehrfach verwendet.[59] Eine Maßnahme ist (nur dann) unerlässlich, wenn der Verletzte ohne sie keine realistische Möglichkeit hätte, seine Ansprüche erfüllt zu bekommen. Unerlässlich meint damit soviel wie „unverzichtbar"[60]/ „unabweisbar". Dem Merkmal kann auch dadurch Geltung verschafft werden, dass nur ein Teil der Personendaten veröffentlicht wird, so dass jedenfalls den Verletzten eine Individualisierung des Betroffenen und ihrer Ansprüche möglich ist. 20

VIII. Löschungspflicht der Staatsanwaltschaft, Satz 5

Nach Absatz 4 Satz 5 muss die Staatsanwaltschaft nach Beendigung der Sicherungsmaßnahme die Löschung der im Bundesanzeiger vorgenommenen Veröffentlichung veranlassen. Wann die Sicherungsmaßnahme beendet ist, hängt von der Art der Maßnahme ab, siehe hierzu § 111j, 33 ff. Zwar hat nach dem Wortlaut der Norm die Löschungsveranlassung nicht **unverzüglich** zu erfolgen. Im Interesse des Betroffenen wird 21

---

54 Meyer-Goßner/Schmitt/*Köhler* 8.
55 MüKo/*Bittmann* § 111e, 22.
56 BTDrucks. **16** 700 S. 12; SK/*Rogall* § 111e, 28.
57 SSW/*Burghart* 2: Veröffentlichung möglichst ohne Benennung des Verdächtigen.
58 Vgl. zum Begriff BVerfG NVwZ **2005** 1055, 1056.
59 Vgl. u.a. § 68a Abs. 1, § 81c Abs. 2 Satz 1, § 110a Abs. 3, § 163c Abs. 1 Satz 1.
60 Meyer-Goßner/*Schmitt* § 163c, 1.

aber eine zeitnahe Löschung angezeigt sein. Das gilt erst Recht, wenn sich bei der Mitteilung Kommunikationsplattformen im Internet (Rn. 18) bedient wurde.[61] Von einer Pflicht zur Löschung bei teilweiser Aufhebung der Anordnung hat der Gesetzgeber unter anderem aus Kostengründen ausdrücklich abgesehen.[62]

§ 111m
Verwaltung beschlagnahmter oder gepfändeter Gegenstände

(1) [1]Die Verwaltung von Gegenständen, die nach § 111c beschlagnahmt oder auf Grund eines Vermögensarrestes nach § 111f gepfändet worden sind, obliegt der Staatsanwaltschaft. [2]Sie kann ihre Ermittlungspersonen (§ 152 des Gerichtsverfassungsgesetzes) oder den Gerichtsvollzieher mit der Verwaltung beauftragen. [3]In geeigneten Fällen kann auch eine andere Person mit der Verwaltung beauftragt werden.

(2) Gegen Maßnahmen, die im Rahmen der Verwaltung nach Absatz 1 getroffen werden, kann der Betroffene die Entscheidung des nach § 162 zuständigen Gerichts beantragen.

Schrifttum

Siehe bei § 111b.

Entstehungsgeschichte

§ 111m wurde durch Art. 1 Nr. 4 des Gesetzes über das Zeugnisverweigerungsrecht der Mitarbeiter von Presse und Rundfunk vom 25.7.1975 (BGBl. I S. 1973) eingefügt und regelte seither die Beschlagnahme eines Druckwerkes oder einer sonstigen Schrift. Mit dem Gesetz zur Reform der strafrechtlichen Vermögensabschöpfung[1] wurden diese Regelungen mit der Vorschrift der Anordnung und Aufhebung der Beschlagnahme eines Druckwerks nach § 111n StPO a.F. in § 111q zusammengefasst und mit § 111m n.F. erstmals eine Regelung zur Verwaltung vorläufig gesicherter Vermögenswerte in die Strafprozessordnung aufgenommen.

Übersicht

61 MüKo/*Bittmann* § 111e, 22; KMR/*Mayer* 8.
62 BTDrucks. **16** 700 S. 12 mit weiteren Gründen.

1 BGBl. I 2017 S. 872.

https://doi.org/10.1515/9783110594546-013

Alphabetische Übersicht

A. Allgemeines

Bei den Maßnahmen nach §§ 111bff. handelt es sich um vorläufige Sicherungsmittel, bei deren Anordnung bzw. Vollzug noch nicht feststeht, ob es am Ende des Verfahrens überhaupt zu einer Einziehung oder aber doch zur Freigabe der gesicherten Vermögenswerte kommen wird. Vor diesem Hintergrund sind die Strafverfolgungsbehörden verpflichtet, für die **Werterhaltung der sichergestellten Gegenstände** zu sorgen und beispielsweise beschlagnahmte Gelder zur Bedienung von Darlehenszinsen und für die Betriebskosten eines arretierten Grundstücks freizugeben.[2] Zu dieser schon bisher allgemein anerkannten Pflicht fanden sich Regelungen zunächst nur in Nr. 74 RiStBV, durch das Gesetz zur Reform der strafrechtlichen Vermögensabschöpfung wurde nun erstmals eine solche auch in die Strafprozessordnung aufgenommen. § 111m hat europarechtlichen Ursprung und geht zurück auf Art. 10 Abs. 1 der Richtlinie 2014/42/EU. Er lautet: 1

Verwaltung sichergestellter und eingezogener Vermögensgegenstände

(1) Die Mitgliedstaaten treffen die erforderlichen Maßnahmen, beispielsweise durch Errichtung von Zentralstellen, einer Reihe von spezialisierten Stellen oder vergleichbarer Mechanismen, um sicherzustellen, dass Vermögensgegenstände, die im Hinblick auf ihre etwaige spätere Einziehung sichergestellt wurden, in geeigneter Weise verwaltet werden.

(2) Die Mitgliedstaaten stellen sicher, dass die Maßnahmen gemäß Absatz 1 die Möglichkeit umfassen, Vermögensgegenstände erforderlichenfalls zu veräußern oder zu übertragen.

(3) Die Mitgliedstaaten ziehen in Erwägung, Maßnahmen zu ergreifen, die es ermöglichen, eingezogene Vermögensgegenstände für Zwecke des öffentlichen Interesses oder soziale Zwecke zu verwenden.

In der Praxis des Vermögensabschöpfungsrechts spielt die Verwaltung von vorläufig gesicherten Gegenständen eine überragende Rolle. Das resultiert einerseits aus ganz banalen Gründen, denn etwa der sichergestellte Fuhrpark von Kraftfahrzeugen muss irgendwo zugriffssicher untergebracht werden, damit das Sicherungsziel erreicht werden kann. Andererseits müssen die Strafverfolgungsbehörden Verschlechterungen der sichergestellten Gegenstände vermeiden, da andernfalls **Amtshaftungsansprüche** drohen. Die Verwaltung von gesicherten Gegenständen ist aber nicht nur ein Problem der 2

2 OLG München StV **2003** 151.

Strafverfolgungsbehörden, dessen Lösung mitunter erheblichen Zeitaufwand erfordert. Die Verwaltung solcher Gegenstände wirkt sich auch unmittelbar auf den Betroffenen aus, weil die Gegenstände erst am Ende des Verfahrens verwertet werden und eine Wertminderung während des Verfahrens damit grundsätzlich zu seinen Lasten wirkt.

3 Die erstmals ausdrücklich in das Gesetz aufgenommene Regelung des § 111m ist daher im Sinne der Rechtsklarheit zu begrüßen. Allerdings bezeichnet sie überwiegend (nur) sehr abstrakt, was ohnehin bisher anerkannt war, dass nämlich die Staatsanwaltschaft für eine angemessene Verwaltung zu sorgen hat und hierfür in geeigneten Fällen auch Dritte beauftragen darf, Absatz 1.[3] Der Gesetzgeber hat es in der Gesetzesbegründung (nur) bei dem Hinweis belassen, die von der Richtlinie vorgeschlagenen Zentralstellen könnten bei den Generalstaatsanwaltschaften, den Schwerpunktstaatsanwaltschaften oder bei den Landeskriminalämtern angesiedelt werden.[4] Etabliert sind eigene Einrichtungen bisher nur punktuell.[5] Überhaupt ist im Zusammenhang mit der Verwaltung von vorläufig gesicherten Gegenständen auch anderthalb Jahre nach ihrer ausdrücklichen Bezeichnung im Gesetz noch Vieles offen. Das wird ihrer praktischen Relevanz nicht annähernd gerecht. Die Literatur behandelt die Norm inhaltlich quasi gar nicht,[6] Entscheidungen der Gerichte sind bisher nicht veröffentlicht und die staatsanwaltschaftliche Praxis handhabt die Verwaltung sichergestellter Gegenstände **regional** völlig **unterschiedlich.**[7] Einige Staatsanwaltschaften neigen dazu, Gegenstände möglichst schnell über die Notveräußerung zu Geld zu machen, weil hierdurch der **Verwaltungsaufwand** auf Null reduziert wird. Andere sind durchaus an einer betriebswirtschaftlich sinnvollen Verwaltung interessiert, über die konkreten Möglichkeiten und Folgen in Anbetracht drohender Amtshaftungsansprüche aber höchst verunsichert.

4 Maßnahmen im Rahmen der Verwaltung sind immer auch Maßnahmen im Zuge der Vollziehung, so dass der Rechtsbehelf im Sinne des Absatz 2 neben § 111k Abs. 3 eigentlich überflüssig, nun aber lex specialis, ist. Die Vorschrift gilt freilich nicht nur für Gegenstände, die wegen §§ 73ff. StGB, sondern auch für solche, die auf Grundlage der §§ 74ff. StGB vorläufig gesichert wurden.[8] Hat der **Insolvenzverwalter** die Gegenstände in Besitz genommen, hat er für ihren Unterhalt zu sorgen.[9]

B. Verwaltung von Gegenständen, Absatz 1

I. Allgemeines

5 Die Verwaltung von Gegenständen, die beschlagnahmt oder im Wege der Arrestvollziehung gepfändet wurden, obliegt nach Absatz 1 Satz 1 der Staatsanwaltschaft. Der Gesetzeswortlaut ist hier ungenau, denn die Staatsanwaltschaft hat nicht nur eine entsprechende Obliegenheit, sondern sogar eine **(Amts-)Verpflichtung.**[10] Die vorläufige

---

3 MüKo/*Bittmann* § 111b, 13.
4 BTDrucks. **18** 9525 S. 83.
5 Etwa in NRW die „Zentrale Organisationsstelle für Vermögensabschöpfung Nordrhein-Westfalen (ZOV)".
6 Meyer-Goßner/Schmitt/*Köhler*, KK/*Spillecke*, HK/*Gercke* und KMR/*Mayer* passim; etwas ausführlicher SSW/*Burghart* 1 und *Reitemeier* 169 f.
7 MüKo/*Bittmann* § 111b, 13 sprach schon zur alten Rechtslage davon, dass „der Phantasie freier Lauf belassen" sei.
8 *Reitemeier* 169.
9 *Blankenburg* ZInsO **2017** 1453, 1465; *Bittmann*/*Tschakert* ZInsO **2017** 2657, 2662.
10 Nr. 74 RiStBV: „Gegenstände ... müssen ... geschützt werden."

Sicherstellung beruht auf einer Prognoseentscheidung über den Ausgang des Strafverfahrens und dient der Sicherung des Status quo. Damit gehen aber nicht nur Rechte, sondern auch Pflichten der Strafverfolgungsbehörden einher. Sie dürfen die Gegenstände in Besitz nehmen, müssen dann aber auch für deren Erhaltung sorgen,[11] schließlich ist eine sorgsame Verwaltung nicht der Staatsanwaltschaft gehörender Gegenstände im Rechtsstaat eine Selbstverständlichkeit.[12] Die Verwaltung erfordert eine gewisse Flexibilität aller Verfahrensbeteiligten, der man sich schon deshalb nicht verschließen darf, weil man sonst Gefahr läuft, dass zur Wahrung des **Übermaßverbotes** eine Beschränkung oder gar vollständige Aufhebung der Maßnahme erforderlich wird.[13]

Der Gesetzgeber gibt mit den Sätzen 1 bis 3 für die Verwaltung entsprechender Gegenstände eine **Rangfolge** vor, wem welche Verwaltungskompetenz zukommen soll: Grundsätzlich ist die Staatsanwaltschaft zuständig, Satz 1.[14] Sie kann ihre Ermittlungspersonen mit der Verwaltung beauftragen, wenn dies nach pflichtgemäßem Ermessen angezeigt ist, Satz 2. Nach Satz 3 erfordert die Verwaltung durch Dritte hingegen einen „geeigneten Fall". Damit macht der Gesetzgeber zweierlei deutlich. Zum einen gibt es aus seiner Sicht Fälle, in denen die Verwaltung durch Dritte ungeeignet ist.[15] Da in diesen Fällen aber schon die entsprechende Ermessensausübung rechtswidrig wäre, kommt der Vorschrift weitere Bedeutung zu. Eine Verwaltung durch Dritte ist danach auch ausgeschlossen, wenn eine solche gleichermaßen auch durch staatliche Stellen erfolgen kann, weil dann kein Grund dafür besteht, den Betroffenen mit einem zusätzlichen Kostenaufwand zu belasten, schließlich sind die Verwaltungskosten **Verfahrenskosten.**[16] 6

II. Verwaltung durch die Staatsanwaltschaft, Satz 1

Der Gesetzgeber sieht sich der Kritik ausgesetzt, dass er den Begriff der Verwaltung aus der Richtlinie übernommen hat, statt diese wie bisher als Verwahrung zu bezeichnen.[17] Tatsächlich geht es bei der Verwaltung um die (konkreten) Modalitäten der Verwahrung und besteht daher eine gewisse Überschneidung. Der Begriff ist weit und nicht etwa nur im Sinne der (Immobilien-)Verwaltung zu verstehen.[18] Er umfasst die grundsätzliche Frage des konkreten Aufbewahrungsortes und reicht bis zur Grenze der Notveräußerung im Sinne des § 111p oder der Herausgabe nach § 111n. Letztere Vorschriften sind die spezielleren Normen. Da die Anhörung im Sinne des § 111p Abs. 3 die Notveräußerung vorbereitet, ist sie keine Maßnahme im Sinne der Verwaltung und kann daher auch nicht nach Absatz 2 überprüft werden. Im Ergebnis sind sämtliche Maßnahmen vom Erstzugriff bis zur Besitzaufgabe durch die Staatsanwaltschaft von Absatz 1 erfasst, solange sie Auswirkungen auf Substanz oder Werterhalt des gesicherten Gegenstandes oder dessen Früchte haben können.[19] Die Maßnahmen der Verwaltung sind dabei so mannigfaltig, wie die gesicherten Gegenstände selbst. Es stellen sich damit unterschiedliche Anforderungen an Aufbewahrung, Nutzung oder Pflege,[20] die hier nicht konkret nachgezeichnet werden können. Entscheidend ist eine auf Werterhaltung gerichtete, 7

---

11 Meyer-Goßner/Schmitt/*Köhler* 3.
12 SSW/*Burghart* 1: seit jeher anerkannt; MüKo/*Bittmann* § 111b, 13.
13 MüKo/*Bittmann* § 111b, 13.
14 KMR/*Mayer* 2.
15 Anders jedenfalls de lege ferenda *Baretto da Rosa* NZWiSt **2018** 215, 219.
16 *Reitemeier* 171.
17 SSW/*Burghart* 1.
18 SSW/*Burghart* 1.
19 KMR/*Mayer* 1.
20 Bespiele bei *Reitemeier* 170.

verhältnismäßige Verwaltung, wie sie durch einen verständigen, **objektiven Dritten** durchgeführt würde.[21] Dazu zählt auch die Einhaltung der konkreten Verkehrssicherungspflichten,[22] etwa durch die Einschaltung einer Firma, die bei Schneefall den Bürgersteig vor dem beschlagnahmten Haus freiräumt. Es kann sich aber auch um finanzielle Pflichten handeln, etwa aus der gepfändeten Kontoforderung die Grundsteuer für das Haus des Betroffenen abzuführen. Erklärt sich der Betroffene bereit, **überobligatorische Maßnahmen** zur Erhaltung des Wertes auf eigene oder die Kosten Dritter durchzuführen (Bsp: der teure Oldtimer soll nicht in einer Lagerhalle, sondern auf dem Stellplatz einer für die Autoaufbereitung spezialisierten Werkstatt abgestellt werden), ist diesem Begehren zu entsprechen. Die vorläufige Sicherstellung dient schließlich nur der Vermeidung der **Verschlechterung des Gegenstandes**, nicht der Bestrafung des Betroffenen.[23] Kommt er für die (zusätzlichen) Kosten auf, hat er dementsprechend auch einen Anspruch darauf, dass seine Belange berücksichtigt werden.

III. Verwaltung durch Ermittlungspersonen und Gerichtsvollzieher, Satz 2

8 Die Staatsanwaltschaft kann zur Verwaltung von Gegenständen im Sinne der §§ 111c, 111f sowohl ihre Ermittlungspersonen als auch den Gerichtsvollzieher beauftragen. Die Entscheidung erfolgt nach pflichtgemäßem Ermessen unter Berücksichtigung des Sicherungszweckes. Die Verwahrung durch staatliche Stellen geht der **Verwahrung durch Dritte** bei gleicher Eignung vor (Rn. 6). Nur dann, wenn staatliche Stellen die Verwaltung nicht in gleicher Qualität oder nur mit erheblich größerem (finanziellen) Aufwand durchführen können, kommt eine Verwaltung durch Dritte in Betracht. Neben dem Wortlaut lässt sich dies auch auf den Rechtsgedanken des § 691 BGB stützen. Das gilt jedenfalls dann, wenn der Betroffene mit einer Verwaltung durch den Dritten nicht einverstanden ist (ausführlich dazu Rn. 7).

IV. Verwaltung durch Dritte, Satz 3

9 Die Verwaltung durch Dritte ist immer dann unproblematisch, wenn sich Betroffener und Staatsanwaltschaft hierüber einig sind. Der Gesetzgeber nennt als Beispiel für eine solche Verwaltung durch Dritte gewerbetreibende Privatpersonen der Immobilienbranche.[24] Findige Unternehmer sind zwischenzeitlich auf die Idee gekommen, deutschlandweit Staatsanwaltschaften anzuschreiben und ihnen entsprechenden Dienstleistungen anzubieten. Hier ist freilich schon deshalb Vorsicht geboten, weil es sich bei den Kosten der Verwaltung um **Verfahrenskosten** handelt, die unter Umständen der Betroffene bezahlen muss. Die Staatsanwaltschaften dürfen deshalb nicht leichtfertig zur eigenen Arbeitsentlastung Dritte mit der Verwaltung beauftragen. Sie müssen dies vielmehr nach pflichtgemäßem Ermessen, in dessen Ausübung auch **Verhältnismäßigkeitsgesichtspunkte** in Form des Werterhalts des Gegenstandes miteinfließen,[25] entscheiden. Es kann

---

21 KMR/*Mayer* 1.
22 KMR/*Mayer* 1.
23 Zutreffend weist das LG Rostock Beschl. v. 9.4.2018 – 18 Qs 32/18 darauf hin, dass die Verwahrung für die Landesjustizkasse „unbefriedigend erscheinen mag", dies aber nichts an der grundsätzlichen Entscheidung des Gesetzgebers in Form der neuen Opferentschädigung ändert. Dem Beschleunigungsgebot sei in diesen Fällen also nicht nur wegen des Betroffenen, sondern auch zur Vermeidung hoher Kosten nachzukommen.
24 BTDrucks. **18** 9525 S. 83.
25 SSW/*Burghart* 2.

aber diverse Fallkonstellationen geben, in denen die Verwaltung durch Dritte sinnvoll ist, etwa wenn es um die schadlose Aufbewahrung teurer Kunstobjekte geht.

V. Kontoforderung

1. Allgemeines. Von praktisch enormer Bedeutung ist die Verwaltung von Kontoforderungen. Wird die „Kontoforderung" eines Einzelkaufmanns gegen seine Bank gepfändet, muss er hiervon aber Lieferanten und Angestellte bezahlen, so handelt es sich bei der **Freigabe** dieser **Gelder** zu Gunsten der Gläubiger ebenfalls um Verwaltungsmaßnahmen. In der Praxis ist es dabei regelmäßig mit Schwierigkeiten verbunden, die Staatsanwaltschaft zur Freigabe von Vermögen an Dritte zu bewegen, auch wenn dies wirtschaftlich sinnvoll ist, weil der an den Lieferanten gezahlte Betrag durch Weiterverkäufe der gelieferten Ware an Dritte mit entsprechender Marge wenige Wochen später wieder in das Vermögen der Betroffenen zurückfließt.[26] Insoweit sollten sich deshalb alle Beteiligten wiederum ins Gedächtnis rufen, dass es bei der vorläufigen Sicherstellung weder darum geht, den Betroffenen zu bestrafen, noch darum, ihn langsam in die Insolvenz zu treiben. Komplizierte Vermögensabschöpfungsmaßnahmen bedingen zeitaufwändige und mitunter auch schnelle Verwaltungsmaßnahmen, die von **PEBB§Y** nicht hinreichend abgedeckt werden. Das darf aber nicht auf dem Rücken der Betroffenen ausgetragen werden. Streit zwischen der Staatsanwaltschaft und den Betroffenen kann in diesem Fall etwa dadurch aufgelöst werden, dass man einen geeigneten, zur Verschwiegenheit verpflichteten Dritten mit der Verwaltung beauftragt.[27] Er fungiert dann als direkter Ansprechpartner für den Betroffenen und hat sich seinerseits bei Maßnahmen, die über das Tagesgeschäft der Verwaltung hinausgehen, mit der Staatsanwaltschaft ins Benehmen zu setzen. 10

2. Reaktion des Drittschuldners. Schwierigkeiten können sich ergeben, wenn der Anspruch des Betroffenen gegen seine Bank zwar ausreicht, um die fällige Forderung des Lieferanten zu erfüllen, die Kontoforderung aber niedriger ist, als der vermeintliche Wertersatzanspruch des Staates. Die Bank als Drittschuldner wird sich in diesem Fall auf den Standpunkt stellen, dass sie durch die Pfändung und das damit einhergehende Zahlungsverbot an der Ausführung der Zahlung gehindert ist, solange nicht die Pfändung in dieser Höhe aufgehoben, ein Verfügungsrahmen eingeräumt oder der Verfügung durch den Gläubiger zugestimmt wird. Eine **Patentlösung** für dieses Problem gibt es bisher nicht. Auch in diesem Zusammenhang ist vielmehr vieles völlig ungeklärt und einzelfallabhängig. Der Betroffene hat während der Arrestvollziehung jedoch immer einen Anspruch auf ermessensfehlerfreie Entscheidung der Staatsanwaltschaft, die etwa in der Zustimmung zu einer für den Erhalt des Geschäftsbetriebs notwendigen Überweisung liegen kann. 11

VI. Kostentragung

Die Kosten der Verwaltung sind Verfahrenskosten. Unabhängig von der Frage, ob die Strafverfolgungsbehörden die Gegenstände selbst oder durch Dritte verwalten lassen, sollte bei allen Maßnahmen, die über eine Verwahrung in klassischer staatlicher Obhut in Form der Asservierung hinausgehen, die Kostenfrage vorab geklärt werden. Ggf. hat die Staatsanwaltschaft hierzu auch **Kostenvoranschläge** unterschiedlicher Anbieter einzuholen und die Qualität der Leistung des beauftragten Dritten zu prüfen. Die 12

26 Ebenso MüKo/*Bittmann* § 111b, 13.
27 *Ordner* wistra **2017** 50, 57.

Grundsätze der §§ 688 ff. BGB sind hier anwendbar, sofern sich nicht aus der Besonderheit des Strafverfahrens Ausnahmen ergeben. Wann eine solche Ausnahme angezeigt ist, ist wiederum bisher weitgehend ungeklärt und eine Frage des Einzelfalls, vgl. dazu schon Rn. 3 und 9.

C. Gerichtliche Entscheidung, Absatz 2

I. Allgemeines

13 Gegen Maßnahmen, die in der Verwaltung nach Absatz 1 getroffen werden, kann der Betroffene jederzeit die Entscheidung des nach § 162 zuständigen Gerichts beantragen. Betroffener im Sinne des Absatz 2 ist jeder, der ein berechtigtes Interesse am Erhalt der verwahrten Sache hat.[28] Das kann auch der Verletzte sein. Obwohl durch die staatlichen Maßnahmen ein **öffentlich-rechtliches Verwahrungsverhältnis** begründet wird, auf dass die Vorschriften der §§ 688 ff. BGB analog anwendbar sind,[29] entscheiden über die Rechtmäßigkeit von Verwaltungsmaßnahmen ausschließlich die Strafgerichte.[30] Der Betroffene ist vor der Entscheidung zu hören, ebenso grundsätzlich die Staatsanwaltschaft. Reagiert sie nicht innerhalb einer angemessenen Frist, so entscheidet das Gericht ohne Stellungnahme der Staatsanwaltschaft, § 309 Abs. 1 Hs. 2. Freilich bestehen regelmäßig unterschiedliche Auffassungen, was eine **angemessene Reaktionszeit** ist. Bei vollzogenen Vermögensabschöpfungsmaßnahmen, insbesondere, wenn sie das gesamte Vermögen der Betroffenen umfassen, gilt der Beschleunigungsgrundsatz jedoch in besonderem Maße und können schon Verzögerungen von wenigen Tagen untragbar sein.

II. Inhalt

14 Die gerichtliche Entscheidung bezieht sich nicht nur auf Maßnahmen oder Unterlassungen staatlicher Stellen, sondern im Falle der Beauftragung eines Dritten auch auf dessen Entscheidungen. Der Entscheidungstenor kann im Falle einer durchzuführenden Verwaltungsmaßnahme etwa lauten: „Das Werk des M., im Sicherstellungsverzeichnis vom ... mit der laufenden Nummer X versehen, wird zur weiteren Aufbewahrung an den Kurator K. übergeben.“ Im Falle einer zu unterlassenden Verwaltungsmaßnahme wird „die Übergabe des Werkes des M. ... untersagt.“, bzw., wenn die Übergabe schon erfolgt ist, die „Inbesitznahme durch die Staatsanwaltschaft zur eigenen Verwahrung angeordnet“. Die Entscheidung hat auch gegenüber einem Dritten **unmittelbar verpflichtende Wirkung**, er hat die im Tenor konkret zu bezeichnende Verwaltungsmaßnahme (Beispiel: „Der Ausgleich der an den Betroffenen gestellten Rechnung ... wird angeordnet / untersagt.“) dann durchzuführen bzw. zu unterlassen.

III. Beschwerdemöglichkeiten

15 Entscheidungen des Gerichts kann der Betroffene mit der Beschwerde nach § 304 anfechten. Die weitere Beschwerde ist ausgeschlossen, weil es nicht um die Sicherstellungsanordnung, sondern die Verwaltung des jeweiligen Sicherungsgegenstandes geht. Dem Betroffenen bleibt dann nur die **Verfassungsbeschwerde** bzw. der einstweilige

28 SSW/*Burghart* 3: rechtliches Interesse erforderlich.
29 BGH NJW **1990** 1230 f.; SSW/*Burghart* 1: soweit der Zweck von Beschlagnahme und Pfändung dem nicht entgegensteht; KMR/*Mayer* § 111n, 6.
30 BTDrucks. **18** 9525 S. 83.

Rechtschutz vor dem Bundesverfassungsgericht, die dann erfolgsversprechend ist, wenn die Beschwerdeentscheidung die Bedeutung vor allem der Art. 12 und 14 GG nicht hinreichend gewürdigt hat. Entscheidungen der Oberlandesgerichte und des Ermittlungsrichters des Bundesgerichtshofs sind nach § 304 Abs. 4 Satz 2 Hs. 2 Nr. 1 und Abs. 5 ebenfalls anfechtbar.[31]

D. Schadensersatzansprüche

Verletzen die Staatsanwaltschaft, ihre Ermittlungspersonen, der Gerichtsvollzieher oder aber der von der Staatsanwaltschaft mit der Verwaltung beauftragte Dritte ihre Pflichten bei der Verwaltung, so begründet dies Schadensersatzansprüche[32] jedenfalls des Betroffenen. Sie sind im **Zivilrechtsweg** geltend zu machen und können auf die Verletzung des öffentlich-rechtlichen Verwahrungsverhältnisses analog §§ 688 ff. BGB oder auf Amtshaftung nach Art. 34 GG, § 839 BGB gestützt werden.[33] Völlig ungeklärt ist, ob und welche Auswirkungen es haben kann, wenn die Staatsanwaltschaft die Verschlechterung eines Gegenstandes nicht verhindert, dessen Verwertungserlös dem **Verletzten** zukommen soll. Von einer werterhaltenden Amtspflicht auch zu Gunsten des Verletzten auszugehen, ist aufgrund des grundlegend reformierten Opferschutzmodells nicht abwegig.[34] Es dürfte auch nicht widersprüchlich sein, eine entsprechende Amtspflicht sowohl zu Gunsten des Betroffenen, als auch zu Gunsten der Verletzten anzunehmen, denn beide verfolgen hier dasselbe Ziel in Form des Werterhalts. Wer hiervon am Ende des Verfahrens profitiert, spielt keine Rolle und führt daher auch nicht zu einer Interessenkollision auf Seiten der Strafverfolgungsbehörden, die als neutrale Behörde[35] ohnehin beide Seiten zu berücksichtigen hat. 16

§ 111n
Herausgabe beweglicher Sachen

(1) Wird eine bewegliche Sache, die nach § 94 beschlagnahmt oder auf andere Weise sichergestellt oder nach § 111c Absatz 1 beschlagnahmt worden ist, für Zwecke des Strafverfahrens nicht mehr benötigt, so wird sie an den letzten Gewahrsamsinhaber herausgegeben.

(2) Abweichend von Absatz 1 wird die Sache an den Verletzten herausgegeben, dem sie durch die Straftat entzogen worden ist, wenn dieser bekannt ist.

(3) Steht der Herausgabe an den letzten Gewahrsamsinhaber oder den Verletzten der Anspruch eines Dritten entgegen, wird die Sache an den Dritten herausgegeben, wenn dieser bekannt ist.

(4) Die Herausgabe erfolgt nur, wenn ihre Voraussetzungen offenkundig sind.

Schrifttum

Siehe bei § 111b.

---

31 SSW/*Burghart* 4.
32 Meyer-Goßner/Schmitt/*Köhler* 3; SSW/*Burghart* 1.
33 BGH BeckRS **2018** 26430.
34 Grundsätzlich so wohl auch SSW/*Burghart* 2.
35 BGH NJW **2015** 2787, 2788.

https://doi.org/10.1515/9783110594546-014

Speziell zur Herausgabe: *Bohmeyer* Die Rückgabe von Überführungsstücken, GA **74** (1930) 191, 342; *Damrau* Der Ort der Rückgabe beschlagnahmter Sachen – Der nicht mehr analog anwendbare § 697 BGB bei beschlagnahmten oder formlos für Zwecke des Strafverfolgung sichergestellten Sachen – NStZ **2003** 408; *Gropp* Zur Rückgabe sichergestellter Gegenstände an den Beschuldigten, NStZ **1984** 568; *ders.* Zur Zuständigkeit für die Entscheidung über die Herausgabe von Sachen einer GmbH, die in einem – inzwischen eingestellten – Strafverfahren gegen den Konkursverwalter der GmbH beschlagnahmt waren, NStZ **1989** 337; *Hohendorf* Die Zuständigkeit für Entscheidungen nach § 111k im Ermittlungsverfahren, NStZ **1986** 498; *Hoffmann/Knieriem* Rückgabe von im Strafverfahren sichergestellten oder beschlagnahmten Gegenständen, NStZ **2000** 461; *Kemper* Rückgabe beschlagnahmter Gegenstände – Bringschuld oder Holschuld? NJW **2005** 3679; *Löffler* Die Herausgabe von beschlagnahmten oder sichergestellten Sachen im Strafverfahren, NJW **1991** 1705; *Malitz* Beendigung von Zwangsmaßnahmen und Freigabe von Vermögenswerten, NStZ **2003** 61; *H. Schäfer* Die Rückgabe beschlagnahmter Beweismittel nach Rechtskraft des Urteils, wistra **1984** 136.

Entstehungsgeschichte

§ 111n wurde durch Art. 1 Nr. 4 des Gesetzes über das Zeugnisverweigerungsrecht der Mitarbeiter von Presse und Rundfunk vom 25.7.1975 (BGBl. I 1975 S. 1973) eingefügt. Er regelte die Anordnung und die Aufhebung der Beschlagnahme eines Druckwerkes. Mit dem Gesetz zur Reform der strafrechtlichen Vermögensabschöpfung[1] wurde die Beschlagnahme eines Druckwerkes oder einer sonstigen Schrift im Sinne des § 111m StPO a.F. mit der Vorschrift der Anordnung und Aufhebung der Beschlagnahme eines Druckwerks nach § 111n StPO a.F. in § 111q zusammengefasst. Heute regelt § 111n die Herausgabe beweglicher Sachen, die zuvor in § 111k StPO a.F. normiert war. Diese Vorschrift wiederum wurde durch Art. 21 Nr. 29 EGStGB eingefügt; sie ist an die Stelle des durch Art. 21 Nr. 27 EGStGB 1974 aufgehobenen § 111 getreten.[2] Sie lautete zunächst:

> (1) Gegenstände, die durch die strafbare Handlung dem Verletzten entzogen wurden, sind, falls nicht Ansprüche Dritter entgegenstehen, nach Beendigung der Untersuchung und geeignetenfalls schon vorher von Amts wegen dem Verletzten zurückzugeben, ohne daß es eines Urteils hierüber bedarf.
>
> (2) Dem Beteiligten bleibt vorbehalten, seine Rechte im Zivilverfahren geltend zu machen.

Zum 1.1.2007 wurde die Norm durch das Gesetz zur Stärkung der Rückgewinnungshilfe und der Vermögensabschöpfung bei Straftaten (BGBl. I 2006 S. 2350) in Satz 1 redaktionell geändert und es wurden die Sätze 2 und 3 hinzugefügt. Die Vorschrift lautete seither:

> „[1]Wird eine bewegliche Sache, die nach § 94 beschlagnahmt oder sonst sichergestellt oder nach § 111c Abs. 1 beschlagnahmt worden ist, für Zwecke des Strafverfahrens nicht mehr benötigt, so soll sie dem Verletzten, dem sie durch die Straftat entzogen worden ist, herausgegeben werden, wenn er bekannt ist und Ansprüche Dritter nicht entgegenstehen. [2]§ 111f Abs. 5 ist anzuwenden. [3]Die Staatsanwaltschaft kann die Entscheidung des Gerichts herbeiführen, wenn das Recht des Verletzten nicht offenkundig ist.“

Satz 2 stellte damit klar, dass gegen Entscheidungen der Staatsanwaltschaft über die Herausgabe von Gegenständen an den Verletzten der strafprozessuale Rechtsweg eröffnet ist.[3] Satz 3 diente ebenfalls der Klarstellung und bestimmte, dass die Staatsanwaltschaft bei Zweifeln über das Bestehen von Rechten des Verletzten eine gerichtliche Entscheidung herbeiführen konnte, unabhängig davon, wer die Beschlagnahme angeordnet

1 BGBl. I 2017 S. 872.
2 Siehe zur Entstehungsgeschichte SK/*Rogall* § 111f, 3 m.w.N.
3 BTDrucks. **16** 700 S. 19.

hatte.[4] Mit dem Gesetz zur Reform der strafrechtlichen Vermögensabschöpfung (BGBl. I 2017 S. 872) wurde die Norm in ihre heutige Form gegossen. Aufgrund eines redaktionellen Versehens bei der Verkündigung wurde Absatz 4 zunächst als Absatz 3 Satz 2 verkündet. Dies hat der Gesetzgeber zwischenzeitlich korrigiert.[5]

Übersicht

Alphabetische Übersicht

4 BTDrucks. **16** 700 S. 19.
5 BGBl. I 2018 S. 1094.

A. Allgemeines

1 Die Rückgabe beschlagnahmter oder sonst sichergestellter beweglicher Sachen ist in der strafrechtlichen Praxis von immenser Bedeutung. Die vorläufige Sicherstellung stellt regelmäßig einen Eingriff in verschiedene Grundrechte dar, an dessen Beendigung der Betroffene ein erhebliches (wirtschaftliches) Interesse hat. Andererseits sehen sich die Strafverfolgungsbehörden aber auch der umgekehrten Situation ausgesetzt, dass die von ihnen sichergestellten Sachen von **niemandem zurückverlangt** werden, was die Behörden wiederum vor erhebliche (tatsächliche) Schwierigkeiten stellt. Trotz der unbestrittenen Praxisrelevanz fanden sich zu Fragen der Rückgabe beweglicher Sachen lange Zeit kaum Regelungen in der Strafprozessordnung.

I. Historie

2 Die ursprünglich in § 111k StPO a.F. geregelte „Rückgabe beweglicher Sachen an den Verletzten" deckte als **Sondervorschrift** nur einen Teil der praxisrelevanten Fälle ab (zum Wortlaut s. Entstehungsgeschichte). Erfasst wurden ausschließlich jene Konstellationen, in denen bewegliche Sachen einem Verletzten durch eine Straftat entzogen waren, diese Gegenstände für Zwecke des Strafverfahrens nicht mehr benötigt wurden, der Verletzte bekannt war und Ansprüche Dritter nicht entgegenstanden. Für diese Fälle enthielt Satz 1 trotz seiner systematischen Stellung im Bereich der Vermögensabschöpfungsvorschriften eine allgemeine Regelung. Als „allgemein" war sie deshalb zu verstehen, weil es gerade nicht darauf ankam, ob die Sache als Beweismittel, zur Sicherung einer späteren Verfalls- oder Einziehungsanordnung oder zum Zwecke der Rückgewinnungshilfe in den Gewahrsam der Strafverfolgungsbehörden gelangt war.[6]

3 Aus einem Umkehrschluss des Wortlauts der Norm ergab sich zugleich, dass § 111k StPO a.F. nicht anwendbar war, wenn es um die Rückgabe aller übrigen Gegenstände ging, die nicht einem Verletzten aus einer Straftat entzogen wurden. Für alle diese Fälle fehlte es an einer ausdrücklichen gesetzlichen Regelung. Die überwiegende Meinung ging deshalb davon aus, dass die Sache in solchen Fällen grundsätzlich an den letzten Gewahrsamsinhaber zurückzugegeben sei.[7] Gewissermaßen als **„actus contrarius"**[8] zur Beschlagnahme sollte im Wege der „Rückabwicklung"[9] der Zustand wiederhergestellt werden, der vor der Beschlagnahme bestand. Diese „Rückabwicklung" entsprach der öffentlich-rechtlichen Verpflichtung der Strafverfolgungsorgane, deren Grundlage zum Teil in Art. 14 GG erblickt wurde.[10] War letzter Gewahrsamsinhaber der Täter oder Teilnehmer einer Straftat, so hätte sich der Staat durch die Rückgabe an diesen allerdings an der Aufrechterhaltung eines rechtswidrigen Zustandes beteiligt[11] und dem Rechtsbrecher so die Früchte seiner Tat überlassen.[12] Vom ungeschriebenen Grundsatz der Rückgabe sichergestellter Gegenstände an

6 KK/*Spillecke*[7] § 111k, 1; MüKo/*Bittmann* § 111k, 1.

7 BGH Beschl. v. 2.10.2007 – 4 StR 306/07; NJW **2000** 3218; **1979** 425, 426; OLG Hamm NStZ-RR **2009** 376; OLG Köln NStZ-RR **2005** 239, 240; OLG Celle Beschl. v. 21.12.2001 – 2 Ws 282/01; OLG Stuttgart NStZ **1989** 39; OLG Düsseldorf NStZ **1990** 202; **1984** 567 mit Anm. *Gropp*; LG Mainz MDR **1983** 954 KK/*Spillecke*[7] § 111k, 1; SK/*Rogall* § 111k, 1; *Eb. Schmidt* § 111, 1; *Löffler* NJW **1991** 1705, 1706; *Malitz* NStZ **2003** 61, 63; *H. Schäfer* wistra **1984** 136; *Bohmeyer* GA **74** (1930) 191, 193 f.; KMR/*Mayer* 7.

8 OLG Köln NStZ-RR **2005** 239, 240; *Gropp* NStZ **1984** 568 und **1989** 337; **a.A.** MüKo/*Bittmann* § 111k, 2.

9 BGH NJW **1979** 425, 426.

10 *Eb. Schmidt* § 111, 3; vgl. auch BGH NJW **1979** 425, 426.

11 OLG Schleswig NStZ **1994** 99, 100; OLG Hamm NStZ **1986** 376; OLG Düsseldorf NStZ **1984** 567; KG JR **1988** 390; LG Hildesheim NStZ **1989** 336; *Löffler* NJW **1991** 1705, 1706; HK/*Gercke* 8.

12 LG Frankfurt/O. NStZ-RR **2012** 176, 177.

den letzten Gewahrsamsinhaber war deshalb in diesen Fällen nach allgemeiner Auffassung eine Ausnahme angezeigt. Die Rückgabe hatte in solchen Konstellationen regelmäßig an den letzten Gewahrsamsinhaber zu erfolgen, der ein **Recht zum Besitz** an der Sache hatte.[13] Neben den Regelungen in § 111k StPO a.F. fanden sich zur Herausgabe von Gegenständen Bestimmungen auch in Nr. 75 Abs. 1, 2 Satz 1 und Abs. 3 RiStBV.

II. Regelungsintention

Mit dem Gesetz zur Reform der strafrechtlichen Vermögensabschöpfung hat der Gesetzgeber die Herausgabe von beweglichen Sachen und das diesbezügliche Verfahren in einer jeweils eigenen Vorschrift geregelt. Die Norm des § 111n betrifft heute die Herausgabe **sämtlicher beweglicher Sachen**, die als Beweismittel oder Einziehungsgegenstände im Sinne der §§ 73 ff., 74 ff. StGB sichergestellt wurden.[14] Sie fasst dabei die fragmentarische Regelung in § 111k StPO a.F. (Rn. 2) und jene in Nr. 75 RiStBV einheitlich in der Strafprozessordnung zusammen.[15] Absatz 1 regelt die Herausgabe an den letzten Gewahrsamsinhaber als Grundsatz, Absatz 2 und 3 die Ausnahmen in Form der Herausgabe an den Verletzten bzw. einen Dritten. Absatz 4 wiederum erklärt für alle ihm vorgehenden Absätze, dass eine Herausgabe nur erfolgt, wenn ihre Voraussetzungen offenkundig sind. Eine Herausgabe kommt daher nur in Betracht, wenn der Berechtigte aufgrund der Aktenlage feststeht oder seine Berechtigung nachweist, etwa durch einen zivilrechtlichen Titel.[16] Das Verfahren der Herausgabe selbst wird in § 111o geregelt. Liegen die Voraussetzungen der Herausgabe vor, hat diese **unverzüglich** zu erfolgen.[17] 4

III. Anwendungsbereich des § 111n

§§ 111n und 111o sind grundsätzlich zu begrüßende Regelungen, weil sie den Versuch unternehmen, zur Rechtsklarheit in Bezug auf praxisrelevante Fragen beizutragen und festlegen, wie die Herausgabe beweglicher Sachen zu erfolgen hat.[18] Allerdings ist insbesondere § 111n wenig anwenderfreundlich und nicht gerade eingängig formuliert. Sein Anwendungsbereich lässt sich abstrakt so zusammenfassen, dass er eine vereinfachte Herausgabemöglichkeit in eindeutigen Fällen eröffnet und damit die frühzeitige Wiedereinräumung des berechtigten Besitzes ermöglicht.[19] Das zuständige Organ soll im Sinne der **Verfahrensbeschleunigung** zugleich aber nicht gezwungen sein, vor Abschluss des Verfahrens in eine Auseinandersetzung mit den Beteiligten über die Herausgabe einzusteigen und hier verbindliche Feststellungen zu treffen, wenn die Berechtigung nicht offenkundig ist.[20] 5

Vom Anwendungsbereich ausgeschlossen sind deshalb all jene Konstellationen, in denen die Herausgabe zur Einräumung **unrechtmäßigen Besitzes** führt (Rn. 29),[21] als auch solche, in denen der letzte Gewahrsamsinhaber damit einverstanden ist, dass die Sache nicht ihm, sondern dem Verletzten zurückgegeben wird.[22] Besteht unter allen Be- 6

13 So zutreffend SK/*Rogall* § 111k, 1.
14 BTDrucks. **18** 9525 S. 83.
15 BTDrucks. **18** 9525 S. 83; *Wagner* wistra **2018** 287.
16 BTDrucks. **18** 9525 S. 83.
17 SK/*Rogall* § 111k, 11; BTDrucks. **18** 11640 S. 79 spricht von einer zügigen Entschädigung von Diebstahlsopfern.
18 BTDrucks. **18** 9525 S. 83.
19 SSW/*Burghart* 2.
20 SSW/*Burghart* 6.
21 LG Frankfurt (Oder) Beschl. v. 11.12.2018 – 23 Qs 90/18.

teiligten Einigkeit, an wen die Sache herauszugeben ist, dann kommt es auf die Regelung des § 111n ebenfalls nicht an.[23] Die Sache kann dann formlos von demjenigen Strafverfolgungsorgan an den Berechtigten herausgegeben werden, das sie in Besitz hat.[24] § 111n ist nicht, auch nicht entsprechend, in den Fällen anwendbar, in denen die Berechtigung nicht offenkundig ist und daher nicht ohne weitere Ermittlungen festgestellt werden kann, an wen die Sache herauszugeben ist.[25] Die Regelung beschreibt nach wie vor auch keine Eigentumsverhältnisse und hat keine Auswirkungen auf **beschränkt dingliche Rechte** an dem Gegenstand. Eine Herausgabe nach § 111n führt auch nach der Reform keine endgültige Entscheidung über den Verbleib der Sachen herbei. Es handelt sich vielmehr weiterhin um eine **vorläufige Besitzstandsregelung**,[26] die nur den Gewahrsam im Blick hat und jederzeit im Zivilrechtsweg angegriffen werden kann.[27] Dies war in § 111 Abs. 2 StPO a.F. (s. Entstehungsgeschichte) ausdrücklich angeordnet. In dem an seine Stelle getretenen § 111k StPO a.F. war diese Möglichkeit schon nicht mehr erwähnt, weil sie letztlich selbstverständlich ist.

7 Eine Herausgabe kommt überdies auch dann nicht in Betracht, wenn ein Gegenstand zwar im Sinne des § 111c Abs. 1 beschlagnahmt wurde und nicht mehr als solcher, aber als „anderer" Gegenstand, zum Beispiel zur selbständigen Einziehung nach § 76a Abs. 4 StGB, weiterhin benötigt wird.[28] Nicht erfasst sind auch alle **Fälle der Arrestvollziehung**, insbesondere jene, in denen ein Dritter die Herausgabe unter Rekurs auf seine Eigentümerposition verlangt.[29] Er muss vielmehr nach § 111k Abs. 3 vorgehen. Ob eine Sache noch für das Strafverfahren benötigt wird, entscheidet sich nicht nach § 111n, denn dieser regelt nicht die Voraussetzungen der Aufhebung der Beschlagnahme oder Sicherstellung, sondern nur eine ihrer Folgen.[30] Der Verletzte kann aber mit einem Antrag nach § 111o auch dann erfolgreich sein, wenn erst aufgrund seines Antrages festgestellt wird, dass die Herausgabevoraussetzungen vorliegen. Er muss nicht zuvor nach § 111k Abs. 3 vorgegangen sein. Verletzt die Staatsanwaltschaft ihre Pflichten nach § 111n, kann das Schadensersatzansprüche nach sich ziehen.[31]

IV. Offenkundigkeit, Absatz 4

8 Die Herausgabe von beweglichen Sachen, die nach § 94 beschlagnahmt, auf sonstige Weise sichergestellt oder nach § 111c Abs. 1 beschlagnahmt wurden, erfolgt unbeachtlich der jeweiligen zusätzlichen Voraussetzungen in den Absätzen 1 bis 3 nur dann, wenn ihre Voraussetzungen offenkundig sind, Absatz 4.[32] Offenkundigkeit der Voraussetzungen liegt vor, wenn ohne weitere Ermittlungen[33] oder Prüfungen durch die zu-

---

22 *Gropp* NStZ **1989** 337.
23 KMR/*Mayer* 5; SSW/*Burghart* 6 geht für diesen Fall hingegen von einer Offenkundigkeit der Voraussetzungen des § 111n aus.
24 SK/*Rogall* § 111k, 36.
25 BTDrucks. **18** 9525 S. 83; Meyer-Goßner/Schmitt/*Köhler* 17; MüKo/*Bittmann* § 111k, 3.
26 BTDrucks. **18** 9525 S. 83; *Rhode* wistra **2018** 65, 68; LG Frankfurt/O. NStZ-RR **2012** 176, 177; BGH NJW **2007** 3352, 3354; *Malitz* NStZ **2003** 61, 67; Meyer-Goßner/Schmitt/*Köhler* 5; SK/*Rogall* § 111k, 1; KMR/*Mayer* 6.
27 BTDrucks. **18** 9525 S. 84; LG Frankfurt (Oder) Beschl. v. 11.12.2018 – 23 Qs 90/18; BGH NJW **2007** 3352; HK-GS/*Hartmann* § 111k, 1; KMR/*Mayer* 6; Meyer-Goßner/Schmitt/*Köhler* 5.
28 BTDrucks. **18** 9525 S. 84.
29 SSW/*Burghart* 2.
30 SSW/*Burghart* 3.
31 OLG Jena NStZ-RR **2005** 125 ff.; KMR/*Mayer* 7; SK/*Rogall* § 111k, 6; *Rönnau* Rn. 459 ff.
32 BTDrucks. **18** 9525 S. 84; eingehend LG Rostock Beschl. v. 9.4.2018 – 18 Qs 32/18; KMR/*Mayer* 15; Meyer-Goßner/Schmitt/*Köhler* 16.
33 Einschränkend MüKo/*Bittmann* § 111k, 3.

ständige Stelle anhand des gesamten, aktenkundigen Ermittlungsstandes[34] festgestellt werden kann, an wen die Sache herauszugeben ist.[35] Offenkundigkeit kann damit auch als Offensichtlichkeit beschrieben werden.[36] Die Voraussetzung der Offenkundigkeit ist nach dem Willen des Gesetzgebers immer dann gegeben, wenn der Antragsteller einen zivilrechtlichen Titel vorlegen kann.[37] Dadurch wird insbesondere der Verletzte, rein faktisch und ohne zusätzliche entsprechende gesetzliche Normierung, für eine frühzeitige Herausgabe auf den **Zivilrechtsweg** verwiesen.[38] Der zivilrechtliche Titel kann das Offenkundigkeitserfordernis allerdings nur insoweit erfüllen, als er auf das konkrete, strafrechtlich relevante Geschehen Bezug nimmt.

Ist keine Offenkundigkeit gegeben, etwa weil Zweifel über die Voraussetzungen der Herausgabe bestehen (siehe auch Rn. 16),[39] wird der Herausgabeantrag als unbegründet zurückgewiesen, die Beschlagnahme dauert ohne Weiteres fort.[40] Im Zusammenhang mit der Frage, ob die Herausgabevoraussetzungen offenkundig vorliegen, muss auch berücksichtigt werden, dass sich ein Sachverhalt am Ende der Ermittlungen völlig anders darstellen kann, als zunächst erwartet.[41] Bei der Annahme offensichtlicher Ansprüche ist deshalb immer eine gewisse **Vorsicht** geboten.[42] Die Norm stellt (nur) eine vereinfachte Herausgabemöglichkeit für **einfache Fallkonstellationen** dar, ist der Sachverhalt oder die Rechtslage hingegen unübersichtlich, scheidet eine Herausgabe aus.[43] Andererseits darf auch die Möglichkeit vorgeschobener Rechte von Personen aus dem Umfeld des Beschuldigten nicht außer Acht gelassen werden.[44] Hierfür müssen sich aber tatsächliche Anhaltspunkte finden. 9

B. Voraussetzungen des Absatz 1

I. Bewegliche Sache

Der Begriff der beweglichen Sache definiert sich nach zivilrechtlichen Grundsätzen und umfasst alle körperlichen Gegenstände, die nicht Grundstücke, den Grundstücken gleichgestellt oder Grundstücksbestandteile sind.[45] Erfasst werden auch die nach § 95 BGB nur vorübergehend mit dem Boden verbundenen Sachen, ebenso wie Schiffe und Luftfahrzeuge (s. aber Rn. 14).[46] Forderungen sind keine beweglichen Sachen,[47] sie können daher nicht nach § 111n an den Verletzten herausgegeben werden.[48] Auch einer analogen Anwendung von § 111k StPO a.F. auf Forderungen hat sich der Bundesgerichtshof 10

34 LG Rostock Beschl. v. 9.4.2018 – 18 Qs 32/18.
35 BTDrucks. **18** 9525 S. 83; SSW/*Burghart* 6.
36 SK/*Rogall* § 111k, 1; Meyer-Goßner/Schmitt/*Köhler* 16; SSW/*Burghart* 6: es muss sich aufdrängen, an wen herauszugeben ist.
37 Ebenso SSW/*Burghart* 6.
38 BTDrucks. **18** 9525 S. 84.
39 KMR/*Mayer* 16.
40 BTDrucks. **18** 9525 S. 83; Meyer-Goßner/Schmitt/*Köhler* 17.
41 *Malitz* NStZ **2003** 61, 63; einzuschränken daher MüKo/*Bittmann* § 111k, 3, wonach die abhandengekommene Sache offenkundig herauszugeben sei.
42 LG Rostock Beschl. v. 9.4.2018 – 18 Qs 32/18.
43 SSW/*Burghart* 2 und 6.
44 BTDrucks. **16** 700 S. 13; AnwK-StPO/*Lohse* § 111k, 5.
45 RGZ **55** 281, 284; **87**, 43, 51 insbesondere zur Abgrenzung von Bestandteilen und Zubehör eines Grundstückes.
46 Palandt/*Ellenberger* Überblick Vor § 90, 3.
47 Vgl. zu Erklärungsansätzen zur Intention des § 111k *Malitz* NStZ **2003** 61, 63.
48 BGH NJW **2007** 3352; Meyer-Goßner/Schmitt/*Köhler* 1.

bereits mangels Regelungslücke verschlossen.[49] Für **entnommene Blutproben** und sonstige Körperzellen finden sich Sondervorschriften in den § 81a Abs. 3 Hs. 2, § 81c Abs. 5 Satz 2, § 81g Abs. 2 Satz 1 Hs. 2, § 81h Abs. 3 Satz 2, die bestimmen, dass die Körperzellen unverzüglich zu vernichten sind. Eine Rückgabe findet daher bei ihnen ebenfalls nicht statt.[50]

II. Beschlagnahme

11 Zur Eröffnung des Anwendungsbereichs des Absatzes 1 ist unerheblich, ob die Sache richterlich oder nichtrichterlich beschlagnahmt oder sichergestellt wurde und ob diese Maßnahme rechtmäßig oder unrechtmäßig war; erfasst wird vielmehr jede, auch formlose oder freiwillige Sicherstellung auf strafprozessualer Grundlage.[51] Ausreichend, aber ebenso erforderlich ist damit eine Sicherstellung nach den Grundsätzen der Strafprozessordnung, während eine Sicherstellung nach **Gefahrenabwehrrecht**, etwa zur polizeilichen Eigentumssicherung, nicht genügt.[52] Unerheblich ist der ursprüngliche Zweck der Beschlagnahme oder der Sicherstellung, ob diese beispielsweise der Sicherung einer Einziehungsanordnung oder der Beweissicherung diente. Die Sache wird regelmäßig beim Beschuldigten oder einem nachfolgenden Betroffenen, auf den der Gewahrsam durch eine (weitere) Straftat (Hehlerei, Begünstigung, einen weiteren Diebstahl oder Unterschlagung) übergegangen ist, beschlagnahmt worden sein. Notwendig ist dies jedoch nicht, es kommt nicht darauf an, wer **letzter Gewahrsamsinhaber** der Sache war.[53] Weder der Wortlaut noch der Sinn und Zweck der Norm gebieten eine Auslegung, dass etwa ein unbeteiligter Dritter nicht letzter Gewahrsamsinhaber der Sache gewesen sein dürfte.[54] Nicht nur weil eine Sache bei einem Unbeteiligten sichergestellt wurde, sind Komplikationen der Rechtslage zu vermuten, in die die Behörde nicht zugunsten des Verletzten eingreifen soll.[55] Man denke nur an Diebesgut, an dem selbst ein gutgläubiger Dritter kein Besitzrecht erworben haben kann. Außerdem spricht schon der Gedanke des umfassenden Opferschutzes gegen eine solch einschränkende Auslegung.[56] Als systematisches Argument kommt hinzu, dass sich der gesamte Achte Abschnitt der Strafprozessordnung auch auf Sachen im Besitz von unbeteiligten Dritten bezieht.[57] Entscheidend für die Frage, ob eine Sache an den letzten Gewahrsamsinhaber herausgegeben wird, ist daher einzig, ob der Herausgabe Ausschlussgründe nach Absätzen 2 oder 3 entgegenstehen und nicht, wer letzter Gewahrsamsinhaber war.[58]

12 Damit die Sache herausgegeben werden kann, muss sie sich denklogisch noch im Gewahrsam der Justiz befinden. Ist sie hingegen zu Unrecht bereits herausgegeben oder wegen Ungewissheit über den Berechtigten hinterlegt worden,[59] scheidet ein Vorgehen nach Absatz 1 aus.[60] Hat der Angeklagte bewegliche Sachen freiwillig zur **Entschädi-**

49 BGH NJW **2007** 3352.
50 SK/*Rogall* § 111k, 2.
51 KMR/*Mayer* 2.
52 KMR/*Mayer* 2.
53 OLG Celle Beschl. v. 21.12.2001 – 2 Ws 282/01; KK/*Spillecke*[7] § 111k, 4; SK/*Rogall* § 111k, 9.
54 LG Frankfurt (Oder) Beschl. v. 11.12.2018 – 23 Qs 90/18.
55 So aber *Eb. Schmidt* § 111, 6; **a.A.** SK/*Rogall* § 111k, 9.
56 OLG Stuttgart NStZ **1989** 39: § 111k als Vorläufer des Opferschutzgedankens.
57 OLG Celle Beschl. vom 21.12.2001 – 2 Ws 282/01.
58 OLG Stuttgart NStZ **1989** 39; SK/*Rogall* § 111k, 9; MüKo/*Bittmann* § 111k, 1; in diesem Sinne wohl auch SSW/*Burghart* 2.
59 OLG Stuttgart NStZ **1987** 243.
60 KMR/*Mayer* 4; Meyer-Goßner/Schmitt/*Köhler* 1; MüKo/*Bittmann* § 111k, 1.

gung der Opfer bereitgestellt, kommt eine Herausgabe an ihn nicht mehr in Betracht.[61] Umgekehrt soll der freiwillig herausgegebene Gegenstand nur an denjenigen herausgegeben werden dürfen, der ihn zur Verfügung gestellt hat.[62] Absatz 1 unterscheidet jedoch nicht zwischen freiwilliger und unfreiwilliger Übergabe an die Strafverfolgungsbehörden, so dass eine solche Differenzierung jedenfalls nicht auf den Wortlaut der Norm gestützt werden kann.

III. Sicherstellung auf sonstige Weise

Umstritten war lange Zeit, ob eine Herausgabe an den Verletzten im Sinne des § 111k 13
Satz 1 StPO a.F. auch dann erfolgen durfte, wenn die Sache nach § 94 in **„anderer Weise sichergestellt“** worden war.[63] Eine Sicherstellung in anderer Weise ist notwendig, wenn Gegenstände nicht in Verwahrung genommen werden können oder der Zweck der Sicherstellung auch ohne Inverwahrnahme erreicht werden kann.[64] Sie erfolgt bei Grundstücken und Räumen etwa durch Absperrung, die Versiegelung oder das Verbot, sie zu betreten.[65] Bei beweglichen Sachen erfolgt die Sicherstellung in anderer Weise durch Ge- oder Verbote,[66] wie beispielsweise das Verbot an den unmittelbaren Besitzer einer Sache, sie an einen anderen als den behördlich ausgewiesenen Empfänger herauszugeben.[67] Vgl. insgesamt zur anderweitigen Sicherstellung § 94, 49. Der Gesetzgeber hat diese Frage nun ausdrücklich bejaht.[68] Die Vorschrift gilt daher für jede Sicherstellung auf strafprozessualer Grundlage.[69]

IV. Beschlagnahme nach § 111c Abs. 1

Eine Herausgabe an den letzten Gewahrsamsinhaber kommt auch dann in Betracht, 14
wenn der Gegenstand nach § 111c Abs. 1 beschlagnahmt worden war. Die Herausgabe der anderen in § 111c genannten Gegenstände, insbesondere von **Schiffen, Schiffsbauwerken und Luftfahrzeugen** kommt nach dem Gesetzeswortlaut folglich nur dann in Betracht, wenn sie als Beweismittel beschlagnahmt oder sonst sichergestellt wurden, Rn. 10. Schlüssig ist diese, vom Gesetzgeber offenbar gewollte, Differenzierung nicht.

V. Entbehrlichkeit für Zwecke des Strafverfahrens

Eine Herausgabe beweglicher Sachen an den letzten Gewahrsamsinhaber kommt 15
nur dann in Betracht, wenn die Sache für Zwecke des Strafverfahrens nicht mehr benötigt wird. Dass eine Sache nicht herauszugeben ist, solange sie für das Verfahren benötigt wird, ist selbstverständlich. Dem Tatbestandsmerkmal kommt daher vor allem klarstellende Funktion zu, dass mit der Herausgabe nicht bis zum Verfahrensabschluss gewartet werden darf, wenn die Sache bereits zuvor entbehrlich wurde. Entbehrlich sind

---

61 OLG Oldenburg NStZ-RR **2008** 116; Meyer-Goßner/Schmitt/*Köhler* 1.
62 Meyer-Goßner/Schmitt/*Köhler* 1.
63 Vgl. hierzu LR/*Menges* § 94, 49; Meyer-Goßner/*Schmitt* § 94, 16.
64 Meyer-Goßner/*Schmitt* § 94, 16.
65 Meyer-Goßner/*Schmitt* § 94, 16.
66 BGHSt **15** 149, 150.
67 LR/*Menges* § 94, 49.
68 Siehe zur hier schon zuvor vertretenen Auffassung LR/*Johann*[26] § 111k, 7 m.w.N.; **a.A.** in Bezug auf die Klarstellung durch den Gesetzgeber Meyer-Goßner/Schmitt/*Köhler* 1, der dieser Frage aber zutreffend wenig Praxisrelevanz zuschreibt.
69 KMR/*Mayer* 2.

Sachen, die weder für Maßnahmen nach §§ 111b ff.,[70] noch als Beweismittel benötigt werden.[71] Entbehrlichkeit liegt auch vor, wenn die Sachen durch **Surrogate** ersetzbar sind. Als Beispiel hierfür lassen sich Urkunden anführen, an deren Stelle Fotokopien platziert werden können.[72] Die Grundsätze zur Aufhebung der Beschlagnahme sind entsprechend anwendbar, § 98, 57 ff. Ein Beweismittel, dessen Verderb droht, muss schon vor Beendigung des Verfahrens herausgegeben werden,[73] die Herausgabe geht einer **Notveräußerung** vor.[74] Ob die Sache für Zwecke des Strafverfahrens noch benötigt wird, entscheidet bis zur Anklageerhebung die Staatsanwaltschaft, anschließend bis zur Rechtskraft das Gericht (§ 111o, 1 ff.).[75]

VI. Rechtsfolge

16 Im Gegensatz zu § 111 StPO a.F. (s. Entstehungsgeschichte), der die Rückgabe der Sache an den Verletzten zwingend vorgeschrieben hatte, ist § 111n genau wie § 111k StPO a.F. eine Sollvorschrift. Die Herausgabe der beweglichen Sache an den letzten Gewahrsamsinhaber steht somit nicht im pflichtgemäßen Ermessen der Staatsanwaltschaft. Sie hat zu erfolgen, wenn nicht **besondere Gründe im Sinne der Absätze 2 und 3 vorliegen**, die eine Herausgabe verbieten.[76] Zu unterscheiden ist grundsätzlich zwischen Beweismitteln und Einziehungsgegenständen. Wurde die Sache nur als nicht mehr benötigtes Beweismittel beschlagnahmt, ist sie grundsätzlich an den letzten Gewahrsamsinhaber herauszugeben, ist sie deliktisch erlangter Gegenstände, kommt in Zweifelsfällen über den Berechtigten eine Herausgabe indes nicht in Betracht.[77] Die Herausgabe scheidet auch dann aus, wenn auch der hierdurch Begünstigte die Sache nicht ohne die erforderliche Genehmigung besitzen darf,[78] wie z.B. Waffen, Sprengstoff oder Betäubungsmittel.[79] In diesen Fällen hat eine Herausgabe auch ohne Verzichtserklärung an die zuständige Verwaltungsbehörde zu erfolgen.[80] Verlangt der letzte, nicht rechtswidrig besitzende Gewahrsamsinhaber die Sache heraus, ist aber auch der Verletzte bekannt und beantragt er die Herausgabe der Sache an sich, sind regelmäßig jedenfalls in den Fällen, in denen gutgläubiger Eigentumserwerb möglich ist, weder die Voraussetzungen des Absatz 1 noch des Absatz 2 „offenkundig" und darf die Sache an keinen von beiden herausgegeben werden.[81] Das Argument, eine Rückgabe an den Verletzten komme nur in Betracht, wenn der letzte Gewahrsamsinhaber nicht offenkundig sei, im Übrigen können die Sache an ihn herausgegeben werden und der Verletzte habe dann den Zivilrechtsweg zu beschreiten,[82] greift nur in Fällen, in denen keine Einziehungs-, sondern nur eine Beweismittelsicherung in Betracht kommt und der „Verletzte" quasi „Dritter" ist.[83] Letztlich

---

70 LG Frankfurt (Oder) Beschl. v. 11.12.2018 – 23 Qs 90/18; AK/*Achenbach* § 111k, 8.
71 SK/*Rogall* § 111k, 10; KMR/*Mayer* 2.
72 *Löffler* NJW **1991** 1705, 1707.
73 *Bohmeyer* GA **74** (1930) 197.
74 BTDrucks. **18** 9525 S. 85 für Absatz 2; AnwK-StPO/*Lohse* § 111k, 3; SK/*Rogall* § 111k, 10.
75 BTDrucks. **16** 700 S. 19.
76 *Wagner* wistra **2018** 287, 288; SK/*Rogall* § 111k, 18; Meyer-Goßner/Schmitt/*Köhler* 3: "§ 111n ist zwingendes Recht."
77 BTDrucks. **18** 9525 S. 84; KK/*Spillecke* 10.
78 HK-GS/*Hartmann* § 111k, 1; KMR/*Mayer* 3.
79 Meyer-Goßner/Schmitt/*Köhler* 3.
80 KMR/*Mayer* 3.
81 **A.A.** LG Frankfurt (Oder) Beschl. v. 11.12.2018 – 23 Qs 90/18, dessen Ergebnis zivilrechtlich zutreffend sein dürfte, in der Begründung indes widersprüchlich ist.
82 So LG Frankfurt (Oder) Beschl. v. 11.12.2018 – 23 Qs 90/18.
83 BTDrucks. **18** 9525 S. 84.

dürften die Fallkonstellationen eines gutgläubigen Erwerbs vom Gesetzgeber nicht bedacht worden sein. Für die Rücksendung gefährlicher Gegenstände an eine gefangene oder untergebrachte Person gilt Nr. 75 Abs. 2 Satz 3 RiStBV.[84] Im Falle der Sicherstellung von Plagiaten gilt weiterhin, dass diese grundsätzlich an die letzten Gewahrsamsinhaber herauszugeben sind.[85]

C. Herausgabe an den Verletzten, Absatz 2

I. Allgemeines

Die erste gesetzliche Ausnahme von der Herausgabe einer beweglichen Sache an den letzten Gewahrsamsinhaber findet sich in Absatz 2. Diese wird danach an den Verletzten herausgegeben, dem sie durch die Straftat entzogen wurde, wenn er der Staatsanwaltschaft bekannt ist. Die Regelung entspricht weitgehend dem bisherigen § 111k Satz 1 StPO a.F.[86] Alleine ihre Existenz zeigt, dass dem Gesetzgeber bei Vorliegen der Tatbestandsvoraussetzungen an einer zeitnahen Herausgabe an den Verletzten gelegen ist,[87] ohne dass eine **Aufhebung der Beschlagnahme** nötig wäre.[88] Wird die Sache allerdings an den Verletzten herausgegeben, erlischt nach § 73e Abs. 1 StGB der Einziehungsanspruch. Die Herausgabe nach Absatz 2 setzt also keine Aufhebung der Beschlagnahmeanordnung voraus, sie zieht sie vielmehr nach sich. Keine Anwendung findet Absatz 2, wenn dem Verletzten nur ein schuldrechtlicher, aber kein dinglicher Anspruch zusteht.[89] 17

II. Durch die Straftat entzogen

Die herauszugebende bewegliche Sache muss dem Verletzten (Rn. 25 ff.) durch die Straftat entzogen worden sein.[90] Die Tatbestandsmerkmale waren bereits zur alten Rechtslage umstritten,[91] die Reform hat den Streit nicht aufgelöst. 18

1. Straftat. Die Sache darf nach Absatz 2 nur herausgegeben werden, wenn erwiesen ist, dass sie dem Verletzten durch eine Straftat entzogen worden ist.[92] Eine Straftat im Sinne des § 111n ist eine rechtswidrige Tat, die den Tatbestand eines Strafgesetzes verletzt (§ 11 Abs. 1 Nr. 5 StGB). Es genügt die rechtswidrige Verwirklichung des Tatbestandes, die Tat muss nicht schuldhaft begangen worden sein.[93] Auch bei Freispruch wegen Schuldunfähigkeit nach § 20 StGB und wegen Tatbestands- oder Verbotsirrtums (§§ 16, 17 StGB),[94] sowie bei Einstellung wegen eines **Verfahrenshindernisses**[95] ist Absatz 2 anwendbar. Es muss jedoch – etwa bei Einstellung wegen eines Verfahrenshindernisses – 19

84 SK/*Rogall* § 111k, 10.
85 *Wagner* wistra **2018** 287, 290.
86 BTDrucks. **18** 9525 S. 84.
87 KMR/*Mayer* 9; MüKo/*Bittmann* § 111k, 1.
88 So aber KMR/*Mayer* 9.
89 KMR/*Mayer* 11.
90 Meyer-Goßner/Schmitt/*Köhl*er 11.
91 LR/*Johann*[26] § 111k, 8 ff.
92 OLG Köln NStZ-RR **2005** 239, 240; LG Mainz MDR **1983** 954; Meyer-Goßner/Schmitt/*Köhl*er 11; KMR/*Mayer* 11.
93 Meyer-Goßner/Schmitt/*Köhler* 11; KK/*Spillecke* 6; KMR/*Mayer* 11.
94 Meyer-Goßner/Schmitt/*Köhler* 11.
95 *Fraeb* ZStW **31** (1911) 899, 900.

feststehen, dass eine Straftat vorliegt.[96] Grundsätzlich gelten die Urteilsfeststellungen.[97] Liegt noch kein Urteil vor, ergeht die Entscheidung nach Aktenlage.[98] Dann kann ein glaubhaftes Geständnis ausreichend sein.[99] Allerdings stellt insbesondere der EGMR unter Berücksichtigung der **Unschuldsvermutung** nicht unerhebliche Anforderungen an die Schuldfeststellung ohne entsprechendes Urteil auf.[100] Im Falle widerstreitender Interessen zwischen Betroffenem und Verletzten ist deshalb vor einer Herausgabe an den Verletzten Vorsicht geboten. Die Herausgabeverfügung muss vermeiden, dass dem Betroffenen eine Straftat nachgesagt wird, die er nicht begangen hat. Ermittlungen und Beweiserhebungen mit dem Ziel, festzustellen, ob eine Straftat vorliegt, finden grundsätzlich nicht statt.[101] Wird die Sache in einem völlig anderen Strafverfahren noch benötigt, darf die Herausgabe nicht aus diesem Grund verweigert werden. Die Staatsanwaltschaft muss vielmehr in dem **Parallelverfahren** erneut auf die (ggf. zuvor zurückgegebenen) Gegenstände zugreifen.[102] Sie kann aber auch vor der Rückgabe die entsprechenden Sicherstellungsmaßnahmen nach §§ 111b ff. im Parallelverfahren ausbringen und damit eine nur temporäre Rückgabe verhindern.[103]

20 **2. Akzessorietät.** Einigkeit besteht, dass es für die Herausgabe an den Verletzten unerheblich ist, ob diesem vor der Tat nur Besitz oder auch Eigentum an der Sache zustand.[104] Umstritten ist hingegen, wie das Tatbestandsmerkmal „die Straftat" konkret auszulegen ist. Einerseits wird vertreten, die bewegliche Sache müsse aufgrund der Straftat beschlagnahmt worden sein, die Gegenstand des Verfahrens ist.[105] Die Herausgabe wäre dann akzessorisch zur Anknüpfungstat.[106] Nach anderer Ansicht reicht es aus, dass die Sache aus **irgendeiner Straftat** stammt, diese müsse nicht Gegenstand der Untersuchung und könne sogar bisher völlig unbekannt sein.[107] Die Auffassungen stimmen dabei insoweit überein, als auch die strengere, erstgenannte Auffassung davon ausgeht, dass es nicht darauf ankommt, ob der Beschuldigte letztlich auch wegen dieser Straftat verurteilt wurde.[108] So soll es ausreichen, dass das Verfahren eingestellt[109] oder nach §§ 154, 154a beschränkt wurde.[110] Notwendig sei in all diesen Fällen lediglich die Überzeugung des Gerichts, dass die Sachen aus der Anknüpfungstat des Verfahrens stammen. Eine Streitentscheidung wird daher oft entbehrlich sein. Für eine enge Auslegung des Absatz 2 in den übrigen Fällen spricht vor allem, dass durch die Verwendung der Wörter „die Straftat" ein Bezug zwischen dem Ermittlungsverfahren und der materiellrechtlichen Tat hergestellt wird; es heißt gerade nicht „eine Straftat". Hinzu kommt, dass

---

96 OLG Nürnberg HESt **2** 84, 85; LG Mainz MDR **1983** 954.
97 LG Frankfurt/O. NStZ-RR **2012** 176, 177; KK/*Spillecke* 6; HK-GS/*Hartmann* § 111k, 5; vgl. zur Reichweite von Feststellungen in vorherigen Urteilen auch BGH NJW **1997** 2828.
98 OLG Köln NStZ-RR **2005** 239, 240; KG JR **1988** 390; AK/*Achenbach* § 111k, 6; KK/*Spillecke* 6.
99 AnwK-StPO/*Lohse* § 111k, 4.
100 EGMR StV **2016** 703, 704; NJW **2004** 43, 45; ausführlich dazu *Johann* 269 ff. und 293 ff.
101 OLG Nürnberg HESt **2** 84, 85; KK/*Spillecke* 6; SK/*Rogall* § 111k, 14.
102 SK/*Rogall* § 111k, 10.
103 MüKo/*Bittmann* § 111k, 1; SK/*Rogall* § 111k, 10.
104 SSW/*Burghart* 2.
105 Meyer-Goßner/Schmitt/*Köhler* 11; SK/*Rogall* § 111k, 13; *Löffler* NJW **1991** 1705, 1708 f.; *Gropp* NStZ **1984** 568.
106 *Gropp* NStZ **1984** 568, 569.
107 OLG Celle Beschl. v. 21.12.2001 – 2 Ws 282/01; OLG Düsseldorf NStZ **1984** 567, zum selben Verfahren MDR **1984** 424; KMR/*Mayer* 11; in der Tendenz auch KG BeckRS **2000** 15734.
108 KG JR **1988** 390; KMR/*Mayer* 11; SK/*Rogall* § 111k, 13; Meyer-Goßner/Schmitt/*Köhl*er 11.
109 *Dreyfus* ZStW **36** (1916) 60, 64; **a.A.** bei Einstellung nach § 170 Abs. 2 SK/*Rogall* § 111k, 13.
110 KG JR **1988** 390; AK/*Achenbach* § 111k, 6.

es sich bei § 111n um eine Ausnahmeregelung handelt, die nach allgemeinen Grundsätzen folglich restriktiv auszulegen ist. Das spricht in der Kumulation der Argumente dafür, eine Verbindung zwischen der Anlasstat und dem konkreten Ermittlungsverfahren zu fordern.[111]

3. Fehlende Verurteilung. Der Gesetzgeber hat durch die Reform 2017 sehr deutlich zum Ausdruck gebracht, unter welchen Voraussetzungen nach seiner Auffassung eine staatliche Vermögenseinziehung stattfinden darf, wenn es zu keiner Verurteilung des Betroffenen gekommen ist (Vor §§ 111bff., 12ff.). § 111n darf deshalb nicht dazu genutzt werden, ein **(objektives) Einziehungsverfahren** dadurch zu vermeiden, dass der Gegenstand an den Verletzten herausgegeben und der Betroffene auf den Zivilrechtsweg verwiesen wird.[112] Zwar besteht weiterhin keine Verpflichtung des Staates, jemandem Sachen zurückzugeben, die dieser nachweisbar durch eine rechtswidrige Handlung erlangt hat, nur weil die Opfer unbekannt sind oder kein entsprechendes Verfahren anhängig ist.[113] Andernfalls müssten die Sachen selbst dann herausgegeben werden, wenn der Beschuldigte eingeräumt hat, diese rechtswidrig erlangt zu haben.[114] Allerdings ist die Frage, ob eine rechtswidrige Erlangung vorliegt, regelmäßig nicht „offenkundig". Das muss vielmehr nach §§ 73a, 76a Abs. 4 StGB festgestellt werden. 21

4. Entziehung. Entzogen sind die Gegenstände dem Verletzten nur, wenn sie unmittelbar durch die Straftat in den Besitz des Täters gelangt sind.[115] Dies ist nicht nur dann zu bejahen, wenn der Täter die Sachen weggenommen hat (§§ 242, 249 StGB), sondern auch, wenn er die ihm anvertrauten Gegenstände unterschlagen (§ 246 StGB), veruntreut (§ 266 StGB) oder wenn er den Verletzten nach §§ 253, 263 StGB rechtswidrig veranlasst hat, sie ihm zu geben.[116] Nicht erforderlich ist, dass der Täter den **unmittelbaren Besitz** erlangt hat.[117] Gibt er die Sache an einen Dritten weiter und wird sie dort sichergestellt, kann eine Rückgabe an den Verletzten erfolgen.[118] 22

Da § 111n den vorläufigen Besitzstand regeln,[119] nicht aber Schadensersatz gewähren will, fallen **Surrogate** nicht unter § 111n.[120] Dies gilt sowohl für das nach der Entwendung umgewechselte Geld,[121] das mit einem gestohlenen Scheck abgehobene Geld,[122] den Erlös für veräußertes Diebesgut[123] und die Sachen, die mit gestohlenem Geld gekauft worden sind.[124] Hat der Täter dem Opfer Geld geraubt und dieses anschließend mit seinem eigenen vermischt, muss in Konsequenz der vorgenannten Grundsätze auch hier eine Her- 23

---

111 **A.A.** LR/*Johann*[26] § 111k, 10 m.w.N.
112 Eingängig LG Rostock Beschl. v. 9.4.2018 – 18 Qs 32/18.
113 KK/*Spillecke* 7; i.E. ebenso AnwK-StPO/*Lohse* § 111k, 4.
114 KG JR **1988** 390.
115 OLG Hamm NStZ-RR **2009** 376; OLG Köln NStZ-RR **2005** 239, 240; KMR/*Mayer* 11; Meyer-Goßner/Schmitt/*Köhler* 12.
116 KK/*Spillecke* 6; KMR/*Mayer* 11.
117 OLG Hamm NStZ-RR **2009** 376.
118 Einschränkend KMR/*Mayer* 10, wobei offen bleibt, wie diese einschränkenden Fälle genau ausgestaltet sein sollten.
119 SK/*Rogall* § 111k, 1; LG Frankfurt/O. NStZ-RR **2012** 176, 177.
120 SSW/*Burghart* 2; KMR/*Mayer* 12; Meyer-Goßner/Schmitt/*Köhler* 12; SK/*Rogall* § 111k, 15; **a.A.** OLG Schleswig NStZ **1994** 99.
121 *Behr* DStrZ **1917** 199, 200.
122 *Behr* DStrZ **1917** 199, 201.
123 RGSt **1** 144, 145; *Behr* DStrZ **1917** 199, 200; *Bethke* DStrZ **1916** 386 für den Erlös unterschlagener Gegenstände; *Dreyfus* ZStW **36** (1915) 61, 67.
124 *Behr* DStrZ **1917** 199, 200; *Dreyfus* ZStW **36** (1915) 61, 67.

ausgabe an den Verletzten ausscheiden.[125] Für durch einen Betrug erlangtes Bargeld kann bei **Vermischung** nichts anderes gelten,[126] denn die entzogene Sache muss mit der sichergestellten identisch sein.[127] Eine lediglich wertmäßige Entsprechung reicht nicht aus,[128] da diese Form der Schadenskompensation nicht dem Telos der Norm entspricht.[129] Der Verletzte hat in all diesen Fällen keinen dinglichen oder besitzrechtlichen Herausgabeanspruch, sondern (nur) einen Übereignungsanspruch.[130] Durch die Rückgabe an den Verletzten wird jedoch nicht die dingliche Rechtslage gestaltet, sondern eine vorläufige Besitzstandregelung getroffen. Deshalb muss er auch (noch) einen Besitzanspruch haben.[131] Das ist für die Praxis und auch den Verletzten misslich, weil durchaus ein Bedürfnis für die Herausgabe auch in diesen Fällen bestehen kann. Sie bleibt aber mangels Rechtsgrundlage nur in Fällen möglich, in denen Einigkeit zwischen den Beteiligten besteht (Rn. 6).

24 Nach herrschender Meinung soll ein **Pfandschein** die Sache so eindeutig verbriefen, dass er an deren Stelle tritt, etwa wenn die gestohlene Sache anschließend verpfändet wurde.[132] Gleiches soll für sonstige Legitimationspapiere wie Reparaturscheine gelten.[133] Ob dies den vorgenannten Grundsätzen entspricht, darf bezweifelt werden. Nicht völlig konsequent ist auch, dass die herrschende Meinung den Erlös aus einer Notveräußerung nach § 111p Abs. 1 Satz 2 als von § 111n erfasst ansieht und er deshalb herausgegeben werden kann.[134] Entzogen im Sinne des Absatz 2 ist jedenfalls das durch Ein- oder Umschmelzen aus dem entwendeten Metall gewonnene Erzeugnis,[135] denn es kommt nicht auf den aktuellen Zustand des Gegenstandes, sondern dessen (materielle) Identität an.

III. Bekannter Verletzter

25 Die Sache darf nur an den bekannten Verletzten herausgegeben werden. Verletzter ist, wem der Besitz an der Sache durch die Straftat **unmittelbar** entzogen wurde.[136] Sind Eigentümer und unmittelbarer Besitzer personenverschieden, ist Verletzter zwar grundsätzlich nur der unmittelbare Besitzer.[137] Die unmittelbare Besitzentziehung ist jedoch nicht mit der Entziehung des unmittelbaren Besitzes zu verwechseln. Verletzter kann in besonderen Konstellationen – etwa im Falle eines durch Betrug erlangten Leasingobjekts –

---

125 LG Mainz MDR **1983** 954; Meyer-Goßner/Schmitt/*Köhl*er 12; SK/*Rogall* § 111k, 15; **a.A.** HK-GS/*Hartmann* § 111k, 6.
126 OLG Köln NStZ-RR **2005** 239, 240; SK/*Rogall* § 111k, 16; **a.A.** HK-GS/*Hartmann* § 111k, 6.
127 SSW/*Burghart* 2; **a.A.** MüKo/*Bittmann* § 111k, 4 unter Hinweis auf den Charakter als Wertsummenschuld mit weiteren Beispielen.
128 KMR/*Mayer* 12.
129 Zur Entschädigungspflicht, wenn fehlerhaft an den Verletzten herausgegeben wurde, OLG Jena NStZ-RR **2005** 125.
130 SK/*Rogall* § 111k, 16; KMR/*Mayer* 11.
131 SSW/*Burghart* 5.
132 *Bohmeyer* GA **74** (1930) 191, 196; AK/*Achenbach* § 111k, 5; Meyer-Goßner/Schmitt/*Köhl*er 12; SK/*Rogall* § 111k, 16.
133 SK/*Rogall* § 111k, 16.
134 Meyer-Goßner/Schmitt/*Köhler* 12; SK/*Rogall* § 111k, 16; MüKo/*Bittmann* § 111k, 4 auch für den nach § 111d Abs. 2 Satz 1 hinterlegten Betrag.
135 *Fraeb* ZStW **31** (1911) 899, 908; HK-GS/*Hartmann* § 111k, 6.
136 BTDrucks. **18** 9525 S. 84; KMR/*Mayer* 11; Meyer-Goßner/Schmitt/*Köhler* 10; SK/*Rogall* § 111k, 12.
137 LG Berlin Beschl. v. 27.4.2007 – 511 Qs 24/07; KMR/*Mayer* 11; Meyer-Goßner/Schmitt/*Köhler* 10; SK/*Rogall* § 111k, 12; **a.A.** OLG Hamm NStZ-RR **2009** 376; MüKo/*Bittmann* § 111k, 5; *Dreyfus* ZStW **36** (1916) 60, 71, Rückgabe an den Eigentümer.

daher auch sein, wem der mittelbare Besitz unmittelbar entzogen wurde.[138] Der **Insolvenzverwalter** steht dem Verletzten hingegen nicht gleich.[139] Er verwaltet zwar dessen Vermögen, muss aber nach § 148 Abs. 2 InsO vorgehen.

Von der Rechtsprechung wurde nach alter Rechtslage auch der **Versicherer**, auf den die Rechte nach § 86 VVG übergegangen sind, als Verletzter nach Absatz 2 angesehen.[140] Ob dies auch nach der Reform noch gelten kann, ist unklar, da der Gesetzesbegründung wohl ein Fehler unterlaufen ist, wenn es dort heißt: „Die Vorschrift begünstigt damit nicht Dritte, die in die Rechtsposition des Dritten eingerückt sind, wie etwa der Versicherer ...".[141] Über die in Bezug genommenen Verweise ergibt sich jedoch, dass nach Auffassung des Gesetzgebers weder an den Versicherer, noch den Erben des Verletzten herausgegeben werden darf.[142] Schlüssig ist das nicht, weil eine Herausgabe an diese Personen vollumfänglich dem Telos der Norm entspricht.[143] 26

Bekannt ist der Verletzte, wenn seine Person identifiziert ist und seine **Personalien feststehen**. Ist der Verletzte noch nicht identifiziert, aber identifizierbar, verlangt das Legalitätsprinzip, nicht Absatz 2, die Aufklärung.[144] Dies gilt etwa dann, wenn anhand von Lichtbildern oder Fingerabdrücken die Behauptung einer Person, sie sei der Verletzte der Straftat, nachvollzogen werden kann. Fehlt es an einer Identifizierbarkeit, ist der Verletzte unbekannt. Hatten mehrere Verletzte vor der Entziehung des Besitzes Mitgewahrsam, muss die Sache an alle gemeinsam herausgegeben werden,[145] sofern nicht die übrigen Besitzer zu Gunsten des Antragsstellers auf ihre Ansprüche verzichten. 27

IV. Unbekannter Verletzter

Ist der Verletzte weder identifiziert noch identifizierbar (Rn. 27), ist er unbekannt. Es ist nicht erforderlich, den unbekannten Verletzten zum Zwecke der Herausgabe einer Sache zu ermitteln.[146] Eine Entscheidung, dass die Sache dem Verletzten herauszugeben ist, sobald er bekannt wird, ergeht nicht.[147] In derartigen Fällen käme nach dem Wortlaut der Regelung nur die **Herausgabe an den letzten Gewahrsamsinhaber** nach Absatz 1 in Betracht, denn dies ist die vom Gesetzgeber grundsätzlich vorgesehene Herausgabeentscheidung, wenn die Sache für Zwecke des Strafverfahrens nicht mehr benötigt wird.[148] Hat dieser die Sache offensichtlich zu Unrecht besessen, wird die Sache noch für Zwecke des Strafverfahrens benötigt,[149] denn sie unterliegt der Einziehung.[150] 28

Soweit die wohl herrschende Auffassung aktuell davon ausgeht, dass sich durch die Reform 2017 nichts daran geändert habe, dass der Regelung in § 111n entnommen werden könne, dass der staatliche Gewahrsam auch über die **Erledigung des Sicherungs-** 29

---

138 Ausführlich dazu OLG Hamm NStZ-RR **2009** 376; **a.A.** *Malitz* NStZ **2003** 61, 63 Fn. 30; HK-GS/*Hartmann* § 111k, 4.
139 Meyer-Goßner/Schmitt/*Köhler* 10; LG Mannheim NStZ-RR **1998** 113, die Inbesitznahme erfolge nach § 117 Abs. 1 KO (jetzt § 148 Abs. 1 InsO); **a.A.** MüKo/*Bittmann* § 111k, 5.
140 OLG Schleswig NStZ **1994** 99; HK-GS/*Hartmann* § 111k, 4.
141 BTDrucks. **18** 9525 S. 84; dem Gesetzgeber folgt KMR/*Mayer* 11.
142 KK/*Spillecke* 6.
143 Für den Erben wie hier Meyer-Goßner/Schmitt/*Köhler* 10; im Ergebnis zur alten Rechtslage ebenso MüKo/*Bittmann* § 111k, 5; SK/*Rogall* § 111k, 11.
144 KMR/*Mayer* 16.
145 SK/*Rogall* § 111k, 12.
146 HK-GS/*Hartmann* § 111k, 4; SSW/*Burghart* 4; Meyer-Goßner/Schmitt/*Köhler* 10.
147 MüKo/*Bittmann* § 111k, 6.
148 SSW/*Burghart* 1.
149 SSW/*Burghart* 4 geht davon aus, dieser Fall sei nicht geregelt.
150 In diesem Sinne wohl auch KMR/*Mayer* 9.

zweckes hinaus aufrechterhalten bleiben soll, wenn kein Berechtigter einen offensichtlich begründeten Anspruch geltend machen kann und es deshalb mit der Rückgabe an den letzten Gewahrsamsinhaber zu einer Aufrechterhaltung des rechtswidrigen Zustandes kommen würde,[151] sind solche Konstellationen selbst bei genauerer Betrachtung nur schwer bzw. gar nicht vorstellbar: Entweder ist der Gegenstand deliktisch erlangt, dann wird er eingezogen, spätestens im objektiven Verfahren. In diesen Fällen geht das Eigentum auf den Staat über,[152] eine Herausgabe an Dritte scheidet aus. Kommt es nicht zur Einziehung, ist nicht von einer rechtswidrigen Erlangung auszugehen, die Sache ist dann an den letzten Gewahrsamsinhaber herauszugeben. Ist offenkundig, dass ein Verletzter einen Anspruch auf die Sache hat, ist dieser aber namentlich nicht bekannt, muss die Sache schon deshalb nicht nach Absatz 1 an den letzten (rechtswidrig besitzenden) Gewahrsamsinhaber zurückgegeben werden, weil sie noch für Zwecke des Strafverfahrens benötigt wird.[153] Durch den Wegfall von § 73 Abs. 1 Satz 2 StGB a.F. besteht in diesen Fällen kein Bedürfnis für eine teleologische Reduktion von Absatz 1[154] und ist auch kein Raum für ein **Vorgehen nach § 983 BGB**, denn die Sache unterliegt dann der Einziehung. Eine Handhabung über § 983 BGB kommt allenfalls dann in Betracht, wenn sämtliche potentiell Berechtigten auf die Rückgabe verzichten, es nicht zur Einziehungsanordnung kommt und die Sache werthaltig ist;[155] ist Letzteres nicht der Fall, soll sie vernichtet werden können.[156] Bei einer **Vernichtung** sollte jedoch Zurückhaltung geübt werden, da die strafrechtlichen Folgen bisher nicht geklärt sind und Probleme entstehen können, wenn plötzlich doch ein Verletzter Ansprüche geltend macht.

V. Rechtsfolge

30 Die Herausgabe steht nicht im Ermessen des zuständigen Organs, es liegt vielmehr eine gebundene Entscheidung vor.

D. Drittansprüche, Absatz 3

I. Allgemeines

31 Der **zweite Ausnahmefall** vom Grundsatz der Herausgabe einer beweglichen Sache an den letzten Gewahrsamsinhaber, aber auch von einer Herausgabe an den Verletzten nach Absatz 2, findet sich in Absatz 3. Danach wird die Sache nicht an den letzten Gewahrsamsinhaber und auch nicht an den Verletzten, sondern an einen Dritten herausgegeben, wenn dieser einen Anspruch hat und den Strafverfolgungsbehörden bekannt ist.[157] Die Voraussetzungen, unter denen eine Herausgabe an Dritte erfolgen durfte, waren zur alten Rechtslage umstritten.

32 **1. Historie.** § 111k StPO a.F. regelte, wie dargestellt (Rn. 2f.), bis zur Reform 2017 lediglich die Herausgabe an den Verletzten. Sie schied aus, wenn Dritte Ansprüche an einer beweglichen Sache geltend machten oder solche anhand des Ermittlungsstandes

---

151 BTDrucks. **18** 9525 S. 84; SSW/*Burghart* 4; wohl auch Meyer-Goßner/Schmitt/*Köhler* 17.
152 BTDrucks. **18** 9525 S. 84.
153 BTDrucks. **18** 9525 S. 84.
154 So aber SSW/*Burghart* 4.
155 KMR/*Mayer* 5.
156 *Cremers* wistra **2000** 130, 133; vgl. zur Problematik im Umgang mit beschlagnahmten Unterlagen bei fehlender Rückgabemöglichkeit *Dörr* wistra **1999** 175.
157 BTDrucks. **18** 9525 S. 84.

jedenfalls **denkbar** waren. Wie in solchen Fällen zu verfahren war, bestimmte das Gesetz nicht. Die wohl herrschende Meinung ging davon aus, dass die Rückgabe bei Nichtgreifen der Ausnahmevorschrift des § 111k Satz 1 StPO a.F. als actus contrarius (Rn. 3) an den letzten Gewahrsamsinhaber zu erfolgen hatte,[158] der nicht rechtswidrig den Besitz der Sache erlangt hatte. Der Rückgabe sollten Ansprüche Dritter, die der letzte Gewahrsamsinhaber nicht anerkannt hatte und über die gerichtlich noch nicht entschieden wurde, nicht entgegenstehen.[159] Ob ein solches Vorgehen auch dann möglich war, wenn die Ansprüche des Dritten **offensichtlich begründet** waren, war höchst strittig.[160] Eine diesbezügliche Regelung fand sich (nur) in Nr. 75 Abs. 3 Satz 1 RiStBV a.F., die genau ein solches Vorgehen vorsahen. Die RiStBV als reine Verwaltungsvorschriften[161] wurden jedoch mangels Gesetzescharakter teilweise nicht als eigenständige Ermächtigungsgrundlage anerkannt[162] und ein solches Vorgehen sogar für rechtswidrig und damit ungangbar gehalten.[163] Andere gingen davon aus, dass die RiStBV bereits zu Gewohnheitsrecht geworden seien,[164] worin eine ausreichende Rechtsgrundlage gesehen werden könne. Teilweise wurde auch davon ausgegangen, dass § 111k StPO a.F. im Falle der Herausgabe an den Dritten eine ausreichende Rechtsgrundlage für Eingriffe in die Rechte sonstiger Beteiligter darstelle.[165]

2. Regelungsgehalt. Der Gesetzgeber hat diesen Streit nun auf- und im Sinne jener 33
Auffassung gelöst, die eine Herausgabe an den Dritten auch in diesen Fällen für möglich erachtete. Heute wird eine bewegliche Sache weder an den letzten Gewahrsamsinhaber noch an den Verletzten herausgegeben, wenn ein Anspruch eines Dritten entgegensteht und dieser Dritte bekannt ist. Die Herausgabe erfolgt dann direkt an ihn. In der Praxis die weitaus größeren Schwierigkeiten bereiten die Fälle der **nicht offensichtlich begründeten Ansprüche Dritter und des Verletzten.** Die vor der Reform für diese Fälle vorgeschlagenen Lösungsansätze[166] sind nunmehr *e contrario* § 111n allesamt überholt. Der Gesetzgeber hat über § 111n klargestellt, unter welchen Voraussetzungen eine frühzeitige Herausgabe erfolgen darf.[167] Liegen sie nicht vor, wird die Sache nicht herausgegeben, bis das Verfahren beendet ist.[168] Für die Bejahung von potentiellen Drittansprüchen, die eine Herausgabe nach Absatz 1 und 2 ausschließen, ist dabei bereits eine zweifelhafte Rechtslage ausreichend.[169] Fehlen indes entsprechende Anhaltspunkte für

---

158 BGH NJW **2000** 3218; **1979** 425, 426; OLG Düsseldorf NStZ **1984** 567; **1990** 202; LG Frankfurt/O. NStZ-RR **2012** 176, 177.
159 OLG Düsseldorf NJW **1990** 723.
160 **Bejahend:** OLG Düsseldorf NJW **1990** 723; AK/*Achenbach* § 111k, 11; *Pfeiffer* § 111k, 4; umfassend auch SK/*Rogall* § 111k, 17; **verneinend:** *Löffler* NJW **1991** 1705, 1706 f.; *Gropp* NStZ **1989** 337; KK/*Spillecke*[7] § 111k, 6; SK/*Rogall* § 111k, 17.
161 BVerfG NJW **1959** 871; *Hohendorf* NStZ **1986** 498, 500.
162 *Malitz* NStZ **2003** 61, 63.
163 OLG Düsseldorf NJW **1990** 723, 724; AK/*Achenbach* § 111k, 11; offengelassen BGH NJW **2000** 3218.
164 *H. Schäfer* NStZ **1985** 198, 202; auch wenn es dort hauptsächlich um die Regeln zur Akteneinsicht geht, dürften die Ausführungen auf § 111k übertragbar sein.
165 *Löffler* NJW **1991** 1705, 1707; **a.A.** *Malitz* NStZ **2003** 61, 64.
166 Umfassend dazu LR/*Johann*[26] § 111k, 29 f.; MüKo/*Bittmann* § 111k, 3.
167 BTDrucks. **18** 9525 S. 84.
168 In diesem Sinne auch LG Rostock Beschl. v. 9.4.2018 – 18 Qs 32/18, das zutreffend darauf hinweist, dass die längerfristige Verwahrung für die Landesjustizkasse „unbefriedigend erscheinen mag", dies aber nichts an der grundsätzlichen Entscheidung des Gesetzgebers in Form der neuen Opferentschädigung ändert. Dem Beschleunigungsgebot sei in diesen Fällen also nicht nur wegen des Betroffenen, sondern auch zur Vermeidung hoher Kosten nachzukommen; Meyer-Goßner/Schmitt/*Köhler* 17; SSW/*Burghart* 4.
169 OLG Hamm NStZ-RR **2009** 376, 377; OLG Koblenz MDR **1984** 774; *Bohmeyer* GA **74** (1930) 191, 197.

bestehende Drittansprüche, findet darüber keine Beweiserhebung statt[170] und kann die Sache nach Absatz 1 oder 2 herausgegeben werden.

II. Drittanspruch

34 Der Herausgabe an den letzten Gewahrsamsinhaber oder den Verletzten dürfen keine Ansprüche Dritter entgegenstehen. Da nur eine vorläufige Regelung des Besitzstandes[171] zu treffen ist, sind nur solche Drittansprüche relevant, die das **Besitzrecht** des letzten Gewahrsamsinhabers bzw. des Verletzten in Frage stellen.[172] Es kann sich dabei um dingliche Rechte handeln, erforderlich ist das aber nicht; es reicht jede Rechtsbeziehung aus einem Schuldverhältnis aus, die einen anderen als den durch die Straftat Verletzten bzw. den letzten Gewahrsamsinhaber zum Besitz der Sache berechtigt.[173] Nicht ausreichend ist der schuldrechtliche Anspruch auf Verschaffung von Eigentum, etwa nach §433 Abs. 1 Satz 1 BGB.[174] Das Eigentum eines Dritten an der Sache steht andererseits der Herausgabe nach Absatz 2 nicht entgegen, wenn der Verletzte zum Besitz der Sache berechtigt ist. Dritter im Sinne dieser Vorschrift kann auch der Beschuldigte selbst sein, wenn er etwa behauptet, unabhängig von der Tat einen Anspruch auf die Sache zu haben, z.B. aus nachträglicher Übereignung.[175] Es ist nicht erforderlich, dass die Ansprüche von Dritten ausdrücklich geltend gemacht wurden. Möglicherweise etwa anhand der **Aktenlage**[176] bestehende Ansprüche sind vielmehr von Amts wegen zu berücksichtigen.[177] Fehlen entsprechende Anhaltspunkte für bestehende Drittansprüche, findet darüber keine Beweiserhebung statt.[178] Zum Insolvenzverwalter Rn. 25.

III. Kenntnis der Berechtigung

35 Dem für die Herausgabe zuständigen Organ muss der Dritte und dessen Anspruch bekannt sein. Woher die Kenntnis kommt, ist gleichgültig.[179] Die Ausführungen zur Bekanntheit des Verletzten und dessen Anspruch gelten aufgrund des identischen Wortlauts von Absatz 2 und 3 auch in Bezug auf den Dritten, vgl. dazu Rn. 25ff.

IV. Rechtsfolge

36 Die Herausgabe steht nicht im Ermessen des zuständigen Organs, es liegt vielmehr eine gebundene Entscheidung vor.

E. Verfahren

37 Über das Verfahren der Herausgabe entscheidet nach § 111o im vorbereitenden und nach rechtskräftigem Abschluss des Verfahrens die Staatsanwaltschaft, im Übrigen das

---

170 Meyer-Goßner/Schmitt/*Köhler* 13; SK/*Rogall* § 111k, 17.
171 BTDrucks. **18** 9525 S. 83; LG Frankfurt/O. NStZ-RR **2012** 176, 177; BGH NJW **2007** 3352, 3354; *Malitz* NStZ **2003** 61, 67; SK/*Rogall* § 111k, 1; KMR/*Mayer* 6.
172 KMR/*Mayer* 14; SSW/*Burghart* 5.
173 Meyer-Goßner/Schmitt/*Köhler* 13; SK/*Rogall* § 111k, 17; KMR/*Mayer* 14.
174 KMR/*Mayer* 14.
175 Meyer-Goßner/Schmitt/*Köhler* 13; SK/*Rogall* § 111k, 17; *Hohendorf* NStZ **1986** 498, 499; KK/*Spillecke* 8; SSW/*Burghart* 5; **a.A.** *Bohmeyer* GA **74** (1930) 191, 198.
176 OLG Hamm NStZ-RR **2009** 376; OLG Koblenz MDR **1984** 774; KMR/*Mayer* 16.
177 OLG Koblenz MDR **1984** 774; SK/*Rogall* § 111k, 17; *Bohmeyer* GA **74** (1930) 191, 197.
178 Meyer-Goßner/Schmitt/*Köhler* 13; SK/*Rogall* § 111k, 17.
179 Meyer-Goßner/Schmitt/*Köhler* 13.

mit der Sache befasste Gericht. Einzelheiten über das Verfahren der Herausgabe sind dort kommentiert.

§ 111o
Verfahren bei der Herausgabe

(1) Über die Herausgabe entscheidet im vorbereitenden Verfahren und nach rechtskräftigem Abschluss des Verfahrens die Staatsanwaltschaft, im Übrigen das mit der Sache befasste Gericht.

(2) Gegen die Verfügung der Staatsanwaltschaft und ihrer Ermittlungspersonen können die Betroffenen die Entscheidung des nach § 162 zuständigen Gerichts beantragen.

Schrifttum

Siehe bei § 111b und § 111n.

Entstehungsgeschichte

Mit dem Gesetz zur Reform der strafrechtlichen Vermögensabschöpfung (BGBl. I 2017 S. 872) hat der Gesetzgeber § 111o in das Gesetz aufgenommen. Die Regelung geht inhaltlich auf § 111k StPO a.F. zurück. Die Vorschrift lautete:

> „[1]Wird eine bewegliche Sache, die nach § 94 beschlagnahmt oder sonst sichergestellt oder nach § 111c Abs. 1 beschlagnahmt worden ist, für Zwecke des Strafverfahrens nicht mehr benötigt, so soll sie dem Verletzten, dem sie durch die Straftat entzogen worden ist, herausgegeben werden, wenn er bekannt ist und Ansprüche Dritter nicht entgegenstehen. [2]§ 111f Abs. 5 ist anzuwenden. [3]Die Staatsanwaltschaft kann die Entscheidung des Gerichts herbeiführen, wenn das Recht des Verletzten nicht offenkundig ist."

§ 111k StPO a.F. enthielt seit der Neuregelung durch das Gesetz zur Stärkung der Rückgewinnungshilfe und der Vermögensabschöpfung bei Straftaten vom 24.10.2006 (BGBl. I S. 2350) zwei Rechtsbehelfe. Nach § 111k Satz 2 i.V.m. § 111f Abs. 5 StPO a.F. konnte jede Herausgabeentscheidung – unabhängig davon, ob sie durch das Gericht oder die Staatsanwaltschaft erging – angefochten werden. Auf die nach § 111k Satz 2 i.V.m. § 111f Abs. 5 StPO a.F. ergehende Entscheidung konnte die Beschwerde erhoben werden. § 111k Satz 3 StPO a.F. gewährte der Staatsanwaltschaft die Möglichkeit, eine gerichtliche Entscheidung herbeizuführen, wenn das Recht des Verletzten nicht offenkundig war. Gegen die Entscheidung des Gerichts stand dem Betroffenen nach allgemeinen Regeln die Beschwerde zu, eine umfassende gerichtliche Kontrolle war damit gewährleistet. § 111o ergänzt heute die Regelungen in § 111n und legt das Verfahren bei der Herausgabe fest.

Übersicht

 Johann

https://doi.org/10.1515/9783110594546-015

Alphabetische Übersicht

A. Allgemeines

1 Die Möglichkeiten, eine bewegliche Sache, die auf strafprozessualer Grundlage in den Gewahrsam der Strafverfolgungsbehörden gekommen ist, vor Ende des Strafverfahrens wieder herauszugeben, sind in § 111n abschließend geregelt. Liegen diese Voraussetzungen vor, bestimmt § 111o das Verfahren der Herausgabe. Im vorbereitenden Verfahren und nach rechtskräftigem Abschluss entscheidet die Staatsanwaltschaft über die Herausgabe, im Übrigen das mit der Sache befasste Gericht, Absatz 1. Gegen Verfügungen der Staatsanwaltschaft und ihrer Ermittlungspersonen können die Betroffenen die gerichtliche Entscheidung beantragen, Absatz 2. Der Gesetzgeber hat mit dem Gesetz zur Reform der strafrechtlichen Vermögensabschöpfung das Verfahren und die Rechtsbehelfsmöglichkeiten bei der Herausgabe in § 111o erstmals in einer Vorschrift zusammengeführt[1] und den hierzu zuvor bestehenden Streit[2] aufgelöst.[3]

B. Herausgabe, Absatz 1

I. Zuständigkeit

2 Das Gesetz unterscheidet bei der Frage nach der Zuständigkeit für die Herausgabe beweglicher Sachen zwischen den jeweiligen Verfahrensabschnitten. Die Staatsanwaltschaft entscheidet im vorbereitenden und nach dem rechtskräftigem Abschluss des Verfahrens, im Übrigen ist das mit der Sache befasste Gericht zuständig. Der Gesetzgeber hat sich damit einer schon zur alten Rechtslage vertretenen Auffassung angeschlossen, die die Rückgabekompetenz grundsätzlich bei der Staatsanwaltschaft sah.[4] Die Rückgabe steht daher nicht unter **Richtervorbehalt**[5] und ein solcher ist auch nicht notwendig.[6]

1 BTDrucks. **18** 9525 S. 85.
2 Umfassend LR/*Johann*[26] § 111k, 19.
3 **A.A.** SSW/*Burghart* 1.
4 Vgl. umfassend zum Streitstand LR/*Johann*[26] § 111k, 10; SK/*Rogall* § 111k, 20 ff.
5 AnwK-StPO/*Lohse* § 111k, 6.
6 OLG Stuttgart NStZ-RR **2002** 111; SK/*Rogall* § 111k, 23; **a.A.** *Löffler* NJW **1991** 1705, 1710.

Für die Kompetenz zur Rückgabeentscheidung kommt es einzig auf die aktuelle Verfahrensherrschaft an.[7] Dies gewährleistet eine nachvollziehbare und sachnahe Kompetenzverteilung. Die gesetzliche Regelung orientiert sich insoweit zutreffend an der grundsätzlichen Kompetenzverteilung zwischen Staatsanwaltschaft und Gericht.[8]

1. Entscheidung der Staatsanwaltschaft. Die Entscheidung über die Herausgabe durch die Staatsanwaltschaft ergeht von Amts wegen.[9] In der Regel werden aber die an einer solchen Entscheidung Interessierten entsprechende Anträge stellen. Vor der Entscheidung sind die Beteiligten, namentlich der letzte Gewahrsamsinhaber und Personen, die Rechte an dem Gegenstand geltend machen, zu hören. Die Entscheidung ergeht durch **Verfügung**. Vor der Herausgabe an den Verletzten tritt, vorbehaltlich anderer Vereinbarungen (§ 111b, 32ff.), im Verhältnis Täter – Opfer keine Erfüllung etwaiger Regressansprüche ein.[10] 3

2. Entscheidungen der Ermittlungspersonen. Absatz 2 räumt dem Betroffenen auch die Möglichkeit ein, gegen Verfügungen der Ermittlungspersonen der Staatsanwaltschaft eine gerichtliche Entscheidung herbeizuführen. Nach Auffassung des Gesetzgebers sind demnach auch die Ermittlungspersonen der Staatsanwaltschaft herausgabebefugt.[11] Allerdings fehlt es hierfür an einer Ermächtigungsgrundlage im Sinne des Absatz 1. Systematisch lässt sich das aus § 111p Abs. 2 herleiten, der eine solche expressis verbis vorsieht. Eine Ermächtigungsgrundlage für die Ermittlungsbeamten zur Herausgabe von Sachen ist aber ohnehin abzulehnen, weil es die Aufgabe der Staatsanwaltschaft bzw. des Gerichts ist, die Frage des Vorliegens der Voraussetzungen und die damit unter Umständen einhergehenden Rechte unterschiedlichster Beteiligter im Sinne des § 111n zu klären. Eine originäre Herausgabeentscheidung durch die Ermittlungspersonen scheidet daher nicht nur mangels Ermächtigungsgrundlage aus, sie ist auch de lege ferenda nicht sinnvoll.[12] 4

3. Entscheidung durch das Gericht. Die Entscheidung über die Herausgabe durch das Gericht ergeht von Amts wegen,[13] wobei auch hier in aller Regel die an einer solchen Entscheidung Interessierten, das kann auch die Staatsanwaltschaft sein, entsprechende Anträge stellen werden. Vor der Entscheidung sind die Staatsanwaltschaft und die Beteiligten, namentlich der letzte Gewahrsamsinhaber und Personen, die Rechte an dem Gegenstand geltend machen, zu hören (§ 33). Die Entscheidung des Gerichts ergeht ohne Beweisaufnahme, nach Aktenlage[14] als **Beschluss**.[15] Dieser ist anfechtbar und deshalb zu begründen (§ 34). Zweckmäßigerweise in der Formel sind die auszuliefernden Gegenstände und der Empfangsberechtigte genau zu bezeichnen. Für Rückgabeentscheidungen im laufenden **Berufungsverfahren** ist nach Vorlage der Akten gem. § 321 das Berufungsgericht, auch bei Teilanfechtung der Entscheidung, zuständig, denn ihm obliegt die Verfahrensherrschaft. Während des Revisionsverfahrens ist das Gericht zuständig, dessen Entscheidung angefochten ist,[16] nach Zurückweisung durch die Revisionsinstanz 5

---

7 *Hoffmann/Knierim* NStZ **2000** 461, 462; AnwK-StPO/*Lohse* § 111k, 6.
8 BTDrucks. **18** 9525 S. 85.
9 SK/*Rogall* § 111k, 26; KMR/*Mayer* 1.
10 BGH Beschl. v. 2.10.2007 – 4 StR 306/07; Meyer-Goßner/Schmitt/*Köhler* 2.
11 KMR/*Mayer* 1.
12 Im Ergebnis ebenso SSW/*Burghart* 2.
13 SK/*Rogall* § 111k, 26.
14 AK/*Achenbach* § 111k, 14; Meyer-Goßner/Schmitt/*Köhler* 2.
15 **A.A.** SK/*Rogall* § 111k, 26, der eine richterliche Verfügung annimmt und sich dabei auf den Willen des Gesetzgebers beruft.
16 SK/*Rogall* § 111k, 24; Meyer-Goßner/Schmitt/*Köhler* 1.

das Gericht, an das verwiesen wurde.[17] Nach Rechtskraft ist wiederum die Staatsanwaltschaft zuständig.[18]

6 Das Gericht macht die Entscheidung, da kein befristetes Rechtsmittel gegeben ist, durch **formlose Mitteilung** (§ 35 Abs. 2 Satz 2) bekannt; jedoch kann es auch die Form der Zustellung (§ 37) wählen, wenn, etwa wegen des großen Wertes der herauszugebenden Sachen, die formlose Mitteilung nicht genügt. Da die Herausgabe der Sachen Vollstreckung im Sinne des § 36 Abs. 2 Satz 1 ist, ist die Staatsanwaltschaft grundsätzlich zuständig. Im gerichtlichen Gewahrsam befindliche Sachen kann das Gericht jedoch auch selbst herausgeben.[19]

II. Ablauf der Herausgabe

7 **1. Allgemeines.** Die Herausgabe der Sache an den Empfänger ist ein Realakt.[20] Die sichergestellten Sachen sind so herauszugeben, wie sie verwahrt worden sind. Anstelle von Wertpapieren oder Kostbarkeiten darf nicht etwa der Nennwert in Geld herausgegeben werden.[21] Wurde beschlagnahmtes Geld mit anderem Geld vermischt, soll der Nennwert des Geldes auszuzahlen sein,[22] siehe dazu aber schon die Kritik bei § 111n, 23f. Befand sich die Sache zur Zeit der Entscheidung nach § 111k nicht im **amtlichen Gewahrsam**, sondern war sie in anderer Weise sichergestellt (§ 111n, 13), treten an die Stelle der Herausgabe die erforderlichen Weisungen an den Gewahrsamsinhaber. Zum Teil wird die Auffassung vertreten, die Herausgabe sei vorab anzukündigen, damit die Betroffenen notfalls eine gerichtliche Entscheidung herbeiführen können.[23] Das ist zwar sachgerecht und sollte vernünftiger Weise auch so gehandhabt werden,[24] eine Verpflichtung zu einem solchen Vorgehen besteht jedoch nicht.

8 **2. Ablieferungsort.** Seit jeher ist umstritten, ob die Strafverfolgungsbehörden bei der Rückgabe beschlagnahmter Sachen einer **Hol- oder Bringschuld** unterliegen.[25] Die Beantwortung dieser Frage hängt auch davon ab, wie man das Verhältnis der Behörde zu dem beschlagnahmten Gegenstand charakterisiert. Mit dem Gesetz zur Reform der strafrechtlichen Vermögensabschöpfung hat sich der Gesetzgeber dieser hoch umstrittenen Frage nicht angenommen, so dass es auch künftig weiter zu Diskussionen kommen wird.[26] Eine Auffassung geht in Bezug auf die Sicherstellung von einem öffentlich-rechtlichen Verwahrungsverhältnis analog der §§ 688ff. BGB aus,[27] mit der Folge, dass die Sache an dem Ort zurückzugeben sei, an dem sie aufbewahrt wurde.[28] Diese Analogie wird partiell abgelehnt und stattdessen die Rückgabepflicht an dem Ort postuliert, an

---

17 SK/*Rogall* § 111k, 24.
18 OLG Stuttgart NStZ-RR **2002** 111; AnwK-StPO/*Lohse* § 111k, 6; Meyer-Goßner/Schmitt/*Köhler* 1.
19 MüKo/*Bittmann* § 111k, 8 Fn. 68.
20 SK/*Rogall* 27.
21 RG LZ **1923** 496; *Dalcke/Fuhrmann/Schäfer* § 111k, 3.
22 OLG Düsseldorf NJW **1990** 723, 724.
23 SSW/*Burghart* 3.
24 Siehe zur Praxisrelevanz etwa LG Rostock Beschl. v. 9.4.2018 – 18 Qs 32/18.
25 Umfassend hierzu *Kemper* NJW **2005** 3679.
26 Ausdrücklich für eine Abholung am Aufbewahrungsort nunmehr BGH Urt. v. 16.5.2019 – III ZR 6/18, der dem Dritten für Fahrtkosten und sonstige notwendige Aufwendungen einen Anspruch nach § 23 Abs. 2 Satz 1 Nr. 1 JVEG zubilligt.
27 BGH NJW **2005** 988; OLG Schleswig NStZ-RR **2018** 96; die Analogie bejahend aber in der Folge einschränkend *Kemper* NJW **2005** 3679, 3680.
28 BGH Urt. v. 16.5.2019 – III ZR 6/18; AnwK-StPO/*Lohse* § 111k, 1; KMR/*Mayer* § 111n, 8; SK/*Rogall* § 111k, 11, einschränkend bei Beschlagnahme bei unverdächtigen Dritten; SSW/*Burghart* § 111n, 7.

dem die Sache beschlagnahmt oder sonst sichergestellt wurde.[29] Den Auffassungen ist gemein, dass sie nicht zwischen den von der Beschlagnahme oder sonstigen Sicherstellungen Betroffenen differenzieren.[30] Sie behandeln vielmehr Beschuldigte genauso wie Dritte, den freigesprochenen Angeklagten genauso wie den Verurteilten. Die Rechtsnatur des Besitzverhältnisses richtet sich zwar nicht danach, welche der vorgenannten Personen von der Beschlagnahme betroffen wurde. Allerdings darf der im Strafverfahren generell geltende Grundsatz der Verhältnismäßigkeit nicht außer Acht gelassen werden. So ist zwar grundsätzlich von einem öffentlich-rechtlichen Verwahrungsverhältnis auszugehen,[31] der Verhältnismäßigkeitsgrundsatz kann jedoch eine Rückgabeverpflichtung abweichend von den zivilrechtlichen Grundsätzen erfordern,[32] schließlich waren die Betroffenen, solange es sich nicht um Verletzte handelt, mit der Sicherstellung regelmäßig gerade nicht einverstanden und unterscheiden sie sich damit grundlegend von demjenigen, der eine Sache nach §§ 688 ff. BGB in Verwahrung gegeben hat.[33]

Bei der erforderlichen Abwägung im Rahmen der Verhältnismäßigkeitsprüfung sind **9** verschiedene Kriterien zu berücksichtigen. Maßgeblich sollte darauf abgestellt werden, ob und wenn ja in welchem Maße der Betroffene zu der Beschlagnahme oder Sicherstellung **Anlass gegeben** hat und wie groß der **Aufwand der Strafverfolgungsbehörden** wäre, die Sache zurückzubringen, im Vergleich zu dem Aufwand, den der Betroffene zur Abholung betreiben müsste. Darüber hinaus muss zwischen dem Beschuldigten und unbeteiligten Dritten differenziert werden,[34] denn nach der Strafprozessordnung hat der Beschuldigte grundsätzlich mehr zu dulden als ein unverdächtiger Dritter.[35] Ebenso kann im Rahmen der Rückgabeentscheidung Berücksichtigung finden, ob die Beschlagnahme rechtmäßig oder rechtswidrig war.[36] Diese Parameter zu Grunde gelegt gilt grundsätzlich, dass der verurteilte Straftäter die Sachen abzuholen hat. Das Gericht ist zur Überzeugung seiner Schuld gelangt, so dass er die Beschlagnahme durch sein Verhalten veranlasst hat. Ausnahmen sind denkbar, wenn der Gegenstand nichts mit dem Verfahren zu tun hatte (Sicherstellung von Umzugskartons mit Privatfotos oder anderen erkennbar verfahrensfremden Gegenständen) und eine Sicherstellung daher offensichtlich unnötig, wenn auch nicht per se rechtswidrig war. Alle übrigen Konstellationen sind stark **einzelfallbezogen**, so dass sich auch eine grundsätzliche Regel für die Handhabe bei Freispruch oder Einstellung des Ermittlungsverfahrens verbietet.[37] Hat der Betroffene keinen Anlass zur Beschlagnahme gegeben, sollten die Strafverfolgungsbehörden die Sachen grundsätzlich zurückbringen oder auf ihre Kosten verschicken.[38] Die von Staatsanwaltschaften allzu häufig vertretene Pauschalauffassung, der Betroffene müsse seine Sachen immer bei ihnen abholen, ist jedenfalls rechtsfehlerhaft.

3. Folgen. Geht man trotz der besseren Argumente für eine einzelfallabhängige Be- **10** trachtung davon aus, dass prinzipiell eine Holschuld der Strafverfolgungsbehörden besteht, stellt sich die Frage, ob der Betroffene die dadurch entstehenden Kosten erfolg-

---

29 *Damrau* NStZ **2003** 408, 410; *Hoffmann/Knierim* NStZ **2000** 461, 462 f.
30 *Kemper* NJW **2005** 3679, 3681.
31 Argumente pro und contra finden sich hierzu bei BGH NStZ **2005** 988, 989; *Damrau* NStZ **2003** 408, 409.
32 LR/*Menges* § 98, 64; *Kemper* NJW **2005** 3679, 3681.
33 Zustimmend zur hier grundsätzlich vorgenommenen Differenzierung MüKo/*Bittmann* § 111k, 8 Fn. 69; **a.A.** OLG Schleswig NStZ-RR **2018** 96.
34 SK/*Rogall* § 111k, 11.
35 *Kemper* NJW **2005** 3679, 3681; Meyer-Goßner/Schmitt/*Köhler* § 103, 1.
36 In der Tendenz wohl ebenso BGH NJW **2005** 988, 989; **a.A.** wohl *Kemper* NJW **2005** 3679, 3681.
37 **A.A.** BGH Urt. v. 16.5.2019 – III ZR 6/18.
38 Zur Entschädigungspflicht gegenüber dem Dritten SK/*Rogall* § 111k, 11; MüKo/*Bittmann* § 111k, 8.

reich in Form von **Schadensersatzansprüchen** gegenüber dem jeweiligen Bundesland geltend machen kann. Dabei ist wiederum zwischen der rechtmäßigen und unrechtmäßigen Beschlagnahme zu unterscheiden. War die Beschlagnahme rechtmäßig, scheiden Amtshaftungsansprüche per se aus.[39] Ob entsprechende **Aufwendungen des Beschuldigten** jedoch nach § 2 Abs. 2 Nr. 4 StrEG ersatzfähige Schadenspositionen sind, hat der Bundesgerichtshof offengelassen.[40] Hierzu ist zu beachten, dass ein Schaden per Definition nur eine unfreiwillige Vermögenseinbuße sein kann. Lässt sich der Betroffene die beschlagnahmten Gegenstände auf seine Kosten an seinen Wohnort schicken oder holt er sie ab, liegt folglich kein Schaden, sondern eine Aufwendung vor. Hierfür dürfte es an einer Anspruchsgrundlage fehlen, auch wenn es sich um eine Aufwendung handelt, zu der sich der Beschuldigte herausgefordert fühlen durfte. Eine gesetzliche Klarstellung ist weiterhin wünschenswert. Eine analoge Anwendung des **Haftungsprivilegs des § 690 BGB** scheidet hingegen nach einhelliger Auffassung aus, da die Interessenlagen bei einer unentgeltliche Verwahrung und bei hoheitlicher Beschlagnahme nicht vergleichbar sind.[41]

C. Rechtsbehelfe, Absatz 2

I. Allgemeines

11 Welcher Rechtsbehelf gegen die Herausgabeentscheidung zu erheben ist, richtet sich danach, wer die Entscheidung getroffen hat. Absatz 2 regelt dabei nur den Rechtsbehelf gegen Entscheidungen der Staatsanwaltschaft und ihrer Ermittlungspersonen. Er hat vor allem deklaratorische Bedeutung, indem er klarstellt, dass sich die Zuständigkeit des Gerichts nach § 162 bestimmt.[42] Für Maßnahmen gegen gerichtliche Entscheidungen bleibt es bei dem Rechtsbehelf der Beschwerde nach § 304.[43] Damit hat der Gesetzgeber deutlich gemacht, dass auch gegen Entscheidungen der Staatsanwaltschaft über die Herausgabe von Gegenständen (nur) der **strafprozessuale Rechtsweg** eröffnet ist.[44] Frühere Streitigkeiten über eine potentielle Zuständigkeit der Zivil- oder Finanzgerichtsbarkeit[45] sind damit überholt.[46] Auch ein Antrag nach § 23 EGGVG ist unzulässig.[47] Da für alle Herausgabeentscheidungen der strafprozessuale Rechtsweg gegeben ist, wird eine zivilrechtliche Entscheidung mangels Rechtschutzbedürfnisses ausgeschlossen (siehe aber auch Rn. 15).[48] Weder der Antrag auf gerichtliche Entscheidung noch die Beschwerde hemmen die Wirksamkeit der Entscheidung der Staatsanwaltschaft.[49] Ein Antrag nach § 307 Abs. 2 ist jedoch möglich. Anträge auf gerichtliche Entscheidungen über Verfügungen der Ermittlungspersonen der Staatsanwaltschaft sind mangels Ermächtigungsgrundlage (Rn. 4) immer begründet.[50]

---

39 BGH NJW **2005** 988, 989; OLG Schleswig NStZ-RR **2018** 96.
40 Dafür OLG Schleswig NStZ-RR **2018** 96.
41 BGHZ **4** 192, 194; *Schäfer* wistra **1984** 136, 137; SK/*Rogall* § 111k, 11.
42 BTDrucks. **18** 9525 S. 85.
43 BTDrucks. **18** 9525 S. 85.
44 BTDrucks. **16** 700 S. 19; LG Rostock Beschl. v. 9.4.2018 – 18 Qs 32/18.
45 SK/*Rogall* § 111k, 28 m.w.N.
46 LR/*Johann*[26] § 111k, 33.
47 OLG Bremen BeckRS **2017** 133332.
48 SSW/*Burghart* 3.
49 LG Rostock Beschl.v. 9.4.2018 – 18 Qs 32/18.
50 SSW/*Burghart* 2.

II. Angreifbare Entscheidungen

12 Eine Entscheidung im Sinne des Absatz 1 ist sowohl die Herausgabeverfügung,[51] die Versagung der Herausgabe trotz Antrags des Betroffenen,[52] die Entscheidung über den Empfangsberechtigten[53] und die Art und Weise der Herausgabe, insbesondere der Ort der Herausgabe (Rn. 8). Betroffener ist jeder, dessen Interessen durch die Entscheidung berührt sein können. Als Betroffener kommen neben dem Verletzten und dem letzten Gewahrsamsinhaber auch alle Dritten in Betracht, die Ansprüche an der Sache geltend machen.[54]

III. Entscheidungszeitpunkt

13 Für die Frage der Zuständigkeit im Sinne des § 162 kommt es immer auf den Zeitpunkt der Einlegung des Rechtsbehelfs an. Hat etwa die Staatsanwaltschaft mit dem Abschluss der Ermittlungen auch die Freigabe verfügt, ist nicht mehr der Ermittlungsrichter, sondern das Gericht der Hauptsache zuständig, wenn sich der Betroffene nach Anklageerhebung gegen die Entscheidung beschwert.

IV. Staatsanwaltschaftliche Entscheidung

14 Gegen Entscheidungen der Staatsanwaltschaft kann der Betroffene einen Antrag auf gerichtliche Entscheidung stellen. Die Frage der funktionelle Zuständigkeit ist bisher nicht geklärt. § 31 RPflG legt detailliert die Zuständigkeit des Rechtspflegers dar und unterscheidet etwa zwischen den Geschäften bei der Vollziehung der Beschlagnahme (§ 31 Abs. 1 Nr. 2 RPflG) und den Geschäften bei der Verwaltung beschlagnahmter Gegenstände (§ 31 Abs. 1 Nr. 4 RPflG). Hätte der Gesetzgeber auch die Herausgabeentscheidung nach § 111n auf den Rechtspfleger übertragen wollen, so wäre mit einer entsprechenden, ausdrücklichen Regelung zu rechnen gewesen. Es erscheint überdies auch bedenklich, dem Rechtspfleger die Entscheidungskompetenz darüber zuzusprechen, ob die herauszugebende Sache noch für Zwecke des Strafverfahrens benötigt wird. Vor diesem Hintergrund dürfte von einer funktionellen Zuständigkeit des Staatsanwalts auszugehen sein.

V. Gerichtliche Entscheidungen

15 Gegen die Entscheidungen des Gerichts nach Absatz 2 kann der Betroffene Beschwerde nach § 304 Abs. 1 einlegen.[55] Betroffen ist auch hier jeder, dessen Interessen durch die Entscheidung berührt sein können.[56] Dies trifft sowohl auf den Beschuldigten, den Verletzten, sowie jeden anderen zu, der Ansprüche an der Sache geltend gemacht hat, ohne dass das Gericht diese berücksichtigt hat.[57] Die Staatsanwaltschaft ist ebenfalls immer beschwerdebefugt.[58] Bei **Privat- und Nebenklägern** ist genau zu differenzieren,

---

51 SK/*Rogall* § 111k, 29.
52 SSW/*Burghart* 3.
53 SK/*Rogall* § 111k, 28.
54 KMR/*Mayer* 1; SK/*Rogall* § 111k, 29.
55 SSW/*Burghart* 3.
56 Meyer-Goßner/Schmitt/*Köhler* 3.
57 KMR/*Mayer* 1.
58 HK-GS/*Hartmann* § 111k, 9; KMR/*Mayer* 3; Meyer-Goßner/Schmitt/*Köhler* 3.

ob sie beschwert sind. Dies ist etwa der Fall, wenn sie wegen der Herausgabe eine Verschlechterung der Beweislage fürchten,[59] aber auch, wenn sie eigene Rechte an der Sache geltend machen. Sie sind hingegen nicht beschwert, wenn sie die Auswahl des berechtigten Dritten für rechtsfehlerhaft halten. Anfechtbar sind neben dem Beschluss des erkennenden Gerichts, § 305 Satz 2, auch Entscheidungen des in erster Instanz zuständigen Oberlandesgerichts sowie des Ermittlungsrichters des Bundesgerichtshofs, § 304 Abs. 4 Satz 2 Hs. 2 Nr. 1, Abs. 5. Die Herausgabeentscheidung betrifft eine Beschlagnahme im Sinne der zitierten Vorschriften.[60] Wurde die Sache bereits herausgegeben, ist die Beschwerde zulässig, es kann aber nur noch die **Rechtswidrigkeit der Herausgabe** festgestellt werden,[61] der Antragssteller muss im Weiteren den Zivilrechtsweg beschreiten und es kommen Amtshaftungsansprüchen in Betracht.[62]

VI. Gerichtliche Entscheidung auf Antrag der Staatsanwaltschaft

16 Bis zum Inkrafttreten des Gesetzes zur Reform der strafrechtlichen Vermögensabschöpfung konnte die Staatsanwaltschaft die Entscheidung des Gerichts herbeiführen, wenn sie Gegenstände an den Verletzten herausgeben wollte, das Recht des Verletzten aber nicht offenkundig war. Mit der Einführung des § 111k Satz 3 StPO a.F. verfolgte der Gesetzgeber das Ziel der Klarstellung, dass die Staatsanwaltschaft bei Zweifeln über das Bestehen von Rechten des Verletzten das Gericht anrufen kann, unabhängig davon, wer die Beschlagnahme angeordnet hat.[63] Gleichzeitig begrenzte der Wortlaut den Anwendungsbereich auf jene Fälle, in denen die Rechte des Verletzten nicht offenkundig waren. Nicht anwendbar war Satz 3, wenn Zweifel über die Begehung der Straftat als solche und schon gar nicht, wenn Zweifel über **Ansprüche eines Dritten** bestanden.[64] Diese ausdrückliche Möglichkeit der Herbeiführung einer gerichtlichen Entscheidung ist durch die Reform 2017 entfallen, die Staatsanwaltschaft muss daher in eigener Verantwortung und auf eigenes (Haftungs-)Risiko entscheiden.

§ 111p
Notveräußerung

(1) [1]Ein Gegenstand, der nach § 111c beschlagnahmt oder nach § 111f gepfändet worden ist, kann veräußert werden, wenn sein Verderb oder ein erheblicher Wertverlust droht oder seine Aufbewahrung, Pflege oder Erhaltung mit erheblichen Kosten oder Schwierigkeiten verbunden ist (Notveräußerung). [2]Der Erlös tritt an die Stelle des veräußerten Gegenstandes.

(2) [1]Die Notveräußerung wird durch die Staatsanwaltschaft angeordnet. [2]Ihren Ermittlungspersonen (§ 152 des Gerichtsverfassungsgesetzes) steht diese Befugnis zu, wenn der Gegenstand zu verderben droht, bevor die Entscheidung der Staatsanwaltschaft herbeigeführt werden kann.

59 SK/*Rogall* § 111k, 31.
60 SK/*Rogall* § 111k, 31; SSW/*Burghart* 3.
61 LG Rostock Beschl. v. 9.4.2018 – 18 Qs 32/18, selbst wenn der Antrag erst nach Herausgabe gestellt wird; KMR/*Mayer* 2.
62 OLG Jena NStZ-RR **2005** 125 ff.; KMR/*Mayer* 7; SK/*Rogall* § 111k, 6; *Rönnau* Rn. 459 ff.
63 BTDrucks. **16** 700 S. 19.
64 BTDrucks. **16** 700 S. 19; SK/*Rogall* § 111k, 33 Fn. 171.

https://doi.org/10.1515/9783110594546-016

(3) [1]Die von der Beschlagnahme oder Pfändung Betroffenen sollen vor der Anordnung gehört werden. [2]Die Anordnung sowie Zeit und Ort der Veräußerung sind ihnen, soweit dies ausführbar erscheint, mitzuteilen.

(4) [1]Die Durchführung der Notveräußerung obliegt der Staatsanwaltschaft. [2]Die Staatsanwaltschaft kann damit auch ihre Ermittlungspersonen (§ 152 des Gerichtsverfassungsgesetzes) beauftragen. [3]Für die Notveräußerung gelten im Übrigen die Vorschriften der Zivilprozessordnung über die Verwertung von Gegenständen sinngemäß.

(5) [1]Gegen die Notveräußerung und ihre Durchführung kann der Betroffene die Entscheidung des nach § 162 zuständigen Gerichts beantragen. [2]Das Gericht, in dringenden Fällen der Vorsitzende, kann die Aussetzung der Veräußerung anordnen.

Schrifttum

Siehe bei § 111b.

Entstehungsgeschichte

Mit dem Gesetz zur Reform der strafrechtlichen Vermögensabschöpfung (BGBl. I 2017 S. 872) hat der Gesetzgeber in § 111p die ursprünglich in § 111l StPO a.F. gefassten Regelungen zur Notveräußerung normiert. § 111l StPO a.F. wiederum wurde durch Art. 21 Nr. 29 EGStGB 1974 eingefügt. Sie ist an die Stelle des durch Art. 21 Nr. 20 EGStGB aufgehobenen § 101a getreten. Schon vor seinem Inkrafttreten wurde § 111l StPO a.F. durch Art. 1 Nr. 28 des 1. StVRG neu gefasst, dabei wurden die Absätze 2 und 6 eingefügt. Die Vorschrift lautete zuletzt:

(1) [1]Vermögenswerte, die nach § 111c beschlagnahmt oder aufgrund eines Arrestes (§ 111d) gepfändet worden sind, dürfen vor der Rechtskraft des Urteils veräußert werden, wenn ihr Verderb oder eine wesentliche Minderung ihres Wertes droht oder ihre Aufbewahrung, Pflege oder Erhaltung mit unverhältnismäßigen Kosten oder Schwierigkeiten verbunden ist. [2]In den Fällen des § 111i Abs. 2 können Vermögenswerte, die aufgrund eines Arrestes (111d) gepfändet worden sind, nach Rechtskraft des Urteils veräußert werden, wenn dies zweckmäßig erscheint. [3]Der Erlös tritt an deren Stelle.

(2) [1]Im vorbereitenden Verfahren und nach Rechtskraft des Urteils wird die Notveräußerung durch die Staatsanwaltschaft angeordnet. [2]Ihren Ermittlungspersonen (§ 152 des Gerichtsverfassungsgesetzes) steht diese Befugnis zu, wenn der Gegenstand zu verderben droht, bevor die Entscheidung der Staatsanwaltschaft herbeigeführt werden kann.

(3) [1]Nach Erhebung der öffentlichen Klage trifft die Anordnung das mit der Hauptsache befaßte Gericht. [2]Der Staatsanwaltschaft steht diese Befugnis zu, wenn der Gegenstand zu verderben droht, bevor die Entscheidung des Gerichts herbeigeführt werden kann; Absatz 2 Satz 2 gilt entsprechend.

(4) [1]Der Beschuldigte, der Eigentümer und andere, denen Rechte an der Sache zustehen, sollen vor der Anordnung gehört werden. [2]Die Anordnung sowie Zeit und Ort der Veräußerung sind ihnen, soweit dies ausführbar erscheint, mitzuteilen.

(5) [1]Die Notveräußerung wird nach den Vorschriften der Zivilprozessordnung über die Verwertung einer gepfändeten Sache durchgeführt. [2]An die Stelle des Vollstreckungsgerichts (§ 764 der Zivilprozeßordnung) tritt in den Fällen der Absätze 2 und 3 Satz 2 die Staatsanwaltschaft, in den Fällen des Absatzes 3 Satz 1 das mit der Hauptsache befasste Gericht. [3]Die nach § 825 der Zivilprozessordnung zulässige Verwertung kann von Amts wegen oder auf Antrag der in Absatz 4 genannten Personen, im Falle des Absatzes 3 Satz 1 auch auf Antrag der Staatsanwaltschaft, gleichzeitig mit der Notveräußerung oder nachträglich angeordnet werden. [4]Wenn dies zweckmäßig erscheint, kann die

Notveräußerung auf andere Weise und durch eine andere Person als den Gerichtsvollzieher erfolgen.

(6) [1]Gegen Anordnungen der Staatsanwaltschaft oder ihrer Ermittlunspersonen kann der Betroffene gerichtliche Entscheidung durch das nach § 162 zuständige Gericht beantragen. [2]Die §§ 297 bis 300, 302, 306 bis 309, 311a und 473a gelten entsprechend. [3]Das Gericht, in dringenden Fällen der Vorsitzende, kann die Aussetzung der Veräußerung anordnen.

Die Zulässigkeit der Notveräußerung von Sachen, die zur Sicherung des Einziehungsanspruchs beschlagnahmt worden sind und denen der Verderb droht, war tatsächlich seit jeher auch ohne gesetzliche Regelung durch die Rechtsprechung anerkannt.[1] Eine gesetzliche Grundlage der Notveräußerungen fand sich erstmals in Art. II Nr. 1 der Bekanntmachung des Bundesrats (Einziehungsverordnung) vom 22.3.1917 (RGBl. S. 255). Spätere Bewirtschaftungsbestimmungen nahmen hierauf Bezug, so Art. II der Verordnung vom 12.2.1920 (RGBl. S. 230) und § 2 des Gesetzes vom 6.2.1921 (RGBl. S. 139). Gesetzliche Regelungen wurden ferner in § 433 Abs. 2 AO a.F., § 10 Abs. 3 der Verbrauchsregelungs-Strafverordnung vom 6.4.1940 (RGBl. I S. 610), § 65 WiStG 1949 und § 43 OWiG 1952 getroffen. In der Strafprozessordnung wurde die Notveräußerung von Einziehungsgegenständen erst 1953 in dem durch Art. 4 Nr. 13 des 3. StRÄndG eingefügten § 101a geregelt.

Durch das Gesetz zur Stärkung der Rückgewinnungshilfe und der Vermögensabschöpfung bei Straftaten vom 24.10.2006 (BGBl. I S. 2350) wurde Absatz 1 sprachlich neu gefasst. Der Begriff der Gegenstände wurde durch jenen der Vermögenswerte ersetzt, um den Anwendungsbereich der Norm zu erweitern. Die Voraussetzungen für eine Notveräußerung von Vermögenswerten, die aufgrund eines dinglichen Arrestes gesichert waren, wurden gelockert. In Absatz 2 fanden sich Ergänzungen, die einer Klarstellung der Zuständigkeitsregelung dienten. Absatz 5 Satz 4 ermöglichte den Strafverfolgungsbehörden, den freihändigen Verkauf durch gewerbliche Verwerter anzuordnen. Die Änderungen in Absatz 6 dienten wiederum der Klarstellung der Rechtswegzuweisung gegen die nach Absatz 2 nach Rechtskraft getroffenen Anordnungen. Durch das Gesetz zur Stärkung der Rechte von Verletzten und Zeugen im Strafverfahren (2. Opferrechtsreformgesetz) mit Wirkung zum 1.10.2009 (BGBl. I S. 2280) wurde Absatz 6 modifiziert und die Möglichkeit eingeräumt, auch die Entscheidung des Ermittlungsrichters mit der Beschwerde anzufechten.

Übersicht

1 RGSt **51** 319, 323; **66** 85.

Alphabetische Übersicht

A. Allgemeines

1 In der Zeit von der Sicherstellung bis zur rechtskräftigen Entscheidung über ihren Verbleib können Gegenstände durch diverse Einflüsse an Wert verlieren. Deshalb bestehen während der Dauer der staatlichen Sicherungsmaßnahmen besondere Schutzpflichten der zuständigen Stellen, diesen Wertverlust zu verhindern oder, sofern er unvermeidbar ist, jedenfalls zu minimieren. Werden diese Fürsorgepflichten nicht beachtet oder verletzt, kann dies zu **Amtshaftungsansprüchen** führen.[2] Um ihre Schutzpflichten entsprechend wahrnehmen zu können, hat der Gesetzgeber der Justiz mit § 111p ein wirksames Mittel zur Verfügung gestellt, um auf den (drohenden) Wertverlust von Gegenständen, die nach § 111c beschlagnahmt oder aufgrund eines Vermögensarrestes nach § 111f gepfändet sind, durch eine Notveräußerung zu reagieren. Dadurch kann zumindest der wirtschaftliche Wert der Gegenstände für die Zwecke des Strafverfahrens erhalten werden. Da die Sicherungsmaßnahmen in erster Linie der späteren Realisierbarkeit einer rechtskräftigen Einziehungsanordnung dienen, nützt die Möglichkeit der Notveräußerung sowohl den wirtschaftlichen Interessen des Staates als auch jenen des Betroffenen (Rn. 8).[3]

2 Ausführlich zur Historie SK/*Rogall* § 111l, 5 ff.
3 MüKo/*Bittmann* § 111l, 1; SK/*Rogall* § 111l, 2; zu Haftungsfragen in diesem Zusammenhang BGH WM **1997** 1755.

Der Staat kann aber auch ein Interesse daran haben, durch die Notveräußerung eine spätere Entschädigungspflicht gegenüber dem Betroffenen zu vermeiden, wenn es beispielsweise im Urteil nicht zu einer Einziehungsanordnung kommt.[4] Nach dem Wortlaut der Norm steht die Notveräußerung im Ermessen der Staatsanwaltschaft, gleichwohl wird zum Teil bei Vorliegen der Voraussetzungen zur Notveräußerung auch von einer entsprechenden Pflicht ausgegangen, diese durchzuführen.[5]

I. Regelungsgehalt

2 Auf dieser Ausgangsbasis regelt Absatz 1 die Voraussetzungen, unter denen eine Notveräußerung erfolgen darf, Absatz 2 die Zuständigkeit für die Anordnung der Notveräußerung und Absatz 3 bestimmt die Anhörung der Betroffenen vor Ergehen einer entsprechenden Anordnung. Für die Durchführung der Notveräußerungsanordnung gilt Absatz 4, der auf die Vorschriften der ZPO über die Verwertung einer gepfändeten Sache verweist. Absatz 5 hält schließlich Rechtsbehelfe für die Betroffenen bereit. Liegen die Voraussetzungen des § 111n vor, geht die **Herausgabe** vor und eine Notveräußerung scheidet aus.[6]

II. Hintergrund

3 Durch das Gesetz zur Reform der strafrechtlichen Vermögensabschöpfung im Jahr 2017 hat der Gesetzgeber die Regelungen zur Notveräußerung inhaltlich weitgehend unverändert gelassen. Die durchgeführten Änderungen sollen vor allem der **Stärkung und Vereinfachung** der Notveräußerung dienen.[7] Sie beruhen auch auf Art. 10 der Richtlinie 2014/42/EU (siehe dazu bei § 111m, 1), der die Mitgliedstaaten zu einer effektiven Verwaltung und Verwertung vorläufig gesicherter Vermögenswerte verpflichtet.[8] Den Vorschlägen des Bundesrates, vom Veräußerungserlös die Kosten der Verwertung abzuziehen, ist der Bundestag nicht gefolgt.[9]

B. Voraussetzungen der Notveräußerung, Absatz 1

I. Tatbestandliche Anforderungen und Ermessenskriterien, Absatz 1 Satz 1

4 Der Gesetzgeber nennt in Absatz 1 Satz 1 die Voraussetzungen einer Notveräußerung. Danach können beschlagnahmte oder gepfändete Gegenstände veräußert werden, wenn ihr Verderb oder ein erheblicher Wertverlust droht oder ihre Aufbewahrung, Pflege oder Erhaltung mit erheblichen Kosten oder Schwierigkeiten verbunden ist. Die Veräußerungsvoraussetzungen haben sich damit im Vergleich zu den Möglichkeiten, die der Gesetzgeber erst 2007 durch das Gesetz zur Stärkung der Rückgewinnungshilfe und der Vermögensabschöpfung bei Straftaten vom 24.10.2006[10] geschaffen hatte, nochmals leicht verändert. So sieht die Vorschrift eine Notveräußerung heute nicht mehr erst dann

---

4 SK/*Rogall* § 111l, 1 ausführlich zu den Interessen der Beteiligten; das verkannte der Vorschlag des Bundesrates in BTDrucks. **18** 10146 S. 4.
5 KMR/*Mayer* 6.
6 SK/*Rogall* § 111l, 13; Meyer-Goßner/Schmitt/*Köhler* 2; KMR/*Mayer* 2.
7 BTDrucks. **18** 9525 S. 85.
8 BTDrucks. **18** 9525 S. 85.
9 BTDrucks. **18** 10146 S. 4 und 12.
10 BGBl. I S. 2350.

vor, wenn eine „wesentliche" Wertminderung droht, sondern schon dann, wenn eine solche „erheblich" ist (Rn. 7 ff.). Satz 2 stellt klar, dass sich die Rechte am veräußerten Gegenstand am Erlös fortsetzen und übernimmt damit die bisherige Rechtsfolge des § 111l Abs. 1 Satz 3 StPO a.F. ohne inhaltliche Änderungen.[11] Eine Notveräußerung kommt über § 46 Abs. 1 OWiG weiterhin auch im **Bußgeldverfahren** in Betracht, wobei zu beachten ist, dass § 62 OWiG lex specialis zu § 111p Abs. 5 ist.[12]

1. Gegenstand der Notveräußerung. Der Notveräußerung unterliegen grundsätzlich sämtliche nach §§ 111c oder 111f gesicherten „Gegenstände" jeder Art.[13] Umfasst sind damit neben beweglichen auch unbewegliche[14] Sachen, grundstücksgleiche Rechte und Forderungen,[15] Rechte, Schiffe, Schiffsbauwerke und Luftfahrzeuge.[16] Wo der Gegenstand aufbewahrt wird, ist unerheblich,[17] siehe aber Rn. 16. War der Gegenstand nach § 111d Abs. 2 Satz 3 unter Vorbehalt des jederzeitigen Widerrufs zur vorläufigen weiteren Benutzung dem Betroffenen überlassen worden, muss diese Überlassung zunächst widerrufen werden, ehe die Notveräußerung angeordnet werden kann.[18] **Nicht umfasst** sind jene Gegenstände, die aus rechtlichen Gründen einer Veräußerung per se entzogen[19] und deshalb unbrauchbar zu machen, zu vernichten oder aus dem Verkehr zu ziehen sind.[20] Dazu zählen etwa Betäubungsmittel und Gegenstände, die der Einziehung nach §§ 74 ff. StGB unterliegen,[21] aber auch verdorbene Lebensmittel.[22] Liegen die Voraussetzungen des Absatz 1 Satz 1 im Übrigen vor, können diese Gegenstände vernichtet werden.[23] Auch Tatwaffen dürfen nicht an autorisierte Waffenhändler verkauft werden, da ein erhebliches öffentliches Interesse daran besteht, diese Gegenstände nicht erneut einem potentiellen Täterkreis zugänglich zu machen.[24] 5

Vom Anwendungsbereich des § 111p sind nur solche Gegenstände umfasst, die nach §§ 111c, 111f in staatliche Obhut gelangt sind. Wurden Vermögenswerte ausschließlich als **Beweismittel** nach § 94 beschlagnahmt, findet § 111p keine Anwendung,[25] denn Beweismittel dienen dem Verfahren nicht wegen ihres wirtschaftlichen Wertes, sondern wegen ihres Beweisgehalts. Auf ihren wirtschaftlichen Wert kommt es nicht an. Allerdings sind Beweismittel, deren Verderb zu befürchten ist oder deren weitere Verwahrung aus anderen Gründen nicht mehr angängig erscheint, durch Fotographien, richterlichen Augenschein, Besichtigung durch Zeugen oder Sachverständige oder auf andere Weise 6

---

11 BTDrucks. **18** 9525 S. 85.

12 So schon zum alten Recht SK/*Rogall* § 111l, 4.

13 HK-GS/*Hartmann* § 111l, 1; zu Kryptowährung *Rückert* MMR **2016** 295, 299.

14 Ausdrücklich **ablehnend** (außer „allenfalls unter dem Gesichtspunkt einer wesentlichen Minderung des Werts") unter Rekurs auf die Entstehungsgeschichte und den Sinn und Zweck der Notveräußerung der 5. Zivilsenat des BGH mit Beschl. v. 11.10.2018 – V ZB 241/17, wobei die dort genannten Argumente eher in den Bereich der Ermessensausübung anzusiedeln seien dürften; der Entscheidung folgt Meyer-Goßner/Schmitt/*Köhler* 1.

15 Meyer-Goßner/Schmitt/*Köhler* 1; KK/*Spillecke* 3.

16 AnwK-StPO/*Lohse* § 111l, 1.

17 Meyer-Goßner/Schmitt/*Köhler* 1; HK-GS/*Hartmann* § 111l, 1; HK/*Gercke* 2; SK/*Rogall* § 111l, 12.

18 HK-GS/*Hartmann* § 111l, 2; Meyer-Goßner/Schmitt/*Köhler* 1; SK/*Rogall* § 111l, 13.

19 KK/*Spillecke* 4.

20 SK/*Rogall* § 111l, 12; Meyer-Goßner/Schmitt/*Köhler* 1.

21 SK/*Rogall* § 111l, 12; HK-GS/*Hartmann* § 111l, 2.

22 AnwK-StPO/*Lohse* § 111l, 1; HK/*Gercke* 3; KK/*Spillecke* 4.

23 KMR/*Mayer* 2; AnwK-StPO/*Lohse* § 111l, 1; HK/*Gercke* 3; KK/*Spillecke* 4.

24 HK/*Gercke* 3.

25 SSW/*Burghart* 1; HK-GS/*Hartmann* § 111l, 2; HK/*Gercke* 2; KK/*Spillecke* 3; Meyer-Goßner/Schmitt/*Köhler* 1.

so auszuwerten, dass das Ergebnis im weiteren Verfahren verwertet werden kann;[26] alsdann sind sie freizugeben,[27] grundsätzlich an den letzten Gewahrsamsinhaber, der sie rechtmäßig in seinem Besitz hatte, § 111n, 5ff. Überhaupt geht die Herausgabe nach § 111n der Notveräußerung vor.[28] Sind Gegenstände sowohl als Beweismittel nach § 94 als auch nach §§ 111c oder 111f beschlagnahmt oder gepfändet worden, ist eine Notveräußerung möglich.[29] In diesen, wie in den Fällen, in denen einem nach § 94 beschlagnahmten Gegenstand der Verderb droht, ist jedoch zunächst ihr Beweiswert zu sichern.[30]

7 **2. Gründe der Notveräußerung.** Das Gesetz nennt eine ganze Reihe von Gründen, bei denen eine Notveräußerung bzw. Vernichtung von Gegenständen (Rn. 5f.) in Betracht kommt. **Veräußerungsgrund** kann neben dem drohenden Verderb und dem drohenden erheblichen Wertverlust auch sein, dass die Aufbewahrung, Pflege oder Erhaltung des Vermögenswertes mit erheblichen Kosten oder Schwierigkeiten verbunden ist. Waren zur alten Rechtslage noch ein drohender wesentlicher Wertverlust und unverhältnismäßige Kosten oder Schwierigkeiten Voraussetzung einer Notveräußerung, so reichen heute schon ein drohender erheblicher Wertverlust bzw. erhebliche Kosten oder Schwierigkeiten.[31]

8 **a) Drohender Verderb und erheblicher Wertverlust.** Unter dem Begriff des Verderbens ist die Veränderung der Sachsubstanz zu verstehen, die mit einer vollständigen Aufhebung ihres Wertes verbunden ist.[32] Der Verderb droht, wenn bei ungehindertem Fortgang mit seinem zeitnahen Eintritt zu rechnen ist. Aus welchen Gründen der Verderb droht, ist unerheblich. Dies kann biologische, technische oder marktwirtschaftliche[33] Gründe haben. Drohender Verderb kann etwa bei Lebensmitteln schon dann vorliegen, wenn diese anschließend als solche unbrauchbar sind, auch, wenn sie in anderer Funktion, etwa als Kompost in der Landwirtschaft, einsetzbar bleiben und auch diesbezüglich einen Wert aufweisen. Gleiches gilt für das Kfz, das schon dann zu verderben droht, wenn es seine Fähigkeiten als Fortbewegungsmittel zu verlieren droht, unabhängig davon, ob es in der Folge als Ersatzteillager dienen kann. Bei der Bewertung eines **erheblichen Wertverlustes**[34] dürfen keine zu hohen Anforderungen gestellt werden. Die Notveräußerung dient nicht nur den Interessen des Staates, sondern auch jenen des Betroffenen und der potentiellen Verletzten. Sie ist nach Auffassung des Gesetzgebers „jedenfalls bei einem drohenden Wertverlust von zehn Prozent" anzunehmen.[35] Das bedeutet im Umkehrschluss zugleich, dass auch ein Wertverlust von nur 5% erheblich sein kann. Starre Grenzen und pauschale Argumente verbieten sich, es kommt vielmehr jeweils auf den konkreten Einzelfall an.

9 Nur weil ein erheblicher Wertverlust droht, heißt das nicht, dass deshalb auch eine Notveräußerung angeordnet werden muss. Eine **Ermessensausübung** wird durch das

---

26 HK/*Gercke* 2; Meyer-Goßner/Schmitt/*Köhler* 1; KMR/*Mayer* 1.
27 *Lampe* NJW **1975** 195, 197; KK/*Spillecke* 3; Meyer-Goßner/Schmitt/*Köhler* 1.
28 KK/*Spillecke* 5; nicht nur, wie der Gesetzgeber meint, eine Herausgabe an den Verletzten, BTDrucks. **18** 9525 S. 85, schließlich wird die Sache auch beim Vorgehen nach § 111n Abs. 1 und 3 nicht mehr für Zwecke des Strafverfahrens benötigt und kommt eine Einziehung folglich nicht mehr in Betracht.
29 HK/*Gercke* 2; KK/*Spillecke* 3; SK/*Rogall* § 111l, 3; Meyer-Goßner/Schmitt/*Köhler* 1.
30 HK/*Gercke* 2; KK/*Spillecke* 3; *Lampe* NJW **1975** 195, 197.
31 BTDrucks. **18** 9525 S. 85.
32 Meyer-Goßner/Schmitt/*Köhler* 2; SK/*Rogall* § 111l, 15; KMR/*Mayer* 4.
33 KMR/*Mayer* 4; Meyer-Goßner/Schmitt/*Köhler* 2; SK/*Rogall* § 111l, 15.
34 Umfassend zur Problematik des „wesentlichen Wertverlustes" noch *Rönnau/Hohn* wistra **2002** 445.
35 BTDrucks. **18** 9525 S. 85.

Vorliegen der Tatbestandsvoraussetzungen nicht entbehrlich, sondern ermöglicht sie überhaupt. Die pauschale Erwägung des Gesetzgebers, bei elektronischen Geräten und Kraftfahrzeugen sei eine frühzeitige Verwertung geboten,[36] kann daher in dieser Pauschalität nicht überzeugen. Gerade ältere Fahrzeuge werden ab einem gewissen Alter eher wieder an Wert zulegen. Diverse elektronische Geräte haben hingegen schon unmittelbar nach dem Kauf keinen nennenswerten Wiederverkaufswert mehr, während andere (bspw. High-End Musikanlagen) quasi keinerlei Wertschwankung unterliegen. Da die Notveräußerung den Interessen aller Beteiligten dienen kann, sollte auch versucht werden, eine **einvernehmliche Lösung** zu dieser Frage herbeizuführen, schließlich wird schon durch die Bezeichnung als *Not*veräußerung deutlich, dass diese nur unter besonderen Voraussetzungen in Erwägung gezogen werden darf und die Verwahrung bis zum Ende des Verfahrens die Regel ist.[37] Zu berücksichtigen ist dabei auch, dass durch die Notveräußerung möglicherweise nicht der Realwert erzielt werden kann.

b) Sonstige Gründe. Sind Aufbewahrung, Pflege oder Erhaltung des Gegenstands **10**
mit erheblichen Kosten oder Schwierigkeiten verbunden, kann der Vermögenswert ebenfalls notveräußert werden. Zur Frage, wann von **erheblichen Kosten** auszugehen ist, äußert sich die Gesetzesbegründung nicht. Man könnte hier die Auffassung vertreten, die Erheblichkeit sei abstrakt und unabhängig vom Wert des Gegenstandes zu bestimmen. Hierfür ließe sich der veränderte Wortlaut, der nicht mehr von „unverhältnismäßig" spricht, anführen. Von erheblichen Kosten dürfte dann jedenfalls bei einer Summe von 500,00 EUR auszugehen sein. Allerdings kann gerade in Fällen, in denen Kraftfahrzeuge sichergestellt wurden, diese Summe recht schnell erreicht werden. Daraus würde folgen, dass Kraftfahrzeuge regelmäßig nicht wegen drohenden Wertverlustes, sondern vor allem wegen erheblicher Aufbewahrungskosten notveräußert werden könnten. Das kann unter Berücksichtigung der mit der Notveräußerung gerade in Fällen der Pfändung von unstrittig legal erworbenen Gegenständen einhergehenden Beeinträchtigung des Eigentumsgrundrechts nicht überzeugen. Der Begriff der Erheblichkeit ist daher schon auf Tatbestands- und nicht erst auf Ermessensebene verfassungskonform dahingehend auszulegen, dass er ins Verhältnis zu dem Wert des Gegenstandes zu setzen ist.[38] Das die Notveräußerung anordnende Organ hat seine Entscheidung am Maßstab eines **wirtschaftlich denkenden Eigentümers** auszurichten.[39] Abzuwägen sind die entstehenden Aufwendungen mit dem Verkehrswert der Sache.[40] Würde danach ein wirtschaftlich denkender Eigentümer die Sache verwerten, kommt eine Notveräußerung in Betracht.[41] Entscheidender Faktor bei der Erheblichkeitsprüfung ist außerdem nicht der personelle Aufwand, der für Pflege oder Erhaltung notwendig ist, sondern der Kostenaufwand, der bei einem Auftrag zur Aufbewahrung oder Pflege an einen gewerblichen Fachmann entstehen würde.[42]

3. Zeitpunkt der Notveräußerung. Die Vermögenswerte dürfen vor Rechtskraft des **11**
Urteils veräußert werden, danach liegt keine Notveräußerung, sondern eine Verwertung

---

36 Zustimmend KMR/*Mayer* 4 und 6.
37 SSW/*Burghart* 2.
38 Im Ergebnis ebenso Meyer-Goßner/Schmitt/*Köhler* 2.
39 Meyer-Goßner/Schmitt/*Köhler* 2; so zur alten Rechtslage schon OLG Hamburg NStZ-RR **2011** 345, 346; AnwK-StPO/*Lohse* § 111l, 5; KK/*Spillecke* 5.
40 Meyer-Goßner/Schmitt/*Köhler* 2.
41 OLG Hamburg NStZ-RR **2011** 345, 346; SK/*Rogall* § 111l, 16.
42 HK-GS/*Hartmann* § 111l, 3; Meyer-Goßner/Schmitt/*Köhler* 2.

im Wege der Vollstreckung vor. Die Veräußerungsmöglichkeit vor Rechtskraft war in § 111l Abs. 1 Satz 1 StPO a.F. noch ausdrücklich normiert, die Regelung ist mit der Reform 2017 entfallen. Das ist für die Praxis jedoch weitgehend unproblematisch, kam der Vorschrift doch vor allem klarstellende Bedeutung zu. Einen eigenständigen Regelungsgehalt hatte sie nicht,[43] denn dass Gegenstände **nach Rechtskraft** des Urteils veräußert werden dürfen, ergibt sich schon aus dem materiellen Recht in Form von § 75 StGB, wonach das Eigentum an der Sache oder das Recht mit Rechtskraft der Einziehungsentscheidung auf den Staat übergeht. Wird eine Einziehungsentscheidung hingegen rechtskräftig abgelehnt, sind die Gegenstände freizugeben und eine Notveräußerung kommt ebenfalls nicht mehr in Betracht. Gleiches gilt, wenn im Rechtsmittelverfahren das Verschlechterungsverbot der Anordnung der Einziehung entgegensteht.

12 **4. Ermessensentscheidung.** Ob es zu einer Notveräußerungsanordnung durch die nach Absatz 2 Zuständigen kommt, entscheiden diese nach pflichtgemäßem Ermessen, Abs. 1 Satz 1. Die Formulierung in Absatz 2 Satz 1 bewirkt keine gebundene Entscheidung, sondern ist eine reine Zuständigkeitsregelung. Die Entscheidung ist davon abhängig zu machen, ob sie unter Beachtung des **Verhältnismäßigkeitsgrundsatzes** erforderlich ist. Wie dargestellt (Rn. 1) dient die Notveräußerung in der Regel allen Beteiligten, das wirtschaftliche Risiko einer Notveräußerung trägt aber letztlich der Betroffene.[44] Nur weil eine Notveräußerung unterblieben ist und damit die Haftungsmasse an Wert verloren hat, verringern sich schließlich nicht die Ansprüche, die der Staat oder der Verletzte gegen den Betroffenen haben.[45] Unter Beachtung des Verhältnismäßigkeitsgrundsatzes ist deshalb immer eine Abwägung erforderlich, die auch die alternativen Handlungsmöglichkeiten nach Rn. 14 mit einzubeziehen hat. Sie muss jedenfalls auf eine wirtschaftlich möglichst erfolgreiche Veräußerung gerichtet sein[46] und darf keinesfalls von der Frage berührt werden, ob der Betroffene damit unter Druck gesetzt werden kann (Vor §§ 111b ff., 23).[47] Unterbleibt die Notveräußerung oder wird sie rechtswidrig nicht vorgenommen, obwohl bei fehlerfreier Ermessensausübung ein entsprechendes Handeln angezeigt gewesen wäre, liegt nicht nur eine unrichtige Sachbehandlung im Sinne des § 21 GKG vor,[48] sondern dadurch können auch **Schadensersatzansprüche** begründen werden.[49]

II. Folgen der Notveräußerung, Absatz 1 Satz 2

13 Wird ein Gegenstand notveräußert, so geht das Eigentum oder das Recht auf den Erwerber über.[50] Der Erlös tritt an dessen Stelle. Das bedeutet, dass in dem Urteil auf Einziehung des Erlöses zu erkennen ist,[51] wenn die Voraussetzungen für die Einziehungsanordnung vorliegen.[52] Das Gesetz sieht als Rechtsfolge der Veräußerung folglich eine **Sur-**

43 LR/*Johann*[26] § 111l, 7.
44 AnwK-StPO/*Lohse* § 111l, 5; *Rönnau/Hohn* wistra **2002** 445, 452.
45 *Rönnau/Hohn* wistra **2002** 445, 452.
46 HK-GS/*Hartmann* § 111l, 1.
47 Siehe dazu ausführlich *Johann* 10 f.
48 SK/*Rogall* § 111l, 19; MüKo/*Bittmann* § 111l, 1; KMR/*Mayer* 6.
49 MüKo/*Bittmann* § 111l, 1; SK/*Rogall* § 111l, 1 und 10.
50 AnwK-StPO/*Lohse* § 111l, 8.
51 BGHSt **8** 46, 53; Meyer-Goßner/Schmitt/*Köhler* 3; SK/*Rogall* § 111l, 20.
52 BGHSt **8** 46, 53; RGSt **54** 137, 138; AnwK-StPO/*Lohse* § 111l, 8; Meyer-Goßner/Schmitt/*Köhler* 3; einschränkend SSW/*Burghart* 4 für Fälle, in denen nur der Besitz der Einziehung unterliegen sollte.

rogation vor. Wird nach der Notveräußerung im Urteil nicht auf Einziehung erkannt, so hat der Betroffene einen schuldrechtlichen Anspruch auf Auszahlung[53] und Übereignung des Erlöses, wenn die Sicherstellungsvoraussetzungen entfallen sind. Durch Satz 2 wird er nicht ipso iure Eigentümer des Erlöses.[54] Die bei der Gerichtskasse zu hinterlegende Verkaufssumme ist nach den Vorschriften des jeweiligen Hinterlegungsgesetzes zu verzinsen, wobei die ganz überwiegende Zahl der Hinterlegungsgesetze eine solche heute nicht mehr vorsieht.

III. Handlungsalternativen

Droht eine Sache zu verderben oder erheblich an Wert zu verlieren, stellt § 111p Abs. 1 nur eine von diversen Möglichkeiten dar, wie die Strafverfolgungsorgane auf diese Entwicklung reagieren können. So kann der Betroffene etwa unter Hinweis auf die ansonsten erfolgende Notveräußerung zur Hinterlegung der im Arrestbefehl genannten Lösungssumme aufgefordert werden, § 111e Abs. 4.[55] Dies wird ihm zwar nur möglich sein, wenn er über weitere Vermögenswerte verfügt, eine entsprechende Aufforderung ist aber grundsätzlich immer denkbar, da auch die **Hinterlegung eines Teilbetrages** das Sicherungsbedürfnis reduziert und Auswirkungen auf die Ermessensausübung nach § 111e Abs. 1 Satz 1 haben kann. Erfolgte die Sicherung der Vermögenswerte nicht durch Vermögensarrest, sondern durch eine Beschlagnahme, gehen die Möglichkeiten nach § 111d Abs. 2 der Notveräußerung ebenfalls vor.[56] § 111d Abs. 2 Satz 1 entspricht dabei im Wesentlichen der Hinterlegung einer durch Arrestbefehl bezeichneten Lösungssumme. Wird der Wert der Sache erlegt, so erhält der Betroffene sie zurück und kann frei über sie verfügen. Eine Notveräußerung findet nicht statt.[57] Der Betroffene muss auf diese Möglichkeiten hingewiesen werden, sie wahrzunehmen ist er nicht verpflichtet. Kann der Eintritt der Notveräußerungsgründe nach Absatz 1 Satz 1 durch eine andere Maßnahme der vorbezeichneten Art verhindert werden, geht dies einer Notveräußerung schon aus Gründen der **Verhältnismäßigkeit** vor. Denkbar ist auch, dass ein trotz oder gerade durch Notveräußerung eintretender Wertverlust im Rahmen des § 459g Abs. 5 Satz 1 Berücksichtigung finden kann.[58] Da sich auch für den Verletzten eine Notveräußerung nachteilig auswirken kann, sollte er vor einer entsprechenden Anordnung befragt werden, ob er sich zum Erhalt der Sache auch eine Kostenbeteiligung vorstellen kann.[59] 14

IV. Haftungsrechtliche Fragen

Durch die Notveräußerung kann ein Wertverlust eintreten. Dieser kann etwa dadurch entstehen, dass eine Notveräußerung nicht, zu spät oder überhaupt vorgenommen wird. Dies kann grundsätzlich **Amtshaftungsansprüche** begründen,[60] wenn der jeweilige Beamte pflichtwidrig gehandelt hat. Ob dies der Fall war, ist eine Frage des Einzelfalls. 15

---

53 RGSt **56** 322, 323; AnwK-StPO/*Lohse* § 111l, 8; SK/*Rogall* § 111l, 20.
54 HK-GS/*Hartmann* § 111l, 4; HK/*Gercke* 6; KK/*Spillecke* 13; SK/*Rogall* § 111l, 20.
55 Zur alten Rechtslage so schon *Rönnau/Hohn* wistra **2002** 445, 449.
56 SK/*Rogall* § 111l, 13.
57 HK-GS/*Hartmann* § 111l, 2.
58 Zur alten Rechtslage so schon *Rönnau/Hohn* wistra **2002** 445, 452.
59 AnwK-StPO/*Lohse* § 111l, 5.
60 **A.A.** *Rönnau/Hohn* wistra **2002** 445, 450.

C. Zuständigkeit zur Notveräußerung, Absatz 2 und 4

16 Bei Fragen der Zuständigkeit für die Notveräußerung ist zunächst zwischen der Zuständigkeit für die Anordnung (Absatz 2) und den Vollzug (Absatz 4) zu unterscheiden. Für beides ist unabhängig vom jeweiligen Verfahrensstadium[61] grundsätzlich die Staatsanwaltschaft originär zuständig, die richterliche Zuständigkeit ist durch das Gesetz zur Reform der strafrechtlichen Vermögensabschöpfung entfallen.[62] Die Zuständigkeitskonzentration bei der Staatsanwaltschaft vermeidet nach Auffassung des Gesetzgebers „Doppelstrukturen", die eine effektive Verwaltung und Veräußerung der Gegenstände hindert.[63] In **Eilfällen** besteht auch eine Zuständigkeit der Ermittlungspersonen der Staatsanwaltschaft, Absatz 2 Satz 2 und Absatz 4 Satz 2. Befindet sich die Sache beim **Insolvenzverwalter**, kann er sie nicht veräußern. Er muss sie herausgeben und die Staatsanwaltschaft entscheidet über die Veräußerung.[64]

I. Anordnung der Notveräußerung, Absatz 2

17 Die Anordnung der Notveräußerung erfolgt durch die Staatsanwaltschaft, Absatz 2 Satz 1. Funktionell zuständig ist der Rechtspfleger, § 31 Abs. 1 Nr. 2 RPflG. Nimmt der Staatsanwalt die Anordnung selbst vor, wird sie dadurch nicht unwirksam.[65] Er muss die Anordnung sogar vornehmen, wenn ein Rechtspfleger nicht rechtzeitig entscheiden kann.[66] Droht der Gegenstand zu verderben, bevor die Entscheidung der Staatsanwaltschaft herbeigeführt werden kann, steht die Anordnung auch den **Ermittlungspersonen der Staatsanwaltschaft** zu, Absatz 2 Satz 2. Die Ermittlungspersonen müssen sich dabei zunächst um eine Entscheidung des Rechtspflegers bemühen,[67] ist dieser nicht zu erreichen, um eine solche des Staatsanwalts.[68] Dem drohenden Verderb sollte zur alten Rechtslage der Fall gleichstehen, dass ohne eine Anordnung der Ermittlungspersonen eine wesentliche Wertminderung unabwendbar erscheint.[69] Der Gesetzgeber hat diese Auffassung bei der Reform jedoch nicht aufgegriffen, so dass es bei der Zuständigkeit in dem dort ausdrücklich bezeichneten Fall bleiben muss. Ohnehin wird eine Anordnung durch die Ermittlungspersonen in der Praxis kaum denkbar sein, weil im Wege des staatsanwaltschaftlichen Notdienstes jedenfalls ein Staatsanwalt zu erreichen sein wird.[70]

18 Absatz 2 Satz 2 Hs. 2 enthält als einzige Vorschrift in der StPO eine ausdrückliche Rangfolge zwischen der Staatsanwaltschaft und ihren Ermittlungspersonen. Obwohl § 111p keine Ermittlungshandlungen regelt, kann dieser Vorschrift ein **allgemeiner Rechtsgedanke** dahin entnommen werden, dass der Staatsanwaltschaft grundsätzlich der Vorrang vor ihren Ermittlungspersonen zukommt und dass diese nur zuständig sind, wenn ein Staatsanwalt nicht zu erreichen ist. In Steuersachen hat das Finanzamt die Rechte der Staatsanwaltschaft (§ 386 AO), im Bußgeldverfahren nach § 46 Abs. 2 OWiG die Verwaltungsbehörde.

---

61 **Anders** noch die alte Rechtslage, vergleiche dazu LR/*Johann*[26] § 111l, 13 ff.
62 Meyer-Goßner/Schmitt/*Köhler* 5.
63 BTDrucks. **18** 9525 S. 85.
64 *Blankenburg* ZInsO **2017** 1453, 1465.
65 KK/*Spillecke* 7; Meyer-Goßner/Schmitt/*Köhler* 5.
66 HK/*Gercke* 7; Meyer-Goßner/Schmitt/*Köhler* 5; SK/*Rogall* § 111l, 22.
67 KK/*Spillecke* 7.
68 **A.A.** MüKo/*Bittmann* § 111l, 3.
69 AnwK-StPO/*Lohse* § 111l, 6; HK/*Gercke* 7; **a.A.** KK/*Spillecke*[7] § 111l, 5 „nur" bei drohendem Verderb.
70 Weitergehend für Eilentscheidungen generell MüKo/*Bittmann* § 111l, 3.

II. Durchführung der Notveräußerung, Absatz 4

Die Durchführung der Notveräußerung ist in Absatz 4 geregelt. Er ersetzt § 111l Absatz 5 StPO a.F.[71] und stellt zunächst klar, dass die Durchführung der Notveräußerung der Staatsanwaltschaft anheimfällt, Satz 1. Sie kann, nicht nur in Eilfällen, sondern vielmehr in jeder denkbaren Konstellation, ihre **Ermittlungspersonen** mit der Durchführung der Notveräußerung beauftragen, Satz 2. Zuletzt wird geregelt, dass für die Notveräußerung im Übrigen die Vorschriften der Zivilprozessordnung über die Verwertung von Gegenständen sinngemäß anwendbar sind, Satz 3. 19

1. Art und Weise. Die Durchführung der Notveräußerung, sowohl was das zuständige Organ als auch die jeweilige Art und Weise der Maßnahme angeht, liegt in den Händen der Strafverfolgungsbehörden.[72] Der Gesetzgeber hat insoweit klargestellt, dass sie weder auf die Möglichkeiten nach der Zivilprozessordnung beschränkt, noch auf den Gerichtsvollzieher angewiesen sind.[73] Sie können die Notveräußerung daher sowohl auf andere **Art und Weise** als dort beschrieben, als auch durch andere Personen durchführen lassen.[74] In Betracht kommen hier vor allem gewerbliche Verwerter.[75] Damit dürfte auch das Problem der Verwertung von Aktiendepots gelöst[76] sein,[77] auch wenn hier eine klarere Handlungsanweisung des Gesetzgebers wünschenswert gewesen wäre.[78] 20

2. Zivilprozessordnung. Die sinngemäß weiterhin anwendbaren Vorschriften der Zivilprozessordnung sind vor allem die §§ 814 ff. ZPO. Die Verwertung einer gepfändeten Sache dürfte daher im Regelfall weiter nach § 814 ZPO erfolgen. Danach sind die gepfändeten Sachen vom Gerichtsvollzieher öffentlich zu versteigern. Die Versteigerung darf nicht vor Ablauf einer Woche seit der Anordnung der Notveräußerung erfolgen, es sei denn, dass die Gefahr einer beträchtlichen Wertminderung der Sache abzuwenden oder unverhältnismäßige Kosten einer langen Aufbewahrung vermieden werden müssen, § 816 Abs. 1 ZPO. Die Versteigerung findet grundsätzlich in der Gemeinde statt, in der die Pfändung erfolgte, § 816 Abs. 2 ZPO. Über Versteigerungszeit und -art können abweichende Vereinbarungen zwischen der Staatsanwaltschaft und den Beteiligten getroffen werden, § 816 Abs. 1 und 2 ZPO. Zeit und Ort der Versteigerung sind öffentlich bekanntzumachen, § 816 Abs. 3 ZPO. Die bei der Versteigerung zugeschlagenen Sachen dürfen nur gegen Barzahlung abgeliefert werden, § 817 Abs. 2 ZPO. Für die Verwertung von Wertpapieren gelten die §§ 821 ff. ZPO. Ebenso können freilich auch weiterhin der Gerichtsvollzieher mit der Veräußerung beauftragt oder der Gegenstand nach § 825 ZPO freihändig veräußert werden.[79] Dieses Vorgehen kann zusammen mit oder nachträglich zur Notveräußerung angeordnet werden. Die Anordnung der Verwertung des Gegenstandes **auf andere Weise** als durch öffentliche Versteigerung kann auf Antrag oder von 21

71 BTDrucks. **18** 9525 S. 85.
72 BTDrucks. **18** 9525 S. 85.
73 BTDrucks. **18** 9525 S. 85.
74 BTDrucks. **18** 9525 S. 85 f.; **a.A.** unter Hinweis auf § 111m Abs. 1 Satz 2 SSW/*Burghart* 7.
75 BTDrucks. **18** 9525 S. 86.
76 Meyer-Goßner/Schmitt/*Köhler* 1.
77 Siehe dazu LR/*Johann*[26] § 111l, 29; SK/*Rogall* § 111l, 11.
78 Schon zur alten Rechtslage ging MüKo/*Bittmann* § 111l, 4 davon aus, dass die Durchführung nach reinen Zweckmäßigkeitserwägungen erfolgen durfte und lediglich ein Vermerk erforderlich war, in dem das Abweichen zu begründen war.
79 BTDrucks. **18** 9525 S. 86.

Amts wegen erfolgen. Der Ertrag der Notveräußerung ist bei Gericht zu hinterlegen und nach dem jeweiligen Hinterlegungsgesetz zu verzinsen,[80] wobei die ganz überwiegende Zahl der Hinterlegungsgesetze eine solche heute nicht mehr vorsieht.

22 **3. Zuständigkeit.** Für die Durchführung der Notveräußerung ist der Rechtspfleger der Staatsanwaltschaft zuständig, § 31 Abs. 1 Nr. 2 RPflG. Auch hier gilt wiederum, dass die Vornahme des Geschäfts durch den Staatsanwalt die Handlung nicht unwirksam macht. Die Durchführung der Notveräußerung steht damit weitgehend im pflichtgemäßen Ermessen der Staatsanwaltschaft.[81] Sie hat maßgeblich unter dem Gesichtspunkt der Wirtschaftlichkeit zu erfolgen. Eine **individuelle Vereinbarung** bleibt immer möglich und sollte auch angestrebt werden, schließlich ist die Notveräußerung bei Vorliegen ihrer Voraussetzungen im Interesse aller Beteiligten (Rn. 1). Denkbar ist beispielshalber, die vorläufige Sicherung des Gegenstandes aufzugeben, um etwa das Grundstück im Einvernehmen mit dem Betroffenen von einem Makler verkaufen zu lassen. Der Erlös kann dann unmittelbar beschlagnahmt werden.

D. Anhörung der Betroffenen, Absatz 3

I. Allgemeines

23 Bevor eine Notveräußerung angeordnet wird, sollen die Betroffenen gehört werden, Absatz 3 Satz 1. Diese sollen außerdem über die Anordnung sowie die Zeit und den Ort der Veräußerung unterrichtet werden, soweit dies ausführbar erscheint, Absatz 3 Satz 2. Satz 1 ist deshalb als Soll-Vorschrift ausgestaltet, weil in Fällen von **Eilentscheidungen** eine Anhörung der Betroffenen nicht immer möglich sein wird. Nur dann, wenn die Notveräußerung so eilbedürftig ist, dass ihr Zweck bei vorheriger Anhörung nicht verwirklicht werden könnte, darf sie ausnahmsweise unterbleiben;[82] grundsätzlich ist die Anhörung jedoch durchzuführen.[83] Ist eine Anhörung problemlos möglich, dürfte zugleich keine Eilbedürftigkeit bestehen. Unterbleibt die Anhörung, ist das ohne Auswirkungen auf die Wirksamkeit der Notveräußerung.[84]

II. Betroffener

24 Mit dem Gesetz zur Reform der strafrechtlichen Vermögensabschöpfung hat der Gesetzgeber die Aufzählung der Anzuhörenden aufgegeben und fasst diese heute nur noch als „Betroffene“ zusammen. Da der Begriff des Betroffenen im übrigen Vermögensabschöpfungsrecht denjenigen bezeichnet, dem der Gegenstand (un-)mittelbar entzogen wurde, ist diese Begrifflichkeit jedenfalls unglücklich. Gemeint sind nach wie vor die in § 111l Abs. 4 StPO a.F. Genannten, mithin der Beschuldigte, der Eigentümer und alle anderen, denen (dingliche) Rechte an der Sache zustehen können.[85] Damit sind auch der potentiell Verletzte und der (Dritt-)Betroffene zu unterrichten.[86] Die Staatsanwaltschaft kann darüber hinaus auch Personen anhören, die nur schuldrechtliche Ansprüche auf

---

80 AnwK-StPO/*Lohse* § 111l, 8.
81 KMR/*Mayer* 10.
82 KMR/*Mayer* 9; HK/*Gercke* 8; KK/*Spillecke* 8.
83 SK/*Rogall* § 111l, 26.
84 HK-GS/*Hartmann* § 111l, 6; KMR/*Mayer* 9; Meyer-Goßner/Schmitt/*Köhler* 6; SK/*Rogall* § 111l, 26.
85 SK/*Rogall* § 111l, 26; SSW/*Burghart* 6.
86 Meyer-Goßner/Schmitt/*Köhler* 6.

die Sache haben.[87] Dies gilt etwa für **Mieter** schon wegen § 577 BGB, aber auch für Pächter oder Leasingnehmer.

III. Gegenstand der Anhörung

Durch die Anhörung soll den Betroffenen Gelegenheit gegeben werden, Bedenken gegen die Notveräußerung vorzubringen und Vorschläge zu deren Abwendung zu machen.[88] Im Zuge der Anhörung können etwa auch die in Rn. 14 aufgezeigten **Handlungsalternativen** erörtert und einvernehmliche Lösungen zur Abwendung der Notveräußerung gefunden werden. 25

IV. Benachrichtigungspflicht, Absatz 3 Satz 2

Die Anordnung der Notveräußerung sowie deren Zeit und Ort sind den von ihr Betroffenen (Rn. 24) mitzuteilen, soweit dies ausführbar erscheint. Die Bekanntmachung der Anordnung an den Beschuldigten ist schon in § 35 Abs. 2 vorgeschrieben, Absatz 3 Satz 2 erweitert die Bekanntmachungspflicht somit vor allem gegenüber den **übrigen Beteiligten** i.S.d. Rn. 24. Die Bekanntmachung von Zeit und Ort der Veräußerung soll ihnen die Möglichkeit geben, die Sache selbst zu erwerben oder geeignete Käufer auf die Notveräußerung aufmerksam zu machen.[89] Sie kann zwar grundsätzlich mit der Anhörung nach Absatz 3 Satz 1 verbunden werden,[90] sofern ein potentieller Notveräußerungstermin zu diesem Zeitpunkt schon feststeht. Allerdings ist insoweit auch zu berücksichtigen, dass die Anhörung gerade auch dazu dient, Gegenargumente für eine Notveräußerung vorzubringen.[91] Die Anhörung darf deshalb nicht nur der guten Ordnung halber durchgeführt werden, sondern die Stellungnahme ist in die Entscheidungsfindung über die Anordnung miteinzubeziehen, andernfalls ist sie ermessensfehlerhaft. Auch auf die Möglichkeiten nach § 111d Abs. 2 sollte hingewiesen werden.[92] Die Bekanntmachung darf unterbleiben, wenn sie etwa wegen der Dringlichkeit der Veräußerung nicht rechtzeitig ausgeführt werden kann[93] oder wenn sie deshalb nicht möglich ist, weil die Bekanntmachungsempfänger nicht oder nicht rechtzeitig ermittelt werden konnten. 26

V. Form der Benachrichtigung

Die Form der Benachrichtigung nach Absatz 3 ist im Gesetz nicht ausdrücklich festgeschrieben, so dass von den **allgemeinen Grundsätzen** auszugehen ist.[94] Staatsanwalt, Rechtspfleger und Ermittlungspersonen der Staatsanwaltschaft entscheiden daher durch Verfügung.[95] 27

---

87 SK/*Rogall* § 111l, 26.
88 AnwK-StPO/*Lohse* § 111l, 7; HK-GS/*Hartmann* § 111l, 6; Meyer-Goßner/Schmitt/*Köhler* 6; SK/*Rogall* § 111l, 26.
89 HK/*Gercke* 9; Meyer-Goßner/Schmitt/*Köhler* 7; SK/*Rogall* 111l, 28.
90 SK/*Rogall* § 111l, 28.
91 Meyer-Goßner/Schmitt/*Köhler* 6.
92 Meyer-Goßner/Schmitt/*Köhler* 6.
93 HK-GS/*Hartmann* § 111l, 6.
94 SK/*Rogall* § 111l, 25.
95 SK/*Rogall* § 111l, 25.

E. Rechtsbehelfe gegen die Notveräußerung

I. Antrag auf gerichtliche Entscheidung, Absatz 5

28 Mit dem Gesetz zur Reform der strafrechtlichen Vermögensabschöpfung hat der Gesetzgeber die Rechtsbehelfsmöglichkeit gegen die Anordnung und die Durchführung der Notveräußerung durch die Staatsanwaltschaft in Absatz 5 zusammengefasst. Von Absatz 5 sind dabei auch solche Entscheidungen erfasst, durch die eine Notveräußerung abgelehnt wird.[96] Gegen die Anordnung oder Ablehnung der Notveräußerung und ihre Durchführung kann der Betroffene die Entscheidung des nach § 162 zuständigen Gerichts beantragen, Satz 1. Zwar ist im Gesetz nicht von der „Anordnung der Notveräußerung", sondern nur von der „Notveräußerung" die Rede, hierbei dürfte es sich jedoch um ein Redaktionsversehen des Gesetzgebers handeln, denn durch das Wort „und" wird deutlich, dass mit der Notveräußerung *und* ihrer Durchführung zwei unterschiedliche Entscheidungen gemeint sein müssen. Die Gesetzesbegründung selbst geht auch davon aus, dass Absatz 5 den Rechtsbehelf gegen **Anordnung und Durchführung** der Notveräußerung regelt.[97] Das Gericht, in dringenden Fällen auch der Vorsitzende alleine, können die Aussetzung der Veräußerung anordnen, Satz 2. Gegen die richterliche Entscheidung steht dem Betroffenen die Beschwerdemöglichkeit offen (Rn. 33).

29 **1. Antragsberechtigung.** Zu einem Antrag nach Absatz 5 Satz 1 sind der Eigentümer,[98] der Beschuldigte[99] sowie jedermann berechtigt, dem ein Recht an der Sache zusteht[100] und dem durch die Notveräußerung ein Rechtsverlust droht.[101] Als antragsberechtigt ist somit auch der letzte Gewahrsamsinhaber anzusehen.[102] Wie jedes Rechtsmittel setzt auch der Antrag nach Absatz 5 Satz 1 eine **Beschwer** voraus. Diese liegt jedenfalls immer vor, wenn die Notveräußerung gegen den Willen des Betroffenen angeordnet wurde.[103] Möchte der Betroffene eine Notveräußerung herbeiführen, kann er dieses Begehren nicht nur auf einen drohenden Verderb oder Wertverlust stützen, sondern, sofern er Beschuldigter ist, auch darauf, dass die Aufbewahrung, Pflege oder Unterhaltung des Vermögenswertes mit erheblichen Kosten verbunden ist.[104] Denn auch in diesen Fällen bewirkt die nicht erfolgende Notveräußerung eine Belastung des Beschuldigten. Er trägt letztlich das Risiko der Verwertbarkeit der Sache (Rn. 12) und muss daher auch eine **unvernünftige Aufbewahrung, Pflege oder Unterhaltung** des Vermögenswertes angreifen können.[105] In allen Fällen hat der Antrag allerdings nur dann Erfolg, wenn die Strafverfolgungsbehörde eine offensichtlich notwendige Veräußerung nicht durchführt, denn nur in diesen Fällen ist das Ermessen auf Null reduziert.[106]

---

96 **A.A.** *Rönnau/Hohn* wistra **2002** 445, 450.
97 BTDrucks. **18** 9525 S. 86; so auch Meyer-Goßner/Schmitt/*Köhler* 9.
98 KK/*Spillecke* 12.
99 KK/*Spillecke* 12; SK/*Rogall* § 111l, 35.
100 AnwK-StPO/*Lohse* § 111l, 9; KK/*Spillecke* 12; SK/*Rogall* § 111l, 35.
101 OLG Saarbrücken StraFo **2016** 377.
102 HK/*Gercke* 13; HK-GS/*Hartmann* § 111l, 8; Meyer-Goßner/Schmitt/*Köhler* 9.
103 SK/*Rogall* § 111l, 36.
104 **A.A.** SK/*Rogall* § 111l, 36.
105 **A.A.** SK/*Rogall* § 111l, 36, der die Fälle von Absatz 1 Satz 1 Alt. 2 als alleine im Interesse der Justizverwaltung erfolgende Veräußerungsgründe ansieht.
106 **A.A.** SK/*Rogall* § 111l, 36.

2. Zuständigkeit. Die Zuständigkeit für die Entscheidung über den Antrag nach Satz 1 liegt beim nach § 162 zuständigen Gericht. Es hat folglich der Ermittlungsrichter des Amtsgerichts zu entscheiden, in dessen Bezirk die Staatsanwaltschaft bzw. ihre Zweigstelle ihren Sitz hat. Ist das jeweilige Oberlandesgericht in erster Instanz zuständig, wird dessen Ermittlungsrichter angerufen, § 169 Abs. 1 Satz 1, gegen Anordnungen des Generalbundesanwalts entscheidet der Ermittlungsrichter des Bundesgerichtshofs, § 169 Abs. 1 Satz 2.[107] Maßnahmen seiner Ermittlungspersonen überprüft zunächst der Staatsanwalt,[108] das ist aber keine Zulässigkeitsvoraussetzung für eine gerichtliche Entscheidung, wie sich aus Absatz 5 Satz 1 unmittelbar ergibt.[109] Der Staatsanwalt kann die Maßnahme aufheben oder abändern. Hilft er der geltend gemachten Beschwer nicht ab, legt er die Sache dem Gericht vor. In den Fällen prozessualer Überholung gilt Rn. 31. Hatte der Rechtspfleger eine Maßnahme angeordnet oder durchgeführt, entscheidet über Einwendungen gegen Maßnahmen bei Nichtabhilfe durch den Rechtspfleger unmittelbar das Gericht, eine vorherige Vorlage an den Staatsanwalt findet nicht statt,[110] argumentum e contrario § 31 Abs. 6 Satz 1 RPflG.[111] Wegen § 31 Abs. 6 Satz 3, 4 RPflG i.V.m. §§ 145, 146 GVG ist der Rechtspfleger jedoch an Weisungen des Staatsanwalts und des Behördenleiters gebunden. Im **Wiederaufnahmeverfahren** entscheidet nach § 162 Abs. 3 Satz 4 das Gericht, das für die Entscheidungen im Wiederaufnahmeverfahren zuständig ist. Dies richtet sich nach § 367 Abs. 1 Satz 1 sowie § 140a GVG. 30

3. Verfahren, Form und Frist. Der Antrag auf gerichtliche Entscheidung ist bei dem zur Entscheidung berufenen Gericht anzubringen. Befinden sich die Akten bei der Staatsanwaltschaft, was regelmäßig der Fall sein wird, kann der Antrag dort angebracht werden und ist mit entsprechender Stellungnahme an das Gericht weiterzuleiten. Der Antrag ist nicht an **Fristen** gebunden. Der Vollzug der Maßnahme wird durch den Überprüfungsantrag nicht gehemmt, § 307. Ist die angegriffene Maßnahme erledigt, besteht nur bei einem **tiefgreifenden Grundrechtseingriff**, der in der Anordnung oder Vollstreckung der Maßnahme liegen kann, ein Rechtsschutzbedürfnis.[112] Dies ist sicher dann der Fall, wenn der Betroffene bleibende **wirtschaftliche Nachteile** durch die Notveräußerung geltend machen kann und vor der Anordnung der Maßnahme nicht angehört werden konnte. Wegen der Kosten des erfolglosen Antrags gilt die Vorschrift des § 473a entsprechend. Über die Kosten ist daher ausdrücklich zu befinden. Dies gilt selbst dann, wenn das Gericht der Hauptsache angerufen wird.[113] Hat der Antrag Erfolg, so fallen die Kosten der Staatskasse zur Last. Auch eine Kostenquotelung ist denkbar, etwa bei Teilerfolg.[114] Die Entscheidung nach § 473a Satz 1 ist mit der sofortigen Beschwerde anfechtbar, § 473a Satz 1, § 464 Abs. 3 Satz 1, § 304 Abs. 3, sofern der Beschwerdegegenstand 200 EUR übersteigt. 31

4. Aussetzung der Veräußerung. Nach Absatz 5 Satz 2 kann das Gericht, in dringenden Fällen der Vorsitzende, die **Aussetzung der Veräußerung** anordnen. Die Norm entspricht im Wesentlichen dem Regelungsgehalt des § 307 Abs. 2. 32

---

107 SK/*Rogall* § 111l, 38.
108 AnwK-StPO/*Lohse* § 111l, 9; HK/*Gercke* 12; KK/*Spillecke* 10; Meyer-Goßner/Schmitt/*Köhler* 9.
109 KMR/*Mayer* 12.
110 SK/*Rogall* § 111l, 41; KMR/*Mayer* 12; KK/*Spillecke* 10.
111 OLG Saarbrücken StraFo **2016** 377; KK/*Spillecke* 10; **a.A.** HK/*Gercke* 12.
112 KMR/*Mayer* 15; SK/*Rogall* § 111l, 45; **a.A.** AnwK-StPO/*Lohse* § 111l, 9.
113 So zur alten Rechtslage auch KK/*Spillecke*[7] § 111l, 11.
114 BTDrucks. **16** 12098 S. 40; SK/*Rogall* § 111l, 43.

II. Beschwerde

33 Hat der Betroffene einen Antrag auf gerichtliche Entscheidung gestellt, steht ihm gegen die Entscheidung des Gerichts die Beschwerde nach §§ 304 ff. offen.[115] Eine weitere Beschwerde nach § 310 scheidet aus,[116] weil es nicht um den Vermögensarrest selbst, sondern dessen Vollzugsmodalitäten geht.

§ 111q
Beschlagnahme von Schriften und Vorrichtungen

(1) Die Beschlagnahme einer Schrift oder einer Vorrichtung im Sinne des § 74d des Strafgesetzbuches darf nach § 111b Absatz 1 nicht angeordnet werden, wenn ihre nachteiligen Folgen, insbesondere die Gefährdung des öffentlichen Interesses an unverzögerter Verbreitung, offenbar außer Verhältnis zu der Bedeutung der Sache stehen.

(2) [1]Ausscheidbare Teile der Schrift, die nichts Strafbares enthalten, sind von der Beschlagnahme auszuschließen. [2]Die Beschlagnahme kann in der Anordnung weiter beschränkt werden.

(3) Die Beschlagnahme kann dadurch abgewendet werden, dass der Betroffene den Teil der Schrift, der zur Beschlagnahme Anlass gibt, von der Vervielfältigung oder der Verbreitung ausschließt.

(4) [1]Die Beschlagnahme einer periodisch erscheinenden Schrift oder einer zu deren Herstellung gebrauchten oder bestimmten Vorrichtung im Sinne des § 74d des Strafgesetzbuches ordnet das Gericht an. [2]Die Beschlagnahme einer anderen Schrift oder einer zu deren Herstellung gebrauchten oder bestimmten Vorrichtung im Sinne des § 74d des Strafgesetzbuches kann bei Gefahr in Verzug auch die Staatsanwaltschaft anordnen. [3]Die Anordnung der Staatsanwaltschaft tritt außer Kraft, wenn sie nicht binnen drei Tagen von dem Gericht bestätigt wird. [4]In der Anordnung der Beschlagnahme sind die Stellen der Schrift, die zur Beschlagnahme Anlass geben, zu bezeichnen.

(5) [1]Eine Beschlagnahme nach Absatz 4 ist aufzuheben, wenn nicht binnen zwei Monaten die öffentliche Klage erhoben oder die selbständige Einziehung beantragt ist. [2]Reicht die in Satz 1 bezeichnete Frist wegen des besonderen Umfanges der Ermittlungen nicht aus, kann das Gericht auf Antrag der Staatsanwaltschaft die Frist um weitere zwei Monate verlängern. [3]Der Antrag kann einmal wiederholt werden. [4]Vor Erhebung der öffentlichen Klage oder vor Beantragung der selbständigen Einziehung ist die Beschlagnahme aufzuheben, wenn die Staatsanwaltschaft dies beantragt.

Schrifttum

Achenbach Alte und neue Fragen zur Pressebeschlagnahme, NStZ **2000** 123; *Groß* Das Recht der Pressebeschlagnahme, AfP **1976** 14; *ders.* Beschlagnahme von Druckwerken, NJW **1976** 170; *ders.* Sicherstellung von Druckwerken, NStZ **1999** 334; *ders.* Pressebeschlagnahme, VR **2009** 411; *ders.* Zur Schriftenbeschlagnahme, DVP **2000** 19; *ders.* Pressebeschlagnahme und Strafprozessrecht, VR **2010** 293; *I. Hassemer* Grenzen der Beschlagnahme im Bereich der Informationstechnologie, ITRB **2008** 107; *Lersch* Das Recht zur

115 BTDrucks. **16** 12098 S. 18; HK-GS/*Hartmann* § 111l, 8; AnwK-StPO/*Lohse* § 111l, 9.
116 KMR/*Mayer* 12.

https://doi.org/10.1515/9783110594546-017

Pressebeschlagnahme (1967); *Löffler* Die Beschlagnahme von Zeitungen und Zeitschriften, NJW **1952** 997; *ders.* Lücken und Mängel im neuen Zeugnisverweigerungs- und Beschlagnahmerecht von Presse und Rundfunk, NJW **1978** 913; *Mitsch* Strafverfahrensrechtliche Aspekte bei Urheberrechtsverletzungen mittels Presserzeugnissen, AfP **2011** 544; *Rehmann/Ott/Storz* Das baden-württembergische Gesetz über die Presse (1964); *Reh/Gross* Hessisches Pressegesetz (1963); *Scheer* Deutsches Presserecht (1966); *Seetzen* Vorführung und Beschlagnahme pornographischer und gewaltverherrlichender Spielfilme, NJW **1976** 497; *Wagner* Beschlagnahme und Einziehung staatsgefährdender Massenschriften, MDR **1961** 93; *Wilhelm* Allgemeine Beschlagnahme bei Pressedelikten– Urteilsanmerkung, NStZ **1996** 204.

Entstehungsgeschichte

Die Vorschrift wurde durch das Gesetz zur Reform der strafrechtlichen Vermögensabschöpfung (BGBl. I 2017 S. 872) neu geschaffen. Inhaltlich geht sie auf §§ 111m, 111n StPO a.F. zurück. § 111m StPO a.F. lautete:

(1) Die Beschlagnahme eines Druckwerks, einer sonstigen Schrift oder eines Gegenstandes im Sinne des § 74d des Strafgesetzbuches darf nach § 111b Abs. 1 nicht angeordnet werden, wenn ihre nachteiligen Folgen, insbesondere die Gefährdung des öffentlichen Interesses an unverzögerter Verbreitung offenbar außer Verhältnis zu der Bedeutung der Sache stehen.

(2) [1]Ausscheidbare Teile der Schrift, die nichts Strafbares enthalten, sind von der Beschlagnahme auszuschließen. [2]Die Beschlagnahme kann in der Anordnung weiter beschränkt werden.

(3) In der Anordnung der Beschlagnahme sind die Stellen der Schrift, die zur Beschlagnahme Anlaß geben, zu bezeichnen.

(4) Die Beschlagnahme kann dadurch abgewendet werden, daß der Betroffene den Teil der Schrift, der zur Beschlagnahme Anlaß gibt, von der Vervielfältigung oder der Verbreitung ausschließt.

§ 111n StPO a.F. lautete:

(1) [1]Die Beschlagnahme eines periodischen Druckwerks oder eines ihm gleichstehenden Gegenstandes im Sinne des § 74d des Strafgesetzbuches darf nur durch den Richter angeordnet werden. [2]Die Beschlagnahme eines anderen Druckwerks oder eines sonstigen Gegenstandes im Sinne des § 74d des Strafgesetzbuches kann bei Gefahr im Verzug auch durch die Staatsanwaltschaft angeordnet werden. [3]Die Anordnung der Staatsanwaltschaft tritt außer Kraft, wenn sie nicht binnen drei Tagen von dem Richter bestätigt wird.

(2) [1]Die Beschlagnahme ist aufzuheben, wenn nicht binnen zwei Monaten die öffentliche Klage erhoben oder die selbständige Einziehung beantragt ist. [2]Reicht die in Satz 1 bezeichnete Frist wegen des besonderen Umfanges der Ermittlungen nicht aus, so kann das Gericht auf Antrag der Staatsanwaltschaft die Frist um weitere zwei Monate verlängern. [3]Der Antrag kann einmal wiederholt werden.

(3) Solange weder die öffentliche Klage erhoben noch die selbständige Einziehung beantragt worden ist, ist die Beschlagnahme aufzuheben, wenn die Staatsanwaltschaft es beantragt.

Beide Regelungen wurden durch Art. 1 Nr. 4 des Gesetzes über das Zeugnisverweigerungsrecht der Mitarbeiter von Presse und Rundfunk vom 25.7.1975 (BGBl. I S. 1973) in die Strafprozessordnung eingefügt und sind bis zu ihrer Zusammenfassung in § 111q unverändert geblieben.

Übersicht

Alphabetische Übersicht

A. Allgemeines zur Pressebeschlagnahme

Die Beschlagnahme von Schriften und Vorrichtungen war zunächst in §§ 111m, 111n StPO a.F. geregelt (Entstehungsgeschichte). Mit dem Gesetz zur Reform der strafrechtlichen Vermögensabschöpfung (BGBl. I 2017 S. 872) hat der Gesetzgeber die Vorschriften nun in § 111q ohne inhaltliche,[1] allerdings mit terminologischen, Änderungen zusammengefasst und die Reihenfolge der Absätze verändert. Besondere Regelungen zur Pressebeschlagnahme finden sich darüber hinaus auch in **Nr. 225, 249 ff. RiStBV**. 1

I. Zweck der Vorschrift

Die Vorschrift erfasst sog. Presseinhaltsdelikte. Dabei handelt es sich um Tatbestände, bei denen die strafbare Handlung gerade durch den geistigen Inhalt eines Druck- 2

1 BTDrucks. **18** 9525 S. 86; KK/*Spillecke* 1.

werks verwirklicht wird.[2] Als Beispiel kann § 184 Abs. 1 Nr. 5 StGB angeführt werden.[3] § 111q verfolgt das Ziel, die spätere Einziehung und Unbrauchbarmachung dieser Schriften bereits frühzeitig, vom Beginn des Ermittlungsverfahrens an, sichern zu können. Sie stellt über die Voraussetzungen der §§ 111bff. hinaus **zusätzliche Eingriffsvoraussetzungen** auf, um einen unverhältnismäßigen Eingriff in die Pressefreiheit zu verhindern.[4] Liegen Presseinhaltsdelikte nicht vor oder handelt es sich nicht um zur Verbreitung bestimmte Schriften im Sinne von § 11 Abs. 3 StGB, gelten die allgemeinen Einziehungsvorschriften und damit die allgemeinen Vorschriften der §§ 111bff., ohne dass es auf die Regelungen des § 111q ankäme.

II. Regelungsgehalt

3 Absatz 1 bestimmt, dass die Beschlagnahme einer Schrift oder einer Vorrichtung im Sinne des § 74d StGB nach § 111b Abs. 1 nicht angeordnet werden darf, wenn ihre nachteiligen Folgen offenbar außer Verhältnis zu der Bedeutung der Sache stehen. § 74d StGB wiederum ist eine materiell-rechtliche Sondervorschrift für die Einziehung von zur Verbreitung bestimmten Schriften und den ihnen nach § 11 Abs. 3 StGB gleichgestellten Gegenständen, sowie für die Unbrauchbarmachung der zu ihrer Herstellung benötigten Mittel. § 111q regelt die Sicherstellung somit abweichend von den allgemeinen Vorschriften dahingehend, dass gegenüber §§ 111b und 111c **weitergehende Beschränkungen** gelten, wenn Schriften oder sonstige Gegenstände nach § 74d StGB beschlagnahmt werden sollen.[5] Damit soll der Bedeutung der Presse für die **freiheitlich-demokratische Grundordnung** Rechnung getragen werden (vgl. § 94, 71), die hier ebenso belastet wird, wie das Eigentumsrecht der Betroffenen aus Art. 14 GG.[6]

III. Anwendungsbereich

4 Die Regelung soll die potentielle Einziehung und Unbrauchbarmachung in einem späteren Strafurteil frühzeitig sicherstellen (Rn. 1). Sie erfasst die Sicherung der Einziehung nach § 73 StGB deshalb nicht direkt.[7] Eine Pressebeschlagnahme zur Sicherung der Einziehung nach dieser Vorschrift ist praktisch kaum vorstellbar, eine analoge Anwendung des § 111q aber nicht per se ausgeschlossen.[8] Da § 111q die allgemeinen Vorschriften der §§ 111bff. lediglich ergänzt, bleiben diese anwendbar, soweit eine Sonderregelung fehlt.[9] Deshalb gelten für die Beschlagnahme von Schriften dieselben Voraussetzungen, wie sie §§ 111b, 111e für die Beschlagnahme und den Vermögensarrest sonstiger Vermögenswerte vorsehen. Es müssen etwa Gründe für die Annahme vorliegen, dass auf Einziehung oder Unbrauchbarmachung der Schrift erkannt wird.[10] Ebenso wie im Rahmen des § 111b sind **dringende Gründe** hierfür auch bei § 111q nicht mehr erforderlich.[11] Das Gewicht des Grundrechts der Pressefreiheit in Art. 5 Abs. 1 Satz 2 GG gebietet jedoch eine

---

2 Löffler/*Kühl* Vor §§ 20ff., 6 m.w.N.
3 *Fischer* § 184, 16; vgl. zu weiteren Presseinhaltsdelikten der §§ 184ff. StGB *Fischer* § 184, 45.
4 SK/*Rogall* § 111m, 1; MüKo/*Bittmann* § 111m, 1; SSW/*Burghart* 1.
5 KK/*Spillecke* 1.
6 SK/*Rogall* § 111m, 1.
7 **A.A.** MüKo/*Bittmann* § 111m, 2.
8 AnwK-StPO/*Lohse* § 111m, 1; Meyer-Goßner/Schmitt/*Köhler* 1; KMR/*Mayer* 3; HK-GS/*Hartmann* § 111m, 1; **a.A.** SK/*Rogall* § 111m, 3.
9 HK/*Gercke* 1.
10 HK/*Gercke* 1; SK/*Rogall* § 111m, 2.
11 *Achenbach* NStZ **2000** 123, 127 schlägt eine Rückkehr zu dringenden Gründen vor.

sorgfältige Verdachtsprüfung. Hinzu kommen die Konkretisierungen des **Übermaßverbots**, etwa in Absatz 2.[12] Es sind deshalb bereits bei der Prüfung der Annahme von Gründen i.S.d. § 111b Abs. 1 die in § 74d StGB normierten Einschränkungen der Einziehung zu berücksichtigen.[13] Ob sich die Gründe auf die Einziehung im subjektiven oder im objektiven Verfahren beziehen, ist gleichgültig.[14]

IV. Verfassungsmäßigkeit des § 111q

Das Verhältnis der strafprozessualen Sonderregelung in §§ 111m, 111n StPO a.F. zu 5
den jeweiligen Landespressegesetzen war lange Zeit strittig, da unterschiedliche Auffassungen über die Gesetzgebungskompetenz der Länder in diesem Bereich vorherrschten.[15] Infolge des Gesetzes über das Zeugnisverweigerungsrecht der Mitarbeiter von Presse und Rundfunk vom 25.7.1975 (BGBl. I S. 1973) haben mehrere Bundesländer die Beschlagnahmevorschriften ihrer Landespressegesetze aufgehoben. Noch bestehende landesrechtliche Vorschriften über die Beschlagnahme von Presseerzeugnissen zur Beweissicherung, aber auch zur Sicherung der Einziehung oder der Unbrauchbarmachung nach § 74d StGB, sind nichtig, da diese Regelungen in den **Kompetenzbereich des Bundes** nach Art. 74 Nr. 1 GG fallen.[16] Daraus folgt, dass § 111q für die Beschlagnahme eines in den Anwendungsbereich der Landespressegesetze fallenden Presseerzeugnisses eine abschließende Regelung enthält, die entgegenstehendes Landesrecht verdrängt und neben der auch polizeirechtliche Maßnahmen unzulässig sind.[17]

V. Verhältnis zu anderen Vorschriften

Die Beschlagnahme der von § 111q erfassten Gegenstände zu Beweiszwecken richtet 6
sich ausschließlich nach den §§ 94ff. und unterliegt nicht den zusätzlichen Voraussetzungen des § 111q.[18] Dies ergibt sich bereits daraus, dass zu Beweiszwecken in aller Regel die Beschlagnahme eines einzigen Exemplars ausreicht, so dass die **Eingriffsintensität** deutlich hinter jener der Beschlagnahme zur Einziehung zurückbleibt.[19] Jedoch ist im Rahmen der Verhältnismäßigkeitsprüfung dem Gewicht der Pressefreiheit und den daraus resultierenden Bedürfnissen der Medien besonders Rechnung zu tragen (§ 94, 69ff.). Für Beschlagnahmen zu Beweiszwecken auf dem Postwege gelten ausschließlich die §§ 99, 100.[20] Eine Postbeschlagnahme zur Sicherung der Einziehung und Unbrauchbarmachung ist nicht zulässig (§ 99, 10). Die Beschlagnahme von Schriften im Sinne des § 11 Abs. 3 StGB und der Herstellungsgeräte zur Sicherung der **Schadloshaltung des Verletzten**, z.B. die Beschlagnahme gestohlener Druckstöcke, um diese im Vollstreckungsverfahren an die Verletzten zurückgeben zu können, unterliegt nicht den zusätzlichen Voraussetzungen des § 111q,[21] weil hier die Gegenstände nicht aufgrund ihrer Verwendung im Rahmen der Pressefreiheit, sondern als Diebesgut betroffen sind.

---

12 Vgl. *Achenbach* NStZ **2000** 123, 127.
13 SK/*Rogall* § 111m, 2.
14 KK/*Spillecke* 4.
15 Vgl. dazu umfassend *Achenbach* NStZ **2000** 123, 125; LR/*Schäfer*[25] § 111m, 2.
16 Meyer-Goßner/Schmitt/*Köhler* 2; SK/*Rogall* § 111m, 4; **a.A.** *Groß* NStZ **1999** 334.
17 Vgl. OVG Brandenburg NJW **1997** 1387, 1388.
18 HK-GS/*Hartmann* § 111m, 1; SK/*Rogall* § 111m, 3; Meyer-Goßner/Schmitt/*Köhler* 1; MüKo/*Bittmann* § 111m, 3.
19 KMR/*Mayer* 3.
20 HK/*Gercke* 1; Meyer-Goßner/Schmitt/*Köhler* 1; SK/*Rogall* § 111m, 3.
21 SK/*Rogall* § 111m, 3.

VI. Rechtsfolgen der Pressebeschlagnahme

7 Die Beschlagnahme von Schriften und Herstellungsgeräten i.S.d. § 74d StGB wird nach § 111c Abs. 1 bewirkt. Sie führt zu keinen anderen Rechtsfolgen als die Beschlagnahme sonstiger Gegenstände, nach § 111d Abs. 1 tritt ein relatives Veräußerungsverbot[22] im Sinne des § 136 BGB ein. In den Landespressegesetzen enthaltene Regelungen über ein strafbewehrtes **Vertriebs- und Wiederabdruckverbot** wurden in die Strafprozessordnung nicht aufgenommen. Der Bundesgesetzgeber ist davon ausgegangen, dass die Verbreitung eines beschlagnahmten Druckwerks ohnehin regelmäßig gegen ein Strafgesetz verstoßen wird, so dass ein besonderes, die Beschlagnahme schützendes Verbot nur in den Fällen von Bedeutung sein könnte, in denen sich nachträglich herausstellt, dass das Druckwerk nicht der Einziehung unterliegt und die Beschlagnahme daher wieder aufzuheben ist. In diesen Fällen wäre es aber nicht nur überflüssig, sondern sogar bedenklich, die vorher unter Verletzung der Beschlagnahme erfolgte Verbreitung des Druckwerks unter Strafe zu stellen.[23] Mit dem Bundesgesetzgeber hält die ganz überwiegende Meinung zutreffend auch für das Vertriebs- und Wiederabdruckverbot die Kompetenz des Bundes für gegeben,[24] so dass dahingehendes **Landesrecht nichtig** ist. Eine Bestrafung erfolgt aufgrund der Bestimmungen, aufgrund derer die Beschlagnahme angeordnet wurde.[25] Die Gegenmeinung hält diese Verbote dagegen für genuines Presserecht, das nicht dem Beschlagnahmerecht zugeordnet werden könne.[26] Die Strafprozessordnung enthält keine Regelung über die Entschädigung bei unrechtmäßiger Beschlagnahme von Druckerzeugnissen. Auch diese Regelung fällt in den Bereich der Bundeskompetenz, insoweit gilt daher die allgemeine Regelung des § 2 Abs. 2 Nr. 4 StrEG.[27]

B. Voraussetzungen der Pressebeschlagnahme

I. Anordnungsvoraussetzungen, Absatz 1

8 **1. Allgemeines.** § 111q Abs. 1 bestimmt, dass die Beschlagnahme einer Schrift oder einer Vorrichtung im Sinne des § 74d StGB nach § 111b nicht angeordnet werden darf, wenn ihre nachteiligen Folgen außer Verhältnis zu der Bedeutung der Sache stehen. Der Begriff der **Beschlagnahme** entspricht jenem in § 111b Abs. 1, § 111c, so dass zunächst alle dort genannten Tatbestandsvoraussetzungen erfüllt sein müssen.

9 **2. Einziehung nach § 74d StGB.** Wie jede vorläufige Sicherstellung setzt auch § 111q voraus, dass die Annahme begründet ist, dass die Voraussetzungen der Einziehung,[28] konkret der Einziehung von Schriften nach § 74d StGB, vorliegen. Für die Einzelheiten muss an dieser Stelle auf die einschlägige Kommentarliteratur verwiesen und sich auf die nachfolgenden, grundlegenden Ausführungen beschränkt werden: § 74d StGB ist eine Sonderregelung zu § 74 StGB, die für Schriften, Ton- und Bildträger sowie Abbil-

---

22 BGH NJW **2007** 3350, 3352.
23 BTDrucks. **7** 2539 S. 13.
24 KG JR **1984** 249, 250; HK-GS/*Hartmann* § 111m, 1; HK/*Gercke* 2; Meyer-Goßner/Schmitt/*Köhler* 2; SK/*Rogall* § 111m, 4.
25 Meyer-Goßner/Schmitt/*Köhler* 2; SK/*Rogall* § 111m, 4.
26 Löffler/*Achenbach* Vor §§ 13 ff., 28; *Achenbach* NStZ **2000** 123, 126; *Groß* NStZ **1999** 334, 336.
27 Löffler/*Achenbach* Vor §§ 13 ff., 29.
28 Dazu eingehend LG Hamburg NJW **2013** 3458 ff.

dungen, Darstellungen und Datenspeicher gilt.[29] Nach § 74d Abs. 1 Satz 1 StGB ist die Einziehung von Schriften vorgeschrieben, die einen solchen Inhalt haben, dass jede **vorsätzliche Verbreitung** in Kenntnis ihres Inhalts den Tatbestand eines Strafgesetzes verwirklichen würde und wenn mindestens ein Stück durch eine rechtswidrige, nicht notwendig schuldhaft begangene, Tat verbreitet oder zur Verbreitung bestimmt worden ist. Zugleich muss die Unbrauchbarmachung der zur Herstellung der Schriften gebrauchten oder bestimmten Vorrichtungen, die Vorlage für die Vervielfältigung waren oder sein sollten, angeordnet werden, § 74d Abs. 1 Satz 2 StGB. Die Beschlagnahme erfasst nach § 74d Abs. 2 StGB nur die Stücke, die sich im Besitz der bei ihrer Verbreitung oder deren Vorbereitung mitwirkenden Personen befinden, öffentlich ausgelegt sind oder beim Verbreiten durch Versenden noch nicht dem Empfänger ausgehändigt wurden.[30] Einziehung und Unbrauchbarmachung können auch angeordnet werden, wenn aus tatsächlichen oder rechtlichen Gründen keine **bestimmte Person** verfolgt werden kann (§ 76a StGB). Für das Verfahren gelten dann die §§ 435 ff. Die Einziehung von Schriften pp. hat ausschließlich Sicherungscharakter und keinen Einfluss auf die Eigentumsverhältnisse.[31]

3. Schrift. Die Begriffe „Schrift" und „Vorrichtung" (dazu Rn. 13) erfassen nach dem Sinn der gesetzlichen Regelung und dem ausdrücklichen Hinweis in Absatz 1 auf „§ 74d des Strafgesetzbuches" die nach § 74d StGB **einzuziehenden Gegenstände**, d.h. alle „Schriften" im Sinne des § 74d Absatz 1 i.V.m. § 11 Absatz 3 StGB. 10

a) Druckwerke. Der Begriff der Schrift umfasst zunächst sämtliche Druckwerke. Er lehnt sich an die Landespressegesetze an.[32] Druckwerke sind danach alle Druckerzeugnisse sowie alle anderen zur Verbreitung bestimmten Vervielfältigungen von Schriften, besprochenen Tonträgern und bildlichen Darstellungen mit oder ohne Schrift und von Musikalien mit oder ohne Text oder Erläuterungen, wie der Begriff etwa in § 4 Abs. 1 HPressG definiert wird. Damit reicht der Schutz der Pressefreiheit auch bei § 111q weit über den Pressebegriff des Sprachgebrauchs hinaus. Um **periodisch erscheinende Informationen** braucht es sich nicht zu handeln. Erfasst werden deshalb auch (Taschen-)Bücher, Plakate, Flugblätter und dergleichen.[33] Die Häufigkeit des Erscheinens ist erst für die Anordnungskompetenz der Beschlagnahme nach Absatz 4 von Bedeutung. 11

b) Sonstige Schriften. Sonstige Schriften sind alle sinnlich wahrnehmbaren Zusammenstellungen von verkörperten Gedankenerklärungen, die geeignet und dazu bestimmt sind, die Vorstellungen eines Sinnzusammenhangs zu vermitteln.[34] Nach § 11 Abs. 3 StGB stehen ihnen Ton- und Bildträger, Datenspeicher, Abbildungen und andere Darstellungen gleich. Erfasst werden etwa Schallplatten, Filme und Fotografien, Videobänder, CDs, DVDs, MP3- und MP4-Dateien sowie die sonstigen, mit kontemporären Techniken gespeicherten Informationen.[35] So sind etwa auch auf einem Computer oder Server **digitalisierte Daten** Datenspeicher i.S.d. § 11 Abs. 3 StGB und damit Schriften 12

---

29 *Fischer* § 74d, 2.
30 SK/*Rogall* § 111m, 6.
31 KMR/*Mayer* 4; zu Einzelheiten *Fischer* § 74d, 1 ff.
32 SK/*Rogall* § 111m, 7.
33 SK/*Rogall* § 111m, 7; **a.A.** MüKo/*Bittmann* § 111n, 2.
34 RG **47** 223, 224; BGHSt **13** 375, 376; MüKo/*Bittmann* § 111m, 2.
35 Ausführlich *Fischer* § 11, 33 ff.

nach § 111q.[36] Erfasst werden auch Plastiken.[37] Für die strafrechtliche Relevanz digitaler Informationen sind die §§ 7 ff. TMG zu beachten, die die Verantwortlichkeit für solche Inhalte bestimmen.[38]

13 **4. Vorrichtung.** Der Begriff der Vorrichtung entspricht jenem in § 74d Abs. 1 Satz 2 StGB und erfasst die zur Herstellung gerade der einzuziehenden Schriften gebrauchten oder bestimmten **Gegenstände** wie Platten, Formen, Drucksätze, Druckstöcke, Negative.[39] Nicht erfasst werden aber die allgemeinen zur Vervielfältigung erforderlichen und benutzten Maschinen wie Druckmaschinen oder Computer,[40] vgl. dazu wiederum die Kommentierungen von § 74d StGB.[41]

14 **5. Bestimmung zur Verbreitung.** Wie nach § 74d Abs. 2 StGB die Einziehung, darf sich auch die Beschlagnahme von Schriften und Vorrichtungen nur auf Stücke beziehen, die sich im Besitz der bei ihrer Verbreitung oder deren Vorbereitung mitwirkenden Personen befinden, die öffentlich ausgelegt oder beim Verbreiten durch Versenden noch nicht dem Empfänger ausgehändigt worden sind.[42] Die bereits in den **Besitz des Letztverbrauchers** gelangten Schriften unterliegen nicht der Einziehung und daher auch nicht der Beschlagnahme. Handelt es sich um eine Schrift, die einen solchen Inhalt hat, dass die vorsätzliche Verbreitung in Kenntnis ihres Inhalts nur beim Hinzutreten weiterer Umstände den Tatbestand eines Strafgesetzes verwirklicht (z.B. dem Anbieten einer indizierten Schrift an einen Jugendlichen), so schränkt § 74d Abs. 3 StGB die Einziehung noch weiter ein. Entsprechendes gilt dann auch für die Beschlagnahme. Wegen der Einzelheiten muss an dieser Stelle auf die Kommentare zu § 74d StGB verwiesen werden.

6. Verhältnismäßigkeitsgrundsatz

15 **a) Allgemeines.** Auch ohne besondere gesetzliche Bestimmung sind bei allen strafprozessualen Zwangseingriffen der Verhältnismäßigkeitsgrundsatz und das Übermaßverbot zu beachten. Bei Pressebeschlagnahmen kommt ihnen sogar eine besondere Bedeutung zu, weil diese Maßnahmen zu den schwersten Eingriffen in das durch Art. 5 Abs. 1 Satz 2 GG geschützte Recht auf Pressefreiheit gehören. Das Übermaßverbot schließt darüber hinaus die Möglichkeit der Beschlagnahme schlechthin aus, wenn seine Voraussetzungen erfüllt sind. Das gilt selbst dann, wenn die Straftat erwiesen ist und alle sonstigen Voraussetzungen der Beschlagnahme vorliegen. Das Gesetz hebt daher in Absatz 1 die Beachtung des Verhältnismäßigkeitsgrundsatzes hervor, indem es eine Beschlagnahme ausschließt, wenn ihre nachteiligen Folgen offenbar außer Verhältnis zu der Bedeutung der Sache stehen. Als nachteilige Folge, die nur bei Vorliegen der Verhältnismäßigkeit vertretbar ist, wird beispielshalber die Gefährdung des öffentlichen Interesses an unverzögerter Verbreitung des Druckwerks genannt. Damit bedarf es im Ergebnis einer **doppelten Verhältnismäßigkeitsprüfung**.[43] Zunächst kommt es bei der

---

36 Siehe umfassend BGHSt **47** 55, 58 f.; BGH NStZ **2007** 216, 217, wonach ein in das Internet gestellter Text nach § 11 Abs. 3 StGB den Schriften i.S.d. § 130 Abs. 2 Nr. 1 StGB gleichsteht; MüKo/*Bittmann* § 111m, 1.
37 SK/*Rogall* § 111m, 8.
38 KK/*Spillecke* 1.
39 SK/*Rogall* § 111m, 9.
40 BGH NStZ **2012** 319: Einziehung nur als Tatwerkzeug möglich.
41 Einzelheiten bei Löffler/*Achenbach* § 14, 40.
42 MüKo/*Bittmann* § 111m, 2.
43 MüKo/*Bittmann* § 111m, 1.

Frage, ob Gründe im Sinne von § 111b vorliegen, auf die Verhältnismäßigkeit der Einziehung selbst (§ 74f StGB) und dann noch einmal auf die Verhältnismäßigkeit der Sicherungsmaßnahme an.

b) Gefährdung des öffentlichen Interesses an unverzögerter Verbreitung. Die Pressefreiheit ist, wie die Freiheit der Meinungsäußerung und die Informationsfreiheit, schlechthin konstituierend für die **freiheitliche demokratische Grundordnung.**[44] Die Presse erfüllt mithin eine öffentliche Aufgabe, wie dies etwa durch § 1 HPresseG hervorgehoben wird.[45] Eine ihrer wichtigsten Funktionen ist die Versorgung der Öffentlichkeit mit Nachrichten und Informationen. Der Anspruch des Bürgers auf Information und das Recht der Presse, die Öffentlichkeit schnell und zuverlässig über Vorkommnisse aller Art zu unterrichten, darf nicht durch eine Beschlagnahme gefährdet werden, die in keinem angemessenen Verhältnis zu der Bedeutung der Strafsache steht. 16

Das Gewicht des geschützten Informationsinteresses bemisst sich nach dem Inhalt der Schrift.[46] Dieses erstreckt sich dabei auf den gesamten Inhalt des Druckwerks, nicht nur auf den Teil, der die Beschlagnahme veranlasst.[47] Ob sich die Öffentlichkeit im Fall der Beschlagnahme des Druckwerks alternativ aus anderen Quellen (andere Zeitungen, Internet, Rundfunk, Fernsehen) unterrichten kann, spielt keine[48] Rolle,[49] weil man ihr die **Quelle ihrer Informationen** nicht auf dem Wege der Beschlagnahme vorschreiben darf.[50] Ebensowenig ist von Bedeutung, ob das Informationsinteresse der Öffentlichkeit „legitim“ ist oder etwa (nur) auf **Neugierde** beruht,[51] denn jedes Interesse an Information wird im Grunde durch Neugierde veranlasst. Dient ein Druckwerk nur der Erbauung oder Unterhaltung, so besteht ebenfalls ein öffentliches Interesse an seiner unverzögerten Verbreitung.[52] Enthält das Druckwerk hingegen keinerlei aktuelle Informationen, weil es sich ausschließlich (kunst-)historischen oder religiösen Fragen widmet, wird ein öffentliches Interesse an unverzögerter Verbreitung kaum bejaht werden können,[53] solange sie sich ausschließlich mit historischen Fragen ohne aktuellen (politischen) Bezug befassen.[54] Gleiches gilt für Fälle, in denen sich der Inhalt der Schrift in strafbaren Äußerungen erschöpft, denn die Verwirklichung eines Presseinhaltdelikts ist unter keinen Umständen schutzwürdig.[55] 17

c) Andere nachteilige Folgen. Die Gefährdung des öffentlichen Interesses an unverzögerter Verbreitung ist nur ein Beispiel für die nachteiligen Folgen einer Beschlag- 18

44 BTDrucks. **14** 5166 S. 6; BVerfGE **77** 65, 74.
45 S. dazu auch BVerfGE **64** 108, 114; **36** 193, 204; **20** 162, 186; **10** 118, 121.
46 SK/*Rogall* § 111m, 11.
47 Löffler/*Achenbach* § 13, 98; Meyer-Goßner/Schmitt/*Köhler* 5; HK/*Gercke* 4.
48 Soweit MüKo/*Bittmann* § 111m, 5 davon ausgeht, das ursprünglich hohe Interesse an sofortiger Verbreitung sinke, wenn die Nachricht anderweitig bekannt gemacht werde, kann dem zwar rein tatsächlich gefolgt werden; allerdings führt die Absenkung des Schutzniveaus in einem solchen Fall dazu, dass kleinere Medien bei der Abwägung ihrer Interessen schlechter stünden als große, die Informationen unmittelbar verbreitende Medien. Das ist unter Berücksichtigung des Rechtsgutes der Pressefreiheit bedenklich.
49 Löffler/*Achenbach* § 13, 100; HK/*Gercke* 4; Meyer-Goßner/Schmitt/*Köhler* 5; SK/*Rogall* § 111m, 11.
50 KK/*Spillecke* 5.
51 Löffler/*Achenbach* § 13, 101; Meyer-Goßner/Schmitt/*Köhler* 5; SK/*Rogall* § 111m, 11; MüKo/*Bittmann* § 111m, 5.
52 Löffler/*Achenbach* § 13, 101.
53 KK/*Spillecke* 5; SK/*Rogall* § 111m, 11.
54 MüKo/*Bittmann* § 111m, 5.
55 SK/*Rogall* § 111m, 11.

nahme. Es gibt daher auch andere nachteilige Folge, unter die in erster Hinsicht die **wirtschaftlichen Nachteile**, die durch die Pressebeschlagnahme eintreten können,[56] fallen. Solche Nachteile können vor allem den Herausgeber und den Verleger treffen, deren wirtschaftliche Existenz mitunter durch die Beschlagnahme einer einzigen Ausgabe einer periodischen Druckschrift gefährdet wird.[57] Nachteile können aber auch dem mittelbar durch die Beschlagnahme betroffenen Drucker, den Händlern, den Inserenten, Abonnenten und anderen Beteiligten drohen. Auch solche Nachteile können der Beschlagnahme entgegenstehen.[58] Nachteilige Folgen können auch darin bestehen, dass beim Bekanntwerden der Beschlagnahme das Ansehen des betroffenen Verlages beeinträchtigt wird.[59] Auch die Beschlagnahme von Daten eines Rechtsanwalts in einem laufenden Verfahren kann unverhältnismäßig sein.[60]

19 **d) Bedeutung der Sache.** Das Merkmal der „Bedeutung der Sache" stellt auf das **Gewicht der jeweiligen Straftat** ab,[61] die Anlass für die Einleitung des Ermittlungsverfahrens war und die bei Unterbleiben der Beschlagnahme fortgesetzt werden würde.[62] Abzuwägen sind daher das mit der Beschlagnahme verfolgte, präventive Interesse, die Begehung oder Fortsetzung der potentiellen[63] Straftat zu vermeiden und die durch die Beschlagnahme resultierenden Nachteile[64] im Sinne der Rn. 18.

20 **e) Abwägung.** Die nachteiligen Folgen der Beschlagnahme müssen nach Absatz 1 mit der Bedeutung der Sache abgewogen werden. Fallen beide Gesichtspunkte etwa gleich schwer ins Gewicht, so ist die Beschlagnahme zulässig. Sie ist nur dann rechtswidrig, wenn die nachteiligen Folgen zu der Beschlagnahme offenbar außer Verhältnis stehen. Das ist nicht gerade präzise formuliert[65] und kann dadurch zu Rechtsunsicherheit führen. Maßgebend ist, ob das **Missverhältnis nach der Lebenserfahrung** für jeden Sachkundigen erkennbar und ohne Ermittlungen offensichtlich ist.[66] Die Grenze der Angemessenheit und Zumutbarkeit muss immer gewahrt sein.[67] Die Pressefreiheit als rechtsstaatskonstituierendes Grundrecht ist dabei besonders hoch zu schätzen.[68] Ein krasses, ungewöhnliches Missverhältnis braucht nicht vorzuliegen.[69] Wenn nach alledem immer noch Zweifel über die (Un-)Angemessenheit der Maßnahme vorliegen, ist die Beschlagnahme zulässig.[70]

21 Bei der Abwägung ist weiter zu berücksichtigen, dass Einziehung und Unbrauchbarmachung nach § 74d StGB keine Nebenstrafen, sondern vorbeugend sichernde Maß-

---

56 SK/*Rogall* § 111m, 11.
57 Meyer-Goßner/Schmitt/*Köhler* 5; Löffler/*Achenbach* § 13, 104; SSW/*Burghart* 1; MüKo/*Bittmann* § 111m, 5.
58 Löffler/*Achenbach* § 13, 104; HK/*Gercke* 4.
59 Löffler/*Achenbach* § 13, 105; SK/*Rogall* § 111m, 11.
60 LG Hamburg NJW **2013** 3458, 3460.
61 HK-GS/*Hartmann* § 111m, 3; HK/*Gercke* 5.
62 SK/*Rogall* § 111m, 12.
63 MüKo/*Bittmann* § 111m, 5.
64 SK/*Rogall* § 111m, 12.
65 KK/*Spillecke* 5.
66 HK/*Gercke* 6; KK/*Spillecke* 5; Meyer-Goßner/Schmitt/*Köhler* 4; kritisch dazu SK/*Rogall* § 111m, 10 Fn. 26.
67 SK/*Rogall* § 111m, 13.
68 MüKo/*Bittmann* § 111m, 5: Pressefreiheit streitet prinzipiell gegen Beschlagnahme.
69 Löffler/*Achenbach* § 13, 112; KK/*Spillecke* 5; Meyer-Goßner/Schmitt/*Köhler* 4; SK/*Rogall* § 111m, 10; MüKo/*Bittmann* § 111m, 5.
70 SSW/*Burghart* 1.

nahmen sind[71] und dass die Beschlagnahme der Sicherung der späteren **Sicherungseinziehung** dienen soll. Ob die nachteiligen Folgen der Beschlagnahme für den Betroffenen und für die Öffentlichkeit hierzu außer Verhältnis stehen, hängt in erster Hinsicht von dem notwendigen Umfang der Beschlagnahme und dem Gewicht der Straftat ab, auf die sich das Ermittlungsverfahren bezieht.[72] Bei Taten, die das öffentliche Interesse wesentlich berühren (Hoch- und Landesverrat, Straftaten gegen die Landesverteidigung, öffentliche Aufforderung zu Straftaten), wird die Beschlagnahme regelmäßig auch dann zulässig sein, wenn sie schwerwiegende nachteilige Folgen hat.[73] Straftaten, die sich wie eine Beleidigung nur gegen Einzelpersonen richten, rechtfertigen im Allgemeinen empfindliche nachteilige Folgen der Beschlagnahme der gesamten Auflage einer Zeitung oder Zeitschrift nicht.[74] Es gibt aber auch Fälle, bei denen der Schutz der persönlichen Ehre höher als das öffentliche Interesse an der Verbreitung des Druckwerks oder der anderen Nachteile zu bewerten ist. Das kann insbesondere der Fall sein, wenn durch die Verbreitung der Schrift der drohende Ruin eines Unternehmens oder die nicht wiedergutzumachende Diffamierung einer Person zu befürchten ist.[75]

Anders als nach den Landespressegesetzen kommt es nach Absatz 1 nur auf das Verhältnis der nachteiligen Folgen zu der **Bedeutung der Sache** an. Unerheblich ist deshalb, ob der mit der Beschlagnahme „verfolgte und erreichbare" Rechtsschutz geringer wiegt als das öffentliche Interesse an der Verbreitung des Druckwerks. Bei der Abwägung nach Absatz 1 ist auch ohne Bedeutung, ob durch die Verbreitung eines Teils der Schrift deren strafbarer Inhalt bereits bekanntgeworden ist. Die Beschlagnahme ist selbst dann zulässig, wenn ein erheblicher Teil der Auflage bereits verbreitet worden ist; vorausgesetzt wird nur, dass die Beschlagnahme nicht außer Verhältnis zu der Bedeutung der Sache steht.[76] 22

Bei der Abwägung ist außerdem zu prüfen, ob nachteilige Folgen weitgehend durch die **Beschlagnahmebeschränkungen** nach Absatz 2 abgewendet werden können, Rn. 24 ff. 23

II. Beschränkung der Beschlagnahme, Absatz 2

1. Allgemeines. Nach Absatz 2 Satz 1 müssen ausscheidbare Teile der Schrift, die nichts Strafbares enthalten, von der Beschlagnahme ausgenommen werden.[77] Außerdem kann die Beschlagnahme in der Anordnung weiter beschränkt werden, Absatz 2 Satz 2. Die Regelung ist ebenfalls Ausdruck des Verhältnismäßigkeitsgrundsatzes, wonach (Eingriffs-)Maßnahmen zu Lasten des Bürgers nur im Rahmen des **Erforderlichen** durchgeführt werden dürfen. Es gebietet sich daher, von der Beschlagnahme einer Schrift diejenigen Teile auszuschließen, die nichts Strafbares enthalten. Die Beschlagnahmeanordnung ist dann auf den strafbaren Teil der Schrift zu beschränken. Dies ist an sich selbstverständlich und wurde doch vom Gesetzgeber ausdrücklich klargestellt.[78] Der Gesetzgeber betont damit noch einmal die wesentliche Bedeutung des Verhältnismäßigkeitsgrundsatzes. 24

---

71 *Fischer* § 74d, 2.
72 SSW/*Burghart* 1.
73 HK/*Gercke* 5; Meyer-Goßner/Schmitt/*Köhler* 6; SK/*Rogall* § 111m, 12; MüKo/*Bittmann* § 111m, 5.
74 Löffler/*Achenbach* § 13, 107; Meyer-Goßner/Schmitt/*Köhler* 6; SK/*Rogall* § 111m, 12.
75 Löffler/*Achenbach* § 13, 107; KMR/*Mayer* 12.
76 Eingehend zur anderweitigen Verbreitung MüKo/*Bittmann* § 111m, 5.
77 Trotz der Systematik der Norm sieht KMR/*Mayer* 13 einen Vorrang von Maßnahmen nach Absatz 2 Satz 1 zu Absatz 1.
78 SSW/*Burghart* 1 sieht daher in Absätzen 2 und 3 nur typische Beispiele und jedes andere Vorgehen zur Beschränkung der Beschlagnahme auf einen verhältnismäßigen Eingriff für ebenso zulässig und geboten.

25 **2. Ausscheidbare Teile der Schrift, Absatz 2 Satz 1.** Grundvoraussetzung für die Anwendbarkeit des Absatz 2 Satz 1 ist, dass eine entsprechende Maßnahme ohne Mitwirkung des Beschuldigten[79] technisch durchführbar ist.[80] Diese Möglichkeit besteht am ehesten bei Loseblattsammlungen.[81] Bei **Zeitungsbeilagen** ist dies ebenfalls denkbar,[82] allerdings kann diese Trennung bei großen Auflagen auch schon zu einem materiell kaum beherrschbaren Aufwand führen. Bei Daten sind die beanstandeten Teile der Daten zu löschen oder jedenfalls dem Zugriff der Öffentlichkeit zu entziehen.[83] Ob besondere technische Werkzeuge zur Trennung benötigt werden, ist unerheblich.[84] Es kommt auch nicht darauf an, ob der verbleibende Teil noch ein in sich geschlossenes, selbstständiges Druckwerk darstellt.[85] Ausgeschlossen ist ein Vorgehen nach Absatz 2 Satz 1 jedoch, wenn es zu wirtschaftlichen Unzuträglichkeiten führt, technisch nicht machbar ist oder die Entwertung der ganzen Publikation[86] zur Folge hat. Derartige Folgen sind bei der Prüfung der Frage, ob überhaupt eine Beschlagnahme in Betracht kommt, in die Abwägung mit einzubeziehen. Die von der Beschlagnahme ausgeschlossenen Teile müssen in der Beschlagnahmeanordnung genau bezeichnet werden.[87]

26 Sind die ausscheidbaren Teile strafrechtlich unbedenklich, so sind sie von der Beschlagnahme auszunehmen. Es handelt sich hierbei, anders als nach Absatz 2 Satz 2, nicht um eine Ermessens-, sondern um eine **gebundene Entscheidung**. Das ist konsequent, denn wenn keine strafrechtliche Relevanz gegeben ist, liegt schon keine Annahme einer späteren Einziehung vor und kann deshalb mangels Vorliegen der Tatbestandsvoraussetzungen auch keine Ermessensentscheidung ergehen.

27 **3. Beschränkungen nach pflichtgemäßem Ermessen, Absatz 2 Satz 2.** Die Vorschrift ermächtigt und verpflichtet den Richter, den Verhältnismäßigkeitsgrundsatz im Einzelfall sinnvoll zur Anwendung zu bringen. Sie hat vor allem dann Bedeutung, wenn zwar eine Abwägung nach Absatz 1 ein Absehen von der Beschlagnahme nicht gebietet, jedoch eine nicht schon nach Absatz 2 Satz 1 zulässige Beschlagnahmebeschränkung möglich erscheint, die den mit der Maßnahme verfolgten Zweck unter größtmöglicher Schonung des Betroffenen zulässt.[88] So kann etwa bei einer Tageszeitung die Beschlagnahme auf einen **Teil der Auflage** beschränkt und die Verbreitung der übrigen Teilauflage in einem anderen Gebiet zugelassen werden, in dem die Straftat (etwa die Beleidigung einer nur örtlich bekannten Persönlichkeit) keine besondere Beachtung finden wird.[89] Zulässig ist auch die Beschränkung der Beschlagnahme auf bestimmte Formen der Verbreitung, etwa auf die öffentlich angebotenen Druckwerke.[90] Ferner gestattet Absatz 2 Satz 2 von der Beschlagnahme eines Druckwerks bei bestimmten Personen ganz oder teilweise abzusehen, etwa dem Verleger oder Herausgeber einige Exemplare zu **Archivzwecken** zu belassen.[91] Darüber hinaus können hier Maßnahmen des Betroffenen

79 KK/*Spillecke* 6; SK/*Rogall* § 111m, 14.
80 Meyer-Goßner/Schmitt/*Köhler* 7.
81 KK/*Spillecke* 6; Meyer-Goßner/Schmitt/*Köhler* 7.
82 MüKo/*Bittmann* § 111m, 4.
83 SK/*Rogall* § 111m, 14; KK/*Spillecke* 6.
84 HK/*Gercke* 7; KK/*Spillecke* 6.
85 HK/*Gercke* 7; Meyer-Goßner/Schmitt/*Köhler* 7.
86 KK/*Spillecke* 6; SK/*Rogall* § 111m, 14.
87 Meyer-Goßner/Schmitt/*Köhler* 7; Löffler/*Achenbach* § 14, 33.
88 Meyer-Goßner/Schmitt/*Köhler* 8; Löffler/*Achenbach* § 14, 29.
89 Löffler/*Achenbach* § 14, 29; HK/*Gercke* 8.
90 HK/*Gercke* 8; Meyer-Goßner/Schmitt/*Köhler* 8; MüKo/*Bittmann* § 111m, 4.
91 Löffler/*Achenbach* § 14, 29; KK/*Spillecke* 6; Meyer-Goßner/Schmitt/*Köhler* 8; SK/*Rogall* § 111m, 15; MüKo/*Bittmann* § 111m, 4.

selbst berücksichtigt werden, wie etwa das Schwärzen von beanstandeten Passagen, so dass die Notwendigkeit der Beschlagnahme (komplett) entfallen kann.[92] Aus Absatz 3 folgt indes, dass Maßnahmen, die die vermeintlich strafbare Passage selbst betreffen, nur vom Betroffenen durchgeführt werden können und nicht unter Absatz 2 fallen.[93]

III. Abwendung der Beschlagnahme, Absatz 3

1. Allgemeines. Der Betroffene kann die Beschlagnahme dadurch abwenden, dass er den Teil der Schrift, der zu der Beschlagnahme Anlass gibt, von der Vervielfältigung oder der Verbreitung ausschließt. Absatz 3 betrifft dabei jene Maßnahmen, die der Betroffene **nach der Anordnung der Beschlagnahme** trifft.[94] Steht die Beschlagnahmeanordnung noch bevor, so kann er durch den Ausschluss der beanstandeten Teile von der Vervielfältigung oder Verbreitung verhindern, dass diese überhaupt erlassen wird. Er ist auf diese Möglichkeit hinzuweisen und ihm ist Gelegenheit zur Abwendung zu geben.[95] Die Vorschrift erfasst über ihren Wortlaut hinaus auch die in § 74d Abs. 1 Satz 2 StGB genannten Vorrichtungen.[96] Die Beschlagnahme kann bei diesen Gegenständen dadurch abgewendet werden, dass Maßnahmen getroffen werden, die verhindern, dass die Vorrichtungen bei der Herstellung von Schriften mit strafrechtlich relevantem Inhalt Verwendung finden.[97] 28

2. Betroffener. Betroffener im Sinne des Absatz 3 ist jeder, der Eigentum oder Besitz an den beanstandeten Schriften hat und durch die Beschlagnahme einen Besitzverlust erlitten hat oder befürchten muss.[98] 29

3. Die Beschlagnahme. Das Gesetz spricht in Absatz 3 nur von der Beschlagnahme, ohne zwischen der Anordnung und dem Vollzug zu differenzieren. Abwendbar ist daher sowohl die Beschlagnahmeanordnung als auch ihr Vollzug.[99] 30

4. Ausschluss von Vervielfältigung oder Verbreitung. Der Betroffene kann in den in seinem Besitz befindlichen Exemplaren der Schriften den anstößigen Teil entfernen und so verhindern, dass die Beschlagnahmeanordnung erlassen bzw. vollzogen wird. Auf welche Weise er das tut, ist seine Sache. Er kann sie insbesondere herausschneiden, schwärzen oder durch Überkleben unkenntlich machen.[100] Auch andere Maßnahmen sind denkbar. So wurde etwa bei einem Katalog das Anbringen eines Aufklebers mit einer Warnung vor missbräuchlicher Verwendung von Kennzeichen im Sinne des § 86a StGB für ausreichend gehalten.[101] Bei **Daten oder Internetseiten** kann der Betroffene die strafrechtlich relevanten Angaben löschen oder den Zugriff Dritter darauf sperren.[102] 31

---

92 KK/*Spillecke* 6.
93 KMR/*Mayer* 13; SK/*Rogall* § 111m, 14.
94 KK/*Spillecke* 9.
95 SK/*Rogall* § 111m, 17; MüKo/*Bittmann* § 111m, 6.
96 KK/*Spillecke* 8; SK/*Rogall* § 111m, 18.
97 KK/*Spillecke* 8; SK/*Rogall* § 111m, 18.
98 Meyer-Goßner/Schmitt/*Köhler* 9; Löffler/*Achenbach* § 14, 35.
99 Löffler/*Achenbach* § 14, 37; KK/*Spillecke* 8.
100 HK/*Gercke* 11; Meyer-Goßner/Schmitt/*Köhler* 9; SK/*Rogall* § 111m, 17; Löffler/*Achenbach* § 14, 34.
101 LG München CR **1997** 748.
102 KK/*Spillecke* 8.

32 **5. Verfahren.** Die Abwendung der Beschlagnahme setzt nicht voraus, dass der Betroffene sie durch einen entsprechenden **Antrag** geltend macht.[103] Es entscheidet das Gericht, das die Beschlagnahme anordnet oder angeordnet hat oder für ihre Anordnung zuständig ist. Stammt die Anordnung von der Staatsanwaltschaft und hat das Gericht sie noch nicht nach Absatz 4 Satz 2 bestätigt, so entscheidet die Staatsanwaltschaft.[104] Die Abwendungsbefugnis besteht nicht nur, wenn sie unverzüglich beantragt wird. Auch wenn der Betroffene einige Zeit nach Erlass der Beschlagnahmeanordnung den Teil des Druckwerks von der Verbreitung ausschließt, der zu der Beschlagnahme Anlass gegeben hat, ist kein Grund mehr vorhanden, die Beschlagnahme weiterhin aufrechtzuerhalten.[105] Über den Antrag entscheidet das Gericht oder die Behörde nach **pflichtgemäßem Ermessen.** Wenn die von dem Betroffenen geltend gemachte Abwendung die Beschlagnahmeanordnung oder ihre Vollziehung entbehrlich macht, ist die Beschlagnahmeanordnung aufzuheben.[106] Dem Antrag muss stattgegeben werden, nachdem der Betroffene die Maßnahmen nachgewiesen hat.[107] Die Kosten für die Abwendung der Beschlagnahme trägt stets der Betroffene selbst.

IV. Zuständigkeit zur Beschlagnahmeanordnung, Absatz 4

33 **1. Allgemeines.** Absatz 4 regelt die Zuständigkeit für die Anordnung der Pressebeschlagnahme. Sie weicht von den allgemeinen Zuständigkeitsregeln des § 111j ab und unterscheidet dabei zwischen der Beschlagnahme von periodischen Druckwerken, den zu ihrer Herstellung benötigten Vorrichtungen im Sinne des § 74d Abs. 1 Satz 2 StGB sowie den nicht periodisch erscheinenden Druckwerken und den zu ihrer Herstellung benötigten Gegenständen im Sinne des § 74d Abs. 1 Satz 2 StGB. Zu den Begriffen siehe Rn. 10 ff. Der Streit um den Anwendungsbereich des § 111n StPO a.F.,[108] auf den Absatz 4 zurückgeht, hat sich durch die Reform 2017 erledigt. Die sprachlichen Ungenauigkeiten bei der Zuständigkeitsbezeichnung in den §§ 111m, 111n StPO a.F. hat der Gesetzgeber im Zuge der Reform 2017 korrigiert.[109] In allen Fällen ist der Richter zuständig, eine **subsidiäre Anordnungskompetenz** der Staatsanwaltschaft in Eilfällen besteht nur bei nicht periodisch erscheinenden Druckwerken und ihnen gleichstehenden Vorrichtungen nach § 74d StGB. Für die gerichtlichen Zuständigkeiten bestehen keine Besonderheiten.

34 **2. Regelungsgehalt.**[110] Die Zuständigkeitsbeschreibung in Absatz 4 ist, wie § 111q insgesamt, Ausdruck der besonderen Bedeutung der Pressefreiheit. Zu den Hauptanliegen im Kampf um die Pressefreiheit gehörte es seit jeher, die Anordnung der Auflagenbeschlagnahme dem Richter vorzubehalten, da diese häufig irreparablen Eingriffe schwere Folgen für das **Informationsbedürfnis der Allgemeinheit** und die wirtschaftliche Lage der Betroffenen zur Folge haben.[111] Bereits § 23 RPresseG beschränkte daher die Befugnis der Staatsanwaltschaft und der Polizei, Pressebeschlagnahmen anzuordnen. § 24 RPresseG bestimmte überdies, dass die Staatsanwaltschaft bei nichtrichterli-

---

103 Löffler/*Achenbach* § 14, 38; MüKo/*Bittmann* § 111m, 6, aber auch keine entsprechenden Ermittlungen; **a.A.** Meyer-Goßner/Schmitt/*Köhler* 9; SK/*Rogall* 111m, 17.
104 KK/*Spillecke*[7] § 111m, 9.
105 Meyer-Goßner/Schmitt/*Köhler* 9.
106 HK-GS/*Hartmann* § 111m, 7; HK/*Gercke* 11; Meyer-Goßner/Schmitt/*Köhler* 9.
107 SK/*Rogall* § 111m, 17.
108 LR/*Johann*[26] § 111n, 1; MüKo/*Bittmann* § 111n, 1 m.w.N.; SK/*Rogall* § 111n, 2.
109 Siehe dazu LR/*Johann*[26] § 111n, 3.
110 Eingehend auch SK/*Rogall* § 111n, 1 ff., zur Entstehungsgeschichte Rn. 4 ff.
111 Vgl. die eingehende Darstellung bei Löffler/*Achenbach* Vor §§ 13 ff., 13 ff.

cher Anordnung binnen 24 Stunden nach der Anordnung die richterliche Entscheidung beantragen und diese innerhalb von 24 Stunden nach dem Eingang des Antrags von dem zuständigen Gericht bestätigt werden musste. Die nach 1945 erlassenen Landespressegesetze schafften das Beschlagnahmerecht der Staatsanwaltschaft und der Polizei zunächst ganz überwiegend ab, wobei sich im Laufe der Jahre wieder eine Rückkehr zur nichtrichterlichen vorläufigen Sicherstellung, etwa in Baden-Württemberg, vollzog.[112] Absatz 4 lehnt sich grundsätzlich an diese gesetzlichen Regelungen an, sieht aber keine vorläufige Sicherstellung **eines periodisch erscheinenden Druckwerks** durch die Staatsanwaltschaft vor. Die Staatsanwaltschaft wird bei Gefahr im Verzug vielmehr lediglich ermächtigt, Beschlagnahmen anderer als periodischer Druckwerke oder ihnen gleichstehender Gegenstände anzuordnen. Nach dem Vorbild des § 100 Abs. 2 wird die Aufrechterhaltung der Beschlagnahmeanordnung davon abhängig gemacht, dass sie binnen drei Tagen richterlich bestätigt wird.

3. Periodisch erscheinende Schrift oder zu ihrer Herstellung gebrauchte oder bestimmte Vorrichtung, Absatz 4 Satz 1

a) Schrift. Zum Begriff der Schrift siehe unter Rn. 10 ff. 35

b) Periodisch. Periodisch ist eine Schrift, wenn sie in ständiger, wenn auch unre- 36
gelmäßiger Folge und im Abstand von nicht mehr als sechs Monaten erscheint.[113] Im Einzelfall kann die **Charakterisierung als periodische Schrift** schwierig sein. Nach allgemeiner Ansicht fallen darunter auch regelmäßig erscheinende Plakate,[114] nicht jedoch Schriften, die zwar regelmäßig erscheinen, deren einzelnen Exemplaren aber Abgeschlossenheit[115] und Selbständigkeit fehlen, wie z.B. Fortsetzungslieferungen von Loseblattausgaben, Konversationslexika und Entscheidungssammlungen.[116] Auch Schriften, die zwar regelmäßig erscheinen, denen aber die Gleichartigkeit fehlt, wie z.B. Taschenbuchreihen, gehören nicht zu den periodischen Schriften.[117] Bei allen periodisch erscheinenden Schriften sind Auflagenhöhe, Aktualität, Mannigfaltigkeit des Inhalts und öffentliches Erscheinen ohne Bedeutung. Auch Familien- und Vereinszeitungen, Kurszettel, Preisverzeichnisse, Wetterberichte und ähnliche periodische Verzeichnisse werden erfasst.[118]

Zum Wesen einer periodischen Schrift gehört nicht, dass ihr Erscheinen auf **unab-** 37
sehbare Zeit geplant ist, dass also die Absicht „ewiger Wiederkehr" besteht.[119] Es genügt, dass die Erscheinungsdauer nicht von vornherein begrenzt ist.[120] Zeitschriften, die nur für eine begrenzte Dauer, wenn auch wiederkehrend, erscheinen sollen (Messe- oder Wahlkampfzeitungen), sind periodisch erscheinende Schriften, wenn ihr Erscheinen wenigstens für 1 bis 2 Monate geplant ist.[121] Regelmäßige Abstände zwischen der öffentlichen Verbreitung der einzelnen Druckwerke sind nicht erforderlich, sofern jedenfalls

---

112 Ausführlich Löffler/*Achenbach* Vor §§ 13 ff., 19 ff.
113 HK/*Gercke* 12; Meyer-Goßner/Schmitt/*Köhler* 12; kritisch zur (nur grundsätzlichen) Sechsmonatsfrist MüKo/*Bittmann* § 111n, 2 Fn. 4.
114 Meyer-Goßner/Schmitt/*Köhler* 12; Löffler/*Lehr* § 7, 76; **a.A.** MüKo/*Bittmann* § 111n, 2.
115 HK/*Gercke* 12; SK/*Rogall* § 111n, 9.
116 Meyer-Goßner/Schmitt/*Köhler* 12; Löffler/*Lehr* § 7, 79.
117 HK/*Gercke* 12; Meyer-Goßner/Schmitt/*Köhler* 12; SK/*Rogall* § 111n, 9; Löffler/*Lehr* § 7, 80.
118 Löffler/*Lehr* § 7, 82.
119 Meyer-Goßner/Schmitt/*Köhler* 12.
120 HK/*Gercke* 12; Meyer-Goßner/Schmitt/*Köhler* 12; SK/*Rogall* § 111n, 9.
121 **A.A.** SK/*Rogall* § 111n, 9.

das wiederkehrende Erscheinen beabsichtigt ist.[122] Gelegentliche Überschreitungen der Sechsmonatsfrist aus technischen oder anderen Gründen sind unschädlich, wenn sich aus den Ankündigungen in der Schrift oder aus den bisherigen Gepflogenheiten der Wille des Herausgebers ergibt, das Druckwerk mindestens in Abständen von sechs Monaten erscheinen zulassen.[123]

38 **c) Zur Herstellung gebrauchte oder bestimmte Vorrichtung.** Zum Begriff der Vorrichtung siehe unter Rn. 13. Sie muss zur Herstellung gebraucht oder jedenfalls bestimmt gewesen sein.

39 **d) Zuständiges Gericht.** Im Vorverfahren ist das Amtsgericht nach § 162, in Staatsschutzsachen auch der Ermittlungsrichter nach § 169 sachlich zuständig. Örtlich zuständig ist das Amtsgericht, in dessen Bezirk die die Beschlagnahme anordnende Staatsanwaltschaft ihren Sitz hat, § 162 Abs. 1 Satz 1. Aufgrund der in einem Gerichtsbezirk erlassenen Beschlagnahmeanordnung ist nach § 160 GVG die Vollziehung der Beschlagnahme im gesamten Bundesgebiet zulässig. Es bedarf insbesondere keines **Amtshilfeersuchens.**[124] Nach Anklageerhebung ist das jeweils mit der Sache befasste Gericht zuständig, § 162 Abs. 3. Es kann die Beschlagnahme von Amts wegen anordnen, hat aber zuvor die Staatsanwaltschaft zu hören, § 33 Abs. 2.

4. Nicht periodische Schriften oder ihr gleichstehende Vorrichtungen, Absatz 4 Satz 2

40 **a) Nicht periodische Schriften oder zu deren Herstellung gebrauchte oder bestimmte Vorrichtung.** Nicht periodische Schriften sind solche, die die Voraussetzungen periodischen Erscheinens (Rn. 36f.) nicht erfüllen. Der Begriff der Vorrichtungen entspricht jenem nach Absatz 1, siehe dazu Rn. 13. Sie muss zur Herstellung gebraucht oder jedenfalls bestimmt gewesen sein.

41 **b) Zuständigkeit.** In erster Linie ist auch hier der Richter für die Anordnung der Beschlagnahme zuständig.[125] Nur bei Gefahr im Verzug ist die Staatsanwaltschaft einschließlich der Amtsanwaltschaft (§ 142 Abs. 1 Nr. 3 GVG) zuständig. **Ermittlungspersonen der Staatsanwaltschaft** sind niemals zur Beschlagnahme nicht periodischer Schriften und der zugehörigen Herstellungsgegenstände befugt. Halten sie die Beschlagnahme für notwendig, wenden sie sich an die zuständige Staatsanwaltschaft,[126] im äußersten Notfall unmittelbar an das Gericht, § 163 Abs. 2 Satz 2.[127] Gefahr im Verzug liegt vor, wenn der Beschlagnahmeerfolg vereitelt oder wesentlich gefährdet würde, sofern mit der Beschlagnahme gewartet werden müsste, bis der zuständige Richter erreichbar ist (§ 111j, 6ff.). Angesichts der Bedeutung der Pressefreiheit ist in besonderem Maße darauf zu achten, dass der grundsätzlich bestehende Richtervorbehalt gewahrt bleibt.

---

122 HK/*Gercke* 12; Löffler/*Lehr* § 7, 78.
123 Löffler/*Lehr* § 7, 78.
124 Löffler/*Achenbach* § 13, 28.
125 MüKo/*Bittmann* § 111n, 2.
126 HK-GS/*Hartmann* § 111n, 3.
127 Meyer-Goßner/Schmitt/*Köhler* 12.

5. Richterliche Bestätigung, Absatz 4 Satz 3

a) Allgemeines. Die Beschlagnahmeanordnung der Staatsanwaltschaft hat nur vorläufigen Charakter. Sie tritt nach ausdrücklicher gesetzlicher Regelung in Absatz 4 Satz 3 ohne weiteres außer Kraft, wenn sie nicht binnen drei Tagen von dem zuständigen Richter bestätigt wird. Einer gerichtlichen **Aufhebung der Anordnung** bedarf es nicht.[128] Ob die Beschlagnahme schon vollzogen worden ist, spielt keine Rolle. Beschlagnahmte Schriften und Vorrichtungen müssen sofort zurückgegeben werden, wenn die richterliche Bestätigung nicht beantragt oder nicht erteilt wird. Es ist Aufgabe der Staatsanwaltschaft, die richterliche Bestätigung einzuholen, selbst wenn der Betroffene auch einen entsprechenden Antrag stellt.[129] Das Recht des Betroffenen, jederzeit das Gericht anzurufen, wird durch den Antrag der Staatsanwaltschaft nicht ausgeschlossen.[130] Die richterliche Bestätigung erlässt das Gericht, welches für die Beschlagnahmeanordnung zuständig ist (Rn. 41). 42

b) Dreitagesfrist. Die Dreitagesfrist beginnt mit dem Erlass der Beschlagnahmeanordnung.[131] Sie wird nach § 42 berechnet, der Tag des Anordnungserlasses wird nicht mitgezählt. Eine am Montag getroffene Anordnung bedarf also bis zum Tagesende des Donnerstags der Bestätigung. § 43 Abs. 2 gilt entgegen der wohl herrschenden Auffassung nicht.[132] Dies lässt sich damit begründen, dass auch im Falle der Vorführung nach § 115 Abs. 2 Sonn- und Feiertage unter Berücksichtigung der Grundrechtsrelevanz entsprechender Freiheitsbeschränkungen keine Fristverlängerung erlauben und der öffentliche Informationsanspruch gleichermaßen hohe Grundrechtsrelevanz aufweist.[133] Die richterliche Entscheidung muss innerhalb der Dreitagesfrist ergehen und wenigstens **telefonisch** der Staatsanwaltschaft bekanntgemacht werden.[134] Eine Bekanntmachung gegenüber dem Betroffenen ist nicht notwendig, es sei denn, er hat um richterliche Bestätigung ersucht.[135] Eine rechtzeitig beantragte, aber verspätete Bestätigung gilt als richterliche Beschlagnahme.[136] Die Verspätung steht einer erneuten Beschlagnahme folglich nicht entgegen, wenn die Beschlagnahmebestätigung innerhalb der Dreitagesfrist beantragt war und die richterliche Entscheidung innerhalb der Zweimonatsfrist ergeht.[137] 43

c) Verfahren. Das Gericht überprüft die Rechtmäßigkeit der Beschlagnahme in vollem Umfang nach **Anhörung des Betroffenen** bzw. der Staatsanwaltschaft. Insbesondere wird geprüft, ob zutreffend Gefahr im Verzug angenommen wurde und ob der Verhältnismäßigkeitsgrundsatz gewahrt ist. Das Gericht bestätigt die Anordnung der Beschlagnahme, wenn es ihre Voraussetzungen zur Zeit der Bestätigung für gegeben hält;[138] andernfalls hebt es sie auf, vgl. § 105, 107 ff. Die Aufhebung hat keine Auswirkun- 44

---

128 HK/*Gercke* 13; Meyer-Goßner/Schmitt/*Köhler* 14; *Pfeiffer* § 111n, 2.
129 **A.A.** wohl KMR/*Mayer* 19.
130 SK/*Rogall* § 111n, 11.
131 HK/*Gercke* 13; KK/*Spillecke* 12; Meyer-Goßner/Schmitt/*Köhler* 14, *Pfeiffer* § 111n, 2; KMR/*Mayer* 19.
132 KMR/*Mayer* 19; **a.A.** LR/*Johann*[26] § 111n, 13; SK/*Rogall* § 111n, 11; Meyer-Goßner/Schmitt/*Köhler* 19; HK/*Gercke* 17.
133 MüKo/*Böhm*/*Werner* § 115, 17.
134 **A.A.** wohl MüKo/*Bittmann* § 111n, 2.
135 SK/*Rogall* § 111n, 11.
136 HK-GS/*Hartmann* § 111n, 3; HK/*Gercke* 13; Meyer-Goßner/Schmitt/*Köhler* 14; *Pfeiffer* § 111n, 2; *Wilhelm* NStZ **1996** 204, 205; MüKo/*Bittmann* § 111n, 2.
137 HK/*Gercke* 13; *Wilhelm* NStZ **1996** 204, 205.
138 HK-GS/*Hartmann* § 111n, 3.

gen auf die bisherige Wirksamkeit der Anordnung, durch sie wird lediglich die rechtliche Grundlage für die Fortdauer der Maßnahme entzogen.[139] Auch eine teilweise Bestätigung ist zulässig. Stellt das Gericht die Rechtswidrigkeit der Maßnahme der Staatsanwaltschaft fest, steht dies einer Beschlagnahmeanordnung des Gerichts nicht entgegen, wenn nunmehr die Voraussetzungen für die Beschlagnahme vorliegen. Ein dahingehender Antrag der Staatsanwaltschaft kann in deren Antrag auf Bestätigung gesehen werden. Die Staatsanwaltschaft ist durch eine Aufhebung ihrer Anordnung an deren Wiederholung gehindert.

6. Inhalt und Wirkung der Beschlagnahmeanordnung

45 **a) Inhalt.** Die Beschlagnahmeanordnungen von Gericht und Staatsanwaltschaft ergehen schriftlich. Die Stellen der Schrift, die zu der Beschlagnahme Anlass geben, sind genau zu bezeichnen (Rn. 47). Die Staatsanwaltschaft muss die Anordnung beantragen, sie ergeht nur unter den Voraussetzungen des § 165 von Amts wegen.[140] Darüber hinaus bedarf die richterliche Entscheidung der Begründung nach allgemeinen Grundsätzen, da sie anfechtbar ist, § 34. Die inhaltlichen Anforderungen entsprechen denen bei der Durchsuchung,[141] zumal der Beschlagnahme häufig eine Durchsuchung vorausgeht. Die Erläuterungen zu § 105 gelten deshalb entsprechend. Der Richter kann in Eilfällen seine Entscheidung der Staatsanwaltschaft auch **mündlich bekannt machen**, muss sie aber gleichzeitig schriftlich zu den Akten geben.[142] Entsprechendes gilt aus Gründen der Rechtssicherheit auch für die Anordnungen der Staatsanwaltschaft. Das Vorliegen der Voraussetzungen der Gefahr im Verzug ist ausreichend zu dokumentieren, um den Richtervorbehalt nicht leerlaufen zu lassen. Siehe dazu auch § 111j, 19. In der Begründung sind Ausführungen zur Verhältnismäßigkeit der Maßnahme unentbehrlich. Die hierzu bestehenden gesetzlichen Vorgaben in den Absätzen 1 bis 3 sind zu beachten. Bereits die Anordnung der Beschlagnahme kann den Betroffenen auf die Abwendungsbefugnis hinweisen oder darlegen, unter welchen Voraussetzungen die Beschlagnahme abgewendet werden kann.

46 **b) Wirkung.** Die Beschlagnahmeanordnung des Gerichts oder der Staatsanwaltschaft erfasst alle beschlagnahmefähigen Einzelstücke derselben Auflage. Neuauflagen sind nicht erfasst,[143] auch dann nicht, wenn sie unverändert zur Vorauflage gedruckt werden.[144] Hier muss eine neue Beschlagnahmeanordnung ergehen,[145] da § 111q Abs. 1 von der Beschlagnahme *einer* Schrift oder *einer* Vorrichtung ausgeht und damit eine Konnexität von Auflage und Beschlagnahme beschreibt. Ob die Auflage gebunden, geheftet, broschiert, auf CD gebrannt, über Speichermedien verteilt, „zum Download" oder in ähnlicher Form angeboten wird, spielt keine Rolle. Bei sog. **Anschlusszeitungen** handelt es sich um Zeitungen, die den wesentlich Teil der Tageszeitung, den sog. „Zeitungsmantel", in fertiger, häufig bereits gedruckter Form von der Hauptzeitung erhalten und ihn nur durch Hinzufügung des lokalen Teils vervollständigen und mit dem lokalen Zeitungs- bzw. Titelkopf versehen, weshalb sie häufig auch als „Kopfzeitung" bezeichnet

---

139 SK/*Rogall* § 111n, 12.
140 SK/*Rogall* § 111n, 9.
141 Löffler/*Achenbach* § 13, 18.
142 KK/*Spillecke* § 111j, 4; Löffler/*Achenbach* § 13, 17.
143 *Groß* NStZ **1999** 334, 338.
144 AG Weinheim NStZ **1996** 203, 204; Löffler/*Achenbach* § 13, 26; HK-GS/*Hartmann* § 111n, 4; HK/*Gercke* 14; Meyer-Goßner/Schmitt/*Köhler* 15; SK/*Rogall* § 111n, 13.
145 In Frage gestellt von MüKo/*Bittmann* § 111m, 4.

werden.[146] Bei ihnen besteht mit der Mutterzeitung nur dann Identität, wenn völlige Übereinstimmung besteht und beide Blätter am selben Ort hergestellt werden.[147] Wo sich die Druckerzeugnisse befinden, ist ohne Bedeutung. Es können alle in der Bundesrepublik befindlichen Exemplare der Schrift beschlagnahmt werden (§ 160 GVG), wenn nicht in dem Beschluss insoweit ausdrückliche Beschränkungen enthalten sind.[148] Die Befugnis der Staatsanwaltschaft, ihre Beschlagnahmeanordnung in der gesamten Bundesrepublik zu vollziehen, folgt aus § 143 GVG.

7. Zitiergebot, Absatz 4 Satz 4

a) Allgemeines. Absatz 4 Satz 4 bestimmt, dass die Stellen der Schrift, die zu der Beschlagnahme Anlass geben, in der Beschlagnahmeanordnung zu bezeichnen sind. Die Vorschrift ergänzt damit den § 111j. Der Richter, in den Fällen des Absatz 4 Satz 2 der Staatsanwalt, soll hierdurch zu einer sorgfältigen Prüfung der Maßnahme angehalten und dem Betroffenen die Möglichkeit der Beschwerde erleichtert werden.[149] Die **genaue Bezeichnung** der die Beschlagnahme veranlassenden Stellen ist insbesondere auch deshalb erforderlich, weil der Betroffene sonst nicht von der Abwendungsmöglichkeit nach Absatz 3 Gebrauch machen kann.[150] 47

b) Anlass zur Beschlagnahme. Die zu der Beschlagnahme Anlass gebenden Stellen der Schrift müssen in der Beschlagnahmeanordnung möglichst **wörtlich** wiedergegeben werden.[151] Es genügt nicht der allgemeine Hinweis, dass sich in der Schrift Stellen mit einem bestimmten Inhalt befinden.[152] Ferner muss die Fundstelle nach Band, Heft, Seite, Spalte usw. genau bezeichnet werden.[153] Es darf nicht der mindeste Zweifel bestehen, wo die Stelle zu finden ist und wie sie lautet.[154] Entsprechendes gilt bei Bildträgern wie Filmen und anderen Videos für Titel und Laufzeit.[155] Dass in der Beschlagnahmeanordnung die durch den Inhalt des Druckwerks verletzten Strafgesetze zu bezeichnen sind, schreibt Absatz 4 Satz 4 nicht ausdrücklich vor. Sie gehören aber zu den Gründen der Entscheidung (§ 34). Gleiches gilt für jene Vorschriften, auf denen die Beschlagnahmeanordnung oder ihr Vollzug beruhen.[156] 48

c) Folgen bei Nichtbeachtung. Ein Verstoß gegen das Zitiergebot hat grundsätzlich keine **verfahrensrechtlichen Folgen.**[157] Das Beschwerdegericht kann die vorgeschriebenen Angaben vielmehr nachholen.[158] Dies gilt jedoch nicht, wenn nur eine pauschale Bezeichnung der sicherzustellenden Objekte erfolgt ist, so dass die Auswahl der zu be- 49

146 Löffler/*Lehr* § 8, 109.
147 Löffler/*Achenbach* § 13, 26; HK-GS/*Hartmann* § 111n, 4; Meyer-Goßner/Schmitt/*Köhler* 15; HK/*Gercke* 14.
148 Löffler/*Achenbach* § 13, 28; Meyer-Goßner/Schmitt/*Köhler* 15; HK/*Gercke* 14.
149 SK/*Rogall* § 111m, 16.
150 HK/*Gercke* 16; Löffler/*Achenbach* § 14, 44.
151 **A.A.** MüKo/*Bittmann* § 111m, 6 Fn. 41; Löffler/*Achenbach* § 14, 45 verlangt nur eine Bezeichnung, die jeden Zweifel ausschließt, welche Stelle der Richter als strafrechtlich relevant ansieht und hält eine wörtliche Wiedergabe dieser Stelle nur bei kurzen Texten für angebracht.
152 KK/*Spillecke* 9.
153 Meyer-Goßner/Schmitt/*Köhler* 10; Löffler/*Achenbach* § 14, 45.
154 SK/*Rogall* § 111m, 16.
155 HK/*Gercke* 16; KMR/*Mayer* 20.
156 KK/*Spillecke* 9.
157 HK-GS/*Hartmann* § 111m, 5; Meyer-Goßner/Schmitt/*Köhler* 10.
158 KK/*Spillecke* 9; SK/*Rogall* § 111m, 16.

schlagnahmenden Objekte letztlich im Ermessen des Vollzugsbeamten steht. Ein solcher Ausspruch macht die Anordnung unwirksam.[159]

8. Vollziehung der Beschlagnahmeanordnung

50 **a) Allgemeines.** Die Vollziehung der Beschlagnahmeanordnung erfolgt in allen Fällen durch die Staatsanwaltschaft, § 36 Abs. 2 Satz 1,[160] die Nr. 251 RiStBV zu beachten hat. Der Richtervorbehalt gilt nur für die Beschlagnahmeanordnung.[161] Die Staatsanwaltschaft bedient sich zum Vollzug der Beschlagnahmeanordnung ihrer Ermittlungspersonen oder anderer Polizeibeamter als Ausführungsorgane.[162] Die Beschlagnahme wird nach § 111c Abs. 1 durch Inverwahrnahme oder durch Kenntlichmachung bewirkt, § 111c, 5ff.[163] Regelmäßig wird der Vollzug der Beschlagnahme das Betreten von geschützten Räumen (vgl. § 102, 25ff.) erforderlich machen. Für die Voraussetzungen des Betretens gelten daher die Vorschriften über die **Durchsuchung**, § 111b Abs. 2. Zur Behandlung von Zufallsfunden s. Erl. zu § 108.

51 **b) Effektive Vollziehung.** Da die Anordnung oder Gestattung der Beschlagnahme **bundesweit** wirkt, § 160 GVG, bedarf die effektive Vollstreckung einer sorgfältigen Steuerung. Nach einer Vereinbarung der Generalstaatsanwälte soll die Staatsanwaltschaft, in deren Bezirk der Erscheinungsort der Schrift liegt, die Strafsache bearbeiten (vgl. auch Nr. 250 RiStBV) und damit den Beschlagnahmebeschluss erwirken. Die bundesweite Steuerung der Beschlagnahmeaktion erfolgt in der Regel wie folgt: Die Staatsanwaltschaft, welche den Beschluss erwirkt hat, lässt durch das (für sie) zuständige Landeskriminalamt den Beschluss mit einem ausführlichen Begleitschreiben, das allgemeine Hinweise zum Vollzug des Beschlagnahmebeschlusses und für das weitere Verfahren enthält, an alle Polizeidienststellen des Landes und an die Landeskriminalämter der übrigen Bundesländer übermitteln. Die **Landeskriminalämter** der übrigen Bundesländer übermitteln diese Schreiben an alle nachgeordneten, zur Vollstreckung zuständigen Stellen (Kriminalpolizeistellen und Polizeiinspektionen). Diese Benachrichtigungsvorgänge bedeuten einen erheblichen technischen Aufwand. Gleichwohl ist darauf zu achten, dass Beschlagnahmebeschlüsse unverkürzt übermittelt werden, da andernfalls der vor Ort beschlagnahmende Beamte nicht in der Lage ist, den Beschluss dem Betroffenen ordnungsgemäß zu eröffnen und der Betroffene auch nicht Gelegenheit erhält, taugliche Maßnahmen zur Abwendung der Beschlagnahme im Sinne des Absatzes 3 zu ergreifen.

52 **c) Straftaten im Internet.** Die fortschreitende Digitalisierung stellt die Strafverfolgungsbehörden ganz allgemein und im Besonderen bei der Beschlagnahme im Sinne des § 111q vor Schwierigkeiten.[164] Die Zeiten, in denen der Großteil der Bevölkerung die ihn interessierenden Informationen über Tageszeitungen oder das Fernsehprogramm erhalten haben, sind lange vorbei. Die Beschlagnahme von Zeitungen spielt heute, von wenigen Ausnahmen abgesehen, quasi keine Rolle mehr. Heute sind (amerikanische) Internetplattformen und die dort verbreiteten „Nachrichten" bei vielen Menschen längst Informationsbezugsquelle Nummer eins. Das ist schon deshalb hoch problematisch, weil

---

159 Löffler/*Achenbach* § 13, 31.
160 KMR/*Mayer* 17; HK/*Gercke* 15; Meyer-Goßner/Schmitt/*Köhler* 16; MüKo/*Bittmann* § 111n, 2.
161 Meyer-Goßner/Schmitt/*Köhler* 16.
162 KMR/*Mayer* 17; HK/*Gercke* 15; Meyer-Goßner/Schmitt/*Köhler* 16.
163 Siehe auch Löffler/*Achenbach* § 13, 27.
164 MüKo/*Bittmann* § 111m, 5.

in den einschlägigen Portalen keinerlei Prüfung der Validität der verbreiteten Informationen vorgenommen und die Verursacher strafrechtlich relevanter Inhalte nur in den seltensten Fällen zur Verantwortung gezogen werden können. Die Gefahren, die von solchen Portalen für den Rechtsstaat und die freiheitlich demokratische Grundordnung, aber auch für die Menschenwürde des Einzelnen ausgehen können, hat der Gesetzgeber in den letzten 15 Jahren vollkommen unterschätzt. Als Folge ist er heute auf die Unterstützung dieser Plattformen angewiesen, um Straftaten überhaupt verfolgen zu können. Der Vollzug entsprechender Anordnungen ist durch die Internationalisierung nur sehr schwer bis gar nicht möglich, die personelle und technische Ausstattung von Polizei und Justiz hinkt weit hinter ihrer tatsächlichen Bedeutung zurück. Es besteht erheblicher **Nachholbedarf**.

d) Voraussetzungen der Durchsuchung von Ladengeschäften. Ein Gerichtsbeschluss über die Beschlagnahme einer Schrift nach §§ 111b, 111q bildet keine ausreichende Grundlage für sonstige strafprozessuale Maßnahmen, etwa in Form von Durchsuchungen in Verkaufsläden. Die bloße Möglichkeit, dass in ihnen derartige Schriften vorrätig oder feilgehalten werden, begründet noch keinen Anfangsverdacht eines Verstoßes gegen **Vertriebs- oder Werbeverbote** durch die Inhaber oder sonst Verantwortlichen. Auch die kriminalistische Erfahrung aus der Vergangenheit kann einen entsprechenden Verdacht nicht begründen. Durchsuchungen sind deshalb nur unter den Voraussetzungen einer Durchsuchung bei anderen Personen als Beschuldigten nach § 103 zulässig. Danach muss aufgrund bestimmter, bewiesener Tatsachen, über den Grad der bloßen Vermutung hinaus, die Annahme gerechtfertigt sein, dass die Durchsuchung zur Auffindung von Exemplaren bzw. Kopien der beschlagnahmten Schrift (§ 11 Abs. 3 StGB) führen wird (vgl. § 103, 14). Ansatzpunkte für derartige konkrete Erkenntnisse sind die Geschäftsunterlagen der Hersteller, Importeure, Groß- oder Zwischenhändler. Das Vorgehen, alleine aufgrund des allgemeinen presserechtlichen Beschlagnahmebeschlusses Ladengeschäfte, Videotheken etc. zu durchsuchen, ist nicht rechtmäßig. Das Recht, derartige Räume zu betreten und zu durchsuchen, kann auch nicht aus dem Polizeirecht hergeleitet werden, wenn es um die Vollstreckung von Entscheidungen nach § 111q geht, da für die Verfolgung strafprozessualer Zwecke ausschließlich die Strafprozessordnung gilt.[165] Selbstverständlich kommen darüber hinaus weitere Erkenntnisquellen in Betracht, so z.B. die bisweilen gepflogene Möglichkeit eines „Testkaufs“. Die Durchsuchung kann bei Gefahr im Verzug auch durch die Ermittlungspersonen der Staatsanwaltschaft angeordnet werden (§ 105 Abs. 1). Dabei ist jedoch stets Zurückhaltung geboten, da regelmäßig, jedenfalls in Großstädten, schnell eine richterliche oder staatsanwaltschaftliche Entscheidung zur Gestattung der Durchsuchung herbeigeführt werden kann. 53

V. Aufhebung der Beschlagnahmeanordnung, Absatz 5

1. Allgemeines. Die Beschlagnahme von Schriften und Vorrichtungen ist wie jede andere Beschlagnahme aufzuheben, wenn die Gründe für ihre Anordnung entfallen sind. Das ist der Fall, wenn der für die Anordnung der Maßnahme erforderliche **Tatverdacht** nicht mehr besteht oder keine Gründe mehr für die Annahme sprechen, dass eine Einziehung oder Unbrauchbarmachung nach § 74d Abs. 1 StGB angeordnet wird. 54

165 Vgl. OVG Brandenburg NJW **1997** 1387.

2. Ablauf der Frist für die Anklageerhebung, Absatz 5 Satz 1

55 **a) Allgemeines.** Absatz 5 Satz 1 bestimmt, dass die Beschlagnahme aufgehoben werden muss, wenn nicht binnen zwei Monaten die öffentliche Klage erhoben oder die selbständige Einziehung (§ 76a StGB, §§ 435 ff.) beantragt worden ist.[166] Die Vorschrift soll der **Prozessbeschleunigung** und damit dem Schutz der Presse vor den Folgen eines zu langwierigen Verfahrens dienen.[167] Sie soll insbesondere die Staatsanwaltschaft daran hindern, das Verfahren hinauszuzögern oder gar ruhen zu lassen, wenn sie ihr Ziel, die Verbreitung der Schrift zu unterbinden, durch die Beschlagnahme erreicht hat.[168] Die Vorschrift gilt unabhängig vom Inhalt des Beschlagnahmegegenstandes etwa auch bei pornographischen Inhalten.[169]

56 **b) Öffentliche Klage und Einziehungsantrag.** Die öffentliche Klage, die ihr gleichstehenden Anträge[170] und der Einziehungsantrag müssen sich auf denselben tatsächlichen Vorgang beziehen, der zu der Beschlagnahme Anlass gegeben hat. Das ist die in der Beschlagnahmeanordnung gemäß Absatz 4 Satz 4 **bezeichnete Stelle**. Ob die Tat nunmehr rechtlich anders gewürdigt wird als in der Beschlagnahmeanordnung, ist ohne Bedeutung. Erhoben ist die öffentliche Klage, wenn sie bei Gericht eingegangen ist.[171] Entsprechendes gilt für den Einziehungsantrag nach § 435. Ob das Gericht sachlich zuständig ist, ist ohne Bedeutung.[172] Erklärt sich das Gericht hingegen für örtlich unzuständig oder wird die öffentliche Klage nach § 156 zurückgenommen, so ist die Beschlagnahme sofort aufzuheben, es sei denn, dass noch innerhalb der Zweimonatsfrist eine neue Anklage erhoben werden kann.[173]

57 **c) Fristbeginn.** Die Staatsanwaltschaft hat ab dem Tag des Erlasses der Beschlagnahmeanordnung[174] zwei Monate Zeit, die öffentliche Klage zu erheben oder auf die selbständige Einziehung anzutragen. Die Frist wird nach § 43 berechnet.[175] Die Diskrepanz zu Rn. 43 ergibt sich daraus, dass zu diesem Zeitpunkt schon eine Bestätigung der Anordnung stattgefunden hat und deshalb ein wesentlich anderer Sachverhalt vorliegt, als wenn die Strafverfolgungsbehörden ohne richterliche Entscheidung in die Pressefreiheit eingreifen. Wann die Beschlagnahmeanordnung dem Betroffenen bekannt gemacht worden ist, spielt keine Rolle. Ebensowenig ist von Bedeutung, ob aufgrund der Anordnung bereits die Beschlagnahme **ganz oder teilweise vollzogen** worden ist. Hat die Staatsanwaltschaft die Beschlagnahme angeordnet, so ist der Erlass ihrer Verfügung und nicht der Tag maßgebend, an dem die Anordnung nach Absatz 4 Satz 3 richterlich bestätigt worden ist.

---

166 Kritisch zu der (zu langen) Frist Löffler/*Achenbach* § 16, 3.
167 Löffler/*Achenbach* § 16, 1 m.w.N.
168 Meyer-Goßner/Schmitt/*Köhler* 18; Löffler/*Achenbach* § 16, 1.
169 HK/*Gercke* 17; **a.A.** LG Duisburg NStZ **1987** 367.
170 Löffler/*Achenbach* § 16, 7.
171 HK/*Gercke* 17; KK/*Spillecke*[7] § 111n, 6; Meyer-Goßner/Schmitt/*Köhler* 19; Löffler/*Achenbach* § 16, 8.
172 MüKo/*Bittmann* § 111n, 3; HK-GS/*Hartmann* § 111n, 6; Meyer-Goßner/Schmitt/*Köhler* 19; KK/*Spillecke* 14.
173 KK/*Spillecke* 14; Meyer-Goßner/Schmitt/*Köhler* 19; Löffler/*Achenbach* § 16, 13, der bei der Rücknahme der Klage aber nach deren Gründen differenziert.
174 Löffler/*Achenbach* § 16, 6; KK/*Spillecke* 13; Meyer-Goßner/Schmitt/*Köhler* 19; KMR/*Mayer* 19.
175 HK/*Gercke* 17; SK/*Rogall* § 111n, 15; **a.A.** KMR/*Mayer* 21.

d) Rechtsfolge. Nach Absatz 5 Satz 1 ist die Beschlagnahme nach fruchtlosem Ablauf der Zweimonatsfrist aufzuheben. Daraus folgt, dass die Beschlagnahme, anders als die auf Gefahr im Verzug gestützte Anordnung der Strafverfolgungsbehörden (Rn. 41), **nicht von selbst erlischt**, sondern es vielmehr eines förmlichen Aufhebungsbeschlusses bedarf.[176] Dies gilt auch dann, wenn die Frist nur geringfügig überschritten wird und die Anklage bereits vorliegt, bevor der Aufhebungsbeschluss erlassen worden ist.[177] Zur Fristverlängerung siehe Rn. 60 ff. 58

e) Zuständigkeit. Für die Aufhebung ist im Vorverfahren das für die Beschlagnahme zuständige Gericht (oben Rn. 39 ff.) verantwortlich, auch wenn die Beschlagnahmeanordnung von dem Beschwerdegericht erlassen war.[178] Nach Anklageerhebung entscheidet das nunmehr mit der Sache befasste Gericht. Nach Anhängigkeit des Rechtsmittels der Berufung ist das Berufungsgericht zuständig. Ist die Sache im Revisionsrechtszug anhängig, ist das zuletzt mit der Sache befasste Gericht zuständig, niemals aber das Revisionsgericht. Der Aufhebungsbeschluss ist dem Betroffenen und, wenn sie von der Beschlagnahme in Kenntnis gesetzt worden waren, den Prozessbeteiligten bekanntzumachen. Ergeht der Aufhebungsbeschluss, so müssen die beschlagnahmten Sachen unverzüglich herausgegeben werden. Legt die Staatsanwaltschaft Beschwerde ein, so darf nach § 307 Abs. 2 verfahren werden. Eine **erneute Beschlagnahme** der Gegenstände durch dasselbe Gericht ist nicht zulässig, es sei denn, dass neue, anders gelagerte Tatsachen zutage getreten sind, die eine Beschlagnahme für sich allein, ohne Berücksichtigung derjenigen Tatsachen, die der früheren Beschlagnahmeanordnung zu Grunde gelegen haben, rechtfertigen können.[179] Nur unter diesen Voraussetzungen darf auch ein bisher nicht mit der Sache befasstes Gericht die Beschlagnahme desselben Gegenstandes (erneut) anordnen.[180] 59

3. Fristverlängerung, Absatz 5 Satz 2

a) Allgemeines. Reicht die Zweimonatsfrist wegen des besonderen Umfanges der Ermittlungen nicht aus, so kann das Gericht auf Antrag der Staatsanwaltschaft die Frist um weitere zwei Monate verlängern. Damit stellt der Gesetzgeber zunächst klar, dass die Fristverlängerung in keinem Fall von Amts wegen erfolgen darf.[181] Eine vorab kürzer angesetzte Verlängerungsfrist kann bis zur Dauer von maximal zwei Monaten verlängert werden.[182] Der Antrag muss vor **Fristablauf** bei Gericht eingegangen sein.[183] Geht er später ein, wird er auch dann nicht berücksichtigt, wenn die Aufhebung der Beschlagnahme noch nicht beschlossen ist.[184] Das folgt zwanglos aus Absatz 5 Satz 1, wonach die Beschlagnahme aufzuheben ist, wenn nicht innerhalb der Frist öffentliche Klage erhoben wurde. Damit stellt das Gesetz eindeutig auf den Eingang der Klage bei Gericht und nicht auf einen innerdienstlichen Vorgang bei der Staatsanwaltschaft ab. Die Fristverlängerungsentscheidung kann auch nach Ablauf der Frist ergehen, wenn die entsprechenden 60

---

176 Löffler/*Achenbach* § 16, 22; KK/*Spillecke* 18; Meyer-Goßner/Schmitt/*Köhler* 21; MüKo/*Bittmann* § 111n, 3; **a.A.** *Pfeiffer* § 111n, 4.
177 Meyer-Goßner/Schmitt/*Köhler* 21; KMR/*Mayer* 21.
178 Meyer-Goßner/Schmitt/*Köhler* 22.
179 Meyer-Goßner/Schmitt/*Köhler* 23; KK/*Spillecke* 19; *Pfeiffer* § 111n, 4.
180 Siehe dazu Löffler/*Achenbach* § 16, 24.
181 Meyer-Goßner/Schmitt/*Köhler* 20.
182 SK/*Rogall* § 111n, 17; wohl MüKo/*Bittmann* § 111n, 4.
183 MüKo/*Bittmann* § 111n, 4; Meyer-Goßner/Schmitt/*Köhler* 20; SK/*Rogall* § 111n, 17.
184 Meyer-Goßner/Schmitt/*Köhler* 20; **a.A.** LG Freiburg NJW **2001** 313.

Anträge rechtzeitig vorlagen.[185] Die Frist wird dann rückwirkend von dem Tag an verlängert, der auf den Tag des Fristablaufs folgt.[186]

61 **b) Voraussetzungen.** Als einzigen Grund für die Fristverlängerung sieht das Gesetz den besonderen **Umfang der Ermittlungen** vor, wie er insbesondere bei kompliziertem Sachverhalt[187] oder bei einer Vielzahl von Delikten und bei zahlreichen Tätern, Teilnehmern und Beweismitteln besteht. Der Begriff entspricht dem gleichlautenden Tatbestandsmerkmal in § 121 Abs. 1, vgl. dazu LR/*Gärtner* § 121, 56 ff. Der besondere Umfang der Ermittlungen bringt in aller Regel auch besondere Schwierigkeiten mit sich, auch wenn diese alleine keine Verlängerung rechtfertigen.[188] So wirkt sich etwa die Notwendigkeit, Zeugen im Ausland zu vernehmen, auch auf den Umfang der Ermittlungen aus. Sie müssen die Ursache der Fristverlängerung sein,[189] personelle Schwierigkeiten der Staatsanwaltschaft, etwa die Erkrankung oder Überlastung des Dezernenten, können eine Fristverlängerung nicht begründen, ebensowenig die Zeit, die zur Entschliessung über Ermittlungen[190] benötigt wird.

62 **c) Zuständigkeit.** Für die Fristverlängerung gelten dieselben Zuständigkeiten wie für die Aufhebung nach Absatz 5 Satz 1, Rn. 59.

63 **4. Erneute Fristverlängerung, Absatz 5 Satz 3.** Reicht die erste Fristverlängerung nicht aus, kann die Staatsanwaltschaft ihren Fristverlängerungsantrag einmal wiederholen. Sie muss diesen mit dem besonderen Umfang der Ermittlungen rechtfertigen. Eine Fristverlängerung kommt in diesen Fällen jedoch nur dann in Betracht, wenn sie auch bei Anlegung **strenger Maßstäbe** gerechtfertigt ist. Sie wird nur ganz ausnahmsweise zulässig sein, da nur so der Bedeutung der Pressefreiheit angemessen Rechnung getragen werden kann. Insgesamt darf die Erhebung der öffentlichen Klage oder der Antrag auf selbständige Einziehung niemals länger als sechs Monate nach Erlass der Beschlagnahmeanordnung hinausgezögert werden, ohne dass diese wieder aufzuheben ist.[191] Es gelten dieselben Zuständigkeiten wie für die Aufhebung nach Absatz 5 Satz 1, Rn. 59.

64 **5. Aufhebungsantrag der Staatsanwaltschaft, Absatz 5 Satz 4.** Das Gericht ist verpflichtet, einem Antrag der Staatsanwaltschaft auf Aufhebung der Beschlagnahmeanordnung stattzugeben, wenn die öffentliche Klage noch nicht erhoben oder die selbständige Einziehung noch nicht beantragt worden ist. Die Staatsanwaltschaft muss den Antrag stellen, wenn sie zu dem Ergebnis gelangt, dass die Voraussetzungen für die Beschlagnahme nicht mehr vorliegen. Die Regelung trägt dem Umstand Rechnung, dass die Staatsanwaltschaft als Herrin des Vorverfahrens befugt sein muss, bis zur Anklageerhebung jederzeit die Aufhebung der Beschlagnahme herbeizuführen, die richterliche Beschlagnahmeanordnung aber nicht selber aufheben darf. In entsprechender Anwendung des § 120 Abs. 3 Satz 2 ist die Staatsanwaltschaft auch berechtigt,[192] zugleich mit

185 SK/*Rogall* § 111n, 17.
186 HK/*Gercke* 18; Meyer-Goßner/Schmitt/*Köhler* 20.
187 HK/*Gercke* 18.
188 Im Ergebnis wie hier MüKo/*Bittmann* § 111n, 4; SK/*Rogall* § 111n, 16; KMR/*Mayer* 22 will diese im Umkehrschluss zu § 121 Abs. 1 nicht als Gründe zulassen, ebenso Meyer-Goßner/Schmitt/*Köhler* 20.
189 SK/*Rogall* § 111n, 16.
190 MüKo/*Bittmann* § 111n, 4.
191 KMR/*Mayer* 22; SK/*Rogall* § 111n, 19.
192 KMR/*Mayer* 23: verpflichtet.

dem Aufhebungsantrag – nicht erst nach Ergehen der Entscheidung –[193] die beschlagnahmten Sachen freizugeben.[194] Diese Befugnisse enden jedoch, wenn die Anklage erhoben oder die Einziehung im **selbständigen Verfahren** nach § 435 beantragt worden ist. Maßgebend ist der Zeitpunkt, in dem die Anklage- oder Antragsschrift bei Gericht eingeht. Ein vor Erhebung der öffentlichen Klage gestellter Aufhebungsantrag der Staatsanwaltschaft bindet das Gericht daher nicht, wenn über ihn bei Anklageerhebung noch nicht entschieden ist.[195] Auch über einen mit der Anklage verbundenen Aufhebungsantrag hat, wie bei § 120 Abs. 3 Satz 1 (vgl. § 120, 41f.), das Gericht ohne Bindung an den Antrag der Staatsanwaltschaft zu entscheiden.

Für die Aufhebung ist der **Ermittlungsrichter zuständig**, der die Beschlagnahme angeordnet hat. Der Antrag muss weder dem Betroffenen noch den anderen Prozessbeteiligten bekannt gemacht werden. Eine entsprechende Unterrichtung sieht Absatz 5 Satz 4 nicht vor. Sie kann aber zweckmäßig sein, weshalb eine Unterrichtung jederzeit möglich ist. Nach Aufhebung der Beschlagnahmeanordnung sind die beschlagnahmten Schriften oder Gegenstände sofort freizugeben, wenn nicht die Beschlagnahmeanordnung eines anderen Gerichts vorliegt. 65

VI. Anfechtung

1. Allgemeines. Aufgrund der unterschiedlichen Kompetenzverteilungen zur Anordnung der Beschlagnahme ist zwischen den Rechtsmitteln gegen eine Anordnung der Staatsanwaltschaft und gegen eine solche des Gerichts zu unterscheiden. Gemeinsamkeiten bestehen insoweit, als sowohl bei richterlicher als auch staatsanwaltschaftlicher Beschlagnahmeanordnung die **Art und Weise des Vollzugs** der Anordnung nach § 98 Abs. 2 Satz 2 analog beanstandet werden kann.[196] 66

2. Staatsanwaltschaftliche Anordnungen. Gegen Beschlagnahmeanordnungen der Staatsanwaltschaft kann der Betroffene jederzeit die **gerichtliche Bestätigung** der Maßnahme beantragen. Es stellt sich jedoch häufig das Problem der sog. „prozessualen Überholung", da wegen der engen Dreitagesfrist des Absatzes 4 Satz 3 im Zeitpunkt des Antrags des Betroffenen die Maßnahme bereits häufig außer Kraft getreten sein wird. Da es sich bei der Pressebeschlagnahme immer um tiefgreifende Grundrechtseingriffe handelt, wird in aller Regel der Antrag auf Feststellung der Rechtswidrigkeit zulässig sein.[197] 67

3. Anordnungen des Gerichts. Beschlagnahmeanordnungen des Gerichts und die Beschlüsse, mit denen nach Absatz 4 Satz 3 Beschlagnahmeanordnungen der Staatsanwaltschaft bestätigt werden, Entscheidungen über Fristverlängerungsanträge nach Absatz 5 Satz 2 und die Aufhebung der Beschlagnahme sind nach allgemeinen Grundsätzen mit der **Beschwerde** nach § 304 Abs. 1 anfechtbar.[198] Die weitere Beschwerde nach § 310 ist ausgeschlossen. Auch bei einer gerichtlichen Anordnung kann das Problem der „prozessualen Überholung" auftreten, wobei auch in diesen Fällen aufgrund des schwerwiegenden Grundrechtseingriffs eine nachträgliche Überprüfung möglich ist.[199] 68

---

193 MüKo/*Bittmann* § 111n, 5.
194 Meyer-Goßner/Schmitt/*Köhler* 24; SK/*Rogall* § 111n, 20.
195 HK/*Gercke* 20.
196 Meyer-Goßner/Schmitt/*Köhler* 25; SK/*Rogall* § 111n, 22 will die Norm aber direkt anwenden.
197 MüKo/*Bittmann* § 111n, 5.
198 Meyer-Goßner/Schmitt/*Köhler* 25; SK/*Rogall* § 111n, 21.
199 SK/*Rogall* § 111n, 21.

Sachregister

Die fetten Zahlen verweisen auf die Kapitel der Einleitung bzw. auf die Paragraphen, die mageren auf die Randnummern.

https://doi.org/10.1515/9783110594546-018

T